KB197320

한이수 교육학

하

한이수 편저

- 교육철학
- 교육과정
- 교수·학습 및 교육공학
- 교육사회학
- 교육평가와 통계

박문각 임용 동영상강의 www.pmg.co.kr

박문각

머리말

본 교재는 교사가 되고자 하는 예비 선생님들의 효과적인 교육학 학습을 돕기 위해 만들어졌습니다. 새로운 용어와 낯선 이론, 방대한 학습량은 많은 수험생들에게 큰 부담으로 다가옵니다. 교육학은 단순히 암기하는 데서 끝나는 학문이 아닙니다. 이론을 이해하고, 전후 맥락 속에서 논리적으로 연결하며, 이것을 자신의 언어로 표현할 수 있을 때 비로소 진정한 학습이 이루어집니다.

필자는 효과적인 학습을 위해 다음 세 가지 요소를 중점적으로 고려하며 이 교재를 집필하였습니다.

첫째, 쉬운 이해를 목표로 했습니다. 단순한 요약에 그치지 않고, 이론의 전후 맥락을 함께 살펴볼 수 있도록 구성하여 학습자가 단편적인 지식을 넘어 이론 전반의 흐름과 연결성을 이해할 수 있게 하였습니다. 단순 요약은 보기에는 간편하지만, 강의를 들을 때는 이해가 된 것 같다가도, 교재를 다시 보면 낯설게 느껴지는 상황을 만들 수 있습니다. 이를 방지하기 위해 가능한 한 맥락 중심의 설명과 구성을 통해 학습 부담을 줄이고자 하였습니다.

둘째, 전체 구조 파악이 가능하도록 했습니다. 각 영역마다 마인드맵을 배치해 주요 이론의 흐름과 체계를 한눈에 볼 수 있도록 구성했습니다. 구조를 먼저 파악하면 세부 내용을 학습할 때도 전체적인 맥락 속에서 이해할 수 있어 더 깊고 효과적인 학습이 가능합니다. 특히, 체계가 잡히지 않은 상태에서 지엽적인 내용만 학습하게 되면 '나무만 보고 숲을 보지 못하는' 결과를 초래할 수 있습니다. 실제로 학습 후반기에 이르면, 많은 수험생들이 자신이 알고 있는 내용이 어느 이론이나 영역에 속하는지 몰라 혼란스러워하는 경우가 많습니다. 따라서 학습 초기부터 꾸준히 마인드맵을 활용해 전체 구조를 점검하며 학습하는 것이 중요합니다.

셋째, 주요 이론 중심의 구성을 지향했습니다. 임용시험을 준비하는 수험생이라면 반드시 숙지해야 할 핵심적인 이론을 바탕으로, 기출 경향을 면밀히 분석해 자주 출제되는 내용을 우선적으로 다루었습니다. 여기에 최신 교육적 흐름을 반영하여 현재 교육환경에 적합한 내용을 포함함으로써 단순히 과거의 내용을 답습하는 데 그치지 않고 교사로서의 전문성을 키울 수 있게 하였습니다.

임용시험은 논술문 작성 형태로 이루어집니다. 문제에서 요구하는 답을 효과적으로 작성하기 위해서는 단순 암기를 넘어 이론을 이해하고, 효과적으로 인출하며, 학습한 내용을 자신의 언어로 풀어낼 수 있어야 합니다. 이 교재는 예비 교사들이 이러한 과정을 체계적으로 익힐 수 있도록 돕고자 합니다. 지금 배우고 익히는 교육학 이론은 시험만을 위한 지식이 아니라, 미래에 교단에서 학생들을 가르치고 지도하는 데 있어 소중한 자양분이 될 것입니다.

교육학 학습이 부담이 아닌 성장의 기회로 느껴지기를 바라며, 이 교재가 예비 선생님들에게 든든한 길잡이가 되어 합격이라는 결실로 이어지기를 진심으로 응원합니다.

저자 **한이수** 드림

2014~2025학년도 논술형 출제 영역

	2025	2024	2023	2022	2021	2020	2019	2018	2017	2016	2015 추시	2015	2014 추시	2014
한국 교육사														
서양 교육사												자유교육		
교육심리			자기 효능감				가드너 다중지능 이론			에릭슨, 반두라 (관찰학습)				
생활지도 및 상담													행동수정, 인간중심 상담	
교육철학														
교육사회											교육의 기능 (선발과 배치)		비행이론	문화실조
교육행정	카츠 리더십	학교운영 위원회	관료제	학교 중심 연수 (학교 지원책)	의사결정 모형 (합리, 점증)	스타인호프 오웬스 학교문화	변혁적 지도성	동료장학	교육기획	비공식 조직	학교 조직의 특성	학습조직	장학 (임상, 동료, 자기 등)	상황적 지도성
교육과정	타일러 합리적 모형	잠재적 교육과정	경험중심 교육과정, 학문중심 교육과정	수직적 연계성, 교육과정 재구성	스나이더 교육과정 실행	영 교육 과정, 중핵 교육과정	타일러: 학습경험 선정원리	워커모형		교육내용 조직원리 (통합성 외)	경험중심 교육과정	백워드 설계	학문중심 교육과정	잠재적 교육과정
교수·학습 및 교육공학	조나센 구성주의 모형	온라인 수업 상호작용	자기조절 학습	딕과캐리 모형, 온라인 수업 (고립감 해소)	온라인 수업토론 게시판	사회적 구성주의, 정착수업, Wiki		PBL	조나센 구성주의 모형		ADDIE 모형	ARCS 모형		협동학습
교육평가와 통계	준거참조 평가	능력참조 평가, 탈목표 평가, 컴퓨터 능력적응 검사	형성평가, 내용 타당도	총평관, 준거참조 평가, 성장참조 평가	자기평가		리커트 척도, 문항내적 합치도	준거참조 평가, 능력참조 평가, 성장참조 평가	내용 타당도	형성평가	준거참조 평가			형성평가

교육학 논술 출제 경향 분석

학년도	형식	영역	내용	문항
2014	대화문	교육과정	잠재적 교육과정	수업에서 소극적으로 행동하는 문제: 잠재적 교육과정 관점에서의 진단
		교육사회	문화실조	수업에서 소극적으로 행동하는 문제: 문화실조 관점에서의 진단
		교수·학습 및 공학	협동학습	협동학습 실행 측면에서의 동기유발 방안 논의
		교육평가	형성평가 활용	형성평가 활용 측면에서의 동기유발 방안 논의
		교육행정	교사 지도성 행동 (허시와 블랜차드)	교사 지도성 행동 측면에서의 동기유발 방안 논의
2014 추시	성찰 일지	교육사회	청소년 비행이론 (차별접촉이론, 낙인이론)	부적응 행동 원인: 청소년 비행이론 관점에서 설명
		생활지도 및 상담	인간중심 상담	적응 향상을 위한 상담: 행동중심 상담, 인간중심 상담 관점에서의 기법 논의
		교육과정	학문중심 교육과정 – 발견학습	수업 효과성: 학문중심 교육과정 이론에 근거한 수업 전략 논의
		교육행정	장학	수업 효과성: 장학 활동
2015	교장연설문	교육사	자유교육	자유교육 관점에서의 교육 목적 논술
		교육과정	백워드 설계모형	교육과정 설계 방식의 특징 3가지
		교수·학습 및 공학	ARCS 모형	학습 동기 향상을 위한 학습 과제 제시 방안 3가지
		교육행정	학습조직	학습조직의 구축 원리 3가지
2015 추시	교장연설문	교육사회	기능론: 학교 교육의 기능	• 기능론적 관점에서 학교 교육의 선발·배치의 기능 2가지 • 기능론적 관점에서 학교 교육의 선발·배치의 한계 2가지
		교육행정	관료제, 이완조직	• 학교 조직의 관료제적 특징 2가지 • 이완결합체제적 특징 2가지
		교수·학습 및 공학	ADDIE 모형: 분석, 설계	• 일반적 교수체제설계에서 분석 과정의 주요 활동 2가지 • 일반적 교수체제설계에서 설계 과정의 주요 활동 2가지
		교육평가	준거참조평가	• 준거참조평가의 개념 • 준거참조평가의 장점 2가지
2016	표	교육과정	경험중심 교육과정	• '수업 구성'에 나타난 교육과정 유형의 장점 2가지 • '수업 구성'에 나타난 교육과정 유형의 문제점 2가지
		교육평가	형성평가	• 김 교사가 실시하려는 평가 유형의 기능 2가지 • 김 교사가 실시하려는 평가 유형의 효과적인 시행 전략 2가지
		교육심리	에릭슨: 심리적 유예기 반두라: 관찰학습(모델링)	• 에릭슨의 정체성 발달이론에 제시된 개념 1가지(2점) • 반두라의 사회인지학습 이론에 제시된 개념 1가지
		교육행정	비공식 조직: 순기능, 역기능	• '학교 내 조직 활동'에 나타난 조직 형태가 학교 조직과 구성원에 미치는 순기능 2가지 • '학교 내 조직 활동'에 나타난 조직 형태가 학교 조직과 구성원에 미치는 역기능 2가지
2017	신문 기사	교육행정	교육기획	• A 교장이 강조하고 있는 교육기획의 개념 • 교육기획의 효용성 2가지
		교육과정	내용 조직 원리	• B 교사가 채택하고자 하는 원리 1가지 • 그 외 내용 조직의 원리 2가지(연계성 제외)
		교수·학습 및 공학	구성주의: 조나센 CLEs	• C 교사가 실행하려는 구성주의 학습 활동을 위한 학습 지원 도구·자원 2가지 • C 교사가 실행하려는 구성주의 학습 활동을 위한 교수활동 각각 2가지
		교육평가	타당도: 내용 타당도	• D 교사가 고려하고 있는 타당도의 유형 • D 교사가 고려하고 있는 타당도의 개념

교육학 논술 출제 경향 분석

학년도	형식	영역	내용	문항
2018	대화문	교육과정	교육과정 모형: 워커 자연주의적 모형	• 박 교사가 제안하는 워커의 교육과정 개발 모형의 명칭 • 이 모형을 교육과정 개발에 적용하는 이유 3가지
		교수·학습 및 공학	구성주의: 문제중심학습(PBL)	• 박 교사가 언급하는 PBL에서 학습자의 역할 2가지 • PBL에 적합한 문제의 특성과 그 특성이 주는 학습 효과 1가지
		교육평가	준거참조평가, 능력참조평가, 성장참조평가	• 박 교사가 제안하는 평가유형의 명칭과 이 유형에서 개인차에 대한 교육적 해석 1가지 • 김 교사가 제안하는 2가지 평가유형의 개념
		교육행정	장학: 동료장학	• 김 교사가 언급하는 교내장학 유형의 명칭과 개념 • 그 활성화 방안 2가지
2019	성찰 메모	교육심리	지능: 가드너 다중지능이론	• #1과 관련하여 가드너의 다중지능이론 관점에서 A, B학생의 공통적 강점으로 파악된 지능의 명칭과 개념 • 김 교사가 C학생에게 제공할 수 있는 개별 과제와 그 과제가 적절한 이유 각 1가지
		교육과정	타일러: 기회의 원리, 만족의 원리 잠재적 교육과정	• #2와 관련하여 타일러의 학습경험 선정 원리 중 기회의 원리로 첫째 물음을 설명하고 만족의 원리로 둘째 물음을 설명 • 잭슨의 잠재적 교육과정의 개념을 쓰고 그 개념에 근거하여 김 교사가 말하는 '생각하지 못했던 결과'의 예 제시
		교육평가	정의적 특성의 평가: 리커트 척도 신뢰도: 문항내적 합치도	• #3에 언급된 척도법의 명칭과 이 방법을 적용하기 위하여 진술문을 작성할 때 유의할 점 1가지 • 김 교사가 사용할 신뢰도 추정 방법 1가지의 명칭과 개념
		교육행정	지도성: 변혁적 지도성 장학, 전문적 학습 공동체, 학습조직	• #4에 언급된 바스의 지도성의 명칭 • 김 교사가 학교 내에서 동료교사와 함께 이 지도성을 신장할 수 있는 방안 2가지
2020	표	교수·학습 및 공학	구성주의: 사회적 구성주의	• 비고츠키 지식론의 명칭, 이 지식론에서 보는 지식의 성격 1가지 • 교사와 학생의 역할 각각 1가지
		교육과정	영 교육과정, 중핵 교육과정	• '영 교육과정'이 교육내용 선정에 주는 시사점 1가지 • B 교사가 말한 교육내용 조직방식의 명칭과 이 조직방식이 토의식 수업에서 가지는 장점과 단점 각각 1가지
		교수·학습 및 공학	구성주의: 정착수업 위키	• C 교사의 의견에서 제시된 토의식 수업을 설계할 때 활용할 수 있는 정착수업의 원리 2가지 • 위키를 활용할 때 발생할 수 있는 문제점 2가지
		교육행정	스타인호프와 오웬스: 기계문화	• 스타인호프와 오웬스가 분류한 학교문화 유형에 따를 때 D 교사가 우려하는 학교문화 유형의 명칭 • 학교 차원에서 그러한 학교문화를 개선하는 방안 2가지
2021	이메일	교육과정	스나이더 교육실행 관점: 충실도, 생성관점	• 교육과정 운영 관점을 스나이더 외의 분류에 따라 설명할 때, 김 교사가 언급한 자신의 기존 관점의 장점과 단점 각각 1가지 • 새롭게 관심을 가지게 된 관점에서 적합한 교육과정 운영 방안 2가지
		교육평가	자기평가	• 김 교사가 적용하고자 하는 평가 방식이 학생에게 줄 수 있는 교육적 효과 2가지 • 이 평가를 수업에서 실행하는 방안 2가지
		교수·학습 및 공학	온라인 수업	• 김 교사가 온라인 수업을 위해 추가로 파악하고자 하는 학생 특성과 학습 환경의 구체적인 예 각각 1가지 • 김 교사가 하고자 하는 수업에서 토론 게시판을 활용하여 학생을 지원할 수 있는 구체적인 방안 2가지
		교육행정	의사결정 모형: 합리모형, 점증모형	• A안과 B안에 해당하는 의사결정 모형의 단점 각각 1가지 • 김 교사가 B안에 따라 학생들의 요구를 반영하기 위해 제안할 수 있는 구체적인 방안 1가지

학년도	형식	영역	내용	문항
2022	대화문	교육과정	내용 조직원리: 수직적 연계성 교육과정 재구성	• 송 교사가 언급한 교육과정의 수직적 연계성이 학습자 측면에서 갖는 의의 2가지 • 송 교사가 계획하는 교육과정 재구성의 구체적인 방법 2가지
		교육평가	교육평가에 대한 관점: 총평관 준거, 능력, 성장참조평가	• 송 교사가 총평의 관점에서 학생을 진단할 수 있는 실행 방안 2가지 • 송 교사가 활용할 수 있는 평가 결과의 해석 기준 2가지를 각각 그 이유와 함께 제시
		교수·학습 및 공학	딕과 캐리 모형: 교수전략 개발 단계 온라인 수업: 고립감 해소	• 송 교사가 교실 수업을 위해 개발해야 할 교수전략 2가지 제시 • 송 교사가 온라인 수업에서 학생의 고립감 해소를 위해 활용할 수 있는 구체적인 교수학습 활동 2가지를 각각 그에 적합한 테크놀로지와 함께 제시
		교육행정	학교 중심 연수	• 김 교사가 언급한 학교 중심 연수의 종류 1가지 • 학교 중심 연수를 활성화하기 위해 학교 차원에서 지원할 수 있는 구체적인 방안 2가지
2023	분석 결과	교육심리	자기효능감 자기조절학습	• 평가 보고서에서 자기효능감 형성에 영향을 미친다고 분석한 요인에 따른 교수전략 2가지 • 자기조절 과정에서 목표 설정 및 계획 단계 이후의 지원 방안 2가지
		교육평가	형성평가 타당도: 내용 타당도	• 평가 보고서에서 언급한 형성평가를 교사 측면에서 활용할 수 있는 방안 2가지 • 평가 보고서에서 제안한 타당도의 명칭과 이 타당도의 확보 방안 1가지
		교육과정	경험중심 교육과정: 장점 학문중심 교육과정: 내용, 조직	• 평가 보고서에서 학교 교육과정 편성·운영의 만족도를 높인 것으로 분석한 교육과정 이론의 장점 2가지 • 학교 교육과정을 보완하기 위해 제안한 교육과정 이론의 교육내용 선정, 조직 방안 2가지
		교육행정	관료제: 규칙과 규정	• 평가 보고서에서 언급한 관료제 이론의 특징 중 '규칙과 규정'이 학교 조직에 미치는 순기능 2가지 • 평가 보고서에서 언급한 관료제 이론의 특징 중 '규칙과 규정'이 학교 조직에 미치는 역기능 1가지
2024	대화문	교육과정	잠재적 교육과정 (평가: 탈목표 평가)	• 교사 A의 궁금한 점을 설명할 수 있는 교육과정 유형에 근거하여 학습 목표 설정 시 교사가 고려해야 할 점 각 1가지 • 교육내용 구성 시 교사가 고려해야 할 점 각 1가지 • 학생 평가 계획 시 교사가 고려해야 할 점 각 1가지
		교수·학습 및 공학	온라인 수업: 상호작용	• 전문가 C가 언급한 온라인 수업에서 학습자 상호작용의 어려운 점 1가지 • 온라인 수업에서 학습자 상호작용의 유형 3가지와 유형별 서로 다른 기능 각 1가지
		교육평가	대안적 평가: 능력참조평가 컴퓨터 능력적응검사: 특성	• 전문가 E가 학습자 맞춤형 교육을 위해 제시한 평가 유형의 적용과 결과 해석 시 유의점 2가지 • 단순히 컴퓨터를 이용하는 검사 방법과 구별되는 컴퓨터 능력적응검사의 특성 2가지
		교육행정	학교운영위원회	• 전문가 G가 언급한 학교운영위원회의 법적 구성 위원 3주체 • 3주체 위원 구성의 의의 1가지 • 위원으로 학생 참여의 순기능과 역기능 각 1가지
2025	대화문	교육과정	타일러 합리적 모형	• 경력 교사가 언급한 '교육철학'을 교육목표 설정에 적용한 사례를 그 이유와 함께 1가지 • 경력 교사가 언급한 '학습심리학'을 교육목표 설정에 적용한 사례를 이유와 함께 1가지
		교수·학습 및 공학	구성주의: 조나센 CLEs	• 경력 교사가 언급한 '문제'의 특성과 역할 각각 1가지 • 모델링 이외의 교사의 지원 활동 사례 2가지
		교육평가	준거참조평가	• 준거참조평가에서 '준거 설정 방법' 1가지 • 교육평가의 기본 가정 3가지
		교육행정	카츠 리더십 이론	• 경력 교사가 언급한 '이와 관련된 능력'의 명칭 • 동료교사와 관련한 이 능력의 구체적 실천 사례 2가지

▶ 논술문 작성 시 유의사항

01 답안지 2면이 초안지와 함께 제공됩니다.
 ▶ 답안지 모든 면에 수험정보를 기입하고, 쪽 번호를 마킹합니다.
 ▶ 초안 작성(개요 작성)은 초안지에 합니다. 초안지는 제출하지 않습니다.

02 답안을 작성하지 않은 빈 답안지에도 수험정보(성명, 수험번호, 쪽 번호 등)를 기재 및 표기합니다.
 ▶ 답안지는 2매 모두 제출합니다(빈 답안지가 있을 경우 포함).

03 답안은 지워지거나 번지지 않는 동일한 종류의 검은색 필기구를 사용합니다.
 ▶ 연필 또는 지워지거나 번지는 펜은 사용할 수 없습니다.

04 답안 수정은 반드시 두 줄(=)을 긋고 수정할 내용을 작성합니다.
 ▶ 수정 테이프나 수정액은 사용할 수 없습니다.

05 답안란 이외의 공란(옆면, 뒷면 등)에 작성한 부분은 채점되지 않습니다.
 ▶ 내용 수정 시에 수정하는 내용이 답안란을 벗어나지 않도록 주의합니다.

06 문항에서 요구하는 내용의 가짓수가 제한된 경우, 요구한 가짓수까지의 답안만 작성합니다.
 ▶ 예를 들어 두 가지를 요구했는데 세 가지를 작성한 경우, 첫 번째와 두 번째 답안만 채점됩니다.

07 답안 내용 이외의 것(답안의 특정 부분을 강조하는 밑줄이나 기호 등)을 표시해서는 안 됩니다.
 ▶ 일반적인 교정 부호는 사용 가능합니다.

명언으로 되새기는 사명감

훌륭한 교사는 희망을 심어주고, 상상력을 자극하며, 배움에 대한 사랑을 심어준다.

– 브래드 헨리(Brad Henry) –

교육은 세상을 변화시킬 수 있는 가장 강력한 무기이다.

– 넬슨 만델라(Nelson Mandela) –

교사의 손끝에 미래가 달려 있다.

– 헨리 애덤스(Henry Adams) –

미래는 오늘 무엇을 배우느냐에 달려 있다.

– 마하트마 간디(Mahatma Gandhi) –

교육의 뿌리는 쓰지만, 그 열매는 달다.

– 아리스토텔레스(Aristotle) –

교육이 없는 재능은 은행에 넣지 않은 금과 같다.

– 벤자민 프랭클린(Benjamin Franklin) –

한 명의 교사는 1,000권의 책보다 가치가 있다.

– 중국 속담 –

CONTENTS

차례

PART 09 교육사회학

PART 10 교육평가와 통계

01 교육철학의 기초

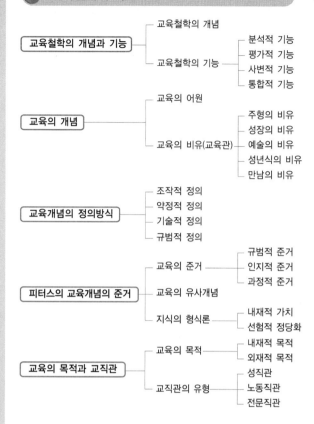

교육철학의 개념과 기능 ─ 교육철학의 개념
                    └ 교육철학의 기능 ─ 분석적 기능
                                    ├ 평가적 기능
                                    ├ 사변적 기능
                                    └ 통합적 기능

교육의 개념 ─ 교육의 어원
           └ 교육의 비유(교육관) ─ 주형의 비유
                              ├ 성장의 비유
                              ├ 예술의 비유
                              ├ 성년식의 비유
                              └ 만남의 비유

교육개념의 정의방식 ─ 조작적 정의
                 ├ 약정적 정의
                 ├ 기술적 정의
                 └ 규범적 정의

피터스의 교육개념의 준거 ─ 교육의 준거 ─ 규범적 준거
                                 ├ 인지적 준거
                                 └ 과정적 준거
                    ├ 교육의 유사개념
                    └ 지식의 형식론 ─ 내재적 가치
                                  └ 선험적 정당화

교육의 목적과 교직관 ─ 교육의 목적 ─ 내재적 목적
                              └ 외재적 목적
                 └ 교직관의 유형 ─ 성직관
                               ├ 노동직관
                               └ 전문직관

03 현대철학과 교육

진보주의
본질주의
항존주의
재건주의

02 지식과 교육

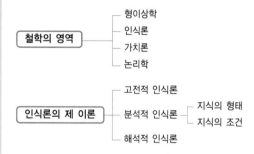

철학의 영역 ─ 형이상학
          ├ 인식론
          ├ 가치론
          └ 논리학

인식론의 제 이론 ─ 고전적 인식론
             ├ 분석적 인식론 ─ 지식의 형태
             │   └ 지식의 조건
             └ 해석적 인식론

04 20세기 후반의 교육철학

실존주의
구조주의
분석철학
포스트모더니즘
비판이론
현상학
해석학
신자유주의

교육철학의 기초

01 교육철학의 개념과 기능

1. 교육철학의 개념

(1) 철학

철학(philosophy)은 그리스어인 'philosophia'에서 유래되었으며, 사랑을 의미하는 'philo'와 지혜를 의미하는 'sophia'가 합쳐진 것으로 '지혜를 사랑한다'는 의미이다. 그러므로 철학은 지혜를 탐구하는 사고과정과 탐구된 지혜를 포함한다.

(2) 교육철학

① 교육관으로서의 교육철학

　⊙ 바람직한 교육에 대한 견해를 말한다.

　ⓒ 교육과 관련되거나 교육에 관심을 가지고 있는 사람이 "교육이란 무엇인가?", "교육은 어떻게 해야 하는가?"와 같은 질문에 대해 갖는 나름의 견해와 소신이다.

　ⓒ 교육의 개념과 목적, 내용과 방법 등에 대한 견해나 신념체계를 '교육철학'이라고 한다.

　　예 그 교사는 교육자로서 투철한 교육철학을 갖고 있다.

② 학문으로서의 교육철학

　⊙ 교육심리학, 교육사회학, 교육행정학 등과 같이 교육학의 하위 영역 중 하나이다.

　ⓒ 교육과학이 과학적 개념과 방법론으로 교육현상을 탐구하는 분야라면 교육철학은 철학적 개념과 방법론으로 교육의 의미와 행위를 탐구하는 분야이다.

2. 교육철학의 기능 중등 04

(1) 분석적 기능

① 교육적 언어의 애매성을 제거하고 모호성을 감소시켜 그 의미를 분명히 밝히고 의미들 사이의 논리적 모순을 가려내어 참된 진술이나 전제를 밝히는 작용이다.

② 교육의 실천적 과정이나 이론적 탐구에서 사용되는 언어는 언제나 명백한 의미를 갖는 것은 아니며, 교육의 실천이나 이론에 관한 주장에도 이론적 모순이 있고, 교육적 과정의 판단 기준도 분명하지 못한 때가 있다. 그러므로 교육을 언급할 때 사용되는 학습, 인격, 성격, 습관, 지식, 동기 등 중요한 개념은 논리적, 개념적 분석을 요구한다.

③ 표면적으로 표방하는 이론이나 철학만이 아니라 내재된 의도, 동기, 관심, 목적까지도 분석하는 일을 포함한다. 그리고 그러한 의도, 동기, 가치관, 세계관들이 서로 어떻게 관련되어 있고, 일관된 원칙과 관점하에 반영되고 있는가를 분석하는 것이다.

(2) 평가적 기능

① 주어진 기준이나 준거에 비추어 어떤 교육적 의미체계나 교육 현실을 평가하는 활동을 말한다.

② 가치판단은 과학적 행위라기보다는 철학적 행위로 '좋다', '나쁘다', '바람직하다', '바람직하지 못하다' 등의 어떤 주어진 기준 혹은 준거에 따른 평가다.

③ 평가적 기능에서는 평가하고자 하는 내용의 개념이 엄격히 분석되어야 한다. 예를 들어, '교육은 인간을 바람직하게 변화시키는 작용'이라고 정의할 때 '바람직하다'는 가치 전제가 교육에서 불가피한 개념이므로 바람직함을 검토하고 평가하는 행위는 교육의 방향을 결정짓는 데 기여한다.

(3) 사변적 기능

① 교육에 대한 새로운 의미체계(이론이나 설명체계)를 구안하여 제시하는 활동이다.

② 어떠한 인간관과 세계관, 지식관과 세계관, 아동관과 교사관을 형성하고, 그에 따라 교육은 이러한 것이라든지 또는 이러해야 한다고 제안하거나 주장하는 일이다.

③ 어떤 문제를 해결하기 위해 생각에 잠기는 것, 즉 사변적 추론행위를 말하며, 교육이론이나 문제에 대해 제언을 하는 정신적 기능을 뜻한다.

④ 교육문제 해결을 위한 제언 기능으로, 교육목표 설정 시 사용한다.

⑤ 평가적 기능의 수행을 위해 요구되는 평가기준을 설정하고 만들어가는 것 역시 사변적 기능을 행사하는 것이라 할 수 있다. 그리고 이와 같은 평가결과를 해석하고, 그에 따라 교육적 제안과 주장을 하게 되는 것 역시 사변적 기능이 발휘되는 것이라 할 수 있다.

(4) 통합적 기능

① 하나의 현상이나 과정을 전체로 파악하고 여러 부분과 차원을 통합하여 이해하려는 행위이다.

② 교육에 관한 다양한 이론이나 관점을 종합적으로 이해하게 한다. 따라서 한 가지 관점에 치우치지 않고 종합적으로 교육을 이해하여 일관성을 확보할 수 있다.

③ 예를 들면, 교육학은 이론적으로 심리학, 사회학, 철학, 행정학 등 다양한 학문과 관련되어 있다. 따라서 교육과 관련하여 다양한 학문 영역에서 발견된 이론과 새로운 제안을 종합적으로 이해하는 것이 필요하다.

④ 교육 실천에서 있어서 서로 구분된 교육활동들이 서로 유기적인 관련을 맺으면서 일관성 있는 체계를 이룰 때 개별적인 활동들은 의미를 갖게 되며, 전체 활동으로서의 교육이 효율적이며 성공적일 수 있다.

기능	내용	예
분석적 기능	• 교육적 언어와 의미를 분명히 밝히고 의미들 사이의 논리적 관계를 명백히 드러내는 활동 • 참된 진술이나 전제	언어가 가지고 있는 애매성과 모호성을 최대한 제거
평가적 기능	• 주어진 기준 또는 준거에 비추어 어떤 교육적 의미체계나 교육현실을 평가하는 활동 • 교육적 합리성 여부의 평가, 교육현실이나 이론의 수용 여부 결정	사실을 있는 그대로 받아들이는 것이 아니라 어떤 기준에 의해 판단하는 활동
사변적 기능	• 제시된 문제를 해결하기 위해 새로운 가설, 아이디어, 개념을 찾아내는 이론적 활동 • 새로운 제언과 아이디어 창출, 방향이나 가치 제언 ◎ 창안적 기능	평가결과를 해석하고 그에 따라 교육적 제안과 주장을 하게 되는 것
통합적 기능	• 하나의 현상이나 과정을 전체로 파악하고 여러 부분과 차원을 통합하여 이해하려는 행위 • 모든 현상이나 과정의 일관성 유지	교육실천에서 서로 구분된 교육활동들이 서로 유기적인 관련을 맺으면서 일관성 있는 체계 속에서 이루어지는 것

02 교육의 개념

1. 교육의 어원

(1) 동양

① 한자어 '교육(敎育)': 교육이라는 용어는 맹자의 진심편 중 '군자유삼락장(君子有三樂章)'에서 비롯되었다. 맹자가 군자의 세 가지 즐거움을 논한 가운데 교육(敎育)이라는 말이 처음 사용된 데서 비롯되었다.
  - 敎: 가르치다, 깨닫다, 이끌다, 닦다, 본받다
  - 育: 기르다, 키우다

② 우리말의 '가르치다'
  ㉠ '가리키다'와 같은 어원이다. 손가락으로 어떤 방향을 지시하여 그곳에 이르게 하는 것이다.
  ㉡ 가르치다: '갈다'와 '치다'의 복합동사로서의 합성어이다.
    - 갈다: 연마하다
    - 치다: 육, 양의 뜻인 기르다와 같은 뜻이다.

(2) 서양

① education : 라틴어의 educo, educare에서 온 말로, 밖으로 끄집어낸다는 e와 duco, ducare의 결합어이다. 속에 지니고 있는 여러 가지 가능성을 밖으로 꺼낸다는 뜻이다.
- e : 밖으로
- duco, ducare : 꺼내다, 끄집어내다

② pedagogy : 어원은 희랍어 paidagogos이며, paidos와 agogos가 결합된 말로 '어린이를 이끈다'는 뜻이다.

2. 교육의 비유(교육관)

(1) 주형의 비유

① 마치 석회나 진흙을 틀에 부어 무언가를 만들어 내는 것처럼, 교육을 제작자가 마음속에 품고 있는 모습으로 주형하는 것으로 이해하는 방식이다. 이때 교사는 장인이나 제작자에 해당하며, 학생은 석회나 진흙과 같은 재료에 해당한다.

② 교사가 교육과정에서 주도적 역할을 하며, 재료인 학생은 무엇인가 만들어져야 하는 존재로 인식된다.

③ 주형 비유의 대표적인 형태로는 로크(J. Locke)의 교육론이나 행동주의 교육론을 들 수 있다.

④ 로크는 인간, 특히 아동의 마음을 '백지(tabula rasa)'에 비유하였다. 따라서 아동의 마음은 교사가 백지를 어떻게 채우느냐에 따라 달라질 수 있다.

⑤ 행동주의자들은 행동주의 심리학, 즉 자극과 반응이론에 따른 조건화와 같은 행동통제로 목표하는 인간을 만들 수 있다고 주장한다.

⑥ 두 교육관 모두 교육의 과정을 특정 결과를 얻기 위해 무엇인가를 조작하는 것으로 보며, 그러한 조작을 통해 목표하는 어떤 인간이라도 만들어낼 수 있다는 교육만능설을 받아들이고 있다.

⑦ 교육적 권위주의에 빠지거나 도덕문제에 소홀하는 등의 문제가 생길 수 있다.

(2) 성장의 비유

① 식물이 스스로 잘 성장해 나가듯이, 교육도 아동이 가진 잠재 가능성을 자연스럽게 실현해 나가는 과정으로 보는 것이다. 이 비유에서는 교육의 과정을 식물의 성장과정에, 아동을 식물에, 교사를 식물을 가꾸는 정원사에 비유한다.

② 교육에서 주도적인 역할을 하는 것은 식물에 해당하는 아동이고, 정원사에 해당하는 교사는 식물이 잘 자라날 수 있도록 환경을 조성해 주고 도와주는 역할에 그친다.

③ 성장 비유의 대표적인 예는 프뢰벨이나 루소의 교육관이나 미국의 진보주의 교육관에 잘 드러나 있다.

(3) 예술의 비유

① 주형과 성장의 비유가 교사와 학생의 관계를 잘못 파악하고 있다는 것에 대한 대안적 비유이다. 주형의 비유는 교사의 역할을, 성장의 비유는 학생을 지나치게 강조한다. 그러나 교육에서 교사와 학생의 관계는 일방적인 관계가 아니다.

② 블랙(M. Black)은 교육에서 교사와 학생의 관계를 예술가와 재료에 비유하고 있다. 예술가는 예술작품을 창작할 때 재료의 성질을 고려한다는 것이다.

③ 예술의 비유는 주형과 성장의 비유가 교사와 학생의 관계를 일방적으로 보는 것을 교정하여, 긴장 가운데 상호작용하는 관계라는 것을 보여준다.

(4) 성년식의 비유

① 주형의 비유는 교육내용을 강조한 나머지 교육방법을 간과하고, 성장의 비유는 교육방법을 강조한 나머지 교육내용을 간과하는 경향이 있다.

② 피터스는 교육을 '문명화된 삶의 형식으로의 성년식(initiation)'으로 규정하였다.

③ 피터스에 의하면 고대사회의 아이가 성년식을 거쳐 어른이 되는 것처럼 교육은 학생을 문명화된 삶의 형식, 즉 인류 문화유산의 세계로 입문하는 과정에 비유된다.

(5) 만남의 비유

① 앞서 언급한 비유들은 공통적으로 교육이 지속적이고 점진적인 과정을 통해 변화하고 발전하는 것이라고 전제하고 있다. 그러나 교육은 때로는 비약적으로 이루어지기도 한다.

② 교육은 학생이 어떤 교사나 어떤 학생을 만남으로써 갑자기 변하는 측면이 있다는 것을 드러내는 비유이다. 즉, 교육에서 우연적 만남에 의해 비약적 성장이 이루어지는 경우가 있음을 나타낸다.

③ 만남의 비유는 교사와 학생의 인격적 만남을 강조한다.

03 교육개념의 정의방식

1. 교육의 정의방식

(1) 조작적(操作的) 정의

① 교육의 개념을 보다 분명히 하기 위해 교육활동의 요소와 그것이 작용하는 실제적인 과정을 관찰할 수 있는 형태로 정의하게 되는 것이다.

② 교육에서 조작적 정의의 대표적인 예는 '인간행동의 계획적 변화(정범모, 1968)'이다.

③ 조작적 정의는 교육개념을 과학적으로 규정할 때, 즉 교육개념의 추상성을 제거하고 교육활동을 명확히 규정할 때 사용된다.

(2) 약정적(約定的) 정의

① 의사소통을 위해 복잡한 현상을 무엇이라고 부르자고 약속하는 정의이다.
　　예 대학에서 학점을 표기할 때 90점에서 94점 사이의 성적을 'A'라고 규정하는 것

② 의미의 혼란이 있을 경우, 하나의 약속으로서 의미를 부여하거나 결정해야 할 때 사용되는 정의방법이다.

③ 약정적 정의는 복잡하게 설명해야 할 것을 간단하게 한마디로 무엇이라고 약속함으로써 언어를 축약하고 단순화하는 장점이 있다.

(3) 기술적(記述的) 정의

① 하나의 개념을 이미 알고 있는 다른 말로 설명함으로써 그 개념이 무엇인지를 알려주는 정의이다.

② 기술적 정의는 누가 어떤 맥락에서 사용하는가와 상관없이 일반적으로 통용되는 의미를 규정하는 것이다.

③ 개념을 규정할 때 가능한 가치판단을 배제한 가치중립적 태도로 '있는 그대로'를 객관적으로 정의한다.

　　예 교육을 '학교에서 하는 일'로 규정하는 것

(4) 규범적(規範的) 정의(강령적 정의)

① 하나의 정의 속에 '어떻게 해야 하는가, 어떻게 하는 것이 옳은가'와 같은 행동 강령 내지 프로그램이 들어 있는 정의이다.

② 기술적 정의가 어떤 뜻으로 사용되어 왔는가에 관심이 있다면, 규범적 정의는 어떤 뜻으로 사용되어야 하는가에 관심이 있다. 즉, 규범적 정의는 가치판단이나 가치 주장을 담고 있다.

③ 예를 들어, '전문직'에 대해 정의할 때 기술적인 의미에서 전문직은 '어떤 조건이 만족되어야 하는가'에 관심을 가지므로 어떤 직종이 전문직인지 아닌지 판별하는 데 사용된다. 그러나 규범적 의미로 사용될 때 전문직의 정의는 전문직에 걸맞게 행동해야 한다거나 대우해야 한다는 목적으로 사용된다.

2. 정범모의 교육의 개념 : '인간행동의 계획적인 변화'

(1) 인간행동

① 이때 행동은 모종의 자극에 대한 신체적인 반응이 아닌 과학적 혹은 심리학적 개념이다. 이때의 행동은 바깥으로 드러나는 외현적이고 표출적인 행동뿐만 아니라 지식, 사고, 가치관, 동기체제, 성격 특성, 자아개념 등과 같은 내면적이고 불가시적인 행동이나 특성을 포함한다.

② 교육이 인간을 대상으로 한다고 할 때 그 인간은 '인간행동'으로 구체화되어야 하고, 인간행동은 일상적 용법이나 행동주의적 방식으로 규정되기보다는 과학적으로 규정될 필요가 있다.

(2) 변화

① 교육이나 교육학과 다른 행동과학이 다른 점은 교육이나 교육학은 인간행동을 '변화'시키는 데 관심이 있다는 점이다.

② 교육이 인간행동을 변화시키는 일이라고 할 때 '변화'는 '육성, 조성, 함양, 계발, 교정, 개선, 성숙, 발달 등을 포함하는 포괄적인 개념'이다.

(3) 계획적

'계획적'이라는 말은 다음의 세 가지 조건을 충족시켜야 한다.

① 기르고자 하거나 변화시키고자 하는 인간행동에 대한 명확한 목적의식(교육목적)이 있어야 한다.

② 어떻게 하면 인간행동의 변화를 가져올 수 있는가를 보여주는 이론(교육이론)이 있어야 한다.
③ 그러한 교육이론에 기반을 둔 구체적인 교육 프로그램(즉, 교육과정)이 있어야 한다.

04 피터스의 교육개념의 준거

1. 성년식에 비유

① 피터스는 교육을 성년식에 비유하여 미성숙한 아동을 '문명의 삶의 형식'으로 입문시키는 과정이라고 보았다.
② 인간이 인간다운 삶을 살기 위해서는 문명화된 삶의 형식을 갖추어야 하며, 이러한 형식을 체계화한 것이 바로 지식이다.

2. 교육의 준거

(1) 규범적 준거(normative criterion) : 교육목적
① 피터스는 교육의 규범적 준거에 관하여 다음과 같이 말한다. "교육은 그에 헌신하려는 사람에게 가치 있는 것을 전달함을 함의한다." 이 준거의 핵심은 교육이 모종의 '가치 있는 것'을 전달하는 것과 관련되어 있다는 점이다.
② 그런데 그 가치는 '내재적 가치(intrinsic value)'를 의미한다. 교육은 '교육'의 개념 속에 있는 가치, 즉 '내재적 가치'를 추구하는 일이어야 한다.

(2) 인지적 준거(cognitive criterion) : 교육내용
① 인지적 준거는 규범적 준거, 즉 내재적 가치가 '내용' 면에서 구체화된 것으로 피터스의 교육개념의 핵심을 이룬다.
② 그는 교육의 인지적 준거와 관련하여 "교육은 지식과 이해 그리고 모종의 인지적 안목을 포함해야 하고 이러한 것들은 무기력한 것이어서는 안 된다."고 말한다.
③ 내재적 가치의 구체적 내용인 '지식, 이해, 인지적 안목'은 폭넓은 지식을 통한 통합적 안목을 가진 상태를 의미하며, 지식체계를 학습자에게 전하여 지식을 갖게 하는 일이 교육이라고 보았다.
④ 인간을 인간답게 하기 위해 '지식의 형식'이 교육내용이 되어야 한다. 교육은 '지적 안목'을 갖게 해 주어야 한다는 준거로 인지적 준거에 맞는 교육내용은 '지식의 형식'이 있다.

(3) 과정적 준거(procedural criterion) : 교육방법 초등 08
① 규범적 준거가 방법 면에서 상세화된 것, 즉 내재적 가치를 실현하는 방법상의 원리를 밝힌 것이다.
② 피터스는 교육의 과정적 준거와 관련하여 "교육은 학습자의 최소한의 의식과 자발성을 전제하고 있다는 점에서 그러한 것이 결여된 몇 가지 전달과정들은 교육에서 제외된다."라고 하였다.

③ 교육의 과정적 준거에서 교육은 도덕적으로 온당한 방식으로 전달되어야 한다. '도덕적으로 온당한 방식으로 전달한다'는 것은 적어도 학습자에게 최소한의 의식과 자발성이 있는 형태로 가르쳐짐을 의미한다.

④ 그러므로 의식과 자발성이 없는 형태로 가르쳐지는 '조건화'나 '세뇌' 등은 과정적 기준으로 볼 때 '교육'이라 할 수 없다.

3. 교육의 유사개념

(1) 교육과 훈련

구분	가치지향 여부	내용	변화범위	강조점(과정)
교육	가치지향	넓은 신념체계, 안목의 변화	전인적 변화	지적, 창조적, 자발적 참여 강조
훈련	가치중립	제한된 기술의 변화	인간 특성의 일부 변화	기계적, 반복적 연습

(2) 교육과 교화(indoctrination)

그린(T. F. Green)은 교육과 교화를 '이유나 증거를 사용하는 방법'에 기준하여 구분하였다. 교육은 학생들이 올바른 신념을 갖도록 객관적으로 인정될 수 있는 증거를 제시한다. 교화는 객관적 증거 없이 신념이나 가치를 믿도록 하거나 준거를 사용하더라도 제시된 신념을 합리화하기 위해 사용한다.

(3) 교육과 교도

교육은 정상적인 사람을 정상적인 상태로 유지·발전시켜주는 것인 반면, 교도는 정상적인 사람이 비정상적으로 되었을 때 정상적인 사람으로 환원시켜주는 것으로 개인의 법적·사회적 책임감을 회복시키는 것을 목적으로 한다.

4. 지식의 형식론 중등 12

(1) 지식의 형식론의 배경

① 피터스(Peters)와 허스트(Hirst)는 전통적인 교과의 가치를 옹호한 대표적인 학자이다. 전통적 교과 대신 '실용적 가치'를 갖는 교과를 가르쳐야 한다는 당시의 일부 주장에 대해, 전통적 교과가 갖고 있는 '내재적 가치'를 논리적으로 설명함으로써 교과가 그 자체의 가치에 의해 정당화될 수 있음을 보여주고자 하였다.

② 지식의 형식론은 전통적 교과의 가치를 정당화하고자 한 피터스와 허스트의 주장을 지칭하는 것이다.

(2) 지식의 형식론의 주장

① 피터스와 허스트는 학교에서 전통적으로 가르쳐 온 교과, 즉 주지 교과의 가치를 정당화하는 데 '지식의 형식(forms of knowledge)'이라는 용어를 사용한다.

② 지식의 형식이란 '인간의 경험을 일반적으로 인정되는 방식으로 분류해 놓은 것'으로서 논리학과 수학, 자연과학, 인간과학, 역사, 종교, 문학과 예술, 철학, 도덕적 지식 등이 해당된다.

③ 지식의 형식 간의 구분 기준은 각 형식이 다른 형식과 구분되는 자체의 고유한 개념과 탐구방법을 갖고 있는가의 여부에 따른다. 예를 들어 수학에 속한 개념과 탐구방법은 자연과학에 속한 개념과 탐구방법과는 분명하게 구분되며, 이 점에서 수학과 자연과학은 상이한 종류의 지식의 형식이다.

④ 삶의 형식은 8개의 지식의 형식(논리학과 수학, 자연과학, 인간과학, 역사, 종교, 문학과 예술, 철학, 도덕적 지식)으로 구성되어 있으며 인간다운 삶에 입문하기 위해서는 이 8개의 지식의 형식에 입문되어야 한다. 즉, 학생들은 지식의 형식을 공부해야 한다.

⑤ 학생들은 교과를 배움으로써 서로 다른 지식의 형식들을 구별할 수 있게 되고, 그 결과 지식의 형식과 삶의 형식에 입문할 수 있다. 지식의 형식에 포함된 지식은 전통적으로 학교 교과의 주축을 이루어온 지식이다.

⑥ 피터스와 허스트가 전통적 교과의 가치를 정당화하기 위해 사용한 설명 방식은 '내재적 가치'와 '선험적 정당화'이다.

(3) 내재적 가치

① 내재적 가치란 어떤 목적을 위한 수단으로서가 아닌, 활동 그 자체에 들어있는 가치를 말한다. 피터스와 허스트는 지식의 형식이 내재적 가치를 갖는다고 보았다. 따라서 학생들은 개인의 선호 여부와 관계없이 내재적 가치가 있는 지식의 형식을 배워야 한다고 주장하였다.

② 지식의 형식이 내재적 가치를 가지고 있는지, 왜 모든 학생들이 지식의 형식을 배워야 하는지와 같은 의문에 피터스와 허스트는 선험적 정당화를 사용하여 설명하였다.

(4) 선험적 정당화 중등 08

① 선험적 정당화란 개인이 받아들이는가의 여부와 상관없이 성립하는 정당화이다.

② 지식의 형식들은 인간이 장구한 세월 동안 누적적으로 발전시켜온 경험의 상이한 측면을 각각 개념적으로 체계화한 것이다. 이러한 체계화는 특정 개인의 취향에 의해 이루어진 것이 아닌 인류가 오랫동안 공동으로 발전시키고 엄밀하게 정련시켜온 것이라는 점에서 공적인 성격을 지닌다.

③ 지식의 형식들은 우리 삶의 공적 전통을 체계화한 것으로, 우리가 이 세상에서 살아가기 위해서는 지식의 형식을 알 필요가 있다.

④ 지식의 형식은 우리의 선호와 상관없이 우리 삶에 이미 주어진 것이라는 점에서 그리고 입문되지 않으면 삶을 원만하게 살아갈 수 없다는 점에서 우리 삶의 선험적·논리적 전제 조건이라 할 수 있다.

⑤ 지식의 형식은 피터스와 허스트가 내재적 가치에 의해 규정되는 교과를 가리켜 부르는 이름으로, 지식의 형식론은 학교 교육과정에 제시되어 온 전통적 교과(즉, 주지 교과)를 정당화하는 이론이라 할 수 있다. 이들은 고대 희랍 시대 이후 서양의 중요한 교육 전통으로 계승되어 온 '자유교육(liberal education)'의 정신을 현대의 상황에서도 살려내고자 노력하였다.

(5) 지식의 형식론에 대한 비판

① 주지 교과에 특권적 지위를 부여한다.

    ㉠ 지식의 형식으로 주지 교과(즉, 이론적 교과)를 포함시키고 있으나, 주지 교과만이 내재적 가치를 지니고 있다고 볼 수 없다.

    ㉡ 모든 사회적 인간 활동은 나름의 고유한 목적과 가치를 지니고 있으며, 주지 교과만이 아닌 다른 다양한 기술이나 지식, 혹은 활동도 그 자체로 학교에서 동등하게 취급될 필요가 있다.

② 선험적 정당화는 실제 작용하고 있는 학교 교육의 역동적 양상에 대해 충분한 설명을 제공하지 못한다.

    ㉠ 지식의 형식론에서는 지식의 형식을 우리 삶이 가능하기 위한 논리적 가정으로 받아들여야 한다는 점을 논증하는 데 관심을 둘 뿐, 사회 변화, 교육 여건, 학습자들의 흥미와 같은 실제 삶에 구체적으로 또는 사실적으로 작용하고 있는 역동적인 양상에 관심을 기울이지 않는다.

    ㉡ 지식의 형식론은 특정 교과가 실제로 어떻게 채택되어 가르쳐지고 있는지에 대한 충분한 설명을 제공하지 못할 뿐만 아니라 학교에서 가르쳐야 할 교육내용을 특정한 형태의 교과로 고착화시키는 경향이 있다.

▮ 오크쇼트의 교육개념

1. 20세기 영국에서 활약한 저명한 철학자이며, 피터스의 교육개념 형성에 큰 영향을 미쳤다.

2. **교육의 개념**

  ① 문명의 입문으로서의 교육

    오크쇼트는 교육을 새로운 세대들을 인류가 성취한 문명에 입문시키는 활동으로 간주하였다. 문명이란 인류의 위대한 성취로서 비물질적인 것이며, 입문은 교육과정을 통해 성취되는 것으로 오랜 수련과 연습을 거쳐 정통하게 되는 것을 말한다. 문명적 유산은 학습을 통해서만 상속될 수 있으며, 교사의 과업은 학생들을 인간 업적의 유산에 입문시키는 것이다. 이러한 책임 때문에 오크쇼트는 교사는 존중되어야 한다고 생각하였다.

  ② 초월과정으로서의 교육

    교육은 수단성과 외재적 목적을 갖지 않는다. 교육은 인생의 실제로부터 '초연한 곳'에서 일어난다. 따라서 오크쇼트에게 교육은 필연적으로 교양적(liberal)이다. 교육은 일상적인 생활을 초월하는 데서 성취될 수 있으며 교육이 그러한 초월을 가능하게 해준다. 학교와 대학은 가장 대표적인 초월의 장소이다.

  ③ 대화로서의 교육

    청소년기의 '자기교육'은 있을 수 없는 것이다. 그에게 교육은 앞 세대와 후 세대 간의 교류(transaction)와 대화로 인식되었다. 오크쇼트는 특히 세대 간 교류에 관심을 보였다. "가장 일반적인 의미에서의 교육은 인간 세대들 사이에 진행되는 특수한 교류로서 인식되며 그 안에서 새로 태어나는 어린이들이 그들이 살아가야 하는 세계에 입문되는 것이다."라고 말하였다. 또한 대화는 특정한 목적을 갖고 있지 않으며 반드시 좋은 결론에 도달해야 한다는 외부적 압력도 없다. 대화는 인류의 본래적 활동으로 서로의 견해를 자유로이 개진하는 것이라고 보았다.

3. **지식의 두 가지 존재 양식** : 지식은 정보와 판단의 두 가지 구성요소로 되어 있다. 정보란 단편적 사실, 규칙, 원리 등을 말하고 판단이란 정보의 활용능력, 지성, 스타일 등을 말한다.

  ① 정보

    ㉠ 객관적이고 명시적인 기법적 지식이다.

    ㉡ 명제로 언어화될 수 있으며, 소유자의 특성에 관계없이 일정한 형태를 유지하는 지식이다(객관적인 사실적 지식).

② 판단
  ㉠ 주관적이고 묵시적인 실제적 지식이다.
  ㉡ 명제로 언어화될 수 없으며, 소유자를 떠나서는 성립될 수 없는 소유자의 체험적, 인격적 특징이 담겨 있는 지식을 말한다.
  ㉢ 사용하는 과정을 통해서만 그 존재가 드러나는 지식이다.
③ 정보와 판단
  ㉠ 판단은 정보의 기준으로서의 역할을 수행한다.
  ㉡ 판단은 정보의 적절성을 판단하고 그 의미를 해석하고 구체적 사태에 적용하는 능력이 된다.
  ㉢ 판단과 정보는 별도로 존재하지 않는다. 정보와 판단이 각각 별도로 전달되거나 획득되는 것은 아니며 다만 판단의 전달은 정보를 전달하는 과정에서 그것과 동시에 간접적으로 이루어진다.
④ 오크쇼트에 있어서의 교사
  ㉠ 교사는 판단의 전수를 가능하게 하는 유일한 존재이다. 교사는 전달하고자 하는 내용에 관하여 알고 있을 뿐만 아니라 그것을 전달하는 방식에 관하여 오랫동안 생각해 온 사람이다.
  ㉡ 인류 문화유산의 진정한 핵심은 바로 판단이며 학생이 그 유산에 입문할 수 있는 것은 오직 교사로부터 그것을 학습하였기 때문이다.

05 교육의 목적과 교직관

1. 교육의 목적 중등 00 · 04

(1) 교육의 내재적 목적
  ① 교육이 수단이 아닌 교육의 개념 혹은 교육의 활동 그 자체가 가지고 있는 목적을 말한다.
  ② 교육의 개념 속에 함의된 교육의 가치지향을 의미하는 것으로, 교육의 본질적 가치가 논리적으로 구현된 것이다.
  ③ 교육활동 그 자체에 포함되어 있는 내적인 기쁨과 지적 경험, 이를 통한 인격의 성장과 발전, 합리적 · 비판적 사고 및 자율성의 발달 등이 교육활동의 목적으로 추구될 때 이를 교육의 내재적 목적이라고 한다.

(2) 교육의 외재적 목적
  ① 교육이 다른 활동의 목적을 위한 수단으로 사용되는 것을 의미한다.
  ② 교육이 정치적, 경제적, 사회적 가치의 실현을 위해 이용되는 경우 이러한 가치들이 외재적 목적이 된다.

2. 교직관의 유형 초등 01 · 11

(1) 성직관
  ① 성직관은 교직이 인간의 인격형성을 돕는 고도의 정신적 봉사활동으로 세속적인 가치인 돈, 명예, 권력과는 거리가 먼 직업이라는 인식을 나타낸다.
  ② 교사는 오직 사랑과 봉사 정신에 입각하여 학생을 교육해야 한다고 보는 관점이다.

③ 교육의 본질이 인간의 영혼과 정신을 다루는 일이라는 정신적 자세로 교직에 종사한 사람이 많이 있었기 때문에 그와 같은 교직관이 형성되어 왔다고 할 수 있다.

⑵ 노동직관

① 교직도 하나의 노동직이며 본질적으로 다른 직업과 차이가 없다는 입장이다. 따라서 노동의 대가로 보수를 받고 보수와 근무조건의 개선을 위해 노동조합을 결성하거나 단체행동으로 권익을 쟁취해야 한다고 본다.

② 교사의 교육적 행위는 교육노동이며, 교육행위의 주체인 교사는 노동의 대가로 임금을 받고 그에게 수임된 일을 지속적으로 행하는 노동자라는 것이다.

⑶ 전문직관

① 교직의 본질을 단순하게 성직이나 노동직으로 보려는 견해를 초월하여 하나의 전문직으로 인식하려는 견해로 오늘날 광범위하게 받아들여지고 있는 견해이다.

② 교직은 미성숙자를 대상으로 고도의 지적 훈련을 요하며 자율성(학문의 자유)과 윤리의식이 필요하고 계속적인 연찬과 봉사지향성을 필수적으로 구비해야 하므로 전문직이라고 보는 관점이다.

③ 전문직관에서 본 교사상은 다음과 같다.

  ㉠ 교원은 전문성의 확보를 위해 장기간에 걸친 교육과 훈련을 받아야 할 뿐만 아니라 쉬지 않고 계속 연구해야 한다.

  ㉡ 교원에게는 엄격한 자격 기준이 적용되어야 하며 부적격자는 도태되어야 한다.

  ㉢ 교원은 고도의 자율성과 사회적 책임을 가져야 한다.

  ㉣ 교원은 전문직 단체를 통하여 자질의 향상, 지위의 향상 및 교육정책에의 참여를 보장받아야 한다.

지식과 교육

Chapter 02

01 철학의 영역

1. 형이상학(形而上學, metaphysics, 존재론)

① 참으로 실재하는 것이 정신이냐, 물질이냐에 대한 논거로 '무엇이 실재하는가?'라는 물음을 중심문제로 하는 철학활동의 한 분야이다.

② 영원불변하는 것을 이상으로 삼으며 우주의 궁극적이고 본질적인 특징을 포괄적으로 파악하려는 철학적 노력이며 존재론이라고도 일컫는다.

③ 존재하는 것, 즉 참으로 실재하는 것이 정신이냐, 물질이냐에 따라서 인생의 의미와 목적이 달라지고 교육의 목적과 이상에 대한 관점도 달라진다.

　ㄱ 관념론(이상주의, 유심론) : 우주의 궁극적 실재를 정신 또는 관념이라고 본다.

　ㄴ 실재론(현실주의, 유물론) : 우주의 궁극적 실재를 물질이라고 본다.

　ㄷ 실용주의 : 우주의 본질이란 끊임없는 변화와 발전 그 자체이며 그 너머에 어떠한 본질이 따로 있는 것은 아니다.

2. 인식론(認識論, epistemology, 지식론)

① '우리는 어떻게 아는가?'라는 물음을 중심문제로 하는 철학활동의 한 분야로 지식론이라고도 한다.

② 진리와 지식의 근거 및 본질에 관한 탐구로서 지식의 객관성과 주관성에 대한 논거로 인간이 무언가를 안다는 것이 어떻게 가능하며, 설명하고 이해하는 인간의 노력의 전망과 한계는 무엇인가를 밝히려는 것이 인식론의 특징이다.

경험론	보고 듣고 만지는 등, 인간의 다섯 가지 감각을 통한 경험 없이는 어떠한 지식도 있을 수 없다는 입장이다.
합리론	인식의 근원은 경험이 아니라 우리가 선천적으로 타고나는 이성이라는 입장이다. 그리고 지식은 '~라는 것을 안다'로 표현되는 명제적 지식(know that)과 '~을 할 줄 안다'로 표현되는 방법적 지식(know how)으로 구분된다.

3. 가치론(價値論, axiology)

① 무엇이 선이냐를 탐구하는 논거이다. 이는 '가치들의 본질이 무엇인가?', '어떤 것이 가치 있는 것인가?' 하는 것에 치중한다.

② 가치론은 탐구 대상이 무엇이냐에 따라 윤리학과 미학으로 구분된다.

    ㉠ 윤리학 : 인간의 개인적, 사회적 행위의 질과 도덕성의 문제를 다룬다. 선한 인간, 좋은 사회, 훌륭한 삶의 본질과 기준을 밝히는 일을 한다.

    ㉡ 미학 : 예술, 경험, 인간, 환경 그리고 삶 속에 있는 미의 본질과 기준의 탐구에 힘쓴다.

4. 논리학(論理學, logics)

① 우리가 어떤 철학적인 결론에 도달했을 때 그 결론에 도달하기까지의 사고 과정이 과연 타당한 것이었는가를 검토하고 여러 가지 규칙과 기준을 밝히려는 철학적 노력이다.

② 논리에는 귀납법과 연역법이 있다.

    ㉠ 연역법(deductive method) : 보편적인 원리에서 구체적, 특수적 원리를 이끌어 내는 추리과정이다.

    ㉡ 귀납법(inductive method) : 개개의 구체적 사실에서 보편적인 원리나 법칙을 이끌어 내는 추리과정이다.

02 인식론의 제 이론

1. 고전적 인식론

① 고전적 인식론의 일차적 관심사는 대체로 인식의 대상, 인식의 원천 그리고 진리의 조건에 관한 것이다.

② 인식의 대상에 관한 이론 : 실재론(realism)과 관념론(idealism)이 있다.

    ㉠ 실재론 : 우리가 인식하는 대상이 참으로 존재하는 것이라면 그것은 우리의 지각작용과는 무관하게 존재한다고 본다. 즉, 우리가 인식하든 못하든 간에 실재는 존재한다.

    ㉡ 관념론 : 실재는 실제로 존재하는 것이라기보다는 우리가 이름을 붙인 것에 불과하다. 그러므로 우리의 지각과정에 나타난 관념 외의 것은 존재하지 않으며, 인식의 대상은 궁극적으로 정신적 실체일 뿐이다.

③ 인식의 원천에 관한 이론

    ㉠ 어떠한 방법을 통해 획득한 지식이 확실한가에 관심을 두고 있다. 이 이론의 대표적인 것으로는 합리론(rationalism)과 경험론(empiricism)을 들 수 있다.

    ㉡ 합리론자인 데카르트는 본유관념(innate idea), 즉 인간의 마음은 본래부터 가지고 태어나며 그것을 근거로 하여 객관적으로 존재하는 세계를 인식한다고 보았다.

    ㉢ 경험론자인 로크는 인간의 마음이 본래 '백지(tabula rasa)'와 같아서 경험을 통하여 외부의 감각인상을 받아들이고 그것들을 관련짓는다고 보았다.

④ 진리의 조건에 관한 이론 : 어떤 주장 혹은 명제가 진리가 되기 위해서는 어떤 조건을 만족시켜야 하는가에 관한 것이다.

　㉠ 대응설(correspondence theory)

　　• 어떤 신념 혹은 판단이 실재와 일치하면 그 신념은 진리라는 주장이다. 실재론을 전제하고 있다.

　　• 대응설은 주로 경험주의자들이 견지하는 진리관이다.

　　• 그러나 모든 명제가 그 대상이 있는 것은 아니다. 미래시제, 가정법, 복합명제 등은 대상이 있는 것이 아니다.

　㉡ 정합설(coherence theory)

　　• 어떤 신념 또는 판단이 하나의 체제 속에서 다른 신념 혹은 판단과 일관성을 유지하고 조화를 이루고 있으면 진리라는 주장이다.

　　• 한 신념이나 판단의 진리는 논리적 추론이나 사유에 의해 입증 혹은 검증된다고 본다. 합리론자들에 의해 지지되고 있다.

　　• 하나의 신념(지식)이 진리로 충분한 의미를 가지기 위해서는 다른 신념과의 관계에서도 확실성이 보장되어야 한다는 사실을 보여주었다는 점에서 의의가 있으나, 거짓명제 사이에도 일관성을 유지할 수 있다는 한계를 갖는다.

　㉢ 실용설(pragmatic theory)

　　• 어떤 신념이나 판단이 가져다주는 결과가 소기의 목적하는 바를 만족시킨다면 그것은 진리라는 주장이다.

　　• 좋은 결과를 가져다준다고 모두 진리는 아니며, 나쁜 결과를 가져다준다고 해서 모두 거짓인 것은 아니라는 한계가 있다.

2. 분석적 인식론 초등 04

① 분석적 인식론에서의 관심은 언어 혹은 개념과 지식의 논리적 분석을 통한 의미의 명료화에 있다.

② 지식의 형태

　㉠ 명제적 지식(knowing that) : "빛이 직진한다는 것을 안다."와 같이 '~라는 것을 안다'의 형태를 지닌다. 일종의 신념, 즉 무엇이 진리라는 사실을 아는 것을 말한다.

　　• 논리적 지식 : 개념적 지식이라고도 하며, 문장을 구성하는 요소들의 의미상의 관계를 나타내는 지식이다. 논리적 지식은 개념과 개념 간의 논리적 관계에 의해 그 진위가 판명된다.

　　　예 처녀는 결혼하지 않은 성인 여자이다.

　　• 사실적 지식 : 경험적 지식이라고도 하며, 문장의 진위 여부가 경험적 증거나 관찰에 의해 드러난다.

　　　예 지구는 둥글다.

　　• 규범적 지식(형이상학적 지식) : 진위여부가 명확하게 드러나지 않는다. 규범적 지식은 가치판단을 포함하는 지식으로 가치의 판단기준은 사회, 시대, 사람마다 다를 수 있다.

　　　예 민주주의는 모든 사회가 추구해야 할 이상적인 사회제도이다.

ⓒ 방법적 지식(knowing how) : "수영을 할 줄 안다."와 같이 '~할 줄 안다'는 형식을 지닌다. 일종의 능력, 즉 무엇을 하는 기술이나 방법을 아는 것을 의미한다.

③ 지식의 조건

㉠ 주로 명제적 지식에 적용된다. 방법적 지식은 다소 가변적이고 앎을 성립시키는 조건이 상황에 따라 다양할 수 있기 때문이다. 누군가가 "수영할 줄 안다."라고 할 때, 그 사람이 어느 정도 수영을 할 줄 아는지 정확히 알기 어렵다. 반면, 명제적 지식은 앎을 성립시키는 조건이 비교적 분명하다.

㉡ '~라는 것을 안다'는 주장을 성립시키는 주장으로는 대체로 세 가지를 든다.

- 신념조건
  - "X는 P를 안다."는 것은 "X는 P를 믿는다."는 것을 전제한다.
  - "나는 지구가 둥글다는 것을 안다."는 말이 성립하기 위해서는 '나는 지구가 둥글다는 것을 믿는다'는 것을 전제하고 있어야 한다.

- 진리조건
  - "X는 P를 믿는다."는 것이 "X는 P를 안다."는 것을 보장하지는 않는다. 진리는 신념과 같은 것이 아니다. 만약 P가 진리가 아니라면, "나는 P를 믿는다."는 말은 성립되나 "나는 P를 안다."라는 말은 성립되지 않는다.
  - "나는 지구가 둥글다는 것을 안다."라고 말하기 위해서는 내가 '지구가 둥글다'는 명제를 믿고 있을 뿐 아니라 지구가 둥글다는 명제가 '진리'여야 한다.

- 증거조건
  - "X는 P를 안다."는 말을 하기 위해서는 신념조건, 진리조건에 덧붙여 'X는 P가 진리라는 증거를 제시할 수 있어야 한다.'
  - 그러므로 "X는 P를 안다."라는 말이 성립하기 위해서는 X가 P라는 것을 믿고 있고, 그 믿는 바가 진짜여야 하며, 그것을 뒷받침할 수 있는 증거가 있어야 한다.

- 방법조건
  - 타당한 증거를 얻는 방식과 관련된 것이므로 증거조건에 포함될 수 있다.
  - "X는 P를 안다."는 말을 하기 위해서는 신념조건, 진리조건, 증거조건에 덧붙여 X는 P가 진리라는 증거를 얻는 방법을 알고 있어야 한다. 그러므로 "X는 P를 안다."는 것은 X가 P라는 것을 믿고 있고 그 믿는 바가 진짜이며, 그것이 진짜라는 것을 뒷받침할 증거가 있고 그 증거가 올바르게 제시되어야 한다.
  - 누군가 "나는 지구가 둥글다는 사실을 믿고 있고 그 믿는 바가 진짜이며 그것이 진짜라는 증거를 가지고 있다."라고 주장하더라도, 그 증거가 틀린 방식으로 제시된다면 그는 온전한 의미에서 '지구가 둥글다'는 명제를 안다고 하기 어렵다.
  - 엄밀한 의미에서 '명제를 안다'라는 말을 사용하기 위해서는 신념조건, 진리조건, 증거(방법)조건을 만족시켜야 한다. 그러나 무엇을 안다는 것은 기본적으로 'P를 믿고 있고, 그 믿고 있는 P가 진짜'라면 가능하다. 증거(방법)조건은 신념조건과 진리조건의 부가적인 조건이다.

3. 해석적 인식론

① 고전적 인식론이나 분석적 인식론은 지식의 객관적 근거가 있다는 것을 전제로 한다.

② 해석적 인식론에서는 사물이나 현상을 이해하는 것이 경험을 통해 가능하며, 그 경험은 '주관적'인 것이다.

③ 해석적 인식론에서는 지식이 우리의 일상적 경험, 체험, 삶 자체와 분리된 객관적 세계 속에서 일어나는 과정이라기보다는 인식 주체의 생생한 경험과 관련되어 있다고 본다.

Chapter 03

현대철학과 교육

01 진보주의(progressivism) _{중등 01 · 05, 초등 03 · 04 · 11}

1. 진보주의 철학의 배경

① 교사 중심의 전통적 교육의 편협성과 형식주의가 낳은 비인간화에 대한 반발로 일어난 교육운동이다.

② 루소의 자유주의적 아동교육론, 페스탈로치와 프뢰벨의 교육사상, 20세기 듀이, 니일, 몬테소리 등 자유주의 아동중심 교육사상과 맥락을 같이 하고 있다.

③ 진보주의는 실용주의 철학과 경험주의, 과학주의 등을 배경으로 생활중심교육, 경험중심교육, 아동중심교육을 핵심으로 하는 교육사상이다.

④ 실용주의에 그 근거를 두고 있는 진보주의 교육은 아동의 개성을 계발하여 완전한 인간으로 성장·발달시킴으로써 사회생활에 유용하게 적응할 수 있게 하는 것이다. 또한 신체적·정서적·사회적 가치를 포함한 전인적인 교육을 말하며, 아동의 생활중심의 경험적 교육과정을 중시한다.

⑤ 진보주의는 모든 교육의 중심에 아동을 두고, 아동의 전인적 성장 발달에 초점을 두었다. 따라서 진보주의 교육운동의 기본 사상은 아동중심주의에 입각하여 '행함으로 배우는'(learning by doing), 즉 최근의 용어를 빌리면 아동의 '자기주도적 학습'을 내세웠다. 또 학교는 학습하기에 쾌적한 장소가 되어야 하며, 모든 학습은 아동의 흥미나 욕구에 입각해야 한다는 것을 강조하였다.

⑥ 진보주의자들은 주입식 교육, 성인생활에 대한 준비, 인류 문화유산의 계승, 교육내용의 경제성, 지식의 체계 중시, 고립된 학교, 교육과정의 계획성, 훈련의 조건화 등 전통적인 교육을 비판하였다.

2. 진보주의 교육협회의 교육강령

① 아동은 외적 권위에 의지하지 않고 자신의 사회적 필요에 따라 자유를 누려야 한다.

② 흥미는 모든 학습활동의 동기가 되어야 한다.

③ 교사는 아동의 모든 활동을 고무하고, 적절한 정보를 제공해 주는 안내자가 되어야 한다.

④ 아동의 평가는 지적인 면에 대한 것뿐만 아니라 아동의 신체, 지성, 덕성, 사회성을 포함하여야 한다.

⑤ 아동의 건강이 가장 중시되어야 한다. 따라서 학교의 시설, 환경, 인적 조건은 명랑해야 한다.

⑥ 학교는 학부모와 긴밀한 협조관계를 유지하면서 아동의 교육을 수행해야 한다.

⑦ 진보주의 학교는 실험학교로서 교육개혁운동의 중핵이 되어야 한다.

3. 기본 관점

(1) 세계관·인생관의 사상 : 변화

① 전통적 철학이 주장하는 절대적이고 영원불변한 것은 존재하지 않는다. 사람은 이러한 환경 속에서 살아야 한다.

② 이와 같이 변화하는 환경에서 살아야 하는 인간은 이런 사실과 보조를 맞추어 자신을 적응하지 않으면 안 된다.

(2) 변화의 교육적 해석

① 경험의 개조 : 경험은 사람과 환경과의 접촉에서 일어나는 작용을 뜻한다. 환경과의 상호작용을 통한 경험에 의해 인간은 변화하므로 듀이는 이것을 경험의 개조라고 하였다.

② 성장 : 올바른 방향으로의 성장을 뜻한다. 즉, 자신의 환경에 지성적으로 적응하고, 인생을 영위하는 일에 있어서 지성을 증대시키는 것을 뜻한다. 교사의 역할은 학생을 올바른 방향으로 성장하도록 돕고, 지도하고, 격려하는 것이다.

③ 성인의 축소판이 아닌 독립된 인격체 : 아동은 나름의 인격, 개성, 자주성을 갖고 있다. 아동에게 필요한 것은 충분히 성장할 수 있는 기회와 환경의 제공이다. 아동은 본성적으로 활동적이고 능동적이다. 이런 본성을 통해 경험이 개조되고, 수정되며, 풍부해지고, 성장한다.

4. 진보주의 교육원리

① 교육은 생활을 위한 준비가 아니라 생활 그 자체이다.

② 학습은 아동의 흥미와 직접 관련되어야 한다. 학습과정은 교사 혹은 교과서에 따라 일방적으로 정해져서는 안 되며, 아동의 흥미와 욕구가 반영된 것이어야 한다.

③ 교육방법은 교과 내용의 주입보다는 문제해결식 학습이어야 한다. 진보주의 교육에서 지식이란 늘 새롭게 전개되며 능동적인 활동으로 얻어지기 때문에 행동으로도 옮겨져야 한다.

④ 교사의 역할은 지시하는 일이라기보다는 조언해 주는 일이다.

⑤ 학교는 경쟁보다는 협동을 장려하는 곳이어야 한다.

⑥ 민주주의만이 진정한 성장에 필요한 사상과 인격의 상호작용을 허용하고 촉진한다.

5. 진보주의 교육의 특징

① 아동을 능동적 존재로 파악하였다.

② 계속적 성장을 추구하는 발전적 교육관을 주장하였다. 즉, 아동의 내재적 성장 가능성을 인정하고 교육을 통한 계속적 성장을 교육 목표로 설정하였다. 아동의 흥미와 필요를 바탕으로 자발적인 변화를 이루고자 하였다.

③ 생활중심 교육과정을 운영하였다. 현실생활과 유리된 전통적 교육과정에서 벗어나 아동의 흥미를 자극하고 실제적인 활동이 일어날 수 있는 생활현장을 중심으로 교육과정을 구성하였다.

④ 학교의 역할을 재정립하였다. 학교는 학습자가 자신의 흥미를 스스로 파악하고, 실현할 수 있게 환경을 조성해 주는 곳이다.

6. 진보주의에 대한 비판

① 아동중심주의, 즉 아동의 자유와 흥미를 지나치게 존중한 나머지 아동으로 하여금 어려운 교과목을 피하고 비교적 쉬운 교과목만을 택하게 하였다. 아동의 흥미를 지나치게 강조함으로써 본질적인 지식을 소홀히 다루었다.

② 아동중심·생활중심 교육이 지나쳐 교육의 명확한 목표설정이 어려웠고, 문제해결 방식은 비효율적인 시행착오와 산만한 수업분위기를 조성하였다.

③ 현재의 생활을 중시한 나머지 아동이 살아야 할 미래에 대한 준비를 너무 소홀히 하였다.

④ 진보주의를 표방한 학교들은 무정부 상태의 교실을 만드는 오류를 범하였다. 교사는 지도자에서 거의 방관자의 위치로 전락해 버렸고, 아동이 무질서하게 난립하는 사태를 초래하였다.

⑤ 기초교육의 질적 저하를 야기할 수 있다.

⑥ 개인의 자유를 극도로 존중한 결과 사회적 통제를 무시하고, 사회적 요구를 도외시하고 있다.

⑦ 사회의 문화적 전통을 경시하고 있다.

7. 듀이 교육론의 기본 원리

(1) 경험의 원리

① **경험의 의미** : 인간은 생존을 위해 환경과 접촉하고, 그 과정에서 반성적 사고를 하게 되는데 이것이 바로 경험이다. 따라서 인간의 경험에는 감각적인 요소(환경과의 접촉)와 관련적인 요소(반성적 사고)가 함께 작용한다.

② 아동이 접촉하게 되는 환경은 어른이 과거에 형성해 놓은 지식이나 문화이므로 경험은 사회성을 띤다. 그러므로 교육은 본질적으로 사회적 접촉이자 전달의 과정이다.

③ **경험의 개조** : 인간은 반성적인 사고를 통해 지식을 획득하게 되며, 이 지식은 기존의 경험과 결합되어 새로운 사고를 만들어 낸다. 이렇게 경험을 통해 획득된 지식이 기존의 경험과 결합되어 가는 것이 '경험의 개조'이며, 성장이다.

④ 따라서 아동이 하는 경험이 가치 있는 것이 되기 위해서는 아동이 하는 여러 경험이 통합되고 연결되어야 한다.

(2) 지성의 원리

① 인간은 자신의 신체적 욕구와 생명의 보존을 위해 대상이나 환경에 적응하려는 본능이 있으며, 이때 그 목적달성을 위한 수단과 방법을 숙고하는 능력을 사용하는데, 이것이 바로 지성이다.

② 지성은 태어날 때부터 본능적으로 타고나는 것이다.

③ 지성은 인간의 경험활동과 그 결과의 관계에 대해 판단을 하고, 경험이 보다 나은 미래를 지향하게 하는 기능을 한다.

④ 지성은 욕구충족을 위한 활동(경험) 결과, 원하는 결과를 얻지 못하였거나 엉뚱한 결과를 얻게 되었을 때 이를 반성하고 새로운 형태로 적응하도록 만든다. 따라서 지성은 인간의 경험을 개조하고 갱신하는 과정에 작용하는 능력이다.

⑤ 지성은 인간의 행동에 대한 가치판단을 통해 경험을 개조하도록 함으로써 미숙한 어린이를 스스로 성장하게 유도한다.

(3) 성장의 원리

① 듀이는 성장의 조건으로 미숙성과 가소성을 제시한다.

② 미숙성은 아동의 성장가능성을 나타내며, 아동은 이러한 미숙성을 해소하기 위해 사회생활에 강렬한 흥미와 관심을 기울이게 된다.

③ 가소성은 환경의 변화에 맞게 자신을 변화시킬 수 있는 능력으로, 일종의 탄력성이다. 아동이 경험으로부터 뭔가를 배울 수 있게 만들어 준다.

④ 성장의 원리란 미숙성과 가소성에 근거를 두고, 아동의 내부로부터 성장하려는 힘의 발로를 억압하지 않고 자유롭게 활동하게 하는 원리를 의미한다.

(4) 탐구의 원리

① 탐구란 문제 상황에 부딪혔을 때 이를 해결하기 위해 가설을 세우고, 자료를 수집하여 가설을 검증하고, 거기서 결론을 이끌어 내는 과정을 말한다.

② 끊임없는 경험의 개조를 성장으로 본 듀이는 탐구의 결론보다 그 결론에 이르는 과정을 중시하였다. 이와 관련된 수업방법이 바로 '문제해결법'이다.

(5) 흥미와 도야의 원리 중등 10, 초등 03

① 흥미란 거리가 있는 두 사물을 관련짓는 것으로 사람과 재료, 행위와 결과 사이의 거리감을 없애 준다. 그래서 경험 속에서 그 대상에 대해 자아가 몰입하도록 만들어 준다.

② 특정한 목적을 이루기 위해서 하는 활동에는 처음에 주어진 미완결 상태와 장차 이루고자 하는 완성 사이에 시간적 차이와 많은 장애가 존재한다. 이러한 차이는 시작과 완성을 일치시키려는 노력을 자아내며, 지속적인 주의와 인내를 요구한다. 이 과정에서 계속적인 주의력이 생기는 것이 바로 '도야'이다.

③ 계속적인 주의와 인내라는 의지가 생기기 위해서는 결과에 대한 끊임없는 관심, 즉 흥미가 필요하다. 따라서 흥미와 도야는 서로 반대되는 것이 아니라 서로 관련되어 있는 것이다.

02 본질주의(essentialism) 중등 02 · 06

1. 개요

① 1930년대 미국 교육사상을 지배하고 있던 진보주의에 대한 비판으로 제기된 교육운동이다.

② 본격적인 비판은 1938년 배글리(Bagley)를 중심으로 20여 명의 교육학자들에 의하여 선포된 '미국 교육 향상을 위한 본질파 강령'이다.

③ 본질주의자들은 진보주의자들이 지나치게 아동의 흥미와 자유를 존중한 나머지 진정한 문화유산의 전달을 망각하고 있다고 비판하였다.

④ 교육의 기능을 인류가 축적해 놓은 문화유산 중에서 가장 본질적이고 보편적인 것을 간추려서 다음 세대에 전달하는 것이라고 보았다.

⑤ 본질주의는 항존주의에 대해서도 비판적인 면이 있다. 그들은 문화유산을 강조하지만, 항존주의처럼 영원불변의 진리가 있다고 생각하지는 않는다. 따라서 본질주의자들은 학생에게 가르쳐야 할 '본질적인' 것들은 대개 이전 세대로부터 전수받은 것들이지만, 그것들이 영원불변한 것은 아니라고 보았다.

2. 본질주의 교육의 특징

① 학교는 인류의 문화유산 중에서 본질적인 사상과 핵심을 모든 학생에게 이해시키고 가르쳐야 한다.

② 지나친 자유는 방종이므로 아동, 학생의 자유에는 한계가 있어야 한다. 경우에 따라 교사의 통제도 필요하다.

③ 교육의 주도권은 아동이 아닌 교사에게 있어야 한다. 교사는 성인세계와 아동세계 사이의 중계자 역할을 담당해야 한다.

④ 학교는 심리적 훈련을 위한 전통적 교수방법을 계속 유지해야 한다.

⑤ 학습이란 필연적으로 어려운 일이고 응용을 포함한다. 따라서 학생의 교육에서 중요한 것은 바로 노력이다.

⑥ 교육과정은 인류의 문화유산 중 현재 생활에 유용한 핵심(essence)을 중심으로 구성되어야 한다.

⑦ 문화유산의 본질을 익히기 위해 기초학습의 철저한 훈련이 필수적이다. 따라서 생활의 기본 수단이 되는 3R's에 대한 철저한 훈련과 국어, 수학, 과학, 역사 등 기초적인 교과를 모든 학생에게 예외 없이 가르쳐야 한다.

3. 본질주의 교육원리

① 문화유산의 보존·전달

② 교재구성 방법: 논리적 구성

③ 교사 중심 교육

④ 흥미보다는 노력이 우선

⑤ 철저한 지적훈련

⑥ 아동중심에서 사회중심으로 전환

4. 본질주의와 진보주의의 차이

① 진보주의가 흥미를 강조한 반면, 본질주의는 노력을 강조한다. 아동의 감각적 흥미보다는 어려운 교과를 학습하여 문제를 해결할 때 발생하는 성취감을 흥미로 간주하고 이를 경험하기 위해 노력을 강조한다.

② 진보주의가 아동의 자율성을 강조한 반면 본질주의는 교사의 지도를 통한 교육에 관심을 둔다. 아동은 기본적 가치와 지식을 학습하고 진정한 자율성을 판단할 수준에 이를 때까지 교사의 안내와 지도를 따라야 한다.

③ 진보주의는 개인의 경험을 우선하지만 본질주의는 사회의 요구를 우선시한다. 본질주의는 사회의 공적 요구를 반영하여 교육을 구성할 것을 주장한다.

④ 진보주의는 아동의 경험을 교육내용으로 설정하였지만, 본질주의는 사회나 국가의 본질적인 문화유산을 중요한 교육내용으로 본다.

■ 진보주의와 본질주의의 교육관

구분	진보주의	본질주의
교육목적	경험의 재구성	문화유산의 전수
교육방법	학습자 주도의 활동	교사 주도의 훈련
교육의 중심	학습자의 필요와 흥미	본질적인 가치와 진리
교재구성의 논리	교재의 심리적 조직	교재의 논리적 조직
교육의 지향	가시적 목적	추상적 목적

5. 본질주의에 대한 비판

① 변화하는 문제에 대해 소극적으로 대처하는 측면이 있다.

② 문화적 유산의 근본적인 것을 보존해야 한다고 하지만 습관과 전통 그리고 전통과 본질적인 것을 구분하는 일은 쉽지 않다. 모든 전통이 본질적인 것은 아니다.

③ 본질주의의 보수성은 지적인 진보성과 창의성을 저해할 우려가 있다.

④ 교사의 주도권을 중시하여 아동의 자유를 간과하였다.

⑤ 특정 영역의 학문적 훈련을 강조하여 다양한 분야의 학문을 다루지 못한다. 자연과학을 중시하고 사회과학의 가치를 간과하였다.

03 항존주의(perennialism) 초등 11

1. 개요

① 본질주의와 마찬가지로 진보주의 교육에 대한 비판으로부터 출발한다. 본질주의와 항존주의 모두 진보주의를 비판한다는 점에서는 그 맥을 같이 하지만 본질주의가 주로 20세기의 소산임에 반하여 항존주의는 오랜 역사를 가진 철학적 신념이 20세기에 이르러 교육이론으로서 새로운 각광을 받게 되었다.

② 항존주의자들은 인간의 '이성'과 이를 담고 있는 '고전'을 중요하게 여긴다. 고전이란 학문이나 예술의 영역에서 영구적인 가치를 갖는 작품과 인류의 영구적인 문화적 업적이다.

③ 항존주의는 진리의 절대성과 불변성을 믿고 가역성과 일시성을 거부한다.

④ 대표적인 사상가는 허친스와 아들러로, 그들은 현대교육과 현대문명의 위기를 지적하고 이를 극복하기 위한 대안을 모색하기 위해 항존주의 교육사상을 주장하였다.

⑤ 허친스가 아들러의 도움을 얻어 시카고 대학의 교양과목으로 '위대한 고전 프로그램(the great books program)'을 창시한 것은 당시 교육을 비판한 대표적 사례이다.

2. 항존주의 교육원리

① 인간의 본성은 동일하기 때문에 교육도 모든 사람에게 동일해야 한다. 인간의 본성이 시공을 초월하여 같기 때문에 교육의 목적도 시공을 초월해서 같아야 하며, 동일한 교육목적이 모든 사람에게 동일하게 적용되어야 한다.

② 이성은 인간의 가장 큰 특징이다. 따라서 교육은 인간의 이성을 발달시키는 데 관심을 기울여야 한다.

③ 교육의 임무는 영원불변한 진리에 인간을 적응시키는 일이다. 현실적 세계의 지식은 변화하지만 진리는 영원히 변하지 않는다. 진리는 어느 곳에서나 동일하다. 따라서 교육은 어느 곳에서나 동일해야 한다.

④ 교육은 이상적인 삶을 영위하기 위해 준비하는 것이다. 교육이란 생활을 모방하는 것이 아니라 생활을 위해 준비하는 것이다. 생활을 위한 준비로서의 교육은 이상적 삶을 위한 준비를 뜻한다.

⑤ 학생들은 이 세상에서 가장 영원한 것으로 남아 있는 기초과목을 배워야 한다. 수학, 자연과학, 예술, 철학, 역사, 언어학, 국어 등의 교과는 영원불멸의 진리를 담고 있다. 따라서 이상의 교과를 중심으로 교육과정을 구성해야 한다.

⑥ 고전과 독서교육을 중요시한다. 고전 속에는 영원불변의 진리, 보편적인 진리가 들어 있다. 고전은 역사라는 긴 세월을 담아 온 지혜의 그릇이다. 인간의 본질은 과거나 현재나 동일하므로 고전은 과거 그 자체만으로 읽을 것이 아니라 현재를 위해 읽어야 한다.

3. 항존주의에 대한 비판

① 비민주적이다. 민주주의는 다양한 가치와 신념과 생활 방식을 허용한다. 이에 반해 항존주의는 유일하고 절대적인 가치체계를 숭상하기 때문에 민주주의의 기본 이념을 위협할 수 있다.

② 현실을 경시한다. 영원성과 연결시킴으로써, 현재의 문화적 경향성을 무가치하게 여기고, 현실에 적응하려는 노력을 과소평가한다.

③ 귀족주의적, 주지주의적 경향을 띤다.

▣ 항존주의와 진보주의 교육관

구분	항존주의	진보주의
가치론	영구적 성격의 가치관, 초자연적 세계의 존중	상대적 가치관, 현실적인 인간의 경험세계 존중
진리관	진리의 절대성, 항존성	진리의 상대성, 상황성
본질론	실제의 본질을 항구적·불변적 성격으로 간주	본질의 변화 가능성 인정
교육목적	미래 생활의 준비	현재 생활의 행복
교육과정	고전중심 교육과정	생활중심 교육과정
인식론	주지주의(인지주의)	반주지주의(경험주의)
교과	정신주의, 이성주의적 교과	물질주의, 과학주의적 교과
교육방법	항존적 진리와 지식의 형식을 활용한 형식도야론	학습자의 자유를 중시하는 소극적 교육방법

---

04 재건주의(reconstructionism)

1. 개요

① 1950년대 이후 미국에 등장한 새로운 교육사상이다. 재건주의의 대표적 사상가인 브라멜드(Brameld)는 진보주의, 본질주의, 항존주의 교육사상을 비판하고 새로운 교육사상을 모색하였다.

② 브라멜드는 재건주의 운동의 철학적·교육적 근거를 제공하였다. 그는 현대사회는 중대한 문화적 위기에 직면해 있으므로 반드시 개조되어야 하며, 그 선도적 구실을 해야 하는 것이 교육이라고 주장하였다. 그러므로 재건주의 교육이념의 핵심사상은 교육을 수단으로 하여 새로운 사회질서를 수립하는 데 있다.

▌ 브라멜드가 주장한 현대사회의 위험
- 인구의 폭발적인 증가와 기아
- 대지, 수질, 공기의 오염
- 인류 간의 긴장과 전쟁
- 도덕감각의 마비
- 생활, 건강, 교육 수준의 불균형
- 국가 간의 적대심과 증오심
- 급격한 과학의 진보
- 사이비 민주주의

2. 교육목적

개인의 사회적 자아실현과 사회의 민주적 개혁을 이루는 것이다.

3. 재건주의 교육관

① 교육을 통해 문화의 기본 가치를 충족시킬 수 있는 새로운 사회질서를 창조해야 한다.
② 새로운 사회는 민주적이어야 하며 그 사회의 제도, 기관들은 국민에 의해 지배되어야 한다. 따라서 교육도 민주적 교육이 요구된다.
③ 학교 교육의 성격은 여러 사회, 문화적 세력에 의해 영향받고 결정된다. 교육은 사회적 자아실현(social self realization)에 그 목적이 있기 때문에 교육을 통해서 인격의 사회적 측면을 발달시킬 뿐만 아니라 사회계획에 참여하는 방법까지 학습하게 된다.
④ 교육의 목적과 방법은 행동과학의 연구 성과에 근거해 구성해야 한다. 행동과학은 인간의 목적을 설정하는 데 있어서 역사상 처음으로 감상적·낭만적·신비적 근거를 배척하고 각 문화권에 공통적이며 보편타당한 근거에 의해 목표를 설정하려고 하기 때문이다.
⑤ 아동, 학교, 교육은 사회적·문화적 힘에 의해서 재구성되어야 한다. 물론 진보주의도 교육의 사회적·문화적 성격 및 협동적 성격배양을 중시하였지만 이는 개인주의적 입장에서 아동의 자유를 강조한 것이다. 반면 재건주의에서는 아동, 학교, 교육이 사회와 문화에 의해 규정되어야 한다고 보고, 사회적 자아실현을 강조하였다.

4. 재건주의에 대한 비판

① 미래사회를 어떤 가치관에 기초해서 세울 것인가에 대한 논증이 결여되어 있다.
② 행동과학을 유일한 방법으로 여기는, 즉 지나치게 맹신하는 데서 오는 한계성이 있다. 인간은 매우 복합적이고 유동적인 특성을 갖고 있어 행동과학이 인간의 제 특성을 과학적으로 설명하지는 못한다. 무엇보다 행동과학은 인간이 믿어야 할 최상의 가치가 무엇인지 말해주지 못한다.
③ 교육의 능력과 한계에 대한 비판이다. 사회 구성요소 중 하위요소에 해당하는 교육이 상위의 사회적 요소들의 변화를 이끈다는 데 무리가 있다.
④ 민주적인 방식에 대해 지나친 기대를 한다. 플라톤의 지적처럼 민주방식은 잘못되면 중우체제로 타락할 가능성이 있으므로, 민주방식이 최선의 방법인가에 대한 의문이 남는다.

구분	진보주의	본질주의	항존주의	재건주의
교육목적	학습자의 흥미, 필요	문화적 전통의 전수	항구적 지식의 훈련을 통한 이성적인 인간 형성	사회재건
교육내용	삶의 경험, 문제해결	역사, 과학, 외국어, 3R's	위대한 교과	사회과학
교육적 의미	아동중심 교육관의 확립	교사의 수업 주도권 인정, 본질적 지식의 구조 인정	문화유산에 내재한 항구적 진리의 재발견	교육의 사회적 역할 강조
대표학자	Dewey Kilpatrick	Bagley Ulich	Adler Hutchins	Brameld Stanley

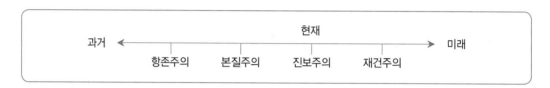

20세기 후반의 교육철학

Chapter 04

01 실존주의(existentialism) 중등 02 · 07 · 09 · 12, 초등 03 · 06

1. 철학적 배경

① 인간 자신의 내적 세계를 탐색하는 인간실존의 철학이며 자신의 주체적 자각, 결단, 실천을 강조하는 행동의 철학이다. 즉, 인간의 존재와 주체적 행위의 중요성을 강조한다.

② 실존주의는 인간실존의 구조와 본질을 밝히는 철학이며 인간이 상실한 자신의 모습을 되찾고 본래의 자신에게 귀환함으로써 자기소외, 자기상실 상태에서 자기회복, 자기귀환을 의도하는 철학이다.

③ 실존주의는 인간이 어떤 불변의 본질을 갖고 세상에 태어난다는 것을 부정한다. 인간은 자유의지를 지닌 존재로 이 자유의지에 의해 본질을 창조해가는 존재이다. 따라서 실존이 본질에 앞선다고 본다.

④ 하이데거, 키에르케고르, 사르트르, 마르셀, 부버, 볼노브 등이 대표적인 학자이다.

2. 실존주의 교육의 원리

① **인간 개체 중요성의 강조** : 학교의 임무는 개개인의 자유롭고 창조적인 개성의 신장과 자아실현을 돕는 것이다. 그러므로 교육과정은 개인적 학습자가 그 중심이 되어야 한다.

② **사회적 적합성에 대한 반항** : 인간은 인간적, 윤리적 주체성을 가질 때 가치가 있으므로 사회적 규범에 복종하는 예속적 개인이 아닌, 독립적이고 창조적으로 자신의 생활을 만들어 나가는 능동적 인간을 강조한다.

③ **전인교육 추구** : 진정한 의미의 실존은 지적 생활과 정서적 생활을 포함한 모든 생활 속에 살아있다. 그러므로 전인은 실존이 추구하는 목표이다.

④ **인격교육 강조** : 실존주의는 개인적 자유와 책임의 철학이다. 교육자는 각자에게 자기 행위의 가치를 슬기롭게 선택하는 능력을 기르도록 하는 동시에 그 결과에 대한 책임을 지는 태도를 길러주어야 한다.

⑤ **대화, 만남, 참여** : 교사와 학생들 간의 대화, 만남, 참여를 중시한다.

3. 실존주의 교육사상가

(1) 볼노브(Bollnow)

① 그는 교육을 연속성으로 보는 종래의 교육관에 반대하는 입장을 취하고 인간의 '삶의 과정'을 비연속적인 것으로 보았다.

② 인간은 점진적으로 성장하기보다는 위기, 각성, 충고, 조언, 만남, 모험, 좌절 등의 비연속적인 요소에 의해 비약적으로 성장할 수 있다고 보았다.

③ 인간이 높은 차원에 도달하기 위해서는 심각한 위기를 피할 수 없으며, 인간의 삶 속에서 위기적·부정적 계기는 학습자가 자기를 성장시키는 교육적 계기이다.

④ 실존적 비연속적 형식의 교육의 가능성을 위기, 각성, 충고, 상담, 만남, 모험과 좌절의 여섯 가지 개별현상으로 제시하였다.

⑤ 볼노브는 "만남이 교육에 선행한다."고 보았다. 이 말은 한 인간이 다른 한 인간에게 마음 전체로, 즉 인격적으로 끌리게 될 때 비로소 진정한 교육의 터전이 마련된다는 의미이다.

(2) 부버(Buber)

① 부버는 세계를 '나와 너'의 '인격적 세계'와 '나와 그것'의 '대상적 세계'로 나누고 있다. 부버는 인간과 인간 사이의 참된 대화와 직접적 만남을 통하여 형식적이고 기계적인 '나와 그것'의 대상적 세계에서, 참된 만남이 이루어진 '나와 너'의 인간적·인격적 세계로 전환할 것을 주장한다.

　　㉠ '나와 너'의 관계: 자신의 목적을 위해 타인을 이용하지 않는 직접적·상호적·근원적인 관계로 두 사람의 참된 이해 속에서 성립된다.

　　㉡ '나와 그것'의 관계: '나'는 타인이나 사물과 관계없이 어떤 목적을 위해 타인이나 사물을 이용한다.

② 교육은 인격적 만남의 세계인 대화적 관계에서 나타난다. 참다운 인간관계는 고립된 실존에 있는 것이 아니라 관계의 형성을 통해 나타난다고 본다.

③ 부버는 교사와 학생의 대화관계를 인격과 인격의 만남으로 본다. 따라서 교사는 학생의 자발성, 개성, 독립성을 존중한다.

4. 교육에 주는 시사점

① 교육에서 비연속적 형성 가능성에 주목하게 하였다.

② 인간을 보편화, 집단화, 획일화하는 현대 교육의 경향을 인간의 개성과 주체성을 존중하는 교육으로 전환시키려 하였다.

③ 학생 개인의 개성을 존중하여 전인교육이 이루어질 수 있도록 하였다.

④ 삶의 밝은 측면뿐만 아니라 어두운 측면까지 교육 영역에 끌어들임으로써 보다 진솔한 교육이 이루어지도록 촉구하였다.

5. 실존주의 철학에 대한 비판

① 개인의 독자성을 존중하고 개성을 소중히 여기는 등 개인의 존재 의의에 치중하여 사회적 측면을 경시하는 경향이 있다.

② 실존주의는 과학이 인간을 객체로 본다는 점에서 과학을 배격한다.

③ 자유로운 창조적 개인의 성장과 개성의 가치를 존중하므로 교과 지도자나 인격자가 아닌 자유인으로서 교사를 강조한다. 그러나 이러한 교사를 통한 교육은 인류의 소중한 문화유산 전달에 취약점을 지닌다.

④ 생의 과정을 비연속적인 것으로만 보려는 태도는 인간의 생이 비연속적인 영역과 보다 넓은 연속적인 영역을 동시에 가지는 이중성이라는 현실을 도외시한 것이라고 볼 수 있다.

02 구조주의(structuralism)

1. 철학적 배경

① 시간과 공간을 초월하여 자연과 인생에는 하나의 논리, 하나의 방식이 존재한다고 보는 입장이다.

② 구조주의의 대표적 학자로는 문화인류학의 레비스트로스, 정신분석학의 라캉 등이 있으며 교육학에서는 피아제, 콜버그, 알튀세, 부르디외, 번스타인 등이 구조주의적 성향을 지니고 있다.

2. 기본 입장

① **주체는 구조의 산물이다** : 실존주의와 대립되는 사상으로 실존주의가 개개인 간의 주체적 의식의 세계와 인간의 자주적 행위를 강조한다면, 구조주의는 인간 배후에 있는 무의식적 보편의 세계를 규명하고, 자주적 행위를 부정한다.

② **보편적 구조가 존재한다** : 인간의 언어, 사회구조, 정신 등을 지배하는 보편적인 구조가 존재한다고 본다. 개인의 특성은 보편적인 구조에 의해 마련된 가능성을 일정하게 조합하는 것에 지나지 않는다고 보았다. 구조주의에서는 이 구조가 시간과 문화적 상황에 관계없이 일정하다는 입장을 취한다. 즉, 구조가 모든 시대, 모든 상황에 공통적으로 적용된다고 보았다.

③ **연구대상** : 개별적인 사실들보다는 사실들 사이의 상호관계로 구성되는 체계(system)를 대상으로 하여, 인간의 의식과 행동을 규정하는 심층적인 구조를 밝히려고 하였다. 주체보다 구조를, 실체보다 관계를, 내용보다는 구조를 파악하는 방식은 이후의 사상들에도 영향을 미쳤다.

03 분석철학 중등 04 · 09, 초등 07 · 12

1. 분석철학의 개요

① 20세기의 대표적 철학의 하나인 분석철학은 특정한 철학의 체계나 내용이 아니라 철학적 방법론으로 볼 수 있다. 철학적 분석, 논리실증주의, 논리경험주의, 언어분석 등의 여러 사상을 토대로 하고 있다.

② 분석철학은 모든 과학과 일상적 지식의 명제, 개념의 의미를 분석적 방법으로 엄격하게 밝히는 것을 목적으로 하는 새로운 철학의 방법론이다. 일상생활에서 쓰이는 말들을 명백히 하고 정확히 함으로써 진정한 의미를 파악하는 것을 그 의미로 한다.

③ 대표적인 철학의 분석적 기능을 강조하는 것으로 어떠한 개념의 명료화와 진술의 논리적 타당성을 연구하는 것이 중요한 철학의 주제로 설정된다.

④ 교육에 있어서의 중요한 개념들의 의미를 명백히 함으로써 교육현상에 대한 참다운 이해를 도우며, 나아가서 교육의 실천원리들이 교육적으로 타당한가를 평가할 수 있는 비판적 안목을 갖도록 해 준다.

2. 분석철학의 교육원리

① 분석철학은 새로운 사실이나 원리를 발견하는 것이 아니라, 사람들이 사실이나 원리라고 믿고 있는 것을 점검하며, 그릇된 언어 사용을 바로잡아 줌으로써 보다 정확한 사고를 할 수 있게 도와주는 데 교육의 목적을 둔다.

② 분석철학에서 중요시하는 교육내용은 객관적이고 신뢰할 수 있는 지식이다. 교사는 모든 규범적인 명제를 신중하게 검토하여 그것이 과연 무엇을 의미하는가를 밝혀야 한다.

3. 교육방법상의 특징

① 교사는 교육내용을 명확하게 전달하여야 하고 논리학의 공식과 법칙을 준수하여 일관성 있게 추리하여야 한다.

② 교사가 주장하는 지식은 객관적이어야 하므로 전문가가 공식적으로 실증한 것이어야 한다.

③ 교사는 모든 논의에서 사용하는 언사와 규율을 명백히 해야 하며, 특정한 교육이념을 무비판적으로 수용하도록 하는 불분명한 정의와 표어 및 은유 등을 바로잡기 위해 분석법을 사용해야 한다.

4. 분석적 교육철학의 의의와 비판

① 분석철학의 교육적 의의

㉠ 사고의 엄밀성, 명료성을 가져다주었다. 분석철학은 우리가 사용하는 교육의 개념에 대한 명료화를 할 수 있도록 하였다. 교육학 연구에 분석적 방법이 적용됨으로써 교육학에 들어온 갖가지 불명료한 이론들이 다듬어졌으며, 교육학 자체의 학문적 성격도 더 분명해질 수 있었다.

      ⓛ 교육의 윤리적 차원을 분명히 해 주었다. 분석적 방법을 사용하는 사람들은 교화, 훈련, 벌, 자유, 권위 등의 개념을 분석하고, 이것들이 교육의 상황에서 정당하게 사용될 수 있는지를 검토하였다.

  ② 분석철학에 대한 비판

      ㉠ 바람직한 세계관이나 윤리관의 확립에 별 도움을 주지 못하였다.

      ㉡ 언어의 의미나 논리의 규칙은 언어를 사용하는 사람들의 사회적·시대적·문화적 상황에 따라 달라질 수밖에 없다. 따라서 언어의 의미 분석 작업은 결코 가치중립적일 수가 없다.

      ㉢ 체험적·가치 판단적·사회 역사적 요소를 배제한다.

      ㉣ 철학적 분석은 하나의 순간적인 활동일 뿐 지식의 탐구를 하지 못한다.

04 포스트모더니즘(post-modernism) 중등 03·05·07·09, 초등 00·01·04·10

1. 포스트모더니즘의 배경

  ① 포스트모더니즘은 계몽사상적 이성 혹은 합리성에 대한 믿음을 거부하고 보편적 이론이나 사상의 거대한 체제의 해체를 주장하는 경향을 의미한다.

  ② 20세기 산업사회의 지배적인 문화 논리를 이루었던 모더니즘(modernism)을 초월, 극복하자는 사상이다. 모더니즘이란 이성 중심, 계몽적 사고 중심, 객관적 과학을 강조하는 서양철학을 의미하는 것으로 합리적 논증 절차가 그 특징이다.

  ③ 절대주의적 사고나 신념의 붕괴, 권위주의적 제도나 행동에 대한 저항, 전체주의적 체제나 지배의 거부를 의미한다. 우리의 삶을 지배하는 지식, 가치, 제도는 인간 경험의 우연성에서 기인한 것이므로 상대성을 지닌다는 것이다.

◾ 모더니즘과 포스트모더니즘의 비교

	모더니즘	포스트모더니즘
진리관	절대적이고 보편적인 진리의 존재 인정	• 절대적인 진리의 존재 부정 • 인간과 사회의 다양성 인정
사회이론에 대한 입장	• 모든 사회, 모든 인간에 적용되는 거대이론 추구 • 대서사 지향 • 실제를 객관화한 이론의 추구	• 개인이나 소집단에 적용될 수 있는 국지이론 추구 • 소서사 지향 • 이론과 실제의 결합 추구
인간관	• 절대적 이성을 지닌 존재로서의 인간의 보편성 강조 • 사회와 독립되어 활동할 수 있는 인간 존재 강조	• 인간 이성의 절대성과 객관성 부정 • 인간은 환경과의 상호작용 속에서 자신의 것을 만들어 가는 존재 • 인간의 다양성 인정
지식관	보편적이고 객관적인 지식	• 지식의 현실성, 가치지향성, 역사성 인정 • 지식의 상대성, 주관성, 변화 가능성 강조

2. 포스트모더니즘의 특징

① 반정초주의(anti-foundationalism) : 도덕이나 여타 다른 영역에서 궁극적이고 절대적인 본질로서의 기초는 없다고 본다. 가치는 문화적 구성물이며, 시대에 따라 변하고 문화에 따라 다르기 때문이다.

② 다원주의(pluralism) : 다원적이고 상대적인 관점에서 모든 현상을 파악한다. 상이한 사회와 이익집단들은 그들의 특정한 필요와 문화에 적합한 가치를 구성한다고 본다. 사회에서의 다양성을 존중한다.

③ 대서사의 거부와 총체성의 해체

ㄱ) 포스트모더니즘은 모든 사람, 모든 사회에 적용될 수 있는 대서사(grand narrative)보다 개인이나 소집단에 초점을 맞춘 소서사에 관심을 둔다.

ㄴ) 리오타르는 모더니즘 시대에 정당화된 이론체계를 '대서사'라고 부르며, 포스트모더니즘은 대서사에 대한 거부를 특징으로 하고 있다고 말한다. 즉, 인간 해방, 국가 발전, 진보, 진리 등과 같은 대서사를 비판하고 그동안 대서사라는 중심부에서 소외된 가정, 지역사회, 청소년, 여성 등의 작은 이야기를 정당화한다.

④ 반권위주의(anti-authoritarianism) : 포스트모더니스트들은 모든 지식은 그 지식을 생산한 주체의 이익과 가치를 내포하고 있다고 본다. 따라서 이러한 이기적-집단적 이해관계를 없애기 위해서 지식과 관련한 일체는 반권위적이고 민주적인 방법으로 탐구되어야 함을 주장한다.

⑤ 소외된 타자에 대한 연대의식(solidarity) : 타자에 대한 관심과 연대의식을 매우 강조한다. 타자에게 해를 끼치는 억압적 권력, 조정, 착취, 폭력 등을 거부하며, 한 걸음 더 나아가 그들은 공동체, 존중, 상호협력의 정신을 증진시키고자 한다.

3. 포스트모더니즘과 교육

① 학교에서 가르치는 지식에 대한 전통적인 관점을 전환할 것을 요구한다. 전통적 교육이 포함하는 지식은 객관적이고 확실한 것으로 인식되었으며 교육이 추구하는 가치는 절대적이거나 보편적인 것으로 인식되었다. 포스트모더니즘은 이런 지식관과 가치관을 거부한다.

② 기존의 교육과정을 비판한다. 전통적인 교육과정은 지식 자체의 논리적 성격에 따라 교과를 분화시켜 왔다. 그러나 포스트모더니즘은 지식이 구성된 사회·문화적 맥락에 초점을 둔다. 그러므로 교육과정은 지식의 논리적 특성이 아닌 지식의 사회·문화적 특성에 근거해야 한다.

③ 학생에 대한 전통적인 견해를 수정할 것을 요구한다. 학생을 미성숙자라고 하여 그들의 목소리를 소외시켜서는 안 되며, 그들도 인간 주체임을 잊지 말아야 함을 강조한다. 그들은 학생을 수동적 존재가 아닌 학습내용을 재해석하고 재창조하는 능동적이고 주체적인 존재로 보아야 한다고 하였다.

④ 전통적인 교육방법의 전환을 요구한다. 전통적 교육의 획일적·일방적 방법을 교사와 학생, 학생과 학생 간의 개방적이고 비판적인 대화와 토론, 협동, 자율적인 참여와 창의적인 탐구의 방법으로 전환해야 한다고 제안한다.

⑤ 학생 중심의 교육을 지향하며, 열린 교육의 관점을 제공한다.

⑥ 학교문화 해석의 다양성을 요구하며, 현대사회의 다원성을 인정하고 존중한다. 따라서 포스트모 더니즘 시각에서 학교는 사회문화의 다양성과 다원성에 보다 민감해야 하며, 교사와 학생 모두 지역사회의 다양한 가치관과 신념을 존중해야 한다.

4. 포스트모더니즘의 교육적 의의와 한계

(1) 교육적 의의

① 교육에 대한 획일적이고 고정적인 사고의 틀에서 벗어나고자 하였다. 교육 현장 내에서의 작은 목소리를 존중하고, 과학적 · 합리적 이성의 극복과 그에 따른 감성적 기능을 회복하고자 하였다.

② 주지주의 교육과 전통교육의 문제점을 드러내 주었다.

③ 교육의 구조적 변화를 촉발하였으며, 공교육 체제에 대한 비판적 시각의 제공 및 대안교육 및 실험교육 활성화의 토대를 마련하였다.

④ 학교 교육에서 과학적 지식에 의해 소외되어 왔던 일상적 지식을 부각시켰다.

(2) 포스트모더니즘의 한계

① 전통교육을 대치할 만한 대안적 이론을 제시하지 못하였다.

② 다양한 교육적 가치에 대한 합의가 어렵다.

5. 푸코(Faucault)의 훈육론 초등 08

(1) 지식과 권력의 관계

① 근대국가로 들어오면서 폭력에 의한 지배가 효율성을 잃게 되자, 새로운 통제방법으로 등장한 것이 지식을 통한 내면적 통제이다.

② 권력은 끊임없이 지식을 생산해내며, 지식을 통한 감시가 이루어진다. 지식은 정당성 유지를 위 해 권력과 결합한다.

③ 푸코는 권력의 힘과 지식의 힘을 동일하게 보고, 그 관계를 '지식 — 권력(knowledge-power)'이 라고 표현하였다. 지식은 권력의 행사를 정당화해 주며, 역으로 지식은 자신의 정당성을 유지하 기 위해 권력을 필요로 한다.

(2) 훈육론

① 권력이 효율적인 통치를 목적으로 길들여진 인간을 만들어내기 위해 사용하는 다양한 기법과 전술을 말한다.

② 훈육은 구분, 규칙, 생성, 조직의 특징을 갖고 대상을 향하여 계획하며 행동을 지시하고 훈련시 키며 전략적으로 조직한다. 학교는 교도소에서 교도관이 수감자들을 감시하듯이 학생들의 행동 을 관찰하고 일련의 규칙에 따라 이를 판단한다.

③ 이러한 규율적 권력이 행사되는 대표적인 장소는 원형감옥(panopticon)이다.
- 판옵티콘: 주위를 둘러싼 원형의 건물 안에서 중앙부의 감시자는 볼 수 있지만, 개별 방의 감 시받는 자는 아무것도 보지 못한 채 완전히 보이기만 하는 장치

(3) 훈육을 위한 도구

① 관찰(감시)

㉠ 규율이 효과적으로 행사되기 위해 관찰이라는 수단으로 억압하는 기제를 필요로 한다.

㉡ 학교는 구성원들을 눈에 잘 띄게 감시할 수 있도록 설계된 원형감옥(판옵티콘)과 유사하다. 인간관리 장치의 최고 모델인 '판옵티콘'의 감시적 역할은 개개인의 행동을 규율하여 규격－규범에서 벗어나는 자를 처벌하기 위한 것이다.

② 규범적 판단

㉠ 모든 규율체제는 일정한 규범을 정하고 이에 위반되었을 때 처벌을 가하는 방식으로 구성원을 통제한다.

㉡ 이때 처벌은 이중적 효과를 갖는데, 그것은 교화 내지는 교정 효과와 보상 효과이다.

> 예 회사에서의 실적에 따른 차등분배 그리고 학교에서의 시험성적에 따른 차등대우는 처벌과 동시에 보상의 역할을 수행한다.

③ 시험(검사)

㉠ 모든 사람들을 동일한 사람과 다른 사람으로 구분하기 위해 계산 가능한 모습으로 분석하는 방법이다.

㉡ 시험문제를 만들고 시험을 보고 등급을 매기는 과정을 통해 권력은 특정한 지식을 만들고 사람들을 규격화한다. 사람들은 이 지식을 당연시하게 된다.

㉢ 학생들은 시험을 통해 매겨진 등급에 의해 자신을 일정한 부류의 인간(우수/열등, 정상/비정상)으로 인식하게 된다.

(4) 푸코 사상의 교육적 시사점

① 권력과 지식의 연결 개념과 관련하여 공교육의 교육과정은 보편적이고 중립적인 지식이라기보다는 권력의 이해관계를 보여준다.

② 훈육의 기술과 관련하여 학교 교육에서 시간표, 시험, 학교규칙, 학교시설, 분반 등을 통해 학생들을 분류하고 통제하는 기능을 한다는 점이다. 학생들은 이러한 제도에 의해 우수생/열등생, 모범생/문제아로 분류되고 자신이 그런 사람이라는 것을 내면화하게 된다.

---

05 비판이론 중등 09·11, 초등 12

1. 등장배경

① 비판이론의 출발은 1923년 독일 프랑크푸르트 대학의 사회연구소에 참여하였던 학자들의 연구들로부터 이루어졌다.

② 비판이론이란 현대사회에 대한 비판이론을 말한다. 비판이론의 특징은 현대사회를 비판하되 그 책임을 개인이 아닌 사회 또는 그 체제에 돌리는 데 있다. 그러나 체제가 변해도 인간이 변화하지 못하면 사회는 근본적으로 달라질 수 없다는 명제에 도달하여, '새로운 인간'을 요구하기도 한다.

③ 비판이론은 인간의 의식이나 지식이 사회적·정치적·경제적 제약하에서 형성된다는 인식하에 인간의 자유로운 의식의 형성을 억압하고 왜곡시키는 사회적·정치적·경제적 제약 요인들을 분석·비판하고자 하는 기본 입장을 갖는다.

④ 분석과 비판을 통하여 불필요한 사회적 억압이나 지배로부터 벗어난 자유롭고 합리적인 인간과 사회의 형성을 위한 방안을 제시하고자 한다. 즉, 인간과 사회의 해방이라는 목적을 실현하고자 한다.

2. 주요 개념

(1) 과학적 접근의 거부

① 비판이론가들은 비판이론이 자연과학이론과 어떻게 다른가를 밝히는 데 관심을 가지면서, 과학적 설명의 특징을 밝히고 이를 비판·거부한다. 인간사회에서 의미를 갖는 어떤 것도 '주어지거나', '자연적인' 것은 없다.

② 비판이론은 인간사의 모든 사실이 사회적으로 구성되고, 인간의 입장에서 결정·해석되며, 따라서 인간의 방법에 의해 변화된다고 주장한다.

(2) 계몽

① 비판이론가들은 비판이론을 받아들일 때 사회의 현실들이 명확하게 드러나게 된다고 주장한다. 그래서 비판이론은 사회적 삶의 실질적 조건에 대한 계몽을 한다.

② 계몽은 개인과 집단의 진정한 이해관계(이익이나 불이익)를 폭로하는 것이다.

(3) 해방

① 권력, 권위 그리고 자유의 본질과 한계를 탐구함으로써 어떻게 하면 보다 많은 자율성을 확보할 수 있을 것인가에 대한 통찰력을 제공할 수 있다고 주장한다.

② 과학적 이론과는 달리 무엇을 해야 하는가에 관한 지침을 제공하며, 세상을 명확히 밝힐 뿐만 아니라 세상을 변화시키는 데, 즉 불평등과 부당한 제약으로부터 해방시키는 데 이용될 수 있다고 주장한다.

(4) 도구적 합리성 비판

① 도구적 합리성은 목적보다는 수단에 몰두하는 것을 의미하며, 방법 및 능률성에 치중한다.

② '왜 그것을 하는가?' 또는 '어디로 가고 있는가?'보다는 '어떻게 할 것인가?'라는 질문에 치중함으로써 계량과 측정에 사로잡혀 있다.

3. 교육목표, 내용, 방법

(1) 목표

① 인격적 목표 : 자율적, 의식화된 인간상 구현

② 사회적 목표(정치적 목표) : 이상사회의 건설

(2) 교육내용

① 정치교육 : 이데올로기를 여러 국면에서 비판하면서 바람직한 체제에 대한 전망을 굳히는 의식화 교육이다.

② 인문교육 : 기술교육이나 직업교육보다 일반교육을 중시하여 삶과 역사를 올바르게 보는 시각을 키워주는 교양교육이다.

③ 여성해방교육 : 사회 안에서의 성차별과 성의 해방문제를 다루는 교육이다.

④ 사회과학교육 : 사회의 구조와 역사적 발전과정을 거시적 시각에서 보는 역사교육이다.

⑤ 이상사회 구상 : 복지사회(자본주의도 공산주의도 아닌)에 대한 꿈을 키우는 교육이다.

(3) 교육방법

① 학교와 사회의 관계 회복 : 학교가 사회 문제를 다루어 학습자가 사회 문제에 대한 인식을 깊게 하는 것이다.

② 학습자의 교육의 주체성 존중 : 학습자의 흥미, 자유, 가치 등을 존중하는 소극교육이다.

③ 갈등의 현장 견학 : 농성, 데모, 파업 등 사회인의 여러 집단행동을 자기 눈으로 보게 하여 문제의 초점이 무엇인가를 다져보게 하는 일이다.

④ 친교 : 동지적 유대감을 키워주기 위한 대화를 의미한다.

⑤ 갈등상황에 대한 문헌접근 : 여러 갈등현장의 문제들을 생생하게 기록한 문헌들을 접하게 한다.

4. 비판이론의 이론가

(1) 하버마스

① 의사소통적 합리성

㉠ 비판이론을 집대성한 하버마스는 교육적 방안으로 학습자의 문제해결력 증진을 제시하면서 교육활동과 교사·학생 간의 의사소통에 관심을 가졌고, 공동체가 문제해결에 사용할 수 있는 가장 효율적인 방법은 민주적인 문제해결 방법이라고 하였다.

㉡ 그는 공동체의 문제해결을 위해, 그리고 교실에서 학습자의 문제해결력을 발달시키는 데 필수적인 것은 구성원 간의 '열린 의사소통', 즉 폭력과 강제에 빠지지 않고 타당한 합의를 목표로 한 의사소통인 '의사소통적 합리성'이라고 생각하였다.

㉢ 일상적인 생활에서는 강제를 수반하는 듯한 의사소통이 존재하는 한편, 자연스런 상호이해를 지향하는 의사소통도 존재한다. 하버마스는 이것을 '의사소통적 행위'라고 불렀다. 생활세계의 '의사소통적 행위' 속에는 체계와 생활세계가 추구하는 합리성과는 다른 '의사소통적 합리성'이 있다는 주장이다.

② 이상적 담화상황

㉠ 대화나 토론에서는 토론 참가자 간에 왜곡되지 아니한 평등한 발언의 기회가 보장되어야 한다. 그는 이런 상황을 '이상적 담화상황'이라고 하였다.

㉡ 이상적 담화상황은 지배가 없는 상태이다. 모든 지배에서 벗어나 있는 토론은 이상적 담화상황에서 가능하다.

㉢ 하버마스에게 있어서 진정한 합리성은 '합의'이다. 이것은 곧 진리의 합의설이 된다.

(2) 프레이리

① 기존의 교육을 '은행저축식 교육'(banking education)으로 규정한 비판 이론가인 프레이리는 불합리한 사회적 요인의 분석·비판 능력을 '의식화'로 표현하고, 의식화 개념의 발달단계를 다음의 4단계로 나누어 설명하고 있다.

② 의식화 개념의 발달단계

㉠ **본능적 의식의 단계**: 가장 낮은 단계의 의식으로 원초적 욕구의 충족에 매몰되어 있다. 따라서 현실에 대한 역사의식이 거의 없으며, 억압적인 현실에 대한 문제의식도 존재하지 않는다.

㉡ **반본능적 혹은 주술적 의식의 단계**: 침묵문화의 지배적 의식수준을 형성한다. 자신의 사회문화적 상황을 '주어진 것'으로 받아들이며, 피할 수 없이 받아들여야 하는 것으로 간주한다. 자신의 삶과 생활의 모든 것은 운명에 의해 결정된다는 운명론과 자신을 부정적으로 파악하고 보잘것없는 존재로 인식하는 '자기비하'에 빠져 있다.

㉢ **반자각적 의식의 단계**: 대중적 의식이라고도 부른다. 자신을 둘러싼 사회·문화적 상황에 대한 문제의식과 의문이 제기되기 시작한다. 그러나 문제제기나 의문은 아직 소박한 상태로 대중지도자들에게 쉽게 조작될 수 있는 단계이다.

㉣ **비판적 의식의 단계**: 의식화 과정을 통해 형성된다. 인간에 의해 만들어진 비인간적 사회구조에 대한 합리적이고 격렬한 비판의식을 갖게 된다. 자신을 둘러싼 사회·문화적 환경에 대한 심각한 문제의식, 상황에 대한 정확한 인식, 논리적 사고, 다른 사람과의 토론에서의 자신감, 개방적 태도, 책임감 등이 이 단계에서의 일반적 특성이다.

③ 프레이리에 따르면 한 단계에서 그다음 단계로 발전하기 위해서는 학습이 필요하다. 이때의 학습이 '문제제기식 교육'이다. '문제제기식 교육'에서의 학습은 교사와 학생 상호 간에 가르치고 배우는 상호작용의 관계 속에서 이루어진다.

5. 비판이론의 의의와 비판

(1) 의의

① 실증주의의 문제점을 규명하였다. 실증주의는 가치를 배제하고 현상에 대해 가치중립적으로 기술하기 때문에 현실의 상황을 정당화하여 지배권력의 입장을 옹호하는 방향으로 나아간다. 또한 과학기술을 포함한 실증주의적 성과물의 악용에 대해 저항이나 반성적 통찰이 불가능하다. 실증주의적 사유방식은 가치 합리적 측면이 배제된, 도구적으로 축소된 목적합리성에 전적으로 의존하기 때문이다.

② 이성에 기초한 '대화를 통한 문제해결'을 제시하였다. 하버마스는 '의사소통적 합리성'에 근거하여 일상적으로 행해지는 언어행위가 궁극적으로 상호이해를 지향하고 있음을 보여주고자 한다. 언어행위 내에 이해 도달을 목표로 한 의사소통적 구조가 자리 잡고 있다는 사실은 결국 대화를 통한 문제해결이 원칙적으로 가능함을 의미한다.

③ 이데올로기 비판을 통해 교육이 재생산의 도구적 기능을 한다는 점을 밝혔다.

(2) 비판

① 인류의 문화유산을 전승·발전시키고 인간의 다양한 능력을 개발하는 것과 같이 사회의 유지 발전에 필요한 교육의 순기능을 인정하지 못하고 역기능만을 보게 하였다.

② 사회적 비판을 강조한 나머지 교육을 교육의 논리에 따라 해석하기보다 지나치게 사회, 정치, 경제의 논리에 의해 해석하는 경향을 띠게 됨으로써 교육의 진정한 의미와 가치를 고려 대상에서 제외하고 있다.

06 현상학(phenomenology) 중등 10

1. 개요

① 현상학은 후설(Husserl)로부터 출발한다. 철학으로서 현상학은 '삶의 철학', '실존주의', '해석학'과도 긴밀한 연관관계가 있다.

② 이러한 점에서 하이데거(Heidegger), 사르트르(Sartre), 메를로 퐁티(Melreau-Ponty)와 같은 실존주의 및 해석학자 또한 동시에 현상학자로 분류되기도 한다.

③ 현상학은 우리의 의식에 주어진 경험을 아무 전제 없이 인식하려는 데 특징이 있다. 이러한 점에서 후설은 실증적 과학주의를 비판한다. 실증적 과학주의에서는 인간의식에 떠오르는 경험을 수학적으로 등식화하고 양적으로 측정할 수 있다고 본다.

④ 현상학에서는 생활세계에서 얻어지는 개체 경험의 원초적 본질은 오직 '직관'을 통해서만 파악될 수 있다고 본다. 현상학에서 말하는 직관이란 '판단중지'와 '환원'과 같은 일련의 현상학적 수속 과정을 동반하는 '본질직관'을 의미한다.

⑤ 인간 의식은 능동성이 있어서 주변의 대상을 그대로 받아들이지 않고 자신의 개념과 이미지를 결합하여 파악한다.

⑥ 앎 역시 의식 밖의 객관적 대상 때문이 아니라 인간의 내재적인 '의미부여 작용'을 통해 이루어진다.

2. 학문적 특성

① 현상학에서의 진리파악 방식은 '본질직관'에 있다. 현상학적 직관이란, 대상의 살아 있는 고유한 특성을 나의 의식에 의해 직접적, 감각적으로 파악하는 앎의 방식을 말한다.

② 현상학에서 추구하는 진실한 진리는 대상이 놓여 있는 생활세계 속에 존재한다고 본다. 따라서 현상학에서는 살아있는 경험의 세계를 통해 파악되는 인식대상과 그것을 통해서 추구되는 앎이 존중된다.

③ 현상학은 지식에 대한 이원론적 관점을 부정한다. 앎의 주체와 대상을 구분하는 이분법적 태도를 비판하며, 그것은 자연과학적 태도의 전형이라고 본다.

④ 현상학적 방법은 '현상학적 태도'에 그 근간을 둔다. 현상학적 태도란 주어진 경험을 주어진 그 대로 인식하고자 하는 연구자의 경험의 열린 태도에 기초한다.

3. 교육에 주는 시사점

① 현상학은 지식이 인식 주체와 분리될 수 없음을 시사하고 있다. 지식을 얻는 과정에서 주관적인 요소가 필수적이기에 객관적이고 보편적인 지식은 불가능해진다. 따라서 교육내용이 객관적이고 보편적이라는 전통적 교육과정관에 비판적이다.

② 교육방법에서도 학습자에게 강제적으로 지식을 주입하기보다는 학습자의 주관을 중요시해야 함을 시사한다.

③ 구체적인 생활환경 속에서 지각이 이루어지고 이를 통해 지식이 획득된다면 구체적인 경험과 유리된 지식은 무의미하게 되므로 구체적인 생활환경 속에서의 학습이 요구된다.

▌ 메를로 퐁티 초등 01

① 메를로 퐁티는 인간은 신체를 통해 세계와 연결된다고 보았다. 즉, 인간은 몸을 통해 세계를 지각한다.

② 인간은 이 신체로 인하여 비로소 세계에 거주할 수 있다고 본다. 메를로 퐁티가 문제삼는 신체는 단순히 '객체적 신체'를 의미하는 것이 아니라 '현상적 신체'이다.

③ 신체를 통해 세계와 관계한다는 것은 신체를 움직여 어떤 행동을 하기 때문에 대상을 지각한다는 의미이다.

우리는 우리가 바라본 것만을 본다. 눈의 운동이 맹목적인 경우 그것이 어떻게 사물을 종합할 수 있을까? 눈의 운동이 단순히 반사운동에 지나지 않는다면 그리고 눈의 운동 속에서 시각장이 미리 예정되어 있지 않다고 한다면, 어떻게 될까?
— 메를로 퐁티 『눈과 마음』

---

07 해석학(hermeneutics)

1. 개요

① 해석학의 기원은 신의 전령을 의미하는 '헤르메스(Hermes)'에서 유래한다. 희랍인들은 신화를 해석하기 위한 기술을 개발하고 이를 '해석학'이라고 칭하였다.

② 본래 해석학은 작품의 의미를 탐구하고 그 가치를 탐구하려는 방법론에서 출발하였으나, 현대에는 현상학의 영향으로 텍스트뿐만 아니라 교육을 포함한 인간행위의 의미를 이해하려는 방법으로 확대되어 언어, 의사소통, 대화에 관심의 초점을 두고 있다.

2. 딜타이(Dilthey)

① 인간의 삶은 자연과학적 방법이 아니라 인간행위의 의미를 맥락과 연관하여 파악할 수 있게 해 주는 정신과학적 방법을 통해 가능하다고 보았다.

② 자연과학은 외적 감각경험에 의존하는 설명의 과학인 반면, 인간과학은 내적의식 경험에 의존하는 이해의 과학이라고 보았다.

③ 딜타이의 해석학적 기본 개념은 '삶(체험)', '표현', '이해'이며, 해석적 활동의 궁극적 목표인 이해는 삶의 표현들과 직접적으로 관련이 된다.

④ 딜타이는 모든 텍스트(text)는 해석되어야 한다고 말하고 있다. 이때의 텍스트는 언어, 문헌, 작품, 역사적 사물로 표현된 인간의 의식과 인간의 행위를 포함한다.

3. 가다머(Gadamer)의 '철학적 해석학'

① 가다머는 우리의 이해를 가능하게 하는 기반으로 전통의 개념을 중시한다.

② 전통이란 우리가 다른 사람, 사물을 이해하게 하고 생각할 수 있게 해 주는 아이디어, 신념, 실제의 집합체로 이에 토대해서 텍스트를 파악한 다음 그 지평을 넘어 새로운 이해로 나아가게 된다고 보았다.

③ 그래서 교수를 전통 안에서의 대화로 파악한다. 대화를 통해 교사와 학생은 각각의 입장을 변화시켜 새로운 이해를 향하여 가게 된다는 것이다.

08 신자유주의

1. 신자유주의의 배경

① 아담 스미스(A. Smith)의 고전적 자유주의에서 강조하는 시장 경쟁체제로의 복귀를 통해 최대의 이익 추구를 목적으로 한다.

② 경제뿐만 아니라 사회 여러 영역에서 자유경쟁의 방법을 적용하여 경쟁력과 효율성을 높이고자 하였다.

③ 1970년대 후반 서방 국가는 국가의 시장 개입과 복지정책 때문에 시장경제가 위축되고 불황에 빠지게 되었다. 정부는 그 대안으로 국가의 시장 개입을 철회하고, 조직의 효율성을 극대화하기 위해 시장경제체제로 돌아섰다.

2. 신자유주의 교육의 원리

① 교육을 하나의 '상품'으로 규정하고 학교를 공급자, 학부모나 학생을 소비자로 규정한다.

② 교육은 개인 간 매매할 수 있는 하나의 민간재에 불과하다.

③ 공공영역에 속하던 학교를 사적 영역으로 이동시키면, 교육활동에 대한 국가의 통제가 완화되어 단위학교의 자율성이 보장되며, 그동안 국가가 책임지고 제공해 온 교육비도 삭감하여 시장의 자유경쟁에 맡기게 된다.

④ 교육소비자는 자신의 필요에 따라 학교와 프로그램을 자유롭게 선택할 수 있다.

3. 신자유주의의 의의와 한계

(1) 의의

① 학교는 경쟁에서 살아남기 위해 학부모와 학생이 원하는 교육 서비스를 공급할 것이다.

② 교육수요자들의 학습권이 존중될 수 있다.

③ 타율적이고 경직된 교육제도를 자율적이고 탄력성 있는 교육제도로 바꿀 수 있다.

(2) 한계

① 경제적 빈익빈 부익부가 교육의 불평등을 초래할 수 있다. 소수 엘리트와 부유층이 교육시장에서 좋은 학교, 좋은 프로그램을 선점할 가능성이 높다.

② 학교는 상품이 아니므로 교육의 본질적 속성인 민주적 공동체의 형성이라는 역할에 소홀하게 된다.

01 교육과정의 기초

교육과정의 정의

교육과정의 분류
├─ 기본 성격에 의한 분류
│   ├─ 공식적 교육과정
│   ├─ 실제적 교육과정
│   ├─ 영 교육과정
│   └─ 잠재적 교육과정
└─ 교육과정 개발 수준에 의한 분류
    ├─ 국가 수준의 교육과정
    ├─ 지역 수준의 교육과정
    └─ 학교 수준의 교육과정

04 교육과정 개발절차

교육목표의 설정
├─ 교육목표의 진술
└─ 블룸의 교육목표 이원분류

교육내용(학습경험)의 선정
├─ 교육내용 선정의 원리
└─ 교육내용의 선정방법

교육내용의 조직
├─ 수직적 조직
│   ├─ 계속성
│   ├─ 계열성
│   └─ 수직적 연계성
└─ 수평적 조직
    ├─ 범위
    ├─ 통합성
    ├─ 수평적 연계성
    └─ 균형성

교수·학습 방법의 선정 ── 강의법, 문답법, 토의·토론법, 문제해결 학습, 발견학습, 프로그램 학습, 협동학습 등

학습 성과의 평가 ── 교육목표 달성 여부 확인

02 교육과정의 역사와 유형

교육과정의 역사
├─ 스펜서
└─ 보비트

교육과정의 유형
├─ 교과중심 교육과정
├─ 경험중심 교육과정
├─ 학문중심 교육과정
├─ 인간중심 교육과정
├─ 통합 교육과정
├─ 잠재적 교육과정
├─ 영 교육과정
└─ 역량중심 교육과정

05 교육과정의 실제

학교 수준 교육과정 개발과 교육과정 재구성
├─ 학교 수준 교육과정 개발
└─ 교육과정 재구성

교육과정 실행
├─ 스나이더의 교육과정 실행에 대한 관점
│   ├─ 충실도 관점
│   ├─ 상호적응 관점
│   └─ 생성 관점
└─ 홀(Hall) 외 교사의 관심에 기반을 둔 수용 모형(CBAM)
    ├─ 교사의 관심 정도
    └─ 실행 수준

2022 개정 교육과정

자유학기제

03 교육과정 모형

목표모형
├─ 타일러의 합리적 모형
└─ 타바의 귀납적 모형

브루너의 지식의 구조(교육내용으로서의 지식)

역동적 상호작용 모형
├─ 워커의 자연주의적 모형(숙의모형)
└─ 스킬벡의 학교중심 교육과정 개발

교육과정 재개념화
├─ 파이나의 재개념주의 이론
├─ 애플의 재개념주의 이론
└─ 아이즈너의 예술적 교육과정 개발 모형

백워드 설계모형
├─ 바라는 결과 확인하기(목표 설정)
├─ 수용 가능한 증거 결정하기(평가계획의 수정)
└─ 학습경험과 수업 계획하기

PART
07

교육과정

교육과정의 기초

Chapter 01

01 교육과정의 정의

1. 교육과정의 어원 초등 01

① 교육과정을 영어로는 curriculum이라고 한다. curriculum이라는 낱말의 어원은 라틴어의 currere이며 currere는 '뛴다', '달린다'는 뜻으로 경마장의 '경주로'를 따라 달리는 것을 말한다.

② 이 용어의 의미는 두 가지로 해석할 수 있다. 첫째는 말이 달리는 경주로(race course)이고, 둘째는 달리는 경주 행위(running)를 의미한다. 경주로라는 의미에서는 학생이 입학해서 졸업할 때까지 달려가는 정해진 코스가 곧 커리큘럼이 된다. 둘째는 학습경험이나 과정과 연관된다.

③ 학생들이 공부한다는 것은 일정한 순서에 의해 배열된 코스에 따라 달리는 것을 의미하기 때문에 어떠한 방향만이 아니고 내용도 가지고 있음을 알 수 있다. 그러므로 course of study와 같은 뜻으로 쓰이는 curriculum의 의미는 '학생이 학습할 내용을 일정한 순서에 따라 조직하고 배열한 것'이라고 할 수 있다.

④ 전통적으로 교육과정은 주로 학교 교육과정을 의미하고, 학교 교육과정은 '무엇을', '어떻게', '왜' 가르칠 것인가라는 질문을 다루는 학문영역 또는 실천영역을 뜻하는 것으로 간주되어 왔다.

2. 교육과정의 개념

(1) 교과 내용으로서의 교육과정(교수요목)

① 교육과정을 교과서나 교과개요 또는 교사용 지침서의 내용과 같은 것으로 생각하는 입장이다. 교과 교육과정이란 용어를 사용하기도 한다.

② 허친스(Hutchins)와 같은 항존주의자들은 교육의 유일한 목적을 지력 계발에 두고, 교육과정은 이러한 지력 계발에 도움을 줄 수 있는 영구불변의 진리로 구성되어야 한다고 하였다.

③ 전통적으로는 동양의 사서삼경(四書三經 : 논어, 맹자, 중용, 대학/시경, 서경, 주역)과 서양의 7 자유학과(3학 4과 : 문법, 수사학, 변증법/산술, 기하, 천문, 음악)가 포함된다.

④ 장점 : 역사적으로 가장 오래되었고 널리 알려져 있어 편리하고 학교 교육의 대부분이 교과별로 이루어져 있어 교육과정을 편성하기에 편리하다.

⑤ 단점 : 교과는 근거한 학문의 내용과 조직의 테두리를 크게 벗어나지 못함으로써 교과와 학습자 사이의 불연속성, 삶의 요구와 실제에서 분리된 교과의 존재 등에 대한 비판이 있다.

(2) 학습경험으로서의 교육과정

① 교육과정이란 교사의 지도 아래 학생들이 갖게 되는 모든 경험으로 구성된다(Casewell, Campbell).

② 교육과정은 학교의 보호 감독 아래 학습자가 지식과 이해를 획득하고, 기능을 개발하고, 태도와 감상과 가치를 바꾸게 되는 모든 형식적·비형식적 내용과 과정이다(Doll, 1980).

③ 듀이(Dewey)는 '교사는 학생들의 개인적 성장을 위한 촉매자이며, 교육과정이란 교사와 학생 간의 대화에서 야기되는 의미와 방향성을 경험하는 과정'이라고 보았다.

④ 교육과정을 학생이 겪게 되는 학습경험이라고 규정할 때, 몇 가지 특징이 포함되어 있다.

    ㉠ 경험은 성인 중심의 경험이 아니라 학생 중심의 경험이어야 한다.

    ㉡ 경험의 종류나 범위를 문화인류학적인 관점에서 확대하려는 노력이 포함되어 있다.

    ㉢ 경험으로 교육과정을 생각하게 됨에 따라 종래에 과외활동으로 간주되던 여러 특별활동들에 대한 인식이 새로워졌다.

    ㉣ 조직화된 지식으로서의 교육과정이 가르치는 사람의 입장에서 진술되는 데 비해 학습자의 입장에서 교육과정을 본다.

(3) 문서 속에 담긴 교육계획(학습계획으로서의 교육과정)

① 학습계획으로서의 교육과정은 의도된 것이다. 자연발생적으로 우연히 존재하는 것이 아니라 어떻게 하는 것이 인간을 올바르고 가치 있게 발달시킬 수 있는가에 대한 신념을 바탕으로, 가르치기 전에 미리 준비된 계획이다.

② 교육과정이란 의도된 계획으로서 추상적, 상상적으로 머리에 그려져 있는 계획이 아니라 문서화를 통해 제시된 계획이다.

③ 문서 속에 담긴 교육목적과 교육내용의 체계, 그리고 이를 효과적으로 전달하기 위한 교육방법, 교육평가, 교육운영 등에 대한 종합계획을 가리킨다.

(4) 학습결과로서의 교육과정

① 교육적인 노력이 계획에만 집중된다거나 그 계획의 실천을 위한 과정 그 자체에만 최선을 다하면 된다는 생각에 머물지 않고, 그 결과에 대해서도 책임을 느끼고, 책임을 져야 한다는 생각에서 새로운 관점의 교육과정 정의를 다시 내리게 하였다.

② 학습계획으로서의 교육과정의 관점에 한 가지를 더 추가하여 학습결과로서의 측면을 강조하게 된 것이다.

③ 교육과정의 개념을 크게 '의도된 어떤 것'과 '실현된 어떤 것'으로 나누는 관점에서 후자가 결과를 중심으로 교육과정의 개념을 형성하고자 한 정의들의 공통되는 속성이다.

02 교육과정의 분류

1. 교육과정의 유형(기본 성격에 의한 분류)

(1) **공식적 교육과정(official curriculum)**

① 공적인 문서 속에 담긴 교육계획을 말한다.

② 우리나라에서는 국가 수준의 교육과정, 시·도 교육청의 교육과정 지침, 지역 교육청의 장학자료, 학교 교육과정 등이 공식적 교육과정에 속한다고 할 수 있다.

(2) **실제적 교육과정**

① 공식적 교육과정은 문서화된 교육과정으로 국가, 지역, 학교 수준의 교육과정 지침이나 교육계획을 담고 있다. 이에 반해 실제적 교육과정은 가르친 교육과정(taught curriculum), 학습된 교육과정(learned curriculum), 평가된 교육과정(tested curriculum) 등으로 나눌 수 있다.

② 가르친 교육과정은 교사들이 교실에서 실제로 가르친 교육내용을 의미하며, 학습된 교육과정은 학생들이 실제로 학습한 교육내용을 말한다. 평가된 교육과정은 중간고사나 기말고사, 지필평가나 관찰평가, 서술식 평가나 객관식 평가, 자격고사나 선발고사 등의 평가를 통하여 사정되는 교육내용을 가리킨다.

(3) **영 교육과정(null curriculum)**

① 영 교육과정에는 두 가지 의미가 있다.

② 배울 만한 가치가 있는데도 불구하고 공적인 문서에서 빠진 내용을 가리킨다.

③ 또 다른 의미에서 영 교육과정의 영의 의미는 '학습할 기회가 없는(zero에 가까운)'이라는 뜻이다. 어떤 내용이 공식적 교육과정에 포함되어 있다 하더라도 학습할 기회가 없었다면 영 교육과정에 속한다.

(4) **잠재적 교육과정(hidden curriculum)**

① 학교나 교사의 계획과는 무관하게 학교생활을 통해 학생이 얻게 되는 모든 경험을 말한다.

② 학교의 드러나지 않은 기능 때문에 학생들에게 영향을 끼치는 교육과정이라는 점에서 잠재적이라고 부른다.

2. 교육과정 개발 수준에 의한 분류

(1) **국가 수준의 교육과정**

① 국가 수준의 교육과정이란 교육에 대한 국가의 의도를 담은 문서 내용을 말한다.

② 국가의 교육목적, 내용기준, 학생의 성취기준, 교육기관 및 교육행정기관의 교육과정 운영 기준 등을 포함한다.

③ 우리나라에서는 교육부 장관이 교육 관계법령에 의거하여 결정·고시하며, 초·중등학교에서 편성·운영해야 할 교육과정의 목표(교육목적), 내용(내용 및 성취기준)·방법·평가·운영(교육과정 운영 기준) 등에 관한 기준 및 기본 지침을 담고 있다.

④ 장점: 교육과정의 표준화로 학교 교육의 질 관리가 용이하며, 학생들이 진학하거나 학교를 옮겼을 때도 교육과정의 일관성과 연속성을 보장할 수 있다는 이점이 있다.

⑤ 단점: 각 지역이나 학교의 특성을 반영하지 못하며, 너무 구체적이거나 상세하게 규정되면 지역이나 학교의 자율성과 교사의 전문성을 해치게 된다.

⑥ 따라서 국가 수준의 교육과정은 최소한의 기본적이고 필수적인 기준만을 담아야 하며, 그 개발에 있어 지역이나 학교 현장의 목소리를 많이 담아낼 수 있도록 다양한 의견을 조사하고 반영하여야 한다.

(2) 지역 수준의 교육과정

① 교육에 대한 지역의 의도를 담은 문서 내용을 말하며, 국가 수준의 기준과 학교의 교육과정을 연결하는 교량역할을 한다.

② 각 시·도와 지역의 특성, 필요, 요구, 교육기반, 여건 등의 제 요인을 조사·분석하여 전국 공통의 일반적 기준인 국가 수준의 교육과정을 조정하고 보완하며, 그 결과를 학교 교육과정에 반영하는 데 목적이 있다.

③ 장점: 지역 수준 교육과정의 개발과 운영은 지역의 특수성을 반영하고 지역 교육청(시·도 교육청과 시·군·구 교육청)의 교육문제 해결능력을 신장하며, 교육 관련 전문성을 키울 수 있다.

④ 단점: 시간, 인력, 비용 등의 부족으로 질이 낮아지고, 지역 간의 교육 격차가 심화될 수 있다는 위험도 갖는다.

⑤ 우리나라에서는 지방교육자치에 관한 법률 제22조에서 규정하고 있으며, 대개 국가 수준의 교육과정에서 위임받은 사항의 수행과 관련된다. 시·도 교육청에서는 교육과정의 편성·운영 지침을 작성하며, 시·군·구 교육청에서는 장학 자료를 개발하여 학교 교육과정을 안내하고 통제한다.

(3) 학교 수준의 교육과정

① 학교의 실태를 반영하고 학부모와 학생들의 특성과 요구를 고려하여 교육에 대한 학교의 의도를 담은 문서 내용을 말한다.

② 학교 교육과정이란 국가에서 고시한 교육과정 기준과 시·도 교육청에서 제시한 교육과정 편성·운영 지침을 근거로 하여 지역의 특수성과 학교의 실정, 학생의 실태에 알맞게 각 학교별로 마련한 당해 학교의 구체적인 실행 교육과정을 의미한다.

③ 학교 수준 교육과정은 교육목표, 내용, 방법, 평가, 운영방식 등을 핵심으로 구성한다. 우리나라 제7차 교육과정에서 강조하는 학교 수준의 교육과정은 국가가 결정한 교육목적을 실현하기 위하여 국가와 지역 수준의 교육과정 지침을 바탕으로 구성한다.

④ 학교 수준의 교육과정은 교육의 효율성, 교육의 적합성, 교사의 자율성과 전문성, 교육의 다양성, 학습자 중심 교육의 실현 등을 위해서 필요하다.

⑤ 학교 수준의 교육과정이 원래 의도한 목적을 달성하기 위해서는 교육과정 관련 권한을 학교에 대폭 이양하고, 교장 및 교사가 교육과정 개발에 대한 관심과 지식, 능력을 지니며, 이를 발휘할 수 있는 여건이 마련되어 있어야 한다.

⑥ 필요성

ⓐ **교육의 다양성 추구를 위해**: 획일화된 교육내용과 방법, 교육환경을 탈피하여 학생, 교원, 학교의 실정에 맞는 다양한 교육으로 변화되려면 단위학교 중심 교육과정의 편성·운영이 필요하다. 학생 개개인의 적성에 따라 모든 학생이 성공할 수 있도록 개별 교육을 실천하려면 '교과서 중심'에서 '교육과정 중심' 학교 교육으로 전환되어야 학교 교육의 다양성을 실현할 수 있다.

ⓑ **교육의 효율성을 높이기 위해**: 국가 수준 교육과정을 학교 실정에 맞게 재구성함으로써 학교의 교육과정을 탄력적으로 운영할 수 있다. 그 결과 교육의 효율성을 높일 수 있다.

ⓒ **교육의 적합성을 높이기 위해**: 지역이나 학교의 특수성, 교육의 실태, 학생·교원·학부모의 요구와 필요를 반영하여 학교 교육의 중점을 설정·운영함으로써 학교 교육의 적합성을 높일 수 있다.

ⓓ **학습자 중심의 교육을 구현하기 위해**: 학생의 다양한 요구와 흥미, 적성을 수용하고 교육내용에 대한 학생의 선택권을 확대하려면 학생의 발달단계에 알맞은 학교 교육과정이 필요하다.

ⓔ **교원의 자율성과 전문성 신장을 위해**: 학생의 능력과 욕구, 학교의 지역적 특성을 잘 아는 교사들이 학교 교육과정 편성·운영 과정에 적극 참여하도록 함으로써 자율성과 전문성을 신장시킬 수 있다.

Chapter 02 교육과정의 역사와 유형

01 교육과정의 역사

1. 스펜서(Spencer) : 현대 교육과정 논의의 시작

(1) 개요

① 스펜서는 '어떤 지식이 가장 가치 있는 지식'인지에 대해 논의하면서, 무엇을 가르칠 것인지에 관한 교육내용의 선정준거에 대해 문제를 제기하였다.

② 그는 교육목적을 '완전한 생활을 준비시키는 것'에 두고, 이러한 목적을 달성하는 데 필요한 교육내용으로 유용하고 가치 있는 지식을 가르칠 것을 제안하였다.

③ 완전한 생활을 준비시키는 교과로 '과학'이 가장 중요함을 강조하면서, 완전한 생활의 준비에 필요한 지식으로 다음의 다섯 영역을 제시하였다.

(2) 5개 활동영역과 교과지식

① 직접적인 자기 보존에 기여하는 활동 : 생명의 안전과 건강에 관한 과학, 특히 생리학

② 생활에 필요한 물질 획득에 도움이 되는 간접적 자기 보존에 기여하는 활동 : 의식주 등의 생활필수품 확보와 관련된 자연과학과 인간사회의 원리를 알게 하는 사회과학

③ 자녀의 양육과 교육에 대한 활동 : 가사와 심리학

④ 적절한 사회적 · 정치적 관계 유지에 관련한 활동 : 역사와 공민학

⑤ 생활의 여가를 즐기는 활동 : 시, 음악, 미술

(3) 교사가 준수해야 할 아동지도의 원리

① 단순한 것에서 복잡한 것 순으로

② 막연한 지식에서 명확한 지식으로

③ 구체적인 것에서 추상적인 것으로

④ 개인의 지식 생성과정은 종족의 지식 생성과정을 반복하게 하며

⑤ 체험에서 이론으로

⑥ 자기발전의 과정으로

⑦ 아동의 흥미에 기초하여 가르쳐라.

(4) 의의

① 스펜서의 교육론은 전근대사회와 근대사회를 나누면서 근대사회에서 필요한 교육을 기능적으로 정의하였다. 농업 봉건사회, 계급 신분제사회에서 도시 산업사회의 노동자와 민주 시민의 대중들에게 지 · 덕 · 체를 기르는 교육이되, 귀족을 위한 것이 아닌 과학적 기반을 지닌 지식에 대해 우선순위를 두고 교육할 것을 주장하였다.

② 그의 사상은 20세기 교육이 지·덕·체 3육의 고른 교육, 민주사회의 대중교육과 공교육의 교육과정 발전에 영향을 미쳤다.

2. 학문영역으로서의 확립 : 보비트(Bobbitt) 초등 07·12

(1) 개요

① 보비트는 테일러의 과학적 관리론을 교육행정에 처음 도입한 학자이다. 교육과정에 대한 그의 견해는 보비트가 1918년에 저술한 『교육과정(The Curriculum)』에 잘 나타나 있다.

② 책에서 그는 학교는 아동이 성인세계에 적응할 수 있도록 준비시키는 기관이므로, 교육과정은 아동이 성인의 세계에서 접하게 될 과제를 적절히 수행하도록 준비시키기 위하여 분명하고 구체적으로 구성되어야 한다고 주장하였다.

③ 이후 그의 생각은 여러 학자에 의해 찬사와 비판을 받았으며, 특히 진보주의자들에게 비판을 받았다.

(2) 성인생활의 준비로서의 교육

① 보비트는 "교육은 인간이 원만한 성인생활을 꾸리는 데 또는 꾸려가야 하는 데 요구되는 온갖 활동을 준비시켜 주는 것이다.", "교육은 성인의 삶을 위한 것이지, 아이들의 삶을 위한 것은 아니다. 교육의 기본적 책무는 성인기 50년을 위한 것이지, 청소년기 20년을 위한 것이 아니다."라고 말하였다.

② 그는 교육을 성인 생활을 위한 준비로 보고, 교육과정을 성인이 되어 할 일을 미리 준비시켜 주는 과정으로 보았다.

(3) 과학적 교육과정 구성 : 활동분석법

① 보비트는 『교육과정』 출간 6년 후인 1924년에 출판한 『교육과정편성법(How to Make a Curriculum)』에서 과학적 교육과정 구성법을 소개하였다.

② 이 방법은 성인생활의 직무를 분석하는 것으로 다음의 절차를 포함된다.

    ㉠ 이상적인 성인의 생활을 몇 가지 주요 활동으로 나눈다.

    ㉡ 이런 주요 활동을 학생들이 성취할 수 있는 구체적인 활동으로 분석한다.

    ㉢ 학생들이 성취해야 할 구체적인 활동을 교육의 목표로 설정한다.

③ 위의 절차를 보다 상세하게 5단계로 제시하면 다음과 같다.

1단계	인간 경험의 분석(광범위한 인간 경험을 중요한 몇 개의 분야로 구분한다.) 주요 인간 경험의 영역은 언어, 건강, 시민생활, 종교생활, 가정생활, 직업이다.
2단계	직무분석(인간 경험의 주요 분야를 다시 몇 개의 더 구체적인 활동으로 상세화한다.) 직무분석은 어떤 직무의 구성요소를 주의 깊게 관찰하여 기술한 것으로 그 결과는 직원이 할 일을 열거하거나 일을 수행하는 절차와 방법을 열거한 목록이며, 직무 훈련 프로그램 개발의 요소가 된다.
3단계	교육목표 추출 활동을 수행하는 데 필요한 능력에 대한 진술에서 교육목표를 추출한다.

4단계	목표 선정 도출된 목표에서 학생들의 활동으로 계획할 목표 목록을 선정한다.
5단계	구체적인 활동 계획 수립 목표를 달성하는 데 포함되는 다양한 활동·경험·기회를 연령별 또는 학년별로 학생들의 활동을 상세하게 수립한다.

④ 보비트는 교육과정을 만드는 절차나 순서 그리고 그것을 진술하는 방법을 연구하는 것이 얼마나 중요한 일인지를 처음으로 강조한 사람이다.

⑤ 그는 단순히 새로운 교육과정을 개발하는 것으로는 충분하지 않으며, 새로운 교육과정을 가장 잘 만들 수 있는 과학적 방법을 찾는 것이 더욱 중요하다고 보았다.

⑥ 과학적 교육과정 만들기(scientific curriculum making)는 아무나 할 수 있는 것이 아니라 전문적 훈련을 받은 사람들에 의해 수행될 전문 분야라고 보았다.

02 교육과정의 유형

1. 교과중심 교육과정 중등 11

(1) 기본 견해

① 교육과정은 '학교의 지도하에 학생이 배우는 모든 교과와 교재'를 말한다.

② 가장 오랜 전통을 가지고 있으며, 그 연원은 서양의 7자유학과와 동양 고대 중국의 사서오경을 들 수 있다.

③ 교과란 인류의 문화유산을 체계적·논리적으로 조직한 것이다.

④ 교육이란 이전 세대의 문화유산이나 정보를 다음 세대에 전달하는 것이라고 믿는다.

⑤ 학습자의 흥미나 필요보다는 성인들이 중요하다고 여겨지는 학문이나 진리를 중시한다.

⑥ 대체적으로 교과 사이에 연계성이 거의 없는 독립된 분과형식으로 이루어졌다.

⑦ 형식도야설을 주장한다. 인간이 가진 여러 능력들을 발달시키는 중요한 수단이 '교과'라고 생각한다.

(2) 교과중심 교육과정의 유형

① 분과 교육과정

   ㉠ 각 교과의 선을 고수하여 교과나 과목 간의 횡적 관련이 전혀 없이 조직된 교육과정이다.

   ㉡ 국어, 수학, 역사, 지리, 음악 등은 교과마다 독특한 논리적 특성을 가지고 있으므로 서로 관련성 없이 조직된다.

② 상관 교육과정

   ㉠ 두 개 또는 그 이상의 과목들이 각각 교과의 선을 유지하면서 공통 및 상관되는 문제만을 의식적으로 교수의 초점으로 삼는 형식이다.

ⓛ 국어과의 독립선언문과 역사과의 3.1운동을 서로 상관시켜 다루는 것이 그 예이다.

ⓒ 분과 교육과정이 지닌 문제점을 제거해 보려는 교과중심 교육과정의 한 유형이다.

ⓔ 장점은 ⅰ) 각 교과 간의 중복, 상반, 누락을 피할 수 있으며, ⅱ) 통합적 학습의 가능성을 증진시킨다는 것이다.

ⓜ 단점은 ⅰ) 아직도 분과구조가 지닌 결함을 제거하지 못하였으며, ⅱ) 인공적, 작위적으로 무리하게 상관시키는 경우가 있다는 것이다.

③ 융합 교육과정

ⓐ 상관 교육과정에서 광역 교육과정으로 이행하는 과정에서 생겨난 과도기적인 형태로 상관 교육과정의 한 면과 광역 교육과정의 한 면을 함께 지니고 있다.

ⓛ 각 교과목의 특성을 유지하면서 내용 면이나 성질 면의 공통 변인을 추출하여 교과를 재조직한다. 식물학, 동물학, 생리학의 교과목들 간에 관련 요소를 추출하여 생물학을 조직하는 것이 그 예이다. 범위의 폭은 광역 교육과정에 비하여 좁으므로 광역 교육과정과는 구분된다.

④ 광역 교육과정

ⓐ 서로 유사한 교과들을 한데 묶어 넓은 영역의 하나의 교과로 재조직하는 유형이다.

ⓛ 전통적인 교과목의 한계를 해소하고 더 넓은 영역에서 사실이나 원리들을 조직하려는 교과중심 교육과정의 한 유형이다.

ⓒ 예로는 물리, 화학, 생물, 지학 등을 묶어서 과학과로 조직하는 것이다.

ⓔ 장점은 ⅰ) 교과목의 통합을 가능하게 하고, ⅱ) 지식보다 기능적인 활동을 촉진시킬 수 있으며, ⅲ) 기초적인 원리 개념 등을 더 강조한다는 것이다.

ⓜ 단점은 ⅰ) 교과목 고유의 논리성을 유지하기가 어렵고, ⅱ) 추상적이어서 이해하기 어려울 수 있으며 학습내용의 깊이가 부족하다는 것이다.

(3) 교과중심 교육과정의 특징

① 문화유산의 전달이 주된 교육내용이 된다. 교과는 문화유산을 분류하고 논리적으로 체계를 세운 것이라 할 수 있다.

② 수업을 사전에 계획한 대로 진행할 수 있다. 학습자 입장에서도 조직적이고 계통적인 학습을 할 수 있도록 사전에 철저히 계획된다.

③ 교사 중심의 교육과정으로 학습자 개인의 의견이나 문제 또는 욕구 등이 수업을 변경시킬 수 없다.

④ 한정된 교과영역 안에서만 학습활동이 이루어진다.

(4) 교과중심 교육과정의 장단점

① 장점

ⓐ 학습을 조직하고 새로운 지식, 사실을 설명·체계화하는 데 논리적이고 효과적인 방법이다.

ⓛ 학생들의 지적 능력을 발전시키는 데 가장 적합하다.

ⓒ 인류가 축적한 문화유산을 가장 효율적으로 이용할 수 있다.

ⓔ 장구한 전통을 지니고 있으며 널리 받아들여지고 있다.

ⓜ 교육과정 구성이나 평가가 다른 교육과정 유형에 비해 간단하고 쉽다.

ⓗ 초임 교사도 쉽게 운영할 수 있다.

ⓢ 교육과정의 중앙집권적 통제가 용이하다.

ⓞ 교수·학습 활동의 통제가 용이하다.

② 단점

㉠ 학생들의 흥미, 필요, 능력 등의 심리적인 조직으로서는 부적합하다.

㉡ 바람직한 학습성과를 달성하는 데 있어서 학교의 활동을 제한한다.

㉢ 교과목 그 자체로서는 바람직한 인지능력 훈련이 될 수 없다. 고등정신기능, 즉 비판력, 창의력, 사고력의 함양이 곤란하다.

㉣ 교과중심 교육과정은 학습을 분과적으로 조직함으로써 관련성, 통일성 등이 결여되어 있다.

㉤ 지식의 기능적 활용에 토대를 두지 않는다.

㉥ 학습을 세분화하고 단편화한다.

ⓢ 학생의 흥미와 욕구가 무시되고 개인차도 무시된다.

ⓞ 민주적 태도의 형성이 곤란하다.

㉦ 실제 생활문제와 유리되고, 비실용적 지식을 전달할 수 있다.

▌파이데이아 제안

1. 개요

① 19세기에 널리 받아들여졌던 고전 교육과정은 20세기부터 힘을 얻기 시작한 진보주의가 주가 됨에 따라 근근이 명맥을 유지해 오다 1982년에 부활하였다.

② 부활의 직접적인 원인은 아들러(Adler)가 집필한 『파이데이아 제안』 때문이었다.

③ 파이데이아(paideia)는 본래 그리스어의 파이스(pais)와 파이도스(paidos)에서 유래된 것으로 '어린이의 양육'을 의미한다. 넓은 의미로는 라틴어에서 인문학을 뜻하는 humanitas에 해당하는 것으로 '모든 인류가 소유해야만 하는 일반적인 학습'을 가리킨다.

2. 아들러의 교육에 대한 전제

① 인간의 본성은 동일하므로 동일한 질과 양의 교육이 제공되어야 한다. 이러한 교육은 일반교양교육(general education)을 통해서만 가능하다.

② 실용적인 직업 준비 교육은 인간의 보편적 본성과 관계가 없으며, 그것은 일이나 노동을 위한 훈련이고 외재적 목적을 위한 특화, 전문화일 뿐이다.

③ 따라서 기본적인 학교 교육(basic schooling)은 일반교양교육이어야 한다. 모든 사람은 일반교양교육을 거친 후 전문적인 기술과 직업을 위한 대학 및 성인교육에 참여해야 한다.

3. 파이데이아 제안 요약 중등 10

제1부: 국민의 학교 교육
　1. 민주주의와 교육
　2. 오직 교육의 일부에 불과한 학교 교육

제2부: 국민 공통 기본 학교 교육
　3. 모든 학생에 대한 동일한 목표
　4. 모든 학생에 대한 동일한 교육과정
　5. 초기 장애의 극복
　6. 개인차

① 제1장 민주주의와 교육

    ㉠ 아들러는 '민주주의'라는 제도를 유지·발전시키기 위해서는 공교육이 복선제가 아닌 단선제로 운영되어야 한다고 주장하였다.

    ㉡ 복선제란 직업을 위한 교육을 담당하는 학교와 대학입학을 목표로 하여 일반교양을 가르치는 학교를 분리하여 설치하거나 학교 내에서 직업준비반과 진학준비반을 분리하여 서로 다른 내용을 가르치는 것을 의미한다.

    ㉢ 이에 반해 단선제란 모든 학교에서 교양교육을 시키는 것을 의미한다.

② 제2장 오직 교육의 일부에 불과한 학교 교육

    ㉠ 아들러는 교육의 궁극적 목표는 인간을 교육받은 사람이 되도록 도와주는 것인데, 학교 교육은 이것의 준비 단계에 불과하다고 지적하였다.

    ㉡ 학교 교육은 학습하는 습관을 형성해 주며 모든 학교 교육이 끝난 후 계속해서 학습할 수 있도록 수단을 제공할 뿐이라는 것이다.

③ 제3장 모든 학생에 대한 동일한 목표

    ㉠ 아들러는 '국민 공통 기본 학교 교육(basic schooling)'은 다음의 세 가지 목표달성을 위해 노력해야 한다고 하였다.

        • 아동은 신체적 성장뿐만 아니라 일생을 통해 모든 인간적 차원에서 계속 성장할 수 있도록 기대되어야 한다.

        • 민주주의를 유지·발전시키기 위해서는 시민의 의무와 책임을 수행할 수 있도록 '국민 공통 기본 학교 교육'을 통해 준비시켜야 한다.

        • '국민 공통 기본 학교 교육'은 아동들이 생계를 꾸려나갈 수 있는 길을 열어주어야 한다. 이것은 한두 개의 직업 훈련을 통한 것이 아니라 모든 노동에 공통적으로 사용되는 기본적인 기능을 전달함으로써 실현되어야 한다.

    ㉡ 아들러는 이 세 가지 목표를 가장 잘 달성하는 길은 '국민 공통 기본 학교 교육'에서 일반적이고 교양적인 교과를 가르치는 일이라고 말한다.

④ 제4장 모든 학생에 대한 동일한 교육과정

    ㉠ 국민 공통 기본 학교 교육, 즉 유치원부터 고등학교 3학년까지의 교육에서 모든 복선제와 선택 과목 제도를 배제하여야 한다고 주장하였다.

    ㉡ 선택 과목 제도와 전공제도는 대학이 아닌 국민 공통 기본 학교 교육 기간에는 부적절한 것이라 보았다.

⑤ 제5장 초기 장애의 극복

    아들러는 학교 교육의 시작 단계에서 모든 어린이들이 비슷한 수준의 준비를 갖출 수 있도록 불우한 환경의 어린이들에게 적어도 1년, 바람직하게는 2~3년의 취학 전 교육이 국가 차원에서 제공되어야 한다고 주장하였다. 그렇지 않으면 아동들은 취학 전 결손으로 인해 실패할 가능성이 높다고 보았다.

⑥ 제6장 개인차

    개인차에 대해 아들러는 "개인차는 언제나 있지만 정도의 차이일 뿐이지 결코 종류의 차이는 아니다. 개인차가 있음에도 불구하고 아동들은 인간성에서 동일하다. 따라서 각 아동의 개인차를 고려한다는 것은 프로그램을 탄력적으로 운영하고 보충적인 수업을 제공할 필요가 있다는 것이지 서로 질이 다른 교육을 국민 공통 기본 학교 교육에서 제공해야 하는 것을 의미하는 것은 아니다."라고 하였다.

2. 경험중심 교육과정 중등 04 · 07 · 08 · 12 · 13 · 16논술, 초등 08

(1) 기본 견해

① 교과중심 교육과정을 비판하면서 학생의 흥미와 요구를 중심으로 태동된 교육과정운동으로 발전하였다.

② 경험중심 교육과정에서는 '학교의 지도하에 학생들이 갖게 되는 모든 경험'을 교육과정이라고 본다.

③ 교육과정의 주체는 교사가 아니라 학생이다.

④ 교재를 가르치는 데 중점을 두지 않고 청소년의 원만한 성장을 개발시키는 데 중점을 둔다.

⑤ 교과 내용을 미리 선정하여 조직하지 않고 학습의 장에서 결정한다.

⑥ 교육을 끊임없는 성장과정으로 본다.

⑦ 교육과정을 교사가 일방적으로 결정하거나 강요하지 않고 모든 학습자의 협력, 참여에 의해서 진행된다.

⑧ 일정한 틀에 맞추지 않고 학생 개개인의 창의성을 육성한다.

⑨ 자연주의 교육사상가들의 영향을 받아 듀이(J. Dewey)에 의해 강조되었으며, 진보주의 교육사조에서 중시되었다.

(2) 경험중심 교육과정의 유형

① 생활중심(경험형 광역) 교육과정 : 생활 자체를 교육과정의 기초로 삼아 생활영역에 의미 있는 경험을 가르친다(생활, 흥미, 경험 중심).

② 활동중심 교육과정

　㉠ 학습자의 흥미나 요구에 기초하여 학습경험을 선정하고 조직하는 형태로 학습자들에게 심리적으로 알맞으며, 학생들의 문제를 해결하는 데 도움이 되는 활동을 다룬다.

　㉡ 킬패트릭(Kilpatrick)이 주장한 구안법이 해당된다. 구안법은 교사가 집단성원으로 참여하여 학습자와 함께 학습목적과 계획을 세우고 실천 · 평가하는 일련의 과정을 밟는데 여기에는 관찰, 유희, 이야기 수공, 소풍 등의 영역으로 나타난다.

③ 현성 교육과정 초등 08

　㉠ 수업 현장에서 학생들의 필요와 목적에 따라 즉시 구성되는 교육과정이다.

　㉡ 사전계획 없이 교육현장에서 학습자들이 경험하고자 하는 것을 그 자리에서 직접 구성하여 활용하게 된다.

　㉢ 교사는 현장에서 교수목표, 교육내용, 교육방법을 결정하고 학습자가 요구하는 학습의 방향을 재빨리 파악하여 학습활동을 즉각 전개해야 하기 때문에 실력 있고 능숙한 교사여야 한다.

④ 중핵 교육과정 중등 08 · 20논술, 초등 04

　㉠ 개념 : 중핵(core)이란 사물의 중심부분, 즉 핵심을 의미한다. 중심학습과 주변학습과정이 동심원적으로 구성된 교육과정이다.

　㉡ 특징

　　• 가장 중요한 것을 중심에, 주변적인 것들을 중심을 둘러싼 주변에 배치한다.

- 사회나 자연 영역의 생활경험을 중심에 놓고, 관련 교과를 주변 영역으로 조직하는 경우가 많다.
- 교재를 통합함으로써 학습을 크게 통합시키려는 것을 증진시키고 있다.
- 학습활동은 전통적인 교과의 선을 폐기한다.
- 계획을 생활문제와 학생의 흥미에 관련시키려는 노력이다.

ⓒ 중핵 교육과정의 유형

교과중심 중핵 교육과정	몇 개의 교과를 선정하거나 통합시켜서 그것을 중핵으로 하고 나머지는 주변학습으로 돌리는 교육과정이다. 📄 역사를 중핵으로 한 역사중심 중핵 교육과정과 사회과목을 중심으로 하는 사회과중심 중핵 교육과정
개인중심 중핵 교육과정	경험을 중시하는 중핵 교육과정으로 개인의 요구와 흥미가 중핵으로 설정된 교육내용이다.
사회중심 중핵 교육과정	사회의 제 기능과 문제가 중핵이 되어 구성되는 교육과정으로 경험을 중시한다.

(3) 경험중심 교육과정의 특징

① 생활인의 육성을 목표로 한다.
② 문제해결력의 함양을 강조한다. 학생이 직면하고 있는 문제를 자발적으로 해결하기 위해서 계획을 세우고 직접 참여하기 때문에 학습이 적극적으로 이루어진다.
③ 교과활동 못지않게 과외활동을 중시한다.
④ 전인교육을 강조한다. 지·덕·체의 조화적인 발달을 이룩한 인간이 생활을 올바르게 영위할 수 있기 때문이다.
⑤ 학습형태가 다양하게 전개된다. 수업진행에 있어 학습현장에서 학생과 교사가 공동계획을 하는 경우가 많기 때문이다.

(4) 경험중심 교육과정의 장단점

① 장점
  ㉠ 학습자의 흥미와 필요가 중시되므로 자발적인 활동이 촉진된다.
  ㉡ 현실적이고 실제적인 생활문제를 해결하는 데 도움이 된다.
  ㉢ 민주사회에서 민주시민으로서의 자질 함양이 용이하다.
  ㉣ 학교와 지역사회와의 유대를 강화할 수 있다.
  ㉤ 학교생활의 여러 장면의 통합을 증진한다.
  ㉥ 개인차에 따르는 학습이 가능하다.
② 단점
  ㉠ 체계적인 지식과 기능을 소홀히 해서 기초학력이 저하될 수 있다.
  ㉡ 교육과정 분류의 준거가 명확하지 못하다.
  ㉢ 교직적 소양과 지도방법이 미숙한 교사는 생활중심 교육과정 운영에서 실패할 수가 있다.
  ㉣ 행정적인 통제가 어렵다.
  ㉤ 학습내용의 조직상 논리적 체계가 부족하다.

3. 학문중심 교육과정 _{중등 00·04·06·11, 초등 00·04}

(1) 기본 견해

① 교육과정은 '각 학문에 내재해 있는 지식의 구조와 지식의 탐구과정의 조직'이다.

② 1957년 소련이 미국에 앞서 인공위성(Sputnik)을 쏘아올리면서 진보주의에 대한 비판이 강해졌다.

③ 학교 교육은 모든 지식을 가르치는 것이 아니라 지식이나 학문의 가장 기본 개념이나 원리를 정선하여 적은 양의 지식으로 활용 범위를 극대화할 수 있는 생산적인 교육이 요청되었다.

④ 학문중심 교육과정에서는 교과의 구조와 학습방법에서 탐구학습(발견학습)을 중요시하고 어려운 구조를 학습하는 데 대담한 가설을 적용시키고 있다. 이 가설은 '어떤 교과든지 지적으로 올바른 형식으로 표현하면 어떤 발달단계에 있는 아동에게도 효과적으로 가르칠 수 있다'(Bruner, 1960)는 것이다.

⑤ 학문중심 교육과정의 기본적 견해는 다음과 같다.

  ㉠ 지식의 구조, 즉 핵심적인 아이디어 또는 기본적인 원리 및 개념을 중요시한다.

  ㉡ 어떤 교과라도 지적 성격을 그대로 두고 표현만 다르게 하면 발달의 어떤 단계에 있는 어떤 어린이에게도 효과적으로 가르칠 수 있다.

  ㉢ 분석적 사고만큼 직관적 사고를 중시한다.

  ㉣ 학습자의 외적 동기보다는 내적 보상에 의한 학습동기의 유발이 중요하다.

(2) 학문중심 교육과정의 특징

① 기초교육을 강조한다.

② 교과 내용은 지식의 구조를 핵심으로 조직한다. '지식의 구조'란 학문의 이면에 숨어있는 가장 기본적이고 핵심적인 아이디어와 동의어로 쓰이는 개념이다.

③ 나선형 교육과정으로 되어 있다. 동일 교과 내용을 발달단계와 관계없이 가르치되 다만 발달단계가 높아짐에 따라 그 내용의 깊이와 폭이 달라질 뿐이라는 것이다.

④ 탐구과정을 중시한다. 학문중심 교육과정에서는 교과를 가르칠 때 그 교과에 내재해 있는 기본 원리, 핵심개념을 교사가 찾아내어 이것을 학생들에게 제시하고 주입하는 것이 아니라 해당분야의 학자가 한 것과 같은 눈(안목)과 같은 방식으로 찾아내도록 한다.

(3) 학문중심 교육과정의 장단점

① 장점

  ㉠ 교육내용을 선정하고 조직하는 데 있어서 경제성을 기할 수 있다.

  ㉡ 교육내용이 기본 개념을 중심으로 조직되므로 지식의 전체 구조를 쉽게 파악할 수 있어서 기본 개념의 이해를 촉진시킬 수 있다.

  ㉢ 학생들이 능동적으로 탐구과정에 참여함으로써 탐구능력을 향상시킬 수 있다.

  ㉣ 학문의 탐구 능력 체득으로 높은 전이력을 유지할 수 있다.

  ㉤ 내적 동기유발의 방법을 교수에서 사용함으로써 학문자체에 대하여 희열을 느끼고 적극적으로 참여하게 한다.

  ㉥ 교육내용의 선정에서 중복과 누락을 피할 수 있다.

② 단점

㉠ 지식의 구조는 고차원적인 능력을 요구하므로 학습 능력이 낮은 학생들에게는 어려울 수 있다.

㉡ 자연과학 분야의 교과목을 중심으로 한 일부 교과에 적합하다.

㉢ 지적 교육을 지나치게 강조하게 되어 통합적 교육과정 구성이 소홀하게 된다.

㉣ 학습자가 능동적으로 탐구과정에 참여할 수 있는 교육적 환경의 조건 정비가 어렵다.

㉤ 평가방법에 관한 개발이 되어 있지 않다.

㉥ 청소년의 욕구와 그들의 광범위한 생활문제를 등한시하고 있다.

㉦ 사회적 제 조건의 성질, 사회적 현실, 민주적 이념 등이 잘 반영되어 있지 않다.

㉧ 정의적 영역에 소홀하며 지나치게 지적 능력만을 강조하였다.

4. 인간중심 교육과정 중등 10

(1) 기본 견해

① 교육과정은 '학생들이 학교생활을 하는 동안 갖게 되는 모든 경험(의도적, 비의도적)'을 의미한다.

② 1970년대에 지적 성취를 위해 질적으로 우수한 교육을 추구하던 학문중심 교육과정이 도전을 받게 되자 교육의 적절성 문제가 야기되면서 교육의 인간화, 즉 인간중심 교육에 대한 관심이 높아졌다.

③ 현대의 산업사회에 따른 비인간화 문제 극복을 위해 대두되었다.

④ 교육의 수단적 기능에 반대하며, 교육의 본질을 인간 삶의 충실과 자기충족감 넘치는 인간의 육성에 두었다.

⑤ 인간중심 교육은 전인교육 정신과 상통한다고도 볼 수 있는데 전인교육이란 인간성의 어느 특정한 부분만이 아니라 전반적인 교육을 뜻하는 것으로 지적 발달, 사회성 발달, 정서적 발달, 신체적 및 도덕성 발달을 조화롭게 개발시키는 데 있다.

⑥ 인간중심 교육과정 구성의 기본적인 입장을 살펴보면 다음과 같다.

㉠ 개개인의 학습자로 하여금 그들의 관점에서, 즉 지적·정서적·사회적으로 자신들을 발달시킬 수 있는 환경을 제공한다.

㉡ 사람들이 서로를 감동시키고 너그러운 공동체의식을 지니고 생활하도록 돕는 환경을 제공한다.

㉢ 교육과정의 구성에서는 개인지향적인 설계, 구조의 신축성, 교사능력의 신장, 창조성의 조장 등을 고려한다.

(2) 인간중심 교육과정의 특징

① 잠재적 교육과정을 표면적 교육과정과 똑같이, 경우에 따라서는 더 중시한다.

② 학교환경의 인간화를 위해 노력한다. 예를 들면, 대규모 학교, 과밀 학급, 신체에 맞지 않는 책상과 걸상 등은 인간소외현상, 반항심, 정서불안과 같은 문제를 제기한다. 또한 금지, 체벌, 강요와 같은 학교풍토는 자아실현에 결정적인 악영향을 미친다.

③ 자아실현을 목표로 설정한다.

④ 인간중심 교육과정에서는 인간주의적인 교사를 필요로 한다.

(3) 인간중심 교육과정의 장단점

① 장점

㉠ 전인교육을 통하여 인간이 타고난 지적·신체적·사회적·정서적인 성장 가능성을 조화롭게 발전시킬 수 있다.

㉡ 학습자의 개별적인 자기성장을 조장할 수 있다.

㉢ 학습자의 자아개념을 긍정적으로 형성하는 데 도움이 된다.

㉣ 교수·학습과정에서 개방적·자율적 분위기를 조성함으로써 학습과정을 통해 터득된 의미를 내면화할 수 있다.

② 단점

㉠ 교수·학습과정에서 자유로운 환경 조성과 역동적인 인간관계가 유지되지 않으면 교육성과의 보장이 어렵다.

㉡ 개인의 성장을 지나치게 강조하여 전체 사회구조 속에서 이루어지는 교육의 본질에 대한 전반적인 이해를 소홀히 하고 있다.

㉢ 학교 교육에서 인간주의 교육을 창달하기 위한 교사들의 투철한 교육관이 확립되지 않으면 그 실현을 기대하기 어렵다.

㉣ 주지 교과의 난이도 하향 조정, 도덕적·심미적 교과 강조, 교과 통합, 교과별 시간단위의 융통성 있는 운영 등이 선행되지 않으면 그 실현이 어렵다.

㉤ 과대 규모의 학교와 과밀 학급의 규모를 줄이는 개선책과 학교 교육에서 지나친 경쟁과 비교를 지양하는 학교행정의 조건 정비가 선행되지 않으면 그 실현이 어렵다.

㉥ 가치관의 혼란에서 오는 비인간화를 극복하기 위한 사회교육과 학교 교육과의 협동체제를 통한 교육의 인간화가 보장되지 않으면 그 실현이 어렵다.

㉦ 각 개인의 경험에 차이가 있다는 것을 인정하지만 각 개인에게 알맞은 경험이 무엇인지에 관해서는 구체적인 대안이 없다.

5. 통합 교육과정

(1) 교과 통합 운영의 개념과 필요성

① 개념 : 국가 수준 교육과정으로 명확히 구분하고 있는 교과들을 수업 장면에서 다양한 방식으로 상호 연관을 지어서 계획하고 가르치며 평가하는 활동을 말한다.

② 필요성

㉠ 교과별로 상호 관련되는 내용을 묶어 제시함으로써 필수적인 교육내용 선정에 도움을 준다.

㉡ 교과들 속에 포함된 중복된 내용들과 기능들을 줄임으로써, 필수적인 교육내용을 배울 시간을 확보해 준다.

㉢ 교과들 간 관련성을 파악하는 데 도움을 주고, 교과 학습과 생활과의 연관성을 높여 교과 학습의 의미를 삶과 관련지어 인식할 수 있게 해준다.

㉣ 현대사회의 쟁점 파악에 도움을 주고, 현대사회의 복잡한 문제들을 해결하는 능력을 길러준다.

    ⑩ 정보 내용이 정보가 제시되는 상황과 관련되며, 정보의 적용 기회가 제공되고, 정보가 다양한 방식으로 표현되며, 학습자 자신의 삶과 관련 있을 때 학습이 촉진된다는 구성주의 학습 이론과 부합된다.

    ⑪ 교과의 통합 운영(특히 프로젝트 학습활동)은 보통 활동중심 교육과정으로 이루어지며, 학생의 적극적인 참여로 학습동기가 높고 학습에 대한 책임감을 갖게 한다.

    ⑫ 비판적 사고를 길러주며 교과의 경계에서 벗어나 독립적으로 사고하고 문제를 해결하는 능력을 길러준다.

(2) 교과 통합 운영의 원칙

① **중요성의 원칙**: 각 교과의 중요한 내용이 반영되어야 한다. 교과의 통합 운영은 학생의 흥미와 관심에도 부합되어야 하지만, 지적 능력의 개발에도 관심이 있음을 강조한다.

② **일관성의 원칙**: 통합 단원에 포함되는 내용과 활동이 단원의 목표달성을 위해 고안된 수업 전략과 부합되어야 한다.

③ **적합성의 원칙**: 통합 단원은 학습자의 개성과 수준에 맞으며, 학습자의 전인격적인 성장을 목표로 해야 한다. 교과들 간의 내용 관련성도 중요하지만, 이들 관련성이 궁극적으로는 학습자의 과거, 현재, 미래의 삶과 연결되어야 한다.

(3) 교육과정 통합의 유형(Drake)

① **다학문적 통합**

    ㉠ 하나의 주제를 중심으로 여러 교과(즉, 다학문)의 내용을 통합하는 것이다. 즉, 동일 주제를 여러 교과에서 각 교과의 내용과 기능을 통해 다룰 수 있도록 교육과정을 조직하는 것이다.

    ㉡ 각 학문 영역의 독립성이 인정되는 가운데 다른 영역과 관련되는 주제를 추출하는 것으로, 여러 학문의 요소들이 다른 학문의 입장에서 다각적·종학적으로 다뤄진다.

    ㉢ 이 접근에서는 동일 주제를 여러 교과에서 가르치긴 하나, 이 접근의 주된 관심은 여전히 각 교과의 내용과 기능을 숙달하는 데에 있는 것으로, 주제에 대한 학습은 사실상 부차적인 것이다.

    ㉣ 같은 문제 또는 주제가 축의 구실을 하여 두 가지 이상의 학문 또는 교과의 개념, 방법, 절차에 적용되지만, 교육내용의 선정, 조직 및 교수, 학습은 각 학문 또는 교과별로 따로 이루어진다.

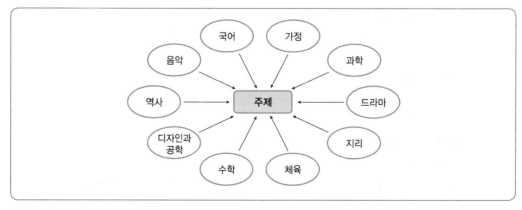

| 다학문적 통합(Drake&Burns, 2004) |

② 간학문적 통합

    ㉠ 학문 사이의 공통 학습요소(주로 기능, 능력)를 중심으로 통합하는 것이다. 즉, 여러 교과에 걸친 공통적인 주제나 개념, 기능을 밝히고 이를 중심으로 교육과정을 조직하는 것이다.

    ㉡ 이 접근에서 교육과정 계획은 여러 교과에 걸쳐 학습되어야 할 중요성이 크다고 간주되는 주제나 개념, 혹은 기능(폐 문해, 사고력, 수리력, 탐구 등)을 밝히는 것으로 시작한다.

    ㉢ 주제, 개념, 기능이 밝혀지면, 여러 교과에서 관련 내용이 추출되고 이러한 내용은 선정된 주제, 개념, 기능 중심의 공통 학습을 위한 것으로 묶인다.

    ㉣ 두 개 이상의 학문 사이에 새롭고 의미 있는 통합이 이루어지게 운영하거나, 한 학문 분야에 다른 학문의 방법 또는 모델을 적용하는 방법이다.

    ㉤ 간학문적 통합에서는 엄격한 교과 경계가 붕괴된다. 이 접근의 초점은 교과 그 자체가 아닌, 학습되어야 할 중요성이 크다고 간주된 주제, 개념, 기능의 습득에 있다.

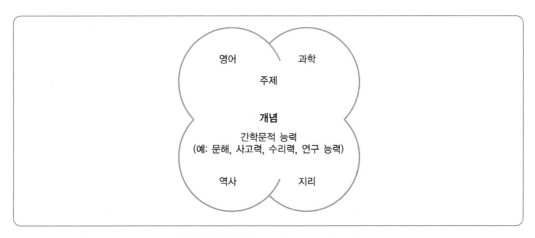

| 간학문적 통합(Drake&Burns, 2004) |

③ 탈(초)학문적 통합

    ㉠ 학생의 '관심사'를 중심으로 학문의 경계를 초월한 통합이다. 교과 간의 구분을 염두에 두지 않고 문제나 쟁점을 중심으로 교육과정을 조직하는 것이다.

    ㉡ 교육과정 계획은 주제와 그 주제를 탐색하는데 활용될 활동과 관련된 빅 아이디어(big idea)나 개념을 규명하는 것으로 시작한다.

    ㉢ 주된 목적이 주제 자체를 탐구하는 데에 있기 때문에 교과 영역 구분에 대한 고려 없이 이루어진다.

    ㉣ 탈학문적 통합을 하면 개별 교과의 정체성은 사라진다. 이 접근은 주제 자체를 탐구하는 데에 주된 초점이 있는 것으로, 특정의 교과 교육과정 기준이나 내용 목표에는 거의 관심을 두지 않는다. 이 점에서 다학문적 통합이나 간학문적 통합과는 근본적으로 다르다.

    ㉤ 학문의 개념 또는 방법이나 절차를 고려해서 두 개 이상의 학문들의 연결을 시도하는 것이 아니라, 학습자의 능동적인 문제해결활동이나 자유로운 표현활동을 통한 프로젝트 중심의 학습활동을 강조한다.

ⓗ 교육과정 통합이 분과적 접근을 탈피하기 위한 대안으로 등장한 것이라는 원래의 취지를 생각해 보면, 개별 교과의 정체성을 인정하지 않는 이러한 초학문적 접근이야말로 진정한 교육과정 통합이라고 할 수 있다.

교과 영역들
주제
개념
살아가는 능력
생활 세계의 맥락
학생들의 질문

| 탈학문적 통합(Drake&Burns, 2004) |

특징＼유형	다학문적 통합	간학문적 통합	탈학문적 통합
조직의 구심점	특정 교과에서 추출된 주제	여러 교과에 걸쳐 강조될 필요가 있는 중요한 주제나 개념, 혹은 기능	개인적, 사회적 의미가 있는 문제나 쟁점 중심의 문제
내용 조직	• 개별 교과의 정체성 유지 • 개별 교과의 내용을 통해 선정된 주제를 다룸 • 교과 내용이 미리 정해진 계열에 따라 다루어짐	• 교과 간 엄격한 경계 무너짐 • 선정된 주제·개념·기능 중심으로 여러 교과의 관련 내용을 묶음 • 교과 내용의 학습은 미리 정해진 계열을 따를 필요가 없음	• 교과 간의 경계 사라짐 • 주제와 그 주제를 탐색하는 데 활용될 활동과 관련된 빅 아이디어나 개념 규명 • 주제 탐구에 적절한 방식으로 지식을 계열화하여 활용
학습의 주된 목적	개별 교과의 내용과 기능 습득	간학문적인 주제·개념·기능 습득	문제나 쟁점 중심의 주제 탐구
수업시간	정해진 교과 시간	블록타임을 활용하여 교과 간 공통 수업 시간 확보	주제에 따라 다양
교사의 역할	담당 교과 티칭	• 공동계획자 • 팀티칭	• 공동계획자 • 촉진자
학생의 역할	수용자, 행위자	행위자	• 공동계획자 • 탐구자

6. 잠재적 교육과정(hidden curriculum) 중등 00 · 06 · 08 · 09 · 14논술 · 19논술 · 24논술, 초등 02 · 09

(1) 개념

① '학교의 물리적 조건, 제도 및 행정적 조직, 사회적 · 심리적 상황을 통하여 학교에서는 계획한 바 없으나 학교생활을 하는 동안 학생들이 은연중에 가지게 되는 경험'을 말한다.

② 학교에서 의도한 바와 관련되지 않은 경험이란 학교에서 의도는 되었으나 의도한 바와 다른 학습결과가 나타나거나 또는 학교생활에서 학생행동에 중요한 변화를 일으키는 경험내용을 말한다.

③ 잠재적 교육과정은 학교를 단순한 교육의 장이 아닌 학생들이 생활하는 공간으로 간주한다. 학생들의 인지, 태도, 행동변화는 공식적 교육과정을 통해서뿐만 아니라 학교 안의 교육 실천, 학교의 물리적 조건, 제도 및 행정조직, 사회 및 심리적 상황 등의 환경에 의해 일어난다.

④ 잠재적 교육과정이라는 개념은 잭슨(Jackson)의 『교실에서의 생활(Life in Classrooms』이라는 저서를 통해 처음으로 사용되었으며, 그는 학교의 특성을 군집, 상찬 · 평가, 권력 등으로 규정하고 그것들이 학생들의 생활에 미치는 영향력을 제시하였다.

> ▌잠재적 교육과정 − 의도적으로 숨긴(hidden), 숨어 있는(latent) 교육과정
> ① 사회에서 권력을 쥐고 있는 집단이 자신들의 이익 유지를 위해 학교의 교육 실천과 환경을 의도적으로 조직하고 통제하는 행위와 그 결과도 잠재적 교육과정이 될 수 있다.
> ② 이때 잠재적이라는 말은 권력자의 입장에서 보면 '의도적으로 숨긴(hidden)'이라는 뜻이 되며, 교육 실천에 종사하는 교사나 교육을 받는 학생들이 이를 의식하지 못한다면 '의식을 하지 못하였기 때문에 숨어 있는 (latent)'이라는 의미를 지니게 된다.
> 　예 노동계급 학생들에게는 시간 엄수, 용모 단정, 권위 존중 등 노동자의 역할수행과 관련된 내용을 가르치고, 상류계급의 학생들에게는 지적 개방성, 문제해결력, 융통성 등의 관리자나 전문가의 역할 수행에 필요한 내용을 가르치는 경우
> 　예 여성은 가정주부, 간호사, 유치원 교사 등으로, 남성은 정치지도자, 의사, 기업인 등으로 기술하는 경우

(2) 잠재적 교육과정의 원천(Jackson, 1968)

① 군집(crowd) : 많은 학생이 좁은 공간에서 생활하는 학교가 지닌 독특한 현상을 가리킨다. 교실의 물리적 환경은 교사의 의도와 상관없이 학생들의 삶에 큰 영향을 미친다. 학생들은 다른 학생들과 함께 지내며, 남과 더불어 살기 위해서는 참고 견뎌야 한다는 것을 배우게 된다.

② 상찬과 평가(praise) : 학교에서 학생들이 교사와 동료 학생들에 의해 부단히 평가되고, 그것을 기준으로 상벌이 주어지는 현상이다. 학생들은 다양한 형태의 평가 속에서 살아가는 것에 대해 배우며, 칭찬을 받기 위해서는 때론 속임수가 필요하다는 것을 깨닫게 된다.

③ 권력(power) : 교사와 학생들 간에는 권력 관계가 존재한다. 학생들은 권력이 있는 사람에게 잘 보여야 한다는 것을 학습하게 되며, 조직의 권력 관계를 인정하면서 살아가는 것에 대해 배우게 된다.

(3) 잠재적 교육과정과 표면적 교육과정

① 표면적 교육과정은 학교에 의해 의도적으로 조직되고 가르쳐지는 반면, 잠재적 교육과정은 학교에 의해 의도되지 않았으나 학교생활을 하는 동안 은연중에 배우게 된다.

② 표면적 교육과정이 주로 지적인 것과 관련된다면, 잠재적 교육과정은 비지적인 정의적 영역과 관련이 있다.

③ 표면적 교육과정이 주로 교과와 관련이 있다면, 잠재적 교육과정은 학교의 문화풍토와 관련이 있다.

④ 표면적 교육과정은 단기적으로 배우며 어느 정도 일시적인 경향이 있는 반면, 잠재적 교육과정은 장기적, 반복적으로 배우며 항구성을 지닌다.

⑤ 표면적 교육과정은 주로 교사의 지적·기능적인 영향을 받으나, 잠재적 교육과정은 교사의 인격적인 감화를 받는다.

⑥ 표면적 교육과정이 주로 바람직한 내용인 반면, 잠재적 교육과정은 바람직한 것뿐만 아니라 바람직하지 못한 것도 포함된다.

⑦ 잠재적 교육과정과 표면적 교육과정이 서로 조화되고 상보적인 관계에 있을 때 학생 행동에 강력한 영향을 미칠 수 있다.

⑧ 잠재적 교육과정을 찾아내서 그것을 계획한다고 해도 표면적 교육과정과 잠재적 교육과정의 구조는 변하지 않는다.

▣ 잠재적 교육과정과 표면적 교육과정

준거	잠재적 교육과정	표면적 교육과정
학습영역	주로 정의적 영역	모든 교육영역
학습경험	학교의 문화(주로 비공식문화)	교과내용
학습내용	바람직한 것뿐만 아니라 바람직하지 못한 것 포함	바람직한 내용만
학습방법	학교나 교사의 지도와 무관	학교나 교사의 지도 아래
학습시간	내용을 장기적, 항구적으로 학습	내용을 단기적, 일시적으로 학습
교사의 영향	주로 인격적 영향을 받음	주로 지적, 기능적 영향을 받음

(4) 의의

① **교육과정 연구영역 확대 및 연구초점 변화**: 잠재적 교육과정의 출현으로 교육과정 연구영역이 그동안 간과되었던 의도되지 않은 학습결과에까지 확대되었다. 교육과정 실행과정에서 학생들이 어떤 환경에서, 무엇을, 어떻게, 배우며, 그 결과가 어떠한지, 교육과정 내용은 어떤 성격을 띠고 있는지 등에 관한 이해와 비판, 즉 교육과정 이해에 초점을 맞추기 시작하였다(교육과정 개발 ⊃ 교육과정 이해로 교육과정 연구 패러다임 변화).

② **교육평가 영역의 확장**: 잠재적 교육과정은 목표중심 평가로부터 탈목표중심 평가로 이행하는 계기를 제공하였다. 탈목표중심 평가에서는 사전에 설정된 목표와 관계없이 학생들의 모든 교육활동 결과를 종합적으로 평가하고자 한다.

③ **교육평가의 지평 확장 및 연구방법의 전환 계기 제공**: 연구방법도 자연히 교실 내부를 관찰하거나 면담하는 등의 방법이 채택되기 시작하였다.

7. 영 교육과정(null curriculum) 중등 02 · 05 · 09 · 10 · 12 · 20논술, 초등 03 · 09

① 아이즈너(Eisner)가 최초로 제안하였다.

② 법적인 구속력이 있는 공적인 문서에 들어 있지 않아서 학교에서 가르치지 않는 교육내용을 가리킨다. 그러나 공식적인 문서에 빠져 있는 모든 내용이 영 교육과정이 되는 것은 아니다. 교육과정은 가르칠 만한 가치가 있는 교육내용을 담고 있어야 하기 때문에 영 교육과정은 배울 만한 가치가 있는데도 불구하고 공적인 문서에서 빠진 내용을 가리킨다.

> 예 일본이 정당한 한국 역사를 교과서에서 배제시키는 것, 생물 교과에서 창조론을 배제하는 것, 지배계급의 부도덕성을 삭제하는 것

③ 영 교육과정의 또 다른 의미는 학습자 측면에서 살펴볼 수 있다. 어떤 내용이 공식적 교육과정에 포함되어 있다 하더라도 학습할 기회가 없었다면 영 교육과정에 속한다. 이러한 관점에 따르면 영 교육과정은 공식적 교육과정에 포함되어 있는지와 관계없이 교육적으로 가치 있는 내용 중에서 학생들이 학습할 기회를 갖지 못한 모든 내용을 가리킨다.

④ 이러한 교육과정은 공식적 교육과정에서 중요하고 가치 있는 어떠한 교육내용이나 가치 · 태도 등이 배제되고 있는지를 평가하는 데 중요한 단서를 제공할 수 있다.

8. 역량중심 교육과정

(1) 역량의 의미

① 역량
  ㉠ 본래 직업 사회의 필요에 의해 등장하였으나, OECD의 역량 관련 프로젝트를 통해 직업이나 직무와 관련된 것에서 벗어나 일반적인 삶의 질과 관련한 논의로 발전해 왔다.
  ㉡ OECD에서는 지속 가능한 발전과 사회적 결속은 인구 모두의 역량에 달려 있다고 보고, 앞으로의 사회에서 개인의 성공적인 삶과 사회의 발전을 위해 필요한 '핵심역량(key competency)을 규명한 바 있다. 이 작업은 일명 DeSeCo(Defining and Selecting Key Competencies)로 불리는 프로젝트를 통해 1997년부터 수행되었다.
  ㉢ 이 프로젝트에서 규명하고자 한 것은 종래 삶을 위한 '기초 기능(basic skill)'으로 간주되었던 읽기, 쓰기, 셈하기를 넘어서서, 개인의 성공적이고 책임감 있는 삶을 이끌고, 사회가 현재와 미래의 도전에 직면하는 데 필요한 역량이 무엇인가 하는 것이었다.
  ㉣ DeSeCo프로젝트에 따르면, 역량이란 지식과 기능뿐만 아니라 태도, 감정, 가치, 동기와 같은 요소들을 총 가동하여 특정 맥락의 복잡한 요구를 성공적으로 충족시킬 수 있는 능력이다. (◎ 무언가를 할 수 있는 능력)

② 학교 교육에서 역량의 의미
  ㉠ 학교 교육에서 역량은 직무나 업무를 수행하는 데 필요한 능력이라기보다는 삶을 살아가는 데 필요한 지식, 기능, 태도를 포괄하는 개념이라고 볼 수 있다.
  ㉡ 학교 교육의 맥락에서 역량은 '학생들이 21세기 사회를 성공적으로 살아가기 위해 학교 교육 전반을 통해 길러야 할 지식, 기능, 태도 및 가치의 총체'라는 개념으로 논의가 이루어지고 있다.

③ **역량의 특징**

    ⊙ **수행성** : 역량은 수행능력을 강조한다. 역량은 여러 특성들이 종합적이고 역동적으로 통합작용하여 발휘되는 실제적인 수행능력을 말한다. 즉, 무엇을 아는 것이 아니라 학생이 무엇을 할 수 있는가에 중점을 둔다.

    ⓒ **총체성** : 역량은 지식, 기능, 가치, 태도 등의 다양한 특성들이 복합적으로 발현되어 나타나는 총체성을 갖는다. 역량은 지식, 기능, 가치, 태도 등이 상호작용하여 맥락 속에서 발현된다.

    ⓒ **발달성** : 역량은 부단히 변화·발전하는 발달성의 특성을 갖는다. 학생들의 역량 함양에서의 개인차와 다양성 및 변화가능성이 적극적으로 고려되어야 함을 의미한다.

(2) 역량중심 교육과정의 의미

① 교육과정에 대한 역량중심적 접근은 학교 교육과정을 바로 역량, 즉 학생들이 향후 사회적 삶을 성공적으로 살아가는 데 필요한 자질과 능력에 초점을 두어 설계하는 것을 말한다. 즉, 역량을 교육과정의 중심에 둔다는 것은 사회적 삶에서 필요한 역량을 강화하는 방향으로 교육내용을 제공해야 함을 의미한다.

② OECD가 제안한 역량이란 '개인이 특정 맥락의 복잡한 요구를 성공적으로 충족시키기 위해 갖추어야 할 능력'으로, 그 방향의 결실인 2015 개정 교육과정은 '창의·융합형 인재양성'에 대한 국가, 사회적 요구에 있으며 학습의 질 개선을 통한 행복한 학습을 구현하기 위해 핵심역량을 명시화하고 학교 교육의 전 과정을 통해 중점적으로 기르고자 하는 것을 목표로 하여 역량중심 교육과정이라고 하는 데에 이견이 없다(소경희, 2009).

③ 역량중심 교육과정은 '21세기 사회를 살아가는 데 적합한 능력을 신장하기 위해 학생들의 지식, 기능, 태도의 총체적인 발달을 추구'하며, '지식을 바탕으로 하는 실천 능력의 획득을 강조하는 교육과정'이라고 할 수 있다.

(3) 역량중심 교육과정과 교과

① 학교 교육에 대한 역량중심적 접근은 종래 다루어 온 교과 지식을 특정 역량으로 대체하려는 것은 아니다. 사회적 삶에서 필요로 하는 역량을 학교 교육을 통해 강화해야 한다고 할 때, 해당 역량을 그 자체로 가르치는 것은 쉽지 않다. 역량은 그 자체로 의미를 가지기보다는 종래 교과 교육에서 다루어 온 가치 있는 지식과의 관련 속에서 그 의미가 더 명료하게 드러나는 경우가 많기 때문이다.

② 따라서 교육과정에 대한 역량중심적 접근이란 역량을 교육과정에 대한 사고의 중심에 두자는 것이지 교과를 특정 역량으로 대체하자는 주장은 아니다.

(4) 역량중심 교육과정 설계

① **교육과정 조직의 초점** : 미리 결정된 지식이나 내용을 전달하거나 성취해야 할 목표를 처방하기보다는 학생의 역량을 발달시키는 데 있다. 따라서 이 입장에서 가장 우선적으로 물어야 할 교육과정 질문은 무엇이 필요한 핵심역량이며, 그러한 역량의 발달을 촉진시키는 데에 사용된 원리와 과정은 무엇인가 하는 것이 된다.

② 역량중심 교육과정 설계의 특징

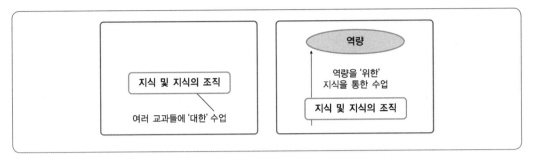

| 지배적인 교육과정 설계와 역량중심 교육과정 설계 비교 |

㉠ 역량을 지식이나 내용으로부터 뚜렷이 분리시킨다. 역량중심 교육과정에서는 역량과 지식/내용이 서로 구분되어 있으나 양자는 상호 간에 보완적인 역할을 하는 것으로 설계된다.

㉡ 역량중심 교육과정의 틀은 역량과 지식/내용 두 부분으로 구성되며, 기본 아이디어는 지식을 통해 역량을 개발한다는 것이다.

㉢ 역량중심 교육과정에서는 지식이나 내용이 더 이상 교육과정 설계를 위한 출발점이 아니라 역량을 발달시키기 위한 수단이 된다.

㉣ 지식이나 내용의 조직은 교육과정 설계의 출발점이 아니라, 교수 방법 차원에서 고려되어야 할 것으로 간주된다. 즉, 지식이나 내용은 역량을 발달시키는 데 적절한가의 여부에 따라 교수자들에 의해 선정된다.

㉤ 지배적인 교육과정 설계에서는 지식을 분과적으로 조직해야 하는가 혹은 통합적으로 조직해야 하는가에 대한 문제가 국가 교육과정을 설계하는 과정에서 결정되는 경우가 많았다. 즉, 지식이나 내용의 조직이 학교 수준의 교육과정 계획이나 수업 이전에 미리 결정되었다. 그러나 역량중심 교육과정 설계에서는 이러한 결정이 교사들에게 상당 부분 맡겨진다. 교사들은 자신들의 교수맥락에서 특정 역량을 가장 잘 발달시키는 방법이 무엇인가에 대한 탐색을 통해 적절한 지식/내용 조직 방식을 결정하게 된다.

Chapter 03 교육과정 모형

01 목표모형(합리적 모형)

1. 타일러(Tyler)의 합리적 모형 중등 07 · 08 · 09 · 19논술, 초등 01 · 03 · 07 · 11 · 12

(1) 개요

① 타일러는 『교육과정과 수업의 기본원리』라는 저서에서 교육과정과 수업을 계획할 때 수행해야 할 4가지 과제를 다음과 같이 표현하였다.

> • 학교가 달성하고자 하는 교육목표는 무엇인가?
> • 목표를 달성하기 위하여 어떤 학습경험을 제공해야 하는가?
> • 학습경험을 효과적으로 조직하는 방법은 무엇인가?
> • 목표가 달성되었는지를 어떻게 알 수 있는가?

② 이상의 내용을 요약하면 교육목표의 설정, 학습경험의 선정, 학습경험의 조직, 학습 성과의 평가로 요약할 수 있는데, 이는 타일러가 말하는 교육과정의 네 가지 기본 요소를 가리킨다.

③ 타일러는 교육과정 개발을 교육목표의 규명, 학습경험의 선정과 조직, 교육 프로그램의 평가 등으로 구성되는 교육 프로그램에 대한 체계적인 계획을 세우는 활동으로 보았다.

(2) 특징

① 교육과정 요소 중에서 목표를 가장 강조한다는 점에서 목표우위 모형이다.

② 목표 그 자체가 평가의 준거가 된다는 점에서 평가중심의 모형이라고 볼 수 있다.

③ 목표에서 평가로 진행하는 일정 방향을 가진다는 점에서 직선적 모형이라 할 수 있다.

④ 교육 문제에 관심을 가지는 모든 사람이 타당하게 활용할 수 있다는 점에서 합리적 모형이다.

⑤ 교육과정 개발자들이 당위적으로 따라야 할 절차를 제시한다는 점에서 처방적 모형이다.

⑥ 전체 교과에서 단원의 개발로 향하는 연역적 모형이다.

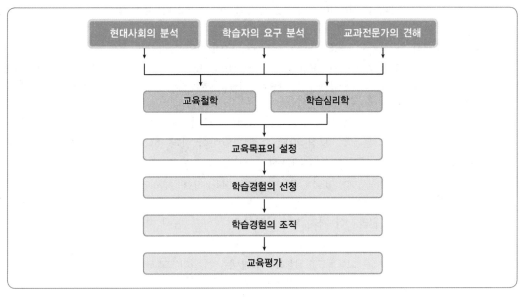

| 타일러의 합리적 개발 모형 |

(3) **교육목표의 설정**

① 가장 핵심적인 부분이며 출발점이다. 학습자, 사회, 교과 등 세 가지의 자원을 조사하여 잠정적인 목표를 설정하며, 이를 철학과 학습심리학에 비추어 선별하게 된다.

② 목표 설정 시 고려사항

　　㉠ **학습자의 요구** : 학습자의 특성, 즉 학습자의 요구와 흥미, 필요 등을 반영하여야 한다.

　　㉡ **사회의 요구** : 현대사회의 요구를 파악하기 위해 지역사회, 국가, 세계를 잘 알고 고려해야 한다.

　　㉢ **교과전문가의 견해** : 교과전문가들에게 수용될 만한 타당성이 있도록 설정하여야 한다.

③ 목표 거름체

　　㉠ **교육철학** : 교육적으로 추구할 만한 가치가 있는지 판단하기 위함이다.

　　㉡ **학습심리학** : 잠정적 목표를 학습자가 달성할 수 있는 것인가를 알아보기 위함이다.

④ 목표는 학습내용과 학습자의 행동을 결합한 형태로 진술해야 하며, 이후의 학습경험을 선정하고 평가계획을 수립하는 데 실질적으로 기여할 수 있을 만큼 충분히 명시적이고 구체적이어야 한다.

(4) **학습경험의 선정** 초등 12 · 19논술

① 학습경험이란 학생들이 목표에 도달할 수 있도록 기회를 마련해 주는 활동들을 가리킨다.

② 예를 들어 읽기 기능을 발달시키는 것이 목표라고 한다면, 특정한 이야기나 책을 읽도록 해 주는 것을 학습경험이라 한다.

③ 학습경험 선정을 위한 원리

　　㉠ **기회의 원리** : 특정한 교육목표를 달성하기 위해서는 그 목표가 시사하고 있는 행동을 학습자 스스로 해볼 수 있는 기회를 가져야 한다는 것이다.

예 교육목표가 '컴퍼스를 사용하여 원을 그릴 줄 안다.'라면 실제로 학생들이 컴퍼스를 사용하여 원을 그리는 행동을 할 기회가 제공되어야 한다.

ⓛ **만족의 원리**: 학생들이 목표와 관련된 학습을 함에 있어서 만족을 느끼는 경험이 되어야 한다.

예 '박자치기를 할 수 있다.'는 교육목표 달성을 위해 캐스터네츠로 수업을 한다면, 이 활동은 학생들에게 만족 감을 주어야 한다. 만일, 학생들이 캐스터네츠보다 작은 북을 두드리는 데 더 만족감을 느낀다면 작은 북을 이용하여 박자치기를 할 수 있게 해 주어야 한다.

ⓒ **가능성의 원리**: 학생들의 현재 수준에서 경험이 가능한 것이어야 한다. 학생들에게 요구되는 행동은 그들의 현재 능력, 성취, 발달 수준에 맞아야 한다. 학습경험이 학생들이 현재 할 수 없는 것이라면, 그것은 당연히 이루어질 수 없는 수업이 될 것이다.

예 초등학교 2학년 학생들에게 '바르게 글씨 쓰기'라는 교육목표를 설정하였다면 붓보다는 연필로 글쓰기를 연 습시키는 것이 적합하다.

ⓔ **일 목표 다경험의 원리**: 한 가지 교육목표를 달성하기 위해 여러 가지 경험을 할 수 있도록 하는 것이다.

예 '2차 방정식 풀기'라는 교육목표를 달성하기 위해서는 학생들이 교과서 내용을 읽고 이해되지 않는 부분을 질문을 통해 해결하는 활동, 교사가 칠판 위에 2차 방정식 문제를 푸는 과정을 지켜보게 하는 활동, 크고 작은 나무 막대기를 사용하여 2차 방정식의 원리를 스스로 찾아보게 하는 활동 등 다양한 활동들이 있을 수 있다.

ⓜ **일 경험 다성과의 원리**: 학생들의 경험을 선택할 때 여러 가지 교육목표를 동시에 달성하는 데 도움을 주는 활동을 선택해야 한다는 것이다.

예 건강에 관한 문제를 해결하는 동안에 건강에 관한 정보를 학습할 수 있으며, 공중보건 절차의 중요성에 대한 어떤 태도를 학습할 수도 있다.

(5) **학습경험의 조직** 중등 01, 초등 01 · 03 · 11

① 선정된 학습경험들은 효과적인 수업이 일어나도록 조직되어야 한다.

② 효과적인 수업이 이루어지려면 사전에 명시된 목표를 성취하는 데 수단이 되는 학습경험들이 적절하게 배열되어야 한다.

③ 이를 위해 계속성, 계열성, 통합성 등 세 가지 조직 준거를 살펴봐야 한다.

ⓐ **계속성(continuity)**: 교육내용이나 경험을 수직적으로 조직하는 것으로 요소를 지속적으로 반복하여 제시하는 것이다. 반복되는 것은 동일한 요소이다.

ⓛ **계열성(sequence)**: 계속성과 관련이 있지만 동일 내용을 지속적으로 반복하기보다는 폭과 수준을 달리하는 것이다.

ⓒ **통합성(integration)**: 교육과정의 내용을 수평적으로 관련시키는 것으로 조직요소의 횡적인 상호 관련성을 의미한다. 학습활동의 과목 간 연계성을 뜻한다.

(6) **평가**

① 교육목표가 교과과정이나 학습지도를 통해 어느 정도 실행되고 있는가를 확인하는 일이다.

② 교육과정 개발자는 교육목표 달성 여부를 판가름하기 위한 평가의 방법과 절차를 구성해야 한다.

③ 평가는 변화를 알아보는 것이므로 한 번 이상 이루어지는 것이다.

④ 평가는 목표와 최종 결과의 부합 정도를 가늠하는 것으로 지필고사 외에 관찰, 면접, 질문지, 작품표본 평가 등 다양한 방법을 활용할 수 있다.

⑺ 장단점

① 장점

㉠ 어떤 교과나 어떤 수업 수준에서도 활용, 적용할 수 있는 폭넓은 유용성을 지닌다.

㉡ 논리적이고 합리적인 일련의 절차를 제시하고 있어 교육과정 개발자나 수업계획자가 따라하기가 비교적 쉽다.

㉢ 학생의 행동과 학습경험을 강조함으로써 평가에 매우 광범위한 지침을 제공해 주었다.

㉣ 교육과정과 수업을 구분하지 않고 통합적으로 '목표−경험선정−경험조직−평가'를 포괄하는 광범위한 종합성을 띤다.

㉤ 경험적, 실증적으로 교육성과를 연구하는 경향을 촉발한다.

② 단점

㉠ 목표의 원천은 제시하고 있으나 무엇이 교육목표이고, 그것이 왜 다른 목표를 제치고 선정되어야 하는지 그 이유를 분명하게 밝혀주지 못한다.

㉡ 목표를 분명히 미리 설정한다는 것은 수업 진행과정 중에 새롭게 생겨나는 부수적·확산적 목표의 중요성을 간과한 것이다.

㉢ 목표를 내용보다 우위에 두고, 내용을 목표달성을 위한 수단으로 전락시킨 면이 있다.

㉣ 무엇을 가르쳐야 할 것인가에 대한 대답을 회피하고, 교육과정의 실질적 내용이 어떤 것인가도 가르쳐주지 않고, 단지 그것을 확인하는 절차만을 제시하고 있다.

㉤ 겉으로 평가할 수 있는 행동만을 지나치게 강조함으로써 잠재적 교육과정이나 내면적인 인지구조의 변화, 가치와 태도 및 감정의 변화를 확인하는 데 약하다.

㉥ 교육과정 개발절차를 지나치게 절차적, 체계적, 합리적, 규범적으로 처방하여 제시함으로써 교육과정 개발활동 과정의 연속성과 실제 교육과정 개발에서 일어나는 복잡한 것들에 대한 기술을 경시하였다.

㉦ 교육목표가 교육내용의 가치보다는 학습자와 사회의 필요 등의 수단적인 것으로 주어져 있다.

2. 타바(Taba)의 귀납적 모형(교사 중심 모형) 중등 10

⑴ 개요

① 『교육과정 개발: 이론과 실제』라는 저서에서 교육과정 개발 절차를 제시하고 있다.

② 교육과정은 교사 스스로가 개발해야 한다. 또한 교사는 학교의 전반적인 교육과정 설계안을 마련하기보다는 구체적인 교수·학습 단원을 만드는 작업부터 시작해야 한다.

③ 개발자들이 따라야 할 절차를 제시한다는 점에서 처방적 모형이지만, 단원 개발에서 출발하여 교과 구성으로 진행된다는 점에서 귀납적 모형이다. 교육과정은 연역적인 접근이 아니라 귀납적으로 진행되어야 한다고 주장하여, 교육과정 개발의 '풀뿌리식 접근(grass roots approach)'을 강조하였다.

④ 이 모형은 교사의 교육과정 설계에 초점을 맞춘 미시적 접근으로 크게 다섯 가지 국면을 거친다.

■ 타바의 교육과정 개발 모형

1. 학년 또는 교과의 특성을 나타내는 시험적인 단원 개발
    1.1 요구진단
    1.2 목표설정
    1.3 내용선정
    1.4 내용조직
    1.5 학습경험 선정
    1.6 학습활동 조직
    1.7 평가도구 및 준거 결정
    1.8 균형성, 계열성 평가
2. 시험적인 단원의 실행
3. 시험적인 단원의 수정과 보완
4. 스코프(scope)와 시퀀스(sequence)에 따라 단원 배열
5. 새 단원의 보급

(2) 교육과정 개발단계

① **시험적 단원 개발**: 학년별 또는 교과 영역별로 시험적 교수·학습 단원을 교사가 만들어 내는 과정이다. 여기에는 여덟 개의 하위 단계가 순차적으로 따라오게 된다.

② **시험 단원 실행(검증)**: 잠정적으로 구성한 단원을 검증하는 단계이다. 이 단계의 목적은 하나 또는 그 이상의 학년 수준들과 다른 교과 영역들로 확대될 수 있는 교육과정을 창출하는 데 있다. 첫 단계에서는 시험적인 단원이 자신의 학급이나 교과영역을 대상으로 개발된 것으로, 다른 수준의 학년이나 교과영역에 확대 적용해 보는 것이 필요하다. 교수가능성과 타당성 검증을 위해 필수적으로 성취해야 할 능력의 상한과 하한을 결정하기 위한 시험의 과정이 필요하다.

③ **시험 단원의 수정과 보안(개정 및 통합)**: 개발된 단원을 수정하고 통합하여 모든 유형의 학습에서도 잘 맞는 보편화된 교육과정을 개발하는 단계이다. 단원들은 서로 다른 차이를 보이는 학습자들의 요구와 능력, 서로 다른 교육자원(시설, 설비, 재정), 서로 다른 교수형태에 맞추어 거듭 수정되는 과정에서 다양한 형태의 교실상황에서 적용될 수 있다.

④ **스코프와 시퀀스에 따른 단원 배열(구조 개발)**: 여러 개의 단원을 구조하여 전체 범위와 계열성을 결정한다.

⑤ **새 단원의 보급(새 단원 정착 및 확산)**: 새 단원의 적용과 보급으로, 새 단원을 교실수업에 본격적으로 투입, 정착시키기 위해 교육행정가들은 교사들에 대한 현직 연수를 확산해 나가는 것이 필요하다.

(3) 단원 개발단계

교육과정 개발의 구체적인 작업 단계와 활동은 위의 다섯 가지 가운데 첫 번째 국면에 상세하게 나타나 있다.

① **요구진단**: 학생들이 무엇을 배우기를 원하고, 배울 필요가 있는가를 확인하는 과정이다.

② **목표 설정**: 교육과정 요소를 개발하기 위해 기초가 되는 명확하고 포괄적인 목표를 설정하는 것이다. 목표는 내용과 학습의 종류까지 고려되어야 한다.

③ **내용 선정**: 학습목표를 보고 학생이 공부해야 할 교재나 주제를 도출한다.

④ 내용 조직 : 선정된 내용을 어느 수준에서 어떤 계열로 가르칠 것인지를 결정하게 된다. 학습내용을 조직함에 있어서는 학생의 성숙도, 교재에 대한 학습준비도, 그리고 학생의 학업 성취도 등을 충분히 고려해야 한다.

⑤ 학습경험 선정 : 학습내용에 대한 다양한 경험을 할 수 있도록 고려해야 한다.

⑥ 학습활동 조직 : 학생에게 알맞은 학습활동을 어떻게 묶고 어떤 계열로 이용할 것인지에 대해 결정을 한다.

⑦ 평가도구 및 준거 결정 : 교육과정 목표의 성취 여부와 정도를 파악하기 위한 평가 전략을 수립한다.

⑧ 균형성·계열성 평가 : 내용과 활동이 균형 있고 논리적으로 배열되었는지 검토한다.

(4) 장단점

① 장점

㉠ 교육과정을 계획하고 개발하는 데 현장에서 쉽게 적용할 수 있는 논리적이고 계열적인 구조를 제공한다.

㉡ 현장에서 교육과정 문제를 해결하는 방법으로 가장 단순한 관계들을 처방하였다.

㉢ 교육과정 개발과정에 교사의 참여를 독려하는 최근 경향에 부합한다.

② 단점

㉠ 특정 교과의 단원 수준의 수업계획서 개발로서 교육과정을 개발하는 데는 문제가 없으나, 더 상위 수준인 국가나 지역 수준의 교육과정 총론 개발에는 부적절하다.

㉡ 개별 교과를 가르침으로써 개별 교과의 시야에 매몰되어 전체 교육과정을 보지 못할 수 있다.

---

02 브루너(Bruner)의 지식의 구조(교육내용으로서의 지식)

1. 교육의 과정(the process of education)

① 브루너(Bruner)의 『교육의 과정(The Process of Education)』은 교육내용으로 지식의 구조를 설명한 최초의 저서이면서 교육내용을 규정하는 또 하나의 관점을 제시하고 있다.

② 교육내용은 곧 지식의 구조이면서 동시에 '학문하는 일'-그 해당 분야의 학문의 기저를 이루고 있는 일반적인 원리를 발견하고 그 원리를 써서 사물과 현상을 이해하는 학자들의 학문탐구활동-로 규정한다.

2. 지식의 구조(the structure of knowledge)

① 지식의 구조는 해당 학문의 기저를 이루고 있는 기본 개념과 원리이며, 따라서 특정 교과의 지식의 구조는 그 교과의 해당 '학문'의 성격을 충실히 반영하고 있다.

② 특정 교과(교육내용)의 지식의 구조는 그 교과를 나타내는 학문의 가장 근본적인 개념과 원리인 셈이며, 교육내용의 선정은 그 교과의 학문 성격과 해당 학자들의 탐구활동 속에서 이루어져야 함을 시사한다.

③ 지식의 구조를 가르친다는 것은 학생이 해당 분야의 학자와 '동일한 일'을 하도록 해당 분야의 현상을 탐구하게 한다는 뜻이다.

④ 이전에 교과 내용을 그 분야의 학자들이 탐구해 놓은 사실들이나 토픽(브루너는 이것을 중간언어(middle language)라고 불렀음)으로 인식해 온 것이 교육의 기본 문제점이라고 여겨, 교과 내용을 곧 학자들이 탐구하는 '학문활동'으로 전환한 것을 의미한다.

3. 지식 구조의 이점

① 학습내용에 대한 쉬운 이해 : 기본 구조를 이해하게 되면 교과 내용을 훨씬 쉽게 파악할 수 있다.

② 학습내용에 대한 장기적 파지 : 서로 연결되지 않은 개별적 사실은 파지 기간이 짧으나, 개별적 사실이나 현상을 연결하는 구조는 오래도록 기억할 수 있다.

③ 높은 전이가 : 원리나 법칙은 다른 개별적 사실이나 현상에 쉽게 적용할 수가 있다.

④ 초등지식과 고등지식 간의 간격 축소 : 학문의 최전선에서 학자가 하는 일과 학습자가 하는 일 사이의 간극을 좁혀 준다.

---

03 역동적 상호작용 모형

1. 워커(Walker)의 자연주의적 모형(naturalistic model)(숙의모형) 중등 09 · 18논술, 초등 06 · 09 · 12

(1) 개요

① 워커는 타일러의 모형과는 대비되는 교육과정 개발 모형을 제시하였다. 워커의 모형은 교육과 정을 개발할 때 따라야 할 합리적인 원칙이나 절차를 제시하는 타일러 모형과는 달리, 교육과정 개발이 실제로 진행되는 과정을 관찰하여 그 과정을 묘사하는 데에 관심을 가졌다.

② 그는 교육과정 개발 과정에 실제로 참여하면서 교육과정 개발이 타일러의 처방대로 진행되지 않는다는 사실을 발견하였다.

③ 실제 상황에서 교육과정이 어떻게 개발되는가를 참여 관찰하면서 발견한 것을 토대로 교육과정 개발 과정을 설명하는 틀을 만들고, 이를 '자연주의적 모형'이라고 명명하였다.

④ 따라서 워커의 모형은 교육과정 개발자들이 실제로 교육과정 개발 과정에서 무엇을 하는지를 구체적으로 드러내 준다는 특징을 지닌다.

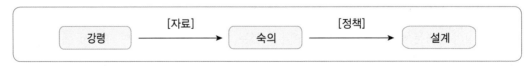

| 워커의 교육과정 개발 과정 |

(2) **교육과정 개발절차**

① 강령(platform, 토대)

   ⊙ 교육과정 개발 과정에서 참여자들이 서로 다른 자신들의 견해를 표방하는 단계이다.

   ⓛ 강령은 교육과정 개발자들이 교육과정을 개발할 때 품고 있는 아이디어, 선호성, 관점, 신념, 가치, 개념 등으로 이루어진 개발자의 선행 경향성을 나타내며, 이것이 개발의 기초 혹은 강령이 된다. 강령의 도움을 받아 개발자는 의사결정과 판단을 내리게 된다.

② 숙의(deliberation)

   ⊙ 다양한 대안들에 대한 논쟁을 거쳐 합의 과정에 이르는 단계이다.

   ⓛ 교육과정에 대한 공통적인 그림을 찾기 위해 개발자들이 상호작용을 하는 단계이다.

   ⓒ 개발자들은 서로 아이디어를 제시하고 협의한다. 그러나 협의의 과정이 합리적으로 전개된다고 볼 수는 없다. 그리고 숙의의 과정과 더불어 교육과정 개발자들이 이미 알고 있는 기존의 교육과정 정책이 설계과정에 영향을 미친다.

   ⓔ 다소 혼란스럽고 무질서한 것처럼 보이는 이 단계가 지나면 숙의 단계는 상당히 명료한 합의를 이끌어 낸다.

③ 설계(design)

   ⊙ 숙의 단계에서 선택한 대안을 실천 가능한 것으로 구체화하는 단계이다.

   ⓛ 개발자들이 논의를 통하여 교육 프로그램의 상세한 계획을 수립한다.

   ⓒ 이 단계는 명시적 설계와 함축적 설계로 구성되며, 구체적인 교과, 수업, 교수자료, 믿을 만한 집단 활동 등을 포함하는 교육과정을 창조하게 된다.

(3) **특징**

① **자연스러운 개발 모형**: 실제적 상황에서 교육과정을 개발하는 과정을 기술한다.

② **과정 지향적 모형**: 워커의 모형은 교육과정 개발자들의 의견이 타협되고 조정되는 과정을 강조한다(숙의). 즉, 워커의 모형은 산출될 결과보다는 의사결정과정이나 절차에 초점을 두고 있으며, 이 점에서 교육과정 개발의 과정 지향적인 성격을 지닌다.

③ **기술적 모형**: 교육과정 개발자들이 교육과정 개발 과정에서 실제로 따르고 있는 절차를 기술하고 있다는 점에서 '기술적(descriptive)' 모형이라고 볼 수 있다. '처방적(prescriptive)' 성격을 지니는 타일러 모형과 대비된다.

④ **역동적 모형**: 미리 결정된 절차에 의해 교육과정 개발의 목적과 과업을 최대한 성취해 나가는 전통적 관점의 모형과는 달리 모든 참여자의 신중한 숙의적·실제적 추론의 역동적 과정에 의해 경험을 공유하고 합의된 결정에 도달하는 모형이라 할 수 있다.

(4) **장단점**

① 장점

   ⊙ 보다 현실적이고 창의적인 교육과정을 개발할 수 있다.

   ⓛ 교육과정 구성요소의 어느 시점에서도 시작할 수 있으므로 융통성을 갖는다.

   ⓒ 교육과정 개발의 과정에서 실제로 일어나는 것들을 확인할 수 있다.

㉣ 계획자가 다른 강령에 반응하고 숙의하기 위해 대화에 상당한 시간을 보내야 할 필요성을 강조한다.

② 단점

㉠ 비체계적인 접근방법을 취하고 있으므로 운영 실제에 있어서는 혼란을 야기할 수 있다.

㉡ 논리적 계통을 따르지 않고, 숙의의 과정에서 많은 시간을 소요하게 되어, 교육과정을 효과적으로 개발하는 데 자칫 시간 낭비가 클 수 있다.

㉢ 전문가, 시간, 자금 등이 부족한 소규모 학교에는 적용하기가 어렵다.

㉣ 거의 전적으로 교육과정 설계과정에 초점이 맞추어져 있어서 교육과정 설계 후에 무슨 일이 어떻게 일어나야 하는지에 대한 언급이 부족하다. 설계가 이루어지기 전까지의 과정에 대해서만 상세하게 제시하고 있다.

■ 슈왑(Schwab)의 실제적·절충적 개발 모형 초등 07

1. 개요

① 교육과정 분야에서 숙의의 중요성을 일깨운 사람은 슈왑이다. 교육과정 연구 분야가 이론적 탐구에 치우쳐서 교육현장의 실제와 괴리가 있음을 지적하였으며, 교육과정을 실제의 문제로 인식할 것과 그 방법론으로 숙의를 제안하였다.

② 지금까지의 교육과정 연구가 검증되지도 않은 고질적인 '이론적인 것'에만 의존하고 집착해 온 점을 비판하고 교육과정 연구는 실제적(practical), 준실제적(quasipractical), 그리고 절충적(eclectic)이라는 세 가지 방향으로 진행될 때 교육의 질 향상이 이루어진다고 주장하였다.

③ 그는 교육과정 개발의 과정을 숙의의 과정으로 보았다. 그는 교육과정 개발의 과정이 개발자들이 모여서 문제를 발견하고, 문제해결을 위해 발견한 것을 모으고, 이를 활용하여 새로운 교육의 목표나 자료를 만들어 가는 과정이며, 이러한 과정은 단계적으로 일어나는 것이 아니라 동시에 일어나며 나선형 방식으로 전개된다고 하였다.

2. 교육과정의 요소

① 슈왑은 교육과정을 교실의 전체적인 문화로 보고 그 교육과정을 사용할 특수한 상황에 초점을 맞추어 교육과정이 개발되어야 한다고 본다.

② 이 경우 전체적인 교실문화에서 발생하는 것, 학생에게 영향을 줄 수 있는 교육과정의 공통적인 구성요소 간의 상호작용을 고려해야 한다.

③ 공통 요인들은 교사, 학습자, 교과, 환경이다. 이 요소 간의 상호작용이 교육과정 개발에서 중요하게 고려되어야 한다.

④ 슈왑은 교육과정을 이 네 가지 구성요소의 끊임없는 상호작용으로 보았다. 그리고 이들 요소를 동등한 비중으로 다루어야 교육과정 개발이 질 높게 이루어진다고 하였다.

⑤ 또한 교육과정의 질은 교육과정 개발에 참여하는 사람들이 각 구성요소에 대해서 갖고 있는 전문적인 지식과 경험에 따라 달라질 수 있다. 따라서 구성요소들 간의 상호작용에 대해 유의해야 하고 학급 내의 교사와 학생들에게 초점을 맞출 필요가 있다.

| 슈왑의 교육과정 개발 |

2. 스킬벡(Skilbeck)의 학교중심 교육과정 개발 중등 12·13, 초등 07·11

(1) 개념

'학교중심 교육과정 개발(school-based curriculum developement)'이란 "학교에서 학습 프로그램을 계획, 설계, 시행, 평가하는 것(Skilbeck)"을 말한다.

(2) 타일러 모형과의 차이

① 스킬벡은 타일러가 소홀히 하였던 학습자와 사회의 특성 및 요구분석 과정을 중요시한다.

② 교육과정 개발의 출발점을 추상적 상황에서 목표를 설정하는 것이 아니라 학교에서 일어나는 학습 상황을 비판적으로 평가하는 데 두고 있다.

③ 다음 두 가지 측면에서 타일러 모형과 차이가 있다.

ㄱ 교육과정의 계획에서 상황분석 단계를 추가하였다. 상황분석은 교육과정이 학교, 교사, 학생의 개별적 특성에 따라 달리 구성되어야 한다는 점을 강조한다. 이로써 보편적인 특성을 지닌 교육과정을 개발하고자 한 타일러의 모형과는 차이가 있다.

ㄴ 교육과정 개발자가 지각한 요구에 적절하다고 생각하는 단계에서 모형을 시작할 수 있다. 교육과정 개발자는 순서에 상관없이 단계를 거칠 수 있을 뿐만 아니라 몇몇 단계를 결합하여 운영할 수도 있다. 이 점이 가장 주목할 만한 것인데, 이로 인해 타일러 모형의 틀은 깨지고 처방단계 이론은 보다 개방된 상호작용 모형으로 대치된다.

(3) 모형의 특징

① 사회의 특징과 학교의 교육상황을 분석하는 '상황분석'을 교육과정 개발의 출발점으로 본다.

② 교육과정은 학교, 교사, 학생의 특성에 따라 다르게 구성된다.

③ 교육과정 개발자가 인식하고 있는 요구에 적합하다고 생각하는 단계에서 모형을 시작할 수 있으므로 순서와 무관하게 시작이 가능하며, 단계의 결합 역시 가능하다는 점에서 비선형적이다.

④ 교사, 학생, 학부모, 지역사회의 요구에 따라 수정 가능하기 때문에 역동적이고 상호작용적인 모형이다.

⑤ 학생의 요구를 즉각 반영할 수 있어 유연하고 효과적인 수업이 가능하다.

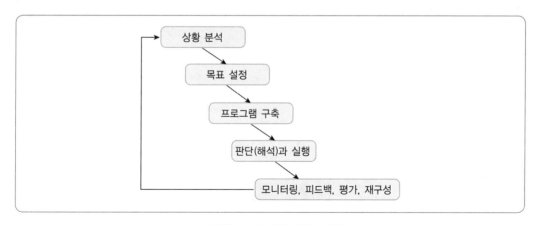

| 스킬벡의 교육과정 개발 모형 |

⑷ **교육과정 개발단계**

① 상황 분석: 상황을 구성하는 외적·내적 요인을 분석한다.

학교의 외적 요인	학교의 내적 요인
학부모의 기대감, 지역사회의 가치, 변화하는 인간 관계, 이데올로기 등과 같은 사회·문화적 변화, 교육체제의 요구, 변화하는 교과의 성격, 교사 지원체제	학생의 적성·능력·교육적 요구, 교사의 가치관·태도·기능·지식·경험, 학교의 환경과 정치적 구조, 공작실·실험실 등과 같은 시설, 교육과정 내에 존재하는 문제점 등

② 목표 설정: 기대되는 학습결과로서 교사와 학생의 행동을 구체화하는 목표를 설정하고 진술한다. 목표는 상황분석에 기초하며, 교육적 행위의 방향을 제시하기 위한 가치나 판단을 포함한다.

③ 프로그램 구축: 교수·학습 활동(내용·구조·방법·범위·계열성 등)의 설계, 수업자료(키트, 자원, 교재 등의 상세한 목록)의 구비, 적절한 시설 환경(실험실, 작업실, 공작실 등)의 설계, 인적 구성과 역할 부여, 시간표 짜기 등을 하게 된다.

④ 판단(해석)과 실행: 교육과정의 변화를 일으키는 문제를 판단하고 실행한다. 이러한 문제는 경험의 개관, 혁신에 대한 연구와 이론의 분석, 선견지명 등을 통해 파악되고 실행된다.

⑤ 모니터링, 피드백, 평가, 재구성: 교육과정 개발에 대하여 계속 모니터링을 하고, 그에 따른 피드백 평가를 수행하며, 그 결과를 토대로 교육과정을 재구성하는 활동이 이루어진다.

⑸ **장단점**

① 장점

㉠ 교사들이 현실적으로 적용 가능하다.

㉡ 개발자의 의도에 따라 어느 단계에서부터든 교육과정 개발을 시작할 수 있다는 융통성, 자율성이 발휘될 수 있다.

㉢ 학교 현장의 교육적 상황을 잘 반영할 수 있다.

② 단점

㉠ 비체계적인 접근 방식을 취하고 있으므로 운영 실제가 혼란스럽고 전체를 고려하지 못할 위험성이 있다.

㉡ 상황분석 등을 포함하고 있어 교육과정 개발의 소요 시간이 비교적 길어질 수 있다.

04 교육과정 재개념화

1. 주요 관점 중등 00, 초등 02·12

① 전통적 교육과정 연구 패러다임인 기술공학적 접근을 비판하는 것으로부터 출발한다.
② 전통주의자와 재개념주의자의 차이점 : 교육과정 연구를 보는 시각
  ㉠ 전통주의자들은 교육과정 연구의 목적을 교육과정 개발에 둔다.
  ㉡ 재개념주의자들은 교육과정 연구의 목적을 교육과정의 이해에 둔다. 교육과정 내용의 의미를 이해하거나 그 현상을 분석하는 것에 치중한다. 즉, '교육과정 개발'보다는 '교육과정 이해'에 초점을 맞춘다.
③ 교육과정 재개념화란
  ㉠ 전통주의자들의 탈역사적이며, 탈정치적이고, 실증주의 일변도의 좁은 관점에서 벗어나 교육과정 탐구의 영역을 확대하고 방법을 다양화하는 것이다.
  ㉡ 교육과정 개발 문제에만 얽매이지 않고 교육적 경험을 정치나 문화, 그리고 역사적 관점에서 이해하는 학문적 노력을 지칭하는 것으로 본다.

2. 파이나(Pinar)의 재개념주의 이론 중등 07·12, 초등 07

(1) 기본적 주제 : 인간의 실존적 해방

① 파이나의 교육과정 이론은 우리가 처하고 있는 사회적·문화적 현실 속에 개인이 갖는 경험과 그 의미를 파헤치고 이해하는 일에 초점이 주어진다.
② 교육과정의 관심은 '개인'에게 주어지고, 각 개인이 교육 속에서 갖는 내적 경험의 탐구에 초점을 모으는 일이 교육과정 탐구의 새로운 출발점이 되는 것으로 생각하였다.
③ 자기성찰의 과정을 통해 자신의 생활이나 교육경험을 되돌아봄으로써 자신의 진정한 내적 의식 세계를 알게 되고, 그것은 나아가 자기를 구속하는 여러 가지 문화적·사회적 제약들이 무엇인지를 깨닫게 함으로써 자기 자신은 물론 타인까지도 진정한 인간의 모습으로 해방시킬 수 있다. 이것이 바로 인간의 정신적·실존적 해방이 되는 것이다.

(2) 학교 교육의 정신분석 : 파이나는 학교 교육 현상을 실존적, 정신분석학적으로 분석하여 그 결과를 열두 가지의 문제로 제시하였다.

① 공상적인 세계로의 도피와 거부
② 타인의 모방을 통한 자아분열과 상실
③ 자율성의 위축과 의존성의 증대
④ 타인으로부터의 평가와 자기애 상실
⑤ 인간관계 욕구의 왜곡
⑥ 자기 소외와 감각 마비 현상
⑦ 자기 기준의 상실과 타인 지향성
⑧ 참된 자아의 상실과 객관화된 자아의 수용

⑨ 지배자의 논리 수용과 거짓된 자아 체제의 형성

⑩ 학교 교육의 집단성과 개인적 세계의 상실

⑪ 무관심과 존재 확인의 기회 상실

⑫ 미적, 감각적 지각능력의 둔화

(3) 쿠레레 방법으로서의 교육과정 탐구

① 쿠레레

  ⊙ 쿠레레는 교육과정을 뜻하는 라틴어 어원으로 교육과정을 '목표' 또는 '학습결과를 기술하거나 규정하는 활동'으로서가 아니라, '코스에서 학생이 달리면서 갖게 되는 교육경험'으로 재해석한 것이다.

  ⓒ curriculum이 외부에서 주어지는 하나의 자료라면, 그것을 접하고 읽고 생각하고 느끼며 배우는 모든 생생한 경험들의 의미를 찾아가는 것이 바로 '쿠레레'이다.

  ⓒ 쿠레레로서의 교육과정 탐구는 목표를 설정하고 과정을 설계하고, 결과를 평가하고 하는 일과는 거리가 먼 활동들이다. 쿠레레 방법에서 교육과정 탐구란 그 자체의 독특한 탐구 방식을 동원하여 교육경험의 본질을 규명함으로써 스스로 교육과정의 지식을 만들어 가는 활동이라고 볼 수 있다.

  ⓔ 파이나가 쿠레레 방법을 제안한 궁극적인 목적은 쿠레레 방법을 통해 개인의 교육경험에 내재되어 있는 무의식적 가정들을 찾아내 교육경험이 갖는 본질을 밝혀내는 데 있다.

  ⓜ 그는 이러한 교육경험의 분석을 위해 학생 자신의 전기적 과정을 일련의 단계를 통해 기술할 것을 제안하였다. 즉, 회귀, 전진, 분석, 종합이라는 네 단계를 거쳐 자신의 자서전을 기술함으로써 교육경험의 기원을 밝히고 그것이 갖는 본질을 밝혀낼 수 있다고 본 것이다.

② 쿠레레의 방법론

  ⊙ 회귀(regression) : 과거를 현재화하는 단계로, 과거의 삶이나 실존적 경험을 '기본 자료'로 사용한다. 과거의 경험을 최대한 생동감 있게 묘사하는 것이 중요하다. 자유연상을 통해 정신분석학적 기술에 따라 과거를 상기하고 자신의 기억을 확장시켜 나간다.

  ⓒ 전진(progression) : 자유연상을 통해 미래를 상상하는 단계이다. 이 단계에서 학생은 심사숙고하여 가능한 미래를 상상한다. 아직 일어나지 않은 사건, 아직 현재가 아닌 것에 눈을 돌리면서 미래도 현재 속에 존재하고 있다는 점에 주목한다. 즉, 미래가 현재가 되는 장면을 상상해보는 것이다.

  ⓒ 분석(analysis) : 현재로부터 보다 자유로워지기 위해 자신을 과거와 미래로부터 분리시킨다. 과거에서는 미래가 어떻게 나타났으며, 미래에서는 과거가 어떻게 나타날 것인가, 그리고 과거와 미래 양자에서 현재는 어떻게 나타날 것인가에 대해 스스로 질문한다. 즉, 과거, 미래, 현재라는 세 장의 사진을 동시에 펼쳐 놓은 후, 이들을 연결하고 있는 복잡한 관계를 분석해내는 과정이라 할 수 있다.

  ⓔ 종합(synthesis) : 생생한 현실로 돌아와 내면의 목소리에 귀를 기울이고, 자기에게 주어진 현재의 의미를 다시 묻는 단계이다. 즉, 자신의 삶에 과거의 교육이 어떻게 기여하였는지, 자신의 성장에 어떠한 도움을 주었는지, 교육에 대한 이해가 제대로 획득되었는지에 대해 자문하는 단계로 볼 수 있다.

③ 자서전적 교수법(교육과정 재개념화의 방법) : 쿠레레의 방법을 수업에 적용한 것

   ㉠ 1단계 : 자신의 교육경험을 있었던 그대로 쓰기

      자신이 누구이며, 어떻게, 왜 이렇게 발달되어 왔는지 알기 위해 자서전적으로 글을 쓰는 것이다. 경험에 어떠한 원리와 형식이 작용하였는지 비판적으로 분석하고 이해하는 작업을 포함한다.

   ㉡ 2단계 : 그 내용을 교사와 다른 학생들과 함께 비판적으로 성찰하기

      글로 쓴 경험 속에서 자신의 행동과 사고를 결정하는 데 작용하였던 가정이나 논리가 무엇이었는지 비판적으로 살펴본다. 한 사람이 쓴 글에 대해 교사와 다른 학생들이 대화를 나누며 대화를 통해 자신과 타인 그리고 세계에 대한 새로운 인식과 전망을 만들어간다.

   ㉢ 3단계 : 타인의 경험 분석하기

      다른 사람의 교육경험을 분석하는 과정에서 교육이 개인에게 미치는 영향을 인식하고 공감한다. 다른 학생의 자서전적 교육경험을 분석해보면서 교육이 갖는 기본적 구조를 이해하고 공감할 수 있다.

3. 애플(Apple)의 재개념주의 이론

(1) 기본적 주제 : 인간의 정치적 해방

① 애플은 교육과정이 선정되고 제시되는 과정에 내재해 있는 정치적 성격을 분석하였다. 그는 교육과정이 사회 각 계층의 이해를 반영하고 있으며, 이로 인해 특정 계층이나 집단의 이해에 도움이 되는 결과를 초래하게 된다고 한다.

② 학생의 실패는 그들이 속한 기관이나 사회 체제로부터 주어진 인식이나 제도에 더 큰 원인이 있다고 보았다. 학생이나 교사 개인을 탓하기보다는 사회적·제도적 체제가 왜, 어떻게 학생이나 교사 개인의 행동을 제한하는지를 분석하고 이해하는 것이 무엇보다 중요한 과제라고 보았다.

③ 이러한 분석을 통해 학교 교육과정에 내재된 지배적 이데올로기가 무엇이며, 어떻게 우리의 사회적·경제적 삶을 통제하는지, 그것이 학교 교육을 통해 어떻게 재생산되고 있는지 알 수 있게 된다. 결국 불평등한 사회구조 속에서 정치적, 사회적으로 구속받고 있는 인간의 삶을 해방시키는 중요한 과제가 되는 것이다.

④ 애플이 파이나와 다른 점은 교육 현실의 문제를 인식함에 있어 파이나는 그 관심을 실존적 의식의 세계로 돌려 우리가 갖는 교육경험의 의미와 본질을 파헤치는 일에 초점을 맞춘 반면, 애플은 신마르크스주의에 바탕을 두고 그러한 의식을 형성하게 하는 외부적인 조건과 제약이 무엇인지를 따지는 데 더 큰 관심을 두었다는 점이다.

(2) 학교 교육과 교육과정에 대한 비판

① 오늘날의 학교는 기성세대가 갖는 사회체제와 권력관계를 다음 세대에 그대로 전달해 주는 재생산의 기능을 하고 있다고 비판한다.

② 학교에서 가르치는 지식이 곧 문화자본(cultural capital)이라고 주장한다. 교육과정은 모든 사람이 배우도록 요구되는 지식을 선정함에 있어 지배집단의 이익에 도움이 되는 지식에는 특수한 지위를 부여하고, 그렇지 않은 지식은 하찮은 것으로 규정한다.

③ 학교는 이렇게 사회의 지배적인 경제 세력이 갖는 문화자본을 유지, 계승시키는 일에 핵심적인 역할을 한다.

(3) 기술공학적 논리의 비판과 교육과정 탐구

① 오늘날 학교 교육과정의 설계나 연구에서 많은 사람들의 사고와 행동을 지배하는 무의식적 가정은 '과학적 방법'이라고 일컫는 실증주의적 · 기술공학적 논리이다.

② 기술공학적 논리에서는 목표달성을 위한 효율성과 생산성의 추구가 유일한 중요 관심사이므로, 그 자체가 갖는 논리나 가치에 대해 성찰하거나 비판하는 일을 하지 않는다.

③ 애플은 기술공학적인 과학 개념에 대한 대안 제시를 위해 하버미스(Habermas)가 분류한 세 가지 과학 개념을 제시한다.

　㉠ 확실성과 기술적 통제에 일차적 관심을 두는 '경험－분석적 과학'

　㉡ 생활 속에서의 상호주관적 의미의 이해에 관심을 갖는 '해석적 과학'

　㉢ 인간의 허구적 의식과 제도에 대한 비판을 통해 인간해방을 목적으로 하는 '비판적 과학' (애플은 비판적 과학만이 현대사회의 문제를 해결하고 학교 교육이 갖는 억압적 요소를 밝혀 인간 해방을 위한 윤리적 소명을 다할 수 있게 해 준다고 믿었다.)

4. 아이즈너(Eisner)의 예술적 교육과정 개발 모형 중등 12 · 13, 초등 00 · 04 · 06 · 07 · 08 · 09

(1) 개요

① 아이즈너는 교육적 상상력(educational imagination)을 통해 교육과정 개발에 대한 새로운 관점을 제시하고 있다.

② 아이즈너는 본래 미술대학을 졸업한 화가였는데, 화가로서의 경험은 그의 교육과정학 이론, 특히 질적평가와 질적연구에 대한 견해에 지대한 영향을 미쳤다.

③ 교육에 대한 예술적 접근을 강조하는 아이즈너는 교육에서 행동목표(behavioral objectives)에 대한 집착이 많은 부작용을 가져온다고 비판하면서 행동목표보다 넓고 일반적인 목표를 탐색하였다.

④ 개발 과정은 교육적 상상력을 발휘하는 과정이며 예술적 성격을 띠고 있다.

(2) 교육목표

① 행동목표 비판

　㉠ 수업은 아주 복잡하고 역동적인 과정을 거치면서 진행되는 것이므로 이 수업이 끝난 후 학생들에게 나타날 수 있는 '모든' 것을 수업 시작 전에 미리 행동목표 형태로 구체화하여 진술하는 것은 불가능하다.

　㉡ 행동목표 진술은 과목의 특성을 고려하지 않고 있다. 수학, 언어, 과학 등의 과목은 학생들이 수업 후에 나타나야 할 행동이나 조작을 상세히 구체화할 수 있을지 모르나, 예술 영역에서는 이러한 구체화가 가능하지도, 바람직하지도 않다.

　㉢ 행동목표는 목표를 평가할 때 '기준을 적용하는 것'과 '판단하는 것'을 구분하지 못한다. 학교에서 학생들에게 가장 강조하는 것은 호기심, 창조성, 독창성 등의 계발인데, 이러한 특성들이 학생들에게 길러졌는지 아닌지는 어떤 '기준을 적용하여' 측정할 수 있는 것이 아니고 교사들의 '질적인 눈'으로 판단할 수밖에 없는 것이다.

ⓔ 미리 행동으로 정의되어야 함을 강조하는 행동목표는 목적을 미리 구체화시키는 것이 논리적이라는 잘못된 가정을 하고 있다. 목적이 무엇인지 분명히 모르면서 해야 하는 일도 있다. 우리의 활동 중에서 생산적인 활동의 대부분은 탐구나 놀이의 형태로 이루어지며, 이러한 활동은 이미 설정된 목표에 도달하려는 활동이 아니라 경이감 또는 호기심에서 이루어지는 활동이다. 그러한 활동 도중에 목표가 생겨나기도 한다.

② 문제해결목표와 표현적 결과 제시 초등 07

문제해결목표 (problem-solving objectives)	• 학생들이 해결해야 할 문제를 제시한다는 점에서 행동목표와는 다르다. • 문제해결목표란 문제와 그 문제해결에 필요한 할 조건이 주어지면, 조건을 충족시키면서 문제를 해결하는 것을 말한다. • 예를 들어 '20만원의 예산으로 최소한 책 100권을 갖춘 학급문고를 꾸미기'와 같은 것으로 이 목표는 문제와 따라야 할 조건은 분명하지만 그 해결책은 여러 가지일 수 있다. • 문제해결목표는 해답이 미리 주어지지 않는 대신 문제가 주어지며, 해결 방법 또한 다양하다. • 문제해결목표는 학생들에게 지적인 융통성이나 지적인 탐구능력을 길러줄 수 있다는 점에서 교육적으로 중요한 의미를 지닌다.
표현적 결과 (expressive outcomes) 초등 09	• 목표를 미리 정하지 않고 어떤 활동을 하는 도중이나 끝낸 후에 교육적으로 바람직한 그 무엇을 얻을 수 있는 목표를 가리킨다. 즉, 우리가 어떤 활동을 하는 도중 또는 종료한 후에 얻게 되는 것을 말한다. • 목표라는 말은 이미 설정된 목표가 있다는 것을 암시하고 있기 때문에 표현목표보다는 표현결과라는 말을 사용하는 것이 더 바람직하다고 본다. 결과라는 것은 의도했건 안 했건 간에 일정한 활동에의 참여 이후에 얻어지는 소득이다. 예 영화관에 가기 전에 우리는 구체적인 행동목표를 세우지도 않고, 문제해결목표를 세우지도 않는다. 우리는 대체로 무언가 흥미진진한 사건이 벌어지리라는 생각으로 영화관에 간다. 영화를 보고 나서 여러 방식으로 영화에 대해 판단할 수 있다. • 따라서 학교의 학습활동을 통해 무언가 크게 결실을 맺을 수 있는 기회나 여유를 제공해야 한다. 활동 자체를 즐겁게 수행하다 보면 유용한 성취가 이루어지기도 한다. • 목적이 행위 이전에 반드시 설정되어야 할 필요는 없다. 목적은 행위도중에 형성될 수도 있다. 표현적 결과에서는 행위가 목적(결과)에 우선한다. 따라서 생산적인 활동을 창조하여 학생들로 하여금 그러한 활동을 경험할 수 있는 기회를 제공할 필요가 있다.

🔳 **교육목표의 세 가지 형태**

종류	특징	평가방식
행동목표 (behavioral objectives)	• 학생 입장에서 진술 • 행동용어 진술 • 정답이 미리 정해져 있음	• 양적평가 • 결과의 평가 • 준거참조 검사 사용
문제해결목표 (problem-solving objectives)	• 일정 조건 내에서 문제의 해결책을 발견 • 정답이 정해져 있지 않음	• 질적평가 • 결과 및 과정의 평가 • 교육적 감식안 사용
표현적 결과 (expressive outcomes)	• 조건 없음 • 정답 없음 • 활동 목표가 사전에 정해지지 않고 활동 하는 도중 형성 가능	• 질적평가 • 결과 및 과정의 평가 • 교육적 감식안 사용

(3) 교육과정의 내용

① 타일러와 마찬가지로 내용을 선정하기 위해서는 개인, 사회, 교재 등의 자원을 고려해야 한다.

② 그는 전통적·학문적 교과만을 교육과정 내용으로 구성한 입장을 비판하면서 학교 교육과정에서 전통적으로 배제되어 왔던 내용, 즉 '영 교육과정'을 신중하게 고려해야 한다고 주장한다.

(4) 학습기회의 유형

① 학생들에게 양질의 학습 경험을 제공할 수 있도록 목표와 내용을 변형하는 교육적 상상력이 필요하다.

② 학습내용을 학생들에게 적절한 형태로 변형해 주는 일은 교육과정 계획자나 교사의 책무라고 본다.
   • **교육적 상상력**: 교사들이 실제 학생들에게 의미 있고 만족스러운 다양한 학습기회를 제공할 수 있도록 교육목표와 교육내용을 학생들에게 적합한 형태로 변형하는 능력을 말한다.

(5) 학습기회의 조직

① 학생들의 다양한 학습결과를 유도할 수 있는 비선형적 접근방법을 강조한다.

② 다양한 과제에 대해 동시적으로 흥미를 느끼고 관여할 수 있도록 배려하기 위해서는 '거미줄 모양(a spider web)'으로 조직해야 한다.

③ 교육과정 설계자가 교사들에게 여러 종류의 연구 과제나 교재 및 학습활동을 제공하고, 교사는 그것을 활용하여 다양한 학습결과를 얻도록 조직한다. 미리 정해진 학습계열을 따라 학습자를 강제 조정하는 것이 아니라, 학생들의 자발적 참여를 유도하여 흥미를 갖고 공부할 수 있도록 인도해야 한다.

(6) 내용 영역의 조직

① 아이즈너는 학문에 근거한 교과 중심의 교육과정 조직을 반대하였다. 인간이 일상적으로 부딪히는 문제는 학문적 형태를 띠고 있지도 않으며 교과 이외의 경험이나 문제 상황에서는 어려움을 겪을 수밖에 없다는 것이다.

② 따라서 다양한 교과들 사이를 꿰뚫는 내용(cross-curricula) 조직을 강조하였다.

(7) 제시 양식과 반응 양식

① 학생의 교육기회를 넓혀주는 다양한 의사소통양식을 사용한다.

② 은유는 나름대로의 양식을 가지고 있으며, 일상적인 언어의 양식으로 의사소통되는 것보다 더 강력한 의미를 포함한다고 보고 강조하였다. 은유의 표현 양식에 대한 생각을 교실 내에서 이루어지는 의사소통 상황에 적용한다.

③ 학생들의 의사소통 영역이 제한을 받아서는 안 되며, 또한 학생들에게 다양한 선택 사항을 제공해 주어야 한다.

(8) 평가

① 평가는 교육과정 개발의 마지막 단계에 실시되는 것이 아니라 전체의 과정에 영향을 미치고 있다.

② 참 평가(authentic assessment)

    ㉠ '타일러 논리'에서의 교육평가란 미리 정해진 기준을 가지고 학생의 수행을 재는 것을 의미한다. 아이즈너는 '타일러 논리'에 기초한 평가 방식은 학생들이 실생활에서 필요로 하는 능력, 즉 문제해결력을 학습하는 데 별로 도움이 되지 않는다고 지적하면서, 학교에서 행하는 평가가 '참 평가'가 되려면 다음과 같은 여덟 가지 기준을 따라야 한다고 주장하였다.

    ㉡ 참 평가의 특징

> • 학생들이 알고 있는 것, 할 수 있는 것을 평가하기 위한 과제는 학교 내에서만 국한된 것이 아니라 학교 밖의 세계에서 부딪힐 수 있는 것이어야 한다.
> • 학생들을 평가하기 위해 사용된 과제는 결과뿐만 아니라 과정도 보여줄 수 있다.
> • 평가에 사용된 과제는 그 과제를 만든 지적 공동체의 가치를 반영하여야 한다.
> • 평가과제는 한 사람의 활동에만 국한될 필요는 없다. 우리가 만나는 많은 과제는 집단의 노력을 필요로 한다.
> • 평가과제는 그 문제 또는 질문에 대한 해결책 또는 답이 한 가지 이상이 되도록 구성되어야 한다.
> • 평가과제는 수업시간에 배운 것을 그대로 측정하는 것이어서는 안 되고, 학생으로 하여금 배운 것을 새로운 상황에 적용하도록 요구하는 것이어야 한다.
> • 평가과제는 학생들이 단편적인 사실과 함께 보다 전체적인 맥락에 신경을 쓰도록 하는 것이어야 한다.
> • 평가과제는 학생들이 배운 것을 표현하기 위해 제시 형태를 다양하게 선택할 수 있도록 허용하는 것이어야 한다.

    ㉢ **교육적 감식안과 교육비평**: 참 평가과제에 대한 학생들의 성취 형태를 평가하는 일은 그 성격상 양적이기보다는 질적인 작업이다. 따라서 교사들은 새로운 형태의 학생평가 기술이 필요한데, 아이즈너는 평가기술로 '교육적 감식안'과 '교육비평'을 제안하고 있다.

교육적 감식안	• 평가대상의 미묘하면서도 중요한 자질을 인식하는 능력이다. • 포도주 감식가가 오랫동안 포도주의 맛을 보는 경험과 훈련을 통해 미묘한 질의 차이를 구별할 수 있듯이, 학생들의 성취 형태를 평가하는 일을 오랫동안 주의 깊게 경험한 사람은 성취 형태들 사이의 미묘한 차이를 감지할 수 있게 된다. • 이것을 교육 분야에 적용시켜보면, 일선 교단에서 수업을 오랫동안 해 본 교사는 초임교사보다 어떤 수업이 좋은 수업인지 구별할 수 있는 감식안을 가지고 있을 확률이 높다. • 즉, 교육적 감식안은 평가자의 전문성이 평가결과의 타당성과 합리성을 확보해 주는 가장 중요한 요건이다.
교육비평	• 감식가의 세련된 인식을 문서화하여 공개하는 표출의 예술이다. • 어느 분야에 대한 감식안을 가진 사람만이 느끼는 미묘한 질의 차이를 그 분야의 비전문가, 예를 들어 학생과 학부모도 이해할 수 있도록 언어로 표현한 것이 '교육비평'이다. • 감식안이란 '감상하는 기술'이며 '개인적' 성격이 강한 반면, 비평은 '남에게 전달하는 기술'이며 '공적인' 성격이 강하다.

05 백워드 설계모형(backward design, 이해중심 교육과정) 중등 12·15논술, 초등 10

1. 개요

① 이해중심 교육과정은 학생들의 '이해'에 목표를 두고 교육과정을 설계하는 방식을 의미하며 그 설계 방식이 기존의 방식과 거꾸로 이루어진다고 하여 백워드 설계라고도 불린다. 이해는 '학생들이 아는 것을 자유자재로 유연하게 사고하고 행동하는 수행능력'이며, 학습자는 습득한 지식을 맥락과 다른 상황에서 적용하여 새로운 방식으로 산출할 수 있어야 한다.

② 학생들의 이해를 목표로 하는 수업은 백워드 설계를 통해서 구체화될 수 있다.

③ 타일러 모형이 교육목표 설정 → 학습경험의 선정과 조직 → 교육평가로 이어지는 것과 달리, 이 모형은 교육목표 설정 → 교육평가계획 → 학습경험 및 수업계획의 순서로 진행된다. 학습경험 및 수업계획보다 평가계획을 먼저 세운다는 점에서 백워드(backward) 설계모형이라고 부른다.

2. 백워드 설계의 특징

① 타일러 모형의 절차를 변화시켜 목표달성을 위해 평가를 강조한 모형이다.

　㉠ 그들은 타일러의 목표모형이 자신들이 개발한 설계모형의 기반이 된다고 주장한다.

　㉡ 타일러는 교육과정의 개발에서 목표의 설정을 가장 중요한 과업으로 삼았으며, 교육목적과 교육평가의 일관성을 주장하였다.

② 전이 가능성이 높은 주요 아이디어에 초점을 둔다.
　　㉠ 백워드 설계의 주요 아이디어는 브루너의 '지식의 구조'에서 그 근원을 찾을 수 있다. 브루너는 지식의 구조를 '학문의 기저를 이루고 있는 일반적인 아이디어'로 보고 있다.
　　㉡ 위긴스와 맥타이도 교과 내용의 우선순위를 명료화하여 주요 아이디어를 선별해야 한다고 제안하였다. 백워드 설계모형에서는 브루너가 제시한 지식의 구조에 해당하는 것을 '영속적 이해(enduring understanding)'라고 부른다.
　　　　• 영속적 이해 : 학습자들이 비록 아주 상세한 것들을 잊어버린 이후에도 머릿속에 남아 있는 큰 개념 혹은 중요한 이해
③ 교육목표로 학습자의 진정한 이해를 강조한다.
　　㉠ 위긴스와 맥타이는 다양한 의미를 함축하고 있는 이해를 여섯 가지 측면 — 설명, 해석, 적용, 관점, 공감, 자기지식 — 으로 분류하여 제시하였다.
　　㉡ 이는 교육과정의 목표를 '이해'라는 용어로 제시한 것으로 볼 수 있다.

3. 백워드 설계 단계

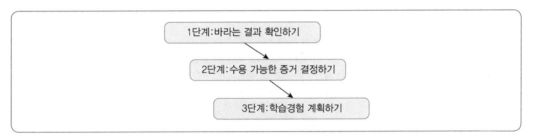

| 백워드 설계의 단계 |

(1) 바라는 결과 확인하기(목표 설정) : 학생들이 무엇을 이해하고, 알아야 하며, 할 수 있어야 하는가?

① 먼저 코스나 단원의 목표(내용기준과 학습결과 등)를 설정해야 한다.
② 다음으로 이 코스나 단원에서 학생들이 무엇을 이해하도록 할 것인가를 결정한다. 위긴스와 맥타이는 교육과정 설계는 학생들이 배운 내용을 이해하는 데 초점을 두어야 한다고 하였다. 따라서 바라는 결과의 내용은 '영속적 이해'라고 할 수 있다.
③ 위긴스와 맥타이는 목표의 다른 표현인 이해를 여섯 가지 측면으로 나누어 구체적으로 제시하고 있다. 이 '여섯 가지 측면'은 학생들이 이해한 것을 나타내기 위한 개념적 안목을 제공하는 역할을 한다.
④ 이해란 한 가지 측면으로 정의될 수 있는 단순한 개념이 아니라 여섯 가지 측면으로 나눌 수 있는 복잡한 양상을 지닌 개념이다. 각각의 이해를 평가의 측면에서 학습자의 진정한 이해의 도달 정도를 판단하기 위한 기준이 된다.

이해의 측면	내용
설명	사실이나 사건, 행위에 대해 타당한 근거를 제공하는 능력
해석	숨겨진 의미를 도출하는 능력
적용	지식을 다양한 상황이나 실제적인 맥락에서 효과적으로 사용하는 능력
관점	비판적인 시각으로 바라보는 능력
공감	타인의 입장에서 감정과 세계관을 수용하는 능력
자기지식	자신의 무지를 알고 자신의 사고와 행위를 반성할 수 있는 메타인지 능력

⑵ **수용 가능한 증거 결정하기(평가계획의 수립) : 학생들이 바람직한 결과를 성취하였다는 사실을 어떻게 알 수 있는가? 학생들이 이해하였다는 증거는 무엇인가?**

① 백워드 설계모형은 특정한 단원이나 단시 수업을 설계하기 전에 교사와 교육과정 계획자가 '평가자'처럼 사고하기를 요구한다.

② 학생들이 해야 할 수행과제와 그것을 채점할 루브릭을 만들며, 학생의 이해를 확인할 수 있는 다른 평가 증거를 고려해야 한다. 관찰, 검사, 퀴즈, 학생의 학습결과물 등 다양한 방법을 활용할 수 있다.

◢ GRASPS

① 위긴스와 맥타이는 수행과제 개발을 돕기 위해 수행과제 진술 시 고려해야 할 요소를 여섯 가지 정하고, 이를 기억하기 쉽도록 영어의 앞 글자를 따서 GRASPS로 이름을 붙였다.

② 수행과제를 진술할 때는 구체적인 활동목표(Goal)를 제시하고, 학습자의 역할(Role)을 안내하고, 구체적인 대상 혹은 청중(Audience)을 고려하면서, 실생활에 적용할 수 있는 상황(Situation)을 설정하여, 학습자가 해야 할 수행(Performance)활동으로 안내하는 것이다. 그리고 이 수행의 결과물이 어떠해야 하는지 기준(Standard)을 제공하는 것이다. 즉, 학생들이 실생활에서 경험할 수 있는 문제들을 수행과제로 제작하여 제시해야 한다는 것이다.

⑶ **학습경험과 수업계획 : 목표와 이해에 도달하게 하기 위해 학생들에게 어떤 경험을 하게 할 것인가?**

① 이해의 여부를 확인할 수 있는 증거를 가지고 학습경험과 수업을 계획하는 단계이다.

② 수업이나 수업자료, 학습경험 등 구체적인 사항을 설계한다. 즉, 교사는 학생들이 도달해야 하는 목표와 여섯 가지 측면의 이해를 염두에 두고 수업을 계획한다.

③ 위긴스와 맥타이는 'WHERETO'의 요소를 제시하여 구체적으로 학습경험을 계획하도록 제안하였다.

요소	의미
W (where and why)	학생들에게 단원이 어디로 나아가고 있고, 왜 그런지를 이해시켜라.
H (hook and hold)	도입에서 학생들의 주의를 환기시키고, 관심을 계속 유지시켜라.
E (explore and equip)	학생들이 중요한 개념을 경험하고 주제를 탐구하도록 준비하라.
R (rethink, reflect, revise)	학생들에게 주요 아이디어를 재고하고, 과정 속에서 반성하고 활동을 교정하기 위한 많은 기회를 제공하라.

E (evaluation)	학생들에게 과정과 자기평가의 기회를 제공하라.
T (tailor)	서로 다른 요구와 흥미, 학습자의 능력에 대해 맞추도록 개별화하라.
O (organize)	진정한 이해를 최적화하기 위해 조직하라.

4. 위긴스와 맥타이의 설계 템플릿

백워드 설계 템플릿(위긴스&맥타이, 2004)의 템플릿을 (최윤경 외, 2008)이 번역

1단계-바라는 결과 확인(desired result)

설정된 목표(established goal)

설계에서 초점을 두는 목표(예 성취기준, 코스나 프로그램 목표, 학습성과)는 무엇인가?

이해(understandings) 학생들은 다음을 이해할 것이다. • 주요 아이디어는 무엇인가? • 주요 아이디어에 관해 바라는 구체적인 이해는 무엇인가? • 예상되는 오개념은 무엇인가?	본질적 질문(essential questions) 탐구와 이해, 학습의 전이를 유발시키는 질문은 무엇인가?
학생들은 알게 될 것이다.(knowledge) • 이 단원의 결과로 학생들이 획득하게 될 핵심 지식과 기능은 무엇인가? • 학생들은 지식과 기능을 습득하여 무엇을 할 수 있어야 하는가?	학생들은 할 수 있게 될 것이다(skills)

2단계-수용 가능한 증거 결정하기(assessment evidence)

수행과제(performance tasks) • 학생들은 어떤 수행과제를 통해 바라는 이해를 증명할 것인가? • 이해의 수행을 어떤 준거로 평가할 것인가?	다른 증거(other evidence) • 학생들의 바라는 결과의 성취를 증명하기 위한 다른 증거(퀴즈, 시험, 관찰, 숙제, 저널)는 무엇인가? • 학생들은 어떻게 자신의 학습을 자기평가하고 반성할 것인가?

3단계-학습경험 계획하기(learning plan)

학습활동(learning activities)

학생들이 바라는 결과를 성취할 수 있도록 하는 학습경험과 수업은 무엇인가?

어떻게 설계할 것인가?

• W = 단원이 어디로 향하며 무엇을 기대하는지 학생들이 이해하도록 돕는가?
  학생의 사전 지식과 흥미를 교사가 이해하도록 돕는가?
• H = 모든 학생의 동기를 유발하고 흥미를 유지하는가?
• E = 학생들이 주요 아이디어를 경험하고 이슈를 탐구하도록 돕는가?(E1)
• R = 학생들의 이해와 학습을 재고하고 수정하기 위한 기회를 제공하는가?
• E = 학생들에게 자신의 학습과 학습의 의미를 평가하도록 하는가?(E2)
• T = 학습자의 서로 다른 요구와 흥미, 능력에 맞추도록 하는가?
• O = 효과적인 학습뿐만 아니라 처음부터 일관된 학습 참여를 최대화하도록 조직하는가?

Chapter 04 교육과정 개발절차

01 교육목표의 설정

1. 목표의 의미

① 목표는 목적을 보다 구체적으로 심화시킨 것이다. 목적이 교육의 방향 또는 중점을 일반적이고 포괄적으로 진술한 것이라면, 목표는 교육과정에서 실제로 무엇을 다루어야 하고, 어떠한 것에 우선순위를 두어야 하고, 어떠한 내용을 선정하고, 어떠한 학습경험을 강조하여 무엇을 성취해야 하는지 구체적인 행동지침을 제시해 주는 것이다.

② 교육목표는 일련의 교육이나 수업을 통해 학생들에게 나타나게 될 행동 특성의 변화를 의미한다.

2. 교육목표의 진술

(1) 교육목표 진술방법

① 교육목표들 사이에는 철학적 일관성이 있어야 한다. 목표들 사이에 서로 모순이 있어서는 안되며, 교사가 학생을 지도할 때에도 이전에 강조한 내용과 이후에 강조하는 내용이 서로 상반되어서는 안 된다.

② 교육목표는 인간의 변화를 충분히 포함할 수 있도록 포괄적이어야 한다. 통합된 전인으로서의 발달을 강조하는 학교의 교육목표는 지적 발달뿐만 아니라 신체적·정서적·사회적 측면의 조화로운 발달을 가져오도록 하기 위해 어느 한 측면도 소홀히 해서는 안 된다.

③ 교육목표는 구체적이고 명료한 행동적 용어로 진술되어야 한다. 구체성과 명료성이 부족한 교육목표는 학습자나 수업자 모두에게 오해의 여지를 남길 수 있다.

④ 진술된 목표는 실행 가능한 것이어야 한다. 학생들의 능력과 경험 수준, 자료와 시간의 활용 가능성을 고려하여야 한다.

(2) 수업목표를 진술할 때 피해야 할 오류

① 수업목표를 진술할 때 학생의 수행보다 교사의 수행을 기술하는 것이다.
    예 학생의 독서능력을 향상시킨다.

② 학습 성과보다는 학습과정에 의한 수업목표를 기술한다.
    예 기상도에 관한 부호를 배운다.

③ 교재만을 간단히 목록화한다.
    예 전류의 원리들

④ 각각의 일반적인 목표에 하나 이상의 학습결과를 포함시킨다.
    예 과학적 방법을 알고, 그것을 효과적으로 적용한다.

3. 블룸(Bloom)의 교육목표 이원분류 중등 00·10, 초등 03

(1) 교육목표 분류학

① 블룸과 그의 동료들은 교육목표를 더욱 세분화하는 작업을 수행하였다.

② 블룸은 행동을 인지적·정의적·심동적 영역으로 나눈 다음 영역마다 각각 교육목표에 진술되어 있는 행동을 분류하는 준거(인지적 영역 : 복잡성의 원칙, 정의적 영역 : 내면화의 수준, 심동적 영역 : 복잡성의 원칙)를 제시하였다.

(2) 인지적 영역의 학습 초등 03

① 지식 : 이미 배운 내용, 즉 사실, 개념, 원리, 방법, 유형, 구조 등에 대한 기억으로 재생 또는 재인을 의미한다(찾아내다, 명명하다, 정의하다, 설명하다, 열거하다, 연결하다, 선택하다, 약술하다).
  - 특수사항에 관한 지식
  - 특수사항을 다루는 방법과 수단에 관한 지식
  - 보편적, 추상적 사상에 관한 지식

② 이해 : 이미 배운 내용에 관한 의미를 파악하는 능력을 뜻한다(설명하다, 종합하다, 전환하다, 예측하다, 구별하다).
  - 번역
  - 해석
  - 추론

③ 적용 : 이미 배운 내용, 즉 개념, 규칙, 원리, 이론, 기술, 방법 등을 구체적인 또는 새로운 장면에서 응용하는 능력을 말한다(변환하다, 계산하다, 풀다, 수정하다, 재배열하다, 조직하다, 관계 짓다).

④ 분석 : 자료를 상대적 위계가 뚜렷해지거나 표시된 아이디어가 분명해지도록 구성요소나 부분으로 나누는 능력이다(변별하다, 도식화하다, 추정하다, 구분하다, 추론하다, 구성하다, 세분하다).
  - 요소의 분석력 : 자료를 그 구성부분으로 나누어 자료의 요소를 발견하고 분류하는 능력
  - 관계의 분석력 : 요소와 요소, 부분과 부분 간의 관계를 찾아내는 능력
  - 조직원리의 분석력 : 자료를 전체로 묶고 있는 조직원리, 즉 배열과 구조를 인식하는 능력

⑤ 종합 : 비교적 새롭고 독창적인 형태, 원리, 관계, 구조 등을 만들어내기 위해 주어진 자료의 내용 및 요소를 정리하고 조직하는 능력을 뜻한다(종합하다, 창안하다, 고안하다, 설계하다, 합성하다, 구조화하다, 재배열하다, 개정하다).
  - 독특한 의사소통의 개발
  - 계획 및 실행절차의 고안
  - 추상적 관계의 도출

⑥ 평가 : 어떤 특정한 목적과 의도를 근거로 하여 주어진 자료 또는 방법이 갖고 있는 가치를 판단하는 능력을 말한다(판단하다, 비판하다, 비교하다, 정당화하다, 결론짓다, 판별하다, 지지하다).
  - 내적 준거에 의한 판단
  - 외적 준거에 의한 판단

(3) **정의적 영역의 학습(Krathwohl 등)** 중등 10

  ① **수용(감수)**: 특정한 현상이나 사상에 주의를 기울이는 단계이다(찾아내다, 지적하다, 선택하다, 대답하다, 사용하다).

    • 감지

    • 자진 감수

    • 선택적 주의집중

  ② **반응**: 어떤 자극 또는 활동에 적극적으로 참여하고 자발적으로 반응하는 것을 말한다(확인하다, 인사하다, 돕다, 실행하다, 제시하다, 암송하다, 보고하다, 선택하다, 말하다, 쓰다).

    • 묵종반응

    • 자진반응

    • 반응에서의 만족

  ③ **가치화**: 특정 대상, 활동 또는 행동에 대해 의의와 가치를 직접 추구하고 행동으로 나타내는 정도를 가리킨다(완성하다, 기술하다, 구분하다, 초대하다, 참가하다, 입증하다, 제안하다, 분담하다, 공부하다, 일하다, 논쟁하다, 항변하다).

    • 가치의 수용

    • 가치의 선호

    • 가치의 확신

  ④ **조직화**: 일관성 있는 가치체계를 내면화시키는 전초 단계로 서로 다른 수준의 가치를 비교하고 연관시켜 통합하는 것을 뜻한다(주장한다, 정리하다, 결합하다, 비교하다, 완성하다, 변호하다, 일반화하다, 조직화하다, 수정하다).

    • 가치의 개념화

    • 가치체계의 조직

  ⑤ **인격화**: 개인의 행동 및 생활의 기준이 되며 가치관이 지속적이고 일관성 있고 또 그것이 그의 행동을 예측할 수 있을 정도로 확고하게 인격의 일부로 내면화된 정도를 의미한다(활동하다, 경청하다, 실천하다, 제안하다, 봉사하다, 해결하다, 개정하다, 실행하다).

    • 일반화된 행동태세

    • 인격화

02 교육내용(학습경험)의 선정

1. 교육내용 선정의 원리 중등 03

① 기회의 원리 : 목표달성에 필요한 경험을 할 수 있는 기회를 제공해야 한다.
② 만족의 원리 : 교육목표가 지향하는 학습활동을 통해 학생들은 만족감을 느낄 수 있어야 한다.
③ 학습 가능성의 원리 : 학생들이 학습할 수 있는 교육내용을 선정해야 한다. 학생들의 현재 학습능력, 발달 수준에 맞는 학습경험이어야 한다.
④ 일 경험 다성과의 원리 : 한 가지 경험으로 여러 가지 목표를 동시에 달성할 수 있도록 한다.
⑤ 일 목표 다경험의 원리 : 한 가지 교육목표를 달성하는 데도 활동은 여러 가지가 있을 수 있다.
⑥ 타당성의 원리 : 교육내용은 교육의 일반적 목표달성에 도움을 주는 것이어야 한다.
⑦ 중요성의 원리 : 학문을 구성하는 가장 본질적인 것들로 교육내용을 삼아야 한다. 교육내용은 학문의 구조를 확인하고 그 학문의 특유한 탐구방법을 포함해야 한다.
⑧ 확실성의 원리 : 지식으로 구성되는 교육내용은 가능한 한 참이어야 한다.
⑨ 사회적 유용성의 원리 : 사회적응, 재건주의 관점에서 볼 때 교육내용은 사회의 유지와 변혁에 도움을 주는 것이어야 한다.
⑩ 흥미의 원리 : 학생들이 흥미를 갖지 않을 때 학습될 가능성은 그만큼 줄어든다. 오늘날 교육내용 선택 폭의 확대는 흥미가 교육내용 선정에 주요한 원리가 되고 있음을 보여준다.

2. 교육내용의 선정방법

(1) 교과서법 및 교재법
① 교과서의 내용을 절대적인 기준으로 삼는 것이다.
② 정해진 교과서를 충실하게 이수하도록 준비하고 학습을 전개시키는 것이 중심 문제이다.
③ 가장 일반적이며 보편적으로 보급되고 있는 것으로, 그 교과나 교재의 논리적 체계와 학문적 계통에 따라 주로 학습한다.
④ 주로 교과중심 교육과정에서 취하는 방법이다.

(2) 목표법
① 교육목표를 일반적인 것과 특수한 것으로 구분하여 분석하고 학년에 따라 교육내용의 범위를 결정하는 방법이다.
② 교육과정의 내용을 교육목표에 따라 논리적이고 체계적으로 선택하는 특징을 갖고 있다. 다음과 같은 절차에 따라 교육내용을 선정한다.
　㉠ 인간생활의 영역을 분석해서 일반적인 목적을 정한다. 그리고 다시 목적달성에 필요한 구체적인 목표로 분석한다.
　㉡ 구체적인 목표는 각 학년, 각 학과의 교육목표로 배당된다. 배당된 교육목표를 갖고 각 학년, 각 학과의 교육내용을 선정하게 된다.

(3) 주제법

① 학습범위를 교과서에 제시한 교재에만 국한시키지 않고, 교수해야 할 특정한 토픽의 모든 내용을 교육내용으로 삼는다.

② 주제법은 인간의 현대생활에 필요한 일반적이고 공통된 주제를 교육내용으로 삼는다.

(4) 흥미중심법

학생의 필요나 흥미에 초점을 두고, 흥미를 느끼는 문화 영역을 교육내용으로 선정한다.

(5) 사회기능법

사회구성원의 필요성을 충족시켜 주기 위해 사회생활을 분석하여 사회적 필요를 교육내용으로 선정하는 것이다.

(6) 문제영역법

① 각 발달단계에 있는 학생들의 생활의 장을 분석하고, 그 안에서 학생의 문제영역을 중심으로 교육내용을 선정하는 것이다.

② 사회의 요구와 학생의 욕구가 자연스럽게 조화되고 학생의 욕구를 살릴 수 있으며, 민주사회의 요구에 부합되는 교육내용 선정이 가능해진다.

03 교육내용의 조직

1. 수직적 조직 중등 06 · 17논술 · 22논술, 초등 05 · 06

(1) 계속성

① 계속성은 특정 지식이나 학습 영역에서 시간의 경과에 따라 동일한 개념이나 기능을 계속해서 반복적으로 다루어야 한다는 것을 의미한다.

② 특정 지식 및 학습 영역을 구성하는 내용 요소의 수직적인 반복을 의미하는 것으로 교육내용 조직의 종적 원리에 해당된다.

③ 학생들은 특정 지식 및 학습 영역에서 중요한 개념이나 기능에 대한 학습경험을 반복적으로 가짐으로써 이에 대해 깊이 있게 이해하고 사고하는 것을 배우게 된다.

④ 반복해서 조직될 필요가 있는 내용은 반드시 학생들이 습득할 필요가 있는 중요한 개념이나 기능이어야 한다.

(2) 계열성

① 학습내용이나 경험이 일어나는 순서를 정하는 것이다. 교육과정은 지속적이고 누가적인 학습을 촉진할 수 있도록 조직되어야 한다. 학습의 계통을 유지할 수 있도록 학습내용의 제시 순서를 결정하는 것이 중요하다.

② 계열성을 보장하기 위해 흔히 사용되는 방법은 다음과 같다.

    ㉠ 단순한 것에서 복잡한 것으로

    ㉡ 전체에서 부분으로

    ㉢ 친숙한 것에서부터 생소한 것으로

    ㉣ 사건의 연대기에 따라

    ㉤ 구체적 경험에서 개념의 순서로

③ 계열성을 채택하는 방법은 교과의 특성과 교수방법에 따라 달라질 수 있다.

(3) 수직적 연계성 중등 22논술

① 이전에 배운 내용과 앞으로 배울 내용의 관계에 초점을 둔 것으로 특정 학습의 종결점이 다음 학습의 출발점과 잘 맞물리도록 교육내용을 조직하는 것을 말한다.

② 수직적 연계성은 학교 급 간의 교육내용을 연결하는 데 중요한 역할을 한다. 예를 들면 초등학교 교육과정은 중학교 교육과정과, 중학교 교육과정은 고등학교 교육과정과 자연스럽게 이어지도록 조직되어야 한다.

③ 수직적 연계성은 학년이나 단원의 교육내용을 연결하는 데도 중요한 역할을 한다. 만약 이전 학년까지 전 과목의 성취도가 상당히 높았던 많은 학생들이 새 학년에 들어 학업 성취도가 급격하게 떨어졌다면 그 과목들의 수직적 연계성 상태를 점검할 필요가 있다.

④ 단원의 내용 간에도 수직적 연계성이 이루어지지 않으면 학습자는 어려움을 느끼게 된다. 영어에서 현재 시제를 처음 접한 학습자에게 바로 가정법을 공부할 것을 요구한다면 수직적 연계성의 관점에서 실패한 것이 된다.

2. 수평적 조직 중등 09 · 17논술

(1) 범위 중등 04

① 교육과정에서 다룰 내용의 폭과 깊이(the extent and depth)를 가리킨다.

② 가령, 초·중등학교의 학년별로 어떤 학습내용 요소와 어느 정도의 시간을 할당할 것인지에 관하여 결정하는 것이다. 특정한 시점에서 학생들이 배우게 될 내용의 폭과 깊이를 가리킨다(어떤 교과를 얼마만큼 ◎ 교과와 할당된 시간 수).

③ 일반적으로 학교 교육의 수준이 높아짐에 따라 교육과정의 범위, 즉 내용의 폭과 깊이는 확대되고 심화된다.

(2) 통합성 17논술

① 통합성은 교육내용들의 관련성을 바탕으로 교육내용들을 하나의 교과나 단원으로 묶는 것을 의미한다.

② 교육내용들을 횡적인 관계에서 상호연결하여 통합함으로써 더 효율적인 학습과 성장·발달을 촉진하도록 조작하는 것이다.

③ 국가 수준에서는 교육내용의 통합적 구성이 교육내용의 논리적 관련성, 사회적 적합성, 개인적 유의미성을 높인다는 점 때문에 일부 교과를 통합 교육과정으로 편성하고 학교 단위의 통합적 교과 운영을 강조한다.

(3) **수평적 연계성**

① 동일 학년 내 교과 간에 유사한 개념이나 주제, 기능 등이 있을 때, 이들 내용 요소들이 동일한 수준으로 다루어질 수 있도록 조직해야 함을 의미한다.

② 예를 들어 초등학교 5학년에서 인권이라는 개념이 도덕과 사회 교과 모두에서 다루어진다면 양 교과에서 인권과 관련된 내용들은 동일한 수준으로 제시되어야 한다.

③ 수평적 연계는 연계의 주된 초점이 내용 간 '수준'에 있다고 할 수 있으며, 이 점에서 내용 간 '연결'에 주된 관심을 두는 통합과는 구분된다.

(4) **균형성**

① 교육과정에 여러 측면의 내용을 적절한 비중으로 조화롭게 담아내야 한다는 것을 의미한다. 이 것은 특정한 내용이나 경험이 과도하게 편성되는 것을 방지하기 위한 것이다.

② 교육내용을 조직할 때 균형을 갖추기 위해 고려해야 하는 측면은 다음과 같다.

    ㉠ 인간 발달의 인지적·정의적·심동적 영역

    ㉡ 개인적·사회적·지적인 목표

    ㉢ 교과와 학습자

    ㉣ 공통 내용과 선택 내용

    ㉤ 교육과정 내용의 폭과 넓이

04 교수·학습 방법의 선정

① 교육내용 선정 후에는 학생들에게 효과적으로 가르치기 위한 교수·학습 방법을 선정해야 한다.

② 여러 수업 변인들을 고려하여 적합한 교수·학습 방법을 결정한다.

> ▌**교수·학습 방법 선정 기준(Hyman, 1969)**
> • 교사의 능력, 교과목에 대한 지식, 흥미에 적합해야 한다.
> • 학생의 능력, 즉 언어적 능력과 심리·운동적 능력에 적합해야 한다.
> • 교수·학습 목표에 적합해야 한다.
> • 시간, 장소와 같은 교수 상황에 적합해야 한다.
> • 학생의 흥미와 경험에 적합해야 한다.
> • 가르치려는 학생 수에 적합해야 한다.
> • 가르치려고 하는 교과목에 적합해야 한다.
> • 교사와 학생 간의 관계에 적합해야 한다.

05 학습 성과의 평가

① 교수·학습이 이루어지는 과정이나 끝부분에서 처음 설정한 교육목표의 달성 여부를 확인할 필요가 있다.

② 교육평가를 의미하는 것으로 평가 준거는 교육과정상의 목표일 수도 있으며, 교과목표나 단원 목표, 단위 시간별 학습목표가 될 수도 있다.

교육과정의 실제

01 학교 수준 교육과정 개발과 교육과정 재구성

1. 학교 수준 교육과정의 개념

학교 교육과정이란 국가에서 고시한 교육과정 기준과 시·도 교육청에서 제시한 교육과정 편성·운영 지침을 근거로 지역의 특수성과 학교의 실정, 학생의 실태에 알맞게 각 학교별로 마련한 당해 학교의 구체적인 실행 교육과정을 의미한다.

2. 학교 수준 교육과정 개발 형태

① 교육내용의 재구성: 교과서에 제시된 내용을 순서대로 가르치기보다는 교육과정상의 내용 요소를 중심으로 교사가 그 순서와 내용의 양을 재조정할 수 있다. 예를 들어 특정 주제가 여러 교과에 걸쳐 범교과적으로 관련된 경우 통합해서 가르치거나, 교과서에 제시된 것을 다 가르치는 것이 아니라 교육과정 필수 요소를 중심으로 최소한의 것만 엄선해서 가르치는 것 등이 해당된다.

② 교과목의 탄력적인 편성: 국가 교육과정상에 편성된 모든 교과목들을 모든 학기에 펼쳐서 진행하지 않고 특정 학년 혹은 학기에 집중 편성할 수 있다. 예를 들어 중학교 1~3학년에 편제된 '과학/기술·가정'의 경우도, 과학은 1~2학년에 몰아서 편성하고, 기술·가정은 2~3학년에 몰아서 편성하는 식으로 운영이 가능하다. 이러한 방식은 학년당 또는 학기당 학생들이 배우게 될 교과목 수를 줄이고 수업시수가 적게 배당된 교과목의 주당 수업시수를 현재보다 많이 확보하여 운영하기 위함이다.

③ 새로운 교과목 신설: 중·고등학교는 필요에 따라 국가 교육과정에 없는 과목을 개설할 수 있다. 특히 고등학교는 지역사회의 학습장에서 이루어진 학습을 이수 과목으로 인정할 수 있으며, 대학선이수제 과목이나 국제적으로 공인된 과목을 개설할 수 있다.

④ 수업시간의 탄력적인 편성 및 운영: 학교의 특성이나 학생, 교사, 학부모의 요구 및 필요에 따라 교과(군)별 및 창의적 체험활동의 20% 범위 내에서 시수를 증감하여 편성·운영할 수 있다. 또한, 수업 시간표 작성 시 필요에 따라 교과목 수업 시간을 융통성 있게 운영할 수 있다. 예를 들어, 특정 교과목에 2시간 혹은 3시간을 연속 배당하는 블록타임제나 금요일 전일을 배당하는 전일제 등을 도입할 수 있다.

3. 교육과정 재구성의 개념

① 교사가 국가 수준 교육과정 또는 지역 수준 교육과정 그리고 학교 수준 교육과정을 자신만의 교육과정으로 구성해 가는 모든 과정을 포함하며, 일반적으로 교수·학습지도안을 작성하고 이를 실제로 가르치는 활동을 모두 지칭한다(허영주, 2011).

② 교사가 스스로 전문성에 기초해 주어진 교육과정 목표를 효과적으로 달성하기 위해 교육계획 및 교과서를 재조직화, 수정, 보완, 통합하는 등의 활동을 말한다(성열관, 이민정, 2009).

③ 교육 정책, 교육 상황, 학습자 특성을 고려하여 교사가 자신의 전문성을 발휘하기 위한 교육과정으로 구성하는 것이다(방기용, 2012).

④ 교사가 교실수업을 위해 학생들과 상호적응을 통해 교육과정을 변형 및 수정하여 학생에게 적합한 학습경험을 형성해 가는 가정이다(남유리, 2004).
  ◎ '교사 자신만의 교육과정으로 구성해 가는 모든 과정'이라고 할 수 있다.

4. 교육과정 재구성의 필요성

⑴ 김대현(1994)

① 교사에게 안정성과 자신감을 심어 준다.

② 목표, 학습자료, 활동에 깊은 주의를 기울이게 한다.

③ 학습 속에서 개인적인 욕구와 흥미를 만족시키는 더 나은 기회를 제공한다.

④ 목표에 비추어 적절하고 효과적인 평가 수단을 제공한다.

⑤ 수업과 학습운영의 융통성이 증대된다.

⑵ 박주상 외(2010)

① 학생의 능력과 적성에 맞는 교육과정을 통해 교육의 효율성을 높일 수 있다.

② 학교 교육의 적합성을 높일 수 있다.

③ 교원의 자율성과 전문성을 신장할 수 있다.

④ 교과서 중심에서 탈피하여 교육과정 중심으로 전환하여 학교 교육의 다양성을 실현할 수 있다.

⑤ 학습자 중심의 교육을 구현하기 위해서 국가 교육과정을 재구성한 학교 교육과정이 필요하다.

5. 교육과정 재구성 형태 중등 22논술

① 교과 내 교육과정 재구성: 특정 교과를 중심으로 교과 내에서 이루어지는 재구성이다.
  ◎ 교육과정이 제시한 핵심성취기준을 중심으로 교과서의 순서 변경하기, 새로운 내용 추가하기, 내용 생략하기 및 압축하기, 내용 대체하기, 내용의 수준 변경하기(학습 수준을 고려한 학습목표 조정) 등의 방식으로 이루어질 수 있다.

② 교과 간 교육과정 재구성: 특정 교과를 중심으로 다른 교과의 내용을 연계하거나 통합하는 방식이다.
  ㉠ 교과 간 통합: STEAM교육(과학, 수학, 미술 중심의 운영), 주제중심 통합(특정 주제를 중심으로 재구성), 교과군 통합(사회/도덕, 과학/실과 교과군)

ⓛ 교과 간 병합: 학습내용 연계 운영(둘 이상의 교과를 학습내용 중심으로 수업 시간 전후 배치)

③ 교과와 비교과 간 교육과정 재구성

㉠ 교과와 창의적 체험활동의 연계

예 역사수업에서 학교가 속한 지역의 역사적 유물이나 유적이 소개되면 창·체 활동의 자치·자율활동을 통한 문화재 답사를 실시하여 체험중심의 교과 학습과 연계하여 지도하는 방법으로 재구성

㉡ 주제중심 통합(특정 주제를 중심으로 재구성)

6. 교육과정 재구성 절차

교육과정 분석	• 교육과정해설서, 교과서, 교사용지도서 분석 • 국가 수준, 지역 수준, 학교 수준 교육과정 분석 • 교과 교육과정의 성격, 성취기준, 핵심 목표, 내용, 방법, 평가 분석 • 학생 수준, 학교 및 지역사회 수준의 요구 분석
재구성 유형 결정	• 교육과정의 학습자 적절성 고려 재구성 유형 결정 • 교과 내 재구성, 교과 간 재구성, 교과와 비교과 연계 재구성
내용 재구성	• 재구성할 학습요소 선정 및 지도 계획 수립 • 교과 수준의 1차 재구성, 학생 중심의 2차 재구성 • 내용 재구성 결과 점검 • 타 교과 학습내용과 통합 • 교수·학습 방안 구안
교수방법 계획	• 교수전략 구안, 교수 설계, 학생 참여 계획 등 수립 • 교수·학습 과정안 작성 및 지도상 유의점 설정
평가 계획	형성평가, 수행평가, 자기평가 및 모둠평가 계획 수립

02 교육과정 실행

1. 스나이더(Snyder)의 교육과정 실행에 대한 관점 중등 21논술, 초등 10·22

(1) 충실도 관점

① 국가에서 계획한 교육과정을 학교 현장에 도입할 때 의도한 바대로 학교 현장에서 충실히 이행 되어야 한다고 보는 입장이다.

② 학교에서 실행되는 교육과정이 원래 계획된 바에 일치해야 한다고 보기 때문에 충실도(fidelity) 관점이라고 한다.

③ 계획된 교육과정의 중요성을 강조하며, 계획된 교육과정이 잘 만들어지기만 하면, 그것은 교사 들에게 쉽게 수용될 것이라고 가정한다.

④ 충실도 관점은 교사들이 낮은 수준의 교육과정 소양을 갖고 있다고 가정한다. 대부분의 교사들은 교육과정에 대한 이해가 부족하며, 어떻게 해야 가장 잘 가르치는지에 대한 기술이 부족하다고 본다.

⑤ 충실도 관점에서 수행된 국가 수준의 교육과정 개발 프로젝트는 '교사 배제(teacher proof)' 교육과정 패키지로 설계되어 있다는 문제가 있다.

▌교육과정 사소화

① 개념 : 교사가 교육과정에 대해 중요하게 생각하지 않는 현상으로 교육과정 결정에 교사의 참여가 소외되었을 때 일어난다. 학문중심 교육과정에서는 교육과정 결정 상황에서 교사의 참여가 제한되어 교육과정에 대해 중요하게 생각하지 않는 교육과정 사소화 현상이 나타났다.

② 교육과정이 외부에서 만들어 주어질 경우 교사에 의한 교육과정의 사소화(trivialization) 현상이 일어날 수 있다.

③ Short(1990)에 의하면 교육과정 사소화란 중앙 집중화와 관료화의 과정에서 교육과정과 수업에 대한 결정을 내릴 수 있는 권리를 빼앗김으로써 교사들이 무기력(neutering)해질 때 일어나는 것으로, 자신의 지식과 전문성을 최소 수준으로 유지하면서 교육과정을 단순화하고, 재미없으며 가치 없는 것으로 보게 되는 현상을 의미한다. 교사는 교육과정을 계획하고 운영하는 데 관련된 의사결정권을 빼앗겼기 때문에 무력감에 빠져들며 주어진 처방에 따라 수동적으로 내용을 전달하는 데 그치게 된다.

④ 교육과정 사소화는 교사배제 교육과정이나 효율성 위주의 교육과정 등과 같은, 외부에서 주어진 접근에 의하여 조장된다.

▌교사배제 교육과정(teacher-proof curriculum)

① 교육과정에 대한 교사의 소양이 부족할수록 교육과정을 재구성할 수 없다고 생각해 교육과정을 체계적으로 계획하여 구체적인 지침을 만들어주어야 한다고 보는 관점이다.

② 교사의 관점, 능력, 스타일과 상관없이 동일한 질을 보장할 수 있는 교육과정 패키지를 개발하고자 한 것이다.

③ 학문중심주의자들은 교육과정과 학습결과를 개선하는 데 영향을 미치는 주요 변인이 교과의 내용이라는 생각에 기초하여, 교사변인이 개입할 수 없는 '교사배제 교육과정'을 제시하고자 하였다.

---

(2) 상호적응 관점

① 교사를 전문가들에 의해 개발된 교육 상품을 수동적으로 받아들이기만 하는 존재가 아니라 자신이 처한 상황에 따라 주어진 교육과정을 적절하게 변화시켜 나가는 능동적인 주체로 인식한다.

② 국가로부터 주어진 공식적 교육과정이 실행 과정에서 실행 상황 및 실행하는 교사와 상호적응의 과정을 거친다고 본다는 점에서 상호적응 관점이라 불린다.

③ 국가 수준에서 개발된 모든 공식적 교육과정은 학교 현장에서 실행되는 동안 필연적으로 수정되기 마련이라고 본다. 교사들은 새로운 교육과정의 효과를 높이기 위해 현장에 맞도록 수정하여 시행한다.

(3) 생성 관점

① 교사와 학생들이 공동으로 창안해 내는 교육 경험이 교육과정이며, 이러한 교육과정을 만들어 내는 활동 그 자체가 교육과정 실행이라고 본다.

② 교육과정 실행을 교사와 학생들이 함께 교육과정으로 만들어가는 활동으로 본다는 점에서 교육과정 생성(curriculum enactment) 관점이라 불린다.

③ 교실에서 교사와 학생들이 함께 교육적 경험을 생성하는 활동 그 자체가 교육과정 실행이다.

2. 홀(Hall) 외 교사의 관심에 기반을 둔 수용 모형(CBAM)

(1) 개념

① CBAM(concerns-based adoption model)은 학교환경에서 교사 개인이 변화의 과정을 어떻게 경험하는지를 기술하고 검증하기 위해 개발한 모형이다. 새로 채택된 교육과정의 실행은 교사의 관심 수준에 따라 달라진다.

② 교사의 관심에 기초한 교육과정 실행 모형은 교육과정을 나름대로 해석하여 실행하는 교사 개개인의 발달 단계를 반영한다.

③ 교육과정의 충실도 관점과 관련이 깊다. 이 모형에는 관심 정도, 실행 수준, 실행 형태라는 세 가지 도구를 사용하여 교육과정 실행에 대한 교사의 관심과 실행 수준 및 형태를 진단하고 그 결과에 따라 지원책을 개발하여 변화를 촉진하는 내용이 포함되어 있다.

(2) 교사의 관심 정도

① 교사들이 교육과정을 실행하면서 갖는 느낌에 초점을 둔다.

② 교육과정 실행에 대한 교사의 관심은 크게 자신, 업무, 결과 세 가지에 대한 관심으로 나누어지며, 다시 7단계로 세분화된다.

교사 자신	0. 지각 단계	새 교육과정에 전혀 관심이 없다.
	1. 정보 단계	새 교육과정에 대해 개괄적인 것을 알고 있으며 더 알고 싶어 한다. 새 교육과정의 특징, 효과, 실천 관련 사항 등을 알고 싶어 한다.
	2. 개인 관심 단계	새 교육과정이 나와 주변에 미치는 영향을 알고 싶어 한다. 새 교육과정 실행에 자신의 역할, 필요한 의사결정, 기존 조직에 야기할 갈등, 재정적 소요 등을 알고 싶어 한다.
업무	3. 운영(실행) 단계	새 교육과정의 운영과 관리에 관심이 있으며, 정보와 자원의 활용에 관심이 높다. 효율성, 조직화, 관리방안, 시간 계획, 이를 구현하기 위한 교재를 준비하는 데 관심이 높다.
결과	4. 결과 단계	새 교육과정이 학생들에게 미칠 영향에 관심이 있고, 새 교육과정의 학생에 대한 적절성, 학생들의 성취에 대한 평가, 학생의 성취를 향상시키기 위한 방안 등에 관심이 있다.
	5. 협동 단계	새 교육과정을 실행하기 위해 다른 교사들과 협동하고 조정하는 데 관심이 있다.
	6. 강화 단계	새 교육과정을 수정하고 보완하여 더 좋은 결과를 가져올 방법에 관심이 있다.

(3) 실행 수준

① 새 교육과정을 실행하는 동안 교사가 실제로 하는 행동을 나타내는 데 사용된다.

② 교사들의 새 교육과정 실행 수준을 세 단계의 비실행 수준과 다섯 단계의 실행 수준으로 나누었다.

비실행 수준	0. 비운영	새 교육과정에 대해 거의 또는 전혀 알지 못하고 운영하지 않는다.
	1. 오리엔테이션	새 교육과정에 대해 알게 되었거나 알아 가는 과정이다. 새 교육과정이 지향하는 바와 실행 조건들을 탐색하고 있다.
	2. 준비	새 교육과정을 운영하기 위한 준비 단계이다.
실행 수준	3. 기계적 운영	새 교육과정을 단기적으로 운영한다. 대게 연계성이 부족하고 피상적인 운영을 한다.
	4a. 일상화	새 교육과정을 처방된 대로 운영한다.
	4b. 정교화	학습자에게 미치는 장·단기 영향력을 고려하여 학습자에 맞게 새 교육과정을 수정하여 사용한다.
	5. 통합화	학습자의 학습을 극대화하기 위해 새 교육과정의 운영에서 동료 교사들과 협동한다.
	6. 갱신	새 교육과정을 재평가하여 미비점을 보완하고 수정할 뿐만 아니라 근본적인 개정 방향을 제시한다.

(4) CBM모형의 시사점

① 교육과정 실행과 교사의 관계를 명료화하였다. 새 교육과정에 대한 관심을 이끌어 내기 위해서는 교사의 관심 정도를 명확하게 파악하고 관심 있어 할 만한 정보를 제공해 주어야 한다.

② 교사 연수의 필요성을 제시하였다. 교사의 실행 수준에 맞는 맞춤형 연구가 제공되어야 한다.

③ 교육과정 개발과 실행 간의 시차를 고려해야 한다. 새 교육과정의 성공적인 실행을 위해서는 교사의 실행 수준이 올라갈 때까지 기다려 주어야 한다.

03 2022 개정 교육과정

1. 교육과정 구성의 중점

① 디지털 전환, 기후·생태환경 변화 등에 따른 미래 사회의 불확실성에 능동적으로 대응할 수 있는 능력과 자신의 삶과 학습을 스스로 이끌어 가는 주도성을 함양한다.

② 학생 개개인의 인격적 성장을 지원하고, 사회 구성원 모두의 행복을 위해 서로 존중하고 배려하며 협력하는 공동체 의식을 함양한다.

③ 모든 학생이 학습의 기초인 언어·수리·디지털 기초소양을 갖출 수 있도록 하여 학교 교육과 평생 학습에서 학습을 지속할 수 있게 한다.

④ 학생들이 자신의 진로와 학습을 주도적으로 설계하고, 적절한 시기에 학습할 수 있도록 학습자 맞춤형 교육과정 체제를 구축한다.

⑤ 교과 교육에서 깊이 있는 학습을 통해 역량을 함양할 수 있도록 교과 간 연계와 통합, 학생의 삶과 연계된 학습, 학습에 대한 성찰 등을 강화한다.

⑥ 다양한 학생 참여형 수업을 활성화하고, 문제해결 및 사고의 과정을 중시하는 평가를 통해 학습의 질을 개선한다.

⑦ 교육과정 자율화, 분권화를 기반으로 학교, 교사, 학부모, 시·도 교육청, 교육부 등 교육 주체들 간의 협조 체제를 구축하여 학습자의 특성과 학교 여건에 적합한 학습이 이루어질 수 있도록 한다.

2. 추구하는 인간상

① 전인적 성장을 바탕으로 자아정체성을 확립하고 자신의 진로와 삶을 스스로 개척하는 자기주도적인 사람

② 폭넓은 기초 능력을 바탕으로 진취적 발상과 도전을 통해 새로운 가치를 창출하는 창의적인 사람

③ 문화적 소양과 다원적 가치에 대한 이해를 바탕으로 인류 문화를 향유하고 발전시키는 교양 있는 사람

④ 공동체 의식을 바탕으로 다양성을 이해하고 서로 존중하며 세계와 소통하는 민주시민으로서 배려와 나눔, 협력을 실천하는 더불어 사는 사람

3. 핵심역량

① 자아정체성과 자신감을 가지고 자신의 삶과 진로를 스스로 설계하며 이에 필요한 기초 능력과 자질을 갖추어 자기주도적으로 살아갈 수 있는 자기관리 역량

② 문제를 합리적으로 해결하기 위하여 다양한 영역의 지식과 정보를 깊이 있게 이해하고 비판적으로 탐구하며 활용할 수 있는 지식정보처리 역량

③ 폭넓은 기초 지식을 바탕으로 다양한 전문 분야의 지식, 기술, 경험을 융합적으로 활용하여 새로운 것을 창출하는 창의적 사고 역량

④ 인간에 대한 공감적 이해와 문화적 감수성을 바탕으로 삶의 의미와 가치를 성찰하고 향유하는 심미적 감성 역량

⑤ 다른 사람의 관점을 존중하고 경청하는 가운데 자신의 생각과 감정을 효과적으로 표현하며 상호협력적인 관계에서 공동의 목적을 구현하는 협력적 소통 역량

⑥ 지역·국가·세계 공동체의 구성원에게 요구되는 개방적·포용적 가치와 태도로 지속 가능한 인류 공동체 발전에 적극적이고 책임감 있게 참여하는 공동체 역량

4. 교수 · 학습

① 학교는 학생들이 깊이 있는 학습을 통해 핵심역량을 함양할 수 있도록 교수·학습을 설계하여 운영한다.

  ㉠ 단편적 지식의 암기를 지양하고 각 교과목의 핵심 아이디어를 중심으로 지식·이해, 과정·기능, 가치·태도의 내용 요소를 유기적으로 연계하며 학생의 발달 단계에 따라 학습 경험의 폭과 깊이를 확장할 수 있도록 수업을 설계한다.

  ㉡ 교과 내 영역 간, 교과 간 내용 연계성을 고려하여 수업을 설계하고 지도함으로써 학생들이 융합적으로 사고하고 창의적으로 문제를 해결하는 능력을 함양할 수 있도록 한다.

  ㉢ 학습내용을 실생활 맥락 속에서 이해하고 적용하는 기회를 제공함으로써 학교에서의 학습이 학생의 삶에 의미 있는 학습 경험이 되도록 한다.

  ㉣ 학생이 여러 교과의 고유한 탐구 방법을 익히고 자신의 학습 과정과 학습 전략을 점검하며 개선하는 기회를 제공하여 스스로 탐구하고 학습할 수 있는 자기주도 학습 능력을 함양할 수 있도록 한다.

  ㉤ 교과의 깊이 있는 학습에 기반이 되는 언어·수리·디지털 기초소양을 모든 교과를 통해 함양할 수 있도록 수업을 설계한다.

② 학교는 학생들이 수업에 능동적으로 참여하고 학습의 즐거움을 경험할 수 있도록 교수·학습을 설계하여 운영한다.

  ㉠ 학습 주제에서 다루는 탐구 질문에 관심과 호기심을 가지고 스스로 문제를 해결하는 학생 참여형 수업을 활성화하며, 토의·토론 학습을 통해 자신의 생각을 표현하는 기회를 가질 수 있도록 한다.

  ㉡ 실험, 실습, 관찰, 조사, 견학 등의 체험 및 탐구 활동 경험이 충분히 이루어질 수 있도록 한다.

  ㉢ 개별 학습 활동과 함께 소집단 협동 학습 활동을 통하여 협력적으로 문제를 해결하는 경험을 충분히 갖도록 한다.

③ 교과의 특성과 학생의 능력, 적성, 진로를 고려하여 학습 활동과 방법을 다양화하고, 학교의 여건과 학생의 특성에 따라 다양한 학습 집단을 구성하여 학생 맞춤형 수업을 활성화한다.

  ㉠ 학생의 선행 경험, 선행 지식, 오개념 등 학습의 출발점을 파악하고 학생의 특성을 고려하여 학습 소재, 자료, 활동을 다양화한다.

  ㉡ 정보통신기술 매체를 활용하여 교수·학습 방법을 다양화하고, 학생 맞춤형 학습을 위해 지능정보기술을 활용할 수 있다.

  ㉢ 다문화 가정 배경, 가족 구성, 장애 유무 등 학습자의 개인적·사회문화적 배경의 다양성을 이해하고 존중하며, 이를 수업에 반영할 때 편견과 고정 관념, 차별을 야기하지 않도록 유의한다.

  ㉣ 학교는 학생 개개인의 학습 상황을 확인하여 학생의 학습 결손을 예방하도록 노력하며, 학습 결손이 발생한 경우 보충 학습 기회를 제공한다.

④ 교사와 학생 간, 학생과 학생 간 상호 신뢰와 협력이 가능한 유연하고 안전한 교수·학습 환경을 지원하고, 디지털 기반 학습이 가능하도록 교육공간과 환경을 조성한다.

㉠ 각 교과의 특성에 맞는 다양한 학습이 이루어질 수 있도록 교과 교실 운영을 활성화하며, 고등학교는 학점 기반 교육과정 운영을 위해 유연한 학습공간을 활용한다.

㉡ 학교는 교과용 도서 이외에 시·도 교육청이나 학교 등에서 개발한 다양한 교수·학습 자료를 활용할 수 있다.

㉢ 다양한 지능정보기술 및 도구를 활용하여 효율적인 학습을 지원할 수 있도록 디지털 학습 환경을 구축한다.

㉣ 학교는 실험 실습 및 실기 지도 과정에서 학생의 안전사고를 예방하기 위해 시설·기구, 기계, 약품, 용구 사용의 안전에 유의한다.

㉤ 특수교육 대상 학생 등 교육적 요구가 다양한 학생들을 위해 필요할 경우 의사소통 지원, 행동 지원, 보조공학 지원 등을 제공한다.

5. 평가

① 평가는 학생 개개인의 교육 목표 도달 정도를 확인하고, 학습의 부족한 부분을 보충하며, 교수·학습의 질을 개선하는 데 주안점을 둔다.

㉠ 학교는 학생에게 평가결과에 대한 적절한 정보를 제공하고 추수 지도를 실시하여 학생이 자신의 학습을 지속적으로 성찰하고 개선할 수 있도록 한다.

㉡ 학교와 교사는 학생 평가결과를 활용하여 수업의 질을 지속적으로 개선한다.

② 학교와 교사는 성취기준에 근거하여 교수·학습과 평가 활동이 일관성 있게 이루어지도록 한다.

㉠ 학습의 결과만이 아니라 결과에 이르기까지의 학습 과정을 확인하고 환류하여, 학습자의 성공적인 학습과 사고 능력 함양을 지원한다.

㉡ 학교는 학생의 인지적·정의적 측면에 대한 평가가 균형 있게 이루어질 수 있도록 하며, 학생이 자신의 학습 과정과 결과를 스스로 평가할 수 있는 기회를 제공한다.

㉢ 학교는 교과목별 성취기준과 평가기준에 따라 성취수준을 설정하여 교수·학습 및 평가 계획에 반영한다.

㉣ 학생에게 배울 기회를 주지 않은 내용과 기능은 평가하지 않는다.

③ 학교는 교과목의 성격과 학습자 특성을 고려하여 적합한 평가 방법을 활용한다.

㉠ 수행평가를 내실화하고 서술형과 논술형 평가의 비중을 확대한다.

㉡ 정의적·기능적 측면이나 실험·실습이 중시되는 평가에서는 교과목의 성격을 고려하여 타당하고 합리적인 기준과 척도를 마련하여 평가를 실시한다.

㉢ 학교의 여건과 교육활동의 특성을 고려하여 다양한 지능정보기술을 활용함으로써 학생 맞춤형 평가를 활성화한다.

㉣ 개별 학생의 발달 수준 및 특성을 고려하여 평가 계획을 조정할 수 있으며, 특수학급 및 일반 학급에 재학하고 있는 특수교육 대상 학생을 위해 필요한 경우 평가 방법을 조정할 수 있다.

㉤ 창의적 체험활동은 내용과 특성을 고려하여 평가의 주안점을 학교에서 결정하여 평가한다.

04 자유학기제

1. 자유학기제의 개념

① 우리나라 초·중등 교육을 학생들의 '꿈과 끼를 키우는 행복교육'으로 변화시키는 전기를 마련하기 위해 제안된 대표적인 교육정책이 중학교 자유학기제이다.

② 자유학기제란 "중학교 교육과정 중 한 학기 동안 학생들이 중간·기말고사 등 시험부담에서 벗어나 꿈과 끼를 찾을 수 있도록 수업 운영을 토론, 실습 등 학생 참여형으로 개선하고 진로 탐색 활동 등 다양한 체험활동이 가능하도록 교육과정을 유연하게 운영하는 제도"이다(교육부, 2013).

③ 즉, 자유학기제는 수업개선과 진로 탐색 등의 다양한 체험활동을 통해 적성, 소질에 맞는 진로 탐색, 자기주도 학습능력 배양, 인성 및 미래역량 교육이 이루어지도록 함으로써 초·중·고등 학교 전반에서 꿈과 끼를 키우는 행복한 학교 교육을 실현하는 것을 비전으로 한다.

> ■ 자유학기제
>
> 중학교 과정 중 한 학기 동안 교과 및 창의적 체험활동 시간을 활용하여 학생의 희망과 관심을 반영한 자유학기 활동을 102시간 이상 편성·운영하며, 학생 참여형 수업과 이와 연계한 과정중심 평가를 실시하는 제도
>
> ■ 과정중심평가
>
> 수업과 평가를 연계하여 계획·실행하고, 평가의 대상을 학습의 결과에 대비된 학습의 과정에 초점을 맞추며(결과에 대한 평가 포함), 과정을 타당하고 의미 있게 파악할 수 있는 평가방법을 중시하고, 평가 후 학생의 성장과 학습을 돕고 수업의 개선을 지원할 수 있는 형성적 평가 목적을 강조하는 평가

2. 자유학기제의 추진 목적

① **꿈·끼 탐색**: 자신의 적성과 미래에 대해 탐색하고 설계하는 경험을 통해 스스로 꿈과 끼를 찾고, 지속적인 자기 성찰 및 발전 계기를 제공하고자 함이다.

② **역량 함양**: 종래의 지식과 경쟁 중심 교육을 창의성, 인성, 자기주도 학습능력 등 미래 핵심역량의 함양이 가능한 교육으로 전환하고자 하는 것이다.

③ **행복 교육**: 자유학기를 통해 학교 구성원 간 협력 및 신뢰를 형성하고, 적극적인 참여와 성취 경험을 통해 학생, 학부모, 교원 모두가 만족하는 행복교육을 실현하고자 한다.

　◈ 즉, 자유학기제를 통해 실현하고자 하는 공교육 정상화는 행복한 학교생활, 학생의 꿈과 끼 찾기, 미래사회가 요구하는 역량 배양이 가능하도록 하는 교육이라 할 수 있다.

3. 자유학기제의 기본 방향

① 자유학기에 집중적인 진로 수업 및 체험을 실시하여 초등학교(진로 인식) → 중학교(진로 탐색) → 고등학교(진로설계)로 이어지는 진로 교육 활성화를 추구한다.

② 꿈과 끼를 키우는 교육 프로그램 운영이 원활히 이루어질 수 있도록 학교의 교육과정 자율성을 대폭 확대한다.

③ 자유학기제 대상학기는 학생들의 발달단계를 고려하여 결정하되, 연구학교의 운영 등을 통해 신중히 결정한다.

④ 자유학기에 특정 기간에 집중되어 실시되는 중간·기말시험은 실시하지 않고, 학생의 기초적인 성취 수준 확인 방법 및 기준 등은 학교별로 마련한다.

⑤ 자유학기를 교육과정 운영, 수업방식 등 학교 교육방법 전반의 변화를 견인하는 계기로 활용한다.

4. 교육부가 제시한 기대 효과

① 적성에 맞는 자기계발 및 인성 함양을 기대할 수 있다. 자유학기제는 개인 맞춤형 진로 탐색 활동을 통하여 꿈과 끼, 적성에 맞는 자기계발과 더불어 함께하는 협동·협업 학습을 통한 사회성 및 인성 함양을 추구하고 있다. 또한 토론, 문제해결, 의사소통, 프로젝트 수업 등 참여 위주의 교실 수업을 통해 창의적 자기주도 학습능력을 향상시킨다.

② 자유학기제를 통하여 만족도 높은 행복한 학교생활을 기대할 수 있다. 참여·활동 중심의 학습은 학생의 학교생활 만족도를 제고하고, 모둠 협동학습을 통한 교우 관계 개선 및 교사와 함께하는 체험활동을 통한 교사와 학생 관계의 개선 역시 학교생활의 만족도에 긍정적인 영향을 미치게 된다.

③ 자유학기제를 통하여 공교육 신뢰회복 및 정상화의 효과를 기대할 수 있다. 자유학기제는 과도한 학업부담, 지나치게 성적을 중시하는 학교 풍토를 개선하여 학교 교육에 대한 신뢰를 회복하고, 경쟁과 성취 중심의 교육을 학생의 전인적 성장을 위한 교육으로 전환하여 공교육 정상화 계기를 마련하는 데 기여할 수 있다.

5. 교육과정으로서의 자유학기제

🖥 2022 개정 교육과정에서의 자유학기

학교는 학생들이 자신의 적성과 미래에 대해 탐색하고 학습의 즐거움을 경험할 수 있도록 자유학기와 진로연계교육을 편성·운영한다.

가) 중학교 과정 중 한 학기는 자유학기로 운영하되, 해당 학기의 교과 및 창의적 체험활동을 자유학기 취지에 부합하도록 편성·운영한다.

　(1) 자유학기에는 지역 및 학교 여건을 고려하여 자율적으로 학생 참여 중심의 주제선택 활동과 진로 탐색 활동을 운영한다.

　(2) 자유학기에는 토의·토론 학습, 프로젝트 학습 등 학생 참여형 수업을 강화하고, 학습의 과정을 중시하는 다양한 평가 방법을 활용하되, 일제식 지필 평가는 지양한다.

나) 학교는 상급 학교(학년)로 진학하기 전 학기나 학년의 일부 시간을 활용하여 학교급 간 연계 및 진로 교육을 강화하는 진로연계교육을 편성·운영한다.

　(1) 학교는 고등학교 생활 및 학습 준비, 진로 탐색, 진학 준비 등을 위해 교과와 창의적 체험활동 시간을 활용하여 진로연계교육을 자율적으로 운영한다.

　(2) 학교는 진로연계교육의 중점을 학생의 역량 함양 및 자기주도적 학습 능력 향상에 중점을 두고 교과별 내용 및 학습 방법 등의 학교급 간 연계를 통해 학생의 학습과 성장을 지원한다.

　(3) 학교는 진로연계교육을 창의적 체험활동의 진로 활동 및 자유학기의 활동과 연계하여 운영한다.

6. 자유학기제 교육과정의 편성

(1) 자유학기제 교육과정의 편성

① 자유학기제 교육과정은 국어, 영어, 수학, 사회, 과학 등과 같은 기본 교과로 구성된 '교과 수업'과 학생의 흥미와 관심사를 기반으로 구성된 '자유학기 활동'의 두 영역으로 구분하여 편성·운영된다.

② 교과과정은 기본적으로 국어, 사회/도덕, 수학, 과학/기술·가정, 체육, 예술(음악/미술), 영어 및 선택 교과 등 국가 교육과정에 제시된 기본 교과로 이루어져 있으며, 블록타임과 운영 모형을 고려하여 기본 교과는 주로 오전에 배치하여 편성하도록 되어 있다.

③ 자유학기 활동은 학생들이 학습하는 내용의 폭과 범위를 확대한다는 데 그 의미가 있으며, 따라서 기본적으로 학생들의 흥미와 관심사에 기반한 학생 중심의 프로그램이 마련되어야 한다. 이러한 자유학기 활동은 진로 탐색 활동, 주제 선택 활동으로 구분된다. 그리고 다양한 체험활동이 원활하게 이루어질 수 있도록 자유학기 활동은 오후에 편성·운영하는 것을 권장하고 있다.

■ 자유학기 교육과정 편성 모형(서울특별시 교육청, 재구성)

학생의 희망과 수요를 반영한 학생 중심의 교육과정	
교과 수업(오전)	**자유학기 활동(오후)**
• 학교 교육과정 편성·운영 자율성 제고 • 교육과정 재구성 • 토론, 실습, 자기주도학습 등 학생 참여형 수업	• 102시간 이상 편성 • 학생의 흥미, 관심사에 기반한 프로그램 • 진로 탐색 활동, 주제 선택 활동
▶ 성장·발달에 중점을 둔 과정중심평가	

④ 자유학기 교육과정을 운영하기 위해서는 자유학기 활동을 위한 시수가 확보되어야 한다. 이를 위해 자유학기 교육과정에서는 교과(군)와 창의적 체험활동 시수를 활용하여 자유학기 활동을 102시간 이상 편성할 수 있다.

(2) 교과 교육과정

■ 자유학기 교과 운영의 특징(서울특별시교육청, 2015)

교육과정 편성·운영 유연화	교수·학습방법의 다양화	과정 중심의 내실 있는 평가
자율성·창의성 신장, 학생 중심 교육과정	토론·실습, 융합 수업, 자기주도학습	형성평가, 수행평가, 성장·발달에 중점
• 학교 교육과정 편성·운영 자율성 제고 • 교육과정 재구성	• 교과 교육과정 재구성을 통한 교과 학생참여·활동형 수업, 융합수업 • 토론, 문제해결, 의사소통, 실험·실습, 프로젝트 학습 등	• 형성평가, 협력 기반 수행평가, 포트폴리오 평가 등 • 성장·발달에 중점을 둔 평가 실시

① 자율성·창의성의 신장과 학생 중심 교육과정 운영을 위해 교육과정 편성·운영의 유연화를 추구한다. 이를 위해 단위 학교에서는 학교 여건과 지역 특색을 고려하여 자유학기제 교육과정을 편성·운영하여야 하며, 교과 시수를 적절히 조정하고 교과 교육과정을 재구성하여 운영하여야 한다.

② 토론·실습과 융합, 프로젝트 수업, 자기주도학습의 활성화와 같은 교수·학습방법의 다양화를 지향한다. 즉, 수업에 참여하는 태도와 자기 표현력 향상을 위한 협동학습, 토론 수업 및 실험·실습 등 체험 중심 수업을 활성화하고, 교과 교육과정의 재구성을 통한 융합 수업을 실시하여 융합적 사고력과 문제해결능력을 배양하고자 한다. 또한 학습에 대한 내재적 동기와 자기주도 학습의 역량 제고를 위해 개인별 및 조별 프로젝트 학습을 확대하고, 실생활 연계 수업의 강화를 권장한다.

③ 형성평가, 수행평가를 통한 학생의 성장·발달에 중점을 둠으로써 과정 중심의 내실 있는 평가가 이루어진다. 자유학기 기간 동안에는 중간·기말고사 등 일제식 지필평가를 실시하지 않으며, 학생의 학습과 성장을 지원하는 과정 중심의 평가를 실시한다. 이러한 평가는 학생의 성취 수준, 참여도 및 태도, 자유학기 활동 내역 등을 중심으로 학교생활기록부에 서술식으로 기재하도록 한다.

(3) 자유학기 활동 교육과정

① 자유학기 활동은 학생들이 학습하는 내용의 폭과 범위를 확대한다는 데 그 의미가 있으며, 따라서 기본적으로 학생들의 흥미와 관심사에 기반한 학생 중심의 프로그램이 마련되어야 한다.

② 자유학기 활동은 진로 탐색 활동, 주제 선택 활동, 예술·체육 활동으로 구분되며 학생 중심의 다양한 체험 및 활동으로 운영된다.

■ **자유학기 활동의 영역과 내용**

구성	내용	목적·성격	학습내용
진로 탐색 활동	학생들의 적성과 소질을 탐색하여 스스로 미래를 설계해 나갈 수 있도록 체계적인 진로학습 기회 제공 예 진로검사, 초청강연, 포트폴리오 제작 활동, 현장 체험활동, 직업 탐방 등	진로 탐색	진로·직업 관련 내용
주제 선택 활동	학생의 흥미, 관심사에 맞는 체계적이고 심층적인 학생 중심의 교과 연계 또는 주제 중심 활동 운영 예 드라마와 사회, 3D프린터, 웹툰, 헌법, 인성교육, 스마트폰 앱 등	전문 프로그램 학습	학생들의 관심사에 따라 다양

※ 기존 진로 탐색 활동, 주제 선택 활동, 예술·체육 활동, 동아리 활동의 네 개 영역에서 진로 탐색 활동, 주제 선택 활동의 두 개 영역으로 축소(2022 개정 교육과정)

7. 평가 및 학교생활기록부 기재

① 자유학기 기간에는 중간·기말고사 등 지필식 총괄평가는 실시하지 않으며, 자기성찰 평가, 포트폴리오 평가 등 학생의 성장과 발달을 지원하는 형성평가, 수행평가를 강화하도록 한다.

② 이러한 평가결과는 성취기준에 따른 성취수준, 참여도 및 태도, 꿈·끼 관련 활동 내역 등을 중심으로 학교생활기록부에 서술식으로 기재한다.

01 교수·학습이론

캐롤의 학교학습모형
- 학습에 사용한 시간: 학습지속력, 학습기회
- 학습에 필요한 시간: 적성, 수업이해력, 수업의 질

블룸의 완전학습모형
- 완전학습의 개념
- 완전학습의 교수절차

브루너의 교수이론과 발견학습
- 교수·학습의 구성요소
- 발견학습의 조건
- 발견학습의 과정
- 교사의 안내와 지도
- 발견학습 조력방안

오수벨의 유의미 수용학습
- 유의미학습의 조건
- 선행조직자
- 포섭
- 관련정착지식
- 유의미학습의 수업원리
- 교수모형

가네의 수업이론
- 5가지 학습 영역
- 지적 기능의 8가지 학습위계
- 학습의 조건
- 9가지 수업사태

라이겔루스의 교수이론
- 교수의 변인
- 미시조직전략: 개념학습을 중심으로
- 거시조직전략: 정교화 이론

메릴의 내용요소제시이론
- 수행-내용 매트릭스
- 자료제시 형태

켈러의 학습동기 설계이론(ARCS)
- 주의
- 관련성
- 자신감
- 만족감

란다의 순차식-발견식 교수모형
- 순차식 교수활동
- 발견식 교수활동

구성주의 교수이론
- 인지적 구성주의와 사회적 구성주의
- 구성주의 학습환경 설계: 조나센의 CLEs
- 상황학습 이론
- 인지적 도제이론
- 정착수업
- 인지적 유연성 이론
- 문제중심학습(PBL)
- 상보적 교수
- 자원기반학습
- 목표기반 시나리오
- 웹퀘스트 수업 모형

03 교수·학습방법

강의법

문답법

토의법
- 원탁토의
- 배심토의
- 공개토의
- 단상토의
- 대담토의
- 세미나
- 버즈토의

듀이의 문제해결학습법

프로젝트 학습(구안법)

자기주도학습

프로그램 학습
- 프로그램 학습의 원리
- 프로그램 학습의 유형

개별화 학습
- 개별화 교수체제(PSI)
- 개별 처방 교수방법(IPI)
- 적성처치 상호작용 모형(ATI)
- 자율계약교수법

팀티칭

액션러닝

협동학습
- 직소Ⅰ 모형
- 직소Ⅱ 모형
- 성취과제분담모형(STAD)
- 팀경쟁학습 모형(TGT)
- 팀보조 개별학습(TAI)
- 집단탐구(GI)
- 자율적 협동학습(Co-op Co-op)
- 함께 학습하기(LT)
- 동료학습(Peer Teaching)
- 각본 협동학습(협동 시나리오, Scripted Cooperation)

02 수업목표와 학습과제 분석

수업목표
- 행동적 수업목표 진술의 원칙
- 수업목표의 진술방식
  - 타일러
  - 메이거
  - 가네
  - 그론룬드

학습과제 분석
- 과제분석의 개념
- 과제분석 방법(하위기능 분석)
  - 위계적 분석
  - 절차적 분석
  - 군집적 분석
  - 통합적 분석

04 교수설계

체제적 접근과 교수체제설계(ISD)

교수설계모형
- 글레이저의 수업모형
- ADDIE 모형(일반적 교수체제 설계모형)
- 딕과 캐리 모형

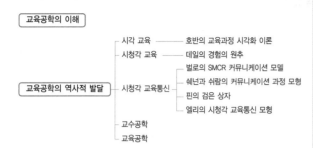
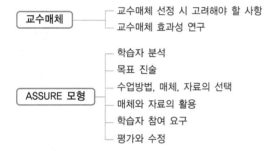
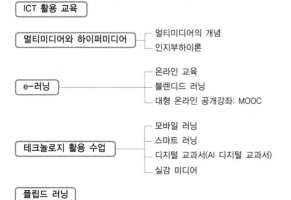

Chapter 01 교수 · 학습이론

01 캐롤(Carroll)의 학교학습모형

1. 개요 중등 12, 초등 03

① 지적학습에 작용하는 주요 변인들 간의 상호관계를 기초로 완전학습의 가능성을 이론적으로 뒷받침하고 있다. 인지적 · 기능적 학습을 위한 것이며, 정의적 학습에 관한 것은 아니다.

② 이 모형의 특징은 두 개의 시간변인을 도입하고 이와 관련된 하위변인들의 관계에 따라 학습의 정도가 결정된다는 것이다.

$$학습의\ 정도 = f(\frac{학습에\ 사용한\ 시간}{학습에\ 필요한\ 시간}) = f(\frac{학습지속력,\ 학습기회}{작성,\ 수업이해력,\ 수업의\ 질})$$

③ 모형의 기본 가정은 위의 함수관계에 의해서 학습에 필요한 시간은 가능한 한 줄이고, 학습에 실제로 소요하는 시간은 늘림으로써 학습의 정도를 극대화할 수 있다는 것이다.

2. 구성변인

① **적성**: 최적의 학습조건하에서 주어진 특정 학습과제를 일정한 수준으로 성취하는 능력을 말한다. 이를 시간개념으로 말하면, 학생이 주어진 특정 학습과제를 성취하는 데 필요한 시간의 양이라고 할 수 있다. 이는 학습과제의 종류와 성질에 따라 달라지는 특수한 능력변인이다.

② **수업이해력**: 학습과제의 성질과 수업절차를 이해하는 학습자의 능력을 말한다. 일반 지능과 언어 능력이 포함된다. 적성과 수업이해력의 중요한 차이는 적성이 과제의 종류와 성질에 따라 변화하는 특수한 능력임에 반해, 수업이해력은 여러 과제에 거의 공통적으로 적용되는 일반적인 능력이다. 수업에 대한 이해력이 높으면 그만큼 학습에 필요한 시간이 적게 요구된다.

③ **수업의 질**: 학습과제의 제시, 설명 및 구성이 학습자에게 최적의 상태로 접근된 정도를 의미한다. 학습목표의 구체성과 교사언어의 명확성, 과제제시의 적절성, 하위과제의 계열성과 학습속도의 적절성, 학습자 특성 및 욕구 등에 의해 결정된다고 본다.

④ **학습기회**: 학습자들에게 주어진 일정한 과제를 학습할 수 있도록 그들에게 실제로 허용된 시간을 뜻한다. 학습자의 의사와 관계없이 외부에서 학습자에게 주어진 학습 시간을 말한다. 학습기회는 모든 학생에게 단순히 학습할 수 있는 시간을 많이 주는 것이 아니라 효율성으로 볼 때, 학습자에게 적합한 학습의 기회를 제공한다는 의미이다.

⑤ **학습지속력**: 학습자가 주의를 기울이고 적극적으로 학습에 열중하여 참여함으로써 실제로 학습하는 데 사용한 시간을 말한다.

3. 교사 변인과 학생 변인

① 교사 변인(수업 변인) : 수업의 질, 학습기회
② 학생 변인(개인차 변인) : 수업이해력, 학습지속력, 적성

02 블룸(Bloom)의 완전학습모형

1. 개요

① 블룸의 완전학습모형은 캐롤의 학교학습모형을 개선·발전시킨 모형으로, 블룸은 학습에 필요한 시간과 학습에 사용한 시간을 결정하는 변인을 조정함으로써 완전학습을 이룰 수 있다고 보았다.
② 완전학습이란 지적, 능력적인 면에 결함이 있는 5% 정도의 학생을 제외한 95%의 학생이 수업내용의 약 90% 이상 학습하는 것을 말한다.

2. 완전학습의 전략

① 완전학습은 본질적으로 적절한 학습조건만 갖추어 준다면, 이 세상의 누군가가 배울 수 있는 것은 거의 모든 다른 사람도 배울 수 있다고 본다.
② 블룸은 학교학습의 개인차를 가져오는 중요한 요소로 수업의 획일성을 들고 있는데, 수업의 질 및 학습시간을 각각의 학습자에게 알맞게 조절해 준다면 대부분의 학생들이 숙달학습을 성취하게 된다고 보았다. 즉, 개별화 수업을 주장한다.
③ 블룸은 완전학습을 위해 보충학습을 강조한다. 학습 단계마다 제대로 따라가지 못하는 학생들에게 보충학습의 기회를 제공하면 완전학습이 가능하다는 것이다.
④ 완전학습을 위한 교수절차에서 중요한 사항은 본 수업이 시작되기 전에 '진단평가'를 실시하고, 수업의 과정에서 '형성평가'를 실시하여 그 결과에 따라 보충·심화학습의 적절한 교수처방을 해 준다는 것이다.

3. 완전학습의 교수절차

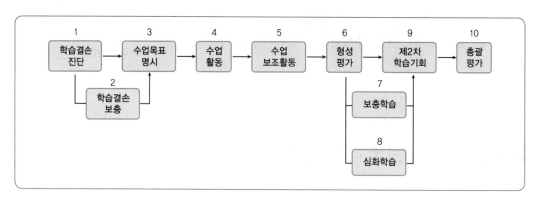

| 블룸의 완전학습 교수절차 |

(1) 수업 전 단계

① 학습결손 진단: 진단평가에 의해 기초학력을 측정한다. 선행학습의 결손이 있는지 진단하려는 것이다.

② 학습결손 보충: 진단을 통해 학습결함을 가진 학생들이 발견되면 적절한 보충학습을 실시하게 한다. 일반적으로 프로그램 학습을 사용한다.

(2) 본 수업 단계

③ 수업목표 명시: 수업목표를 명확하고 구체적으로 제시한다.

④ 수업활동: 교수·학습 활동이 활발히 전개되는 단계이다. 학습자들의 이해 수준에 비추어 학습 내용을 체계적인 순서에 따라 제시하여야 한다.

⑤ 수업 보조활동: 흥미와 동기를 유발하고 학습의 효과를 위해 여러 가지 자료가 제시된다. 연습문제의 풀이, 실험·실습 등과 같은 수업 보조활동을 진행한다.

⑥ 형성평가: 학습이 원활하게 이루어지고 있는지 확인하기 위해 형성평가를 실시한다.

⑦ 보충학습: 형성평가 결과에 따라 학습부진아에게 자율적으로 복습 또는 보충학습을 할 수 있는 프로그램 교재를 제공한다.

⑧ 심화학습: 정상적 진전을 보이는 학생들에게는 심화학습을 실시한다. 수준을 높인 연습과제나 흥미나 호기심 추구를 위한 관련 독서활동 및 창작활동 등이 활용된다.

⑨ 제2차 학습기회: 자율학습이나 협력학습의 기회를 제공하여 학습자에게 또 다른 학습기회를 제공한다.

(3) 수업 후 단계

⑩ 총괄평가: 수업이 종료된 후 학업 성취도를 평가하는 단계이다.

03 브루너(Bruner)의 교수이론과 발견학습 중등 01 · 04 · 06 · 14논술 추가, 초등 05

1. 발견학습(discovery learning)의 개념

① 발견학습이란 학습자에게 교과를 최종적인 형태로 제공하는 것이 아니라 최종형태를 학습자 스스로 조직하도록 하는 학습이다.

② 학생이 교사의 설명에 의해 지식을 습득하는 것이 아닌 사실이나 문제의 파악, 가설의 설정, 가설 검증과 확인, 실제에의 적용 등 과정의 추리와 직관을 통해 스스로 지식을 발견하고, 한 교과의 기본적인 지식의 구조를 이해해 나가는 과정이다.

③ 교수·학습 과정에서 지식습득의 결과보다는 과정을 중시한다.

2. 발견학습의 목적

① 발견학습의 가장 중요한 목적은 고차적인 사고기능의 습득이다.

② 독자적으로 사고할 수 있는 능력을 기르고, 지식이 형성되는 과정을 발견하는 것 또한 발견학습의 목적이 될 수 있다.

3. 교수·학습의 구성요소

(1) **학습경향성**

① 학습활동이 이루어지기 위해서는 학습자 자신이 학습하고자 하는 의욕이 우선적으로 생겨나야 하는데, 이를 학습의 경향성이라고 한다.

② 학습과 문제해결을 하고자 하는 학습자의 내재적 욕구로, 일반적으로 학습의욕, 학습동기 등의 개념과 유사하게 사용된다.

(2) **지식의 구조** 중등 04

① 지식의 구조란 학문을 구성하고 있는 가장 기본적인 아이디어, 개념, 원리, 법칙 등을 말한다.

② 브루너는 "어떠한 주제라도 지적 성격에 충실한 형태로 제시되면 어떠한 발달단계에 있는 아동에게도 효과적으로 가르칠 수 있다."고 하면서 어떠한 영역의 지식도 작동적, 영상적, 상징적 방법으로 표상하여 발달 수준에 맞게 가르칠 수 있으며, 학습자의 인지구조에 적응하는 표상형태로 교과의 지식구조를 재조직하는 것이 교육과정이라고 보았다.

③ 지식의 구조는 세 가지 표현방식으로 나타낼 수 있으며, 경제성과 생성력을 갖추고 있다.

ㄱ **표상양식(표현방식)**: 브루너는 어떤 영역의 지식이라도 세 가지 표상양식인 작동적 표상, 영상적 표상, 상징적 표상의 방법으로 나타낼 수 있다고 보았다.

작동적 표상	지식을 실제적인 행위로 나타내는 것
영상적 표상	지식을 그림이나 영상, 사진, 그래프로 나타내는 것
상징적 표상	지식을 언어나 기호 등을 사용하여 상징적·논리적 명제로 나타내는 것

ⓛ 경제성 : 학생이 기억해야 할 정보의 양이 적음을 의미한다. 구조화된 지식은 각 학문의 핵심 내용이므로 그 양이 적어서 경제적이다.

ⓒ 생성력 : 기억된 지식이 어느 정도의 응용력이나 전이력을 가지고 있는가와 관련된다. 지식의 구조를 잘 이해하고 있으면 새롭고 다양한 문제를 해결하는 데 활용될 수 있다.

(3) 지식의 계열화

① 학습할 과제를 제시해 주는 순서와 관련되어 있다. 즉, 학생들이 학습내용을 이해, 변형, 전이하는 데 도움이 될 수 있도록 학습과제를 순서대로 조직하여 제시하는 원칙을 말한다.

② 브루너가 제시하는 계열화는 지식의 구조화의 표현방식을 의미한다. 즉, 작동적 표상에서 영상적 표상, 그리고 상징적 표상의 순서를 말한다.

(4) 강화

① 강화란 학습결과에 대해 보상을 해 주는 것을 말한다. 브루너는 강화가 학습자의 발달단계와 특성에 맞게 개별화되어야 할 것과 외적 강화보다는 내적 강화의 중요성을 강조하였다.

② 발견학습 시 강화가 효과적인 것은 자기학습의 결과를 확인하고 거기서 만족을 맛보는 내적 보상에 의한 의욕 및 내적 동기 때문이다.

4. 발견학습의 조건

① 태세(set) : 특정 방식으로 반응하려는 경향성이다. 발견지향적인 태세를 갖고 있는 사람은 정보 사이에 존재하는 관계를 찾으려고 노력할 것이다. 발견학습의 촉진을 위해서는 발견하도록 하는 지시를 자주 하고, 학생 스스로 발견할 기회를 충분히 제공해야 한다.

② 요구상태(need state) : 각성 혹은 민감성 수준을 의미한다. 브루너는 발견에는 중간 정도의 각성 혹은 민감성이 극단적으로 높거나 낮은 민감성보다 더 유리하다고 보았다.

③ 관련 정보의 학습 : 구체적인 관련정보를 완전히 이해하고 다양한 정보를 소유할수록 발견의 확률은 높아진다. 발견능력의 촉진을 위해 구체적 정보의 학습 기회를 제공해 주어야 한다.

④ 연습의 다양성 : 다양한 상황에서 훈련을 받을수록 발견의 확률이 높아진다. 그러므로 동일 주제도 여러 차례 가르치는 것이 좋다.

5. 발견학습의 과정(연역적 문제해결과정)

(1) 문제의 발견

① 과제를 파악하는 단계로 문제의식을 분명히 가지고 의욕적으로 학습하도록 한다.

② 학생들이 학습 의욕과 문제의식을 가지고 제시된 자료나 구체적인 사실에 적극적인 관찰을 할 수 있도록 한다.

(2) 가설 설정

① 여러 가지 자료를 수집하여 문제해결을 위한 가설을 세우는 단계이다.

② 직관적 사고에 의한 창조적 가설을 설정하는 단계이다.

(3) 가설 검증

① 사실의 분석과 가설의 종합적 확인이 이루어지며 체계적으로 중요한 사고가 진행되는 단계이다.
② 가설은 주관적 상념에 불과하므로 객관성을 부여하기 위해 분석·종합 활동을 통해 객관화한다.

(4) 원리의 적용 : 현실적 장면에 적용·활용하는 지식의 전이단계이다.

> ■ 귀납적 문제해결과정
> ① 문제 확인(인지) : 제시된 과제를 검토하여 해결해야 할 문제를 구체적으로 확인한다.
> ② 실험·관찰 등에 의한 자료수집 : 문제해결에 필요한 실증적인 자료들을 수집하게 된다.
> ③ 원리 발견 : 확보된 실증적 자료들을 분석·종합하여 원리를 발견하게 된다.
> ④ 원리 적용 : 확인된 원리를 실제장면이나 다른 문제상황에 적용하거나 일반화시킨다.

6. 교사의 안내와 지도

① 발견학습이 다른 교수법과 구분되는 가장 중요한 특징은 교사의 개입과 지도를 최소화한다는 것이다. 그러나 이것이 교사가 전혀 안내와 지도를 하지 말아야 함을 의미하는 것은 아니다.
② 발견학습은 자유방임식 교수법이 아니라 일종의 '지도된 활동(directed activity)'이다.
③ 발견학습의 구체적인 형태는 교사의 지도와 안내의 정도를 기준으로 다음과 같이 구분할 수 있다.
  ㉠ 비구조화된 발견 : 아무것도 계획하지 않은 상태에서 학습자가 개념이나 원리를 스스로 발견하는 개방형 발견이다.
  ㉡ 안내된 발견(guided discovery) : 학습자가 교사의 단계별 지도를 받아 문제를 해결하는 학습이다. 교사가 목표를 설정하고, 자료와 사례를 준비하며, 질문을 통해 지도하는 상황 속에서 학습자가 개념이나 원리를 발견하게 한다. 일반적으로 학교에서 이루어지는 발견학습은 안내된 발견이라고 보면 된다.
④ 발견학습에서 교사는 발견을 도와주는 촉진자의 역할을 해야 한다. 교사는 학습자에게 발견의 과정을 가르치고, 학습자가 탐색·탐구·조작을 할 수 있도록 활동을 조성해야 한다.

7. 발견학습 조력방안

① 교육과정은 기본적인 원리를 쉽게 발견할 수 있도록 조직해야 한다. 교육과정이 발견을 촉진하기 어려운 방식으로 조직되면 파지는 물론 전이에 전혀 효과를 미치지 못한다.
② 학생을 가르칠 때는 지식의 표상양식을 감안해야 한다. 특정 내용은 시범을 통해 가르칠 수도 있고(작동적 표상), 그림이나 도표를 통해 가르칠 수도 있으며(영상적 표상), 언어적으로 가르칠 수도 있다(상징적 표상).
③ 교육과정은 나선형으로 조직해야 한다. 나선형 교육과정(spiral curriculum)이란 동일 주제를 추상성과 일반성을 기준으로 다양한 수준에서 반복 제시하는 것을 말한다.
④ 직관적 사고를 강조해야 한다. 직관과 추측을 금지하면 발견의 과정은 위축된다.
⑤ 발견을 촉진하기 위해 시청각 기자재, 모델, 멀티미디어 등 다양한 기자재를 활용하여 직접 경험 혹은 대리적 경험을 제공해야 한다.

8. 발견학습의 장단점

(1) 장점

① 그 자체로 보상기능이 있으며 유능감을 높이므로 내재적 동기를 유발한다.

② 분류체계 형성을 위한 노력은 학습자의 문제해결력, 유추능력과 같은 고등정신능력의 증진을 가져온다.

③ 발견학습을 통해 획득된 정보는 오래 파지되고, 다양한 장면으로 전이된다.

④ 학습방법의 학습력을 증가시킬 수 있다.

(2) 단점

① 문제해결과정이 중요한 경우에는 적합하지만, 구조화 정도가 높은 내용에는 적절하지 않다.

② 단시간에 단순한 개념을 많이 전달해야 하는 교과목에서는 비효율적이다

③ 학교에서 가르치는 모든 것을 발견할 필요가 없다는 점에서 적용범위가 좁다.

④ 시간과 노력이 많이 소요된다.

⑤ 교사의 경험과 소양이 많이 요구된다.

⑥ 학습 능력이 낮은 학생에게는 어렵게 느껴질 수 있다.

9. 발견학습의 교육적 의의

① 교재의 기본 구조에 대한 철저한 학습을 강조한다. 교재의 기본 구조란 교재를 이루는 기본적인 아이디어, 개념, 원리 및 법칙을 의미한다.

② 학습결과보다 과정과 방법을 중요시한다. 학습의 과정을 지식의 생성과정과 일치시키고자 하는 것이 발견학습이다.

③ 학습자의 능동적인 학습을 강조한다.

④ 학습효과의 전이를 중시한다. 발견학습 과정에서 습득하는 지식은 다양한 장면에 적용할 수 있는 전이가 높은 지식이다.

04 오수벨(Ausubel)의 유의미 수용학습 중등 04 · 06 · 10 · 12, 초등 01 · 03 · 05 · 08

1. 유의미 수용학습의 의미

① 오수벨은 교사가 많은 양의 정보를 의미 있고 효율적으로 전달하는 방법에 관심을 두었다.

② 브루너의 발견학습이 학습자 중심의 학습이라면, 오수벨의 유의미학습은 교사의 설명중심의 수업이다.

③ 유의미학습은 개념이 인지구조 속에 정착되는 과정에 초점을 두고 있다. 지식을 기존 인지구조와 연결시키지 못하고 맹목적으로 암기하는 기계적 학습(rote learning)과 구별된다. 수용학습이란 학습과제 내용이 학습자에게 제시되고 받아들여지는 상황을 의미한다.

2. 유의미학습의 조건 초등 05

(1) 논리적 유의미성

① 학습과제가 실사성과 구속성을 가진 상태를 말한다.

　㉠ 실사성 : 어떤 명제를 다르게 표현하더라도 그 의미가 변하지 않는 것을 말한다.

　　📖 '삼각형의 세 각의 합은 180도이다.'로 표현하는 것이나 '세 내각의 합이 180도인 것은 삼각형이다.'로 표현하는 것이나 의미상의 변화가 없다.

　㉡ 구속성 : 일단 임의적으로 맺어진 관계가 시간이 경과함에 따라 관습으로 굳어지면서 그 관계를 임의적으로 변경할 수 없는 성질을 말한다.

　　📖 '개'라는 부호와 '실제 개'는 처음에는 임의적 관계였으나 '개'가 '실제 개'를 가리키는 것임을 학습한 후에는 이들 간에 의미 있는 관계가 형성되며, 이 관계는 임의로 변경시킬 수 없다.

② 학습과제가 실사성과 구속성을 지니고 있을 때, 학습자는 그것을 자신의 인지구조에 의미 있게 관련지을 수 있으며, 이때 그 과제는 논리적 유의미성을 갖게 된다.

(2) 잠재적 유의미성

① 논리적 유의미성을 가진 학습과제와 학습자가 이미 가지고 있는 관련정착의미(관련정착지식)가 상호 연관성을 갖는 상태이다.

② 관련정착의미는 학습자의 인지구조에 형성되어 있는 것으로, 새로운 개념이 그 인지구조와 관계를 맺을 수 있는 근거를 제공해 주고, 파지 과정에서 그 개념의 의미가 저장될 수 있게 해 주는 지식이다.

(3) 심리적 유의미성

① 잠재적 유의미성을 가진 학습과제가 학습자의 유의미학습태세와 결합하여 유의미 수용학습이 일어난 결과이다.

② 유의미 수용학습이 일어나기 위해서는 학습자가 유의미학습태세를 갖추고 있어야 한다. 유의미학습태세는 자신의 인지구조에 의미 있게 관련시키고자 하는 학습자의 성향(경향성)을 의미한다.

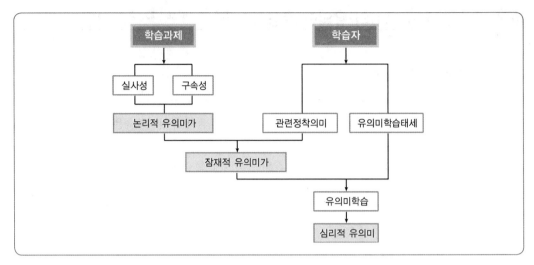

| 오수벨의 유의미학습 |

3. 선행조직자 중등 04, 초등 01·03

(1) 개념

① 선행조직자(advance organizer)는 선행지식에 관련지을 수 있는 인지구조를 형성하기 위해 학습하기 전에 제시되는 아이디어나 개념을 말한다.

② 학습과제보다 더 포괄적, 일반적, 추상적인 수준에서 학습과제에 선행하여 제시되는 도입자료이다 (본 학습과제에 대한 일종의 도입자료).

③ '선행'이란 말은 학습자료를 학습하기 전에 제시된다는 것을 의미하고, '조직자'라는 말은 새로운 학습내용이 정착될 수 있는(즉, 포섭될 수 있는) 인지구조를 제공한다는 것을 의미한다.

④ 수업시작과 함께 던지는 질문, 하나의 이야기 등 여러 가지 형태가 선행조직자로 활용될 수 있다. 하나의 단어일 수도 있고, 한 학기를 놓고 보면 첫 수업시간이 선행조직자일 수 있다.

⑤ 요약이나 개괄은 학습자료와 같은 수준의 일반성, 포괄성, 추상성을 갖고 있으므로 선행조직자가 아니다.

⑥ 기능 : 학습자의 논리적 조직화를 촉진하고, 새로운 정보나 지식을 포섭하는 기능을 한다.

(2) 선행조직자의 특징

① 학습 전에 제시된다.

② 학습자료에 관련된 선행지식(즉, 포섭자)을 활성화시킨다.

③ 학습자료보다 일반성, 포괄성, 추상성 수준이 더 높다.

④ 짧은 언어적 정보나 시각적 정보로 이루어진다.

⑤ 선행지식과 학습자료 간의 관련성을 명료화시켜 준다.

⑥ 학습자료를 논리적으로 관련짓게 해 준다.

⑦ 부호화 과정을 촉진한다.

(3) **종류**

① 설명조직자(expository organizer)

㉠ 높은 추상성을 지닌 기본 개념들로 구성되며 학생들에게 생소한 학습과제를 제시할 때 그 과제에 대한 개념적 근거를 제공해 준다.

㉡ 학습자료에 대한 선행지식이 전혀 없을 경우 또는 학습과제와 인지구조의 유사성이 전혀 없을 경우 사용한다.

> 예 생물과 식물 분류 시간에 科나 目과 같은 하위분류 단위를 설명하기 전에 종(種)−속(屬)−과(科)−목(目)−강(綱)−문(門)−계(系)의 관계를 먼저 설명하는 것
>
> ◎ '점진적 분화의 원리'에 따라 작용(포괄적·일반적·추상적 개념에서 하위개념들이 차츰 분화)

② 비교조직자(comparative organizer)

㉠ 학습과제와 학습자의 인지구조 사이에 어떠한 유사성이 있는 경우에 사용한다.

㉡ 학습과제와 인지구조 간의 유사점과 차이점을 지적해 주면서 상호관계를 부각시켜 명료하게 해 주며 상호 비교하여 하위개념의 위계질서를 세우도록 도와줄 때 사용된다.

> ◎ '통합적 조정의 원리'에 따라 작용(새로운 개념이 기존 개념과 화합, 통합되도록 하기 위해 두 개념상의 공통점과 차이점 등 제시)

4. 포섭(subsumption) 초등 08

(1) **개념**

① 포섭이란 새로운 학습과제를 학습자의 인지구조 속에 병합시키는 과정이며 이것이 곧 학습이다.

② 새로운 학습내용과 인지구조 간의 관계에 따라 종속포섭, 상위포섭, 병렬포섭으로 구분된다.

(2) **포섭의 유형**

① 종속적(하위적) 포섭(subordinate subsumption) : 학습자의 인지구조 속에 있는 개념보다 하위의 학습과제를 포섭하는 것이다. 파생포섭과 상관포섭으로 나뉜다.

파생포섭 (derivative subsumption)	학습내용이 인지구조의 포섭자에게 수용되는 것이다. 예 삼각형의 내각의 합이 180도라는 것을 학습한 학습자가 이등변삼각형의 내각의 합도 180도라는 것을 학습하는 것
상관포섭 (correlative subsumption)	학습자료를 포섭하기 위해 기존의 인지구조를 수정·확장·정교화하는 것을 말한다. 예 무나 배추와 같이 뿌리나 줄기를 먹을 수 있는 식물을 채소라고 알고 있는 학습자가 오이도 채소에 속한다는 것을 학습한 결과, 채소는 뿌리, 줄기, 열매를 먹을 수 있는 식물이라는 것을 알게 되는 것

② 상위적 포섭 : 새롭게 학습되는 개념이 학습자의 인지구조 속에 있는 개념보다 더 포괄적이고 추상적인 경우로, 상위의 학습과제를 포섭하는 것을 말한다.

> 예 정삼각형, 직각삼각형에 대한 개념은 있으나, 삼각형 일반에 대한 개념이 없을 때

③ 병위(병렬)적 포섭 : 새로운 개념과 학습자의 인지구조 속에 있는 개념의 수준이 비슷한 경우이다.
수평적 관계를 유지하면서 서로 포섭하는 것을 말한다.
> **예** 정삼각형의 개념을 토대로 직각삼각형을 포섭할 때

5. 관련정착의미(지식)

① 인지구조에 있는 주요 개념들, 즉 포섭자들은 새로운 정보를 위한 정착지 역할을 하며, 이것을
관련정착의미(anchoring idea)라고 한다. 따라서 관련정착의미의 활용 여부가 유의미학습의 효
과를 결정한다.

② 일반적으로 선행학습이 후속학습의 인지적 정착지로서 작용해야 하며, 이러한 개념적인 조력활
동이 원만할수록 학습의 유의미성은 증대된다.

③ 관련정착의미에 의해 부여되는 인지적 안정성이야말로 유의미학습과 기계적인 반복학습을 구
분하는 기준이 될 수 있다.

6. 이론의 구성변인

① 독립변인 : 유의미한 아이디어의 집합체(유의미 학습과제)이다. ◎ 논리적 유의미가를 가진 학습
과제(실사성과 구속성)

② 매개변인
ㄱ 관련정착의미 : 논리적 유의미성을 가진 학습과제를 포섭하는 매개기능을 수행한다.
ㄴ 유의미학습태세 : 학습과제를 자신의 인지구조에 의미 있게 관련시키고자 하는 학습자의 성
향이다.
ㄷ 포섭 : 새로운 명제나 아이디어가 학습자의 머릿속에 이미 존재하는 인지구조 속으로 내면화
되는 과정이다.

③ 종속변인 : 지식·개념·원리·법칙 등의 학습, 재생, 파지, 적용이다.

7. 유의미학습의 수업원리 _{중등 06}

(I) 선행조직자의 원리

① 수업의 도입단계에서 교사가 해주는 언어적 설명으로, 학습과제와 인지구조 사이에 다리를 놓
아 주는 기능을 한다.

② 높은 수준의 추상성, 일반성, 포괄성을 지니는 자료이다.

③ 선행조직자는 학습과제의 성질, 학습자의 기존 인지구조의 수준 등에 따라 설명조직자와 비교
조직자를 적절하게 활용하여야 한다.

(2) 점진적 분화의 원리

① 가장 일반적이고 포괄적인 의미를 먼저 제시하고 점차 세부적인 것과 특수한 것으로 분화시켜
제시해 나가는 원리이다. 즉, 연역적 계열을 따르는 설명적 수업을 의미한다.

② 이는 학습과제가 위계적으로 조직되어 있을 뿐만 아니라 인지구조가 위계적으로 조직되어 있어
보다 잘 기억되고 학습된다고 가정하기 때문이다.

(3) **통합적 조정의 원리**

① 새 개념이나 의미는 이전에 학습된 내용과 일치되고 통합되어야 한다는 원리이다.

② 교육내용의 계열은 계속되는 학습이 이전에 학습된 것과 연관되도록 조직되어야 한다는 원리이다.

(4) **선행학습의 요약 · 정리의 원리**

① 새로운 학습과제를 학습할 때 현재까지 학습한 내용을 요약 · 정리해 줌으로써 학습을 촉진시킬 수 있다는 원리이다.

② 인지구조 내에 있는 기존의 개념이 명료해져 안정성을 띠게 되면 새 학습과제에 대한 변별력이 증가하기 때문이다.

(5) **내용의 체계적 조직원리**

① 설명적 수업을 할 때 학습내용을 계열적, 체계적으로 조직하여 가르치면 학습효과를 극대화할 수 있다는 원리이다.

② 학습과제가 체계적으로 조직되어 있으면 선행과제에 대한 지식은 후행과제에 있어 선행조직자의 역할을 하게 된다.

(6) **학습준비도의 원리**

① 학습준비도(readiness)는 학습자의 기존 인지구조뿐만 아니라 학습자의 발달수준을 가리키는 것으로서 학습자의 인지구조를 포함한 발달수준에 맞게 학습경험을 제공해야 한다는 원리이다.

② 학습준비도는 유전적 영향만을 말하는 것이 아니고 모든 선행경험과 선행학습을 망라해서 개인의 인지구조와 인지능력의 형성에 영향을 주는 것을 총칭하는 것으로 누가적이며 발달적 성격을 띤다.

8. 교수모형 중등 12

선행조직자를 이용한 교수모형은 선행조직자의 제시, 학습과제와 자료의 제시, 인지적 조직의 강화 등 3단계로 구성된다.

단계	활동내용
선행조직자의 제시	• 수업목표를 명료화한다. • 선행조직자를 제시한다. • 학습과제와 학습자의 경험과 지식을 연관시킨다.
학습과제와 자료의 제시	• 자료를 제시한다. • 관심을 유지시킨다. • 조직화를 분명히 한다. • 학습과제는 논리적 순서로 제시한다.
인지적 조직의 강화	• 통합원리를 사용한다. • 능동적인 수용학습을 고무한다. • 주제에 대한 비판적인 접근을 취한다. • 명료화한다.

9. 유의미학습의 의의

① 설명식 수업을 재인식하는 계기가 되었다. 오수벨이 새로운 강의법을 창안한 것은 아니지만, 효과적인 강의가 무엇인가를 안내하였다는 점에서 의의가 있다.
② 교사가 정보를 제시하고 표현하는 방법에 강조점을 두고 있다.
③ 선행학습의 중요성에 대한 이론적·논리적 설명을 제공하고 있다.

---

05 가네(Gagné)의 수업이론 중등 00·03·04·06·07·08·09·11·12·13, 초등 01·02·07·09·12

1. 개요

① 가네는 수업목표에 따라 수업방법을 다르게 설계해야 한다고 보았다. 즉, 수업이 추구하는 학습의 결과 유형에 따라 수업을 설계해야 한다고 보았다.
② 인간의 학습능력은 단순한 것에서 복잡한 것으로, 단편적인 것에서 일반적인 것으로, 저차원에서 고차원으로 위계를 이루고 있다고 보았다.
③ 교수에 대한 구체적인 처방을 제시하고 있기 때문에 적용범위가 넓고 교육현장에서 가장 많이 활용되고 있는 교수이론 중 하나이다.
④ 실제 수업의 절차에서 정보처리 학습이론을 많이 반영하고 있다.

2. 5가지 학습 영역(학습결과의 유형) 중등 07, 초등 07

(1) 언어 정보(verbal information)

① 언어로 표현될 수 있는 정보를 말한다. 정보를 진술하거나 말하는 능력이다. 어떤 사실과 사건들을 구술하거나 쓰거나 타이핑하거나, 그림을 통해 사실적 정보를 재생하는 능력도 포함된다.
② 사물에 대한 이름이나 사실에 대한 진위를 언급하는 단일 명제와 여러 개의 명제들이 유의미하게 조직된 지식을 가리킨다는 뜻에서 명제적 지식 또는 선언적 지식이라고 부른다.
　　예 임진왜란이 일어난 연도, 컴퓨터 주요 부분의 명칭, 삼각형의 넓이를 구하는 공식을 기억하는 것 등
　　◎ 군집분석

(2) 지적 기능(intellectual skills)

① 여러 가지 기호나 상징(숫자, 문자, 단어, 그림, 도표)을 사용하여 환경과 상호작용할 수 있는 능력이다.
② 앞서 제시한 언어 정보가 내용(what)이라고 본다면 지적 기능은 방법적 지식(knowing how) 또는 절차적 지식(procedural knowledge)에 속한다.
③ 지적 기능은 '~을 안다'는 것과는 달리 '~을 할 수 있다'는 것이다. 주위환경을 개념화하여 반응하는 정신적 조작을 말한다. 따라서 지적 기능은 언어적 정보나 지식과 분명히 구별할 필요가

있는데, 그 차이는 삼각형의 정의를 단순히 재생해서 재진술할 수 있다는 것(정보, 지식)과 삼각형의 정의를 사용할 수 있는 것(지적 기능)의 관계로 설명할 수 있다.

예 미지항이 있는 2차 방정식에서 해답 구하기, 주어진 여러 개의 도형을 서로 식별하기 등

⊚ 위계분석

(3) 인지전략(cognitive strategies)

① 인지전략은 학습자가 자신의 학습, 기억, 사고, 행동을 관리하는 기능을 의미한다. 즉, 학습자 자신의 내재적 정보처리 과정을 조정·통제하는 기능이다.

② 학습자가 사고기법, 문제분석법, 문제해결법 등을 학습하여 자신의 내적 인지과정을 조절하거나 통제하는 초인지적 사고기능으로서 학습자 자신의 내면적인 행동과 연관된다.

③ 인지전략은 학습자가 학습하고, 기억하고, 문제를 해결해야 하는 상황을 반복적으로 경험하면서 향상되며, 이러한 전략은 비슷한 상황의 문제해결에서 전이되어 활용된다.

(4) 태도(attitudes)

① 태도는 특정한 방식으로 행동하는 것을 선택하는 것으로 개인의 선호 경향성이다. 즉, 학습자가 여러 종류의 활동, 대상, 사람 중에서 싫어하거나 좋아하는 또는 찬성하거나 반대하는 등의 행위를 선택하도록 하는 내적 상태를 말한다.

② 타인에 대한 배려, 관용, 학습에 대한 긍정적 태도 등을 형성하는 것은 교수·학습에서 중요한 수업목표이다.

③ 구체적 수행을 결정하는 내적인 경향성을 가네는 태도로 개념화하였다.

⊚ 통합분석

(5) 운동기능(motor skills)

① 운동기능은 단순한 행동에서 복잡한 수준까지의 행동을 수행하는 능력이다.

② 운동기능은 네모 그리기, 자전거 타기 등과 같이 비교적 단순한 것에서 피아노 치기와 같이 비교적 복잡한 수준에 이르는 것으로 되어 있다.

⊚ 절차분석

▌하위기능 분석

학습과제 분석	내용	학습목표 유형
위계분석	필요한 선수개념, 원리와 전략들을 상위기능과 하위기능으로 나누어 위계적으로 분석	지적 기능
절차분석	문제해결을 위해 일정한 순서를 따라 수행하는 과제를 분석하기 위한 것	운동기능
군집분석	범주별로 관련된 정보들을 정리하여 군집화하는 것	언어 정보
통합분석	위계분석＋절차분석＋군집분석을 적절히 혼용	태도

3. 지적 기능의 8가지 학습위계

① **신호학습(signal learning)** : 파블로프의 조건반사 형식에 의해 이루어지는 학습으로 무조건 반응에 대한 학습이다. 어떤 신호에 의하여 주어진 자극에 대하여 반사적인 반응을 함으로써 학습된다.

　예 학교 종소리를 듣고 수업의 시작과 종료를 알게 되는 것, 굳은 표정을 보고 화가 났다는 것을 알게 되는 것

② **자극－반응학습(stimulus-response learning)** : 스키너의 조작적 조건화의 원리에 의해 학습되는 것으로, 학생이 이미 가지고 있는 반응 가운데서 바람직하다고 생각되는 특정 반응이 생기도록 교수자가 자극함으로써 학습된다. 이는 자의적인 반응으로 나타나게 된다.

　예 교실청소를 하니까 선생님이 칭찬함으로써 청소를 습관적으로 하게 되는 것

③ **연쇄학습(chaining learning)** : 자극과 반응의 연결로 관념과 관념 사이에 연합이 이루어지게 하는 학습으로 기억작용이 위주가 된다.

　예 손으로 공을 잡고, 발로 공을 차고, 다시 손으로 공을 잡는 학습을 시키는 경우

④ **언어연합학습(verbal association learning)** : 개별적인 언어가 순서에 알맞게 연결됨을 뜻한다.

　예 '개'와 '뛴다'가 연결되어 '개가 뛴다'는 문장이 확립되면 그 후부터는 '뛴다 개가'로 말하지 않게 되는 경우

⑤ **변별학습(multiple discrimination learning)** : 두 개 이상의 자극을 주어 자극 사이의 구별을 요구하는 학습형태이다. 교육정도의 수준이 높아지면 그들이 배운 지식과 반응의 수가 늘어나게 된다.

　예 음악의 악보를 보고 음계나 음표를 구별하거나 철자는 같으나 발음이 다른 두 단어를 가려내는 것

⑥ **개념학습(concept learning)** : 공통된 속성을 이해하고 그것을 기준으로 하여 사물을 분류하는 것을 말한다. 형태가 다른 어느 집합에 속하는 자극에 대하여 동일한 반응을 보이는 능력을 학습하는 것이다.

　예 여러 개의 세모 모형을 통해 삼각형이라는 개념을 학습하는 경우

⑦ **원리학습(principle learning)** : 개념들 사이의 관련성을 연결시켜 법칙이나 규칙을 도출하는 학습형태를 말한다.

　예 삼각형은 동그라미보다 덜 굴러간다는 것을 알게 되는 경우

⑧ **문제해결학습(problem solving learning)** : 원리를 광범위하고 다양한 새로운 상황에 적용하는 것을 말한다. 문제를 주고 그 해결과정을 통하여 지적, 기술적, 태도적인 학습을 시키려는 것이다.

4. 학습의 조건(condition of learning)

① 학습의 조건은 성취하고자 하는 학습능력과 목표 유형에 따라 달라야 한다고 주장한다. 즉, 언어정보를 학습하는 데 필요한 조건과 지적 기능을 학습하는 데 필요한 조건이 달라야 하며, 인지전략을 학습하기 위한 조건과 태도를 학습하기 위한 조건이 같을 수 없다는 것이다.

② 학습의 조건은 내적 조건과 외적 조건으로 구분되는데, 내적 조건이란 학습위계상에서 특정 내용을 학습하기 위한 선행 요건이 되는 선행학습 능력을 의미하고, 외적 조건은 교사에 의해 제공되는 교수 및 환경조건을 의미한다.

　㉠ 내적 조건 : 새로운 정보를 획득하기 위해 필요한 내적 상태와 정보를 처리하는 인지과정

선행학습	학습이 이루어지기 위해서는 이전에 학습한 여러 가지 종류의 내적 상태가 필요하다. 예 수학에서 삼각형의 합동조건을 배우기 위해 삼각형의 결정조건을 미리 알아둘 필요가 있음
학습동기	학습동기는 성공적인 학습을 위해 필수적인 것으로 학습이 시작되는 단계에서는 학습하려는 자세를 갖도록 하는 것이 필요하며, 일단 학습이 시작된 후에도 학습에 대한 동기가 계속되도록 하는 조치가 계속 취해져야 한다.
자아개념	긍정적 자아개념은 학습동기와 더불어 학습을 위한 필수적 조건 중 하나이다.
주의력	학습에 주의를 집중할 수 있어야 한다.

ⓛ 외적 조건: 학습자의 내적 인지과정을 활성화시켜 주고 지원해 줄 수 있는 다양한 방법들

접근	학습자가 반응해야 할 자극사태와 적절한 반응이 시간적으로 접근되어 있을 때 학습이 잘된다는 것이다. 예 어린 아이에게 '가'자를 가르치려 할 때 '가'자를 미리 보이면서 '가'를 써보라고 하면 잘 쓰게 되는 경우
연습(반복)	학습을 증진시키고 파지를 확실하게 하기 위해 자극사태와 그에 따른 반응을 되풀이하거나 연습하는 것을 말한다. 예 외국어 단어의 발음을 학습하려 할 때 되풀이해서 연습하는 가운데 완벽한 수준에 이를 수 있음
강화(보상)	새로운 행동의 학습은 그 행동이 일어날 때 만족스러운 일, 보상이 있을 때 강화된다.

학습의 유형	내적 조건	외적 조건
언어 정보	광범위하게 의미 있는 맥락을 회상하기	광범위한 맥락에서 새로운 정보를 제시하기
지적 기능	새로운 기능의 요소가 되는 이전에 학습된 기능을 회상하거나 새로운 형태로 조직화하기	• 하위기능의 회상을 촉진하기 • 학습자에게 수행목표를 제시하기 • 진술, 질문, 힌트를 사용하여 학습을 안내하기 • 학습한 기능을 새로운 사례에 적용하도록 하기
인지전략	관련된 법칙들과 개념들을 회상하기	• 해결방안이 구체화되어 있지 않은 새로운 문제 상황을 여러 차례 연속적으로 제시하기 • 학생의 문제해결과정을 시범하기
태도	목표로 삼고 있는 개인의 행동들과 관련된 정보 및 지적 기능을 회상하기	• 타인에 대한 존중을 설정하거나 회상하기 • 직접 경험 혹은 존경하는 사람을 관찰한 것으로부터 얻어진 대리적 경험에 의한 개인적 행동 보상하기
운동기능	운동의 연쇄를 구성하는 요소들을 회상하기	• 실행의 하위 단계(규칙)들을 설정하거나 회상하기 • 모든 기능들을 연습하기

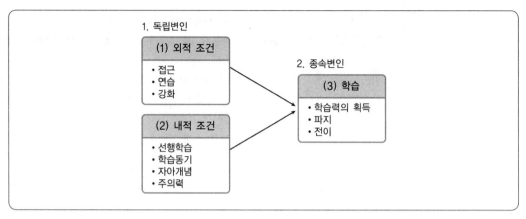

| 가네의 교수 · 학습 이론 모형 |

5. 9가지 수업사태 중등 03 · 06 · 08 · 09 · 13, 초등 01 · 09 · 12

① 가네는 학습이 일어나는 학습자의 내부과정을 정보처리과정에 근거하여 설명하고, 이러한 학습과정을 촉진하는 외부의 교수활동을 9가지 수업사태로 제시하였다.

② 한 단위 수업모듈을 설계할 때 9가지 일련의 사태를 포함하도록 안내함으로써 처방적 교수설계 이론의 모습을 갖추게 된다.

구분	인지과정	교수사태
학습을 위한 준비	주의집중	주의집중 유발
	기대	수업목표 제시
	작업기억으로 재생	선수학습 회상
획득과 수행	선택적 지각	자극자료 제시
	의미론적 부호화	학습 안내 제공
	재생과 반응	수행 유도
	강화	피드백 제공
학습의 전이	재생을 위한 암시	성취 행동 평가
	일반화	파지와 전이 높이기

㉠ 주의집중 유발
  • 수업을 시작할 때 우선 학습자의 주의를 획득하는 것이 요구된다.
  • 학습자의 시선을 교사에게 집중시키고 학습내용에 대한 관심을 끄는 방법으로 언어적, 비언어적 자극이나 시청각적 자극 등을 사용한다.
  • 흥미로운 질문을 하거나, 그림이나 사진, 도표, 관련 동영상 등을 먼저 제시하면서 수업을 전개한다.

㉡ 수업목표 제시
  • 이 단계는 학습이 끝났을 때의 조건이 무엇인지에 대해 기대감을 주는 것이다.

- 교사가 학습과제를 다루기에 앞서 학습목표를 제시해 주면 학습자는 기대를 가지고 학습 내용에 더욱 주의를 집중하게 될 것이다.

ⓒ 선수학습의 회상

- 새로운 학습은 선수학습에 기초한다. 학습자가 이전에 배운 관련 내용을 작업기억에 회상 하도록 자극함으로써 새로운 정보를 이해하고 기억하는 데 활용하도록 한다.
- 이전 시간에 배운 내용을 복습하여 회상에 도움을 주거나, 복습만으로 부족할 경우 필수적 인 선행지식이나 기능에 대해 연습시키면서 그 내용을 다시 설명해 주는 경우 등이 포함 된다.

ⓔ 자극자료 제시

- 학습할 새로운 내용을 제시하는 것이다. 즉, 학습자료 또는 교재 등의 자극이 구체적인 상 황과 함께 학습자에게 제시되는 단계이다.
- 학습자는 자신이 수행해야 할 새로운 지식이 무엇인지를 명확하게 알 수 있도록 제공받아 야 한다.
- 이때 자극을 주는 자료는 언어적이든 시범적이든 또는 매체를 활용하든 적절히 제시하여 교수사태가 수업의 주제에서 벗어나지 않도록 해야 한다.

ⓜ 학습 안내 제공

- 새로운 자극으로 인지과정에 들어온 정보들을 이미 알고 있는 지식들과 연결하도록 학습 자를 지원하는 것이다.
- 이전 정보와 새로운 정보를 적절히 통합시키고, 그 결과를 장기기억에 저장할 수 있도록 학생들은 도움이나 지도를 받아야 한다. 이러한 도움은 통합된 정보가 유의미하게 부호화 되는 데 초점을 두어야 한다.
- 교사가 정답을 알려주는 것보다 학습자 스스로 사고하고 탐구할 수 있도록 단서나 힌트를 제공해 주는 것이 더 바람직하다.

ⓗ 수행 유도

- 통합된 학습의 요소들이 실제로 학습자에 의해 실행되는 단계이다.
- 이 단계에서는 학습자가 실제로 새로운 학습을 하였는지를 증명하는 기회를 제공한다.
- 학습자들이 연습문제를 작성하거나, 숙제를 하거나, 수업시간의 질문에 대답하거나, 실험 을 완료하거나, 그들이 배운 것을 실습할 수 있는 기회를 제공함으로써 유발될 수 있다.

ⓢ 피드백 제공

- 수행이 얼마나 성공적이었고 정확했는지에 대한 결과를 알려준다.
- 성공적인 수행에는 긍정적인 피드백이 제공되며, 그것은 과제의 수행에 대한 강화의 기능 을 한다. 피드백을 통해 학생들은 목표를 달성할 수 있는지를 알게 되고, 수행의 개선이 필요한 학생들은 얼마나 더 많은 연습이 필요한지를 알게 된다.

ⓞ 수행 평가

- 성취 행동이 적절하게 유발되면 예상해 온 학습이 잘 이루어졌다는 표시이며 이것이 학습 성과의 평가이다.
- 교사는 미리 계획을 세워 학습 성과에 대한 평가를 체계적으로 해야 한다.

ⓩ 파지 및 전이 증진
- 새로운 학습이 다른 상황으로 일반화되거나 적용할 수 있는 경험을 제공해야 한다. 그러므로 마지막 단계의 특징은 반복과 적용이다.
- 필요할 때 활용할 수 있는 유의미한 맥락을 제공하며, 새롭게 학습한 내용이 포함된 지식의 관계망을 제공할 수 있다. 체계적인 복습을 제공하고, 다양한 종류의 과제를 설정할 수도 있다.

06 라이겔루스(Reigeluth)의 교수이론 중등 02·09·12, 초등 03·10

1. 교수의 변인 중등 09·12

(1) 교수조건
① 교수방법에 영향을 미치는 교과내용의 특성, 교수목적, 학습자 특성, 제한점 등을 의미한다.
② 교사가 통제할 수 없는 제약조건이다.

(2) 교수방법
서로 다른 조건하에서 학습결과를 성취하기 위해 사용되는 다양한 전략을 말한다. 라이겔루스가 분류한 교수의 변인 중 수업과 관련이 되는 것은 교수방법이다.
교수방법은 조직, 전달, 관리의 세 가지 형태로 분류된다. 정교화 이론은 '조직전략'과 관련되어 있다.
① 조직전략
㉠ 미시전략
- 단일한 아이디어(즉, 개념, 원리, 절차 등)에 관한 수업을 조직하는 기본적인 방법이다.
- 미시조직전략에 속하는 하위 방식으로는 제시, 연습, 피드백과 같은 일상적 방식과 각각의 일상적 방식을 다른 형태로 나타낸 심화방식이 있다.
- 미시적 조직전략은 하나의 아이디어에 대한 수업을 조직하기 위해 정의, 사례, 연습문제 등에 대한 정보를 제시하는 방법으로 메릴(Merrill)의 내용요소제시이론이 대표적이다.
㉡ 거시전략
- 거시적 전략은 주제들 간의 순서와 계열성에 관한 방법을 다룬다.
- 거시조직전략은 여러 아이디어에 대한 수업을 조직하기 위해 그 아이디어를 선택, 계열화, 요약, 종합하는 방법으로 라이겔루스의 수업 정교화 이론이 해당한다.
② 전달전략
㉠ 학생에게 수업내용을 전달하고 또한 전달된 내용에 대하여 반응하게 하는 기본적인 방법이다.
㉡ 매체, 교사, 교과서의 활용방식을 다룬다.

③ 관리전략

㉠ 조직전략과 전달전략의 요소를 수업과정의 어느 부분에서 활용할 것인지에 관한 것이다.

㉡ 어떻게 수업을 개별화할 것인지, 교수자료의 활용스케줄을 어떻게 작성·활용할 것인지, 교수목표를 효과적으로 달성하기 위해 학습자들을 어떻게 통제할 것인지 등을 포함한다.

■ **교수전략의 체계성: 전체 구성요소**

전략 (strategies)	조직전략		거시전략	전달전략	관리전략
	미시전략				
방법	방식 (tactics)	일상적 제시 연습 피드백	심화 필요시 제시	위계·순서	내용의 전달, 제시방법 : 매체, 교사	조직전략·전달전략 의 관리: 개별화 등

(3) **교수결과**: 교수방법의 효과를 나타내는 교수활동의 산물을 의미한다.

① 효과성(effectiveness): 학습자가 학습목표를 달성한 정도

② 효율성(efficiency): 학습자가 학습목표를 달성하는 데 소요한 시간과 노력의 정도

③ 매력성(appeal): 학습자의 동기를 유발하여 그 이후 학습을 촉진하는 정도

④ 안전성(safety): 교과내용이 교수·학습과정에서는 물론 장차 현장 적용면에서 윤리 및 도덕적으로 안전한가에 대한 정도

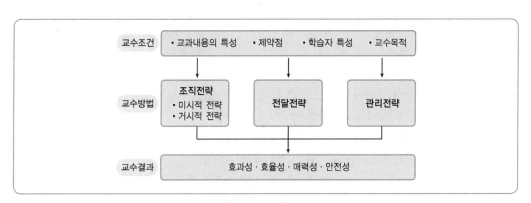

| 라이겔루스의 교수변인 |

2. 미시조직전략: 개념학습을 중심으로

(1) 개념의 적용 학습을 위한 원리

① 개념학습은 '인지적 기능의 적용' 차원에서 파악될 수 있다. 즉, 개념학습이 이루어졌을 때 기대할 수 있는 능력은 학습을 통하여 획득한 개념을 새로운 대상에게 '적용'할 수 있는 것이다.

② 적용은 학습자가 특정 대상이 새롭게 학습한 개념의 사례에 속하는가 여부를 구분하는 것을 의미한다.

③ 예를 들면, '장마'의 개념을 획득한 초등학생이 비가 내리는 여러 사태를 장마와 장마가 아닌 것으로 구분하는 능력을 지녔을 때, 장마라는 개념에 대한 '적용' 능력을 가졌다고 할 수 있다.

④ 반면 장마를 '소나기'나 '이슬비'와 같이 비의 한 가지 하위개념으로 분류하는 능력은 개념의 적용이 아니다. 이러한 능력은 '개념 이해'의 다양한 측면 중 하나에 해당된다.

	개념학습의 종류		
	개념 획득	개념 적용	개념 이해
의미	개념의 정의와 몇 가지 사례를 통하여 개념의 특성을 파악하게 된 상태	새로운 사태에 대하여 획득한 개념의 사례인지 여부를 구분하는 상태	해당 개념과 관련된 다른 여러 개념 등의 지식과의 종합적인 연관성을 파악하는 상태
예	장마의 주요 특성 인식	지난 몇 년 사이의 강우 형태 중에서 장마를 구분하는 것	장마와 다른 강우 형태와의 특성 비교, 장마가 환경에 미치는 영향 분석

(2) 개념학습의 교수원리

① 전형(prototype)의 형성

㉠ 개념을 대표하는 가장 본질적인 특성을 학습하는 것을 말한다.

㉡ 교수 차원에서 전형적 사례(prototypical examples)를 제공함으로써 전형의 형성을 촉진할 수 있다.

㉢ 제공되는 사례는 일반적이어야 하며, 다수의 사례들을 대표할 수 있어야 한다.

　예 '강아지'라는 말을 들었을 때 떠오르는 강아지의 형상. 강아지의 공통 속성에 초점이 맞추어지며, 속성과는 무관한 색깔, 크기, 털 길이 등은 무시한다.

② 변별(discrimination)

㉠ 다음으로 학습자는 한 가지 개념의 사례들이 공통적으로 지니는 특성을 학습하여야 한다. 이 과정을 통해 개념에 속하는 것과 속하지 않는 것을 구분하게 된다. 이러한 공통적 특성을 결정적 특성(critical characteristics)이라고 한다.

㉡ 결정적 특성을 획득하는 방법

• 개념의 일반성(generality) 혹은 정의를 제시한다.

• 개념에 속하는 한 가지 사례를 유사하지만 사례가 아닌 것과 비교한다. 이것을 대응적 비사례(matched nonexample)라 한다. 대응적 비사례는 한 가지를 제외한 모든 결정적 속성과 가변적 속성이 사례와 동일한 것을 말한다. 사례와 대응적 비사례가 동시에 제시됨으로써 결정적 속성의 확인을 촉진시킬 수 있다.

　예 어류의 개념을 설명할 때, 고래가 대응적 비사례(고래는 바다에서 서식하면서도 어류의 다른 사례와는 달리 새끼를 낳아서 기르는 포유류에 속한다.)

③ 일반화

㉠ 일반화란 개념이 가지고 있는 가변적 특성을 통해 개념 대상에 속하는 모든 것에 적용하는 과정이며, 다양한 사례들이 어떻게 한 개념의 사례가 될 수 있는가를 학습하는 것이다.

　예 강아지는 색깔, 크기 등에 있어 차이가 있다. 이것을 가변적 특성(variable characteristics)이라고 한다.

ⓒ 학습자는 무시해도 좋은 가변적 특성이 무엇인지를 학습하여야 한다. 이러한 학습은 두 가지 방식에 의하여 촉진될 수 있다. 하나는 가변적 특성 중 가장 공통적인 것을 보여주는 일반성을 제시하는 것이며, 다른 하나는 매우 상이한 사례들을 제시하는 것이다. 이러한 사례를 발산적 사례(divergent examples)라고 한다.

단계	내용
제시	• 개념의 전형 형성: 개념의 전형적인 사례 제시 • 변별: 개념 정의, 개념의 결정적 속성 검토, 개념의 예인 것과 예가 아닌 것 제시 • 일반화: 무시해도 좋은 가변적 속성을 반영한 다양한 사례 제시
연습	개념을 정확히 이해하였는지 확인하기 위해 다양한 새로운 사례에 개념을 적용(개념의 이해도 검증), 연습은 발산적 성격을 띠어야 함
피드백	• 동기화(칭찬/격려): 옳은 응답에 대해 칭찬과 격려 • 유도: 옳지 않은 응답에 대해 힌트를 제공하여 재시도하게 하거나, 정답과 설명 제공, 이때 부드러운 표정과 함께 격려를 함

3. 거시조직전략 : 정교화 이론 중등 02, 초등 03

(1) 교수내용 조직전략

① 정교화 이론은 기본적으로 네 가지의 문제 영역에 대한 답을 제시하고 있다. 4S로 불리는 문제 영역은 교과 내용의 선정(selection), 계열화(sequencing), 종합(synthesizing), 요약(summarizing) 으로 구성된다.

② 교수내용의 조직전략에 초점을 두고 교수내용의 선정, 계열화, 종합, 요약 등의 네 가지 측면에서 교육의 효율적 처방기법을 구체적으로 제시하고 있다.

(2) 정교화 과정

① 라이겔루스의 정교화 이론은 거시적 조직전략에 해당한다.

② 수업의 과정은 전체적 윤곽을 제시하는 것으로 시작하여, 점차 구체화되고 세분화되면서 이미 제시되었던 일반적이고 기초적인 내용을 정교화시키는 방식으로 이루어져야 한다.

③ 내용에 대한 전체적인 개요를 정수(epitome)라고 부른다. 정수란 일반적이고 간단하면서도 구체적인 아이디어나 원리를 의미한다. 정교화는 정수에서부터 시작하여 점차 세분화되고 구체적인 내용으로 정교화시키는 전략을 통해 이루어진다.

④ 정교화의 과정은 카메라의 '줌 렌즈'에 비유할 수 있다.
   ㄱ 전체적인 개관부터 시작해서 점차 구체적인 세부 내용을 다룬다(zoom-in).
   ㄴ 다음 단계 수업에서는 다시 전체 개관을 검토하여 전체와 부분 간의 관련성을 파악하게 한다 (zoom-out).
   ㄷ 요약과 종합으로 마무리된다.

(3) 수업정교화 유형

① 라이겔루스는 학습과제(learning tasks)의 유형에 따라서 수업전략과 방법이 다르게 처방되어야 한다고 보았다.

② 정교화 이론에서는 지식의 형태(학습내용)를 개념, 절차, 원리로 구분하고 있는데, 각 지식의 형태마다 적절한 조직 모형이 구성된다.

    ㉠ 개념적 정교화 : 가르쳐야 할 개념을 어떻게 유의미하게 인지구조에 동화시키는가 하는 과정과 관련된다. 개념들을 상위개념, 동위개념, 하위개념 등으로 분류하고 이에 따라 일련의 개념조직도를 고안한다. 그리고 포괄적인 것부터 점점 포괄성이 적은 개념 순으로, 마지막에는 기타 개념이나 내용 및 선수학습요소를 작성된 수업계열상에서 적절하게 포함시킨다.

    ㉡ 절차적 정교화 : 목표로 하고 있는 절차적 기능, 즉 '어떻게'라고 하는 기능을 획득하는 최적의 과정을 계열화한다. 해당과제의 가장 단순한 형태를 모색하고 이를 단순화된 절차에 의해 명세화한다. 단순화된 절차의 계열화는 포괄적이고 근본적인 것을 처음에, 그리고 점진적으로 복잡한 것을 도입한다. 기타 학습내용을 고안된 수업계열 속에 적절하게 삽입한다.

    ㉢ 이론적 정교화 : 수업내용이 이론적인 것에 기초하고 있는 경우에 사용된다. 먼저 가르쳐야 할 원리를 확인하고, 이 원리들을 순차적으로 연결하는 수업계열을 고안한다. 중요한 것은 이 원리들이 기초적인 것부터 세부적인 것으로 연결되어 정교화되어야 한다는 것이다.

(4) 정교화 전략

① 정교화된 계열화(단순-복잡의 계열화)

    ㉠ 실제 수업에 앞서 교사가 학습과제를 단순하고 간단한 내용으로부터 복잡한 내용의 계열로 조직하는 것을 말한다.

    ㉡ 수업내용 중에서 가장 단순하고 기본적인 사상들로 이루어진 내용을 발췌한 정수로부터 시작한다. 그 후 개요를 부분별로 세분화한 좀 더 상세한 내용으로 점진적으로 정교화하면서 제시한다. ◉줌렌즈

② 선수학습 요소의 계열화

    ㉠ 새로운 지식을 도입하기 전에 그 지식습득을 위해 필요한 모든 선수능력이 갖추어지도록 수업을 순서화하는 것이다.

    ㉡ 전체 학습과제 속에 포함되어 있는 위계적 구조를 밝혀 학습과제 수행에 필요한 선수학습의 순서를 확인한다.

    ㉢ 선수학습의 계열화는 지식의 세 가지 형태, 즉 개념, 절차, 이론에 따라 달라진다.

        • 개념학습의 선수학습 : 개념을 결정짓는 속성과 그들 사이의 상호관계를 파악하는 것

        • 절차학습의 선수학습 : 절차의 각 단계에 속하는 행동들의 구체적 서술과 그 행동들과 관련된 개념이나 다른 요인들 또는 규칙

        • 원리학습의 선수학습 : 각종 개념들과 그러한 개념들의 변화를 나타내 주는 단계

    ㉣ 선수학습내용의 배치는 각각의 선수학습내용이 선수학습으로 요구되는 내용의 바로 직전에 제시되어야 한다.

③ 요약자의 사용

    ㉠ 수업장면에서 학생들이 학습한 것을 잘 파지하고 망각하지 않게 하기 위해 요점을 중심으로 체계적으로 복습하도록 하는 전략을 말한다. 즉, 요약자의 활용이란 이미 학습한 내용들을 재검토하거나 요약하여 기억을 되살리게 하는 것으로, 학습한 내용을 망각하지 않도록 복습하는 것을 말한다.

    ㉡ 요약자는 다음의 세 가지 방식으로 구성된다. ⅰ) 가르친 각각의 아이디어와 사실에 대하여 간결하게 진술하고, ⅱ) 전형적이거나 기억하기 쉬운 실례와 비실례를 제시하며, ⅲ) 각 아이디어에 대한 진단적이고 자기 평가적인 연습문제들을 제공한다.

    ㉢ 정교화 교수이론에는 두 가지 유형의 요약자가 활용된다.

      • **학습단원 요약자**: 각 수업단원의 끝부분에 제시되며 그 단원에서 학습한 아이디어와 사실들만을 요약한다.

      • **교과전체 요약자**: 학습자가 현재 학습하고 있는 '일련의 학습단원' 전체에서 가르친 아이디어와 사실들을 모두 요약한다.

④ 종합자의 사용

    ㉠ 종합자는 학생들이 이미 학습한 아이디어나 기능들을 서로 연결시키고 통합시키기 위한 수업전략이다. 지식의 유형에 따라 일반성, 통합적 예시, 연습문항 등을 제시해 준다.

    ㉡ 종합자를 활용하는 목적은 ⅰ) 학습자들에게 그 자체로 가치 있는 지식을 제공하기 위해, ⅱ) 비교와 대조를 통해 각 아이디어에 대한 깊은 이해를 촉진시키기 위해, ⅲ) 새로운 지식이 더 큰 구조 안에서 조화를 이루게 되는 방법을 예시함으로써 새로운 지식의 유의미성과 동기유발 효과를 증가시키기 위해, ⅳ) 새로운 지식들 간의 부가적인 연결(link)을 이루도록 하고, 새로운 지식과 선수지식 간의 연결을 통하여 파지를 증가시키기 위해서이다.

    ㉢ 종합자에는 수업단원 종합자와 교과전체 종합자가 있다.

      • **수업단원 종합자**: 한 수업단원 내에서 새롭게 가르친 아이디어들 간의 관계를 나타낸다.

      • **교과전체 종합자**: 한 수업단원 내에서 새롭게 가르친 아이디어들이 일련의 수업단원들에서 지금까지 가르친 아이디어들과 관련을 맺게 되는 방법을 나타낸다.

⑤ 비유의 활용

    ㉠ 비유는 새로운 정보를 학습자에게 친숙하거나, 학습자가 이미 소유하고 있는 조직화된 지식에 좀 더 의미 있는 맥락과 연결시켜 더 쉽게 이해할 수 있도록 도와주는 수업전략이다.

    ㉡ 비유는 학습자가 그들의 경험 내에서 보다 구체적인 것을 상기하도록 한다.

    ㉢ 비유는 학습자가 좀 더 추상적이고 복잡한 아이디어를 이해할 수 있도록 준비시킨다.

⑥ 인지전략 활성자

    ㉠ 인지전략 활성자는 수업장면에서 학습자가 의식적이든 무의식적이든 관련된 인지전략을 사용하도록 요구하며, 나름의 인지전략체계를 갖고 이를 적극 활용하도록 하는 전략을 말한다.

    ㉡ 학습은 학습자가 어떻게 학습내용을 인지하고 머릿속에서 처리하느냐에 달려있기 때문에 인지전략과 그 전략을 활용하는 과정을 자극하고 도와주는 자극자는 학습의 절대적 요소로 간주된다. 인지전략 활성자에는 다음 두 가지 유형이 있다.

- **내재된 전략활성자**: 학습자가 인지전략을 사용하고 있다는 사실을 의식하지 못하면서도 특정의 인지전략을 사용할 수 있도록 수업설계를 하는 방법이다. 그림, 도식, 기억술, 비유 등을 제시하여 학습자가 그 자극자들을 보고 학습내용과 연결시키면서 학습내용을 보다 적극적으로 처리하도록 도와준다.
- **분리된 전략활성자**: 학습자가 이전에 획득한 인지전략을 의식적으로 사용하도록 권장하는 방법이다. 그림, 도식, 비유 등을 제시하지 않고 학습자 스스로 만들어 보도록 유도하는 지시문이 제시된다. "비유해서 생각해 보시오.", "기억법을 사용해 보시오." 등의 지시문이 분리된 전략활성자이다.

⑦ 학습자 통제

    ㉠ 학습자 통제란 학습자가 자신이 학습할 내용과 다양한 학습 전략들을 선택하고 계열화하여 어떻게 공부할 것인가를 스스로 결정할 수 있는 통제력을 갖는다는 것이다. 그리고 학습자들이 자기 나름의 학습전략을 선택하고 구사할 수 있는 자유를 인정하고 허용하는 전략을 말한다. 정교화 이론에서는 학습자가 학습의 내용과 수업전략, 인지전략 등을 선택하고 계열화하도록 학습자 통제의 가능성을 부여하고 있다.

    ㉡ 학습자 통제의 유형에는 ⅰ) 학습할 내용의 통제(내용의 통제), ⅱ) 학습속도의 통제(진도의 통제), ⅲ) 교수전략의 선택과 활용순서의 통제(방법의 통제), ⅳ) 인지전략의 선택과 활용순서의 통제(인지의 통제) 등이 있다.

    ㉢ 정교화 이론에서는 이 네 가지 학습자 통제유형 중 학습속도의 통제를 제외한 세 가지 통제 양식을 채택하고 있다.

(5) 조건 단순화 기법(simplifying conditions method; SCM)

① 정교화 이론의 의의는 기존의 위계적 계열에 대한 대안이라는 점에 있다. 가네는 『학습의 조건』에서 학습의 위계성을 강조하였다. 특정 학습과제를 학습하기 위해서는 사전에 반드시 학습해야 하는 내용이 있음을 주장하였다.

② 그러나 위계적 분석은 최종 단계에 이르기 전에는 전체 내용의 구조를 파악할 수 없다는 문제가 있다.

③ SCM에 의한 과제분석과 계열화에서 학습자들은 학습 초기부터 단순하지만 최종 과제의 전체적 특성을 잘 반영한 과제에서 시작하여 점진적으로 복잡한 과제들을 학습하게 된다.

④ 위계적 분석의 한계점은 이미 브루너(Bruner)의 나선형 교육과정(spiral curriculum)에 의해 지적되었다. 브루너는 단편적이고 분절적인 지식을 순차적으로 가르치는 것의 한계를 지적하면서, 각 교과의 가장 핵심이 되는 지식을 먼저 가르치고 그것을 점점 복잡한 수준으로 폭을 넓히면서 가르쳐야 한다는 나선형 형태의 교육과정을 제안하였다.

⑤ 정교화 이론은 나선형 교육과정을 수업 상황에서 보다 구체화한 수업의 계열화 이론이라 할 수 있다.

⑥ 단순화 조건법은 주어진 과제를 단순화시키는 조건들을 찾아내면서 과제를 분석하고 또 그 조건을 활용하면서 정교화된 계열화를 이루는 방법이다. 가장 단순한 버전으로부터 시작하여 점진적으로 더 복잡한 버전을 가르칠 수 있도록 순서를 정하게 된다.

■ 위계적 접근과 SCM 접근의 차이

	위계적 과제분석 및 계열화	SCM을 이용한 과제분석 및 계열화
개념도	 하위기능의 복잡성 하위기능의 다양성 위계 분석 ------► 위계 계열화 ——►	 과제의 복잡성 과제의 다양성 SCM을 이용한 분석과 계열화 ——►
배경논리	부분에서 전체/단순에서 복잡 (하위 기술에서 주요 기술)	단순에서 복잡 (단순한 과제에서 복잡한 과제)
설계자에게	과제분석은 계열화 이전에 별도의 작업으로 이루어져야 한다.	• 과제분석과 계열화는 동시에 이루어질 수 있다. • 원형은 쾌속으로 만들어질 수 있다.
학습자에게	고차원적 기술의 학습을 촉진한다.	첫 수업에서부터 다음을 제공한다. 1. 전체 과제의 맛 2. 간단하지만 적용 가능한 기술 3. 동기를 촉진
위계적 접근은 필요하지만 충분하지는 않다. 또한 매우 분절적인 접근을 사용한다.		

07 메릴(Merrill)의 내용요소제시이론(component display theory; CDT)

중등 02 · 08 · 12, 초등 02 · 08 · 10

1. 개요

① 메릴의 내용요소제시이론은 처방적 교수이론으로 하나의 개념이나 원리와 같은 단일 아이디어들을 가르치는 미시적(micro) 수준, 즉 학습대상인 여러 아이디어를 몇 개의 종류로 구분하고 그 종류별 교수방법을 구체적으로 제시하는 미시적 교수설계이론이다.

② 메릴의 내용요소제시이론은 체제적 수업설계에 효과적으로 활용할 수 있도록 수업목표를 수행수준과 내용유형으로 분류하여 매트릭스(performance content matrix)로 제시한다.

③ 복잡한 학습 대상물을 낱낱의 내용 요소들(components)로 나누고 그 요소들의 학습수준을 결정한 다음, 그 각각에 적절한 수업방법을 제시(display)한다.

2. 수행-내용 매트릭스 초등 02

① 내용요소제시이론은 학습결과에 다양한 범주가 있으며, 각 범주에 속한 학습을 성취하기 위해서는 각기 다른 절차가 사용되어야 한다고 가정한다.

② 학습결과는 수행수준-내용유형의 이차원적 매트릭스로 세분화된다. 수행수준은 기억하기, 활용하기, 발견하기의 세 차원으로, 내용유형은 사실, 개념, 절차, 원리의 네 차원으로 구성된다.

  ㉠ 수행수준

기억하기	기존의 저장되어 있는 정보를 재생하거나 재인하기 위해 학습자가 기억된 정보를 탐색하는 수행이다.
활용하기	추상적인 학습내용을 구체적인 실제 상황에 적용하는 수행이다.
발견하기	새로운 내용을 도출하거나 창안하는 수준의 수행을 의미한다.

  ㉡ 내용유형

사실	이름, 사건, 장소 등과 같은 정보를 말한다.
개념	공통적 특성을 갖고 있고, 동일한 명칭으로 불리는 사물, 사건, 기호의 집합이다.
절차	어떠한 산출물을 만들어내는 데 필요한 단계들을 순서화한 것이다.
원리	어떠한 사건이나 현상을 해석하는 데 사용되는 인과관계나 상호관련성을 해석하고 장차 발생하게 될 사태에 대하여 예측하는 것이다.

③ 수행수준과 내용유형이 만나는 칸은 학습결과의 범주를 나타낸다. 네 개의 내용유형 중 '사실'은 기억수준에서만 수행이 가능하고, 활용과 발견수준의 수행은 현실적으로 존재할 수 없다. 따라서 사실에 대한 활용과 발견을 제외하면 결국 10개의 학습범주로 나뉜다.

■ 메릴의 수행-내용 매트릭스 예시

수행차원		사실	개념	절차	원리
	발견하기		환경오염이 생활에 미치는 피해를 찾을 수 있다.	다양한 물질을 현미경으로 관찰하는 방법을 찾을 수 있다.	직각삼각형의 여러 가지 속성을 발견할 수 있다.
	활용하기		환경오염의 예를 제시할 수 있다.	현미경을 조작하여 아메바의 세포구조를 관찰할 수 있다.	피타고라스의 정리를 이용하여 직각삼각형의 빗변의 길이를 계산할 수 있다.
	기억하기	대한민국의 수도는 서울이다.	환경오염의 개념을 말할 수 있다.	현미경을 조작하는 단계를 말할 수 있다.	피타고라스의 정리를 말할 수 있다.

내용차원

3. 자료제시 형태 ^{중등 02, 초등 08}

① 수행수준과 내용유형 매트릭스에서 가르칠 내용과 수행수준을 결정하였으면, 그 이후에는 수업을 위한 구체적 처방을 계획해야 한다.

② 제시 형태란 교사에 의한 전달이나 인쇄매체, 전자매체 등을 통하여 학습자들에게 제시되는 교수의 형태를 말한다.

③ 내용요소제시이론에서는 이와 같은 처방을 자료제시 형태로 구체화하였으며, 일차 제시형과 이차 제시형으로 구분하였다.

④ 일차 제시형은 가장 기본적이며 보편적인 방식으로, 목표한 학습이 일어나게 하기 위해 필요한 최소한의 기본적인 자료를 제시하는 것이다. 이차 제시형은 일차 제시형에 추가하여 학습을 보다 용이하게 할 수 있도록 지원하는 부가적인 자료를 제시하는 것이다.

  ㉠ 일차 제시형(primary presentation forms)

		제시 영역	
		설명식(Expository)	질문식(Inquisitory)
내용영역	일반성 (Generality)	설명식 일반성(EG) "법칙"	질문식 일반성(IG) "회상"
	사례 (Instance)	설명식 사례(Eeg) "예시"	질문식 사례(Ieg) "연습"

| 일차 제시형 |

- 일반성과 사례
  - 일반성: 개념, 절차, 원리를 추상적으로 진술한 것
  - 사례(예): 대상, 상징, 사건, 과정, 절차에 대한 특정한 예
- 설명식 제시형과 질문식 제시형
  - 설명식: 내용을 진술하거나 보여주거나 해설해 주는 것
  - 질문식: 내용에 대해 질문을 하고 연습을 필요로 하는 등 학습자의 탐구활동을 촉진시키는 것

  ㉡ 이차 제시형(secondary presentation forms)
  - 일차 제시형을 보완하고 정교화하는 수단으로, 수업을 보다 풍부하게 구성할 수 있도록 지원하는 처방들이다.
  - 학습자의 정보처리과정을 촉진시키거나 흥미를 유발시키려는 목적으로 사용한다.
  - 이차 제시형을 적절하게 사용하면 학습자의 학습 효율성과 성취도를 향상시킬 수 있다.
  - 이차 제시형은 여섯 가지로 맥락(c: context), 선수학습(p: prerequisite), 암기법(mn: mnemonic), 도움말(h: help), 표상(r: representation), 피드백(FB: feedback)이다.

PART 08

교수·학습 및 교육공학

▣ 이차 제시형

일차 제시형 정교화의 형태	EG	Eeg	Ieg	IG
맥락(c)	EG'c	Eeg'c	Ieg'c	IG'c
선수학습(p)	EG'p	Eeg'p		
암기법(mn)	EG'mn	Eeg'mn		
도움말(h)	EG'h	Eeg'h	Ieg'h	IG'h
표상(r)	EG'r	Eeg'r	Ieg'r	IG'r
피드백(FB) (ca)정답 (h)도움 (u)사용			FB/ca FB/h FB/u	FB/ca FB/h FB/u

- 이차 제시형의 정교화는 다음과 같다.
  - EG(법칙) 정교화: 설명식으로 일반적인 정보를 제시한 뒤에 있을 수 있는 이차 제시형의 형태들을 말한다.

EG	'힘은 질량과 가속도를 곱한 것이다'라고 말하거나 쓴다.
EG'c	이 법칙이 나오게 된 배경이나 뉴턴의 생애에 대해 이야기한다.
EG'p	법칙을 설명하는 개념인 질량과 가속도에 대해 부연 설명한다.
EG'mn	법칙을 기억하기 위해 '힘질가'라고 머리글자만 외우는 방식을 알려준다.
EG'h	학생의 주의 환기를 위해 화살표, 밑줄, 색깔 등 학습촉진에 도움을 준다.
EG'r	법칙을 말 대신 그림 또는 공식, 표로 나타낸다.

  - Eeg(예시) 정교화: 예를 설명한 뒤에 있을 수 있는 이차 제시형 형태로, 정교화방식은 EG 정교화와 다르지 않다.
  - IG(회상) 정교화: 일반적인 내용을 질문한 뒤에 있을 수 있는 이차 제시형으로 피드백이 가장 중요한 이차 제시형이다.

IG'c	질문의 맥락을 알려준다.
IG'h	질문하고 힌트를 준다.
IG'r	질문을 도표나 그림 형태로 변형한다.
FB/ca	옳은 답을 준다.
FB/h	약간의 정보를 주면서 다시 한번 해볼 수 있게 도움을 준다.
FB/u	지금까지의 모든 것을 다시 한번 해보라고 한다.

  - Ieg(연습) 정교화: 예를 들도록 질문한 뒤에 나오는 이차 제시형으로 IG 정교화와 같은 맥락이다.

08 켈러(Keller)의 학습동기 설계이론(ARCS)

1. 개요

① 켈러의 이론은 학습동기의 중요성을 체계적으로 제시하고자 하는 시도로 학습동기 설계 및 개발의 구체적 전략들을 밝혀내기 위한 기본적인 틀을 제공한다.

② 켈러는 학습에 관한 행동주의적 · 인지주의적 이론들을 바탕으로 그들의 주장이 학습동기 연구와 통합되어 어떻게 하면 보다 효과적, 효율적인 교수 상황을 제공할 수 있는가를 밝혀 주고 있다.

2. ARCS 모형

(1) 주의(Attention)

① 내용

㉠ 학습동기가 유발 · 유지되기 위해서는 학습 자극에 학습자의 주의가 기울여져야 하고, 기울여진 주의는 유지되어야 한다.

㉡ 주의는 호기심, 주의환기, 감각 추구 등의 개념들과 연관된다. 특히 호기심은 학습자의 주의를 유발 · 유지시키는 주요 요인이다.

② 교수전략

㉠ 지각적 주의환기

• 시청각적 매체 활용 : 그림이나 그래프, 도표의 사용부터 각종 애니메이션이나 소리, 반짝거림, 다양한 글자체를 사용하는 것이 포함된다.

• 비일상적인 내용이나 사건 제시 : 역설을 제시하거나, 학습자의 경험과 전혀 다른 사실을 제시하거나, 믿기 어려운 통계 등을 제시한다.

• 주의분산의 자극 차단 : 너무 많은 자극은 주의를 분산시킬 수 있으므로 남용은 피한다.

㉡ 탐구적 주의환기

• 능동적 반응 유도 : 흔치 않은 비유를 해 보도록 요구하거나 내용과 관련된 연상을 해 보게 함으로써 학습자의 인식적 주의환기를 유발시킨다.

• 문제해결 활동 구상 장려 : 학습자에게 스스로 문제를 내어서 풀어보게 한 후 적절한 피드백이나 결과를 제시하여 줌으로써 지적 호기심을 유지하도록 도와준다.

• 신비감 제공 : 탐색과정에서 문제 상황을 제시하면서 필요한 지식은 부분적으로만 제공하여 주는 것이다.

㉢ 다양성

• 다양한 교수방법 사용 : 학습자의 주의집중 시간에 따라 정보제시, 연습, 평가 등의 다양한 형태를 적절히 사용하는 방법이다.

• 일방적 교수활동과 상호작용적 교수활동의 혼합 : 예를 들면, 사례들을 영상으로 보여주고, 간략한 강의를 한 후, 학습자들에게 연습의 기회를 제공하면서 수업을 진행할 수 있다.

• 교수자료의 변화 : 교수자료의 각 페이지 혹은 각 화면마다의 공백, 그림, 표, 다른 글자 형태 등을 사용하여 적절한 변화를 주는 것이다.

(2) 관련성(Relevance)

① 내용

㉠ 관련성은 주어진 학습과제나 문제가 학습자의 개인적 흥미 및 목표와 얼마나 관련되고, 또 자신의 현재 생활 및 미래 생활에 얼마나 유익하게 활용될 수 있는가와 연관된다.

㉡ 학습 과정과 학습결과의 두 측면 모두와 관련된다.

② 교수전략

㉠ 친밀성

• 친밀한 인물 또는 사건의 활용 : 수업에서 학습자의 이름을 불러 주거나, 교수 자료에 친밀한 사람이 포함되는 그림을 제시하는 방법 등이다.

• 구체적이고 친숙한 그림자료의 사용 : 추상적이고 새로운 개념을 가르치기 위하여 구체적인 그림을 사용한다.

• 친밀한 예문과 배경지식의 활용 : 예를 들어, 초등학교 학생들에게 뺄셈을 가르칠 때 상점에 가서 과자를 사는 상황과 관련된 예를 사용하는 것이다.

㉡ 목표지향성

• 실용적인 목표 제시 : 학습목표가 미래의 실용성 및 중요성과 연관되면 '목적 지향성'의 전략은 쉽게 성취될 수 있다.

• 목적 지향적인 학습형태 : 학습활동 자체의 목적을 제시해 주기에 용이한 게임, 시뮬레이션 등의 학습형태를 이용한다. 게임, 시뮬레이션 등은 그 자체로 어떤 목적을 지향하는 학습형태이기 때문이다.

• 목적의 선택가능성 부여 : 다양하게 제시된 목적 중에서 자신에게 적합한 목적을 선택하게 한다. 어떤 목적을 달성하기 위한 학습방법 및 순서 등을 학습자 스스로 선택하도록 도움을 주는 방법도 유용하다.

㉢ 필요나 동기와의 부합성

• 다양한 수준의 목표 제시 : 학습의 목표를 어렵고 쉬운 다양한 수준으로 제시하여 학습자가 본인의 능력이나 특성에 따라 적절한 수준을 선택하도록 하는 것이다.

• 학업 성취 여부의 기록체제 활용 : 학습자의 학업 성취 여부를 계속적으로 기록하고 그에 따라 적절한 피드백을 제공함으로써 학습자의 성취욕구 만족을 확인시키면서 새로운 과제에 대한 성취 욕구를 자극시켜 주는 것이다.

• 비경쟁적 학습상황 조정 : 높은 수준의 과제를 성취할 때, 위험부담이 적고 치열한 경쟁도 없는 학습상황을 선택할 수 있는 기회를 주는 방법이다. 학습자에 따라서는 학업 성취의 수준을 도전감 있는 것으로 정하되, 경쟁적 학습환경을 피하고 싶을 때도 있다.

• 협동적 학습활동의 권장 : 비경쟁적 학습상황을 선택하게 하는 방법과 연관 지어 학습자에게 전혀 위험이 없다고 믿고 학습과정에 몰두하게 하는 협동적 상호학습상황을 제시한다면 소속감의 욕구가 충족될 것이다.

(3) 자신감(Confidence)

① 내용

   ㉠ 동기유발 및 유지를 위해서 학습자가 성공의 기회가 있다는 것을 인식할 수 있어야 한다. 즉, 학습에 대한 '자신감'을 가져야 된다는 것이다.

   ㉡ 100% 성공이 보장되지는 않더라도 적당한 도전감을 주면서 노력에 따라 성공할 수 있다는 자신감을 심어 주는 것이 높은 동기유발 및 유지의 요소가 된다.

② 교수전략

   ㉠ 학습의 필요조건 제시

   • **수업목표와 목표의 구조 제시**: 학습자가 자신에게 요구되는 것이 무엇인지를 알고 학습과정에서 무엇을 해야 할지를 알 때, 학습에 대한 자신감은 높아진다.

   • **성취기준 및 피드백의 제시**: 성취기준을 분명히 제시하면서 수업목표를 달성할 수 있도록 연습의 기회를 제공하는 것도 도움이 된다. 학습자 반응에 따라 적절한 피드백을 제공하는 것이 바람직하다.

   • **선수학습능력의 판단**: 학습자는 선수능력을 미리 알고 검토, 보완함으로써 주어진 과제에 대한 성공 가능성을 높일 수 있다.

   • **시험의 조건 확인**: 시험문제 수나 시간제한 등을 학습자에게 미리 알려 줌으로써 학습자가 학업수행의 필수요건이 무엇인지를 인식하도록 도와주는 것을 말한다.

   ㉡ 성공의 기회 제시

   • **쉬운 내용에서부터 어려운 내용으로 과제 제시**: 수업의 첫 단계에서는 성공의 기회를 최대로 부여하기 위해 수업내용이나 연습을 쉬운 것부터 시작하여야 한다.

   • **적정수준의 난이도 제시**: 학습의 선수지식과 선수기능을 고려하여 너무 지나친 도전과 권태를 방지하도록 한다.

   • **개인차에 따른 다양한 수준의 출발점 제시**: 학습자의 능력수준 평가를 위해 사전 시험을 치르고, 학습자들의 능력수준에 맞는 내용을 선택적으로 제시한다.

   • **다양한 사례 제시**: 초기 학습이 어느 정도 이루어진 이후에 연습이나 적용의 과정에 무작위로 다양한 사례들을 제시하여 도전감을 준다.

   • **다양한 수준의 난이도 제공**: 다양한 수준의 난이도를 제공하여 시간, 학습속도, 상황의 복잡성 등을 학습자가 조절하게 한다. 이 방법은 학습자가 스스로 의미 있는 도전의 수준을 정하고 자신감을 높일 수 있는 기회를 제공해 준다.

   ㉢ 개인적 조절

   • **학습의 끝맺음을 조절할 수 있는 기회 제공**: 학습자들이 언제든지 학습상황에서 빠져나갈 수 있고 돌아오고 싶을 때 다시 돌아올 수 있으며, 학습의 전 상황으로 가서 복습도 할 수 있게 하는 방법이다.

   • **학습속도의 조절 가능**: 학습자에게 다음 내용으로 스스로 진행하도록 하는 조절의 기회를 주는 것이다.

   • **필요한 학습내용으로의 재빠른 복귀 가능**: 교수자나 기타 매체에 의해 필요 없는 부분을 반복하도록 할 때 동기는 저하될 우려가 있다.

- 선택 가능하고 다양한 과제와 난이도 제공 : 학습자가 여러 가지의 다양한 학습과제와 난이도에 따라 자신에게 맞는 것을 선택하도록 교수를 조직하는 방법이다.
- 노력이나 능력에 성공 귀착 : 학습자의 성공을 그의 노력이나 능력으로 돌리도록 유도하는 문장을 제공한다. 이때의 문장은 학습자가 자신이 성공한 이유가 무엇일까를 생각하게 해 주면서 그 이유를 자신의 노력이나 능력에서 찾도록 도와주는 역할을 한다.

(4) 만족감(Satisfaction)

① 내용

㉠ 학습자의 노력의 결과가 기대와 일치하고 그 결과에 만족한다면 학습동기는 계속 유지될 것이며, 학습자의 학업수행에도 긍정적인 영향을 미치게 된다.

㉡ '만족감'은 학습 초기에 학습자의 동기를 유발시키는 요소라기보다는 일단 유발된 동기를 계속 유지시키는 역할을 한다.

② 교수전략

㉠ 자연적 결과(내재적 보상 전략)

- 연습문제를 통한 적용 기회 제공 : 새로 습득한 지식이나 기능을 적용해 볼 수 있는 연습문제를 제시한다.
- 후속 학습상황을 통한 적용 기회 제공 : 새로 습득한 지식이나 기능이 후속 학습상황에서 적용될 수 있도록 수업을 설계한다.
- 모의상황을 통한 적용 기회 제공 : 수업의 끝에 학습한 기능이나 지식을 적용해 볼 수 있는 모의상황이나 게임 등을 첨가시켜 적용의 기회를 증가시킨다.

㉡ 긍정적 결과 강조(외재적 보상 전략)

- 적절한 강화계획의 사용 : 새로운 지식이나 기능을 배우는 단계에서는 매번 긍정적인 피드백이나 보상을 해 주고, 학습자가 배운 지식이나 기능을 적용해 보는 연습 단계에서는 간헐적 강화를 사용한다.
- 의미 있는 강화의 제공 : 학습자의 수준에 알맞고 의미 있는 강화를 주는 것으로, 너무 쉬운 문제나 과제에 대하여 긍정적 보상을 자주하는 것은 피드백의 긍정적 동기효과를 저하시킬 수 있다.
- 정답에 대한 보상 강조 : 옳은 반응에만 긍정적인 보상을 하고, 틀린 반응에는 보상을 주지 않아야 한다. 외적 보상에는 스티커, 재미있는 그림, 게임 등이 포함될 수 있다.
- 외적 보상의 사려 깊은 사용 : 외적 보상이 실제 수업 상황보다 더 흥미를 끄는 것이어서는 안 된다.
- 선택적 보상체계 활용 : 학습자에 따라 잦은 외적 보상이 주어지는 경우 교수자에 의해 조절 당하고 있다고 느끼거나 혹은 학습자가 지닌 내적 동기가 저하되는 부정적인 영향을 줄이는 방법이 될 수 있다(보상의 종류를 선택하게 함).

㉢ 공정성

- 교수목표와 내용의 일관성 유지 : 목표와 내용이 일관성 있게 제시될 때 학습자는 자신들이 목표를 보고 세웠던 기대가 학습내용에 의해 충족됨을 느낄 수 있다.

• 연습과 시험내용의 일치: 학습자는 수업의 시작 단계에서 무엇을 성취하도록 기대하는가를 알고 그 기대를 충족시킬 수 있는 기회가 일관성 있게 제시될 때 만족감을 유지할 수 있다.

ARCS모형의 구성요소

	하위요소	동기유발을 위한 주요 질문
주의집중	지각적 주의환기	흥미를 끌기 위해 무엇을 할 수 있을까?
	탐구적 주의환기	탐구하는 태도를 어떻게 유발할까?
	다양성	학습자의 주의를 어떻게 유지할 수 있을까?
관련성	친밀성	수업과 학습자의 경험을 어떻게 연결시킬까?
	목표지향성	학습자의 요구를 어떻게 충족시켜 줄 수 있을까?
	필요나 동기와의 부합성	수업을 학습자의 학습양식과 개인적 흥미에 언제, 어떻게 연결시킬까?
자신감	학습의 필요조건 제시	성공에 대한 긍정적 기대감을 어떻게 키워 줄 수 있을까?
	성공의 기회 제시	자신의 역량에 대한 믿음을 향상시킬 수 있는 학습경험을 어떻게 제공할까?
	개인적 조절	학습자가 자신의 성공이 노력과 능력에 의한 것이라고 어떻게 알 수 있을까?
만족감	자연적 결과	학습경험에 대한 학습자들의 내재적 즐거움을 어떻게 격려하고 지원할까?
	긍정적 결과 강조	성공에 대한 보상으로 무엇을 제공할까?
	공정성	공정성에 대한 학습자들의 지각을 어떻게 만들어 줄까?

09 란다(Landa)의 순차식-발견식 교수모형(algorithmic-heuristic instruction model)

1. 개요

① 인간이 지식과 기능을 획득하고 적용하는 두 가지 방식인 '순차식 방식'과 '발견식 방식'을 연계시킨 거시적 교수모형이다.

② 란다는 순차식 과정과 발견식 과정을 묶어서 하나의 교수모형으로 체계화함으로써 보다 통합적이면서도 구체적인 교수설계에 대한 이론적 토대를 제공해 주었다.

2. 주요 개념

① 지식: 특정 사물이나 현상에 대하여 알고 있는 것 ⊙ 영상, 개념, 명제로 구성

② 조작: 실제 사물들이나 지식(영상, 개념, 명제)의 변형 ⊙ 운동 조작, 인지적 조작

③ 능력과 인성적 함양
  ㉠ 기능은 지식을 활용하여 조작함으로써 개발될 수 있다.
  ㉡ 능력은 특정 기능을 보다 일반적인 기능으로 변환시킬 수 있는 힘을 의미하는 것으로, 특정 기능을 일반 상황에 적용할 수 있는 '일반화된 심리적 현상'을 말한다.
  ㉢ 인성적 성향도 지식, 기능, 능력을 토대로 개발된다.

3. 교수활동

(1) 순차식 교수활동

① 주어진 문제의 해결을 위해 특정 조건하에서 규칙적이면서도 통일된 방법을 통해 일련의 '기본적인 조작들'로 펼치는 과정이다.
② 순차식 과정은 인간이 수행하는 일련의 단계적 조작들을 말하는데, 예를 들면 컴퓨터를 활용한 자료 검색하기, 자동차 운전하기 등에서는 특정 목표를 달성하기 위해 일정한 순서에 따라 일련의 조작들을 수행해야 한다.
③ 이와 같이 학생들이 일련의 계열화된 조작들을 통해 특정 지식이나 기능을 학습하도록 하는 것을 연산적 처방(algorithmic prescription; 순차적 처방) 즉, 연산(algorithm; 연산적 과정)에 의한 교수활동이라고 한다.

(2) 발견식 교수활동

① 구조화된 학습과제(일련의 계열화된 조작들로 구성된 과제나 사태)가 아닌, 비구조화된 과제를 해결해야 하는 경우 학습자는 자신이 소유한 모든 지식과 경험들을 동원하고 직관이나 통찰을 통해 주어진 학습과제나 사태를 해결해야 한다.
② 이때 교사의 순차적 교수활동은 문제해결방안의 발견을 보장해 주지 못한다. 따라서 이러한 학습과제를 학습자들이 해결하게 하기 위해서는 발견식 교수활동을 적용해야 한다.
③ 주어진 학습과제나 사태에 대한 직관이나 통찰을 토대로 동시다발적인(분산병렬적인) 처리에 의해 해결하도록 하는 것을 '발견식 처방(heuristic prescription)'에 의한 교수활동이라고 한다.

4. 교사의 유의점

교사는 학생들에게 제공할 학습과제나 사태가 순차적 조작으로 구성되어 있는지, 발견적 조작과정으로 구성되어 있는지에 따라 '순차적 교수모형'을 적용할 것인지 '발견식 교수모형'을 적용할 것인지 결정해야 한다.

10 구성주의 교수이론

1. 구성주의 학습이론의 개관 _{초등 06}

(1) 개요

① 구성주의(constructivism)는 학습자가 스스로 지식을 구성한다고 주장하는 심리학적 및 철학적 관점이다. 지식이란 개체와 별개로 존재하는 객관적이고 외적인 실재가 아니라 능동적인 구성의 산물이다.

② 지식은 개인이 구성한 것이므로 어떤 사람에게는 참이 될 수 있지만 다른 사람에게는 참이 아닐 수도 있다. 개인은 자신의 신념이나 경험을 기반으로 지식을 구성하는데, 신념이나 경험은 사람마다 다르기 때문이다.

③ 학습자가 스스로 지식을 구성한다는 점을 강조함으로써 기본적으로 학습자 중심 교육을 표방한다.

④ 구성주의는 상대주의에 기반을 둔다. 상대주의에 따르면 지식은 고정된 것이 아니라 끊임없이 수정되고 변화되는 것이다. 지식의 개별성과 특수성을 강조하는 구성주의는 지식의 보편성과 일반성을 강조하는 객관주의와 대비된다.

(2) 객관주의와 구성주의

① 객관주의

　㉠ 지식을 고정되어 있으며 확인할 수 있는 대상으로 인식한다.

　㉡ 객관주의의 최종 목표는 초역사적 · 초공간적 · 범우주적인 진리를 찾는 것이며 현실을 가능한 한 그 진리의 모습에 맞추어 가는 것이다.

　㉢ 고정적이고 확인할 수 있는 대상으로서의 진리가 존재하는 현실은 통제와 예측이 가능하며 규칙이나 방법으로 규명이 가능한 곳으로 보았다.

② 구성주의

　㉠ 개인은 특정 사회에 속해 살아가면서 그 사회의 사회적 · 문화적 · 역사적 배경에 영향을 받게 된다.

　㉡ 개인은 자신의 사회적 경험과 배경을 바탕으로 개인적인 인지작용을 가하면서, 주어진 사회 현상에 대한 이해를 지속적으로 구성해 간다고 본다. 그 결과 생성되는 것이 지식이다.

　㉢ 개인의 인지적 · 사회적 요소와 역할을 강조하면서 지식의 보편적, 일반적인 성격을 부인한다.

구분	객관주의(objectivism)	주관주의(subjectivism)
철학	세계는 우리의 경험과는 별도로 외부에 객관적으로 존재	세계는 인간의 경험, 해석, 의미부여에 의해 존재
학습	외부의 절대적인 진리가 학습자의 내부세계로 전이되는 것	개인적 경험에 근거해서 의미를 개발하는 능동적인 과정
학습의 조건	절대적 진리 및 지식 자체는 상황과 분리되어 가르칠 수 있음	문제 상황과 풍부한 실세계
학습의 결과	모든 사람이 같은 이해에 도달	구성된 실제의 모습이나 의미는 개인에 따라 다름
교수의 개념	교사에 의해 기존의 진리가 전달되는 것	학습자의 세상에 대한 의미구성을 보조 및 지원하는 것
교수의 목적	효과적이고 효율적인 방법으로 지식을 전달하는 것	학습자의 문제해결력 배양
수업의 중심	교수자	학습자
교수자 역할	진리 및 지식의 전달	학습보조자, 학습촉진자,
교수 설계	결정된 내용을 효과적으로 전달하는 것	학습이 일어날 수 있는 환경 설계
교수의 초점	사실의 이해	지식의 전이, 활용
지식의 형태	사실적 정보	문제해결력, 고차적 인지전략
주요 용어	발견, 일치	창조, 구성
주요 교수방법	강의, 일제 수업	문제중심학습, 토의, 발견-탐구학습

(3) 구성주의의 기본 가정

① 지식은 인식 주체에 의해 구성된다. 모든 지식은 인식의 주체자인 개인에 의해 주관적으로 구성된다.

② 지식은 구체적인 상황을 중심으로 한 맥락적인 것이다.

③ 지식은 협동적인 과정을 통해 형성된다. 지식의 습득과 형성은 개인적인 인지적 작용만으로 이루어지는 것이 아니며, 개인이 속한 사회·문화적 배경과의 상호작용을 전제로 한다.

(4) 인지적 구성주의와 사회적 구성주의

① 인지적 구성주의(cognitive constructivism)

㉠ 개인이 전적으로 지식을 구성한다고 가정하기 때문에 개인적 구성주의라고도 한다.

㉡ 지식이 개인의 경험세계 속에서 구성되므로 사회적 환경은 지식의 구성과정에 의미 있는 영향을 주지 못한다고 본다.

㉢ 피아제의 인지발달 이론에 기초하고 있다. 피아제는 개인의 동화와 조절을 통한 인지발달을 강조하고 상대적으로 사회·문화적 요인을 크게 강조하지 않았다.

㉣ 이러한 관점에 따른 교수·학습은 학생 중심적이며 탐구와 발견 지향적으로 이루어져야 한다. 즉, 교사는 학생들에게 적절한 자료를 제공하고 학습환경을 조성해 주는 역할을 하며, 직접적인 지도를 최소화해야 한다.

② **사회적 구성주의(social constructivism)** 중등 20논술

    ㉠ 학습에 영향을 미치는 사회적·문화적·역사적인 요소 등에 관심을 가진 이론이다.

    ㉡ 비고츠키의 인지발달이론에 근거하고 있는 사회적 구성주의에 따르면 지식은 사회적 맥락 내에서 먼저 구성된 다음 개인에게 내면화된다.

    ㉢ 지식은 사회적 상호작용과 경험에 기초하여 구성되며, 문화와 언어, 신념, 타인과의 상호작용, 직접적 교수 및 모델링의 영향을 받아 걸러진 외부 세계를 반영한다.

    ㉣ 근접발달영역(ZPD) 개념은 지식이 사회적 참여를 통해 구성된다는 사회적 구성주의의 핵심 원리를 설명해 준다.

    ㉤ 가장 효과적인 사회적 상호작용 유형은 보다 능숙한 사람의 안내를 통해 공동으로 문제를 해결하는 것이다. 이때 보다 능숙한 사람으로 도움을 줄 수 있는 사람은 부모, 교사, 동료학생들이 될 수 있다.

■ 학습에 관한 네 가지 관점

구분	객관주의		구성주의	
	행동주의 Skinner	정보처리이론 Anderson	인지적 구성주의 Piaget	사회적 구성주의 Vigotsky
지식의 성질	• 고정된 지식체계 • 외부에 객관적으로 존재	• 고정된 지식체계 • 외부에 객관적으로 존재 • 선행지식은 정보처리에 영향을 줌	• 가변적 지식체계 • 개인적으로 구성 • 선행지식에 근거하여 지식 구성	• 가변적 지식체계 • 사회적으로 구성 • 참여자들이 공동으로 지식 구성
학습	• 사실, 기능, 개념의 획득 • 반복 및 연습 중시	• 사실, 기능, 개념, 전략의 획득 • 인지전략 중시	• 능동적 구성, 선행지식의 재구조화 • 개체의 인지활동 중시	• 사회적으로 규정된 지식과 가치의 협력적 구성 • 사회적 상호작용 중시
교수	전수, 해설	전수, 학생이 더 정확한 지식을 갖도록 지도	도전, 더 완전하게 이해하고 사고하도록 안내	학생과 공동으로 지식 구성
교사역할	관리자, 감독자, 오류 교정	• 효과적인 인지전략의 교수 및 모델 • 오개념 교정	• 촉진자, 안내자 • 학생의 기존 인지구조, 개념, 사고 고려	• 촉진자, 안내자 • 공동참여자 • 사회적으로 구성된 개념 고려
또래역할	보통 고려되지 않음	필요하지 않지만 정보처리에 영향을 줄 수 있음	필요하지 않지만 사고를 자극하고 질문할 수 있음	지식 구성과정의 일부
학생역할	• 정보의 수동적인 수용 • 적극적인 청취 • 지시추종	• 능동적 정보처리, 인지전략 활용 • 정보의 조직 및 재조직, 기억	• 능동적 지식 구성 • 능동적 사고, 설명, 해석, 질문	• 타인과 공동으로 지식 구성 • 능동적 사고, 설명, 해석, 질문, 능동적 사회 참여

2. 구성주의 학습환경 설계 중등 08·12·17논술

(1) 개요

① 조나센(Jonassen)은 구성주의 인식론의 입장에서 학습환경을 설계하는 '구성주의 학습환경 (constructivist learning environments; CLEs) 설계 모형'을 제안하고 있다.

② 구성주의에서는 '교수설계'보다는 학습자 중심의 학습지원 환경의 설계가 중시되기 때문에 '학습설계'라는 용어를 주로 사용한다.

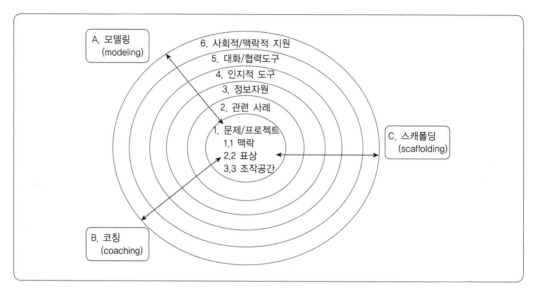

| 조나센의 CLEs 설계 모형 |

(2) CLEs의 학습활동 요소

① 문제/프로젝트

  ㉠ 학습자의 목표는 문제를 해결하고 프로젝트를 완수함으로써 이해를 도모하고 의미 있는 지식을 구성하는 것이다.

  ㉡ CLEs와 객관주의적 수업설계의 근본적인 차이는 문제들이 학습자가 이미 학습한 내용을 확인하는 성격이 아니라 새로운 학습을 유발하는 성격을 지니고 있다는 점이다.

  ㉢ 학생들은 문제를 해결하는 과정에서 그 문제와 관련된 영역의 지식을 새로 학습하게 된다. 따라서 제시되는 문제는 대체로 쉽게 풀리거나 확인되지 않으며, 다양한 관점을 도출할 수 있는 것이 바람직하다.

  ㉣ 문제를 설계할 때는 학습자들이 문제를 둘러싼 물리적·사회적·조직적 맥락을 이해하도록 해야 한다. 문제와 관련된 가치와 믿음, 사회적 기대나 관행 등이 함께 제시되어야 학습자들은 문제의 원인이 되는 배경을 폭넓게 이해할 수 있다.

  ㉤ 문제의 표상을 돕기 위해 직접적이고 실제적인 관심을 끌 수 있어야 하며 매력적이고 흡인력 있는 표상방식을 활용해야 한다. 가상현실이나 스토리 등을 활용하여 현실과 유사한 학습

환경을 제공하는 것이 학습자들에게 실제 현실세계에 직접적으로 참여하는 것과 같은 학습 활동을 경험하도록 유도하게 된다.

⒵ 문제의 조작공간은 학습자들에게 의미 있는 학습의 창출을 위한 의식적인 활동을 유도하는 공간으로 제공되어야 한다. 학습자들이 문제를 조작하여 어떤 방법으로든 그 결과가 나타나도록 유도해야 한다. 변형적 상호작용을 이끌도록 대상과 상징, 도구를 제공한다.

☞ 물리적 대상을 조작하는 시뮬레이션과 같은 형태로 제시될 수도 있고, 가설이나 활동의 의도를 도출하고 논증하는 논증의 형태로 제시될 수도 있음

② 관련 사례

㉮ 학습자의 지적 모형이나 경험이 부족할 경우에 학습자를 도와준다. 학생들은 경험이 부족한 경우가 많으며, 이것이 문제해결에 장애물이 된다.

㉯ 학습자는 제공된 관련 사례들을 통해서 제시된 문제에 포함된 쟁점들을 보다 명확히 파악하게 된다.

㉰ 사례들은 학습자들이 문제를 풀어가는 동안 문제와 비교해 볼 수 있는 다양한 근거들로 제공될 수 있다.

③ 정보 자원

㉮ 정보는 학습자가 문제를 규정하고 가설을 설정하기 위해서 매우 중요한 기능을 하기 때문에 학습자가 어떤 종류의 정보를 필요로 할 것인지를 미리 예상하고, 풍부한 정보를 준비함으로써 학습자가 필요할 때는 언제든지 활용할 수 있도록 해 주어야 한다.

㉯ 학습자들이 문제를 이해하고 해결하기 위해 어떤 정보가 필요한지 설계해야 한다. 일반적으로 낮은 목표의 지식수준에서는 지나치게 많은 정보가 제공되면 학습을 방해하는 경향을 보이지만 고차원적인 목표의 수준에서는 풍부한 정보를 제공하여야 학습을 촉진할 수 있다.

㉰ 학생들은 텍스트 문서, 그래픽, 음성 자료, 비디오, 애니메이션 형태의 정보들을 활용할 수 있다. 인터넷 웹자료는 유용하게 활용할 수 있는 정보원이지만, 정보의 적절성은 신중하게 평가해야 한다.

④ 인지적 도구

㉮ 학습자가 실제 문제를 해결해 가는 인지과정을 지원하고 촉진하는 역할을 수행한다.

㉯ 인지적 도구란 특정한 유형의 인지과정을 촉진하기 위해 고안된 온라인과 오프라인상의 각종 학습보조 도구를 가리키며, 컴퓨터와 인터넷을 활용하는 방법이 자주 사용된다.

㉰ 컴퓨터 소프트웨어의 경우 사고를 시각화하거나 조직화하거나 자동화하는 기능을 통해 학습자의 인지활동을 도와줄 수 있다. 문제 제시 도구, 지식 모델링 도구, 정보 수집 도구 등이 여기에 포함된다.

⑤ 대화와 협력을 위한 도구

㉮ 컴퓨터 매개 통신과 같이, 학습자 상호 간에 이루어지는 학습활동을 지원하는 수단이다.

㉯ CLEs는 학습자들이 사회적으로 공유된 지식을 협력적으로 구성하는 활동을 돕도록 설계한다.

㉰ 이메일, 전자게시판, 커뮤니티, 채팅 등을 통해 학습 공동체를 형성해 상호작용을 증진할 수 있도록 설계한다.

  ② 다양한 유형의 컴퓨터 매개 통신 수단을 통해서 학습자들은 각자의 지식과 정보를 서로 교
   환하고 협동적인 활동을 통해서 지식 구성 과정을 촉진하게 된다.

 ⑥ 사회적·맥락적 지원

  ㉠ CLEs를 성공적으로 실행하려고 할 때 고려해야 할 요소로서, 참여 교사들에 대한 지원체제
   나 학생들에 대한 안내체제 등이 해당된다.

  ㉡ 교수설계와 테크놀로지의 역사에서 프로젝트의 빈번한 실패는 실제적인 시행과 적용에 영
   향을 미치는 환경적·맥락적 요인을 간과하였기 때문인 경우가 많다. 따라서 새로운 프로그
   램이 시행되는 물리적·조직적·문화적 환경을 고려하는 것은 필수적이다.

(3) CLEs의 교수활동 요소

구성주의 학습환경에서 학습활동 및 교수활동

학습활동	교수활동
탐색	모델링(모형 제시하기)
명료화	코칭(지도하기)
반추	비계설정(발판 제공하기)

 ① 모델링: 모델링은 구성주의 환경에서 학습자들이 가설을 설정하고 학습 대상을 탐색하는 학습
  활동 초기에 유용한 전략이 될 수 있다.

  ㉠ 외현적 행동모델링: 학습자들이 어떻게 수행하면 되는지 시연하는 것으로 바람직한 수행의
   예를 학습자들에게 제공해 주거나, 수행에 포함된 개별적인 활동 중에서 주요한 의사결정에
   대해 학습자들에게 알려주는 것으로 예제풀이 등이 해당된다.

  ㉡ 내재적 인지모델링: 전문가가 과제 수행 시 사용하는 추론과 의사결정을 위한 인지과정을 보
   여주는 것이다.

    예 교수자가 시연을 보이면서 생각을 소리 내어 말하거나 중요한 행동이나 과정에 대한 단서를 설명하는 것을
    통해 모델링을 제공할 수 있음

 ② 코칭: 모델링이 전문 수행자의 수행에 초점을 맞춘다면 코칭은 학습자의 수행에 초점을 둔다.
  코칭은 개인이 학습하거나 과제를 수행하는 동안 관찰하고 돕는 것을 말한다. 학습자에게 동기
  를 부여하고, 수행을 분석하며, 피드백을 제공하고, 학습내용에 대한 반성적 사고와 명료화를
  유도한다.

 ③ 스캐폴딩: 스캐폴딩은 학습자가 자신의 능력 이상의 과제를 수행할 수 있도록 지원하기 위한
  방법이다. 코칭이 학습자의 과제 수행에 초점을 두는 반면, 스캐폴딩은 수행되는 과제의 특성에
  초점을 둔다. ⅰ) 학습자에 맞는 과제 난이도 조절하기, ⅱ) 부족한 사전지식을 보완할 수 있도
  록 과제 재구성하기, ⅲ) 기존과 다른 평가 기회 제공하기와 같은 형태로 제공될 수 있다.

3. 상황학습(상황인지) 이론 ^{중등 07, 초등 02}

(1) 개요

① 전통적인 학교 교육은 실제로 학습한 내용을 적용하게 되는 실제적 맥락과 분리되어 이루어졌다. 추상적이고 탈맥락적인 학교 교육의 문제에 대한 대안적인 관점이 상황학습이다.

② 상황학습 이론에 따르면 지식이나 기능은 유의미한 맥락 안에서 제공될 때 효과적으로 학습될 수 있다. 그러므로 학교에서 다루는 지식들은 그 지식이 사용되는 실제적인 맥락과 함께 제공되어야 한다.

③ 유의미학습이란 실제 상황에서 활용할 수 있는 지식이나 기능을 획득하는 것이므로 학습을 하는 상황과 불가분의 관련을 맺고 있다. 교과서에서 외국어를 배우는 것과 대화를 통해 외국어를 배우는 것은 완전히 다르다.

④ 상황학습은 학습동기를 효과적으로 유발하는 효과도 있는 것으로 나타났다. 상황학습의 견해에 따르면 동기는 학생이 사회·문화적인 상황과 상호작용을 하는 과정에서 유발된다.

(2) 주요 개념

① 실천공동체(community of practice)
  ㉠ 상황학습의 관점에서 학습은 실천공동체에서의 참여를 통해 이루어진다. 학습은 지식을 얻는 과정이 아니라 실제 세계에 대한 실천과 관련 맺는 과정이다.
  ㉡ 실천공동체는 공통의 관심사를 갖고 지속적인 상호교류와 실천과정에서 학습을 통하여 관심영역에 대한 전문성을 공유·심화시키는 사람들의 집단을 말한다.
  ㉢ 실천공동체 관점에서 학습은 실천공동체의 한 부분이 되는 것, 공동체 구성원으로서 정체성을 형성하는 것, 주변 참여자에서 핵심구성원으로 이동하는 것 등으로 정의할 수 있다.

② 정당한(합법적) 주변적 참여(legitimate peripheral participation; LPP)
  ㉠ 레이브와 웽거(Lave&Wenger)는 정당한 주변적 참여를 통해 상황학습의 실천공동체에서 학습이 어떻게 이루어지는지 설명하고 있다.
  ㉡ 정당한 주변적 참여란 학습의 주변 참여자로서 주로 관찰을 통해 학습을 시작하는 것을 말한다. 새로운 구성원은 정당한 주변적 참여자로 주로 관찰을 통해 학습을 시작한다. 처음 활동에 참여하는 구성원이 활동에 완전히 충실하게 참여하는 것을 기대하기는 어렵다. 이들의 주된 임무는 주변에서 전체 과정을 관찰하면서 전체를 이해하는 것이다. 전체적인 그림이 그려지면, 참여자는 큰 과제의 일부분을 기존의 경험 있는 구성원들에게 지속적인 피드백을 받으며 완수해 간다. 이후 학습자는 더 이상 주변 참여자가 아니라 공동체의 내부자이자 중심구성원으로 활동할 수 있다.

4. 인지적 도제이론 ^{중등 07·09, 초등 07·11}

(1) 개요

① 인지적 도제(cognitive apprenticeship)는 초보자가 유능한 사람의 지도를 받아 지식과 기능을 습득하는 과정을 말한다.

② 상황학습과 실제적 학습의 견해를 반영하는 인지적 도제는 도제방법을 이용하여 고등정신기능을 개발하기 위한 방법이다.

③ 인지적 도제이론은 사회적 상호작용을 통한 의미구성 과정을 강조한 비고츠키의 근접발달영역 (ZPD)의 아이디어에 기초하고 있다.

④ 인지적 도제는 학습자를 새로운 기능과 기술을 배우기 위해 전문가의 지도를 받는 도제로 간주한다. 전문가의 역할을 하는 사람은 부모, 형제, 교사이다.

⑤ 교사는 시범을 보이고 탐구를 조장하고 지도하며 격려하는 역할을 한다.

(2) 인지적 도제의 특징

① 복잡한 문제를 해결하는 과정을 가르치는 데 주력한다. 개념적 지식과 사실적 지식을 가르칠 경우 상황학습의 관점에서 다양한 맥락을 활용한다.

② 신체적 기능과 과정에 주안을 둔 전통적 도제와 달리, 인지적 도제는 인지 및 메타인지 기능에 주안을 둔다.

③ 전통적 도제는 작업 장면에서 수행되므로 문제와 과제가 작업 장면의 요구를 반영한다. 반면, 인지적 도제는 교육적 관심사를 반영한다.

④ 전통적 도제는 기능을 특정 맥락에서 가르치는 데 주안을 두지만, 인지적 도제는 다양한 맥락에서 활용될 수 있는 지식을 강조한다.

(3) 절차

① 모델링(modeling): 학습자가 관찰을 통해 문제해결과정을 학습하도록 전문가가 시범을 보이는 단계이다. 모델링의 목적은 전문가의 행동을 단순 모방하는 것이 아니라 학습과제에 대한 인지적 모형을 구성하도록 도움을 주려는 것이다.

② 코칭(coaching): 학습자가 새로운 학습과제를 수행하는 단계에서 전문가가 학습자를 관찰하고, 도움을 필요로 할 때 전문가적 도움을 주는 활동이다.

③ 발판화(비계설정, scaffolding) 및 단서철회(용암법, fading): 발판화는 근접발달영역에 속하지만 혼자서는 해결하기 어려운 과제해결을 도와주는 것이다. 모델링, 힌트, 유도질문, 제안 등을 통해 학습자를 도와준다. 단서철회는 과제를 독자적으로 해결할 수 있는 능력을 갖추게 되면 도움을 점점 줄여 나가 스스로 문제를 해결하고 학습을 하게 하는 방법이다.

④ 명료화(articulation): 학습자가 학습한 지식, 문제해결과정과 전략 등을 분명하게 정리하는 활동이다. 정교한 언어적 표현은 인지과정을 명료화시킨다.

⑤ 반성적 사고(reflection): 학습자가 전문가의 과제 수행과 자신의 과정을 비교할 수 있는 기회를 제공하여 자신의 장점과 문제점 등을 스스로 확인 및 수정하는 단계이다.

⑥ 탐색(exploration): 인지적 도제의 마지막 단계로, 지식이나 기능을 새롭게 활용할 수 있는 방식을 모색하도록 하는 방법이다. 탐색은 전이나 일반화와 비슷하다.

5. 정착수업(앵커드 수업)(anchored instruction) 중등 20논술, 초등 06·07·09·12

(1) 개요

① 정착수업은 상황학습의 견해에 따라 테크놀로지를 이용하여 실제 상황과 유사한 흥미롭고 실제적인 문제해결장면을 학습을 위한 정착지(anchor)로 활용함으로써 문제해결능력을 길러주기 위한 교수법이다.

② 정착수업은 정황수업, 앵커드 수업, 앵커드 교수법 등 다양한 명칭으로 불리고 있다.

③ 정착수업은 전통적인 학교 및 교실수업의 문제점 극복을 위해 등장한 수업 모델이다. 전통 수업의 한계는 학교에서 배운 지식이 실제 생활 장면에서 사용되지 못한다는 점이다. 학교 학습의 결과물인 지식들이 실제 생활 장면에서 사용되지 못하는 이유로, 지식이 실제 사용되는 장면, 맥락과 분리되어 가르쳐진 결과라고 판단하였다. 이러한 지식들을 '비활성 지식(inert knowledge)'이라고 한다.

④ 정착수업의 핵심은 학습을 유의미하고 복잡한 문제해결장면에 정착(위치)시켜 학습자들의 지속적인 탐구를 유도하는 것이다.

⑤ 정착수업에서 정착지는 실제적인 문제해결상황이며, 실제적인 문제상황에서 학습자는 문제를 해결하는 과정에서 다양한 관점, 해결책, 문제해결과정을 공유한다.

(2) 이론의 배경

① 정착수업은 미국 밴더빌트(Vanderbilt) 대학의 인지공학 그룹(cognition and technology group at Vanderbilt; CTGV)에 의해 개발된 것으로 비디오디스크와 멀티미디어 컴퓨터 기술을 활용하여 학생들이 문제해결에 필요한 자신감, 기능, 지식과 독자적인 사고 능력을 개발하도록 돕는 데 목적을 두고 있다.

② 정착수업의 대표적인 사례는 밴더빌트 대학교 인지공학 연구팀(CTGV, 1993)이 개발한 '재스퍼의 모험'이다.

③ 이 시리즈는 등장인물이 모험을 통해 수학문제를 해결하기 위해 추리하고 의사소통하는 이야기를 담은 15~20분 분량의 이야기로 되어 있는데, 비디오테이프와 비디오디스크로 제작되어 사실적인 상황과 맥락을 제공한다.

④ 학습자는 비디오를 보기 전에 문제를 해결해야 한다. 문제를 해결하는 과정에서 문제 확인, 하위목표 설정, 관련정보 탐색, 상호협력, 가능한 해결책의 장단점 토론, 다양한 관점의 비교 등과 같은 활동을 하게 된다.

> **▌ 재스퍼 시리즈의 일부**
> 재스퍼의 친구 래리는 캠핑을 하던 중 응급처치가 필요한 부상당한 독수리 한 마리를 발견한다. 래리는 응급처치를 위해 재스퍼와 에밀리에게 연락을 하고 그들은 부상당한 독수리가 있는 곳으로 가장 빨리 갈 수 있는 방법을 모색한다. 비디오에서는 가능한 교통수단과 거리, 연료 등의 문제해결을 위한 여러 가지 단서가 암시적으로 제공된다. 학습자들은 비디오에서 제시된 단서에 근거해서 문제해결 방법을 모색하게 된다. 이 문제해결을 위해서는 다양한 수학적 지식을 적용해야 한다.

(3) 앵커(Anchor)

① 원래 뜻은 배를 정박시키는 화살표 모양의 무거운 쇳덩어리인 닻이다.

② 정착수업에서 앵커는 실제적 장면 또는 거시적 맥락을 의미한다.

③ 수업장면에서 실제 문제상황을 수업매체(앵커드 수업에서는 영상 매체 사용)를 활용하여 학습자들에게 제시한 다음, 문제해결과정을 진행하도록 유도한다.
예를 들면, 사회과 수업에서 '시장의 형성 원리'라는 주제(학습과제)를 학습하고자 할 경우, 영상자료를 활용하여 시장 장면을 학습자들에게 보여줌으로써 교실을 시장으로 이동시키는 것이다.

(4) 앵커드 교수·학습의 원리

① 교수·학습 활동은 이야기, 사례, 학생들의 관심사와 관련된 주제 또는 문제 등과 같은 정황을 중심으로 설계된다.

② 사용하는 교육과정 자료는 학습자들이 스스로 문제를 탐구할 수 있도록 구성되어야 하므로 앵커드 교수·학습에서는 영상 자료들이 모든 교수·학습을 위한 하나의 큰 정황으로 제시된다.

③ 단순 강의가 아닌 하나의 이야기로 제시되며, 학생들은 이야기 형식으로 주어진 영상을 통해 학습내용 및 해결방안을 탐색할 수 있다.

(5) 정착수업의 특징

① 실제적 맥락을 중시한다. 정착수업에서는 실제상황에서 문제를 해결하는 과정을 통해 지식을 획득하도록 하기 위해 다양한 하위목표 혹은 쟁점을 갖고 있는 학습과제를 실제적이고 거시적인 맥락에서 제시한다. 실제적이고 거시적인 맥락에 정착된 과제는 문제를 다양한 관점에서 유의미하게 이해하는 데 도움을 준다.

② 실제적인 맥락이나 상황을 실감나게 제시하기 위해 영상 테크놀로지를 활용한다. 정착수업에서는 공학을 이용하여 실제와 유사한 상황을 제공해 준 다음 문제를 해결하도록 함으로써 유용한 지식을 학습하게 한다.

(6) 장점

① 수업에서 사용하는 '영상매체에 기반한 앵커'는 영상을 통해서 텍스트를 우회할 수 있기 때문에 비록 학습능력이 부족한 학생들도 내용에 쉽게 접근할 수 있게 함으로써 좀 더 적극적이고 참여적인 수업을 전개하는 데 도움을 준다.

② 독해력이 부족한 학생들도 학습에 적극 참여함으로써 학습에 대한 동기가 증진된다.

③ 수업에 대한 적극적 참여가 지식의 공유된 이해를 증진하고 토의 활동에 대한 참여를 증대시킨다.

(7) 한계점

실제 상황을 다루는 데 있어 실제성이 갖고 있는 그대로의 복잡하고 통제 불가능한 돌발 상황 등에 대한 실질적인 고려가 반영되지 않았다는 점이 한계점으로 지적된다.

(8) 정착수업과 인지적 도제

① 정착수업과 인지적 도제는 특정 사회집단의 문화적 동화, 상황학습, 실제적 과제, 인지적 성찰과 같은 특징을 공유한다.

② 그러나 정착수업이 학생주도적인 문제형성과 해결에 주안을 두는 데 비해, 인지적 도제는 특정 문화집단에 참여하여 그 집단의 문화나 지식을 익힘으로써 문화적으로 동화하는 데 초점을 둔다는 점에서 차이가 있다.

6. 인지적 유연성 이론(cognitive flexibility theory) 중등 03·09, 초등 06·11

(1) 개요

① 인지적 유연성 이론은 스피로(Spiro) 등에 의해 제안된 구성주의 교육방법이다.

② 지식은 복잡하고 다원적인 개념으로 형성되어 있다. 따라서 다양한 상황에서 지식을 필요에 의해 재구성하여 활용하고, 복잡하고 다차원적인 개념의 지식을 제대로 재현하기 위해서는 '상황 의존적인 스키마의 연합체(situation-dependent schema assembly)'가 구성되어야 한다.

③ 인지적 유연성이란 여러 지식의 범주를 넘나들고 연결 지으면서 상황적 요구에 탄력성 있게 대처하는 능력을 말한다. 이러한 능력은 지속적으로 비정형화된 지식구조를 다루고, 복잡하고 비규칙적인 지식들을 접함으로써 자연적으로 형성할 수 있다(임의적 접근학습).

④ 인지적 유연성 이론은 지식의 재현과 그 재현과정을 중시한다. 따라서 이 이론의 기본 전제는 지식의 특성과 지식의 구성과정에 있다.

⑤ 전통적 교수·학습 원칙에 의거한 단순한 지식의 습득을 지양한다. 대신 비정형화된 성격의 지식을 습득하여 복잡성과 비규칙성의 특성을 지닌 고급지식 단계에서도 순조로운 학습이 이루어지도록, 초보적인 단계부터 지식의 복잡성과 비규칙성을 포함한 과제와 학습환경을 제공해야 한다고 본다.

(2) 교수원칙

① 주제중심의 학습을 한다 : '상황의존적인 스키마의 연합체'를 형성할 수 있도록 주제중심의 학습을 한다.

② 학습자들이 충분히 다룰 수 있는 정도의 복잡성을 지닌 과제로 작게 세분화한다 : 상황과 맥락에 따라 효율적이고 유동적으로 대처할 수 있도록 한다.

③ 다양한 소규모의 예들을 제시한다 : 지식을 실제 상황에 맥락적으로 적용하기 위해서는 다양한 사례의 경험이 필요하다.

(3) 교수·학습 방법 : 임의적 접근학습(random access instruction)(조망교차, 십자형 접근)

① 특정 과제가 주어졌을 때 그것을 다양한 문맥과 관점에서 접근하며, 가르치는 순서를 재배치해 보고, 특정 과제와 연결하여 가능한 한 많은 예를 다루어 보는 방법이다.

② 비구조적인 지식에 내재해 있는 복잡한 여러 의미를 비순차적이고 다차원적인 학습전략에 의해 습득함으로써 지식의 전이성을 효과적으로 증진시킨다.

③ 십자형 접근 : 어떤 특정 과제를 다양한 맥락과 관점에서 서로 다른 방향에서 바라보는 것 또는 해석하는 것을 말한다.

④ 인지적 유연성을 실현할 수 있는 환경을 조성하고 인지적 유연성이 있는 환경을 구성하기 위해 컴퓨터를 통한 하이퍼미디어 시스템을 응용할 것을 권장한다. 하이퍼미디어 시스템 자체가 다차원적이고 비순차적인 그물망 같은 구조적 특성을 지니고 있다.

(4) 제한점

① 인간 두뇌의 인지적 작용과 과정에만 초점을 둠으로써 지식구성의 사회적 측면이 무시될 수 있다.

② 잘 짜인 구조를 지닌 지식이나 특정 학문의 초보적 단계를 가르칠 때에는 적합하지 않다.

7. 문제중심학습(문제기반학습)(problem-based learning; PBL)

중등 02 · 05 · 08 · 12 · 18논술, 초등 01 · 07 · 09 · 11

(1) 개념

① 문제중심학습은 해결해야 할 실제적 문제를 중심으로 하는 학습자 중심의 학습방법이다.

② 이때 문제는 단순히 특정 주제나 단원 내용에 대한 질문형식이 아니라 실제 사회에서 직면할 수 있는 복잡성과 비구조화된 특성을 가진 문제를 말한다.

③ 실제 맥락적인 문제를 중심으로 소집단의 협동학습을 통해 문제해결을 해나가는 과정에서 관련 내용지식, 협동학습능력, 문제해결능력, 의사소통능력, 자율적 학습능력을 학습해 가는 학습방법이다.

(2) 이론의 배경

① PBL은 배로우즈(Barrows)에 의해 1960년대에 제시된 교육방법으로 알려져 있다. 배로우즈는 의과대학 교수로 재직하면서 의과대학 교육방법의 문제를 개선하기 위해 설계한 교수모형으로 PBL을 제안하였다.

② 그는 의과대학 학생들이 긴 시간과 엄청난 노력을 하면서 교육과정을 마쳤는데도, 인턴으로서 임상현장에 배치되었을 때 많은 어려움을 보이는 것을 확인하였다.

③ 기존의 강의식, 암기식 수업이 의과대학 수업에는 적절하지 못한 비현실적인 교육환경이라고 판단하고 그 대안으로 문제중심의 학습방법을 제시하였다.

(3) PBL의 특징

① 자기주도적 학습

　㉠ 문제중심학습은 자기주도적 학습방법이다. 학습자는 교사에 의해 주도되고 지시받는 학습환경에서 벗어나 스스로 주어진 문제를 명료화하고 자신의 인지적 작용에 의해 문제를 해결해 나아가며 그 결과에 책임도 감수한다.

　㉡ 교사의 권위는 학습자에게 위임되고 문제의 규명에서 전 과정과 결과에 대한 책임은 전적으로 학습자에게 있다.

　㉢ 문제중심학습에서의 평가는 자기 자신에 대한 평가, 학습과정에 대한 평가, 반추노트(reflective journal)와 같은 종합적인 평가방법을 주로 실시한다.

② 협동학습

　㉠ 문제중심학습은 협동학습의 환경을 강조한다.

　㉡ 여러 사람이 협동해서 문제를 해결하면 다양한 견해를 접함으로써 사고 영역을 확장시키며, 다른 사람의 견해를 자신과 비교하고 평가하므로 자신의 결론과 견해에 대한 객관적인 평가를 받을 수 있다.

③ 실제적인 문제

　㉠ 실제로 생성된 문제를 기반으로 한다.

　㉡ 학습자가 당면하고 있는 실제적인 성격을 갖는 과제로 학습자의 일상생활 속에서 접할 수 있는 비구조화된 문제를 그 대상으로 한다.

구조적 문제	비구조적 문제
문제의 정의가 쉽게 규명된다.	문제가 정의되어야 하며, 가능하면 재정의 되어야 한다.
문제해결에 필요한 모든 정보가 제공된다.	문제해결에 필요한 부가적인 정보가 필요하다.
문제해결에 초점을 둔다.	문제의 본질에 초점을 둔다.
하나의 정답만이 있다.	여러 해결안이 가능하다.
문제해결에 대한 동기가 낮다.	문제해결에 관한 동기가 높다.

④ 가설-연역적 추론

    ㉠ 학생들은 가설-연역적 방법을 활용하여 문제를 해결한다.

    ㉡ 실제 상황과 관련된 복잡한 문제에 직면하여 대안적 가설을 설정하고, 가설검토를 위한 자료를 수집하며, 자료를 분석하고, 종합하여, 최종진단과 처방을 제시한다.

    ㉢ 이때 추론기능은 지식 기반과 연계되어야 한다. 추론기능만 있고 지식 기반이 없는 경우 효과적으로 문제를 진단하고 처방할 수 없다.

⑤ 교과목이 아닌 문제중심으로 지식 구성

    ㉠ 문제를 분석하는 과정에서 학습자들은 새로운 정보를 얻으며, 경우에 따라서는 문제를 규명 및 분석하는 과정에서 문제가 수정될 수도 있다.

    ㉡ 많은 정보를 기반으로 다양한 관점을 수용함으로써 문제에 대한 철저한 이해와 함께 견고한 해결안을 제시할 수 있는 능력을 함양할 수 있다.

⑥ 안내자, 지원자, 촉진자로서의 교사

    ㉠ 교사는 모델링과 코칭을 통해 학습자의 문제해결능력을 촉진한다. 교사의 역할은 협력적 지식의 촉진자로 학습자가 자신의 학습과정에 점진적으로 책임을 가지고 임할 때, 개입을 점점 줄이게 된다.

    ㉡ 교사는 문제상황을 제시하고, 문제해결 과정에 탐구자로서 함께 관여하며, 학습을 평가하는 코치로서의 역할을 한다.

⑷ PBL의 절차

① 문제 제시

    ㉠ 일상생활장면에서 해결이 필요하거나 관심이 있는 문제를 상정하고 인지하는 단계이다.

    ㉡ 교사는 문제와 관련된 동기유발을 통해 학생들의 주의를 집중시키고, 사회적 맥락과 실제적인 측면을 부각하여 비디오 자료나 연설문, 신문기사 등 다양한 형태로 문제를 제시하여 학생들이 문제를 쉽게 이해할 수 있게 한다.

② 문제해결 계획

    ㉠ 문제중심학습에서는 배운 지식만을 활용하는 것이 아니라 정보와 지식을 더 알아야 해결할 수 있는 문제를 제공하기 때문에 문제해결 계획을 세우는 과정이 필요하다.

    ㉡ '알고 있는 것', '알아야 할 것', '알아내는 방법'으로 세분화하여 체계적으로 계획해야 한다.

    ㉢ 문제를 종류나 성질에 따라 나누어 개인별 또는 분단별로 과제를 분담할 것인가, 또는 전원이 공동으로 해결할 것인가의 해결과정을 결정하고, 자료 수집방법에 대해서도 계획을 세운다.

③ 탐색 및 재탐색 과정
  ㉠ 문제해결을 위해 필요한 지식이나 정보를 탐색한다.
  ㉡ 분담 분야에 따라 문제해결의 자료, 참고문헌, 실험자료, 사물이나 현상에 대한 관찰자료 등을 수집하고 분석한다. 이후 서로 정보를 교환하고 토론을 통해 문제해결안을 도출하고 검증하는 과정을 반복하게 된다.

④ 해결책 고안
  ㉠ 최종 문제해결안을 도출하고 검증하는 단계이다.
  ㉡ 토론과 추가자료의 수집, 분석을 통해 검증을 완료하고 최종 해결안을 채택하여 문제를 해결한다.

⑤ 해결책 발표 및 평가
  ㉠ 문제해결 결과를 정리하여 발표하는 단계로 보고서나 발표자료 형태로 학습한 내용과 문제해결책을 도출한 과정이 포함되도록 구성한다.
  ㉡ 이 단계에서는 문제중심학습의 전 과정을 평가하게 된다.
  ㉢ 평가에는 교사와 참여 학생 모두가 참여하고, 학습과정과 학습결과를 모두 평가한다. 학습과정 성찰에 대한 평가와 최종 산출물에 대한 평가가 이루어지며, 이 외에도 자기주도학습에 대한 자기평가, 팀 내 동료들 간 협력학습 태도와 참여정도 평가 등이 수행된다.

▌Barrows와 Myers의 PBL전개과정	
단계	주요 활동
1. 도입	• 수업소개 • 수업분위기 조성
2. 문제 제시	• 문제 제시 • 문제의 내면화 • 최종 수업결과물에 대한 설명
3. 문제해결	• 팀 구성 • 문제해결을 위한 하위 목표 검토 • 하위 목표 해결을 위한 학습과제의 규명과 분담 • 학습자료의 선정, 수집, 검토 • 주어진 문제에 대한 재검토 • 가능한 해결안에 대한 브레인스토밍 및 정교화 • 해결안 결정 및 보고서 작성
4. 발표 및 토의	• 팀별로 결과물 발표 • 팀별 결과에 대한 집단토의
5. 정리	• 결과에 대한 일반화와 정리 • 자기 성찰

(5) PBL의 장단점

① 장점

  ㉠ 인지적 불일치 때문에 계속적인 학습이 가능하며, 실세계 시나리오와의 관련성이 크다.

  ㉡ 학습자의 비판적 사고를 위한 기회를 마련해 주며, 학습자의 전이와 회상을 증진시킬 수 있는 실세계의 실제성을 경험하게 해 준다.

  ㉢ 학습 주제에 대한 본질적인 흥미와 자기조절 학습능력을 향상시킨다.

② 단점

  ㉠ 문제가 구체적이지 못하고 포괄적으로 설계되었을 경우 학습자는 문제를 분석하고 해결안을 도출하는 과정에서 혼란을 겪을 수 있다.

  ㉡ 학생에게 필요한 자료 획득에 대한 대안이 있어야 하고, 문제와 관련된 주변 자료를 탐색하는 능력이 학습자에게 없다면 문제중심학습은 효과가 없다.

  ㉢ 한 학기에 다루어야 하는 문제 수가 많거나 학생 수가 많을 경우 학기 내내 발표와 토론 시간 부족으로 어려움을 겪을 수 있다.

  ㉣ 교사의 코칭 기술에 좌우되기 쉽다. 교사의 코칭 기술이 숙달되지 못한 경우 학습자가 토론의 주제에서 벗어나지 않게 유도하거나 소극적인 학습자에게 적극적인 토론을 하도록 촉진하는 데 어려움이 있을 수 있다.

  ㉤ 학습자가 결과물에만 치중하는 경향을 보이면서 과정의 중요성에 소홀할 수 있다.

8. 상보적 교수(상호적 교수)(reciprocal teaching) 중등 05·08·10, 초등 11

(1) 개요

① 상보적 교수법은 펠린사와 브라운(Palincsar&Brown)에 의해 개발되었으며, 단기간의 독해교육 성과를 얻는 데 매우 유용한 구성주의 교수모형이다.

② 소집단에서 상호작용을 통해 독해에 필요한 인지전략을 가르치기 위한 교수전략이다.

③ 독해의 핵심적인 인지전략은 ⅰ) 질문하기(questioning), ⅱ) 요약하기(summarizing), ⅲ) 명료화하기(clarifying), ⅳ) 예측하기(predicting)이다.

④ 비고츠키의 이론에 근거하여 상호작용과 발판화를 강조하는 상보적 교수는 교사가 먼저 시범을 보인 다음 교사와 학습자가 교사 역할을 교대로 수행하는 상호작용적이고 구조화된 대화를 포함한다.

(2) 목적

① 학습자에게 능숙한 학습자들이 일반적으로 사용하는 전략을 가르쳐서 독해력을 증진시키는 데 일차적 목적이 있다.

② 궁극적인 목적은 학생들에게 교재와 상호작용하는 방법을 가르쳐 주어서 학생들의 문제해결능력을 향상시키는 데 있다.

(3) 상보적 교수의 절차

① 교사와 몇몇 학습자로 소집단을 구성한 다음, 교사가 모델이 되어 인지전략에 대해 설명하고 시범을 보인다. 교사는 교재를 읽으면서 질문에 답을 하고, 내용을 요약하고, 어려운 부분을 명료화하고, 뒤에 어떤 내용이 나올 것인지 예측한다.

② 점차 교사는 학습자가 교사 역할을 하도록 유도한다. 학습자는 교사의 시범을 보고 학습한 기능을 다른 학습자에게 시범을 보이고 설명한다. 그래서 이 방법을 상보적 교수법이라고 한다.

③ 학습자는 서로 질문하고 명료화하도록 요구하며 논평하고 도움을 주면서 학습한다. 학습자의 시범이나 설명이 미흡하면 교사가 단서와 교정적 피드백을 제공한다.

④ 결국 모든 학습자는 교사가 도와주지 않아도 스스로 교과 내용의 질문에 답을 하고, 내용을 요약하며, 어려운 부분을 명료화하고, 뒤에 어떤 내용이 나올 것인지 예측할 수 있게 된다.

⑤ 소집단 내의 대화는 자유롭게 이루어지지만 4가지 전략이 반드시 사용되어야 한다.

(4) 4가지 전략

① 예측하기
 ㉠ 주어진 제재를 읽고 말하는 이가 다음에 무엇을 논의하고자 하는지 예측하게 하는 것이다.
 ㉡ 정확한 예측을 위해서는 주어진 내용을 정확하게 이해해야 한다.

② 명료화하기
 ㉠ 어휘의 정확한 뜻을 사전이나 질문을 통해 명확하게 파악하게 하는 것이다.
 ㉡ 학생들이 내용의 이해를 못하게 되는 주요 원인은 주어진 어휘의 뜻을 잘못 이해하고 있거나 새롭고 어려운 개념일 때가 많다.

③ 질문 만들기
 ㉠ 주어진 내용을 확실히 이해하고 있는지 알 수 있는 전략이다.
 ㉡ 질문 만들기에서 학습자의 독해 수준이 쉽게 드러나는데 단순 사실의 확인부터 이해, 적용, 분석, 종합, 평가에 이르기까지 다양한 수준의 질문을 만들 수 있게 해야 한다.

④ 요약하기
 ㉠ 내용을 학생들이 이해한 대로 자신들의 용어로 표현하도록 하는 것이다.
 ㉡ 요약하기는 주어진 제재를 알고 그 안에 들어있는 가장 중요한 정보를 찾아내며 단어와 단어 사이, 문장과 문장 사이, 문단과 문단 사이의 관계를 정립할 수 있는 기회를 제공한다.
 ㉢ 요약은 문장부터 시작해서 단락으로 발전하고, 이어 전체 제재를 요약하는 방식이 일반적이다.

9. 자원기반학습 중등 11

(1) 개념

① 자원기반학습이란 학습자 스스로 다양한 학습자원과 직접적인 상호작용을 함으로써 이루어지는 학습 형태를 의미한다.

② 학습자가 자신의 학습 진도와 학습활동 선택에 대한 자유를 부여받고 필요한 자료를 필요한 때에 활용할 수 있는 권한이 학습자에게 주어지는 학습 유형이다. 학습자는 자신의 필요를 반영하여 학습의 목적을 설정하고 적합한 학습방법을 선택하며, 이를 보조해 주는 학습 매체와 지원도

구를 선택할 수 있다.

③ 서로 다른 교수·학습 양식에 쉽게 적용할 수 있으며, 학습을 위해 교사, 학습자원, 학습자 등의 모든 자원요소를 활용한다.

④ 학습자는 자유롭게 자신의 속도에 맞추어 자신이 직접 선택한 학습을 하게 되며, 교사는 학습자가 필요로 하는 자원을 제공해 주어야 한다.

(2) 자원기반학습의 필요성

① 교육 정도와 경력, 지식과 관심분야, 문화적 차이 등 학습자 특성이 다양해지고 있기 때문에 모든 학습자에게 동일한 자료를 제공하는 수업은 학습자의 요구를 충족시킬 수 없다.

② 학습자들은 자신들이 필요로 하는 때에 즉각적인 도움이 제공되기를 원한다. 자원기반학습은 다양한 물리적 자원과 인적 자원을 활용하여 학습자원을 체계적으로 구성하고 학습자들에게 필요한 일반적인 조언과 기본적인 정보를 미리 준비함으로써 학습자들이 원하는 때에 도움을 제공해 줄 수 있다.

③ 학습자들은 정보사회에서 요구되는 정보수집 및 자원활용 능력을 갖기를 원한다. 정보사회에서는 새로운 정보를 찾아내고 이를 정교화하여 활용하는 능력이 요구된다. 자원기반학습은 풍부한 학습자원을 활용하여 필요한 정보를 수집하고 검색하여 분류하는 학습활동을 제공하므로 정보수집 및 자원활용 능력을 길러 줄 수 있다.

(3) 자원기반학습 환경(구성요소)

① 학습자원 : 학습을 지원하는 자료들을 말한다.

　㉠ 정적자원 : 인쇄기반의 교과서, 백과사전, 잡지, 신문기사 등이 있다. 표준화된 형태로 제시될 수 있으나 쉽게 뒤쳐진 정보로 남게 되는 단점이 있다.

　㉡ 동적자원 : 다양한 웹기반 자원과 인간(전문가부터 동료학습자까지) 등이 있다. 지식과 이해에 대한 지속적인 성장을 통해 정보가 지속적으로 변화하는 특성을 갖는다.

② 학습맥락 : 학습자에게 '이해'가 일어나는 '상황, 현실, 실제'를 말한다. '상황이나 목적'으로 설명될 수 있다.

　㉠ 외부주도 맥락 : 교사 또는 교수설계자와 같은 외부인이 맥락을 설정하는 것을 말한다. 자원 사용의 속도와 단계, 상호작용 및 관련된 학습 활동 촉진, 학습목표 설정 등을 계획한다. 기존의 교실 학습방법이 해당된다.

　㉡ 학습자 생성 맥락 : 학습자 개인이 자신의 필요에 기초하여 목표를 정하는 것이다.
　　외부적 안내는 필요할 경우 학습자의 요청에 따라 제공된다.

　㉢ 협상 맥락 : 외부주도와 학습자생성 맥락이 결합되어 학습과정에 파트너십을 생성한 것을 말한다. 교사와 학습자가 학습목표에서 학습내용까지 함께 선정하고 문제해결을 위한 질문과 대안적인 접근을 시도하는 학습방법이다.

③ 도구자원 : 다양한 학습자원을 관리하고 전달하는 구성요소이다. 정보의 장소를 찾아내고, 접근하고, 조작하고, 정보의 효용성을 해석하고 평가하는 것을 돕는다.

　㉠ 탐색도구 : 자원의 위치를 파악하고, 다양한 형태의 출처에 접근하게 한다. 웹기반 검색엔진이 해당된다.

ⓛ 과정도구 : 정보를 모으고, 조직하고, 통합하고 생성하는 것을 돕는 인지적 자원을 제공한다.
  예 복사─붙여넣기 기능, 스프레드시트, 인지맵, 그래프 등을 이용하여 문서나 정보 간의 관계에 대한 가설을 명료하게 하는 일 등 ◉ 워드 프로세스나 그래픽 프로그램 등 도구 사용

ⓒ 조작도구 : 신념, 아이디어, 이론을 검증하기 위한 수단을 제공한다.
  예 시뮬레이션 생성 프로그램 : 롤러코스터의 특징을 조작하여 학습자는 움직임, 힘, 속력, 에너지, 중력 간의 관계 탐색 가능

ⓔ 커뮤니케이션 도구 : 아이디어 교환을 위한 도구이다. 이메일, 토론방 및 게시판 등을 이용하여 의사소통할 수 있다.

④ 비계자원 : 학습자들의 학습활동을 체계적으로 지원하는 것을 말한다.

ⓐ 개념적 비계 : 중요한 것을 고려하고 우선순위로 삼는 것을 결정하도록 돕는 것을 말한다. 개념설명, 복잡한 개념의 단순화, 개념 간 관계를 짓는 것 등을 제공할 수 있다.

ⓑ 메타인지 비계 : 학습자들이 배워가면서 무엇을 알고, 무엇을 해야 하는지를 평가하도록 돕는 것을 말한다. 학습이 잘 진행되도록 지속적으로 계획하고, 진행결과를 평가하고 안내하는 것이다. 체크리스트, 팀 활동 기록노트가 예가 될 수 있다.

ⓒ 절차적 비계 : 학습자들이 자원을 사용하는 방법을 보조한다. 도구사용을 촉진하기 위한 기능에 대한 도움말이나 학습경로 안내, 웹사이트 맵 제공을 들 수 있다.

ⓔ 전략적 비계 : 과제를 수행하기 위한 대안적 방법을 모색함으로써 다른 관점과 방향을 고려할 수 있도록 안내하는 것이다. 과제 수행 방법을 알려주는 전문가 상담을 제공하거나, 질문 모음을 제공할 수 있다.

(4) 자원기반학습을 위한 주요 학습기술

① 비판적 사고기술 : 주장이나 논증, 신념, 경험 등의 신뢰성, 타당성, 가치를 판단하기 위한 합리적 사고 작용으로 자원기반학습에서 매우 중요한 학습기술이다.

② 정보자원의 탐색 및 활용기술 : 다양한 정보를 효과적으로 사용하기 위해 모든 유형의 정보를 파악하고 탐색하여 필요한 부분을 활용하는 기술이다.

③ 정보자원의 평가기술 : 자원기반학습의 성패는 과제나 문제해결을 위해 얼마나 유익한 정보를 획득하는가에 달려있다. 따라서 정보자원의 평가기술은 정보자원의 탐색 및 활용기술과 함께 올바른 정보, 필요한 정보, 문제해결에 필요한 가치 있는 정보를 선정하기 위해 필요한 학습기술이다.

(5) Big6모형 중등 11

① 아이젠버그와 버코위츠(Eisenberg&Berkowitz)는 문제해결의 과정에서 요구되는 정보활용기술을 블룸의 인지적 영역의 단계를 적용하여 6단계로 제시하고 Big6모형이라고 하였다.

② Big6모형은 학습자들이 필요한 자원을 파악하고 이를 활용하는 능력을 개발하기 위한 교육과정 및 평가의 준거가 되고 있다.

■ Big6모형

인지	단계	능력
지식	1. 과제 정의	1.1 해결할 과제의 요점 파악 1.2 과제해결에 필요한 정보의 유형 파악
이해	2. 정보 탐색 전략	2.1 사용가능한 정보원 파악 2.2 최적의 정보원 선택
적용	3. 소재 파악과 접근	3.1 정보원의 소재 파악 3.2 정보원에서 정보 찾기
분석	4. 정보 활용	4.1 찾아낸 정보를 읽고, 보고, 듣기
종합	5. 통합정리	5.1 가려낸 정보들의 체계적 정리 5.2 최종 결과물 만들기
평가	6. 평가	6.1 결과의 유효성 평가 6.2 과정의 효율성 평가

■ 레이크스(Rakes)의 자원기반학습의 패러다임 전환 모델

구분	재래식 학습모델	자원기반 학습모델
교사의 역할	내용전문가	과정촉진자 및 안내자
주요 학습자원	교과서	다양한 자원(매체)
주안점	사실적 내용	현장성 있는 문제 상황
정보의 형태	포장된 정보	탐구(발견) 대상으로서 정보
학습의 초점	결과	과정
평가	양적 평가	질적·양적 평가

10. 목표기반 시나리오(goal-based scenarios; GBS) 중등 13

(1) 개요

① 생크(Schanks)에 의해 개발된 시나리오 형태의 구조화된 목표를 제시하는 구성주의 교수설계 모형이다.

② 정해진 목표를 중심으로 학습에 필요한 모든 것(학습자의 활동, 학습자료 및 정보, 피드백 등)을 시나리오라는 설정된 상황에 배치하여 학습자들이 연극이나 역할 놀이처럼 시나리오에 따른 역할을 수행해 가는 과정에서 자연스럽게 정해진 목표를 성취하도록 하는 교수모형이다.

③ 자연스러운 학습을 위해 학습자에게 관련성이 있고, 유의미하며, 흥미로운 목표와 내용을 학습자들이 직접적으로 참여하게 될 과제의 실제적인 맥락과 함께 제공해야 한다.

> 예 대통령의 역할을 배우기 위해 실제 대통령이 되어 그 역할을 수행해 보는 것

(2) GBS의 구성요소

① 목표(goal): 학습자들이 획득하기 원하는 지식과 태도, 기술을 의미한다. GBS의 다른 요소들은 목표를 중심으로 완성해 가도록 구성된다.

㉠ 과정지식(process knowledge : 절차적 지식) : 목표 성취를 위해 필요한 기술을 습득하는 방법에 대한 지식으로 암묵적 지식의 성격을 갖는다.

㉡ 내용지식(content knowledge : 선언적 지식) : 목표를 성취하면서 습득하게 되는 명시적 지식이다.

② 미션(mission) : 학습자들이 설정된 목표를 성취하기 위해 수행해야 하는 과제이다. 목표와 밀접하게 연결되어야 하며, 실제 상황과 유사하고 흥미롭게 설정한다.

③ 표지 이야기(cover story) : 미션과 관련된 맥락을 이야기 방식으로 설명한 것이다. 표지 이야기를 통해 미션을 정확하게 이해하고 미션 수행을 위해 무엇을 해야 하는지를 구체적으로 알 수 있게 된다.

④ 역할(role) : 학습자들이 표지 이야기 속에서 맡게 되는 인물로, 표지 이야기 속의 역할에 따라 미션을 수행한다.

⑤ 시나리오 운영(scenario operation) : 학습자들이 미션을 수행하는 모든 구체적인 활동이 설계되어 제공되어야 한다. 시나리오 운영은 목표와 미션에 따라 체계적으로 긴밀하게 관련되도록 설계되어야 한다. 의사결정을 하거나, 지시를 내리게 하거나, 질문에 답하게 하거나, 도구를 사용하게 하거나, 필요한 정보를 탐색하게 하는 등의 활동으로 구성된다.

⑥ 자원(resource) : 미션을 수행하는 데 필요한 정보이다. 정보는 잘 조직되어 있어야 하며, 어렵지 않게 접근할 수 있도록 준비되어야 한다. 과정지식을 습득하는 데 필요한 정보와 내용지식을 습득하는 데 필요한 정보 모두 적절하게 제공되어야 한다.

⑦ 피드백(feedback) : 학습자들이 미션을 수행하는 과정에서 발생할 수 있는 어려움을 해결하는 데 필요한 교수자의 도움이다. 피드백은 학습자의 미션 수행의 맥락에서 이루어지며, 적절한 시기에 제공될 수 있도록 설계되어야 한다. 피드백 형태는 임무 수행 과정에서 취하게 되는 행동의 결과에 대한 피드백, 학습자들이 필요로 하는 시기에 학습자를 돕기 위한 조언이나 권고를 제공하는 코칭, 전문가들이 실제 미션을 수행할 때 겪게 되는 경험에 대한 간접적인 체험을 제공한다.

(3) GBS의 특징

① 학습은 목적 지향적 : 학습자들이 자신의 목적 달성을 위해 실제적 상황에 주의를 기울이고, 비슷한 상황을 통해 추론하는 과정에서 학습이 이루어진다.

② 학습은 기대 실패에 의해 촉진 : 기대 실패란 학습자가 가지고 있는 지식이 틀렸거나 부족한 결과로 나타나는 것을 의미한다. 기대 실패가 일어나면, 학습자는 틀린 지식을 수정하거나 부족한 지식을 채우기 위해 시도하고 이 과정에서 학습이 촉진된다.

③ 학습은 사례 기반을 통한 문제해결과정 : 학습을 통해 특정 문제를 해결할 수 있는 절차를 배우고, 그 문제와 비슷한 사례에 대한 데이터베이스를 축적하게 된다.

11. 웹퀘스트 수업 모형(web-quest instruction) ^{초등 10}

(1) 개념

① 닷지(Dodge) 등에 의해 제안된 인터넷 정보를 활용한 과제해결활동이다. 웹기반 탐구수업은 교실 안으로 테크놀로지를 통합시키는 획기적 방법이다.

② 웹기반 프로젝트 학습의 한 형태로 웹을 이용하여 과제를 해결하는 형태의 수업이다. 학생들에게 과제가 부여되고, 과제를 해결하기 위해 인터넷 탐색을 한 뒤 최종 리포트를 작성하는 방식으로 진행된다.

③ 교사는 학생들이 적합한 자료를 탐색할 수 있도록 과제와 관련된 인터넷 자료나 인쇄자료에의 접근방법을 제공한다.

④ 학생들에게 학습동기를 부여하고 흥미로운 수업을 이끌 수 있다는 점이 장점이다.

(2) 특징

① 교사의 지시와 안내에 기초한 수업 : 웹퀘스트는 교사가 학습과제, 활동과정, 정보자원 등을 제공하고 안내하는 방법으로 진행된다. 이는 학생들의 시간과 노력을 줄여 주어서 주어진 다양한 정보들을 분석하고 종합하여 학습과제를 해결해 나가는 데 더 집중하도록 하기 위한 것이다.

② 실생활과 관련된 과제를 제공 : 학생들이 실생활과 관련된 주제에 대해 적합한 자료를 탐색하고 문제를 해결하게 한다. 이를 통해 학습동기를 유발하고 현실적으로 의미 있는 학습이 이루어지도록 한다.

③ 협동학습으로 진행 : 웹퀘스트는 학습자들이 역할분담을 통해 과제를 해결할 수 있도록 하는 협동학습의 방식으로 진행된다.

(3) 교수과정(단계)

소개(도입) (instruction)	• 학습자들에게 무엇을 학습하게 될지 설명하는 단계이다. 흥미를 불러일으킬 수 있는 시나리오를 제공해 학습에 적극적으로 참여할 수 있는 동기를 제공해야 한다. 이를 통해 전체 과정에 대한 이해와 배경 정보를 얻을 수 있도록 구성해야 한다. • 이 단계에서는 학습자들의 동기유발이 되도록 명확한 학습 목표를 제시해야 한다. • 웹퀘스트의 가장 중요한 특징은 자발적인 참여로 이루어진다는 것이다. 따라서 학습동기유발이 최우선시되어야 한다. 학습자의 경험과 흥미가 반영된 소개를 통해 적극적 참여를 이끌어 낼 수 있다.
과제 (task)	• 학습자가 해야 할 과제를 제시한다. 개별 학생 또는 각 그룹원이 해야 하는 과제를 상세히 설명한다. 그룹으로 진행될 경우, 각 그룹원의 역할에 대해서도 설명한다. • 과제 제시는 흥미롭고 현실적이면서도 중요한 과제가 선택되어야 한다. 과제는 다양한 의견과 해결안이 나올 수 있고, 그 형태에 대한 내용도 명확해야 한다. • 결과물이 파워포인트인지 워드형태인지 주제발표인지에 대한 설명이 포함된다.

과정 (process)	• 학습과제 완수를 위해 필요한 학습과정을 단계적으로 제시한다. 과제를 다시 세부적으로 나누거나 각 학습자가 맡아야 할 역할이나 취해야 할 관점에 대해 설명할 수 있다. • 이 단계에서 학생들은 각자 역할을 담당하게 된다. 조사원, 작성자, 발표자 등의 역할 수행을 위해 정보를 검색하며 그룹원 간 활발한 의사소통을 통해 결론을 도출해낸다. • 과정은 실질적으로 이루어지는 학습활동이며, 교수자는 내용에 대한 자문이나 협력학습에 대한 도움, 필요한 경우 문제해결의 실마리 등을 제공한다.
자원 (resource)	• 학습자가 과제를 해결하는 데 필요한 자료를 교수자가 찾아 놓은 부분이다(링크). 자원은 학습자들이 자원이나 자료를 찾아 헤매는 것보다는 해결하려는 주제에 집중할 수 있도록 도와준다. • 관련된 학습사이트들을 연결시켜 주며, 사진, 동영상, 또는 학습자용 연습문제 파일 등 디지털화된 학습자료를 제공한다.
평가 (evaluation)	• 학습자들이 학습한 결과를 측정, 평가하는 부분이다. • 단순한 지필시험이나 선다형 문제가 아니라 평가기준표를 이용하여 측정한다.
결론 (conclusion)	• 제공된 학습활동을 마친 후 학습자들이 배운 내용에 대해 요약하여 설명한다. • 이론적인 질문이나 부가적인 학습 링크를 제공함으로써 심화학습이나 다른 학습으로 관심을 확장시킬 수 있다.

⑷ **교사와 학생의 역할**

① 교사 : 학생이 적합한 자료를 탐색할 수 있도록 과제와 관련된 인터넷 자료나 인쇄자료에 대한 접근법, 학습자가 단계별로 수행할 과정, 발표 및 보고서 작성 안내 등을 설계하여 웹에 게시한다.

② 학생
  ㉠ 다른 학생들과 협동학습을 통해 적극적으로 수업에 참여한다.
  ㉡ 과제 해결을 위해 인터넷 탐색을 하고 최종 리포트를 작성한다.

Chapter 02 수업목표와 학습과제 분석

01 수업목표

1. 수업목표의 개념과 기능

(1) 개념

① 수업목표란 수업을 통해 학생들이 무엇을 할 수 있어야 하는가를 말한다. 즉, 교수·학습과정이 성공적으로 수행되었을 때 학습자에게 일어나는 반응인 학습성과를 규정한 것이다.

② 수업목표는 교육목표의 최소 단위로서 교사가 수행하는 시간 단위의 수업을 통해 달성되는 것으로, 이 목표가 교육활동의 기본이라고 할 수 있다. 따라서 수업목표를 통해 모든 교육활동이 계획되고 수행되며 평가된다.

(2) 수업목표의 기능

① 수업이 어느 방향으로 진행되어야 하는지에 대한 방향을 제시해 준다.

② 교사들에게 교수목표 달성을 위한 학습내용 및 학습활동의 선정과 개발 등을 위한 안내를 제공한다.

③ 학생들에게 자신이 무엇을 학습할 것인지 그리고 그것을 어떠한 방법으로 학습해야 하는지에 대한 안내와 정보를 제공한다.

2. 행동적 수업목표의 진술 초등 01·02

(1) 행동적 수업목표 진술의 원칙

① 교사의 행동이 아닌 학생의 행동으로 진술되어야 한다.

② 측정이 가능하고 관찰 가능한 행위동사를 사용하여 진술한다.

③ 학습의 결과(도착점 행동)로 진술한다.

④ 구체적이고 명시적인 동사를 사용하여 진술한다.
- **암시적 동사** : 안다, 이해한다, 깨닫는다, 인식한다, 파악한다, 즐긴다, 믿는다, 감상한다
- **명시적 동사** : 쓴다, 암송한다, 구별한다, 열거한다, 비교한다, 대조한다, 진술한다

⑤ 두 사람 이상이 보아서 동일한 해석을 내릴 수 있도록 진술한다.

⑥ 내용과 행동의 두 측면을 모두 포함해야 한다.

(2) 수업목표 진술 시 유의점

① 수업목표를 교사의 입장에서 진술하지 않는다.

② 학습과정을 수업목표로 진술하지 않는다.

③ 하나의 목표에는 하나의 학습결과만 포함한다.

④ 학습내용이나 주요 제목을 수업목표로 열거하지 않는다.

(3) 수업목표의 진술방식

① 타일러(Tyler)의 진술방식

㉠ 교수목표는 수업이 끝난 후 학생들이 보일 행동, 즉 도착점 행동으로 표현한다.

㉡ 교수목표 속에는 행동과 행동이 나타나게 될 내용이 담겨 있어야 하며 행동이 변화하였으면 그것을 인지할 수 있도록 객관적으로 확인할 수 있는 구체적인 동사를 사용한다.

㉢ '내용'과 '도착점 행동'으로 진술한다.

> 예 <u>지구온난화의 원인을</u> <u>쓸 수 있다.</u>
> (내용)　　　　(도착점 행동)

> 예 <u>두 자릿수 나눗셈 문제가 주어졌을 때,</u> <u>정답을 계산할 수 있다.</u>
> (내용)　　　　　　　　　(도착점 행동)

② 메이거(Mager)의 진술방식

㉠ 메이거는 타일러의 진술방식보다 더 세부적인 형태로, 수업목표가 지니고 있어야 할 세 가지 요소를 다음과 같이 제시하였다.

- 도착점 행동 : 학생들이 학습하였음을 나타내 보이기 위해서 무엇을 할 것인가?
- 조건 : 어떠한 상황에서 학생들이 그러한 행동을 나타내 보이게 될 것인가?
- 수락기준 : 그러한 행동을 학습 성공으로 받아들일 수 있는 기준은 무엇인가?

> 예 <u>20개의 사칙연산 문제를 주었을 때,</u> <u>15개 이상의 문제를</u> <u>정확히 계산할 수 있다.</u>
> (조건)　　　　　　　　(수락 기준)　　　(도착점 행동)

> 예 <u>100미터 트랙을</u> <u>17초 이내에</u> <u>달릴 수 있다.</u>
> (조건)　　(수락 기준) (도착점 행동)

③ 가네(Gagné)의 진술방식

㉠ 가네의 수업목표 진술방법은 메이거의 진술방법보다 세분화된 형태로 진술되었다.

㉡ 목표 진술의 5가지 요인

- 상황 : 학습을 수행하게 될 환경적인 조건이며, 메이거식 목표 진술에서 '조건'에 해당된다.
- 학습능력 : 가네의 학습목표 유형, 즉 언어 정보, 지적 기능, 인지전략, 태도, 운동기능을 말한다. 학습된 능력을 나타내는 동사는 어느 학습 유형에 해당하는지에 따라 좌우된다.
- 대상 : 학생이 학습하게 되는 내용이다.
- 성취 행동 : 학습된 능력을 관찰할 수 있는 행동 동사이다.
- 도구 : 성취 행동이 수행될 상황에서의 성취 정도와 범위를 명확하게 만든다.

> 예 <u>배터리, 소켓, 전구, 전선 등을 제시하였을 때</u> 배터리와 소켓에 <u>전선을 연결하여</u>
> (상황)　　　　　　　　　　　　　(도구)

> <u>전구에 불이 들어오는가를 확인해 봄으로써</u> <u>전기회로를</u> <u>만들 수 있다.</u>
> (행동)　　　　　　　　　(대상)　　(학습능력)

④ 그론룬드(Gronlund)의 진술방식

㉠ 그론룬드는 교수목표를 두 단계의 과정으로 진술하였다.

㉡ 먼저, 기대하는 행동결과로서 일반적 목표(포괄적 목표, 상위목표)를 먼저 진술하고, 그것을 토대로 구체적인 행동증거가 될 수 있는 명세적 목표(구체적 목표, 하위목표)를 제시하는 2차원적 목표진술을 제시하였다.

  ⓒ 일반적 목표는 내용과 함께 '안다' 또는 '이해한다' 등과 같은 암시적 동사를 사용하여 내현적
   행동으로 진술되는 반면, 명세적 목표는 반드시 관찰되고 측정될 수 있는 외현적 행동으로
   진술되어야 한다.

> 📖 1.0 소설 심청전을 읽고 주요내용을 파악한다(일반적 목표).
>   1.1 소설 심청전의 줄거리를 말한다(하위목표).
>   1.2 소설 심청전의 중심사상을 요약한다(하위목표).
>   1.3 소설 심청전의 소설적 특징을 지적한다(하위목표).

(4) 행동적 교수목표의 장단점

 ① 장점

  ㉠ 구체적 행위동사로 진술되므로 교사들이 수업전개를 구체화할 수 있으며 수업효과를 타당
   하게 판단할 수 있다.

  ㉡ 수업의 위계적 관계를 파악하는 데 도움을 주므로 교수설계의 기초자료를 제공해 준다.

  ㉢ 도착점 행동을 구체적인 행위동사로 진술함으로써 수업효과를 정확히 평가하는 데 도움이
   되며, 그 결과를 토대로 전 단계에서 이루어진 수업의 계획, 목표, 내용, 방법 등에 관한 효율
   성을 점검할 수 있다.

 ② 단점

  ㉠ 명세적으로 세분화되어 실제 수업에서 낱개의 목표를 중심으로 수업이 진행될 가능성이 높
   아 지식의 종합적인 학습을 어렵게 한다.

  ㉡ 구체적으로 제시된 행위동사가 수업 목표가 될 경우 수업은 그 행동에만 국한되어 학생들의
   다양한 사고나 폭넓은 능력의 습득을 방해할 가능성이 높다.

  ㉢ 인문학 영역이나 음악, 미술, 체육 등의 예술, 기타 교과는 행위동사를 사용하여 목표를 진술
   하기 어려울 수 있다.

---

02   학습과제 분석

1. 과제분석의 개념

 ① 교수내용에 대한 정보를 제공해 주기 위해서 가르쳐야 할 모든 종류의 지식이나 기능을 분석하
  는 과정이다.

 ② 학습자가 학습의 결과 획득하게 될 지식의 다양한 유형에 따라 학습내용의 요소와 단위를 결정
  하고 이를 계열화하는 것이다.

 ③ 과제분석이 적절히 이루어지지 않으면 교수자는 학습자에게 무엇을 가르쳐야 할지 정확하게 파
  악하기 어렵고, 최적의 교수전략도 수립할 수 없다.

 ④ 과제분석을 통해 성취목표를 확인할 수 있으며, 계열화 및 조직화가 가능하며, 수업의 관련자들
  과 의사소통이 원활해지고, 교육비용 절감 효과를 볼 수 있다.

2. 과제분석 방법

① 과제분석은 크게 '학습목표 분석'과 그 목표를 구성하는 '하위기능 분석'으로 이루어진다.
  ㉠ 학습목표(교수목표) 분석
    • 설정된 학습목표가 언어정보, 지적 기능, 운동기능, 태도 중 어떤 학습 영역에 속하는지 분류한다.
    • 그 학습목표를 성취하기 위해 요구되는 주요 단계를 분석한다.
  ㉡ 하위기능 분석 : 분석된 각 단계의 학습에서 요구되는 하위기능과 지식을 분석한다.
② 하위기능을 분석하는 방법으로는 위계적 분석(hierarchical analysis), 절차적 분석(procedural analysis), 군집적 분석(cluster analysis), 통합적 분석(combining analysis)이 있다.

목표유형	분석방법
지적 기능	위계적 분석
운동기능	절차적 분석(위계적 분석)
언어 정보	군집적 분석
태도	절차적, 위계적, 군집적의 통합적 분석

  ㉠ 위계적 분석
    • 분석된 과제의 학습 유형이 지적 기능이나 운동기능일 경우 주로 사용한다.
    • 하나의 학습과제나 학습요소가 독립적으로 존재하는 것이 아니라 다른 학습요소와 종적으로 연결되어 위계적 조직을 이루고 있을 때 이 방법을 쓴다.
    • 위계분석은 과제를 달성하기 위해 필요한 여러 기능들을 상위기능과 하위기능으로 분석한다. 하위기능은 상위기능을 학습하기 위해서 반드시 숙달해야 하는 선행학습이다.
  ㉡ 절차적 분석 : 각 단계의 기능을 학습하기 전에 먼저 습득되어야 하는 기능을 확인한 다음 하위기능들 간의 시간상의 순서를 결정한다.
  ㉢ 군집적 분석
    • 언어 정보의 학습과제를 분석할 때 주로 사용한다.
    • 언어 정보는 상하위의 위계적 관계가 없으므로, 주요 정보를 효과적으로 묶는 방법을 분석하는 것이 적절하다.
    • 인간의 신체 부위 이름을 학습하는 과제는 신체 각 부위별로 묶는 방법이 있고, 주요 사찰의 소재지를 학습하는 과제는 지역과 도시를 군으로 묶는 방법이 사용될 수 있다.
  ㉣ 통합적 분석
    • 위계분석, 절차분석, 군집분석을 동시에 활용하는 하위기능 분석법이다. 주로 태도 학습목표를 분석하는 데 활용된다.
    • 태도 학습은 어떤 행위를 선택하는 것이지만, 선택하기 위해서는 지적 기능이나 운동기능 또는 언어 정보를 수반하는 경우가 일반적이다. 따라서 태도 학습에도 그에 선행하는 어떤 하위기능을 알거나 수행할 수 있어야 한다는 것이다.

Chapter 03 교수·학습방법

01 강의법

1. 강의법의 개념 초등 03

① 강의법(lecture method)은 교육기관에서 가장 보편적으로 사용하는 교육방법 중 하나로, 중요한 정보를 효율적이고 능률적인 교사의 말로써 학습자에게 전달하는 방법이다. 즉, 지식이나 기능을 교사가 선정·계획하여 학습자에게 전달하고 이해시키며 학습자는 이것을 듣고 생각하며 때로는 필기하면서 학습하는 방법이다.

② 가장 오랫동안 사용하였던 지도방법으로 그 근원은 고대 희랍시대의 철학자들이 서로의 지식을 나눠 갖기 위한 방법으로 사용한 이래 지금까지 사용하고 있는 방법이다.

③ 교사가 언어적인 방법으로 지식을 전달하기 때문에 의사소통이 일방적으로 이루어지며, 학생은 강의내용을 듣고 노트하며 수동적으로 이해한다.

2. 강의법의 장단점

(1) 강의법의 장점

① 학습자가 심리적 부담감 없이 참여할 수 있으며, 짧은 시간에 많은 양의 정보를 전달할 수 있다.

② 교과서의 내용을 교사 재량으로 보충, 첨가, 삭제할 수 있다.

③ 수업자의 설명력이 뛰어날 경우 다른 보조자료 없이도 사건이나 사실을 눈으로 보는 것처럼 설명할 수 있다.

④ 장소에 크게 구애받지 않는다.

⑤ 학생 수가 많은 경우에도 별 어려움 없이 실행할 수 있다.

(2) 강의법의 단점

① 수업의 질이 수업자의 능력과 준비에 따라 크게 달라진다.

② 설명이 지루할 경우 학습자의 주의집중과 동기가 떨어진다.

③ 일방적 전달 때문에 학습결과의 개별화나 사회화가 어렵다.

④ 학습자의 동기유발이 어렵고 수동적 학습자가 되기 쉽다.

3. 강의법이 갖추어야 할 요건

① 언어는 직관적이면서 정확하고 명랑해야 한다.

② 학습자의 반응을 수시로 확인하면서 자연스럽게 강의에 변화를 주어야 한다.

③ 시청각적 보조 자료를 적절히 사용한다.

④ 학습자들의 학습태도를 파악하고 그에 따라 강의 진도와 속도를 조절해 나간다.
⑤ 가끔 유머를 사용하여 학생들의 지루함과 긴장감을 해소한다.

02 문답법

1. 개념

① 질문과 대답에 의해 교수활동이 전개되는 방법으로, 발문법이라고도 한다.
② 상호 질의응답을 통해 학습에 주의를 집중시키고 학습자의 탐구능력과 추상적 사고작용, 비판적 태도, 표현력 등을 기를 수 있는 방법이다.
③ 고대 소크라테스 대화법이 기원이 되어 페스탈로치에 의해 발전되었다.

2. 장단점

(1) 장점

① 학습동기를 높여 적극적인 학습활동 참여를 유도할 수 있다.
② 학습자가 문제에 대한 해결책을 찾는 기회를 제공한다.
③ 주체적인 학습을 가능하게 한다.
④ 교사와 학습자 간 지적 상호작용의 기회를 증진시킨다.
⑤ 학습자가 학습목표에 도달한 정도를 확인할 수 있다.

(2) 단점

① 대집단일 경우 사용이 제한된다.
② 질의응답에 시간이 많이 걸릴 수 있어 시간 관리에 신경을 써야 한다.
③ 어려운 질문의 경우 학습자가 충분히 생각할 수 있는 시간을 제공해야 하므로 사전에 준비해야 한다.
④ 수줍음이 많거나 대인공포증을 가진 학습자가 있는지 사전에 확인해야 한다.
⑤ 예상치 못한 질문에도 당황하지 않고 대처할 수 있는 능력과 대처가 필요하다.

(3) 문답법이 갖추어야 할 요건

① 응답의 기회를 골고루 주어야 한다.
② 학습내용에서 벗어난 질문을 하여 학습자가 당황하거나 공포심을 갖지 않도록 해야 한다.
③ 질문의 요지가 명백하고 간결해야 한다.
④ 단순한 기억의 재생을 요하는 단편적인 질문이 아닌, 사고 능력을 발전시킬 수 있는 질문이어야 한다.
⑤ 학습자 상호 간에 자유롭게 질의응답해야 한다.
⑥ 질문은 학습자 상호 간의 경험이나 지식의 범주 내에서 이루어져야 한다.

03 토의법

1. 개념 초등 00

① 토의법은 교사와 학생 또는 학생들 간의 상호작용을 통해 문제를 해결해 나가는 학습형태이다.

② 이러한 목적 달성을 위해 토의는 일정한 규칙과 단계에 따라 이루어져야 하며, 개방적 의사소통과 협조적인 분위기와 민주적 태도가 필요하다.

③ 토의와 유사한 것으로 토론을 들 수 있는데 토의는 모두가 협력하여 주어진 문제에 대한 최선의 해답을 찾는 반면, 토론은 문제에 대해 찬성과 반대 입장을 먼저 정한 후 자신의 주장을 논리적으로 전개하여 상대를 설득하려고 한다는 점에서 차이가 있다.

2. 장단점

(1) 장점

① 문제해결력과 고등정신기능을 기를 수 있다. 여러 사람이 함께 의사결정을 하는 경험을 통해 문제해결능력을 기를 수 있으며, 교육목표 중 적용, 분석, 종합, 평가와 같은 고차원적 사고력을 기를 수 있다.

② 학습자가 자신의 생각과 의견을 표현하고, 타인의 의견을 비판적으로 사고하는 기회를 제공한다.

③ 서로 배우며 집단의식과 공유능력을 향상시킬 수 있고, 사회적 기능 및 태도를 형성시킬 수 있다. 정서적으로도 긍정적인 영향을 준다.

④ 문제에 대한 관심과 흥미를 고취시켜 학생들의 자발적, 자율적인 학습활동을 유발할 수 있다.

⑤ 선입견과 편견은 집단 구성원의 비판적 탐색에 의해 수정될 수 있다.

(2) 단점

① 정보 전달이 늦고, 많은 시간이 소요된다.

② 소수의 의견이 무시되거나 경시되기 쉽다.

③ 토의의 허용적 특성은 학습자의 이탈을 유발할 수 있다.

④ 발표내용보다 발표자에 중점을 두기 쉽고 감정에 흐르기 쉽다.

⑤ 학습자의 성격에 따라 수업참여에 미온적일 수 있으므로 이들을 잘 통제하지 않으면 수업의 효과가 떨어질 수 있다.

⑥ 철저한 사전준비에도 예측하지 못한 상황이 발생할 수 있다.

⑦ 친숙하지 않거나 잘 이해가 되지 않는 사실과 개념은 효과적인 토의가 어렵다.

3. 토의법으로 수업 진행 시 유의점

① 토의과정에서 필요한 자료는 사전에 미리 준비한다.

② 소수의 우수한 학생들이 독점하지 않고 모든 학습자가 적극적으로 참여하도록 배려한다.

③ 의견 발표가 자유롭게 될 수 있도록 분위기를 조성한다.

④ 소수의 의견도 존중되도록 진행한다.

⑤ 토의의 목적은 상대방을 설득시키는 데 있는 것이 아니라, 협동적인 문제해결에 있음을 이해하게 한다.

4. 토의의 유형

(1) 원탁토의(round table discussion) 중등 04

① 토의의 가장 기본적인 형태로, 참가인원은 보통 5~10명 정도로 소규모 집단구성을 이룬다.

② 참가자 전원이 상호 대등한 관계 속에서 정해진 주제에 대해 자유롭게 서로의 의견을 교환하는 좌담 형식이다.

③ 구성원들이 동질적이지 않거나 지식수준, 대화 능력 등에 차이가 클 경우 실패할 가능성이 커지므로 수준에 맞는 토의가 이루어질 수 있도록 토의 구성원 배경에 주의를 기울여야 한다.

④ 토의가 성공적으로 이루어지기 위해서는 충분한 경험을 지닌 사회자가 필요하다.

⑤ 참가자 모두가 발언할 수 있도록 기회를 적절히 제공해야 한다.

(2) 배심토의(panel discussion)

① 토의에 참가하는 소수의 선정된 배심원과 다수의 일반청중으로 구성되어 특정 주제에 대해 상반되는 견해를 대표하는 몇몇 사람이 사회자의 진행에 따라 토의하는 형태이다.

② 의견을 달리하는 4~6명의 선정된 대표자와 다수의 청중으로 구성된 후 의장은 배심토론자를 소개하고 문제와 논점을 중심으로 토의를 시작한다.

③ 청중에게 질문이나 발언권을 주기도 한다.

④ 주제에 대한 준비가 충분하고 자유롭게 자신의 견해를 밝힐 수 있는 학습자들이 많은 경우에 효과적이다.

⑤ 패널 구성원의 선정이 학습효과에 결정적 영향을 미친다.

(3) 공개토의(forum discussion) 중등 07

① 1~2명의 연설자가 공개적인 연설을 한 다음, 그 내용을 중심으로 연설자와 청중 사이에 질의응답을 진행하는 식으로 토론을 진행한다.

② 청중이 토의에 직접 참여하여 공식적으로 발표한 연설자에게 질의응답을 할 수 있다는 것이 특징이다. 사회자는 연설시간 조절과 청중의 질문유발, 적절한 발언통제를 하기도 한다.

③ 청중은 주제에 대해 관심을 갖고 적극적으로 토론 과정에 참여해야 한다. 연설 내용이 일반청중과 연계가 많이 되어 있을수록 적극적으로 전개된다.

④ 지역사회의 현안문제, 학교 행사 등에 관련된 문제, 정책에 관련된 결정이 필요할 때 많이 활용한다.

(4) 단상토의(symposium) 초등 01

① 전문가들이 주제에 대한 각자의 의견을 공식 발표한 다음, 이들의 발표 내용을 중심으로 청중과 발표자 간에 토의와 질문이 진행된다.

② 토론자, 사회자, 청중 모두 토의의 주제에 대한 전문적인 지식이나 정보, 경험 등을 지니고 있어야 한다.

③ 같은 주제에 대해 발표자별로 다양한 견해가 제시될 수 있다는 점이 특징적이다.

(5) 대담토의(colloquy)

① 참가하는 인원은 보통 6~8명 정도로, 이 가운에 3~4명은 청중 대표이고, 나머지 3~4명은 전문가나 자원인사로 구성된다.

② 청중 앞에서 사회자의 진행으로 특정 주제에 대해 대담형식으로 진행하는 토의를 말한다. 토의 주제에 대한 전문가들의 의견 발표와 청중 대표들의 질문 및 의견 개진 형식으로 진행되는 토의이다.

③ 대담토의는 주로 청중 대표와 전문가 집단에 의해서 이루어지나, 사회자의 진행에 의해 청중이 직접 토의과정에 참가할 수도 있다. 토의시간은 청중 대표, 전문가와 일반 청중이 비슷하게 안배되어야 하며, 서로 간에 의사소통이 원활하게 이루어질 수 있도록 배려해야 한다.

④ 배심토의의 변형이 대담토의로 배심토의에서는 대표들로 이루어진 토론단이 토의를 진행하는 한편, 대담토의는 청중 대표와 전문가의 대담으로 진행된다.

(6) 세미나(seminar)

① 참가자 모두가 토의 주제 분야에 권위 있는 전문가나 연구가로 구성된 소수집단 형태이다. 주제 발표자의 공식적인 발표에 대해 참가자가 사전에 준비된 의견을 개진하거나 질의하는 방식으로 토의가 이루어진다.

② 세미나는 참가자에게 특정 주제에 대한 전문적 연수나 훈련의 기회를 제공해 주는 데 목적이 있다. 따라서 참가자 전원은 보고서 형식의 간단한 자료를 상호 교환할 수 있어야 한다.

③ 이 토의방식은 참가자 전원이 해당 주제에 관련된 지식이나 정보를 체계적이고도 깊이 있게 토의할 수 있게 하는데, 이는 사전에 철저한 연구와 준비를 전제하는 것이다.

④ 전원이 전문가로 구성되어 있기 때문에 구성원 간의 적극적이고 능동적인 참여가 가능하다.

(7) 버즈토의(buzz discussion) 중등 11, 초등 12

① 벌들이 윙윙거리는 것 같이 여러 명의 학생들이 집단을 편성하여, 서로 의견을 교환하면서 학습해 가는 방법이다.

② 미시간 대학의 필립스(Phillips)가 고안한 방법으로, 학급 내 인간관계를 개선하고, 학생의 기초학력을 향상시키기 위한 목적으로 고안되었다.

③ 대표적인 방법으로는 6·6법이 있다. 한 분단을 6명으로 편성하고, 6분간 토의한 뒤 토의결과를 가지고 다시 전체 학생이 토론하는 형태이다. 분단조직은 학습에 따라 1~2주 또는 1~2개월마다 개편한다.

④ 버즈 방법
  ㉠ 집단을 6명 정도씩 그룹으로 나눈다.
  ㉡ 리더를 정하고 각 소그룹은 주어진 주제에 대해서 5~20분간 함께 자유롭게 토의하고 결론을 낸다.
  ㉢ 각 소그룹의 대표는 그룹의 결론을 전원에게 발표한다.
  ㉣ 리더는 그것을 참고로 해서 전체 토의를 진행한다.

04 듀이의 문제해결학습법

1. 개념

① 학습자에게 어떤 문제를 주고 그 해결과정을 통해 지적·태도적·기술적 학습능력을 길러주는 방법이다.

② 문제가 제기되면, 학습자는 자신이 배운 지식을 사용하여 문제를 파악, 분석하여 해결책을 고안하고 문제해결을 위한 자료를 모으며 학습한다.

③ 문제해결학습법은 존 듀이(J. Dewey)가 체계화하였다, 그는 교육이란 경험을 통한 계속적인 개조의 과정이라고 보았다.

④ 문제해결에서 얻어지는 지식은 단순한 지식이 아니라 반성적 사고(reflective thinking)를 통한 지성이라고 하였다.

2. 문제해결학습의 절차

① 문제의 인식: 학습자가 당면한 문제에 대해서 자세히 검토하고 정확히 인식한다.

② 문제해결의 계획: 문제해결에 필요한 분단의 구성, 학습내용 분담, 시간계획, 자료 확인, 결론 형성 등의 계획을 주도면밀하게 세워야 한다.

③ 자료수집 및 분석: 계획에 따라 자료를 수집하고 수집된 자료의 의미를 분석하는 단계이다.

④ 학습활동 전개: 수집된 자료를 조사, 관찰, 비교 등을 통해 문제해결을 시도한다.

⑤ 결론 형성 및 토의: 결론을 도출하고 교사와 발표 및 토의하는 단계이다.

3. 문제해결학습법의 장단점

(1) 장점

① 전인적인 발달을 위한 학습이 된다.

② 협동적인 학습활동을 통해 민주적인 생활태도를 기를 수 있다.

③ 학습과제를 스스로 해결하게 하여 자율성과 능동적인 능력을 기를 수 있다.

④ 학습자의 자발적 학습이 이루어진다.

⑤ 문제해결과정에서 사고력 및 창의력과 같은 고등정신능력을 배양할 수 있다.

(2) 단점

① 학습에 투자한 노력에 비해 학습효과가 떨어질 수 있다.

② 문제중심으로 학습을 진행하여 기초학력이 부실해질 우려가 있다.

③ 교과 지식을 체계적으로 익힐 수 없어 지적 성장이 저해될 수 있다.

05 프로젝트 학습(구안법) ^{중등 01}

1. 프로젝트 학습의 개념

① 진보주의 교육의 영향을 받은 열린 교육자들이 많이 이용하는 교수법 중의 하나로, 킬패트릭 (Kilpatrick)이 창안하였다.

② 구안법은 학생이 마음속에 생각하고 있는 것을 구체적으로 실현하고 구체화하기 위하여 스스로 계획을 세워 수행하는 학습활동을 말한다. 원래 project란 '앞으로 던진다'는 뜻으로 '생각한다', '구상한다', '묘사한다'는 의미를 갖는다.

③ 프로젝트법 또는 구안법이란 전통적인 교사주도의 주입식 수업에서 탈피하여 학습활동을 학습자 자신이 계획하고 전개해 나가는 학습자의 자발적인 참여를 강조하는 학습지도법을 일컫는다.

④ 학습자가 선정한 문제를 중심으로 학습이 진행되며, 학습에 대한 학습자의 책임을 강조하는 학습모형이다.

⑤ 킬패트릭은 듀이(Dewey)의 문제해결학습법을 발전시켜 구안법을 고안하였다. 따라서 구안법과 문제해결학습법은 그 기본성격에서는 같으나, 몇 가지 점에서 차이가 있다.

    ㉠ 문제해결학습법은 반성적인 사고과정이 중심이 되나, 구안법은 구체적인 결과를 만들어 내는 실천적인 면에 중점이 주어진다.

    ㉡ 문제해결학습법은 이론적, 추리적으로 문제를 해결해 가는 과정을 중시하나, 구안법은 현실적, 구체적으로 문제를 해결하는 데 중점을 둔다.

    ㉢ 구안법은 문제해결학습법에서 발전하였으므로 구안법의 의미에는 문제해결학습법이 포함된다.

2. 프로젝트 학습의 특징

① 학습자들이 실제적인 문제해결에 참여하여 결과물을 창조하는 과정에서 새로운 지식과 기술을 습득하는 것을 강조한다.

② 프로젝트 학습을 통해 학습자들은 지식기반 사회와 고도의 테크놀로지기반 사회를 살아가는 데 적합한 능력을 신장시킬 수 있으며, 문제해결능력과 팀워크, 시간관리, 테크놀로지 활용, 연구를 위한 정보수집 및 정보처리 능력을 신장시킬 수 있다.

③ 실제와 같은 방식으로 학습자가 자신의 생각을 표출시켜 수행하는 교수·학습 활동이다. 학습의 과정을 학생들 스스로가 설계하고 실행하는 데 초점을 둔다.

④ 학생이 학습할 것과 학습방법을 결정하는 데 좀 더 자율성을 가진다는 점에서 다른 전통적 방법들과 차이가 있다.

3. 프로젝트 학습의 지도단계

(1) 목적(목표) 설정

① 학습할 문제가 선택되고 학습목적을 확인하는 학습의 기초적 단계이다. 학습자 자신이 프로젝트를 선택하게 하는 것이 바람직하다.

② 학습문제 선택 시 학습자의 흥미유발이 가능한 것, 기존 지식이나 지능을 토대로 수행할 수 있는 것, 시간낭비가 되지 않는 것, 쉽게 재료를 얻을 수 있는 것, 학습주제(학습내용)와 일치되어야 한다는 점을 유의하여야 한다.

(2) 계획수립

① 계획수립 단계에서 프로젝트 실행 가능성이 결정되기 때문에 이 단계가 가장 어렵고 힘들다.

② 이 단계에서는 학습자 자신이 토의하고 학습할 내용과 그 전개과정의 순서를 확인해서 문제해결에 의문이 발생하지 않도록 구체적인 계획을 수립해야 한다.

(3) 실행(실천)

① 학습자가 흥미를 가지고 활발하게 활동하는 단계이다. 프로젝트 학습의 중요성은 결과보다 수립된 계획에 따라 실행하는 과정에 중점을 두고 있기 때문에 실천 단계는 프로젝트 학습의 특징을 나타내는 단계라 할 수 있다.

② 교사는 학습자들이 문제해결에 필요한 재료와 자료의 광범위한 수집과 함께 학습자들이 이것을 충분히 활용하도록 하는 데 관심을 두어야 한다. 이때 중요한 것은 학습자의 작품이나 활동이 온전하지 않더라도 비판하기보다는 스스로 더 나은 방향을 탐색하도록 도와주려는 자세이다.

③ 프로젝트 학습은 학습자들의 흥미에 입각한 활동이므로 자칫 혼란이나 무질서하게 될 수 있으므로 이에 대한 지도가 병행되어야 한다. 또한, 문제해결능력을 기르는 것이 프로젝트 학습의 주요 목표이므로, 평소 다루지 않았던 문제를 학습자들이 시도해 보도록 하는 것도 중요하다.

(4) 평가

① 최종적인 단계로 자기평가와 상호평가, 그리고 교사의 평가가 건설적으로 이루어지는 단계이다.

② 교사의 평가가 일방적이어서는 안 되며 협조자적 입장에서 조언을 해준다. 학습자는 이를 바탕으로 자신의 학습결과를 객관적으로 평가할 수 있다.

③ 학생들 상호 간에 이루어지는 집단평가는 비판적 태도를 기르는 데 효과적이다.

4. 장단점

(1) 장점

① 학습자의 흥미에서 출발하므로 확실한 동기를 부여한다. 따라서 해결하려는 문제는 학생들이 좋아하는 것이어야 한다.

② 자기가 계획하고 실천하는 것이므로, 학습에 대한 주체성과 자기주도적 학습능력을 기르는 데 도움이 된다.

③ 현실생활에서의 실천적 문제해결의 기회를 주므로 학교생활과 실제생활을 연결시킨다.

④ 구체적인 결과물을 만들어 가는 과정에서 인내력을 기를 수 있으며, 결과물이 만들어진 후에는 성취감을 느낄 수 있다.

⑤ 학습자의 창의적 연구를 중시하여 창조적, 구성적 태도를 함양하는 데 적당하다.

⑥ 집단을 편성하여 작업할 경우 협력, 관용, 희생정신을 기를 수 있다.

(2) 단점

① 학습자의 계획에 의해 실천되므로 시간적·물질적 낭비가 많아지기 쉽다.

② 필요한 자료가 많을 경우 얻기 곤란한 것이 있을 수 있어, 완성하지 못하거나 충실하지 못하는 경우가 있다.

③ 교재의 논리적 체계가 무시될 가능성이 있다.

④ 학습자의 흥미에 입각한 활동이므로 학습과정이 혼란스러울 수 있다.

06 자기주도학습

1. 개념 중등 05, 초등 00·04·11

① 노울즈(Knowles)는 자기주도학습(self-directed learning; SDL)을 '학습자가 스스로 자신의 학습목표(경험)를 계획하여 학습요구를 진단하고, 학습목표를 설정하며, 학습에 필요한 인적·물적 자원을 파악하고, 적절한 학습전략을 선택·실행하고, 학습결과를 평가하는 과정 등 일련의 학습과정에서 스스로 주도적인 역할을 수행하는 학습'으로 정의하였다.

② 즉, 학습경험을 계획하고 실행하고 학습결과를 평가하는 일차적인 책임을 학습자가 진다는 의미로, 학습자를 무한한 가능성을 가진 존재로 인식하는 인간주의적인 교육철학에 기본을 두고 있다.

2. 자기주도학습의 특징

① 자기주도학습의 핵심은 학습의 자기주도성(self-directness)과 학습자의 자기관리(self-direction)에 있다. 이는 자기 학습에 대한 독립성과 학습 과정 전체에서 주도성 및 자율성을 가짐을 의미한다.

② 자기주도학습의 특성은 다음과 같다.

  ㉠ 학습자가 학습의 주도권을 갖는다.

  ㉡ 학습목표, 학습수준, 학습내용, 학습방법, 학습평가 기준 등이 처음부터 학습자에 의해 결정되고, 그 결정의 기초는 학습자 가치, 욕구, 선호 등에 의한다.

  ㉢ 학습자의 개인차를 중시한다. 학습자는 자신의 능력에 따라 학습 속도를 조절할 수 있다.

  ㉣ 학습자의 선행 경험이 중요한 학습자원이 된다.

  ㉤ 학습결과에 대한 책임이 학습자에게 있다. 따라서 자기평가가 중시된다.

3. 자기주도학습의 과정

① 학습욕구 진단 : 학습자들은 다양한 이유로 학습에 임하므로 교수자는 학습자들이 느끼는 현재의 상태와 숙달의 결과 얻게 되는 바람직한 상태 사이의 차이를 확인시켜 주는 다양한 절차들을 사용해야 한다.

② 학습목표 설정 : 학습자의 요구분석을 통해 도출된 것으로 학습의 실행 결과 학습자가 보여줄 수 있는 행동을 구체적으로 기술한 것이다.

③ 학습을 위한 인적·물적 자원 탐색 : 자원은 일반적으로 전문가 및 친구와 같은 인적 자원, 서적이나 컴퓨터 프로그램 같은 비인적 자원, 자원집단이나 취미클럽과 같은 집단 자원의 3가지로 나뉜다. 자기주도학습에서는 이 외에도 학습자의 선행 경험을 중요 자원으로 여긴다.

④ 적절한 학습전략 선정 및 이행 : 학습자의 다양한 특징은 학습 욕구에 반영되고 이런 요구에 따라 다양한 학습방법이 채택되어 학습활동에 활용되어야 한다.

⑤ 학습결과 평가 : 자기주도학습은 학습자가 학습 전체의 기획, 실행, 평가 등의 일차적 책임을 지는 것을 그 특징으로 한다. 따라서 학습결과에 대한 학습자의 자기평가가 중요하다. 자기주도학습 평가의 특징에는 평가의 개별성, 다양성, 자율성 등이 있다.

▌ 자기조절학습 초등 04·11

① 자기조절학습은 학습자가 자기조절을 하면서 진행해 가는 자기주도학습을 말한다.

② 다양한 심리적 변인이 작용되는데, 인지변인, 동기변인, 행동변인으로 나누어 볼 수 있다.

  ㉠ 인지변인 : 학습자가 가지고 있는 인지전략과 메타인지 전략이다.
   • 인지전략 : 학습자가 자료를 기억하고 이해하는 데 사용하는 실제적인 전략으로 시연, 정교화, 조직화 전략이다.
   • 메타인지 전략 : 학습자가 학습하면서 자신의 인지과정에 대한 개념을 형성하는 것으로 이를 통해 효과적인 인지전략을 선택하고 통제한다. 자기 의문, 자기 점검, 자기 모니터링, 분석하는 사고 기술이 포함된다.
  ㉡ 동기변인 : 자기주도학습을 진행하는 데 있어서의 학습목적에 대한 동기유발로 숙달목적 지향성, 자기 효능감, 과제 가치 등이다.
  ㉢ 행동변인(활동변인) : 자기주도학습의 효율적이고 자발적인 학습활동을 의미한다.
   • 행동통제(action control) : 수행과정에 나타나는 어려움을 극복하는 의지이다.
   • 도움구하기(help seeking) : 어려운 문제에 부딪혔을 때 선생님이나 동료에게 도움을 구하는 것이다.
   • 학업시간의 관리(academic time management) : 목표달성을 위한 학습 수행의 시간을 계획하고 관리하는 것이다.

07 프로그램 학습

1. 개념

① 스키너(Skinner)의 작동적 조건 형성이론과 학습내용 조직의 계열성 원리를 바탕으로, 자발성과 개별화의 원리를 적용한 교수방법이다.

② 학습자가 자신의 능력과 속도에 따라 스스로 학습하면서 점진적으로 학습목표에 도달하도록 하는 학습방법이다.

③ 교과 내용에 대한 체계적이며 경험적인 접근을 통해 학습목표에 도달하도록 하는 완전학습의 한 방법으로, 명확한 학습목표의 제시, 상세한 행동분석, 자극의 제시, 그리고 학습자의 반응을 통제하며 특정 행위를 점진적으로 이끌어 내도록 조직된 교수의 한 형태이다.

④ 교수 프로그램(교수기계 예 인쇄자료, 소프트웨어)을 이용하여 학습을 진행한다.

2. 프로그램 학습의 원리

① 소단계(small step)의 원리 : 점진적으로 학습내용을 매듭지어 가도록 한다. 그러므로 쉬운 것부터 점차 어려운 것으로 여러 작은 단계를 밟아가면서 점진적으로 학습해 나가도록 한다. 교재가 단계에 따라 점진적으로 조직되었을 때 학습자들은 무난하게 학습을 진행하여 목표에 이르게 된다.

② 적극적 반응의 원리 : 프로그램 학습은 단계마다 학습자 스스로 문제에 대한 답을 찾아내거나 생각해 내야 하기 때문에 학습자의 적극적인 참여와 활동이 절대적으로 필요하다.

③ 즉시 확인의 원리 : 학습자들은 자기가 학습한 결과를 즉시 확인하고 싶어 한다. 결과를 즉시 알게 되면 다음 학습에 빨리 뛰어들 것이다. 반면 결과가 알려지지 않을 때는 다음 학습을 주저하게 되고, 다음 학습에 임한다고 하더라도 확신이 부족한 상태에 머무르는 경우가 많다. 프로그램 학습에서는 학습한 결과를 즉시 알려주어 정반응이면 즉각적인 강화로 학습내용을 정착시키고, 오반응이면 이를 즉시 수정하게 한다. 즉, 즉각적인 피드백을 제공해 주는 것이다.

④ 자기 속도(pace)의 원리 : 학습자들은 자기 진도에 맞게 학습활동을 진행할 때 무리가 없게 되고, 흥미를 잃지 않는다. 학습속도는 빠를 수도 있고 늦을 수도 있기 때문에 각자의 능력에 맞게 학습을 진행하는 것이 바람직하다. 이렇게 되면 교수의 개별화가 이루어지게 된다.

⑤ 자기검증의 원리 : 한 단계의 학습을 끝내고 다음 단계로 넘어갈 때 학습자 자신이 학습결과를 확인하게 하는 것은 학습의욕을 높이는 좋은 방법이 된다. 무엇이 어떤 이유로 맞고 틀렸는지 스스로 검증할 수 있도록 함으로써 자기평가와 검증이 이루어지도록 한다.

⑥ 자기구성의 원리 : 학습양식에는 재인양식(recognition pattern)과 재생양식(reproduction pattern)이 있다. 재인양식은 주어진 답지 중에서 정답을 골라내는 것이며, 재생양식은 스스로 답을 작성해 내는 것을 말한다. 프로그램 학습에서는 재인양식보다는 재생양식의 학습을 전개한다. 즉, 단계마다 학습자 자신이 정답을 구성하면서 학습을 하게 한다.

3. 프로그램 학습의 유형

(1) 직선형 프로그램(linear program)

① 스키너가 개발한 프로그램 형태이며, 스키너의 연구를 교실수업 현장에 적용한 최초의 시도가 바로 직선형 프로그램이다.

② 이 프로그램은 하나의 경로를 통해 목표에 도달할 수 있도록 설계되어 있으며, 전 단계를 성공적으로 거치지 않고서는 다음 단계로의 진행이 불가능하다.

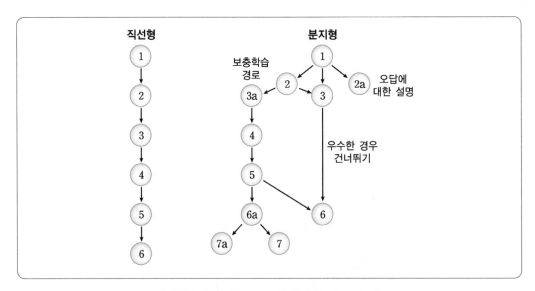

| 직선형과 분지형 프로그램 학습의 기본 구조 |

(2) 분지형 프로그램(branching program)

① 1960년대에 들어서 크라우더(Crowder)는 스키너의 직선형 프로그램의 단점을 보완하여 분지형 프로그램을 개발하였다.

② 이 프로그램에서는 목표에 도달하는 경로가 여러 개 있을 수 있는데, 정답에 반응해야만 주 계열의 프레임으로 진행할 수 있다. 오답에 반응하면 그에 대한 설명과 적절한 보충학습 경로를 통해 목표에 도달하도록 안내한다. 우수한 경우 주 계열을 건너뛰어 빨리 진행할 수도 있다.

③ 컴퓨터의 도입으로 학생들은 분지형 학습 프로그램 계열을 빠르고 손쉽게 활용하는 것이 가능해졌으며, CAI 활용이 가능해졌다.

08 개별화 학습

1. 개념

① 개별화 학습은 각 학습자의 개성에 맞는 교육을 해야 한다는 개별화 원리에 따라 전개되는 교수 방법이다.

② 일제 혹은 획일적 교수와는 상반되는 개념으로 학습자의 지능, 특성, 흥미, 가정적 배경 등과 같은 개별 학습자의 개인차를 충분히 고려하는 교수방법이다. 교수·학습 환경의 개별화, 교육 목표의 개별화, 교육내용의 개별화, 교육방법의 개별화, 학업 성취의 개별화, 그리고 교육평가의 개별화 등으로 구성된 체계적인 교육 계획과 실천이다.

2. 장단점

(1) 장점

① 학습자의 특성과 능력에 맞는 개별 교수가 가능하다.

② 교사와 학습자 간의 끊임없는 상호작용을 통해 완전학습을 추구할 수 있다.

③ 인지적·정의적·신체 기능적 영역의 모든 학습목표를 효과적으로 달성할 수 있다.

④ 학습자의 독립심을 신장시킬 수 있다. 교육의 개별화를 통해 학습의 주도권을 학습자가 갖게 된다.

(2) 단점

① 시간과 노력이 많이 든다.

② 교사와 학습자 간 관계가 긴밀하다는 긍정적인 면이 있는 반면, 동료 학습자와의 사회적 관계는 부족하기 쉽다.

3. 개별화 학습의 실제

(1) 개별화 교수체제(personalized system of instruction; PSI) 중등 10

① 개요

㉠ 1968년 켈러(F. S. Keller)에 의해 개발된 개별화 교수체제는 대학에서 활용할 수 있는 학습 자 중심의 교수방법으로 켈러 플랜(Keller Plan)이라고도 불린다. 스키너(Skinner)의 조작적 조건화이론에 기초하였다.

㉡ 과제 특성, 학습자 특성, 수업 운영 특성(매체, 방법, 교사 등)을 최대로 고려하고 학습자가 각자의 역량에 따라 수업목표에 달성하게 하는 미시적 접근의 수업체제이다.

㉢ 수업에서의 학습자 능력, 학습방법, 특성이 각기 다르므로 학습자에게 적용되는 수업방법 또한 각각의 차이에 따라 달라져야 수업의 효과가 극대화된다는 것이다.

② 절차

㉠ 한 과목이 대개 15~30개 단원으로 나뉘고, 각 단원에는 구체적 학습목표가 제시되어 있으 며, 학습자가 목표를 성취할 수 있는 여러 수단에 대한 지침이 제공된다.

㉡ 학습자는 다양한 종류의 자기 학습자료를 활용하여 스스로 학습한다.

ⓒ 학습자 지침서에는 교재나 보충 자료, 유인물, 연습문제가 있고 슬라이드나 비디오 등 특별히 제작된 자료가 포함된다.

ⓔ 한 단원은 보통 1주일 동안 학습할 수 있는 분량이지만 학습자의 진도에 따라 달라질 수 있다. 학습자들은 자신의 속도대로 학습하므로 학습자의 속도는 일정하지 않다.

ⓜ 학습자들은 단원과 관련된 문제에 대해 지도교수 또는 먼저 그 단원을 완수한 학습자(proctor)와 토의할 수 있다.

ⓗ 주어진 단원 목표를 완전히 습득하였다고 스스로 판단하면 시험을 요구할 수 있으며, 시험 기준에 합격해야 다음 단원으로 넘어갈 수 있다. PSI에서는 80~90% 이상의 성취도를 책정하고 있어 상당히 높은 기준을 요구한다.

③ 구성요소

　ⓐ **완전성취**: 모든 학생은 각기 다음 단원으로 넘어가기 전에, 각 단원의 일정 요구 수준을 완전히 성취하여야 한다.

　ⓑ **자기속도**: 모든 학생은 각자의 속도대로 학습자료를 학습해 간다.

　ⓒ **인쇄자료**: 모든 학생은 각기 스스로 공부할 수 있는 인쇄자료를 배부받는다.

　ⓓ **교사보조원**: 대학의 경우 이 보조원은 학부학생들로 지난 학기에 그 과목을 수강하여 좋은 성적을 얻은 학생들이다. 각 학생들의 개별학습을 도와주며, 채점도 하고 토의에도 응해 주며, 그 결과를 교수에게 환류한다.

　ⓔ **강의**: 강의는 정보의 제공보다는 학생들의 동기를 강화시켜 주고, 학생들의 개별학습을 충분하게 해 주는 보충적 기능을 한다.

④ PSI의 특징

　ⓐ 자기 진도대로 학습할 수 있다. 각자 능력이 다를 수 있기 때문에 개인의 학습 속도를 최대한 존중한다.

　ⓑ 완전학습 지향적이다.

　ⓒ 교사보조원(보조 관리자)을 활용한다. 교사보조원은 동료 학습자 중에서 우수한 학습자나 지원자를 이용한다.

⑤ **장점**: 학습자가 스스로 학습 속도를 조절할 수 있고, 즉각적인 피드백을 제공받을 수 있을 뿐만 아니라, 보다 깊이 있는 학습이 가능하다.

⑥ 의의

　ⓐ PSI의 본질적 요소는 개별학습, 자율학습, 그리고 스스로 진도를 맞추는 것이다.

　ⓑ 개별화 교수체제에서 교사는 일상적인 수업에서 벗어나 개별 학습자에게 다양한 수업방법을 적용할 수 있고 학습자 개인의 욕구를 파악할 수 있으며 보다 많은 시간을 학습자에게 투입할 수 있다.

　ⓒ 그러나 개별화 교수체제의 실현은 현실적으로 많은 무리가 따른다. 따라서 컴퓨터 보조수업(CAI), 컴퓨터 기반수업(CBI), 웹을 활용한 교육(WBE) 그리고 이러닝(e-Learning)을 활용하여 실현가능성을 높일 수 있다.

(2) 개별 처방 교수방법(individually prescribed instruction; IPI)

① 개요

    ㉠ 1964년 미국 피츠버그 대학의 학습연구개발센터에서 글레이저(R. Glaser)와 그의 동료에 의해 개발되었다.

    ㉡ 이 방법은 프로그램 학습의 기본적인 개념에서 나온 것으로 각 과목의 교육과정이 비교적 작은 수업 단원으로 잘게 나뉘어 있다.

    ㉢ 단원들은 각각 구체적 목표와 목표의 성취 여부를 측정하는 절대기준평가를 포함하고 있어서 학생들은 미리 정해진 순서에 따라 이를 수행한다.

    ㉣ IPI는 학생들의 배경, 진도 등의 자료를 수집하고 과제의 처방, 평가 등을 내리기 위해 컴퓨터로 운영된다.

    ㉤ 이 수업체제는 모든 학습자에게 현재 자신의 학습정도(진단), 학습할 내용과 방법(처방), 그리고 학습활동의 확인(검사)의 과정을 거치면서 자신의 학습수준과 속도에 따라 스스로 학습하도록 지원한다.

② 절차

    ㉠ 학습자의 행동목표 도달수준을 파악하기 위해 사전검사를 실시한다.

    ㉡ 사전검사를 바탕으로 교사는 학습자에게 개별적인 학습활동을 처방해 준다.

    ㉢ 학습자는 처방된 학습활동을 수행하기 위해 교사나 보조교사의 도움을 받는다.

    ㉣ 학습자는 스스로 학습활동을 수행한다.

    ㉤ 학습자는 처방된 수준의 행동목표에 도달하였는지를 확인하기 위해 사후검사를 치른다.

    ㉥ 교사는 사후검사 결과를 검토한 후 다음 단원으로 넘어갈지 그 단원을 충분히 학습하고 재검사를 실시할지를 결정한다.

③ 교사의 역할

    ㉠ 전통적인 교실 수업에서 교사는 주로 정보 전달자의 역할을 하지만, IPI에서는 교사가 강의를 하거나 설명식 수업을 하는 경우는 많지 않고 수시로 진단과 처방을 내리는 의사결정자의 역할을 한다.

    ㉡ 교사는 도움이 필요한 개인이나 집단을 지도하고 나머지는 대부분 학생의 자율성, 컴퓨터, 보조교사에게 맡김으로써 교사의 전문성을 더 높일 수 있다.

(3) 적성처치 상호작용 모형(aptitude treatment interaction; ATI) 초등 02 · 04 · 05

① 개념

    ㉠ 크론바흐(Cronbach)와 스노우(Snow)에 의해 주장되었다.

    ㉡ 학생 개개인은 모두 다르므로 학생 개인이 갖고 있는 능력(적성은 개인이 갖는 모든 능력을 뜻함)에 따라 투입하는 교수방법을 달리함으로써 학생의 학업 성취를 극대화하려는 이론이다.

    ㉢ 적성이란 학생의 개인적 특성으로 일반지능, 특수지능, 성적, 인지양식, 개념수준, 학습속도, 성취동기, 자아개념 등을 지칭하는 것으로 어떤 교육적 처치의 성공을 예측하는 데 도움이 되는 여러 특성들을 의미한다.

ⓔ 처치란 교육장면에서 학생들 각자에게 어떠한 조치를 취하는 것을 말하는데, 학생에게 학습 과정을 구성하고 전개시키는 것을 말하는 것으로, 특정의 교수방법이나 교수 프로그램을 투입하는 것을 지칭한다.

② 적성처치 상호작용 모형의 기본 입장

ㄱ 학습자가 보여주는 학습의 정도는 학습자의 적성(특성)과 교사가 행하는 처치(수업방법)의 상호작용의 결과이다.

ㄴ 학생 개개인은 모두 다른 능력을 가지고 있으므로 그에 따라 교수방법을 다르게 투입함으로써 학생의 학업 성취를 극대화할 수 있다.

ㄷ 학생 개개인의 능력에 맞는 수업방식을 적용하면 적성과 처치의 두 변인 간의 상호작용으로 인해 최대의 교육적 효과를 거둘 수 있다.

ㄹ 학생 각자에 맞게 수업절차를 다양하게 변화시킴으로써 개인차에 따른 문제를 줄이면서도 공통의 목표에 도달할 수 있다.

③ 적성처치 상호작용의 이상적 형태: 학습자의 특성에 따라 서로 다른 수업방법이 있음을 알 수 있다. A방법은 적성수준이 높은 학생에게 유리한 방법이고, B방법은 적성수준이 낮은 학생에게 유리한 방법이다.

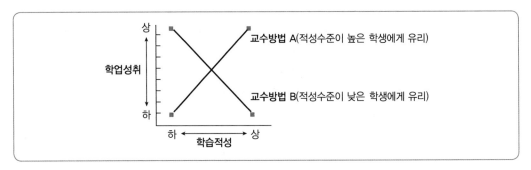

| 적성처치 상호작용의 이상적 형태 |

④ 적성처치 상호작용의 일반적인 형태: 실제로는 적성처치 상호작용의 이상적인 형태는 드물다. 따라서 학생의 학습과 관련을 갖는 적성을 다양하게 이용한 교수변인을 투입하여 학생들 간의 개인차를 줄인 교수방법이 현실적이다.

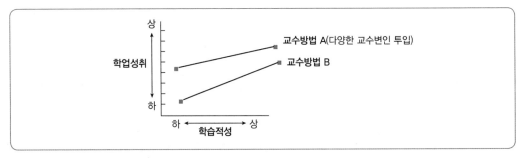

| 적성처치 상호작용의 일반적인 형태 |

⑷ 자율계약교수법

① 개념 : 교수자와 학습자 간의 학습계약을 근간으로 하여 이루어지는 개별화 교수법이다.

② 교수절차

ㄱ 학습자가 학습목표, 학습내용, 학습방법, 학습진도, 성취도 평가기준, 학습기간 등을 스스로 정한 다음 교수자와 계약을 한다.

ㄴ 학습계약이 완성되면 학습자는 자율적으로 학습을 하고, 학습이 종료되었을 때 계약서에 명시된 대로 자신의 학습결과를 평가하여 보고서와 성취 증거를 교수자에게 제출한다.

09 팀티칭

1. 개념

① 팀티칭은 2명 이상의 교사들이 협력적인 관계를 이루어 함께 가르치면서 교육 효과를 높이는 방법이다.

② 여러 명의 교사들이 협력적으로 교육과정을 계획하고 논의하며, 서로의 교수과정을 관찰하고 평가할 뿐만 아니라 학습과정 및 학습자 정보를 공유한다.

③ 하나의 팀으로 교사들은 수업목표를 정하고, 교수과정을 계획하며, 실제로 학생들을 함께 가르치고 그 결과를 함께 평가하여 더 좋은 교수·학습 환경을 구성해 간다.

2. 장점

① 대집단 수업과 소집단 수업 모두에서 적절하게 활용될 수 있다.

② 팀티칭을 통해 교수자는 전문성을 살릴 수 있으며, 다른 사람과 교수방법에 대한 의견을 상호 평가하고 공유하여 좀 더 효과적인 교수·학습과정을 이룰 수 있다.

③ 학생들은 좀 더 포괄적이고 전문적인 교수를 받을 수 있으며, 다양한 교수·학습 전략이 실행되는 역동적인 수업에 참여할 수 있다.

3. 단점

① 교사들 사이에서 의견이 일치하지 않을 경우 교수자와 학습자 모두 혼동이 생기기 쉽다.

② 학생들에게 다양한 교사들의 특성에 적응할 수 있는 시간이 요구될 수 있다.

10 액션러닝

1. 개념 및 특징

① 액션러닝(action learning; AL)은 '행동(action)'을 통해 '배운다(learning)'는 원리에 기초를 두는 교수·학습 방법이다.
② 학습자들이 팀을 구성하여 각자 자신의 과제, 또는 공동의 과제를 러닝코치(learning coach)와 함께 정해진 시점까지 해결하는 동시에 지식습득, 질문 및 성찰을 통하여 과제의 내용 측면과 과제해결과정을 학습하는 프로세스이다.
③ 과제해결을 위해 모인 구성원들은 실제 과제를 해결하거나 해결 방안을 도출하는 과정에서 질문과 성찰을 통해 학습하게 된다.
④ 영국의 리반스(Revans)가 광부들을 대상으로 실시한 집단 컨설팅에서 생산성 향상 효과를 위해 처음 적용한 개념으로 점차 기업에서 조직 내 문제를 해결하기 위한 방법으로 제안되었다.

2. 액션러닝의 구성요소(Marquardt, 1999)

과제	• 개인 또는 팀이 반드시 해결해야 하는 중요하면서도 난이도 있는 과제여야 한다. • 허구로 만든 과제가 아니라 조직의 생존이나 이익과 직결되는 실제적 과제여야 한다.
학습 팀	• 학습 팀은 성, 연령, 이력, 성격, 학습스타일 등에서 다양한 배경을 가진 학습자 4~8명 정도로 구성한다. 학습 팀은 토의 과정에서 각자가 가진 다양한 관점을 바탕으로 여러 질문을 하고 문제해결 과정을 성찰하게 된다. 이 과정에서 학습이 일어난다. 학습 팀은 문제해결의 주체에 따라 2가지 형태로 구성할 수 있다. 　－ 학습 팀 전체가 하나의 과제를 해결하는 임무를 부여받는 방식의 프로그램을 single-project program이라고 한다. 　－ 학습 팀원이 각자 서로 다른 자신의 과제를 갖고 팀에 참여하는 방식으로, 과제에 대한 해결의 책임을 각자 갖게 된다. 이런 프로그램을 open-group program이라고 한다.
실행(실행전략)	• 액션러닝에서 학습 팀은 문제를 해결하기 위한 행동을 취해야 한다. 제안을 늘어놓는 역할에만 그친다면 실제적이고 진정한 학습은 일어날 수 없다. • 실행에서는 문제해결을 위한 자료조사, 설문조사, 인터뷰 등 현장활동을 할 수도 있고, 해결안을 제시하여 직접 실천하는 행위를 하기도 한다.
질문과 성찰	• 학습은 과제를 해결하는 과정에서 교사가 주도하여 설명을 하는 것이 아니라, 학습자들이 스스로 질문하고 성찰하는 과정 중에 일어난다. 이러한 반성적 사고와 적극적인 참여가 액션러닝의 중요한 요소이다. • 성찰방법은 대화, 성찰일지 쓰기, 성찰 시간 갖기 등으로 이루어질 수 있다 .

지식획득(학습에 대한 몰입)	• 학습 참가자들은 스스로 학습하고 다른 참가자들의 학습을 도우려는 자세를 가져야 한다. 이를 통해 과제와 직접적으로 관련된 내용에 대한 지식을 습득할 뿐 아니라 해결 과정에 대한 지식 또한 습득할 수 있다.
	  − 내용에 대한 지식: 과제의 성격, 내용에 따라 다름
	  − 해결 과정에 대한 지식: 문제해결 기술 및 방법, 의사소통 기술, 보고 및 발표 기술, 갈등관리 기술, 실행 기술, 경청·질문·상호작용 기술 등

러닝 코치 (촉진자)	• 촉진자는 학습코치(learning coach)라고도 불리며, 학습자 집단의 과제 수행과 학습이 효과적으로 이루어지도록 개입하는 사람을 말한다. • 촉진자는 문제의 내용적 측면보다는 문제해결 과정에서 필요한 각종 도구들을 제공하여 학습자의 수준 높은 성찰이 이루어지도록 돕는다. 그리고 학습내용을 정리할 수 있는 기회와 분위기를 제공하여 구성원들의 학습의욕을 고취시키고 학습효과를 제고하는 데 기여한다.

3. 액션러닝의 주요 단계

문제상황 제시	액션러닝은 발생 가능하거나 발생하고 있는 실제적 문제에서부터 시작한다. 이 단계는 학습자가 해결해야 할 실제적 문제가 제시되는 단계이다.
문제 인식	학습자들이 팀 토론을 통해 제시된 문제를 다각적으로 인식하여 가능한 내용을 모두 살펴보는 단계이다. 학습 팀원들은 개방된 생각을 가지고 의견을 공유해야 한다.
문제 명료화	학습자들이 팀 토론을 통해 문제를 분석하여 문제해결과 의사결정과정을 위한 명확한 기준점을 제시하는 단계이다. 팀원들은 문제 명료화 과정을 거치면서 제시된 문제를 자신의 문제로 받아들이게 된다.
가능한 해결책 도출	학습자들은 팀 토론을 통해 명료화된 문제의 원인과 그 해결책을 도출하기 위해 다양한 접근법을 모색하고 그 해결책에 대한 아이디어를 도출해야 한다.
해결책 우선순위 결정	학습자들은 팀원 간의 토론과 합의를 통해 가능한 해결책들의 우선순위를 결정한다. 이 결정에는 제안된 문제 해결책들의 경제성, 시급성, 실현 가능성 등이 고려되어야 한다.
액션플랜 작성	학습자들은 개별학습 및 학습결과를 공유하여 실제적 문제에 대한 액션플랜, 즉 실행계획을 작성한다. 액션플랜은 구체적인 실천 계획이어야 한다. 액션플랜이 발표되면 촉진자는 발표 내용을 정리하여 다시 한번 설명해 준다.
실행하기	액션플랜을 바탕으로 문제 현장에서 실행한다. 교수자는 학습자의 실행을 위해 각종 도구 및 정보를 지원하고 학습활동을 촉진한다.
성찰	학습자들은 자신과 팀의 학습과정 및 학습결과에 대하여 성찰하는 시간을 갖는다. 잘한 점, 부족한 점, 계속 진행할 점 등을 선별한 후 활동을 지속하거나 종결한다.

4. 액션러닝의 기법

분류기준	내용	기법
생성 및 조직화	아이디어를 만들어 내고 이를 정리하는 데 도움	브레인스토밍, 브레인라이팅, 명목집단법, 연꽃발상법, 육색사고모자, 멀티보팅, 마인드맵 등
분석 및 결정	제시된 아이디어를 결정하고 분석하는 데 사용	로직트리, 5WHY, 의사결정 그리드, PMI, 피쉬본 등
실행 및 평가	아이디어를 실천하거나 과제를 해결하는 데 도움	성찰일지, 보고기법, 포트폴리오 등

(1) 명목집단법과 아이디어 유목화

① 명목집단법은 최대한 많은 아이디어를 취합하기 위한 전략이다. 참여자 개개인은 다른 사람과의 이야기를 멈추고 토의 주제에 대한 자신의 생각을 포스트잇에 쓴 후 모두가 볼 수 있는 큰 종이에 붙이는 일정한 시간을 부여한다.

② 모든 아이디어가 부착되고 나면, 유사한 아이디어들을 모아 분류한다. 이를 아이디어 유목화라고 부르며, 유목화가 끝난 아이디어들은 멀티보팅을 통해 선정된다.

(2) 멀티보팅

① 명목집단법을 활용한 후속 활동으로 수집된 아이디어를 상황에 따라 유사한 것끼리 모아 항목별로 분류하고, 참가자들이 다중 투표를 하여 아이디어의 범위를 축소하는 기법이다.

② 분류된 아이디어 위에 작은 스티커를 붙여 투표하고, 가장 많이 투표된 항목을 선별하여 문제 해결에 활용한다.

(3) 연꽃발상법

① 구성원이 한 자리에 모여서 핵심 아이디어를 중심으로 세부 아이디어를 발전시키는 기법으로, 구성원 모두가 잘 볼 수 있게 벽에 붙이거나 큰 종이에 써서 전시하면서 발전시킬 수 있다.

② 주요 아이디어를 점차 세분화하여 관련 아이디어를 발전시키는 전략으로 타인의 아이디어도 동시에 다 함께 볼 수 있다는 것이 장점이다.

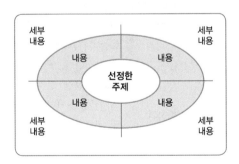

(4) 의사결정 그리드

문제해결을 위한 여러 대안 가운데 실행의 우선순위를 정할 경우 사용할 수 있다. 먼저, 이차원 그래프를 만든 뒤, 의사결정 기준을 선정하고 선정된 기준을 X축과 Y축에 배치시킨다. 각각의 대안을 기준에 따라 그래프에 표기하며, 의사결정 기준이 모두 상에 속한 그리드에 위치한 전략을 선택한다. X축과 Y축에 들어갈 수 있는 기준에는 중요성과 실행가능성 외에도 효과성, 빈도, 강도, 만족도 등 다양하다.

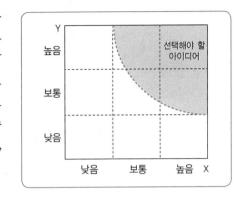

(5) 어골도(fishbone diagram)

① 물고기 모양을 본떠서 붙여진 이름으로 문제의 원인을 찾아가는 과정을 물고기 그림으로 표시한 것이다.

② 해결하려는 문제를 생선 머리뼈 부분에 기록하고, 그 문제의 직접적인 원인을 큰 뼈에 배치하고, 간접 원인을 잔뼈에 배치한다. 해결해야 할 문제의 원인을 밝혀내고, 인과관계를 전체적인 측면에서 이해하는 데 유용하다.

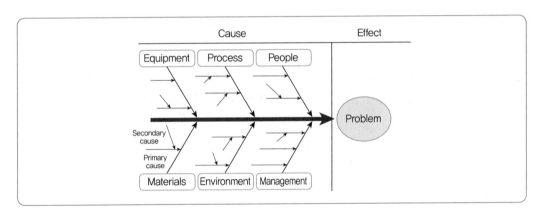

5. 액션러닝과 문제중심학습의 비교

① 액션러닝에서 다루는 과제는 실제 과제이고, 문제중심학습의 문제는 실제적 문제이다. 즉, 문제중심학습에서는 실제 맥락에서 있을 수 있는 가상의 문제를 개발하여 학습에 사용할 수 있지만, 액션러닝에서는 현실에서 해결해야 하는 실제 과제만을 제시해야 하므로 과제의 폭이 더 좁다.

② 과제해결과 학습에 대한 강조점이다. 두 모형 모두 과제를 해결하는 과정에서 학습이 이루어지는 것을 강조하지만, 액션러닝은 과제에 더 큰 비중을 두고, 문제중심학습은 학습에 더 큰 비중을 둔다. 그렇기 때문에 교수학습방법으로 액션러닝을 활용할 때는 교육의 목표와 내용에 맞는 과제를 선정하는 것이 중요하다.

		액션러닝(action learning)	문제중심학습(PBL)
공통점		• 학습자들의 직접적인 경험을 통해 의미 있는 학습이 이루어짐 • 실제적 과제해결을 통해 학습이 이루어짐 • 학습자의 자기주도성 강조 • 학습의 조력자 역할을 수행하는 교수자의 위치 • 팀원들의 협동 강조 • 학습과 학습과정에 대한 성찰 강조	
차이점	기원	• 기업에서 조직 내 문제를 해결하기 위해 고안됨	• 의대에서 전문가 양성을 목적으로 고안됨
	과제	• 현실에서 해결해야 하는 실제 과제	• 실제 과제를 포함한 실제적 맥락의 문제
	강조점	• 과제 해결에 초점	• 학습에 초점

11 협동학습

1. 협동학습의 개념과 특징 중등 00·04·06·14논술, 초등 00·01·06

(1) 개념

협동학습(cooperative learning)이란 학습능력이 각기 다른 학습자들이 동일한 학습과제나 학습목표를 향하여 소집단 내에서 함께 활동하여 공동의 학습목표에 도달하는 학습방법이다.

(2) 특징

① 협동적으로 과업을 수행하고 보상받는다.
② 학습집단은 이질집단으로 구성된다.
③ 동료지도법(peer tutoring)을 활용한다.
④ 학습자 간의 사회적 관계 향상을 도모한다.

2. 전통적 소집단 학습의 문제와 해결책 초등 00

① **부익부 현상**: 학습능력이 높은 학생이 다른 학생보다 많은 반응을 보임으로써 학업 성취가 향상될 뿐만 아니라 소집단을 장악하는 현상이다. ◉ 역할규정 및 집단보상
② **무임승객 효과(free rider effect)**: 학습능력이 낮은 학습자가 적극적으로 학습에 참여하지 않아도 학습능력이 높은 학습자의 성과를 공유하는 것을 말한다. ◉ 집단보상과 개별보상 함께 실시
③ **봉 현상**: 학습능력이 높은 학습자가 자신의 노력이 다른 학습자에게 돌아가기 때문에 일부러 집단 활동에 동참하지 않거나 기여하지 않는 것을 말한다. ◉ 집단보상과 개별보상 함께 실시
④ **집단 간 편파**: 상대집단이나 다른 집단의 구성원에게 적대감을 가지는 반면에 자기가 속한 집단의 구성원에게는 더 호감을 느끼는 것을 말한다. ◉ 주기적인 소집단 재편성, 과목별로 소집단 다르게 편성

3. 전통적 소집단 학습과 협동학습의 비교

■ 협동학습과 전통적 소집단 학습 간의 비교

협동학습	전통적 소집단 학습
적극적 상호작용 강조	한정된 상호작용
학습자 간 피드백 강조	학습자 간 피드백이 거의 없음
이질집단의 구성	동질집단의 구성
지도력 공유	특정 학습자에 지도력 부여
상호책무성 강조	자신의 과업의 대해서만 책무성
사회적 기능 강조	사회적 기능 무시
교사의 관찰과 참여	교사의 관찰과 참여가 거의 없음

4. 협동학습의 기본 요소

(1) 긍정적 상호의존(positive interdependence)

① '우리들이 성공하기 위해서는 너와 나 모두 성공해야 한다'는 것을 의미한다.

② 긍정적 상호의존성이란 학생들 개개인이 집단의 성공을 위해 자신뿐만 아니라 동료들도 성취해야 하기 때문에 서로 도움을 주는 관계를 의미한다.

(2) 면대면 상호작용(face-to-face interaction)

① 집단 구성원이 서로 얼굴을 마주 대하며 존중과 배려의 태도를 보여줌으로써 심리적으로 유대감을 갖는 것이 필요하다. 이러한 면대면 상호작용을 통해 학습과제를 신속하고 정확하게 완성할 수 있다.

② 학생들은 설명이나 토론과 같은 상호작용을 통해 서로의 학습을 도와주고, 교사는 상호작용이 잘 일어날 수 있게 서로가 마주 볼 수 있도록 자리 배치함으로써 이러한 과정을 촉진시킬 수 있다.

(3) 개별 책무성(individual accountability)

① 과제를 숙달해야 하는 책임이 각 학생들에게 있다는 것을 의미한다.

② 집단 구성원 각자가 자신의 수행이 집단의 수행결과에 영향을 준다는 책임감이 필요하다.

③ 개별 책무성을 통해 '무임승객 효과'와 '봉 효과'를 방지할 수 있다.

(4) 사회적 기술(social skills)

① 사회적 기술은 공동의 목표를 달성하기 위해 서로를 배려하면서 대인관계를 맺어나가는 기술이다.

② 집단 내에서의 갈등관리, 의사결정, 효과적 리더십, 능동적 청취 등을 의미하며 협동적 노력이 성공하기 위해서는 이러한 사회적 기술이 요구된다.

(5) 집단의 과정화(group processing)

① 특정 집단이 의도한 목표를 성취하기 위해서는 집단 구성원들 각자가 목표를 얼마나 잘 성취하고 공동의 목표를 달성하기 위해 얼마나 노력하고 협력하였는지에 대한 토론과 평가가 필요하다.

② 집단에서는 집단 구성원의 어떤 행위가 유익하고 무익한지에 대해 평가할 필요가 있으며, 어떤 행동이 계속되고 변화되어야 하는지에 대해 결정할 필요가 있다.

5. 협동학습에서의 교사의 역할

① 수업목표를 구체화해 준다. 협동학습의 구성원은 목표의 명확한 인지 후 공동의 목표를 달성하기 위해 서로 도와주고 격려하며 상호책임을 지니도록 한다.

② 수업 전에 집단의 크기, 집단에 배정하는 방법, 수업에 활용할 자료 등을 결정해야 한다.

③ 모든 구성원이 리더가 될 수 있게 구조화한다. 이를 위해 교사는 학습과제 구조를 협동적으로 구성하며, 학생들에게 긍정적 상호의존성, 개별 책무성, 협동기술 등을 설명해 준다.

④ 학생들의 학습을 평가하고, 집단이 잘 기능하도록 도와준다. 이를 위해 집단과정에 촉진자로서 참여하는 것도 바람직하다.

⑤ 집단 구성원의 학습과정을 관찰하고, 협동하는 과정을 분석하여 집단과제를 조정하는 방식으로 적절한 피드백을 제공한다.

⑥ 집단이 어떻게 과제를 수행할 것인지에 대한 집단과정을 구조화하고, 대인관계 기술을 가르쳐 준다. 협동적으로 학습할 때 필요한 리더십, 의사소통 기술, 신뢰, 갈등의 조정 등 사회적 기능들을 가르친다.

⑦ 토의·토론 방법을 사용한다. 학생들이 소그룹 내 역할을 책임지게 하여 조사나 토의 등의 학습과정을 통해 스스로 주제에 대한 결론을 내릴 수 있도록 도와주어야 한다.

6. 협동학습의 장단점

(1) 협동학습의 장점

① 학교에서 협동학습으로 행하는 과제가 사회에서 요청되는 과제와 성격이 흡사하여 협동학습을 많이 한 경우 사회에 적응하거나 상호작용을 통한 문제해결에 많은 도움을 받을 수 있다.

② 문제해결력, 사고력 등 인지적 영역뿐만 아니라 인간관계 개선, 자아효능감, 교과목에 대한 선호, 학습동기와 같은 정의적 영역에도 효과적이다.

③ 다양한 집단 구성원을 관찰하면서 학습전략이나 태도 등을 배울 수 있다.

④ 협력적 문제해결 과정을 통해 사회 적응에 필요한 협동기술과 지식을 습득할 수 있다.

⑤ 학습자가 각기 자신의 자원(시간 에너지, 능력, 성질) 등을 스스로 관리하고 통제하는 방법을 배울 수 있다.

(2) 협동학습의 단점

① 소집단 내에서 특정 학습자나 리더가 어떤 것을 잘못 이해하고 있을 때 다른 사람이 그것을 그대로 따라갈 우려가 있으며 이럴 경우 잘못된 이해가 더욱 강화될 수 있다.

② 학습과정이나 학습목표보다는 집단과정만을 더 소중히 하는 경향을 초래할 수 있다. 이럴 경우 놀이집단으로 변질될 우려가 있다.

③ 학습자가 교사에게 의존하는 경향이 감소하는 대신 또래에게 의존하는 경향이 커질 우려가 있다.

④ 상대적으로 학습능력이 낮은 학생은 상호작용의 기회를 상실하게 되어 자아존중감의 손상을 입을 수 있으며, 상호작용의 기회를 상실하여 학업 성취도가 떨어질 수 있다.

⑤ 소집단 참여에 소외된 학습자의 경우 심리적 모멸감이나 수치심을 갖게 되어, 집단활동 속에서 자신을 방어하고 보호하는 전략과 기능만 기를 수 있다.

7. 협동학습 모형

(1) Jigsaw I 모형 중등 05 · 08, 초등 01

① 개요

㉠ 아론슨(Aronson)과 그의 동료들(1978)이 개발한 Jigsaw 분담학습 모형은 학습과제의 분담, 즉 작업분담구조를 통해 집단 구성원 간의 상호의존성과 협동을 기르는 방법이다.

㉡ 모형의 이름은 그림 짜맞추기 퍼즐(Jigsaw puzzle)처럼 팀별로 학습한 내용의 전개가 모두 끝나야 학습이 완성된다는 점에서 붙여진 것이다.

② Jigsaw I 모형의 수업절차

㉠ 집단구성: 집단 구성원은 5~6명으로 하고, 학습능력에 따라 이질집단을 구성한다.

㉡ 개인별 전문과제 부과: 전체 학습과제를 몇 가지의 하위주제로 나누어 구성한 전문가용지를 소집단 구성원 각자에게 하나씩 할당한다.

㉢ 전문과제별 모임 및 전문가 집단에서의 협동학습: 전문과제를 하나씩 맡은 학생들은 각자 원소속 집단에서 나와 전문과제의 주제가 같은 다른 집단의 구성원들과 함께 전문가 집단을 형성한다. 그리고 학생들은 전문가 집단에서 과제해결을 위해 협동학습 활동을 한다.

㉣ 원소속 집단에서의 협동학습: 전문가 집단에서 협동학습이 끝나면 자신의 원소속 집단으로 돌아가 동료들에게 전문가 집단에서 학습한 내용을 가르치고 설명한다.

㉤ 개별 평가: 학습과제에 대해 개인별 평가를 받는다.

㉥ 개인별 점수 산출: 각 학생의 개별점수만 계산된다. 향상점수나 집단점수는 계산되지 않으며 집단보상 또한 없다.

③ 특징

㉠ 학생들이 다른 부분에 관해 배울 수 있는 유일한 방법은 팀 동료의 설명을 열심히 듣는 것이기 때문에 서로의 작업에 흥미를 보이고 지지하는 데 동기화된다.

㉡ 과제 상호의존성은 매우 높으나 보상 상호의존성은 없다. 즉, 직소 I은 보상구조를 통해서가 아니라 학습과제의 분담을 통해 집단 구성원들이 서로 의존하고 협동하는 모형이다.

(2) Jigsaw Ⅱ 모형 중등 10 · 11, 초등 12

① 개요

ㄱ 슬라빈(Slavin)은 기존의 직소Ⅰ 모형에서는 진정한 협동학습의 효과를 볼 수 없다고 주장하면서 직소Ⅰ 모형에 보상구조와 성공기회의 균등을 보완하여 직소 Ⅱ모형을 개발하였다.

ㄴ 직소Ⅰ과 다른 점은 각 학생의 개인별 점수뿐만 아니라 향상점수에 기초한 집단점수가 산출되어, 개인과 집단을 보상한다는 점이다.

② Jigsaw Ⅱ의 수업절차

ㄱ 집단구성

ㄴ 개인별 전문과제 부과

ㄷ 전문과제별 모임 및 전문가 집단에서의 협동학습

ㄹ 원 집단에서의 협동학습

ㅁ 개별평가

ㅂ 개별점수, 향상점수, 집단점수 산출

ㅅ 개별보상 및 집단보상

③ 특징

ㄱ 직소의 개별보상에 집단보상이 추가된 형태이다. 직소 Ⅱ모형은 과제 상호의존성에 기초하고 있으면서도 보상 상호의존성을 높인 모형이라 할 수 있다.

ㄴ STAD의 평가방법을 사용하고 집단보상을 하기 때문에 긍정적 보상 상호의존성이 높다.

ㄷ 개별 학습자나 팀은 자신이 좋아하거나 원하는 주제를 할당받을 수 있다. 이 모형에서 교사의 주요 역할은 세분화될 수 있는 학습과제를 선정하는 것이다.

(3) 성취과제분담모형(student team achievement division; STAD) 중등 07 · 11, 초등 03

① 개요

ㄱ 슬라빈(Slavin)이 개발한 협동학습 모형이다.

ㄴ 집단보상, 개별적 책무성, 성공기회의 균등이라는 중심개념을 중심으로 기본 기능의 습득이나 지식의 이해를 촉진하는 데 목적이 있다.

ㄷ STAD모형은 집단 구성원의 역할이 분담되지 않은 공동학습구조이면서 동시에 개인의 성취에 대해 개별적으로 보상되는 개별보상구조이다.

ㄹ 개인의 성취에 대해 팀점수가 가산되고 팀에게 주어지는 집단보상이 추가된 구조이다.

② 수업절차

ㄱ 교사의 수업안내 : 교사는 수업 시작 시 단원의 전체 개요를 설명하여 학생들이 학습내용을 파악하도록 하고, 학습활동의 기본 방향을 안내해 준다.

ㄴ 팀 내 협동학습 : 4~5명을 한 팀으로 이질집단을 구성한다. 수업내용, 구성원의 특징에 따라 각자의 역할을 정하며, 역할에는 팀 리더, 기록담당, 자료담당 등이 있다. 각 팀은 연습문제지를 짝을 지어 풀기도 하고, 서로 질문을 하기도 하고 토의도 하면서 단원을 학습한다.

ㄷ 개별평가 : 협동학습이 끝난 후 학생들은 퀴즈를 통해 개별적으로 형성평가를 받아 개인점수로 계산된다. 이렇게 함으로써 학습의 책임성을 강화하게 된다.

② 개별 향상점수 및 팀점수 산출 : 개별 향상점수는 각 학생의 기본 점수를 책정하고 학생이 공부한 것을 퀴즈를 통해 얼마나 향상되었나를 측정·평가하는 것이다. 팀점수는 팀원의 개별 향상점수 총합의 평균점수를 말한다. 이때 향상점수의 계산법을 학생들에게 충분히 설명해 주어 학습자 개개인이 팀점수 향상에 기여하도록 한다.

⑩ 우수팀 보상 : 단원수업이 끝나면 팀점수와 개인점수를 게시하고, 우수한 개인이나 집단을 보상한다. 집단보상의 경우 집단의 점수가 사전에 설정해 놓은 일정한 기준을 통과할 경우 집단 전체를 보상해 주는 것이 효과적이다.

③ 특징

㉠ 성취과제분담학습모형은 집단 구성원의 역할이 분담되지 않은 공동학습구조이면서 동시에 개인의 성취에 대해 개별적으로 보상되는 개별보상구조이다. 개인의 성취에 대해 팀 점수가 가산되고 팀에게 주어지는 집단보상이 추가된 구조이다.

㉡ 구성원 각자의 목표뿐 아니라 집단의 목표가 있어 서로 돕고 도움을 받으려 한다.

㉢ 개인의 능력에 관계없이 집단에 기여할 수 있는 성공의 기회가 균등하게 주어져 스스로 노력하게 된다.

㉣ 소집단 간 경쟁이 유발되어 구성원의 결속이 다져지고 구성원들의 학습동기가 촉진된다.

(4) 팀경쟁학습 모형(teams-games tournaments model; TGT)

① 개요

㉠ 드브리스(DeVries)와 에드워드(Edward)가 개발한 모형으로 성취과제분담학습과 비슷하다.

㉡ TGT모형은 STAD모형의 퀴즈나 시험을 토너먼트 게임으로 대체한 것뿐만 아니라 학습팀을 사용하기 때문에 학습자들에게 흥미를 불러일으키며 경쟁을 유도하는 협동학습 모형이다.

㉢ 각 팀에서 사전성취도가 비슷한 수준의 학생들이 경쟁을 하며 TGT게임을 하게 되므로 자신의 팀에 공헌할 수 있는 기회를 동등하게 갖게 된다.

② 수업절차

㉠ 교사의 수업안내 : 교사는 구체적 학습을 하기 전 학습활동의 기본 방향을 제시하기 위해 단원의 전체 개요를 설명한다.

㉡ 집단학습 : 4~5명의 이질집단으로 팀을 구성하고, 교사는 팀학습의 의미와 팀규칙을 정해 준다. 팀구성원은 동료와 함께 교사가 만든 문제나 자료들을 학습하면서 집단적으로 토의하고, 함께 문제를 해결하며 잘못된 개념을 정정한다.

㉢ 토너먼트 게임 : 각 조는 STAD의 경우처럼 이전의 학력점수 등에 따른 학습능력별로 상위, 중간, 하위의 학생들로 구성되어 있다. 각 구성원은 자기의 능력과 유사한 다른 팀의 학생과 게임하게 된다.

㉣ 집단점수의 게시와 보상 : 교사는 토너먼트가 끝난 후 순위에 따라 팀점수를 부여한다. TGT는 토너먼트 결과를 공표함으로써 동기유발 효과가 커진다. 승리한 팀에게는 자유시간 혹은 기타 특전을 제공한다. 개별 성적은 내지 않는다.

③ 특징

㉠ 퀴즈 대신에 게임을 함으로써 학습자들에게 흥미를 준다.

ⓛ STAD모형은 개인적인 퀴즈를 대비해서 학습하는 반면, TGT는 토너먼트 게임에서 좋은 성적을 얻기 위해 다른 팀의 구성원과 경쟁한다.

ⓒ 상위수준의 학생이나 하위수준이나 성공기회가 동일하다.

ⓔ 매주 토너먼트 성적에 의해 선수로 출전하는 테이블이 바뀐다. 그 주에 좋은 성적을 얻은 구성원은 그다음 주에 더 높은 경쟁자들이 모이는 상위 테이블 선수로 나가게 된다.

ⓜ 게임에 상대적으로 많은 학습시간을 보내기 때문에 협동학습 시간이 줄어드는 단점이 있다. 그러나 게임에서 승리하기 위해 구성원들끼리 준비하는 학습의 친밀감은 더 높다고 볼 수 있다.

(5) 팀보조 개별학습(team assisted individualization; TAI) 초등 04

① 개요

㉠ 수학 과목에의 적용을 위한 협동학습과 개별학습의 혼합모형이다.

㉡ 학습자 개인의 능력에 따라 학습속도를 조절할 수 있는 개별학습을 활용하고, 개별보상과 협동보상을 혼합한 것이 특징이다.

② 수업절차

㉠ **팀 구성과 배치검사**: 학습집단을 이질집단으로 구성한다. 수업시작 전 사전검사를 통해 각 학생의 수준에 적합한 개별화 절차가 주어진다.

㉡ **학습**: 진단검사를 근거로 각자의 수준에 맞는 단원을 개별적으로 학습하게 된다. 개별학습 이후 단원평가 문제지를 풀고, 팀 구성원은 두 명씩 짝을 지어 문제지를 상호교환하여 채점한다. 여기서 80% 이상의 점수를 받으면 그 단원의 최종적인 개별시험을 보게 된다.

㉢ **팀 교수**: 교사는 학생이 학습하는 동안 5~15분간 각 집단에서 같은 수준에 있는 학생을 불러내 직접 가르친다. 팀 교수 동안 나머지 학생들은 자신의 집단에서 계속 학습한다.

㉣ **팀 점수 산출 및 우수 팀 보상**: 팀 점수는 개별 시험점수를 합하여 산출하고, 미리 설정한 점수를 초과하면 팀에게 보상을 제공한다(각 팀 구성원이 해결한 평균 단원 수와 단원평가의 점수에 기초해서 계산).

③ 특징

㉠ 대부분의 협동학습 모형이 정해진 학습 진도에 따라 이루어지는 것과 달리, 학습자 개개인이 각자의 학습속도에 따라 진행해 나가는 개별학습을 이용한다.

㉡ 이 모형의 작업구조는 개별작업과 작업분담구조의 혼합이라고 볼 수 있고, 보상구조 역시 개별보상구조와 협동보상구조의 혼합구조이다.

㉢ 교사는 학생의 학습활동을 관리하고 점검하는 데 필요한 최소한의 노력만 기울여도 된다. 교사는 팀을 지도하는 데 많은 시간을 할애할 수 있다.

㉣ 학생은 성취수준의 점검 절차를 통해서 이미 알고 있는 것을 반복하거나 해결할 수 없는 문제 등에 시간 낭비 없이 학습하게 된다.

㉤ 학생들이 서로의 학습활동을 점검할 수 있고 점검 방식이 쉽기 때문에 능력 수준에 관계없이 손쉽게 점검할 수 있으며 점검 활동이 학습을 방해하지 않는다.

㉥ 학생은 협동적이고 동등한 기회를 갖고 학습하므로 이질적으로 구성된 동료들 간에 긍정적 상호의존성이 형성된다.

(6) 집단탐구(group investigation)

① 개요

　㉠ 샤란(Sharan)이 제안한 방법으로 2~6명으로 집단을 구성한다. 이 모형은 팀경쟁 요인이 없기 때문에 학습과제의 선정에서 집단보고에 이르는 학습의 전 과정에서 학생들이 주도하여 진행할 수 있는 개방적인 협동학습 모형이다.

　㉡ 그러나 협력적 보상이 구체적으로 드러나지 않은 채 학생에게 집단목표달성을 요구하기 때문에 학습자의 역할배정에 세심한 주의가 요구된다.

② 수업절차

　㉠ 주제선정 및 팀 구성: 교사는 여러 측면에서 해결해 볼 수 있는 일반적인 탐구문제(주제)를 제시한다. 학습할 범주 5~6개를 결정하고, 학생들이 자신의 관심과 흥미에 따라 하위주제를 선택하도록 하여 하위주제별로 집단을 구성한다.

　㉡ 계획수립 및 역할분담: 1단계에서 선택한 하위주제를 탐구할 계획과 각자의 역할을 분담할 수 있게 한다. 소집단 내에서 학생들은 토론을 통해 탐구범위, 내용, 방법 등을 결정한다.

　㉢ 탐구활동: 학생들은 개별적 또는 짝을 지어 자신이 맡은 역할을 수행하고 집단 구성원들과 정보를 분석하고 통합한다. 이때 교사는 정보제공자의 역할과 격려하는 역할을 수행한다.

　㉣ 발표: 교사는 학생들과 공동으로 평가지를 제작하여 발표 중에 학생들이 다른 집단의 발표 내용을 평가하도록 한다.

　㉤ 평가: 교사와 학생이 각 집단의 전체 학급에 대한 기여도를 평가하게 되는데, 최종 학업 성취에 대한 평가는 개별적인 평가나 집단평가 모두 가능하다.

③ 특징

　㉠ 개별책무성과 과제 세분화의 특성이 있다. 개별책무성은 모둠의 성공이 팀 구성원 개개인의 역할에 달려있음을 의미한다. 과제 세분화는 각 학생이 팀 과제의 일부를 맡아 수행함으로써 팀 전체의 문제해결에 공헌하도록 유도한다.

　㉡ 팀 간의 협동을 강조한다. 학생들이 팀별로 탐구하는 하위주제들이 충분히 탐구되었을 때 학급 전체는 교사가 처음 제안한 일반적인 탐구 문제를 해결하게 된다.

　㉢ 고차적 인지기능의 획득에 관심을 둔다. GI모형은 이미 확정된 사실이나 기술을 획득하도록 하는 다른 협동학습 방법(STAD, TGT, Jigsaw)과 달리, 학생들의 고차적인 인지기능 향상에 특히 효과적이다.

(7) 자율적 협동학습(Co-op Co-op) 중등 02 · 10

① 개요

　㉠ 케이건(Kagan)(1985)이 고안한 자율적 협동학습(Co-op Co-op) 모형은 집단탐구 모형(GI)과 매우 유사한 모형이다.

　㉡ 학급 전체가 학습할 주제를 토론과정을 거쳐 직접 선정하고, 각자의 흥미에 따라 소집단을 구성한 후 소집단 내에서 자신이 수행할 주제를 다시 선택하여 집단의 과제를 완성하고, 각 집단의 과제가 함께 모여 전체 학급의 학습주제를 숙달하는 구조이다.

　㉢ 집단 간의 상호협동을 통해 학급 전체의 학습목표를 달성하는 협동학습 구조이다.

② 수업절차

　　㉠ 교사와 학생이 토의를 통해 학습과제를 선정한다.

　　㉡ 이질적인 집단으로 학습 팀을 선택한다.

　　㉢ 집단 세우기(team building)와 협동적 기술 계발활동을 한다.

　　　• 집단 세우기: 집단에 대한 긍정적 정체성 형성

　　　• 협동적 기술 계발활동: 상대방 말에 경청하기, 지원적 질문, 도움이 되는 비판, 갈등 해결 기술 등

█ 집단 세우기의 목적

① 학생들이 서로 친해지도록 한다.

② 집단의 각 구성원들이 독특하고 가치 있는 존재라는 것을 보여준다.

③ 집단 구성원 간의 신뢰를 형성한다.

④ 노동의 분업이나 사회적 역할과 효과적인 의사소통 기술과 같은 집단 내에서의 효과적인 상호작용 방법을 훈련시킨다.

⑤ 협동적 상호작용의 이점과 긍정적인 의존성을 바탕으로 함께 일하는 것의 필요성을 보여준다.

⑥ 집단의 정체성을 촉진한다.

⑦ 학생들이 따스한 감정을 이입하고 진심 어린 마음을 가질 수 있는 분위기를 만든다.

　　㉣ 각 팀은 과제 해결에 관련된 팀 주제(sub-topic)를 선정한다.

　　　(㉡과 ㉣단계 순서 바뀔 수 있음 ⊚ 학습과제를 팀 주제로 분류한 후 같은 팀 주제를 선택한 학생들끼리 팀 구성)

　　㉤ 팀 주제를 소주제로 나눈 후, 구성원들이 흥미에 따라 분담하여 개별적으로 정보를 수집한다.

　　㉥ 자신이 맡은 소주제에 대한 활동을 완성한 후 팀 구성원들에게 자신이 학습하거나 만든 것을 발표한다.

　　㉦ 그 내용을 종합하여 팀 보고서를 만들고, 이것을 학급 전체에 발표한다.

　　㉧ 반성과 평가를 진행한다. 평가는 동료들에 의한 팀 기여도 평가, 교사에 의한 소주제 학습기여도 평가, 그리고 전체학급 동료에 의한 팀 보고서 평가가 있다.

③ 특징

　　㉠ Jigsaw와 STAD에서는 학습자가 자신의 팀을 위해 협동학습을 하는 반면, 협동을 위한 협동학습(Co-op Co-op) 모형에서는 자신의 호기심을 만족하고, 공부한 내용을 학급 동료들과 공유하기 위해 학습한다. 집단 내의 협동과 집단 간의 협동을 강조한다.

　　㉡ 팀 동료에 의한 팀 기여도 평가, 교사에 의한 소주제 학습기여도 평가, 그리고 전체학급 동료들에 의한 팀 보고서 평가 등 세 가지 수준에서의 다면적 평가가 이루어진다.

④ 장점

　　㉠ 학생들이 학습할 주제를 직접 선택할 수 있다. 학생들로 하여금 학습에 대한 내재적 동기를 유발시킬 수 있다.

　　㉡ 팀 주제 안에서 각자 하나의 소주제를 선택하고 학습한 뒤, 이를 하나로 묶어 발표하는 과정에서 집단 구성원들의 책무성을 높일 수 있다.

　　㉢ 구성원 간의 토론과 의사를 결정하는 과정에서 학생들의 고차원적인 사고력이 신장될 수 있다.

(8) 함께 학습하기(learning together; LT)

① 개요

ㄱ 존슨(Johnson)과 존슨(Johnson)(1975)에 의해 제안된 방법이다.
4~6명의 이질집단으로 집단을 구성한다. 과제는 집단별로 부여하고, 보상과 평가도 집단별로 받는다.

ㄴ 시험은 개별적으로 시행하나 성적은 소속된 집단의 평균점수를 받게 되므로 자신이 속한 집단 내에 다른 학생의 성취 정도가 개인의 성적에 영향을 준다.

ㄷ 집단평균 대신 집단 내 모든 구성원이 정해진 수준 이상에 도달하였을 때 각 집단 구성원에게 보너스 점수를 주기도 한다.

③ 특징

ㄱ 학생의 협동적 행위에 대해 보상을 줌으로써 협동을 격려하고 조장한다.

ㄴ 일반적이고 포괄적인 모형으로 적용에 있어서 융통성이 좋으나 팀별로 협력적 기능이 제대로 발휘되게 하기 위해서는 교사가 학습자가 어떻게 잘 협력할 수 있는지를 미리 잘 생각하고 준비해 주는 것이 필요하다.

ㄷ 집단보상을 하기 때문에 무임승객 효과, 봉 효과와 같은 현상이 일어날 수 있으므로 주의가 필요하다.

(9) 동료학습(peer teaching)

① 동료 학습자가 교수자의 역할을 하는 것으로서 내용을 먼저 숙달한 학습자가 그렇지 못한 1~3명의 학습자에게 내용을 가르치는 방법이다.

② 동료집단 사이에 능력 수준이나 경험의 차이가 클 때 효과적이다.

③ 동료는 교수자보다 학습과정의 문제점을 더 잘 파악할 수 있으며, 소단위 혹은 개별적으로 학습이 이루어지므로 학습자의 참여를 높일 수 있다.

④ 유의사항

ㄱ 동료 교수자가 학습내용을 잘못 이해하거나 완전히 알지 못할 경우, 잘못된 개념이 다른 학습자에게 전달될 수 있다.

ㄴ 학습내용을 잘 알고 있다고 해서 반드시 좋은 교수자가 되는 것은 아니다.

ㄷ 교수자는 동료에 의한 교수과정을 잘 살피고 면밀하게 계획하고 점검하여야 한다.

(10) 각본 협동학습(scripted cooperation, cooperating script, 협동 시나리오) 초등 06

① 두 명의 학생이 짝을 지어 정해진 순서에 따라 교대로 자료를 요약하고 그 내용을 서로 점검·논평해 주는 교수·학습방법이다.

② 각본이란 학습내용, 학습기법, 구성원의 역할을 규정해 놓은 것을 말한다.

③ 두 명의 학생은 서로 학생과 교사의 역할을 교대로 수행하면서 서로 격려하고, 가르치며, 점검하고, 평가한다.

④ 고난이도 수준의 과제에 효과적이다.

⑤ 예를 들면, 독해에서 두 학생 모두 지문을 읽는다. 한 학생이 요약을 하면 다른 학생은 듣고 실수한 곳이나 누락된 것을 찾아준다. 서로 역할을 바꾸고 이 과정을 계속해 간다.

Chapter 04 교수설계

01 체제적 접근과 교수체제설계(ISD)

1. ISD모형

① 전통적이고 대표적인 교수설계모형들은 체제적 접근에 기초한다. 따라서 이러한 모형들을 교수체제설계(instructional systems design; ISD)모형이라고 한다.

② ISD모형의 기원은 2차 세계대전 시 군대에서 훈련자료와 프로그램 개발을 위해 적용되기 시작하였다.

③ 이후 Seels & Glasgow 모형(1990), Dick & Carey 모형(1996), Smith & Rogan 모형(1999), Gentry 모형(1994) 등 체제적 접근을 기본 틀로 하는 다양한 ISD모형들이 나왔다. ISD모형들은 교수설계가 체계적이고 과학적으로 이루어지는 활동임을 나타내고 있다.

2. 체제의 특징

① 체제는 구성요소로 이루어지며, 각 구성요소는 상호작용하고, 서로 피드백을 주고받는다.

② 설정된 목적 달성을 위해 상호 연관된 요소들이 총체적으로 협동한다.

③ 투입, 과정, 산출물, 피드백이라는 공통요소를 가지면서 한 단계의 산출물은 다음 단계의 투입이 되고 각 단계는 일정한 과정을 거쳐 산출물을 만들어낸다.

④ 체제의 가장 큰 특성은 목적에 도달하였는지를 평가한 후, 목적을 달성하지 못했을 경우 그 결과를 피드백한다는 것이다.

⑤ 각 요소들은 상호작용하기 때문에 한 부분에서 변화가 일어나면 다른 요소에 영향을 미친다. 체제의 변화는 각 요소들이 피드백을 통해 결과를 공유하고, 목적을 달성하였는지를 지속적으로 평가하는 상호작용을 통해 이루어진다.

3. 체제적 접근과 교수설계모형의 관련성

① 교수설계모형들은 교수설계를 하나의 체제로 본다. 그리고 그 체제는 분석, 설계, 개발과 같은 여러 단계의 구성요소로 나뉜다.

② 구성요소들은 상호작용하고 피드백을 주고받으며, 한 단계의 결과물은 다음 단계에 영향을 준다.

③ 최종 단계의 결과물은 앞 단계의 결과들에 대한 피드백을 제공하여 목표달성 여부를 지속적으로 점검하게 된다.

02 교수설계모형

1. 교수설계모형의 개념

① 교수설계를 하는 데 필요한 과정이나 절차 또는 과제를 수행해야 할 순서에 따라 행위별로 묶어 놓은 것이다.

② 교수설계모형의 목적은 교수설계를 체계적이며 과학적으로 할 수 있도록 명백한 안내와 지침을 제공하는 것이다.

③ 이 안내와 지침에는 모형이 적용되는 상황 및 조건, 사용되어야 할 수업전략 및 전술, 수업의 결과로서 나타나야 하는 바람직한 결과 등 수업설계의 목적에 필요한 제반 요소들이 포함된다.

④ 즉, '무엇이 행해져야 하는가'를 다루는 과정과 '어떻게 행해야 하는가'를 다루는 구체적인 기법의 적용이 기본적으로 포함된다.

2. 글레이저(Glaser)의 수업모형

(1) 개요

① 체제접근이론에 기초한 모형으로, 다양한 수업설계모형의 기초가 되었다.

② 수업의 과정을 수업목표의 설정, 투입행동(출발점 행동) 진단, 학습지도(수업)절차 그리고 학습성과 평가로 구분하였다. 그리고 각 단계에 대한 피드백이 이루어져 그 산출을 평가하고 수정하도록 하고 있다.

③ 네 가지 구성요소가 각각 별개의 과정으로 기능을 수행하는 것이 아니라 피드백 순환선에 의해 서로 연계되어 상호작용적 관계를 맺고 있는 체제적 접근을 취하고 있으며, 모든 교과에 적용 가능한 일반적 절차모형이라는 특징을 지닌다.

④ 글레이저의 체제적 교수모형은 이후에 이루어진 여러 교수설계 모형에 많은 영향을 주었다.

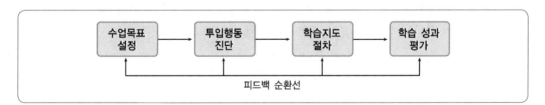

| 글레이저의 수업모형 |

(2) 모형의 각 단계

① 수업목표 설정

㉠ 수업을 통해 도달해야 할 학습자들의 성취 행동이다. 학습자의 요구와 특성, 교육과정 및 교과목표와 내용의 분석을 통해서 설정된다.

ⓛ 수업목표는 도착점 행동으로 설명될 수 있다. 도착점 행동이란 어떤 교수과정이 끝났을 때 학생들이 보여줄 수 있는 성취를 의미한다. 수업목표는 반드시 구체적이고 행동적인 수업목표, 즉 명세적 수업목표로 진술되어야 한다.

② 투입행동(출발점 행동) 진단

   ⓐ 수업이 시작되는 시점에서 학습자들이 지니고 있는 선행학습의 정도 및 학습태세를 의미한다.

   ⓛ 출발점 행동은 선행학습의 정도, 적성, 지능 등의 인지요인과 흥미, 태도, 자아개념과 같은 정의적 요인이 있으며, 학습의 결과에 중요한 영향을 미친다.

   ⓒ 수업절차에 앞서 출발점 행동의 진단을 위한 진단평가를 실시하여 학습결손을 발견하고, 적절한 처치방안을 강구할 필요가 있다.

   ⓔ 진단평가를 통해 발견된 학생들의 능력과 수준 차이는 보충학습과 심화학습이라는 수준별 수업을 실시하기 위한 기초자료가 된다.

③ 학습지도(수업)절차

   ⓐ 학습지도 과정은 의도한 목표를 달성하기 위해 학습내용을 매개로 교사와 학생들이 상호작용하는 과정이다. 이 단계에서는 학습지도 방법과 형성평가에 의한 교정학습이 요구된다.

   ⓛ 교수・학습 과정은 일반적으로 도입, 전개, 정리, 평가의 단계로 나누어 볼 수 있다.

도입	동기유발을 위한 활동, 학습목표를 명확히 이해하도록 하는 활동, 새로 학습할 학습과제를 이미 학습한 선수학습내용과 관련시키는 활동 등을 포함한다.
전개	학습과제나 내용을 학생들에게 제시하고, 학습활동을 안내하며, 학생들이 수행한 학습활동에 대해 피드백과 교정을 해 주는 활동을 포함한다.
정리	학습한 내용을 반복, 정리하는 활동과 학습한 내용을 점검, 확인해 보는 활동, 다음에 학습할 내용에 대하여 대비하는 활동 등을 포함한다.
평가	도입－전개－정리가 구체적인 목표 제시와 내용 제시, 요약 및 정리를 포함한다면, 평가는 학생들의 수업에 대한 성공적 참여와 이해 여부를 중간 점검하는 형성평가가 시행되는 단계라고 할 수 있다.

④ 학습성과(성취도) 평가

   ⓐ 수업절차가 종료된 후 설정된 수업목표에 비추어 학생들의 성취도를 평가하게 된다.

   ⓛ 이때의 평가는 총괄평가로서 수업목표의 달성 정도로 확인된다.

⑤ 피드백

   ⓐ 수업과정에서 각 단계의 작업결과를 평가하고 수정・보완하는 데 필요한 정보를 송환하는 기능을 말한다.

   ⓛ 체제과정에서는 어느 시점에서나 필요한 귀환적용(feedback)이 행해진다.

3. ADDIE 모형 중등 07 · 10 · 12 · 15논술 추가, 초등 02 · 06

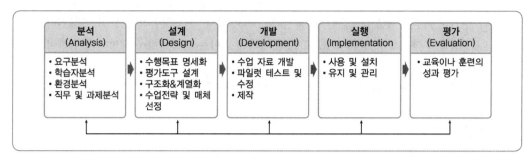

| ADDIE 모형 |

(1) 분석(Analysis)

학습과 관련된 요인들을 분석하는 것으로 학습내용을 정리하는 과정이다.

① 요구분석

　㉠ 바람직한 상태와 현재 상태 간의 차이를 밝히는 것이다.

　㉡ 요구분석을 통해 교육받은 이후 학습자들이 습득해야 하는 지식과 기능에 대해 학습자들이 현재 어느 수준에 있는지, 무엇을 모르고, 무엇을 못하는지를 파악하게 된다.

② 학습자분석: 학습자의 특성을 파악하는 것으로 지능, 선수학습능력, 적성, 인지양식이나 학습양식, 학습동기나 태도 등을 분석하여 설계를 위한 기초자료로 활용한다.

③ 환경분석

　㉠ 이용 가능한 자원과 제약조건들을 미리 분석함으로써 수업설계의 결과물이 실행 가능하도록 하는 데 의의가 있다.

　㉡ 수업설계 과정에 참여할 인적 자원, 기자재·시설·경비 등의 물적 자원과 개발기간 등과 함께 교실·실험실 등 교수·학습 공간과 교수매체를 포함한다.

④ 과제분석

　㉠ 수업목표 달성을 위해 필요한 지식, 기능, 태도 등을 파악하고 이들 간 계열성을 밝힌다.

　㉡ 적절한 과제분석이 이루어지지 않으면 교사는 무엇을 가르쳐야 할지 정확하게 파악할 수 없을 뿐 아니라 최적의 수업전략 수립도 어렵게 된다.

(2) 설계(Design)

분석과정에서 나온 결과물을 창조적으로 종합하는 과정으로, 교육과 훈련에 대한 구체적인 명세서를 만드는 과정이다.

① 수행목표 명세화

　㉠ 학습자들이 수행해야 할 성취 행동 또는 학습 성과를 행동적인 용어로 기술하는 것이다.

　㉡ 수행목표는 학습자가 수업이 끝난 후에 수행해야 할 성취 행동(performance), 그 행동이 나타날 수 있는 조건(condition), 성공적인 성취 행동으로 판단할 준거(criterion)를 포함하여 진술한다.

② 평가도구 설계

㉠ 행동적 용어로 진술된 목표의 성취도 여부를 측정하기 위한 평가도구를 개발한다.

㉡ 평가도구에는 출발점행동검사, 사전검사, 사후검사, 진도확인검사 등이 포함된다.

㉢ 진술한 수행목표의 성취 행동, 조건, 준거에 부합하는 평가문항을 개발하기 위하여 수행목표를 명세화한 후에 바로 평가도구를 개발한다.

③ 프로그램의 구조화와 계열화: 학습내용이나 활동을 어떤 방식으로 조직할 것인지, 학습자에게 어떤 순서로 제공할 것인지를 결정한다.

④ 수업전략 수립

㉠ 목표를 효과적이고 효율적으로 달성하기 위한 구체적인 교수·학습활동이나 방법을 의미한다.

㉡ 분석 단계에서 찾아낸 학습에 관련된 여러 요인뿐만 아니라, 수업목표에 진술된 학습자 성취 행동 유형과 수준, 교과 영역, 시간, 자원의 제한점, 교사와 학생의 선호도 등을 근거로 수업전략을 수립한다.

⑤ 수업매체 선정: 교수·학습의 효과와 효율을 위해 사용하는 도구로서 학습내용을 학습자에게 제시하거나 학습자의 수업활동을 촉진시키는 역할을 한다. 학습내용, 학습자 특성, 수업방법 및 전략에 따라 적절한 수업매체를 결정한다.

(3) 개발(Development)

① 설계명세서 또는 수업 청사진에 따라 수업에 사용될 수업자료를 실제로 개발하고 제작한다.

② 설계단계를 통해 나온 산출물은 이 단계에서 수정·보완된다. 수정·보완의 과정을 형성평가 과정이라고 하는데, 최종의 산출물이 아무런 문제없이 의도한 바를 달성할 수 있는 상태를 유지하기 위해 다양한 수준에서 형성평가가 이루어진다.

③ 전문가의 검토와 다양한 수준의 학습자(사용자)들의 검토, 그리고 현장에서의 검토 과정을 거쳐서 최종 산출물이 만들어진다.

(4) 실행(Implementation)

① 완성된 최종 산출물인 수업자료나 프로그램을 현장에 적용하는 단계이다.

② 개발된 수업자료나 프로그램이 교육과정 속에 설치되어 계속 유지될 수 있도록 관리하는 활동이 포함된다.

③ 원활하게 실행될 수 있도록 시설, 기자재, 예산, 인적 자원 등 필요한 지원체제도 포함한다.

(5) 평가(Evaluation)

① 최종 산출물이 의도한 목적을 충실히 달성하였는지 확인하는 과정이다. 수업 프로그램의 가치를 판단하는 총괄평가를 실시한다. 실제 수업현장에 투입되어 실행된 수업자료나 프로그램의 효과성과 효율성을 평가하는 것이다.

② 총괄평가를 통해 해당 자료나 프로그램의 계속 사용 여부, 문제점 파악, 수정사항 등을 결정한다.

■ 교수설계의 과정과 산출 결과

교수설계의 과정	역할(기능)	세부단계(활동)	산출 결과
분석	학습내용(what)을 정의하는 과정	요구, 학습자, 환경, 직무 및 과제분석	요구, 교육목적, 제한점, 학습과제
설계	교수방법(how)을 구체화하는 과정	성취수행목표 진술, 평가도구 개발, 계열화, 교수전략 및 매체 선정	성취수행목표, 교수전략 등을 포함한 설계명세서
개발	교수자료를 제작하는 과정	교수자료 개발, 형성평가 및 수정, 제작	완성된 프로그램
실행	프로그램을 실제 상황에 적용하는 과정	프로그램의 사용, 설치, 유지 및 관리	실행된 프로그램
평가	프로그램의 효과성과 효율성 및 적절성을 결정하는 과정	총괄평가	프로그램의 가치 및 평가 보고서

4. 딕과 캐리(Dick&Carey) 모형 중등 05 · 06 · 07 · 09 · 10 · 11 · 22논술, 초등 04 · 09 · 11

(1) 개요

① 딕과 캐리의 교수설계모형은 체제적 접근에 입각한 대표적인 교수설계모형으로 가장 널리 알려지고 가장 널리 사용되고 있는 모형이다.

② 이 모형은 수업의 과정을 하나의 체제로 보고 학습자, 교사, 수업자료, 학습환경 등이 학습자의 학습촉진이라는 궁극적인 목표를 위해 유기적인 상호작용의 관계를 형성한다.

③ 하나의 절차적 모형으로서, 효과적인 교수 프로그램을 만들어 내기 위해서 필요한 일련의 단계들과 그 단계들 간의 역동적인 관련성을 잘 보여주고 있다.

④ 초보자나 경험이 적은 교수 설계자가 유용하게 사용할 수 있도록 교수설계 과정을 단계적으로 설명하고 있다.

(2) 단계별 활동

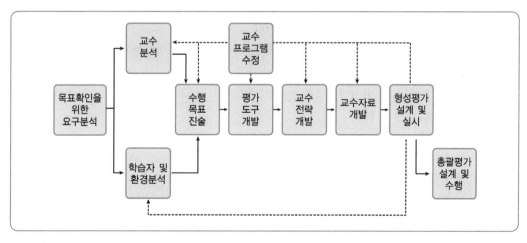

| 딕과 캐리의 교수체제 설계 모형 |

① 요구분석과 목표설정

    ㉠ 수업이 완결되는 시점에 학습자들이 '할 줄 알게' 되기를 바라는 바가 무엇인지를 결정하는 일이다. 즉, 최종 목적(goal)을 설정하는 단계이다.

    ㉡ 수업목적은 학습자의 요구분석이나 교육과정 분석을 통해 파악되고 설정된다.

    ㉢ 요구분석은 '요구사정'이라고도 표현되며, 현실(실제)과 이상 간의 차이(격차)를 규명하고 비교하는 활동을 말한다. 즉, '현재 상태'와 '바람직한 상태'를 확인하는 활동이라고 할 수 있다.

② 교수분석

    ㉠ 교수목표가 정해진 뒤에 그 목표가 어떤 학습 유형에 속하는가를 결정한다.

    ㉡ 학습자가 교수 목적에 도달하기 위해 단계별로 무엇을 어떻게 수행할 것인가를 결정해야 한다.

    ㉢ 목표를 성공적으로 달성하기 위해 학습자가 학습해야 하는 하위기능을 분석하고, 그 기능들이 어떤 절차로 학습되어야 하는가를 밝히는 것이다.

    ㉣ 교수분석의 마지막 단계는 학습자들이 학습에 성공하기 위해 필요한 출발점 기능(entry skills)을 확인하는 것이다.

③ 학습자 및 환경분석

    ㉠ 수업이 시작될 때 특정 학습을 하기 위해 학습자가 반드시 갖추고 있어야 할 선수지식인 출발점 행동과 수업활동을 설계하는 데 중요하게 고려해야 할 학습자의 특성을 확인한다.

    ㉡ 학습자의 특성 분석은 학습자의 적성, 학습양식, 지능, 동기, 태도 등을 말하는데, 이는 학습자 특성을 고려하여 적합한 교수전략을 설계할 수 있도록 하기 위함이다.

    ㉢ 또한 학습이나 수업에 영향을 주는 환경을 분석한다.

④ 수행목표 진술

    ㉠ 수행목표는 학습이 종결되었을 때 학습자가 무엇을 할 수 있는가에 대한 상세한 기술이다.

    ㉡ 수행목표 진술은 학습될 성취 행동, 그 성취 행동이 실행될 조건, 성공적인 수행 준거를 포함한다.

⑤ 평가도구 개발

    ㉠ 수행목표를 준거로 한 평가도구를 개발하는 단계이다.

    ㉡ 앞 단계에서 설정된 수행목표들에 대응하는 평가문항을 개발함으로써 학습자의 성취수준 또는 학습결과를 측정할 수 있도록 한다.

    ㉢ 하나 또는 그 이상의 행동목표에서 기술된 기능을 직접 측정하는 문항이나 수행과제들로 구성된 준거참조평가 문항을 개발한다.

    ㉣ 준거참조평가란 목표참조평가와 동일한 의미이며, 각 평가문항이 학생들의 목표달성 여부를 판단하는 잣대가 된다.

⑥ 교수전략 개발

    ㉠ 교수 프로그램의 최종 목표를 성취하기 위해 이용하고자 하는 전략을 설정하는 것이다. 설계자가 학습자에게 수업을 어떻게 제시할 것인지를 규명한다.

    ㉡ 교수 전 활동, 정보제시활동, 학습자 참여활동, 검사활동, 사후활동 등에 관한 전략이 개발되어야 한다.

    ㉢ 교수 전 활동에는 동기유발, 목표 제시, 출발점 행동 확인 활동 등이 있으며, 정보제시활동으

로는 교수 계열화, 교수단위의 크기 결정, 정보와 예 제시활동 등이 있다. 학습자 참여활동에는 연습 수행과 피드백 활동이 있으며, 검사활동은 사전검사, 학습증진검사, 사후검사 등으로 구성된다. 사후활동은 교정학습과 심화학습 등으로 구성된다.

⑦ 교수자료 개발

　㉠ 실제로 가르칠 수업자료를 선택하거나 개발하는 단계이다. 교수전략 개발단계에서 결정된 전략들에 따라서 사용할 수업자료와 수업 프로그램을 개발한다.

　㉡ 학습자 매뉴얼, 멀티미디어를 포함한 각종 교수자료, 각종 검사도구, 교사용 지침서 등이 개발되어야 한다.

　㉢ 자료와 교수매체는 수업목표와 내용, 학습자의 특성을 고려하여 선정하거나 개발한다.

　㉣ 교수매체 중에는 이미 개발되어 있는 것도 있지만 새롭게 개발되어야 할 것도 있을 것이다. 따라서 이 단계에서 가장 적합한 수업매체를 선택해야 하고 만약 적당한 수업매체가 없다면 새로 개발해야 한다.

⑧ 형성평가 설계 및 실시

　㉠ 우수한 교수 프로그램을 만들기 위해 교육현장에 투입하기 전에 시범적으로 프로그램을 적용해 보고 자료를 수집하여 프로그램 개선에 활용한다.

　㉡ 형성평가는 보통 일대일 평가, 소집단 평가, 현장 평가로 이루어진다. 형성평가는 개발된 수업 프로그램의 수정과 보완을 목적으로 한다.

일대일 평가	수업자료를 사용할 대상 학습자 중에서 전형적인 개별 학습자를 선정하여 자료를 평가하는 것을 말한다.
소집단 평가	일대일 평가 결과 수정된 자료의 효과를 측정하면서, 학습자가 설계된 수업환경에서 효과적으로 학습할 수 있는가를 파악하는 것이 목적이다.
현장 평가	수업자료가 실제로 활용될 상황에서 정보를 수집하며, 개발된 수업자료의 총체적 효과를 검토하는 것이 목적이다. 가능한 한 '현실세계'와 비슷한 상황에서 수업이 제대로 되는 데 필요한 절차에 대한 평가가 강조된다.

⑨ 교수 프로그램의 수정

　㉠ 형성평가 결과를 토대로 교수 프로그램이 가지고 있는 결점을 수정·보완한다.

　㉡ 평가결과를 기반으로 학습과제 분석의 타당성과 학습자 출발점 행동 및 학습자 특성에 대한 가정을 재검토하고 수업목표가 적절히 진술되고 평가문항이 타당하게 개발되었는지, 또한 수업전략이 효과적이었는지를 통합적으로 검토하고 수정함으로써 더욱 효과적인 수업 프로그램을 만든다.

⑩ 총괄평가

　㉠ 형성평가 결과를 토대로 수정·보완된 수업 프로그램은 마지막으로 총괄평가를 실시한다. 총괄평가의 주요 목적은 개발한 수업 프로그램을 계속 사용할 것인지, 아니면 새로운 수업자료를 채택할 것인지에 관해 결정을 내리는 것이다.

　㉡ 보통 외부 평가자에게 의뢰한다.

　㉢ 엄밀한 의미로 총괄평가는 수업설계 전체 과정 밖에 있다고 할 수 있다.

교육공학의 기초

01 교육공학의 이해

1. 교육공학의 개념

(1) 공학

① 공학은 '테크놀로지(technology)'를 번역한 것으로 하드웨어적인 의미로만 국한되지는 않는다. 공학의 사전적 어원은 기여(craft) 및 기술(skill)을 뜻하는 'techne'와 학문을 뜻하는 'logos'의 합성어이다.

② 갤브레이스(Galbraith, 1967)는 공학을 '실제적 문제를 해결하기 위해 과학적 지식 또는 조직화된 지식을 체계적으로 적용하는 것'으로 정의한다.

(2) 교육공학

① 공학은 과학에서 이루어 놓은 원리와 원칙을 실제에 적용하는 학문을 의미하며, 교육공학은 교육목표를 달성하기 위해 첨단공학의 산물이나 교수매체, 또는 그 외의 다양한 요소를 통합하여 가장 효과적이고 효율적이며 매력적인 방법으로 교육목표에 달성하는 문제에 관심을 둔 학문이다.

② 2004년 AECT의 교육공학 정의 연구 위원회에서는 교육공학을 다음과 같이 정의하였다. "교육공학이란 적절한 공학적 과정 및 자원을 창출, 활용, 관리함으로써 학습을 촉진하고 수행을 개선하는 연구와 윤리적 실천이다."

2. 교육공학의 영역 초등 04

(1) 설계영역: 수업목적의 달성을 위해 필요한 학습목표, 방법 및 전략을 기획하는 것이다.

① **교수체제설계**: 분석, 설계, 개발, 실행, 평가의 단계를 포함하는 조직화된 과정이다. 분석이란 무엇을 학습할지 결정하는 과정이며, 설계란 어떻게 학습이 이루어질지 구체적으로 정하는 과정이다. 개발은 교수자료를 제작하는 과정이며, 실행은 개발된 교수자료를 실제로 적용해 보고 상황에 맞게 전략을 펼치는 것을 의미한다. 평가는 교수의 적절성을 따져 보는 과정이다. 하나의 과정이 결핍되었을 때는 그 결과의 질이 크게 달라질 수 있기 때문에 각각의 절차는 매우 중요하다.

② **메시지 디자인**: 메시지의 물리적인 형태를 어떻게 조작할 것인가 계획을 세우는 것을 의미한다. 미시적인 수준인 시각기호, 페이지와 스크린에 관한 내용이 많으며, 매체와 학습과제에 따라 디자인이 달라진다. 활자의 크기, 페이지의 편집, 색상의 결정이 메시지 디자인의 예라 할 수 있다.

③ **교수전략**: 한 단위 수업 안에서 필요한 학습내용을 계열화하고 일련의 수업사태나 학습활동을 기획하는 것이다. 교수전략은 학습상황, 학습내용, 바라는 학습결과 등에 따라 달라지며, 동기나

정교화 등 학습과정이나 절차에 관련된 요소를 다룬다.

④ **학습자 특성**: 학습효과에 영향을 미치는 학습자의 배경을 의미하며, 선수학습 경험, 지적 능력, 동기, 사회·문화적 배경들을 포함한다.

(2) **개발영역**: 설계에서 구체화된 내용을 물리적으로 완성하는 것을 말한다.

① **인쇄 테크놀로지**: 책이나 시각자료를 제작하는 테크놀로지를 말하며, 학습자료 제작의 기반을 형성한다.

② **시청각 테크놀로지**: 기계 또는 전자기기를 이용해서 시청각 메시지를 제작 또는 전달하기 위한 방법이다.

③ **컴퓨터 기반 테크놀로지**: 컴퓨터를 이용해 디지털화된 자료를 제작하고 전달하는 방법이다. 컴퓨터 기반학습(CBI), 컴퓨터 보조학습(CAI), 컴퓨터 관리학습(CMI) 등의 형태가 있다.

④ **통합 테크놀로지**: 테크놀로지의 발전으로 지금에 와서는 그 개념이 적절하지 않지만, 컴퓨터의 통제 아래 여러 형태의 매체를 포괄하는 자료의 제작과 전달방법을 말한다. 대용량의 하드 드라이브와 메모리를 갖춘 컴퓨터와 비디오디스크플레이어, 오디오 시스템 등이 네트워크로 연결되어 있는 형태를 말한다.

(3) **활용영역**: 효과적인 학습을 위해 과정이나 자원을 사용하는 것이다.

① **매체활용**: 학습을 위해 매체를 체계적으로 활용하는 것이다.

② **혁신의 보급**: 새로운 아이디어의 채택과 확산을 목적으로 계획적인 전략을 사용하는 의사소통의 과정이다. 어떻게 하면 새로운 교육공학으로 제안된 혁신에 대해 수용자가 긍정적인 인식, 태도, 행동을 나타내도록 할 것인가에 관한 체계적인 접근의 필요성이 대두되었다. 혁신에 대한 수용단계로 수용자 유형에 따른 다른 전략의 실천 등의 구체적 아이디어로 제시되고 있다.

③ **실행과 제도화**: 실행이란 교수자료나 전략을 실제 현장에 적용하는 것으로, 교수혁신이 조직 내에서 개인에 의해 제대로 이용될 수 있도록 주변 환경을 조성해 주는 것을 말한다. 제도화는 교수혁신이 조직 내에서 지속적이며 일상적인 형태로 이루어지며, 문화로 자리 잡는 것으로, 조직의 구조와 체제 내에 혁신을 통합하는 것을 말한다.

④ **정책과 규제**: 교육공학의 확산과 이용에 영향을 미치는 사회의 규칙과 행위를 의미한다. 교육방송을 위한 법 개정, 저작권법, 시설과 프로그램의 설립 기준, 행정조직의 정비 등이 포함된다.

(4) **관리영역**: 교육공학 분야와 관련된 실제 현장에서 교육공학 전문가들이 수행하는 역할을 의미한다.

① **프로젝트 관리**: 교수설계와 제작 프로젝트를 계획, 모니터링, 통제하는 활동이다. 프로젝트 매니저는 프로젝트의 수행이 원활하게 될 수 있도록 계획, 일정관리, 조정의 업무를 맡는다. 또한 협상하고, 예산을 세우고, 정보 모니터링 체제를 수립하고, 프로젝트의 진행을 평가한다.

② **자원관리**: 자원지원 체제와 서비스를 기획하고 감독하며 조정하는 활동을 의미한다. 자원은 인적자원, 예산, 재료, 시간, 시설, 교수자원 등을 포함한다.

③ **전달체제 관리**: 수업자료의 전달 및 보급이 이루어지는 절차나 방법을 기획, 점검, 통제하는 일련의 활동이다.

④ **정보관리**: 학습자원을 제공하기 위해 정보의 저장, 전달, 처리를 계획하고 감독하며 조정하는 것을 의미한다.

(5) **평가영역**: 교육공학적 과정 및 산물에 대해 가치 및 장점 등을 규명하는 것이다.

① **문제분석**: 정보수집과 의사결정 전략을 사용하여 문제의 성질과 요소를 확인하는 것을 의미한다. 교육적 요구를 분석하여 어디까지를 교육적 문제로 분류할 것인가를 포함하여 학습자의 특성을 확인하고 우선순위를 결정하는 것을 포함한다.

② **준거참조평가**: 의도한 목표를 학습자가 어느 정도 달성하였는지를 확인하는 평가로 절대평가라고도 한다.

③ **형성평가**: 수업 전개과정에서 활용하고 있는 교수자료나 프로그램의 적절성과 효과성에 관한 자료를 수집 및 분석하여 교수자료나 프로그램을 개선하려는 데 목적이 있다.

④ **총괄평가**: 적절성에 관한 정보를 수집하여 향후 지속적인 활용에 관한 결정을 내리는 데 활용된다.

3. 교육에서의 공학과 교육의 공학적 접근

(1) **교육에서의 공학적 접근(technology in education)**

① 교육 상황에서 정보나 지식을 전달하는 데 사용되는 수단으로서의 공학, 즉 시청각 매체를 의미한다.

② 하드웨어와 소프트웨어로 대별되는 시청각 매체를 교육목적의 효율적 달성을 위한 수단으로 활용하는 접근법을 일컫는다.

(2) **교육의 공학적 접근(technology of education)**

① 교육의 공학이란 교육의 개선을 위한 과정으로 공학을 사용하는 것으로서 여기서 발생할 수 있는 문제의 해결이나 목표의 성취를 위해 체제적인 접근법을 사용하는 것을 말한다.

② 교육의 공학적 접근은 교육이라는 행위를 '서로 상호작용하는 요소들로 구성되어 있으면서 정해진 기능을 협동적으로 수행하는 하나의 조직체 또는 통일체'로 인식하며, 교육적 목적이나 목표를 달성하기 위해 각 요소적 활동이 전체 교육체제에 주는 효과와 영향을 감안하면서 문제해결기법을 활용하는 하나의 과정으로 체제접근방식을 강조하고 있다.

---

02 교육공학의 역사적 발달

1. 시각 교육

(1) **개요**

① 초기 교육공학은 언어 중심의 교육방법에서 탈피하여 구체적인 경험을 제공하는 시각 교육을 중심으로 이루어졌다.

② 시각 교육 운동은 추상적 개념을 구체화하기 위해서 시각 자료를 보조물로 사용한다는 개념에 기반을 두고 있었다. 시각 보조물에는 그림, 모형, 사물, 장치 등이 있다.

③ 이러한 보조물은 추상적인 개념을 구체화하거나 보완해 주고 학습 활동에 대한 학습자의 흥미를 자극한다.

(2) 호반(Hoban)의 교육과정 시각화 이론 중등 03

① 호반은 최초로 교수매체의 분류 기준을 제시한 학자이다.

② 교육의 목적을 인간 경험의 일반화에 두고, 학습의 경험을 시각화하는 것을 통해 일반화가 가능하다고 하였다.

③ 시청각 자료는 추상적인 것을 얼마나 구체적으로 전달할 수 있는가에 따라 가치가 결정된다고 생각하고 사실성의 정도에 따라 시청각 자료를 구별하였다. 사실과 가까운 매체일수록 더 정확한 메시지를 전달하며, 추상성이 높아질수록 이해도가 낮아진다고 주장하였다.

④ 사실성의 정도란 결국 추상적인 것을 얼마나 구체적으로 전달할 수 있는가의 정도로, 학습이 쉽게 이루어지기 위해서는 구체적인 것을 먼저 제시하고 차츰 추상적인 것을 제시하는 구체적－추상적 계열화의 기초를 제공하고 있다.

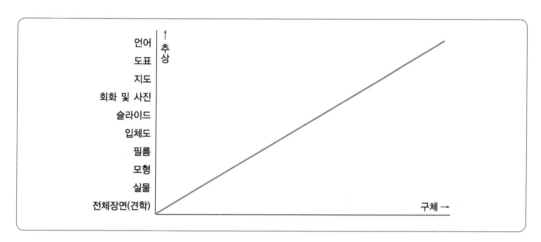

| 호반의 교육과정 시각화 이론 |

2. 시청각 교육

(1) 개요

① 1930년대 말 시각 자료에 청각 자료를 통합할 수 있는 기술이 발달함에 따라 시각 교육은 시청각 교육으로 변화하게 된다.

② 시청각 교육 이론의 정립과 학교에서의 시청각 자료의 활용에 기여한 학자는 데일이다.

(2) 데일(Dale)의 경험의 원추 중등 03, 초등 03

① 데일은 호반의 모델을 더욱 포괄적으로 분류하고 체계화하여 '경험의 원추'라 불리는 모델을 제시하였다.

② 위로 올라갈수록 매체의 추상성이 증대되고 짧은 시간에 보다 많은 정보가 압축될 수 있다.

③ 동일한 정보를 비디오테이프, 녹화, 일련의 시각 상징물이나 언어적 상징물로 학습자들에게 제
시하는 것보다 직접적 또는 목적적 경험, 구성된 경험, 또는 극화된 경험으로 제시하는 데 보다
많은 시간이 필요하다.

④ 최상위에 있는 언어적 설명은 최단시간에 최대량의 정보를 제시할 수 있으나 학습자들이 필요
한 배경적 경험이나 지식을 습득하지 못하였다면 학습을 위한 시간은 오히려 손해 볼 수 있다.

⑤ 경험의 원추는 학습자가 가지는 경험을 추상적 단계, 영상적 단계, 행동적 단계로 나누고 있는
데, 이러한 데일의 모형은 후에 구조화된 지식을 인지하기 위한 단계를 행동적－영상적－상징
적 표현방식으로 설명한 브루너에 의해 입증되고 보완되었다.

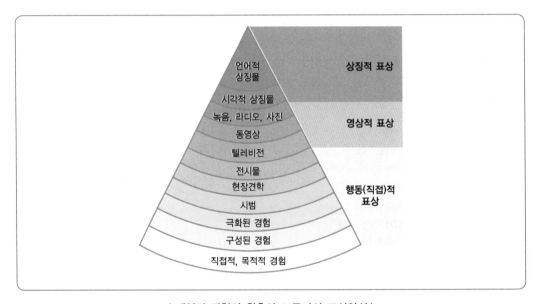

| 데일의 경험의 원추와 브루너의 표상양식 |

3. 시청각 교육통신 중등 03 · 04 · 12

(1) 개요

① 1950년대에는 시청각 교육에 교수·학습 과정을 통신과정으로 보려는 커뮤니케이션 이론, 교육
에 전체적으로 접근하려는 초기 체제이론이 결합하여 시청각 교육통신이 등장한다.

② 커뮤니케이션 이론가들은 통신의 핵심 요소인 송신자, 수신자, 통신수단, 메시지를 중심으로 다
양한 커뮤니케이션 모형을 개발하였다.

③ 초기 체제이론에서 체제는 '공동의 목적을 위해서 구성된 각 요소들이 체계적으로 형성된 조직
체'로 정의된다. 초기 체제 개념은 과정(process)으로서의 의미보다는 산물(products)로서의 체
제 개념을 강조한다.

(2) 벌로의 SMCR 커뮤니케이션 모델

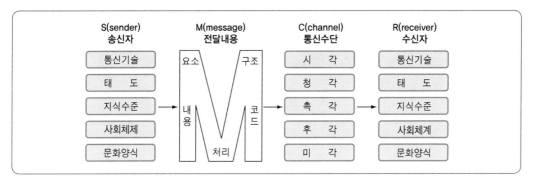

| 벌로의 SMCR모델 |

① SMCR모델은 커뮤니케이션 과정에 포함되어 있는 여러 요소의 역동적인 상호관계를 설명하고 있다.

② 벌로에 의하면 커뮤니케이션에는 네 가지 요소가 있으며, 이 네 가지 요소는 송신자, 메시지, 채널, 그리고 수신자이다.

    ㉠ 송신자(sender)와 수신자(receiver)

       • 커뮤니케이션 기술의 수준이나 지식수준, 속해 있는 사회나 문화가 유사할수록 커뮤니케이션이 원만하게 이루어질 가능성이 높다. 태도에서도 열의 있게 적극적으로 이야기할 때 커뮤니케이션은 보다 효과적으로 이루어진다.

       • 수신자에게 전달된 메시지는 송신자가 원래 의도하였던 메시지와 동일할 수도 있으나 대부분 각자의 의사소통 기술과 태도, 지식수준, 속해 있는 사회체계와 문화양식의 차이 등의 요인 때문에 완전하게 일치하지는 않는다.

    ㉡ 메시지(message)

       • 내용 : 전달하고자 하는 것을 말한다.

       • 요소 : 많은 내용 중에서 어떠한 내용을 선택하느냐와 관련 있다.

       • 처리 : 선택한 내용을 어떻게 전달하느냐와 관련 있다.

       • 구조 : 선택된 내용을 조직하는 것을 말한다.

       • 코드 : 언어적 코드와 비언어적 코드가 있다.

    ㉢ 채널(channel) : 메시지의 전달 통로이며, 인간의 감각기관을 의미한다.

③ 벌로 모형은 종래의 교수활동에 대한 연구가 매체를 중심으로 한 시청각 위주의 단순한 관점에서 벗어나 의사소통에 영향을 미치는 요소로서 교사와 학생의 특성을 포함하는 전체적인 관점에서 분석하게 되는 계기를 마련하였다.

④ SMCR모형은 여러 장점이 있으나 피드백과 그 과정이 모형에 제시되지 않았다는 점과 커뮤니케이션이란 역동적으로 이루어지는 것임에도 그러한 역동성이 모형에 잘 나타나 있지 않다는 것이 단점으로 지적되고 있다.

(3) 쉐넌(Schannon)과 쉬람(Schramm)의 커뮤니케이션 과정 모형 초등 11

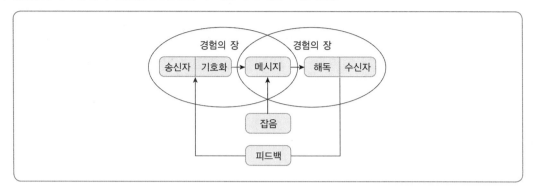

| 쉐넌과 쉬람의 커뮤니케이션 과정 모형 |

① 컴퓨터 통신에서와 같이 송신자가 보내는 메시지가 통신경로를 통하여 수신자에게 전달되는 과정을 부호화, 해독, 경험의 장(field of experience), 잡음과 피드백의 개념으로 설명하였다.

② 교사와 학생이 공통으로 경험하는 장 또는 공감대 형성이 많을수록, 그리고 교사와 학생의 의사소통을 방해하는 여러 형태의 잡음(noise)이 적을수록 수업은 효과적으로 이루어질 수 있다.

③ 교사와 학생 간의 공통된 경험의 부족이나 의사소통 과정상에서 생기는 잡음의 개입으로 발생할 수 있는 메시지 전달의 불완전성을 개선하기 위해서는 반복적인 피드백 과정이 필수적이다.

④ 교실수업에서 수업과정상의 의사소통을 저해하는 요인에는 소음, 조명, 온도 등의 물리적 요소가 있으나, 커뮤니케이션 과정 모형에서는 물리적인 요인뿐만 아니라 송신자와 수신자의 경험의 장이 일치하지 않는 데서 발생하는 편견이나 오해 등과 같이 정상적인 의사소통을 저해하는 정신적, 심리적, 생리적인 제반 요인도 포함한다.

(4) 초기 체제이론 - 핀(Finn)의 검은 상자(black box) 중등 03

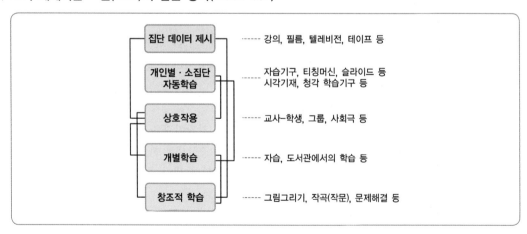

① 핀은 교수·학습과정을 다양한 교수방법으로 조직되고, 체계적으로 통합된 조직체로 보았다. 교수체제는 다양한 교수방법을 포함하고 있다고 보았다.

② 수업체제의 구성요소로서 다양한 수업방법, 예를 들면 일괄 수업방법, 개별 수업방법, 소집단 수업방법, 자동화 수업방법, 창조적 학습 등을 포함시켜 이들을 교수체제 속의 검은 상자의 개념으로 보았다.

③ 이러한 개념에 따라 교수·학습과정은 하나의 체제로 간주되었고, 체제를 구성하는 다양한 방법들이 학습상황에 따라 통합적으로 사용됨으로써 체제의 효율성, 즉 교수·학습과정을 보다 효과적으로 이끌 수 있다고 보았다.

④ 교수공학의 기본 단위는 개별적인 교수자료가 아니라, 통합된 완전한 교수체제이다. 개별적인 교수자료들은 교수체제의 구성요소로 간주되어야 한다.

⑤ 핀은 교수체제의 구성요소로서 각각의 교수방법을 '검은 상자'로 취급하여 내부구조는 알 수 없어도 입력과 출력을 조정함으로써 어떤 반응을 얻을 수 있는 심리적 개념으로 정의하고 있다.

⑸ **엘리(Ely)의 시청각 교육통신 모형** 중등 03

① 커뮤니케이션 이론, 초기 체제이론 그리고 학습이론을 결합하여 시청각과 교육통신 과정의 관계를 나타내는 모형을 개발하였다.

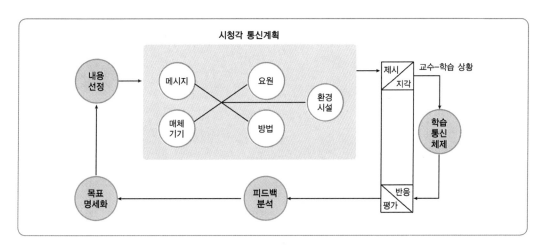

| 엘리의 시청각과 교육통신 과정의 관계 모형 |

② 엘리의 모형을 보면 '시청각 통신 계획'이 교수·학습의 과정에 포함되어 있다.

메시지	학습내용
매체기기	메시지를 전달하는 수단인 교재나 교구
요원	메시지를 구성하거나 매체 활용을 돕는 전문요원
방법	효과적인 수업이 실시되는 데 필요한 구체적인 절차
환경	수업이 효율적으로 이루어질 수 있도록 하는 물리적인 상황

4. 교수공학

① 1960년대에 이르러 시청각 교육통신은 행동주의 심리학과 체제이론의 영향으로 교수공학으로 발전한다.

② 초기 교수공학의 형성에는 행동주의 심리학의 학습이론들, 스키너의 조작적 조건형성, 프로그램 학습이론이 많은 영향을 주었다.

③ 체제이론은 초기의 체제 개념이 산물을 강조하였던 것과는 달리 과정을 강조한다. 체제개념의 도입으로 교수공학은 '부분들의 집합체 이상'의 의미를 내포하게 된다. 이로 인해 수업을 준비하고, 설계하고, 개발하는 과정을 하나의 체제로 파악하려는 교수개발(instructional development) 개념이 발전하게 되었다.

5. 교육공학

① 1994년 사회 발전경향에 따른 교육공학의 학문적 성격, 개념 정의, 실제와의 관련성, 활동영역에 대한 연구와 논의를 바탕으로 교육공학에 대한 정의가 제시된다.

② 교육공학이란 학습을 위한 과정과 자원의 설계, 개발, 활용, 관리, 평가에 관한 이론과 실제이다.

Chapter 06
교수매체의 선정과 활용

01 교수매체

1. 교수매체의 개념

① 교수매체(instructional media)란 교수·학습 상황에서 교수자와 학습자를 연결하는 중요한 수단인 동시에 학습을 촉진시켜 학습 효과를 극대화시켜주는 도구이기도 하다.

② 교수매체(instructional/educational+media)의 용어 중 media(medium의 복수)는 라틴어에서 유래하였으며, 영어의 'between'에 해당되는데 메시지를 전달하는 도구로서 이해된다. 매체는 양자(송신자와 수신자, 교수자와 학습자)의 중간에 위치하여 양자를 연결하는 중간 매개 역할을 한다.

2. 교수매체의 교육적 기능

① 매개적 보조기능 : 수업 상황에서 매체를 활용하여 학습자들의 주의를 집중시키고 동기를 유발시켜 줌으로써 학습효과를 증진시키는 데 도움을 줄 수 있는 것을 말한다.

② 정보전달 기능 : 정보를 보다 신속하고 정확하게, 그리고 대량으로 전달해 줄 수 있는 것을 말한다.

③ 학습경험 구성 기능 : 교수매체 그 자체가 학습자들로 하여금 학습경험을 구성할 수 있도록 도와주는 기능을 수행하는 것을 말한다.

   예 피아노, 카메라, 컴퓨터 등의 기술이나 기능을 습득하려는 경우 그 매체를 사용함으로써 필요한 기술이나 기능을 체험하고 습득할 수 있는 경우

④ 교수 기능 : 교수매체가 교사가 하는 것처럼 학습자의 지적 기능을 개발시키는 것을 의미한다.

3. 교수매체의 기여도

① 교수활동이 표준화될 수 있다. 표준화된 교수매체를 가지고 수업을 하게 되면 교사 개개인의 차이에 따른 수업의 양과 질의 차이를 줄일 수 있다.

② 교수·학습과정의 효율성을 높일 수 있다. 매체는 교사 중심의 강의나 설명에 비해 다양한 감각기관을 자극할 수 있으며, 더 구체적이고 다양한 형태의 정보를 빠른 시간에 제시할 수 있다.

③ 교수·학습의 효과를 높일 수 있다. 학습내용의 파지를 높이고 재생을 돕는 효과가 있다.

④ 교수·학습과정의 매력성을 높일 수 있다. 다양한 형태나 방법의 매체를 통한 교수·학습내용의 제공은 학습자의 동기를 부여하고 주의를 집중시키는 데 긍정적인 효과가 있다.

⑤ 교수매체가 가진 보완성은 교수자나 학습자에게 필요한 시간에 필요한 장소에서 교수·학습활동이 가능하도록 도와준다. **예** 영상이나 오디오 활용

⑥ 교수자가 교수·학습과정에서 더욱 긍정적인 역할을 할 수 있게 돕는다. 수업 부담과 설명에 필요한 노력이 줄게 된다. 교수자는 남는 시간을 좀 더 중요한 수업활동에 사용할 수 있게 된다.

4. 교수매체 선정 시 고려해야 할 사항

① **학습자의 특성**: 나이, 성별, 학년, 지적수준 등 기본적 특성 외에도 학습자가 선호하는 매체, 적성이나 성격, 태도, 학습 스타일, 교과나 매체와 관련된 선수 경험 등을 파악해야 한다.

② **교수자의 매체에 대한 태도와 능력**: 다양한 기능을 갖춘 효과 높은 매체라도 교수자가 그 매체를 선호하지 않거나 조작이 미숙하다면 학습효과는 반감될 수 있다.

③ **수업 상황**: 집단의 크기가 대집단인지 소집단인지 또는 개별학습이 가능한지 고려해야 한다. 또 발견학습, 시뮬레이션, 토의학습 등 수업에서 활용될 교수전략에 따라서도 어떠한 교수매체를 활용할 수 있는지 고민이 이루어져야 한다.

④ **학습목표와 내용**: 학습목표가 인지적 영역인지, 심동적 영역인지, 정의적 영역인지에 따라 효과적인 전달 매체가 달라질 수 있다.

⑤ **매체의 물리적 속성과 기능**: 시각 매체인지, 청각 매체인지, 시청각 매체인지 등의 주요 속성과 매체의 다양한 기능, 안전성, 견고성 등도 고려해야 한다.

⑥ **수업장소의 물리적 환경**: 전기를 활용할 경우 전기시설이 마련되었는지, 암막커튼을 통해 빛 차단이 가능한지, 컴퓨터나 스크린 등의 장치는 확보할 수 있는지 등이 고려되어야 한다.

⑦ **실질적 요인**: 주어진 학습시간 내에 모두 활용 가능한지, 비용대비 효과 및 이동성, 조작 등의 매체 친밀성, 매체의 신비성 등을 고려해야 한다.

5. 교수매체 효과성 연구 중등 09 · 11

(1) 매체 비교연구

① 교수매체에 대한 초기 연구는 전통적인 수업방식과 새로운 매체를 사용한 수업방식의 상대적 효과성을 비교하는 연구가 주를 이루었다.

> 예 교과서와 칠판만을 사용한 수업과 영화나 동영상을 사용한 수업의 학업 성취도 비교

② 특정 교수매체가 다른 교수매체에 비하여 효과가 있으며, 그 효과가 모든 학습자와 교과목에 동일하게 영향을 줄 것이라고 가정하였으나, 같은 연구를 수행하여도 다른 결과가 발생하는 등 연구결과에 일관성이 부족한 문제점이 노출되었다.

③ 클락(Clark)은 이러한 연구들이 교수방법이나 내용을 통제하지 못해 매체가 아닌 다른 변인들의 영향으로 결과가 나타나는 오류를 범하고 있다고 지적하였다.

④ 매체연구에 대한 다른 비판은 새로운 매체의 사용으로 인한 신기성 효과(novelty effect)를 통제하지 못하고 있다는 점이다.

(2) 매체 속성연구

① 교수매체를 서로 단순 비교하는 연구의 한계점을 극복하기 위해 교수매체가 갖는 고유한 속성이나 특징이 어떠한 인지적 영향을 주는지에 관한 연구가 시작되었다.

② 매체의 속성이 학습자의 특성과 학습과제가 주어진 상황에서 학습자의 인지적 과정에 미치는 영향에 관한 적성처치 상호작용에 관한 연구는 매체 속성연구 중 하나이다.

③ 살로만(Salomon), 그린필드(Greenfield)와 같은 연구자는 다른 매체의 상징체제표상 속성에 따라 학습결과에 다른 효과가 나타났다고 보고하고 있으며, Black의 연구는 공간적 시각화 능력이 낮은 학생들에게는 사진보다 동영상이 효과적임을 보고하였다.

④ 이러한 연구들은 어떤 특정 매체의 속성이 어떤 영향력을 미치는지에 대한 결과의 일반화가 어려워 앞으로 더 많은 연구가 이루어질 필요가 있다.

(3) 매체에 대한 태도 연구

① 매체에 대한 학습자의 태도와 매체가 어떤 관련성이 있는지를 탐구하며 학습자가 특정 매체에 대해 가지고 있는 가치나 신념이 매체를 통한 학습에 어떤 효과를 가져오는지에 대한 연구이다.

② 살로만(1984)에 따르면 특정 매체를 통한 학습이 더 쉽게 여겨진다면 학습에 들이는 인지적 노력의 정도가 낮아질 수 있으며 반대도 마찬가지임을 보고하였다.

③ 1990년대 이후 이러닝 등 다양한 매체를 통한 학습 형태가 증가함에 따라 각 매체가 학습자의 학습동기, 태도 등에 어떤 영향을 미치는지에 대한 연구가 활발히 이루어져 왔다.

(4) 매체 활용의 경제성 연구

① 주로 매체를 활용한 교육의 비용효과성에 대한 연구가 이루어져 왔다.

② Levin(1986)은 매체 그 자체보다는 그 매체를 통한 교육을 어떻게 운영하느냐에 따라 비용효과성이 달라진다는 점을 보고하였다.

③ 정인성과 임정훈(2001)은 매체활용의 비용효과성에는 학습효과, 상호작용, 강좌성공률, 단위효과, 등록학습자 수, 교과목 수 등이 영향을 준다고 하였다.

④ 이러한 연구결과는 매체의 활용과 관련된 여러 요인들로 인해 효과성이 달라질 수 있음을 확인하고, 비용효과적인 매체활용교육의 운영에 대한 실천적 지침을 제안할 수 있다는 이점이 있다. 반면, 수업의 질적인 측면에 대한 고려가 소홀해질 수 있으므로 주의가 필요하다.

■ 매체와 매체의 효과성에 관한 논쟁 초등 10

1. **1차 논쟁**: 1985년 쿨릭(Kulik)과 클락(Clark) 사이에 벌어졌다. 쿨릭과 클락은 둘 다 컴퓨터보조수업(CAI)의 효과성에는 동의하고 있었으나 그 효과성이 어디서 기인하는지를 다르게 해석하고 있었다.
   ① 쿨릭은 매체의 특성을 인정하여 컴퓨터 매체의 우수성을 지적하였다. 컴퓨터보조수업이 어떤 수준의 학습자에게나 효과가 있었으므로 컴퓨터보조수업의 설계와 활용은 널리 권장되어야 한다고 주장하며, 컴퓨터라는 매체가 교육적으로 효과가 있다고 주장하였다(매체효과 긍정).
   ② 클락은 매체적 특성보다는 내부적 변인이 컴퓨터 수업에 결정적인 영향을 미친다고 보았다. 즉, 매체는 학습 효과에 영향을 주지 못하며, 전달수단에 불과하다고 주장하였다. 학습에 영향을 주는 것은 매체가 전달하는 내용이나 교수·학습방법이지 매체 그 자체는 아무런 영향이 없다고 주장하였다(매체효과 부정).

2. **2차 논쟁**: 클락과 코즈마(Kozma) 사이에 벌어졌다.
   ① 코즈마는 1994년 논문 「Will media influence learning?」에서 매체와 방법은 설계의 일부분이므로 구별은 불필요하며, 매체가 영향을 미치지 못한다는 가정을 버리고 과연 매체가 어떻게 영향을 미칠 것인가에 대한 발전적인 연구를 진행해야 한다고 주장하였다. 매체의 위력은 분명히 존재하는데 우리가 그것을 보지 못하고 있을 뿐이니 매체의 활용방법에 대한 연구를 심도 있게 진행하여야 한다고 주장하였다(매체효과 긍정).
   ② 이에 클락은 논문 「Media will never influence learning」에서 매체를 식품 운송 트럭에 비유하며 매체는 수단으로 영향을 미치지 못한다고 주장하였다. 클락은 매체는 학습에 아무런 영향을 주지 못하며, 영향을 주는 것은 내용과 방법이라고 주장하였다.

02 ASSURE 모형

1. 개요 중등 04 · 05 · 08 · 10, 초등 05 · 09

① ASSURE 모형은 수업매체와 자료를 효과적이고 체계적으로 활용하기 위한 절차적 모형이다.
② 하인니히(Heinich)와 그의 동료들이 매체를 활용하여 원하는 수업목적에 도달할 수 있도록 교육 구성요소들을 어떻게 체계적, 체제적으로 조직하는가에 초점을 두고 개발한 모형이다.

2. ASSURE 모형의 단계

(1) **학습자 분석(analyze learners)**

① 수업매체를 효과적으로 선택하고 활용하려면 가장 먼저 학습자의 특성을 파악해야 한다.
② 학습자와 관련하여 분석해야 할 요인은 일반적인 특성, 출발점 행동, 학습양식 등이다.
  ㉠ 일반적 특성: 성별, 나이, 학년, 학력, 문화, 사회경제적 요인 등
  ㉡ 출발점 행동: 학습자가 이미 갖고 있는 지식 · 기술 · 태도, 주제에 대한 오개념이나 편견 등
  ㉢ 학습양식(학습유형): 학습동기, 정보처리 및 인지 양식, 선호하는 학습유형 등

(2) **목표 진술(state objectives)**

① 학습자가 달성해야 할 목표를 구체적으로 설정하여 학습의 결과로 습득하게 될 새로운 지식과 경험에 대한 것을 명확하게 진술해야 한다.
② 교사의 입장에서 무엇을 가르칠 것인지가 아니라 수업이 끝난 후에 학습자가 무엇을 할 수 있는지의 관점에서 목표를 진술해야 한다.
③ 메이거(Mager) 식의 구체적인 목표 진술에는 학습대상자, 행동, 학습조건, 평가기준의 네 가지 요소가 포함된다.
  ㉠ A(audience): 누가 학습할 것인지에 관한 대상을 분명히 한다.
  ㉡ B(behavior): 학습자가 성취해야 하는 것을 관찰 가능한 행동으로 진술한다.
  ㉢ C(condition): 목표에 도달하는 데 사용되는 자원, 시간 및 제약을 제시한다.
  ㉣ D(degree): 학습자가 목표에 도달하였는지의 여부를 나타내는 기준을 제시한다.

(3) **수업방법, 매체, 자료의 선택(select methods, media and materials)**

① 먼저 학습과제에 적합한 수업방법을 선택한다.
② 선택한 수업방법을 수행하기에 적합한 수업매체를 선택한다. 수업매체마다 독특한 특성이 있으므로 가르치고자 하는 내용과 목표가 어떤 환경에서 제공될 것인지 파악하여 가장 효과적인 수업매체를 선택해야 한다.
③ 수업자료를 선택한다. 이미 만들어진 기존 수업자료 중에 적합한 것이 있다면, 그대로 사용하거나 수정 또는 재편집하여 사용할 수 있다. 기존 자료 중에서 적절한 것을 찾지 못하면 새로 제작하여 사용할 수 있다.

(4) 매체와 자료의 활용(utilize media and materials)

① 이 자료를 수업에서 어떻게 활용할 것인가를 계획해야 한다.

② 교수매체를 효과적으로 활용하려면 자료 준비, 자료의 사전 검토, 환경 정비, 학습을 위한 사전 준비가 필요하다.

　ⓖ 자료준비: 매체와 자료를 교수·학습 목표달성을 위해 어떤 순서로 제시할 것인지 결정한다.

　ⓛ 자료의 사전 검토: 교사는 수업에 활용할 자료를 먼저 시사하여 학습자에게 적합한 내용인가 검토한다.

　ⓒ 환경 정비: 교수매체를 이용하는 교실의 주변 환경을 정비한다. 자료에 필요한 기기도 준비하고 성능도 미리 점검한다.

　ⓔ 학습을 위한 사전 준비: 학습자에게 전체적인 내용 소개, 사용할 교수매체에 대한 정보, 특수한 촬영 기법이나 용어에 대한 설명을 미리 제공하여 학습자의 흥미나 동기를 유도하고 학습내용에 대한 이해를 돕는다.

　ⓜ 교수·학습 경험 제공: 모든 준비가 완료되면 교사는 의사소통 능력을 발휘하여 자료를 제시함으로써 교수·학습 경험을 제공한다.

(5) 학습자 참여 요구(require learners participation)

① 학습은 학습자가 학습과정에 능동적으로 참여할 때 더욱 효과적으로 진행될 수 있다. 따라서 가장 효율적인 학습상황은 학습자가 목표달성을 위해 능동적으로 참여할 수 있도록 실제 행동을 요구하는 것이다.

② 학습자로부터 반응을 유도할 수 있는 학습자료를 제공하거나, 자료를 제시한 후 연습기회를 제공하고, 학습자 반응에 대해 적절한 피드백을 제공하는 방법 등을 통해 수업 참여 기회를 높일 수 있다.

③ 학습자의 반응을 유도하기 위해 연습활동, 토의, 그리고 퀴즈 등을 준비하여 학습자가 더욱 활발히 참여할 수 있도록 한다.

(6) 평가와 수정(evaluation and revise)

① 교수활동이 끝나면 학습자의 성취도 평가, 매체와 방법에 대한 평가, 교수·학습과정에 대한 평가를 한다.

② 평가결과가 만족스럽지 않은 부분에 대해서는 수정이나 보완을 통해 수업의 질을 향상시킬 수 있다.

　ⓖ 학습자의 성취도 평가: 학습자가 학습목표에 어느 정도 도달하였는지 평가하는 것이다.

　ⓛ 매체와 방법에 대한 평가: 교수 자료의 효과성, 비용 효과성, 소요된 시간의 적절성 등을 평가한다. 평가결과는 다음 교수매체 사용 시 참고 자료로 사용할 수 있다. 매체와 방법에 대한 평가를 위해서 학습자의 성취도 결과, 토론, 관찰, 설문지나 평가표를 이용한다.

　ⓒ 교수·학습 과정에 대한 평가: 수업 전, 수업이 진행되는 동안 언제나 가능하다. 학습자의 출발점 행동이 제대로 파악되었는지, 학습자의 능력과 자료는 적절하였는지, 교수·학습과정에 어려움이 있었는지, 평가는 제대로 되었는지 등을 평가한다.

Chapter 07 교육혁신과 교육정보화

01 ICT(information&communication technology) 활용 교육

1. ICT의 개념 중등 05

① 정보기술과 통신기술의 합성어로 기존의 정보기술(IT) 개념에 정보의 공유나 의사소통 과정을 강조하는 통신(communication) 개념이 포함된 의미로 사용된다.

② 협의의 개념으로는 정보를 검색, 수집, 전달하기 위한 하드웨어와 소프트웨어를 의미하나, 광의의 개념으로는 하드웨어와 소프트웨어를 활용하여 정보를 수집하고, 생산, 가공, 보존, 전달, 활용하는 등의 모든 방법을 의미한다.

2. ICT를 수업에 활용하는 방법에 따른 유형

① 자료 제시형: 교사가 온라인 및 오프라인상의 다양한 자원을 통해 필요한 자료를 검색, 수집, 가공하거나 직접 제작하여 학생들에게 제시하는 유형이다.

② 탐구형: 학생들이 주어진 문제해결에 필요한 자료를 다양한 자원을 통해 탐색, 조사, 관찰함으로써 문제해결의 단서를 탐구하는 유형이다.

③ 의사소통형: 교사나 학생들이 동시/비동시적 의사소통 도구를 활용하여 다른 사람들과 의견이나 자료를 교환하는 유형이다.

④ 결과생산형: 학생들이 문제해결 과정을 거쳐 도달한 해결책을 정리하고 다양한 도구 및 자료를 이용하여 결과물을 작성하는 유형이다.

⑤ 결과표현형: 학생들이 작성한 결과물을 웹으로 출판하거나 학생들을 대상으로 발표하는 유형이다.

⑥ 평가형: 학생들의 학업 성취도, 교수·학습 과정의 참여도, ICT 활용도 등을 평가하는 유형이다.

3. ICT 활용 수업설계의 고려사항

① 기법보다 내용 중심의 설계

② 목표 중심의 도구, 방법 선택

③ 강의 중심적 사고 배제

④ 교사 역할의 변화(지식 전달자 ⊙ 학습 보조자, 촉진자)

⑤ 교사와 학생의 ICT 활용능력 점검

⑥ 적극적인 지원체제 요구

02 멀티미디어와 하이퍼미디어 중등 06, 초등 08

1. 멀티미디어의 개념

① 멀티미디어란 컴퓨터를 중심으로 두 가지 이상의 매체가 결합되어 정보를 제공하는 것을 말한다.

② 다중(multi)과 매체(media)의 합성에서 나온 말이지만 단순히 복합적인 매체의 형태로 정보를 제시하는 것을 넘어서 각 구성요소가 서로 결합되어 구조화된 프로그램으로 통합된 것이다.

③ 멀티미디어의 구성요소인 텍스트, 이미지, 오디오, 비디오, 애니메이션 등이 디지털 정보의 형태로 통합되고, 컴퓨터의 상호작용성이 추가됨으로써 멀티미디어 시스템으로 발달하게 된 것이다.

④ 교육을 포함한 여러 영역에서 하이퍼텍스트, 하이퍼미디어, 멀티미디어라는 용어가 사용되고 있는데, 용어 간의 차이는 다음과 같다.

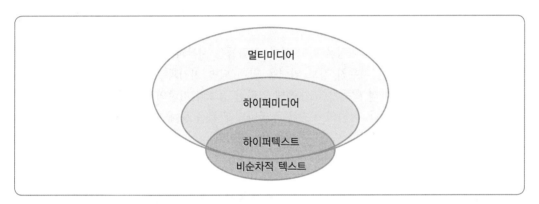

| 멀티미디어, 하이퍼미디어, 하이퍼텍스트의 관계 |

㉠ 하이퍼텍스트 : 비순차적으로 구성되어 사용될 수 있는 문자 정보, 정지된 상태의 도형, 그림과 도표 등의 화면을 말한다.

㉡ 하이퍼미디어 : 문자 정보, 그래픽, 애니메이션, 영상 정보와 음성 정보를 포함하는 다양한 형태의 정보로 구성되며, 상호작용적인 링크를 허용하는 컴퓨터 보조 시스템을 말한다. 하이퍼미디어가 하이퍼텍스트와 다른 점은 시간상으로 정지된 상태가 아닌 매체 형태를 포함한다는 것이다.

㉢ 멀티미디어
 • 문자 정보, 그래픽, 애니메이션, 영상 정보와 음성 정보를 포함하는 다양한 형태의 정보 제시를 의미한다.
 • 멀티미디어는 컴퓨터 시스템을 사용하여 비순차적인 상호작용적 링크가 포함되었을 경우 하이퍼텍스트나 하이퍼미디어와 중복될 수 있으나 컴퓨터의 사용이 필수적인 것은 아니다.

PART 08

교수 · 학습 및 교육공학

2. 인지부하이론(cognitive laod theory)

(1) 개념

① 멀티미디어 학습을 설명하는 중요한 이론적 근거가 되고 있다. 스웰러(Sweller)는 인지부하이론
이라는 명칭으로, 메이어(Mayer)는 멀티미디어 학습이론이라고 설명하고 있다.

② 작업기억의 용량 한계로 인지부하가 발생하므로 인지부하를 효율적으로 조절할 수 있는 교수처
방을 제시하는 이론이다.

③ 인지부하 : 과제를 수행할 때 학습자의 인지체계에 부과되는 정신적 노력(인지적 노력)을 의미
한다.

> **예** 어려운 수학 문제를 풀고 난 뒤에 느껴지는 정신적 피로감 – 과제 해결에 상당한 인지자원 소모

(2) 기본 가정

① 사람의 작업기억 용량은 제한되어 있다. 따라서 제한된 용량이 넘치지 않도록 유의하면서 학습
을 진행해야 한다.

② 시각 및 청각의 이중처리 과정을 갖고 있다. 사람들은 시각과 청각 정보를 동시에 처리한다. 따
라서 어느 한쪽으로만 치우친 정보 입력을 받게 되면 인지과부하가 쉽게 일어난다.

③ 학습의 목적은 스키마의 획득이다. 새롭게 입력된 정보와 기존의 정보를 통합시키는 과정이 스
키마를 획득하는 것이다. 학습의 목적은 스키마의 획득을 통해 학습결과의 전이를 높이고 자동
화를 달성하여 학습에 대한 숙련도를 높이는 것이다.

(3) 인지부하의 종류

> • 필요한 인지부하 : 스키마를 획득하기 위해 머리를 쓰면서 걸리는 부하
> • 불필요한 인지부하 : 이해하기 어렵고, 머리만 복잡해지는 부하
> ⊙ 필요한 인지부하는 촉진하고, 불필요한 인지부하는 감소하는 방식으로 멀티미디어를 설계·활용해야 함

① 내재적(내생적) 인지부하 : 과제 자체가 가지고 있는 난이도를 말한다.
  ㉠ 난이도가 높은 과제를 수행한다면 학습자의 인지부하는 올라갈 것이고, 난이도가 낮은 과제
  를 수행한다면 인지부하는 올라갈 것이다.
  ㉡ 과제 난이도가 높다는 것은 과제 수행을 위해 처리해야 할 학습 요소가 많다는 것이고, 학습
  요소의 양이 늘어나면 과제 수행에 따른 인지부하가 올라간다.
  > **예** 1차 방정식, 2차 방정식, 3차 방정식 중, 인지부하를 가장 많이 일으키는 것은 3차 방정식

② 본질적 인지부하 : 스키마 획득 과정에서 발생하는 인지부하(필요한 인지부하)를 말한다.
  ㉠ 새로운 지식을 기존의 지식 체계에 통합시키려는 정신적 노력을 지칭한다. 학습자의 스키마
  확장을 위한 인지적 노력을 의미한다.
  ㉡ 본질적 인지부하는 긍정적 인지부하이며, 가급적 학습자가 더 많은 본질적 인지부하를 투입
  하도록 촉진시켜야 한다.
  ㉢ 본질적 인지부하는 학습내용을 이해하거나 적용하기 위해 새로운 스키마를 생성하거나 기
  존의 스키마를 적용할 때 발생하는 인지과정을 지칭한다.

③ 외생적 인지부하 : 수업자료 등의 잘못된 개발로 불필요하게 투입된 인지부하(불필요한 인지부하)를 말한다.

㉠ 예를 들면, 교재의 설계가 제대로 되었다면 발생하지 않았을 인지부하가 외생적 인지부하이다.

㉡ 학습자에게 효과적으로 설계된 학습자료를 제공한다면 줄일 수 있다. 그럼, 학습자는 자신의 인지용량을 본질적 인지부하에 더 투입할 수 있다.

⊚ 가능하면 발생하지 않도록 하는 것이 중요하다.

(4) 인지부하별 조절 방법

① 외생적 인지부하 감소방법 : 멀티미디어를 만들 때부터 감소시키려는 노력이 필요하다

근접성의 원리
(contiguity
principle)
	• 설명하는 내용과 시각자료는 서로 가깝게 제시해야 한다.
	• 관련된 정보를 공간적 · 시간적으로 가깝게 제시하여 학습효과를 높이기 위한 것이다. 이것을 공간적 근접성과 시간적 근접성이라고 한다.
	  - 공간적 근접성 : 멀티미디어를 설계할 때 그래픽과 텍스트를 가깝게 제시하여 불필요한 인지부하가 발생하지 않도록 만드는 것이다.
	  - 시간적 근접성 : 그래픽과 음성 자료를 제시해야 하는 경우 시간적으로 동시에 제공함으로써 불필요한 인지부하의 발생을 줄이는 것을 말한다.
	📵 인체 구조에 대해 설명할 경우, 설명은 위에 그림은 아래에 있다면 인지부하가 많이 생김
	  ⊚ 그림의 명칭 바로 옆에 설명이 있을 때 인지부하를 줄일 수 있음

양식의 원리 (modality principle)	• 일부는 시각으로, 일부는 청각으로 정보를 나누어 처리하면 처리할 것이 훨씬 적게 느껴진다[양식(mode) = 채널(시각, 청각)]. • 청각과 시각 채널을 모두 활용할 수 있도록 학습자료를 개발해야 효율적으로 인지부하를 관리한다는 것이다. • 양식의 원리는 페이비오의 이중부호화이론으로 설명할 수 있다. 📵 안전벨트 착용과 관련한 그림을 제시하고 음성으로 설명하는 것과 그림을 제시하고 글로 내용을 설명하는 경우 ⊚ 전자가 더 효과적(후자는 시각적으로 처리해야 할 정보가 더 많다고 느낌) 📵 스티브 잡스의 PT : 그림으로는 핵심적인 내용만 간단하게, 주요 내용은 말로 전달
중복의 원리 (redundancy principle)	• 불필요하게 똑같이 주어지는 시청각 정보는 인지부하를 높인다. • 텍스트와 음성 중 어느 하나만으로도 이해할 수 있다면 중복적인 정보를 제거함으로써 주의집중 분산과 인지부하를 줄일 수 있다. 📵 학습자가 읽는 속도와 듣는 속도가 다르므로, 시각으로 주어진 자료를 굳이 음성으로 중복해서 제공할 필요가 없음
일관성의 원리 (coherence principle)	• 학습과 관련 없는 정보는 외생적 인지부하를 증진시키므로 삭제해야 한다. • 학습목표와 상관없는 학습자료를 부가적으로 제공하는 것은 일관성의 원리에 위배되는 것이다. 📵 학습과 관련 없는 내용 또는 배경사진 등

② 본질적 인지부하 촉진 방법: 스키마 형성 과정에서 발생하는 인지부하를 말한다.

개인화의 원리 (personalization principle)	• 학습자들은 개인과 관련된 것이라 생각될 때 학습에 더 몰입할 수 있다(ARCS의 관련성 ⊙ 개인화의 원리). • 학습자와 대화하듯이 정보를 제공하는 것 역시 해당된다. 학습자의 동기 수준을 높이고 학습에 집중하게 할 수 있다. 📖 개인의 이름 불러주기, 개인적 경험과 관련된 것을 중심으로 조직하기 📖 아이들에게 동화책을 읽어줄 때 주인공의 이름을 아동의 이름을 따서 읽어주는 것 → 자신의 이야기인 것처럼 몰입할 수 있음 ⊙ 동화를 이해하기 위한 스키마 형성이 촉진됨
자기설명 및 인지리허설 원리 (self-explanation& cognitive rehearsal principle)	• 아는 것을 설명하면서 공부하는 방법이 스키마 형성을 촉진한다. 자신의 학습과정을 스스로 점검할 수 있도록 도와준다. • "학습과정에 대해 스스로 설명하시오."와 같은 수행을 스스로 하게 하는 것이다. 📖 자신이 공부한 내용을 거울을 보면서 설명하거나, 주변 사람들에게 설명하는 것

③ 내재적 인지부하 조절 방법: 내재적 인지부하는 과제 자체가 가지고 있는 난이도를 말한다. 과제 난이도도 학습자에 따라 느끼는 부분이 다를 수 있으므로 내재적 인지부하를 덜 느끼게 하는 방법을 제시할 수 있다.

완성된 예제의 활용 (work-out example)	• 실제로 해결된 예를 보여주는 것이다. 완성된 사례를 보여주면서 단계별로 완성하게 하고, 나중에 예제의 정도를 줄여 가면서 보여줄 수 있다. • 복잡한 절차로 구성된 내용을 잘 숙달할 수 있도록 만들기 위해서 중요한 단계로 나누어 연습하도록 하는 방법이다. 중요한 단계란 학습 내용을 수행하기 위해서 필요한 스키마를 의미한다. 📖 교수설계 모형을 적용해서 설계 프로그램을 짜게 할 때, 다른 학생이 완성한 예시를 보여줄 수 있음
사전 훈련기법 (pretraining principle)	• 학습 내용의 이해를 위해 알고 있어야 하는 구성을 먼저 이해하도록 하는 방법이다. 각 구성 부분을 학습한 후 전체 학습을 할 경우 훨씬 쉽게 이해할 수 있다. • 동작이나 조작활동과 같이 복잡한 절차를 배워야 하는 경우 기초지식을 미리 학습해서 실제 학습단계에서는 절차에만 집중할 수 있도록 하는 방법이다. 📖 피는 대정맥을 거쳐서 좌심방으로 가서 좌심실로 가서... → 심장의 기본 구조에 대해 알지 못하면 어렵게 느껴질 수 있음 ⊙ 심장의 메커니즘 학습 전 심장의 명칭에 대해 먼저 학습

03 e-러닝

1. 온라인 교육

① 웹 기반 교수의 형태로 제공되며, 다음과 같은 장단점이 있다.

장점	• 시간과 장소의 제약 없이 교육을 제공할 수 있다. • 이동할 필요가 없기 때문에 이동에 따른 비용을 절약할 수 있다. • 인터넷을 기반으로 하고 있기 때문에 최신 학습자료를 손쉽게 구할 수 있다. • 원거리에 있는 전문가와도 직접적인 소통이 가능하며, 다른 학습자와의 협력학습이 가능하다.
단점	• 초기 비용이 많이 필요하다. 시설이나 콘텐츠 개발 비용과 같은 초기 투자비용이 많이 든다. • 유지 관리비와 같은 지속적인 투자가 필요하다. • 교육자와 학습자가 원격지에 떨어져 있기 때문에 학습자들이 심리적 소외감을 느낄 수 있다.

② 온라인 교육은 실시간 운영 방식과 비실시간 운영 방식으로 구분된다.

실시간
운영 방식
	• 같은 시간대에 인터넷에 접속한 상태에서 원격 시스템을 가동하는 방식이다. 실시간 채팅이나 동영상 서비스가 해당된다.
	• 장점
	  − 교수자와 학습자의 상호작용이 즉각적으로 일어나므로 면대면 수업과 거의 비슷한 경험이 가능하다.
	  − 동일한 시간대에 접속하므로 함께 수업을 하고 있다는 사회적 실재감을 느낄 수 있다.
	• 단점: 학습시간에 제약이 있다. 특정 시간에 접속하지 못하면 학습 기회를 갖지 못한다.

비실시간
운영 방식
	• 동일 시간에 접속하지 않더라도 이미 녹화한 자료를 보는 방식으로 운영된다.
	• 장점
	  − 시간적 제약이 없다.
	  − 충분히 생각할 수 있는 시간적 여유가 있어 성찰적 학습활동이 가능하다.
	• 단점
	  − 즉각적인 상호작용이 없기 때문에 역동성이 떨어진다.
	  − 다른 학습자들과 함께 공부한다는 사회적 실재감이 부족하다.

2. 블렌디드 러닝(blended-learning) 중등 07

① 면대면 기반의 오프라인 교육과 인터넷 기반의 온라인 교육을 결합한 형태의 총체적인 교수·학습활동이라고 할 수 있다.
② 블렌디드 러닝은 매체와 수업방법을 섞어 사용하는 것, 여러 수업방법을 사용하는 것 등으로 그 정의가 다양하다. 그러나 일반적으로는 온라인 수업과 오프라인 수업을 적절히 혼합하여 사용하는 것을 말한다.

③ 일반적으로 교수자들은 효과적인 교육, 접근성과 유연성, 비용효과성을 이유로 블렌디드 러닝을 사용한다.

④ 우선 집합 형태의 교실수업이나 현장학습을 실시한 후 사이버 공간에서 e-러닝이 연결되어 진행되거나, 반대로 사이버 공간에서 먼저 시작한 후 교실수업이나 현장학습에 연계하여 진행하는 경우가 가장 일반적인 블렌디드 러닝이다.

⑤ 학기가 진행되는 동안 격주별로 혹은 몇 주 단위로 온라인과 오프라인을 혼합하여 운영할 수도 있고, 한 주차 내에 시간별로 온라인과 오프라인을 혼합하여 운영할 수도 있다.

⑥ 전적으로 웹상에서만 이루어지는 이러닝의 단점과 제한점을 극복할 수 있는 대안적 학습 운영으로 부각되고 있다.

3. 대형 온라인 공개강좌 - 무크(massive open online course; MOOC)

① 대학 강의를 웹 서비스 기반으로 대중에게 무료로 개방하는 거대 규모의 '개방형 온라인 강좌'를 의미한다.

② 2011년 스탠포드 대학교를 시작으로 2012년 하버드 대학교, MIT 등의 대학들이 오프라인 강의를 온라인으로 일반 대중에게 개방하면서 탄생하였다.

③ 교수의 비디오 강좌와 같은 직접적인 강의 활동이 이루어지며, 교수와 조교 등이 함께 참여하는 토론수업, 과제부과와 피드백, 시험을 통한 평가, 수료증 발급 등이 가능하다.

04 | 테크놀로지 활용 수업

1. 모바일 러닝

① 무선 인터넷 및 위성통신 기술을 기반으로 모바일 테크놀로지를 활용한 이러닝의 한 형태이다.

② 태블릿 PC와 스마트폰의 등장으로 휴대하며 다양한 형태의 교육용 애플리케이션을 활용하는 것이 가능해지면서 주목받고 있다.

③ 다양한 모바일 기기가 발달함에 따라 소셜 네트워크 서비스를 활용한 학습환경이 촉진되고 있다. SNS를 통해 타인과 의사소통하거나 정보를 공유함으로써 학습자의 참여를 높이고 심도 있고 활동적인 학습을 이끌 수 있다. 또한, SNS의 등장으로 협력적 학습활동에 대한 가능성이 더욱 커지고 있다.

2. 스마트 러닝

① 모바일 러닝은 '스마트 교육' 또는 '스마트 러닝'이라는 용어로 대체되어 사용되고 있다(교육과학기술부, 2011).

② 태블릿 PC 또는 스마트폰을 활용하는 교육상황을 고려하여 스마트 교육이라는 용어를 도출하였는데, 교육 방법적으로 다음의 다섯 가지 방향(SMART)을 지향한다.

③ 스마트 교육의 다섯 가지 방향성은 모바일 러닝뿐만 아니라 다양한 테크놀로지 활용 교실 수업에도 적용 가능하다.

자기주도(Self-directed) 학습	• 학습자는 지식 수용자에서 생산자로 바뀌고, 교수자는 지식 전달자가 아닌 학습의 조력자 역할을 한다. • 학습공간은 교실 내로 한정되지 않으며 학습자 스스로 어디서나 학습을 주도적으로 한다.
동기화된(Motivated) 학습	• 학습자는 동기와 흥미를 가지고 참여한다. • 전통적 강의식 수업에서 벗어나 협력학습, 교실 밖 체험학습 등 학습동기를 유발하는 교육 방법이 스마트 기기를 활용하여 이루어진다.
적응적(Adaptive) 학습	• 학습자의 적성과 수준에 맞는 개별화 수업이 구현된다. • 일반적인 요구사항을 반영하는 맞춤형 학습과 함께 학습자의 학습 과정과 결과에 따라 적응적으로 학습 내용과 수준이 조정된다.
풍부한 자료 기반(Resource enriched) 학습	• 공공기관, 민간 및 개인이 개발한 풍부한 콘텐츠를 자유롭게 활용한다. • 소셜네트워킹을 활용하여 학습자원의 공동 활용과 협력 학습을 확대한다.
기술이 내재된(Technology embedded) 학습	• 클라우드 컴퓨팅 기반의 학교 인프라와 무선 인터넷 기술 등을 통해 언제 어디서나 학습할 수 있는 환경이 구축된다.

3. 디지털 교과서

(1) 개념

① 서책형 교과서의 내용과 더불어 용어사전, 멀티미디어 자료, 평가문항, 보충, 심화 학습 등 다양한 학습 자료를 제공하는 디지털화된 형태의 교과서를 말한다.

② 교수학습을 위해 사용되는 디지털화된 책이다.

③ 교실 수업에 필요한 동영상, 애니메이션, 가상현실 등의 다양한 디지털 자료를 제공한다. 또한, 능동적 학습 지원을 위해 필기, 하이라이트, 메모, 북마크, 녹음, 노트 기능 등을 제공하고, 궁금한 점이 있을 때 교과서, 에듀넷, 지식백과에 있는 내용을 검색할 수 있도록 지원한다.

④ 학습자는 디지털 교과서를 자신의 태블릿 PC에 다운로드해서 수업에 활용할 수 있다.

(2) 교육적 활용의 장점

① 모든 학습자료가 디지털 형태로 제공되기 때문에 자료들을 쉽게 저장하거나 임의로 편집, 가공할 수 있으며, 재활용할 수 있다.

② 최신 정보와 지식을 멀티미디어, 가상현실, 증강현실 등의 다양한 형태로 제공하고, 많은 양의 교과 내용을 스마트 기기에 담아 언제 어디서나 활용할 수 있다.

③ 다양한 멀티미디어 자료를 활용할 수 있으며, 멀티미디어의 효과적 활용은 학습자들의 흥미를 높여주고 수업 과정에서 지속적으로 동기를 유발·유지시켜 학습 효과를 향상하는 데 도움을 줄 수 있다.

④ 외부자료 및 서비스와의 연계를 통해 최신 정보를 바로 검색할 수 있다.

▌ AI 디지털 교과서

1. 개념

① 디지털 교과서 : 서책형 교과서 내용에 용어 사전, 멀티미디어 자료, 실감형 콘텐츠, 평가 문항, 보충·심화 학습자료 등 풍부한 학습자료와 학습 지원 및 관리 기능이 학생용 교재이다. 학교와 가정에서 시·공간 제약 없이 활용할 수 있다.

② AI디지털 교과서 : 학생 개인의 능력과 수준에 맞는 다양한 맞춤형 학습기회를 지원하기 위해 인공지능을 포함한 지능정보기술을 활용하여 다양한 학습자료 및 학습 지원 기능 등을 탑재한 소프트웨어이다.

2. AI 디지털 교과서와 디지털 교과서의 차이점

(1) 디지털 교과서

① 인쇄 교과서의 내용을 디지털 형식으로 변환한 것이다. 텍스트, 이미지, 오디오 및 비디오와 같은 다양한 멀티미디어 자료를 제공한다.

② 정보 접근성을 향상시키고, 학습자의 흥미를 유발하여, 단방향이지만 상호작용이 가능한 학습 경험을 제공한다.

③ 대체로 정적인 콘텐츠로 구성되어 있으며, 학습자 개인의 학습수준이나 필요에 따라 내용이 자동으로 조정되지는 않는다.

(2) AI 디지털 교과서

① 인공지능 기술을 활용하여 학습자 개인의 학습성향과 수준을 인식하고 이에 맞춰 콘텐츠를 동적으로 조정한다. 학습자의 반응을 실시간으로 분석하여 개인화된 학습 경로를 제공하고, 학습자가 필요로 하는 콘텐츠를 추천한다.

② 학습 진단 및 분석, 맞춤형 학습 지원, 수업 설계 및 맞춤 처방 지원 등의 핵심 기능을 통해 학습의 효율성을 극대화한다.

③ 학생 한 명 한 명의 학습방식과 속도, 이해도에 맞춰 교육 콘텐츠를 제공함으로써 모두를 위한 맞춤 교육을 실현할 수 있다.

④ 대시보드를 통해 학생의 학습 데이터를 분석하고 제공한다. 이를 통해 선생님과 학생 간의 소통이 강화되고, 학부모는 자녀의 학습 진도와 성취도에 대한 객관적인 정보를 얻을 수 있게 된다.

3. 인공지능(AI) 디지털 교과서 핵심 서비스

사용 주체	서비스
학생	• 학습 진단 및 분석 • 학생별 최적의 학습 경로 및 콘텐츠 추천 • 맞춤형 학습 지원(AI 튜터)
교사	• 수업 설계와 맞춤 처방(AI 보조교사) • 콘텐츠 재구성·추가 • 학생 학습 이력 등 데이터 기반 학습 관리
공통(학생·교사·학부모)	• 대시보드를 통한 학생의 학습데이터 분석 제공 • 교육 주체(교사, 학생, 학부모) 간 소통 지원 • 통합 로그인 기능 • 쉽고 편리한 UI/UX 구성 및 접근성 보장

※ 출처 : 교육부, 「인공지능(AI) 디지털교과서 추진방안(2022.6.8.)」

① 학생 : 초기 학습 진단 및 분석을 통해 학생별 최적의 학습 경로 및 콘텐츠를 추천하고 AI 튜터를 통해 맞춤형 학습 지원을 제공한다.

② 교사 : 수업을 설계하고 학생 맞춤형 처방을 통해 데이터 인식과 분석과정에서 AI 보조교사의 도움으로 빠르고 쉽게 학생들을 파악할 수 있으며, 콘텐츠를 재구성하거나 추가할 수 있다. 학생의 학습 이력, 학생의 정서 등을 데이터 증거 기반으로 관리 운용이 가능하다.

③ 공통 : 학생, 교사, 학부모에게 대시보드를 통해 학생의 학습 데이터 분석 자료를 제공하고 교육 주체 간 소통을 지원한다. 통합 로그인을 도입(하나의 계정으로 AI 디지털 교과서 포털과 각 발행사의 디지털 교과서를 이용할 수 있도록 통합 인증 체계 제공)하여 편리하게 접속할 수 있도록 하였다.

4. 실감 미디어

(1) 개념

① 사용자의 실재감과 몰입감을 위해 인간의 오감과 감성 정보를 제공하여 사용자의 미디어 체험의 만족도를 높이는 미디어를 말한다.

② 실재감이 높을수록 사용자는 콘텐츠를 긍정적으로 지각한다. 사용자는 실감 미디어를 통해 실제와 유사한 경험을 할 수 있게 된다.

(2) 증강현실(AR)

① 현실 세계에 가상의 이미지를 추가하여 보여주는 기술이다.

② 실시간으로 디지털 기기를 이용하여 가상개체를 조작하면서 상호작용할 수 있다.

③ 의료, 기술, 건축, 교육 등 다양한 분야에서 활용된다.

(3) 가상현실(VR)

① 현실과는 다른 공간이나 시대, 문화적 배경 등을 가상 세계에 디자인해 현실에 존재하지 않는 세상을 온라인에 만들어 내는 기술이다.

② 컴퓨터 기술로 만들어진 가상의 환경이나 상황은 사용자의 오감을 자극하며 실제와 유사한 공간적·시간적 체험을 가능하게 한다.

③ 가상 세계에서는 아바타를 통해 완전히 새로운 세계에서 활동하게 된다.

④ 가상공간 안에서 상호작용을 실현하며, 현실 세계와 같거나 현실 세계에서 불가능한 상황까지 실제 상황처럼 체험할 수 있다.

(4) 메타버스

① 메타(meta)와 세계(universe)의 조합으로, '현실과 가상이 혼재된 세계'라는 의미이다.

② 아바타를 기반으로 사회적 상호작용이 가능한 3차원 가상환경이다.

③ 가상세계 참여자끼리 사회적 상호작용을 하면서 몰입감 높은 학습경험을 체험할 수 있다.

📕 메타버스의 유형

증강현실(augumented reality)	현실 속 공간에 디지털로 구현된 정보나 물체를 입혀서 보여주는 것 예 포켓몬 고
가상현실(virtual reality)	특정한 현실 속에 존재하는 것과 같은 경험을 제공하는 가상의 공간
거울세계(mirror worlds)	실제 세계를 그대로 반영하되 외부 환경 정보를 통합하여 제공하는 가상공간 예 구글 어스, 카카오 맵
라이프로깅(life logging)	현실 속 정보를 디지털로 기록하고 공유하는 것 예 페이스북, 인스타그램

5. 플립드 러닝(flipped learning)

(1) 개념

① '거꾸로 학습' 또는 '거꾸로 교실'이라고도 불린다. 플립드 러닝이란 전통적 교실활동의 '역으로' 또는 '거꾸로'를 의미한다.

② 학습자들은 학교에서 들어야 할 교사의 수업을 집에서 온라인 영상을 통해 시청하고, 학교에서는 교사의 지도 아래 과제활동이나 심화활동을 하게 된다.

③ 플립드 러닝은 블렌디드 러닝의 한 형태로도 볼 수 있으며, 학습과정에서 학습자의 능동적이며 자기주도적인 참여를 강조한다. 또, 학습결과뿐만 아니라 과정 또한 평가에 반영할 것을 강조한다.

(2) 수업진행

① 수업 전에 교사는 다음 시간에 배울 내용을 동영상으로 제작하거나, 인터넷상에서 관련 자료 및 동영상을 선별하여 학습자들에게 제공한다.

② 학습자들은 컴퓨터 기반 학습환경에서 교사가 미리 준비한 학습자료를 수업 전에 자신들의 수준과 속도에 맞춰 필요한 만큼 학습한다.

③ 본 교실 수업에서는 예습한 내용을 토대로 수업 주제에 대해 더 심화된 학습활동을 하게 된다. 수업은 토론, 프로젝트 수업, 실험, 실습 등의 활동 위주로 이루어진다. 즉, 학습자들은 선행학습으로 습득한 지식을 적용해 보는 활동에 참여한다.

④ 이때 교사가 해야 할 일은 학생들의 그 학습 과정들을 파악 및 확인하고 개별화 지원을 제공하는 것이다.

(3) 장단점

① 장점

㉠ 학생의 개별적 학습활동 시간이 증가한다.

㉡ 반복학습이 가능하다.

㉢ 미리 주요 내용들을 학습해 온 후 교실활동을 하게 되므로, 교실 현장에서의 학업격차를 줄일 수 있다.

㉣ 학생의 심화학습을 도와줄 교사의 시간이 늘어난다.

㉤ 동영상 강의 제작과 학습 중심 활동을 통해 교사의 수업 역량이 향상된다.

② 단점

㉠ 집에서 혼자 강의를 보며 공부할 때 중도에 학습을 포기하는 경우가 생길 수 있다.

㉡ 교수의 실재감을 학생들이 느끼게 하는 디지털 강의자료를 만드는 것이 쉽지 않다.

㉢ 디지털 강의자료와 연계된 교실 내 학습활동을 어떻게 설계할 것인지에 대한 연구가 필요하다.

㉣ 학습환경과 방법이 준비되지 않으면 학습효과를 거두기 어렵다.

▌소셜미디어의 활용 - 위키미디어 중등 20논술

1. 개념

① 위키(Wiki)는 하와이어로 '빨리 빨리(Wiki Wiki)'라는 뜻으로 '위키피디아'의 줄임말에서 시작되었다.

② 위키 기반 사이트들은 웹 접속자라면 누구나 내용을 수정하고 추가할 수 있도록 개방성을 갖추어 인터넷상의 공동체 시스템으로 발전하였다.

③ 위키의 가장 큰 특징은 누구나 참여할 수 있으며 공동의 작업을 통해 집단지성을 만들 수 있다는 것이다. 이러한 특징은 사회적 구성주의에서 강조하는 협력학습과 일치한다.

2. 수업에서의 활용

① 위키는 토론방이나 블로그와 같은 그룹 웹페이지이지만 누구나 편집이 가능하며, 프로그래밍 지식이나 소프트웨어 기술 없이도 쉽게 콘텐츠를 만들 수 있다.

② 교육적 측면에서는 학급 단위 프로젝트에 위키를 활용할 수 있다. 학습자 간 협력과 교수자와의 상호작용을 통해 프로젝트 과제를 해결해 나갈 수 있다.

③ 자기주도적 학습이 이루어지기 쉬운 환경을 제공하며, 학습자의 적극적인 참여를 유발할 수 있다.

01 교육사회학 이론

기능론
- 중심개념
- 교육의 기능
  - 사회화
    - 뒤르켐
    - 파슨스
    - 드리븐
  - 선발과 배치
- 기능론적 교육관의 한계점
- 기능론의 주요 이론
  - 학습욕구이론
  - 기술기능이론
  - 국민통합론
  - 근대화이론
  - 발전교육론
  - 인간자본론

갈등론
- 마르크스의 사상
- 알튀세의 이데올로기론
  - 상대적 자율성
  - 상부구조의 개념
    - 이데올로기적 국가기구
    - 억압적 국가기구
- 보울즈와 진티스의 경제생산론 — 상응이론
- 부르디외의 문화재생산론
  - 아비투스
  - 문화자본
    - 아비투스적 문화자본
    - 객관화된 문화자본
    - 제도화된 문화자본
  - 상징적 폭력
- 일리치의 탈학교론
- 라이머의 학교사망론
- 프레이리의 의식화 교육
  - 침묵의 문화
  - 은행저축식 교육
  - 문제제기식 교육
- 윌리스의 저항이론
  - 간파
  - 제한
- 애플의 문화적 헤게모니 이론
- 카노이의 문화제국주의론
- 콜린스의 지위경쟁이론

신교육사회학
- 영의 지식과 통제
- 상징적 상호작용이론
  - 미드의 상징적 상호작용론
  - 쿨리의 거울자아이론
- 번스타인의 문화전수이론
  - 교육과정 연구
  - 보이는 교수법과 보이지 않는 교수법
  - 사회계급과 언어
- 케디의 학생 범주의 구분
- 맥닐의 방어적 수업
  - 단편화
  - 신비화
  - 생략
  - 방어적 단순화
- 하그리브스의 상호작용론
  - 맹수조련사형
  - 연예인형
  - 낭만형
- 왈라스의 교육과정 우선순위 변화과정

02 사회이동과 교육선발

- 사회이동과 선발
- 사회이동과 교육체제
  - 터너의 교육체제 연구
  - 호퍼의 유형론
- 교육의 기능과 사회이동
  - 기능론적 관점(교육평등화론)
    - 호레이스 만
    - 헤비거스트
    - 블라우와 던컨의 지위획득모형
  - 갈등론적 관점(불평등 재생산론)
    - 콜맨 보고서
    - 카노이의 교육수익률의 교육단계별 변화
    - 보울즈와 진티스의 연구
  - 무관계론 — 젠크스의 학교 교육 효과 연구
- 교육의 선발기능에 대한 관점
- 입시제도와 시험
  - 입시제도의 기능
  - 시험의 사회적 기능

03 교육과 평등

- 교육평등의 의미
- 교육평등관의 유형
- 교육격차의 인과론
  - 지능결핍론
  - 문화환경결핍론
  - 교사결핍론(교사의 기대효과)

04 현대사회의 교육 다양화

- 대안교육
- 평생교육
- **교육과 문화**
  - 문화변화의 유형
    - 문화전계
    - 문화접변
    - 문화지체
  - 다문화의 이해
    - 다문화 이론
      - 용광로 이론
      - 모자이크 이론
      - 샐러드 볼 이론
      - 문화생태 이론
    - 다문화 교육의 영역(뱅크스)
    - 다문화 교육의 방향
  - 청소년 비행문화론
    - 아노미 이론
    - 낙인 이론
    - 사회 통제 이론
      - 중화 이론
      - 사회 연대 이론
    - 차별 접촉 이론
    - 비행 하위문화 이론

PART 09

교육사회학

Chapter 01 교육사회학 이론

1. 개요

① 기능론이란 한 사회를 부분들의 총체 또는 유기체로 간주하는 관점이다. 유기체처럼 사회도 개인과 집단의 총체로 되어 있고, 개인과 집단이 각각의 맡은 기능을 원만히 수행해야 그 사회는 안정되고 질서를 지닌다는 것이다.

② 사회도 유기체와 같이 여러 부분, 즉 정치, 경제, 사회, 문화, 교육, 종교 등으로 나누어져 사회가 유지될 수 있도록 각자 맡은 역할을 충실하게 하고 있다고 본다. 즉, 사회의 존속을 위해 필요한 기능을 수행한다.

③ 상호의존적으로 각자가 맡고 있는 역할을 수행하지 못하였을 경우 다른 부분에 영향을 미쳐 사회가 안정적으로 유지되지 못한다.

④ 사회를 구성하고 있는 각 부분 간에는 우열이 있을 수 없으며 각기 수행하는 기능상의 차이가 있을 뿐이다. 다른 사람에 비해 더 많은 재산이나 권력을 가진 사람이 있는 것은 그가 다른 사람에 비해 더 힘들고 중요한 기능을 맡고 있기 때문에 사회적 보상을 더 많이 받고, 동시에 그 기능수행에 필요한 권한을 부여받았기 때문이다.

2. 중심개념

(1) 구조와 기능

① 사회는 신체와 같은 '구조'이며, 이 구조는 각각의 '기능'을 수행하는 개인이나 집단 등의 구성요소로 이루어져 있다고 본다. 그래서 기능론을 구조기능론(structural functionalism)이라고 부르기도 한다.

② 유기체인 생물처럼 사회라는 구조도 건강해야 하고, 그러한 상태를 유지하기 위해 각각의 구성원은 효과적으로 기능하고 협동해야 한다.

(2) 안정

① 사회는 항상 안정을 유지하려는 속성을 지니고 있으며 어떤 충격에 의해 안정이 깨지면 이를 회복하기 위한 노력을 전개한다.

② 기능주의 이론이 보는 사회는 각기 다른, 질적으로 우열의 차이가 없는 기능을 수행하는 수많은 개인 및 집단의 통합체로서, 안정과 질서유지라는 합의된 목표 아래 상호의존하여 살아가는 인간집단이다.

(3) 통합

① 한 체제가 안정 상태를 지니기 위해 그 체제를 이루고 있는 각 부분들이 집합적으로 기능하거나 협동하는 일이다.

② 이러한 상태에 이르기 위해서는 결속이 필요하다. 결속이란 구성원 간의 연대나 단결을 뜻한다.

(4) 합의

① 구성원 간의 일치된 가치, 견해, 동의를 뜻한다. 이렇게 합의에 기초한 사회는 안정되고 질서가 갖추어진 체제가 된다.

② 사회를 유지하기 위해 필요한 법, 규칙, 규범, 가치, 신념, 각종 약속들은 사회구성원 전체의 합의에 의한 것이라고 본다.

(5) 균형

① 서로 대립되는 세력이나 성향들이 상호작용을 통해 순화되거나 중성화된 상태를 말한다. 이렇게 일관성이 있는 상태를 항상성(homeostasis)이 있다고 한다.

② 정치, 경제, 교육 등 서로 의존관계에 있는 여러 부분들이 자신의 역할을 최대로 수행하는 상태가 균형상태(equilibrium)이며, 이때 사회체제는 최대의 산출을 할 수 있다고 한다. 반대로 이러한 상태가 이루어지지 않을 때를 사회의 불균형상태라고 한다.

3. 교육의 기능 중등 15논술 추가

(1) 사회화

① 뒤르켐(Durkheim) 중등 06, 초등 08

㉠ 뒤르켐은 교육사회학의 창시자이다. 그는 사회통합과 사회화를 강조하였다. 그가 말하는 사회화란 개인을 사회적 존재로 만드는 일이다. 즉, 교육은 사회의 존속·유지를 위해 개인을 사회화시키는 일이다.

㉡ 사회가 존속하기 위해서는 반드시 필요한 사상과 감정의 공동체가 형성되어야 하며, 국가는 그것을 국민 각자에게 잘 인식시켜야 한다. 뒤르켐은 그러한 사회화를 담당하는 기관으로 학교가 제일 적합하다고 보았다.

㉢ 사회화를 위한 교육의 기능은 보편 사회화와 특수 사회화로 구성된다.

보편 사회화	• 사회구성원이라면 누구나 갖춰야 할 공통적 품성을 지니게 하는 과정이다. 즉, "전체로서의 사회"가 요구하는 신체적·지적·도덕적 특성의 함양을 말한다. • 보편 사회화는 한 사회의 공통적 감성과 신념, 즉 집합의식을 새로운 세대에 내면화시키는 것을 의미한다. 그렇게 함으로써 그 사회의 특성을 유지하고 구성원들의 동질성을 확보한다. • 보편 사회화는 한 사회가 해체되는 일 없이 그대로 존속하는 데 있어서뿐만 아니라, 한 사회의 독특성을 변화 없이 유지하는 데 있어서도 필수적이다.
특수 사회화	• 특정 직업적 기능이나 관련 소양을 갖추게 하는 과정이다. 즉, 개인이 속하게 되는 특정 직업세계와 같은 특수 환경이 요구하는 신체적·지적·도덕적 특성의 함양을 가리킨다. • 교육을 통해서 개인은 자신이 속해서 살아가게 될 직업집단의 규범과 전문지식을 미리 학습해야 한다.

ⓔ 또한, 뒤르켐은 학교 교육에서 도덕교육이 중시되어야 한다고 주장하였다. 도덕교육을 통해 사회구성원들 간의 협의가 형성되고 각 개인은 자신이 속한 집단에 충실할 수 있다고 보기 때문이다.

② 파슨스(Parsons)

ⓐ 역할 사회화를 강조하였다. 역할 사회화란 어떤 역할에 필요한 규범과 가치, 태도 등을 사회화하는 것으로 뒤르켐의 특수 사회화와 비슷하다. 예를 들어, 교사가 될 사람에게는 교사로서 갖추어야 할 규범과 가치 등을 내면화하도록 해야 한다.

ⓑ 파슨스는 사회화를 사회의 가치와 규범이 개인의 인성구조 속에 내면화되는 과정으로 보며 이러한 과정을 통해 형성되는 인성을 바탕으로 역할기대를 할 수 있다고 보았다.

ⓒ 학교의 기능은 사회화를 통한 사회적 안정, 통합, 합의의 증진에 있다고 보았다.

③ 드리븐(Dreeben) 중등 07, 초등 01

ⓐ 학교는 학생들에게 지식이나 기술만이 아니라 어른이 된 뒤에 요청되는 사회규범을 습득시킨다.

ⓑ 특히, 독립성, 성취, 보편성, 특수성이라는 네 가지를 중요한 규범으로 간주하고 전수한다.

ⓒ 학교는 학교 나름의 구조와 교사에 의해 다른 곳에서는 경험하기 힘든 독특한 규범을 전수한다는 것이다.

독립성(independence)	각자 독자적으로 해야 할 일이 있다는 것과 자신의 행위에 대해 책임을 지는 것을 배우는 것이다. 공동과제 수행에서 한 학생이 다른 학생의 몫을 대신 해 주는 일은 독립성의 규범에 어긋난다.
성취(achievement)	사람이란 자기의 노력이나 의향에 의해서보다는 성과에 따라 대우받는다는 것을 배우는 것이다. 대학수학능력시험과 같이 그 성취 수준이 공정하고 공개적으로 평가되는 일로서, 성취 결과에 따라 평가가 달라진다.
보편성(universalism)	누구나 동등하게 취급받거나 대우받는 일이다. 교사가 누구에게나 똑같은 양의 숙제를 내주는 일이나 동일한 문제로 시험을 치르는 일 등이 그 예이다.
특수성(specificity)	특정 개인을 합법적 · 합리적 근거 위에서 특수하게 예외적으로 대우하는 일이다. 장애인 전용 주차구역이 그 예이다.

ⓓ 대학입학시험을 치르는 일을 예로 들어 네 가지 규범에 관한 사회화 과정을 다음과 같이 살펴볼 수 있다. 학생 각자가 자신만의 시험을 책임 있게 치르게 하는 과정은 '독립성'과 관련된다. 성적이 좋은 학생이 다른 학생을 누르고 대학에 입학할 수 있다는 것은 '성취' 규범에 해당한다. 이 과정에서 모든 학생에게 동일한 시험 절차와 요건 및 시험 문제를 부여하는 일은 '보편성'이다. 신체적 장애가 있는 학생이 다른 교실에서 시험을 볼 수 있게 배려하는 일은 '특수성'과 관계된다.

(2) **선발과 배치**

① 교육은 인재를 선발, 훈련, 배치하는 기능을 수행한다. 학교는 재능 있는 사람을 선발하여 교육한 후 적재적소에 배치하는 기능을 한다. 학교가 선별장치라는 말은 교육의 선발 기능을 뜻하는 것이다.

② 인력의 선발, 분류, 배치의 기능은 학교 교육이 수행하는 기능 중 가장 현실적이고 구체적인 기능이다.

③ 기능이론은 기회균등과 업적주의 사회관의 관점에 입각하여 사회가 개인에게 교육의 기회를 균등하게 주고 개인의 업적과 능력에 따라 선발하여 사회역할의 지위를 분류하고 배분하는 사회이동을 촉진시키는 기능을 수행한다고 생각한다.

④ 기능이론의 교육선발에 관한 해석은 다음과 같다. 첫째, 능력과 재능은 사람마다 다르고 높은 능력일수록 소유자가 적다는 것이며, 둘째, 선발기준이 능력본위여야 한다는 것이다.

4. 기능론적 교육관의 한계점

① 모두가 동일선상에서 교육받기 시작하는 것이 아니라는 점을 간과하고 있다. 교육을 시작하는 단계에서 이미 사회 계급적 차이가 존재하여 평등, 공정, 기회 등에서 차이가 있다는 점을 과소평가한다.

② 교육에서 사회화 못지않게 다양성, 개성, 자유 등이 중요하다는 사실을 과소평가한다. 교육은 구성원의 동질화나 사회화라는 기능 때문에 존재하는 것만은 아니다.

③ 수동적 아동관을 지니고 있으며, 특정 시기에만 사회화가 일어난다는 전제를 갖고 있다. 기능론적 교육관에서 아동들은 사회화되어야 하는 수동적·피동적 존재다. 또 사회화는 주로 학교에 다니는 기간에만 이루어지는 것으로 전제하여 학교의 사회화 기능을 지나치게 중시한다.

④ 학교 교육을 통한 사회이동을 과신한 나머지 과잉교육현상이 나타난다. 과잉교육(overeducation)이란 고학력 실업이나 저고용 현상을 빚어내는 교육적 부작용이다.

⑤ 학교 교육을 종속변수로 취급한다. 즉, 학교를 사회의 영향 속에서 움직일 수밖에 없는 사회에 종속된 제도로 본다. 그러나 학교는 나름대로 능동적 역할을 수행하고 교사와 학생도 학교가 정한 목표에 자율적으로 임하거나 때로는 그것을 수정하기도 한다.

5. 기능론의 주요 이론

(1) 학습욕구이론 중등 04

① 사람마다 가지고 있는 학습욕구를 충족하기 위해 교육이 필요해지는데, 그러한 교육을 제공하는 곳이 학교이다. 즉, 학교 교육을 통해 지적 욕구와 인격도야의 욕구를 충족시킬 수 있기 때문에 기회만 주어지면 누구나 교육을 받는다는 것이다.

② 학습욕구는 기본적인 것으로 사람들은 누구나 기회만 주어지면 교육을 받고자 한다.

③ 학교의 팽창은 인구의 증가와 경제발전으로 인한 경제적 여유의 증대가 가장 중요한 것으로 꼽힌다.

(2) **기술기능이론** 중등 12, 초등 09

① 1950년대 클라크(Clark)와 커(Kerr)가 제창한 이론이다.

② 산업사회에서 기술 수준이 높아짐에 따라 학교는 사회 구성원이 제 역할을 다할 수 있도록 인지적 능력, 전문적 기술과 지식을 가르쳐야 한다. 따라서 사회의 기술 정도에 따라 학교는 팽창하게 된다.

③ 기술기능이론에서는 학교제도와 직업세계가 상호 간에 긴밀한 관계를 유지하고 있음을 강조한다. 학교는 산업사회를 지탱하는 핵심장치로 직종 수준에 알맞게 학교제도가 발달하였다고 본다.

④ 기술기능론자들의 주장의 논리는 다음과 같다.

ㄱ 산업사회에서 직업이 요구하는 기술조건은 과학기술의 변화에 따라 끊임없이 높아진다.

ㄴ 학교 교육은 기술수준이 점점 높아지는 직업에 필요한 전문기술과 일반능력을 훈련시킨다.

ㄷ 취업을 위한 교육의 요구수준이 계속 높아지고, 점점 더 많은 사람이 오랜 기간 동안 학교 교육을 받게 된다.

⑤ 기술기능이론의 한계

ㄱ 학력 인플레이션 상황을 적절히 설명하지 못한다. 그들의 주장대로라면 학력수준이 높아지는 것은 사회변화의 자연스런 요구이므로 구조적 수용이 원만히 이루어져야 한다. 그러나 학력 과잉공급으로 산업구조가 이를 제대로 수용하지 못하고 있으며, 학력의 사회적 가치를 저하시키고 있다.

ㄴ 학력과 직업세계가 구조적으로 일치하지 않는다. 학력의 공급과잉 때문에 자신의 학력에 적합한 직업구조에 편입하는 것이 아니라, 실제로는 자신의 학력수준이나 전공과 무관한 직업에 종사하는 경우가 발생한다.

ㄷ 학교 교육은 직업세계에서 필요한 지식과 기술 능력을 제대로 전수하지 못하고 있다. 현대사회에서 빠른 속도로 변하는 지식과 기술에 학교 교육은 산업사회의 양적·질적 변화를 수용할 정도의 인적·물적 자원을 구비하지 못하고 있다.

(3) **국민통합론**

① 교육팽창을 정치적 요인에 의해 설명하는 이론이다. 이 이론은 국가의 형성과 이에 따른 국민통합의 필요성 때문에 교육이 팽창되었다고 설명한다.

② 이론에 따르면 교육은 국민으로서의 정체감(identity)을 형성시키는 기제이다. 교육은 다양하고 이질적인 문화적·지역적 집단과 계급으로 구성된 국민들에게 일체성을 형성하는 제도이다.

(4) **근대화이론**

① 사회의 근대화를 위해서는 사회구성원들이 근대적 의식(능력과 능률의 의식, 합리성 의식, 혁신의 의식, 보편적 시민의식, 공공참여의식)을 지녀야 하며, 이러한 의식은 교육을 통해 길러져야 한다는 주장이다.

② 학교 교육을 통해 사회구성원들에게 근대적 가치관과 태도를 함양할 수 있으며, 이를 통해 정치, 경제, 사회, 문화의 근대화를 달성할 수 있다.

(5) 발전교육론 초등 11

① 세계 2차 대전이 끝나고 식민치하에 있던 나라들이 독립하여 새로운 국가를 건설하는 1950~1960년대에 크게 유행하였던 이론이다.

② 교육을 국가발전의 원동력으로 보는 입장이다. 국가발전을 위해 각 분야의 인력수요에 맞추어 교육계획이 수립되어야 한다는 주장이다.

③ 국가발전은 경제성장뿐만 아니라 정치발전도 동시에 이루어져야 하므로 새로운 정치이념을 국민들에게 보급하고, 일체감을 갖도록 국민들을 통합하며, 정치활동 담당자들을 충원하는 일을 교육이 담당해야 한다.

④ 따라서 교육은 국가의 경제적 요구와 정치적 요구를 수행해야 하며, 온갖 사회문제에 대한 처방을 포함하여야 한다는 주장이다.

⑤ 그러나 그 결과는 실망스러웠으며, 교육의 본질적 가치를 크게 해친다는 점에서 비판을 받았다.

(6) 인간자본론 중등 13, 초등 07·12

① 1960년 인간자본론을 체계화한 슐츠(Schultz)에 의해 비롯되었다.

② 그는 교육을 '증가된 배당금'(increased dividends)의 형태로 미래에 되돌려 받을 인간자본에의 투자로 보며 인간이 교육을 통해 지식과 기술을 갖추게 될 때 인간의 경제적 가치는 증가하게 된다고 본다.

③ 학력에 따른 수입의 차이는 교육에 의한 지식과 기술의 차이, 즉 생산성의 차이 때문이라고 설명한다.

④ 인간자본론의 주장은 다음의 가정에 근거한다.

　㉠ 보다 좋은 교육을 받은 사람은 보다 좋은 직업을 갖는다. 이는 인간 노동력의 질을 특정하는 인간자본의 투자 여하에 따라 자신의 노동에 대한 사회적 보상이 달라진다는 것을 의미한다.

　㉡ 상대적으로 높은 미래의 소득을 위해 현재의 소득을 희생한다. 인간자본에 보다 많은 투자를 한 사람은 고도의 지식과 기술을 습득하게 되고, 그 지적 자본은 노동시장에서 고가로 매매됨으로써 미래의 소득이 보장된다.

⑤ 인간자본론은 국가의 경제성장에 교육이 기여한다는 것을 강조함은 물론 개인적인 소득향상에도 교육이 기여하며 결국은 교육을 사회발전의 동인이라고 간주한다.

⑥ 기술기능이론과 비슷한 한계를 갖고 있는 인간자본론의 한계점은 다음과 같다.

　㉠ 교육수준과 생산수준의 관계 : 교육내용의 어떤 부분이 생산 수준의 향상과 관계가 있는지를 밝히지 못하는 것이다.

　㉡ 과잉학력 현상 : 학력 인플레이션의 대두다. 인간자본론은 수요와 공급의 완전경쟁을 가정하기 때문에 고등교육의 팽창으로 인한 인구증가는 노동시장에서 충족시킬 수 있다고 보았다. 그러나 1970년대 이후 세계적인 학력 인플레이션(한국의 경우 1980년대)이 일어나면서 학력의 사회적 가치가 저하되었고 실제 노동시장에서는 수요와 공급의 불일치가 일어났다. 인간자본론은 이러한 상황을 제대로 설명하지 못하고 있다.

　㉢ 선발가설(screening hypothesis)

　　• 벅(Berg)과 보울즈와 진티스(Bowles&Gintis)에 의하면 학력은 실질적 생산성이 아니라 상징적 지표에 불과하다.

- 선발가설에서는 '교육에 의해 생산현장에서 필요한 능력이 길러진다'는 가정을 허구라고 비판한다. 학교 교육을 통해 얻게 되는 것은 생산능력이 아니라 '교육받았다는 증표(졸업장)'뿐이라고 주장한다.
- 고용주는 노동자의 선발과정에서 대부분의 정보를 교육수준에 의존한다. 실제 학력이 생산력 향상과 큰 상관이 없음에도 불구하고 개인의 직업적 능력을 나타내 주는 학력을 선발지표로 활용한다.

② 노동시장분단론
- 교육수준과 임금수준의 차이는 시장의 구조와 밀접한 관련이 있다.
- 노동시장분단론은 노동시장의 사회관습과 제도화된 측면 등을 강조하는 구조적 성격이 임금을 결정한다고 본다.
- 노동시장은 1차 시장과 2차 시장으로 나누어져 있다.
    - 1차 시장: 교육과 연수를 받고 고용되어 능력에 따라 상위이동이 가능한 노동자로 구성되어 있는 시장
    - 2차 시장: 교육과 연수에 상관없이 승진의 기회가 전혀 주어지지 않은 노동자들로 구성되어 있는 시장

◎ 급진이론(radical theory): 고용주가 계급, 계층, 성, 인종 등 집단적 속성을 근거로 하여 고용, 승진, 근무조건 등에 차등을 두기 때문에 피고용자들이 전혀 이질적인 삶의 기회를 가져야 하는 현실을 부각함으로써 인간자본론의 허구성을 공격하였다.

02 갈등론 중등 01 · 05, 초등 00 · 11

1. 개요

① 기능론자들의 주장대로 사회가 항상 안정된 상태로 있는 것은 아니다. 인간이 살고 있는 사회에는 갈등, 경쟁, 구속, 대립 등이 끊임없이 생긴다. 특히, 역동적인 사회는 끊임없이 변화하고 갈등하기 마련이다.

② 갈등이론은 사회를 개인 간 및 집단 간의 끊임없는 경쟁과 갈등의 연속으로 본다. 즉, 세력다툼, 이해의 상충, 지배자의 압제와 피지배자의 저항, 그리고 사회의 끊임없는 불안정과 변동이 이 이론이 보는 사회의 속성이다.

③ 갈등론은 교육이 민주주의, 사회이동, 평등과 정의 등을 실현시킨다는 전제를 의심한다. 대신 학교가 지배집단의 가치나 이데올로기, 그리고 서열화된 기존의 계급구조를 재생산한다고 본다.

④ 또 가장 공정한 장치라고 여기는 업적주의 또는 능력주의가 구조적 모순을 은폐하는 허울에 불과하고, 갈등의 주원인이 재산이나 자원의 불평등한 분배에 있다고 간주한다.

⑤ 학교는 경제적 기회나 분배의 불평등을 만들어 내고 사회적 지위를 세습시키는 기구로 자리 잡고 있다고 본다.

2. 마르크스(Marx)의 사상

① 마르크스는 자본가 계급과 같은 지배계급을 부르주아라고 보고 그들에게 고용된 노동자를 프롤레타리아로 보았다. 생산관계 내에서 적대적인 관계의 기반이 되는 생산수단의 소유 여부를 계급분석의 중요한 기준으로 삼았다.

② 누가 생산수단을 소유하고 있으며, 물질적 생산이 어떻게 이루어지고, 생성된 재화가 어떻게 분배되고 있는가에 주목하여 생산수단을 소유한 자본가 계급이 생산수단을 소유하지 못한 노동자 계급을 착취하기 때문에 필연적으로 계급갈등과 대립이 발생한다고 보았다.

③ 마르크스는 사회가 토대와 상부구조로 이루어졌다고 보았다. 하부구조(토대)는 경제를 말하고, 상부구조는 정치, 종교, 문화, 교육 등과 관련된 제도와 그 운영 및 가치관, 관념, 이념 등을 말한다. 마르크스는 하부구조가 상부구조를 결정한다고 보았다. 이것을 '경제적 결정론' 또는 간단히 '결정론'이라 부른다. 하부구조의 성격이 상부구조의 성격을 결정하고, 하부구조가 변화하면 상부구조도 변화한다는 것이다. 결국 토대인 물질적 경제구조가 제도뿐만 아니라 관념과 의식까지도 결정한다는 것이다.

④ 마르크스 이론에서 중요한 개념의 하나는 프락시스(praxis)이다. 프락시스는 모든 의도적 실천을 일컫기 위한 개념으로, 이론이 아닌 실천(action)과 실행(implementation)을 뜻한다. 예컨대, 가난에 관한 이론보다도 가난을 해결하기 위해 무슨 일을 하였느냐가 더 중요하다. 마르크스에 따르면 프락시스는 창조적 과정을 통해 일하고 생산하며 세상과 상호작용하는 중요한 실천이나 행동이다.

3. 알튀세(Althusser)의 이데올로기론 중등 07 · 12 · 13

(1) 개요

① 유럽사회에서는 시민혁명 후 교회가 수행하였던 국가 이데올로기 기구 역할을 학교체제가 대신하게 되었다. 즉, 지배집단의 이해관계에 기초하고 있는 이데올로기를 학생들에게 주입시키는 역할을 학교가 맡은 것이다.

② 학교는 국가 이데올로기 기구의 한 부분으로 기능하면서 실질적으로는 지배계급의 통제를 받는다.

③ 알튀세는 이데올로기적 국가기구 중의 하나인 학교 교육을 통한 의무교육제도야말로 가장 강력한 재생산 장치라고 주장한다. 즉, 학교를 통하여 지배 이데올로기가 국민들에게 전파되고 내면화된다는 것이다.

(2) 이데올로기

① 본래 관념학이라는 뜻을 지녔던 이데올로기(ideology)는 마르크스와 앵겔스에게는 허위의식을 뜻하였다.

② 종래의 마르크스주의자들이 이데올로기의 형성 원인을 경제적인 과정에서만 찾은 데 비해, 알튀세는 이데올로기가 사회의 각종 일상적 실천 속에서 형성되는 것으로 보았다.

(3) 상대적 자율성

① 알튀세는 학교 교육과 생산관계의 경제적, 정치적, 이데올로기적 실천 단계를 설명하기 위해 사회구성체의 형성 요건에 대해 논의하였다.

② 사회구성체는 토대(base)와 상부구조(superstructure)로 구성되어 있다. 토대는 생산력과 생산관계를 나타내는 경제적 토대를 의미한다. 상부구조는 정치적, 법적 상부구조와 이데올로기 상부구조로 형성되어 있다.

③ 알튀세는 토대(하부구조)가 상부구조를 결정한다는 마르크스의 명제를 기계적으로 해석하는 것을 거부하면서 상부구조의 상대적 자율성을 강조하였다.

④ 토대와 상부구조의 관계를 보면 상부구조는 토대에 대해 상대적 자율성이 있으며, 토대와 상부구조는 상호 호혜적인 기능을 한다. 토대의 변화가 상부구조에 영향을 주며 상부구조의 변화도 토대에 영향을 준다.

(4) 상부구조의 개념

① 알튀세는 국가의 중요성을 부각시켰다. 마르크스 이론에서 상부구조의 한 부분 정도로 취급하였던 국가를 '국가기구'라는 개념으로 확대시켰다.

② 알튀세는 두 가지 '국가기구'가 보다 체계적으로 구성원에게 영향을 준다고 보았다. 쉽게 말해, 국가는 두 가지 국가기구를 활용해 자본주의적 생산관계를 존속시킨다.

③ 자본주의 사회가 존속, 즉 재생산되기 위해서는 억압적 국가기구만이 아니라 이념적 국가기구가 작동하여야 한다. 이념적 국가기구가 작동해야 무리 없이 원만하게 재생산될 수 있다. 교육은 이념적 국가기구의 한 부분이지만 핵심적인 기능을 수행한다.

　　㉠ 이데올로기적 국가기구(ideological state apparatus; ISA) : 국가가 계급 갈등을 은폐하고 지배 이데올로기를 포장한 일정한 지식, 기술, 태도, 가치 등을 전수한다. 학교, 교회, 정치단체, 언론, 문학, 예술, 미디어, 노동조합 등이 그 예이다.

　　㉡ 억압적 국가기구(repressive state apparatus; RSA) : 국민을 통제하고 구속하는 강력한 도구로, 강제적인 힘의 행사를 통해 계급갈등을 규제하는 기능을 한다. 군대, 경찰, 교도소와 같은 기구들이 속한다.

4. 보울즈(Bowles)와 진티스(Gintis)의 경제재생산론 중등 04 · 08 · 12

(1) 개요

① 보울즈와 진티스는 학교가 자본가들의 이익을 위해 봉사한다고 보았다. 학교는 자본주의가 중시하는 가치와 성격 특성을 강조하고, 또 그런 가치와 성격을 재생산해 낸다고 보았다. 이런 재생산 과정을 통해 자본주의가 필요로 하는 노동자를 양산해 낸다.

② 학교는 미래의 하위 노동종사자들에게는 규율에 순종하고 상사에게 복종할 것을 강조하며 업무를 자율적으로 선택할 여유를 주지 않은 데 반해, 미래의 상위직 종사자들에게는 독립성과 업무 선택권 등을 부여한다.

(2) 상응(대응)이론(correspondence theory)

① 보울즈와 진티스에 따르면 직장에서 개인 간에 이루어져야 할 사회적 관계와 학교에서 이루어지는 사회적 관계는 서로 밀접하게 상응한다. 이 이론을 상응이론이라 하는데, 이때 상응이란 한 사회의 경제구조가 학교에 반영되어 있는 상태를 뜻한다.

② 학교가 자본주의 경제구조를 재생산할 수 있는 것은 학교 교육과 경제적 생산체제가 서로 상응하기 때문이다.

③ 학교의 사회적 관계와 생산작업장의 사회적 관계 간의 상응은 다음과 같은 네 가지 일치성에 의하여 이루어진다.

ㄱ 노동자가 자신의 작업내용을 스스로 결정할 수 없듯이 학생들도 자기가 배워야 할 교육과정에 대하여 아무런 결정권을 갖지 못한다.

ㄴ 교육은 노동과 마찬가지로 목적이 아니라 수단이다(임금을 얻기 위한 노동, 졸업장을 얻기 위한 교육).

ㄷ 생산현장이 각자에게 잘게 나누어진 분업을 시키듯이, 학교도 계열을 구분하고 지식을 과목별로 잘게 나눈다.

ㄹ 생산현장에 여러 직급별 단계가 있듯이 학교도 학년에 따라 여러 단계로 나뉘어 있다.

(3) 학교의 기능

① 학교는 결국 사회계급적 불평등을 낳는다. 따라서 보울즈와 진티스는 학교에서 능력을 인정받으면 출세할 수 있다는 믿음은 헛된 것이라고 보았다. 이는 자본주의가 해체되지 않는 한 교육정책을 아무리 바꿔도 학년이 올라갈수록 성적이나 지능에서 사회계층 간 차이가 커지는 현상은 남아 있다고 보기 때문이다.

② 교육은 대상에 따라 두 가지 다른 방식으로 이루어진다. 단순 노동자로 일하게 될 사람들에게는 윗사람의 지시에 충실히 따르고, 시간을 잘 지키고, 기계적 작업방식에 순응하도록 가르치는 반면, 회사의 관리자나 경영자로 일할 사람들에게는 독립적인 사고력 및 작업능력, 여러 선택 가능성 가운데 현명하게 선택하기, 외적 규율보다는 내면적 기준에 따라 행동하기 등을 중점적으로 가르친다.

③ 보울즈와 진티스는 이러한 차이를 고등학교의 취업반과 대학 진학반 및 직업훈련 중심의 초급대학과 명문대학교 사이에서 쉽게 발견할 수 있다고 주장한다.

④ 이렇듯 뚜렷이 다른 종류의 교육에 접근할 수 있는 기회도 불공평하게 분배되기 때문에 학교는 결과적으로 계층불평등을 존속시키는 기능을 수행하고 있다고 지적한다.

(4) 경제재생산론적 교육관의 한계점

① 학교를 재생산의 도구로만 본다는 문제가 있다. 학교는 변화를 주도하는 기구이기도 하다. 학교에는 구성원의 다양한 목소리가 있고, 그에 따라 학교는 그 요구를 수용하며 학교 자체의 변화를 꾀하기도 한다.

② 학교가 경제구조의 요구로부터 상당한 자율성을 지니고 있다는 점을 간과한다.

③ 경제구조를 강조하다 보니 인간 개개인의 주체적 행위와 주관성을 경시한다. 학교의 역할을 경제구조에만 국한시킴으로써 구체적인 인간 접촉, 의미 창출 과정, 자생적 문화의 생성 과정 등을 간과하거나 과소평가한다.

5. 부르디외(Bourdieu)의 문화재생산론 중등 02·03·06, 초등 06·09·11

(1) 개요

① 학교는 지배계급의 문화자본을 전수한다. 문화자본에는 계급적 이해관계가 밀접하게 맞물려 있다.

② 학교에서 가르치고 있는 교과 내용이 지배계급의 문화를 담고 있다고 주장한다. 학교의 교육과정은 지배계급의 문화로 이루어져 있다는 것이다. 또한 선발에서 중요시되는 시험도 지배계급의 아동들에게 절대적으로 유리하다고 주장한다.

③ 교육은 문화를 재생산하는 데 깊게 관여한다는 것이 문화재생산론의 핵심이다. 부르디외는 교육이 지배계급의 문화를 재생산하는 데 관여하고 있다고 주장한다. 따라서 피지배계급의 자녀들은 학교 학습에서 불리할 수밖에 없고, 이러한 불리함은 사회적 지위 획득의 불리함으로 이어지며, 이는 다시 사회적 불평등의 재생산으로 이어진다는 것이다.

④ 뿐만 아니라 학교는 사회적 불평등의 재생산을 정당화한다고 주장한다. 학교는 아동의 사회·경제적 배경의 영향을 받는 시험이 개인의 능력에 근거한 것처럼 위장하여 지배계급의 권력과 특권이 무리 없이 다음 세대에 전수되도록 정당화한다.

(2) 티내기(구별짓기)(distinction)

① 부르디외(1979)의 대표적 저작으로 사람들의 취향(taste)을 다룬 것이다.

② '티내기'란 나를 다른 사람과 구별하여 두드러지게 하는 일이다. 티내기는 계급적 차원에서 일어나는 구별하기 행위의 전형이다.

③ 부르디외는 학력과 사회계급에 따라 향유하는 문화적 가치인 취향이 다르다고 보았다. 오페라 극장이나 고급 미술품 전람회는 상류계층만의 향유 공간이자 향유물이다. 돈만 있다고 상류층이 되는 것은 아니다.

④ 고급문화에 대한 취향으로서의 상징자본을 지니고 있어야 한다. 이러한 취향을 통해서 다른 부류의 사람들과 자신을 구별하고자 한다.

(3) 아비투스(habitus)

① 아비투스는 세계나 가치 및 문화에 관해 무의식적으로 습득된 성향이다.

② 초기 사회화 과정을 통해 습득되며, 세대 간에 전수되면서 한 문화집단의 성원들을 결속시켜 주고, 다른 문화집단의 성원들과 구분해 주는 독특한 생활방식, 지각, 이해를 구성하는 요소이다.

③ 아비투스는 내면화된 문화자본으로 계급적 행동유형과 가치체계를 반영하고 있다. 따라서 한 사회에서 어떤 문화자본의 가치가 높다는 것은 지배계급이 선호하는 문화와 관계가 있다는 것이다.

④ 학교는 지배계급의 문화를 강조하고 있으며, 계급적 배경이 다른 문화자본을 가진 아동들은 학업 성취 면에서 열등할 수밖에 없으며, 나아가 미래에 차지할 직업적 지위에도 영향을 준다는 것이다.

(4) 문화자본(cultural capital)

① 문화자본은 개인이 소유하고 있는 지식으로 이루어진다.

② 부르디외는 계급사회에서 불평등하게 분배되어 있는 이념, 지식, 에티켓 등의 문화자본이 경제자본에 이어 하류계급을 다시 한번 더 불리하게 한다는 것을 주장하기 위해 이 개념을 사용하였

다. 과거에는 지배력, 권력, 명예 등을 설명하는 데 경제적 자본이 중요한 개념이었지만, 부르디 외는 간접적·비가시적 문화자본을 중요하게 보았다.

③ 부르디외는 문화자본을 다음의 세 가지로 구분하였다.

ㆍ㉠ 아비투스적 문화자본(체득된 문화자본): 지식, 교양, 기능, 취미, 감성, 세련됨, 품위처럼 육체 적·정신적 성향이나 습성으로 개인 안에 습득된 것이다.

ㆍ㉡ 객관화된 문화자본: 그림, 책, 사전, 도구, 기계와 같은 문화적 상품의 형태로 객체화된 것들 이다.

ㆍ㉢ 제도화된 문화자본: 학교제도가 생성해 내는 학력과 그에 따르는 학교 졸업장 또는 자격증과 같은 학력자본을 말한다.

⑸ 상징적 폭력(symbolic violence)

① 지배계급의 문화가 일방적으로 모든 계급에게 지식으로 강요되는 것을 말한다.

② 학교 교육은 지배집단이 물리적인 강제나 강압을 사용하지 않고 그들의 지위를 계속해서 유지 시켜 나갈 수 있게 한다. 지배와 종속의 재생산을 위해 학교 교육이 사용하는 것은 '상징적 폭력' 이다.

③ 상징적 폭력이란 "상류계급의 문화가 우월하고, 보편적인 가치를 갖고 있는 것처럼 착각하는 것으로 사회적 허구성에 의해 부여된 상류계급의 문화가 보편적인 기준으로 작용하여, 다른 문 화를 규정하고 계급적 차이를 만드는 권력적 작용"을 의미한다.

④ 상징적 폭력의 대표적 기관이 학교이다. 학교는 외형적으로 독립적이고 중립적인 문화를 가르 치는 곳처럼 보이지만, 실제로 상류계급의 문화적 가치를 수용하고 있어 상류계급의 문화적 가 치가 객관적이고 보편적인 기준으로 상정되어 상이한 계급의 문화를 억압하는 상징적 폭력을 행사한다.

⑹ 문화재생산론적 교육관의 한계점

① 문화와 문화자본의 개념이 추상적이고 애매하다. 부르디외 자신도 문화자본의 개념을 명확히 정의하지 않았다.

② 문화재생산론은 학생을 수동적 존재로만 본다는 한계점이 있다. 학생은 경제구조나 지배문화의 희생자만은 아니고, 그들 나름대로 문화를 형성하고 그 문화에 편입되려고 노력하기도 한다.

6. 일리치(Illich)의 탈학교론 초등 02·04·10

① 일리치는 학교 교육의 개혁보다는 폐지를 주장하는 극단론을 주장하였다.

② 기회균등을 위해 추진된 의무취학은 결국 학교에 의한 교육 독점 현상을 초래하여 기회의 배분 을 독점하므로 모든 사람에게 의무가 되고 있는 의례, 즉 사회적 편견과 차별을 합법적으로 부 여하고 있는 학교제도는 폐지되어야 한다고 주장한다. 그러므로 사회는 어떤 형태의 의무교육 도 요구하여서는 안 되며 고용주들이 학력에 기초하여 사람을 채용하는 것도 금지해야 한다고 보았다.

③ 학교 교육은 인간의 자아실현과 인간성 회복을 저해하고 있으며, 지배계급의 이념을 주입시킴으 로써 사회의 모순적 불평등을 심화시킨다. 학교 교육은 지배계급의 이익을 영속화하고, 학업 성취

가 낮은 피지배계급을 사회적 실패자나 낙오자로 낙인찍어 심한 좌절감과 패배감을 형성시킨다.

④ 그는 교육의 이러한 모순적 기능을 극복하기 위해서 제도화되고, 정형화된 틀을 강요하는 교육에서 벗어나는 '탈학교'를 주장하였다.

⑤ 탈학교는 제도화된 틀에서 해방된 인간의 본질적 자유를 추구할 수 있는 새로운 교육적 대안이다. 그는 탈학교의 구체적 실현을 위해 모든 사람이 언제, 어디서든 원하면 교육을 받을 수 있는 '학습망(learning web)'을 제안하였다.

⑥ 학습망은 교육의 피라미드 구조를 해체·분산시켜, 학습을 원하는 사람은 누구든지 쉽게 접근할 수 있게 하는 제도이며, 학습자의 사회적 신분과 경력, 그리고 학벌과 관련 없이 이용할 수 있는 교육체제라 할 수 있다.

⑦ 따라서 탈학교론은 교육의 폐지가 아니라 사회의 불평등을 심화시키는 제도화된 학교 교육을 폐지하자는 것이며, 인간성 회복을 위한 새로운 교육적 대안인 학습망의 구축을 강조한다.

7. 라이머(Reimer)의 학교사망론 초등 02·04·10

① 라이머는 교육을 통한 인간성의 회복이라는 점에서 일리치와 비슷한 생각을 하였다. 그는 1971년에 발표한 『학교는 죽었다』에서 오늘날 교육은 인간을 억압하고, 사회적 불평등을 심화시킨다고 하였다.

② 그는 본래의 목적에서 벗어난 이러한 교육적 상황에 대해 학교는 죽어가고 있으며, 현대교육은 "부자를 부자 되게 하고, 가난한 사람을 더욱 가난하게 하고 있다."고 비판하였다.

③ 학교는 학생의 보호 기능, 차별적 선별 기능, 이데올로기의 주입 기능, 지식과 기술의 개발 기능을 수행하여 폐쇄된 기술사회를 강화하고 있다.

④ 라이머와 일리치는 오늘날의 학교가 가지고 있는 기능은 네 가지로, ㉠ 보호, ㉡ 선발, ㉢ 교화, ㉣ 학습이지만, 학교는 이 가운데 앞의 세 가지에만 치중하고 마지막의 학습기능은 학교의 본질적 기능이면서도 소홀히 하고 있다고 하였다. 그나마 학습기능조차도 내용에 있어 불필요한 지식, 특정집단의 이익에 봉사하는 지식 등으로 구성되어 있다고 비판하였다.

8. 프레이리(Freire)의 의식화 교육 중등 11

(1) 개요

① 프레이리는 교육의 궁극적 목표는 인간해방임을 알리고 이를 실천한 20세기의 대표적인 사상가이다. 그의 교육사상은 역사 속에 매몰된 민중의 비인간화 현상에 대한 철저한 분석에서 시작된다.

② 문맹퇴치 교육을 통해 전 세계의 피억압 민중 스스로가 사회적·정치적 자각을 얻을 수 있도록 힘썼으며, 그의 사상은 주변의 피억압자들이 겪고 있는 커다란 재난과 고통에 대한 창조적 정신과 섬세한 양심의 대응을 나타낸다.

③ 프레이리의 교육사상은 『피억압자의 교육학(Pedagogy of the Oppressed)』을 통해 학교 교육이 제3세계의 민중을 의식화시키는 데 중추적인 역할을 하였으며 전통적 교육을 '은행에 저축하듯이 무의미한 지식을 축적하는 행위'라고 비판하고, 문제제기식 해방교육을 주장하여 은행저축식 교육에 대한 대안을 내놓았다.

(2) 침묵의 문화(culture of silence)

① 피억압자들이 억압자의 정복, 지배, 조종, 문화적 침략에 의해 주어진 현실에 지배당해 스스로 선택능력을 잃어버리고 대신 억압자의 문화와 행동양식, 가치관을 내면화하게 된 결과, 억압자들처럼 걷고 말하고 생활하는 상태를 말한다.

② 문화적 종속상태를 말하는 것으로 침묵의 문화는 은행저축식 교육의 형태로 나타난다.

(3) 은행저축식 교육(banking education)

① 지배계급의 도구적 수단으로 전락한 교육 형태이다.

② 기계적으로 암기하고 반복시킴으로써 사회의 불평등한 실체를 이해하지 못하게 하고, 수동적이며 타율적인 인간으로 길들인다.

③ 억압을 정당화하거나 억압상태를 깨닫지 못하게 하는 기존의 주입식 교육을 말하며, 교육이라는 이름으로 민중을 억압하고 모순된 기존의 가치를 주입하며, 민중을 '침묵의 문화(culture of silence)'로 이끄는 교육을 뜻한다.

(4) 문제제기식 교육(problem-posing education)

① 프레이리는 억압받는 민중들이 그들 자신의 삶을 반성하고 사회 현실을 올바르게 인식할 수 있도록 하는 '의식화 교육'을 강조하였다.

② 구체적으로 교사와 학생의 수평적 관계 속에서 사회 현실에 대한 올바른 이해와 성찰적 사고를 통해 비판적 사고를 형성하게 하는 문제제기식 교육(problem-posing education)을 제안하였다.

③ 문제제기식 교육을 위한 구체적인 방법으로 '비판적 대화'를 들었는데, 이는 주입이 아니라 억압받고 있는 민중과 대화를 통해 친교하면서 그들을 억압하고 있는 현실을 들춰내기 위한 방법이었다.

④ 이를 통해 민중의 무지와 침묵의 문화를 깨뜨리고, 억압받는 그들의 현실을 변혁하기 위한 실천(praxis)으로 이끌고자 하였다.

(5) 은행저축식 교육과 문제제기식 교육의 차이

① 은행저축식 교육은 대화를 거부하지만 문제제기식 교육은 대화를 불가피한 요소로 생각한다.

② 은행저축식 교육은 학생들을 도와주어야 할 대상으로만 취급하지만 문제제기식 교육은 이들을 비판적 사상가로 만든다.

③ 은행저축식 교육은 창의성을 억제하고 깨달음의 욕구를 순화시키지만 문제제기식 교육은 창의성을 기반으로 하며 진정한 반성과 현실에 근거한 행위를 고무한다.

(6) 의식화 교육

① 프레이리의 사상은 한마디로 '교육은 의식화이다'로 요약될 수 있다. 교사와 학생이 더불어 현실 문제를 공동으로 대처하는 교육, 즉 '교사-학생', '학생-교사' 모두가 현실을 비판적으로 인식하고, 지식을 새로이 창조하는 것이다.

② 변혁을 실천하는 능동적 행위자가 되기 위해서는 많이 배워 잘 아는 사람이 되어야 한다고 주장한다. 문맹상태에서 벗어나 비판적 의식을 지닌 사람만이 해방될 수 있고, 사회를 변혁할 수 있다고 하였다.

③ 프레이리의 저작물에 일관되게 나타나는 사상은 민중을 문화적으로 해방시키기 위해 비판적 의식을 고취시킨다는 것이다. 이를 위한 교육이 자유의 실천을 위한 교육이고, 그 핵심이 의식화 교육이다.

④ 프레이리의 비판적 교육론에서 중요한 개념은 비판적 의식, 의식화, 해방 등이다.

    ㉠ 비판적 의식(critical consciousness) : 억압받고 있는 사람이 자신의 처지나 삶의 본질을 파악하고 이를 해방과 변혁의 길로 이끌 수 있다고 믿는 마음 상태다. 비판적 의식의 습득은 비판적인 대화를 통해 가능하다.

    ㉡ 의식화(consciousness-awaking) : 억압받고 있는 사람들이 그들을 억압하는 사회 구조에서 벗어나려면, 우선 그 억압의 구조나 본질에 관한 그들 자신의 의식이 잘못된 것임을 깨달아야 한다. 억압받는 사람들이 이러한 억압의 구조와 본질을 깨닫도록 하는 의도적 과정을 의식화라 한다.

    ㉢ 해방(emancipation) : 의식화를 통해 억압받는 사람들이 그들을 지배하고 구속하는 올가미에서 벗어나 자유롭게 되는 변혁의 과정이다. 해방은 의식화를 통해 자기 존재가 구속당하는 실상을 바로 보고 깨달아 구속의 족쇄에서 벗어나는 일이다.

9. 윌리스(Willis)의 저항이론 중등 00 · 05 · 11, 초등 07

(1) 개요

① 윌리스는 재생산이론에 대한 대안으로 문화적 저항이론을 제시하였다. 노동계층 학생들이 구조적 상황과 어쩔 수 없는 힘 때문에 노동직을 택하는 것이 아니라 자신들의 문화와는 이질적인 학교문화에 적극 저항하는 과정에서 스스로 노동직을 택한다고 주장하였다.

② 그는 피지배계급의 아들들이 지배계급 헤게모니의 영향을 받고 자라지만, 나중에는 그 헤게모니에 능동적으로 대항하는 문화적 저항현상을 보여준다고 보았다.

③ 저항이론은 학교 교육이 사회계급 구조의 불평등을 그대로 보존하거나 이행하는 단순한 반영물이 아니라 오히려 학교 교육을 통해 사회 모순과 불평등에 도전할 수 있다는 점을 부각시킨다.

④ 저항이론에서 인간은 사회구조가 요구하는 대로 그 성격이 규정되는 수동적 존재가 아니라 주체적 의지를 지니고 사회의 불평등한 구조에 저항·도전·비판하는 능동적 존재이다.

(2) 연구

① 윌리스는 1970년대 영국의 산업도시에 소재한 한 종합고등학교의 노동계층 가정 출신 남학생들을 대상으로 고교 졸업 전 2년간의 학교생활과 졸업 후 직장생활 초기까지를 문화기술적으로 연구하여 그들이 어떻게 노동직을 선택하게 되는지 분석하였다.

② 관찰 대상이 되었던 노동계층 학생들은 학교의 권위와 지적 활동의 가치 및 중요성을 거부하는 독특한 반학교 문화를 형성해 나갔다. 반학교 문화의 가장 기본적이고 두드러진 특징은 '권위'에 대해 집단적, 개인적으로 저항하는 것이다.

③ 노동계층의 남학생들은 학교라는 공식집단 내에서 비공식집단을 형성하여 학교의 권위에 저항하고 학업활동을 거부하는 태도 및 행동을 취하였다. 특히, 자신들을 '싸나이(lads)'로 인식하면서 부모의 노동직을 기꺼이 계승하려 하였다. 스스로를 '싸나이'로 인식한다는 것은 노동자 계층

아들들의 내면에 남성 우위의 마초(macho)적 치기로 형성된 남성적 정체감이 내재화되어 있음을 뜻한다. 그들은 정신노동이란 허약한 여성들이나 하는 일로 여기면서 육체노동을 '싸나이'들이 하는 일로 본다는 것이다.

④ 이들은 고된 육체노동의 작업장이야말로 진정한 생산이 이루어지는 곳이며 남성들의 터전이라고 생각하고 스스로 노동계급을 선택한다. 공식적인 학교문화를 따르고 학교에서 공부를 열심히 하고 성공해 봤자 단순 사무직으로 일하게 되는데 그것은 소인배의 짓이지 '싸나이'의 길이 아니라는 것이다.

(3) 간파와 제한

① 그들은 '간파'와 '제한'을 통해 사회재생산 메커니즘을 파악하고 자기들 나름의 정체성을 구축한다.

② 간파(penetration)

   ⊙ 윌리스가 노동자 계급 자녀들의 반학교 문화의 한 특성을 표현한 말이다.

   ⓒ 노동자 계급 자녀들은 그들이 처한 삶의 조건과 그들의 위치를 꿰뚫어 보려는 충동 또는 문화적 통찰을 지니고 있는데, 이것이 간파다.

   ⓒ 그들은 학교에 순응하고 복종함으로써 얻을 수 있는 대가가 공평하지 못하고, 학교에서 강조하는 것과 달리 지식노동과 육체노동의 가치가 같으며, 학교에서 강조하는 순응의 논리가 계급이 서로 다른 개인들 모두의 성공을 보장할 수 있다는 것은 허구임을 간파한다.

   ⓔ 노동자 계급 자녀들은 부모, 친척, 아르바이트를 통해 직업 세계가 학교의 진로지도나 교육 내용과 다르다는 것을 터득한다. 이를 통해 그들은 육체노동을 '남성들의 괜찮은 일'로 간주하게 된다.

③ 제한(limitation)

   ⊙ '간파'를 방해하고 혼란시키는 여러 장애요소와 이데올로기적 영향을 뜻한다.

   ⓒ 노동자 계급 자녀들이 아무리 노력해도 그들의 사회·경제적 성공에는 한계가 있고, 학교 교육을 통한 사회이동에도 한계가 있다.

   ⓒ 또한, 노동자 계급 자녀들은 육체노동과 정신노동의 분리, 남성과 여성의 분리, 백인종과 유색인종의 분리와 같은 몇 가지 분리의식을 갖고 있다. 이러한 분리의식은 그들의 간파가 순수하게 발전하지 못하도록 가로막는 이데올로기적 장애요소, 즉 제한으로 작용한다.

(4) 의의와 한계

① 재생산이론의 한계를 지적한 윌리스의 저항이론의 가장 큰 공헌은 재생산의 메커니즘이 결코 일방적이지 않으며, 언제나 그 안에는 저항과 반대의 요소가 있다는 것이다.

② 반면, 다음과 같은 점에서 한계를 갖고 있다. 먼저, 재생산이론에 대해 '학교 교육이 기존의 불평등 구조를 유지시키고 있다'는 점을 비판만 할 뿐 이에 대한 대안을 제시하지 못하고 있다. 또, 학생들의 저항이 어떤 조건에서 비판적 의식으로 발전되고, 그것이 어떻게 사회변화의 동인으로 작용하는가 하는 점을 명확히 밝히고 있지 못하다.

③ 12명의 노동계급 학생들은 소수에 불과하다. 그런데도 저항이 노동계급 전체에 적용될 수 있다고 본 것은 저항의 개념을 지나치게 확대 해석하고 있다고 볼 수 있다.

④ '싸나이'들의 저항적인 하위문화는 그들이 더 나은 삶을 추구하는 데 장애요인으로 작용한다. 그들은 기회균등과 사회적 지위의 상승이동을 모두 거부하기 때문이다.

10. 애플(Apple)의 문화적 헤게모니 이론 중등 10, 초등 04

① 애플은 학교생활에서 나타나는 사회적 불평등을 분석하면서 교육과정의 보이지 않는 이데올로기적 통제 형태에 주목한다.

② 교수·학습 과정의 일상생활 규칙 속에서 자본주의 이데올로기가 자연스럽게 강조되고 있으며, 이러한 과정을 통해 사회적 불평등을 은폐한다고 보았다.

③ 문화적 헤게모니(hegemony) 이론은 그람시(Gramci)의 관점과 주장에 기초한다. 헤게모니란 용어는 그람시가 사용하기 시작하였으며, 일상생활과 사회의식 속에 스며 있는 지배집단의 가치체계를 뜻하는 것으로 이해될 수 있다.

④ 지배집단은 피지배집단에게 도덕, 관습, 행동의 제도화된 규칙을 포함하는 지배계층의 문화를 보편적인 것으로 보이게 하고, 계층의 질서는 대중의 합의를 통해 실행된다고 믿게 함으로써 기존 질서를 유지하고 정당화해 준다.

⑤ 학교, 지식, 일상생활에 대한 통제는 눈에 보이는 경제적 분업과 조작에 의해서뿐만 아니라 상식적인 사고방식과 실천에 대한 은밀한 영향력 행사를 통해 이루어지는데, 이렇게 일상생활과 사회의식 속에 스며 있는 지배집단의 의미와 가치체계가 헤게모니이다.

⑥ 문화적 헤게모니 이론은 사회의 지배적인 이데올로기적 헤게모니와 교육내용의 선정과의 관계를 분석하려는 입장이다. 지배집단은 공식적인 지배 메커니즘을 사용하지 않고도 학교와 같은 기관을 통해서 사람들의 의식구조에 작용함으로써 사회를 통제할 수 있다는 견해를 내포하고 있다.

⑦ 애플은 학교는 헤게모니 재생산의 도구라고 보았으며, 학교는 사회질서를 경제적으로뿐만 아니라 문화적으로 재생산한다고 보았다.

> **▌ 그람시(A. Gramsci, 1891~1937)** 중등 10
>
> 그람시에게 교육의 중요한 역할은 자본주의 사회의 이데올로기 통제에 의한 계급지배방식을 꿰뚫어봄으로써 사회변혁을 위한 대항 이데올로기를 창출하는 프롤레타리아 지식인을 길러내는 것이다. 그는 피지배계급인 민중을 혁명을 일으킬 수 있는 잠재력을 지닌 존재로 보았다. 다만, 민중은 혁명을 위한 이데올로기를 찾아내거나 그것으로 무장되어 있어야 한다. 그런데 민중은 그러한 능력이 없다. 따라서 그들이 처한 피지배 상황과 구조의 실상을 파악할 수 있는 민중을 이끌 존재가 필요한데, 그람시는 그 일을 할 수 있는 사람을 지식인(intellectuals)이라고 보았다. 개혁을 위한 실천(praxis)을 위해서는 헤게모니 개념을 먼저 알아야 한다. 그는 헤게모니를 지배계급이 행사하는 문화적 지도력이라고 정의한다. 억압이 법이나 실무 등 제도적 차원의 영향력인 데 비해, 헤게모니는 문화적 차원의 영향력이다. 혁명에서 지배계급의 문화적 영향력인 헤게모니의 본질을 깨우쳐 줄 엘리트가 중요한 역할을 한다는 것이 그의 생각이다.

11. 카노이(Carnoy)의 문화제국주의론

① 카노이는 제3세계 국가들이 교육을 통해, 그리고 교육 안에서 선진국가 또는 제1세계에 어떻게 구조적으로 종속되었는가를 탐색하였다.

② 그의 주된 관심사는 경제적 지배-종속의 관계가 어떻게 문화적 지배-종속의 관계를 가져오며, 교육이 어떻게 이러한 문화적 지배-종속의 관계를 전달하고 심화시키는가 하는 것이었다.

③ 카노이는 학교와 교육이 국가 간의 지배와 종속관계를 만들어 내고 지속시키는 기구라고 보았다.

④ 학교 교육은 주변국의 노동자들에게 중심국 자본가의 필요를 충족시키기 위한 장치로 도입된 것이기 때문에, 토착민중을 제국주의적 식민지구조에 편입시키기 위하여 노력한다는 것이다. 따라서 제3세계의 학교는 현재 서구의 식민종주국가에 대하여 수동적인 자세를 취한다.

⑤ 전통적 제국주의와 식민주의가 겉으로는 사라졌으나 식민지 이후의 교육은 교육제도와 내용에 있어서 식민시대의 유산을 지속하게 된다고 분석한다.

⑥ 또한, 불안정한 경제구조 등으로 계속적인 경제 원조가 필요하게 되어 불평등 구조는 개선되지 못하고 더 심화된다. 여기에 서구중심으로 편성된 학교 교육과정은 이러한 신식민주의를 강화하는 역할을 하게 된다는 것이다.

12. 콜린스(Collins)의 지위경쟁이론 중등 00·02·03·09·12, 초등 00·06

(1) 개요

① 지위경쟁이론이란 콜린스(Collins)가 논의한 이론으로, 사람들이 좀 더 유리한 사회적 지위를 획득하고 이를 지속시키기 위해 보다 많은 교육기회를 요구하고 경쟁한다는 이론이다.

② 이 이론은 학력이 사회적 지위획득의 수단이기 때문에 사람들이 경쟁적으로 높은 학력을 취득하여 학력이 계속하여 높아진다고 설명한다. 남보다 한 단계라도 높은 학력을 가지고 있는 것이 사회적 지위경쟁에서 유리하기 때문에 모든 사람이 높은 학력, 즉 상급학교 졸업장을 받기 위하여 온갖 노력을 기울인다는 것이다.

③ 결과적으로 학교가 확대되지만 그래도 경쟁은 끝나지 않으므로 학교의 확대는 상급으로 계속 파급된다.

④ 학교 교육의 사회적 가치가 높은 '학력사회'에서는 누구나 높은 학력을 취득하기 위해 노력한다. 남보다 더 높은 학력을 가지고 있을수록 사회적 지위경쟁에서 유리하므로 어떻게 해서든지 상급학교 졸업장을 따기 위하여 노력한다. 그러므로 보다 높은 학력을 취득하기 위한 경쟁은 한없이 계속된다. 도어(Dore)는 이러한 현상을 '졸업장 병(diploma disease)'이라고 명명하였다.

⑤ 이런 상황에서 학력수준과 교육수준은 반드시 일치하지 않는다. 배운 내용이 보잘것없어도 졸업장이 없는 것에 비하면 있는 편이 유리하기 때문에 사람들의 관심은 졸업장에 집중되고 교육내용에는 무관심해지기 때문이다. 고학력 자체가 목적이기 때문에 학력은 직업세계의 기술수준과 관계없이 계속 높아진다.

⑥ 졸업장 병, 과잉학력, 학력 인플레이션 현상을 설명할 수 있다.

(2) 지위문화

① 콜린스는 '지위문화'라는 개념을 고안해 냈다. 학교는 권력 있는 지위집단이 그들의 자녀들에게 특정한 문화적 가치를 전수시키기 위해 설립된 것이라 할 수 있다.

② 기업들이 대학 졸업자를 선호하는 이유는 그들이 월등한 기술을 지니고 있다고 판단되어서가 아니라 대학교육이 기업주들이 갖고 있는 것과 흡사한 동기와 사회적 경험을 제공한다고 판단되기 때문이다. 학교가 가르치는 문화가 고용집단의 문화와 일치할 때 비로소 학교 교육이 직업 획득에 중요한 역할을 하게 된다고 볼 수 있다.

③ 그리하여 학교는 지배문화를 전수하게 되었으며, 하류계층의 학생들도 지배문화를 갖기 위해 학교 교육을 중시할 수밖에 없고, 그 결과 학교 교육은 날로 팽창될 수밖에 없다는 것이다.

13. 갈등론적 교육관의 한계점

① 갈등론도 기능론처럼 교육을 종속변수로만 취급하는 오류를 범한다.

② 갈등론은 불합리한 사회구조에 초점을 맞추면서 업적, 능력, 실적을 통한 선발이 가장 공정한 장치라는 통념이 하나의 허울에 불과하다고 본다. 그러다 보니 갈등론은 어느 개인의 실패의 원인을 그의 노력이나 능력 부족으로 보기보다는 잘못된 사회구조 탓으로 돌리는 경향이 있다.

14. 기능론과 갈등론 비교

(1) 개요

① 기능론과 갈등론은 매우 다른 모습을 보이지만 공통점이 있다는 점에도 유의해야 한다.

② 교육을 정치, 경제적 구조의 종속변수로 인식하고 있다는 점에서 두 이론은 공통적이다. 따라서 이 두 이론은 교육을 설명하는 데 있어 모두 교육의 본질이 아닌 외적 기능에 초점을 두고 있다.

③ 두 이론이 다른 점은 교육이 봉사하는 대상에 관한 설명일 뿐이며, 교육이 기존 사회구조와 문화를 반영한다는 점에 있어서는 같다.

(2) 기능론과 갈등론의 사회관 비교

기능론	갈등론
• 모든 사회요소는 안정지향적이다.	• 모든 사회는 변화지향적이다.
• 사회의 각 요소들은 상호의존적이며 통합적인 기능을 한다.	• 모든 사회는 불일치와 갈등이 일어나고 있다.
• 사회변화는 점진적이고 누적적으로 진행된다.	• 사회변화는 급진적이고 비약적으로 진행된다.
• 사회체제 유지를 위해 사회구성원들의 공동체 의식을 강조한다.	• 사회의 각 집단은 경쟁적이며, 대립적인 관계를 갖고 있다.
• 사회의 지위 배분은 개인의 성취능력에 의해 달성된다.	• 사회가 선호하는 가치는 지배집단과 관련을 맺고 있다.
• 사회의 가치, 규범, 관습 등은 구성원들의 합의에 의한 것이며 보편적이고 객관적인 성격을 지니고 있다.	• 사회의 각 기관들은 지배집단의 이익에 봉사한다.
	• 사회갈등의 원인은 재화의 희소성과 불평등한 분배에 기인한다.

(3) 기능론과 갈등론의 학교 교육에 대한 이해

기능론	갈등론
• 학교는 사회의 안정과 질서에 기여하는 제도이다. • 학교는 사회가 요구하는 기술, 지식 등과 공동체 의식을 전수한다. • 학교는 사회구조적 모순을 해결해 주며 사회평등화를 도모한다. • 교육은 독립적이며 자율적이라는 자유주의적 이데올로기에 근거하고 있다. • 학교는 개인의 재능과 노력에 따라 공정한 평가를 하며, 정당한 보상이 주어진다. • 학교는 지위의 사다리이며 공정한 사회이동을 촉진한다. • 학교 교육을 통해 각종 사회문제를 해결할 수 있다.	• 학교는 기존의 위계질서를 공고히 하며 지배계급의 이익에 봉사하는 도구이다. • 학교는 기존의 질서를 재생산함으로써 사회불평등을 영속화한다. • 학교는 피지배계층에게 기존의 불평등 위계구조에 순응하도록 강요하는 이데올로기적 기관이다. • 학교는 인간을 강요하고 억압함으로써 타율적이고 수동적인 존재로 전락시키고 있다. • 학교는 지적 기술보다 지배계층이 선호하는 가치관, 규범, 태도 등을 은밀히 강조하고 있다. • 학교에서 행하는 능력주의 이데올로기는 피지배계층의 아동을 효과적으로 탈락시키고, 지배질서의 정당성을 강조하기 위한 위장된 이념에 불과하다.

03 신교육사회학

1. 개요

① 종래 학교 교육에 대한 규범적 패러다임에서 해석적 패러다임으로의 변화를 의미한다.

② 사회를 보는 시각은 크게 거시적 관점과 미시적 관점으로 나누어진다. 거시적 관점은 규범적 패러다임에 의해, 미시적 관점은 해석학적 패러다임에 의해 사회를 바라보는 시각이다.

③ 기능주의와 갈등주의는 거시적 관점으로 학교와 사회를 바라봄으로써 교실 안에서 이루어지는 미시적인 생활에는 관심이 없었다.

④ 교육과정 사회학자들이 교과 내용, 즉 '지식'에 문제를 제기하면서부터 교육의 불평등을 줄이기 위한 교육사회학의 연구방향도 거시적인 접근에서 미시적인 접근으로 바뀌기 시작하였다.

⑤ 신교육사회학 관점에서의 학교 교육에 대한 연구는 지식이 어떻게 형성되고, 학교에서 다루는 교육내용으로서의 지식이 여러 체제와 어떤 관련을 맺고 있는지를 논의하는 데 초점을 두고 있다.

⑥ 신교육사회학은 갈등이론과 마찬가지로 학교 교육의 기능적인 면보다는 역기능적인 면에 관심을 두고 있다.

■ 규범적, 해석적 패러다임의 비교

규범적 패러다임(거시적 관점)	해석학적 패러다임(미시적 관점)
• 교육과 사회관계에 대한 연구	• 교육 내적 과정에 대한 연구
• 연역적 접근과 사고	• 귀납적 접근과 사고
• 양적연구	• 질적연구
• 비주체적	• 주체적
• 사회현상에 대한 과학적 접근	• 사회현상에 대한 변증법적 접근
• 인간행위의 규칙 지배성을 전제	• 인간행위의 상호관계성을 전제

2. 신교육사회학의 기본 입장 중등 02·03·06, 초등 00·02·03

① 교육과정은 사회적 산물이다. 즉, 지식이 보편타당하고 객관적이 아니라 사회구조를 반영한 사회적 산물이며, 지식을 체계화한 교육과정 역시 사회의 구조를 반영한 사회적 산물이다.

② 교사와 학생 간의 관계도 사회적 산물이다. 교사와 학생 간의 상호작용 역시 중립적이 아니라 사회적인 영향을 받는다고 본다.

③ 교육과정과 교육 내적 과정의 비판적 분석이다. 기존 교육과정과 학교 내의 과정을 주어진 대로 당연하게 받아들이지 않고 그 자체를 의심하고 분석하여 그것이 지니고 있는 사회적 의미를 해석하고자 한다.

3. 영(Young)의 지식과 통제 초등 00

① 신교육사회학의 본격적인 대두는 1970년 영이 편집한 『지식과 통제 : 교육사회학의 새로운 방향』을 기점으로 하고 있다.

② 그는 지식을 사회적 조건의 구속을 받지 않고 절대적인 자율성을 갖는, 고정적이며 불변적인 것으로 보는 전통적인 지식관에 이의를 제기하였다.

③ 영은 학교가 어떤 지식을 선택하고 가르치며, 이 선택적 지식교육의 과정이 학교 밖의 권력구조와 어떻게 관련되어 있는가를 밝히려고 하였다.

④ 지식의 계층화와 사회적 계층화 사이의 관계를 규명하는 데 초점을 맞출 것을 강조한다. 구체적으로 지식이 어떤 기준에 의해서 계층화되며, 각기 다른 지식에 부여되는 사회적 평가와 그 지식들을 소유하게 됨으로써 얻게 되는 사회적 보상이 결정되는 배경을 탐구해야 한다는 것이다.

⑤ 즉, 지식이 고정적이고 불변하는 것이 아니라 사회구조에 의해 내용이 선정되고 조직되는 사회적 구성물이라고 주장하며, 지식은 사회적 계층을 반영하는 산물이며 교육과정은 상류층에게 유리하다고 보았다. 즉, 지식이 상류계층의 이해가 반영되어 상류층의 학생들이 높은 성적을 내게 된다는 것이다.

4. 상징적 상호작용이론(symbolic interaction theory) 중등 05 · 08, 초등 10

(1) 개요

① 인간이 상호작용을 통해 개인과 사회에 관한 의미를 어떻게 창출해 내는가에 관심을 두는 이론이다.

② 인간이 태어나 자라는 과정에서 다른 사람과의 상호작용을 통해 일상생활을 조직하게 되는 과정이 바로 상징적 상호작용을 학습하는 과정이다.

③ 미드(Mead)와 쿨리(Cooley)는 사회란 다양한 상징을 해석하는 것을 익혀서 알게 된 사람들의 소산이라고 하였다.

④ 규칙성을 지닌 어떤 구조나 사회체계가 이미 존재한다고 보지 않고, 사람들이 상호작용하는 사회적 맥락 안에서 의미 있는 구조나 사회체계가 만들어진다고 본다.

⑤ 그래서 사람들이 의사소통하면서 의미를 지니는 말, 몸짓, 기호, 개념 등을 중요하게 다룬다. 그런데 이것들은 고정된 의미를 지닌 것이 아니고 상황이나 문화에 따라 그 의미가 달라지는 다의성을 지닌 것이다

(2) 상징적 상호작용의 특징

① 개인의 자아의식 형성은 사회적 상호작용의 결과이며, 각 개인은 일상생활의 다양한 상황에서 접하는 타인의 눈을 통해서 자신을 알게 된다.

② 우리는 타인과의 상호작용을 통해 의미를 이해하고, 사회적으로 주어진 의미를 중심으로 생활을 조직하게 된다.

③ 사회관계는 상호작용 관계에 있는 쌍방이 자신의 행동에 상대방이 어떻게 대응할 것인가를 예견하고, 상호 용납할 수 있는 방법으로 상황을 정의하며, 쌍방이 수용할 수 있는 행동의 한계를 설정해 준다.

④ 사회를 사람들 간의 상호작용 관계로 봄으로써 사회의 정태적인, 불변하는 구조적 측면을 중시하는 기능주의 이론과 달리, 사회의 과정적 측면을 강조한다.

(3) 미드(Mead)의 상징적 상호작용론

① 미드는 상징적 상호작용론을 사고, 자아, 사회 등을 중심개념으로 삼아 특히 언어를 통한 상호작용을 연구하였다.

② 인간에게는 특수한 자력(資力)이 있는데 그것은 마음(mind)이라 하였고, 마음은 주변의 대상에 상징을 부여함으로써 의미를 찾고 언어라는 의사소통의 상징적 수단을 이용하고, 추상적 상징을 해석할 능력을 지녔다.

③ 이러한 마음의 힘은 인간이 사회집단 속에 태어나서 타인과의 상호작용을 통해 자아(self)를 형성할 때 비로소 활성화된다.

④ '주체적 자아(I)'와 '객체적 자아(me)'의 역동적인 과정을 통해 변증법적으로 개인의 자아가 형성된다.

• 주체적 자아(I) : 자유와 자율에 의해 행동을 선택하고 자기를 형성하는 자아를 말한다. 불확정적이고 예측불가하며 창의성, 신기성, 자유로운 성격을 띤 자아이다.

- 객체적 자아(me): 타자의 거울에 비친 자아를 말한다. '일반화된 타자'가 내면화된 것으로 사회통제의 힘을 갖게 된다.
- 일반화된 타자(generalized other): 인간은 자신이 속한 사회의 가치와 문화에 따라 행동하는데, 이때 자아에 반영된 일반적인 타인의 모습을 말한다. 개인의 행동이나 상호작용에 영향을 주는 다른 사람의 가치와 기대, 곧 사회규범을 의미한다.

⑤ 미드는 한 개인의 자아 형성에서 역할에 대한 모방학습의 중요성을 강조하였으며, 아동의 자아 발달 과정을 다음의 세 단계로 설명하였다.

역할 준비 단계	아동은 자신이 하는 행동의 의미를 제대로 파악하지 못하고 어른들의 행동을 모방한다. 아이들은 술을 마신다는 것이 어떤 의미인지 알지 못한 채 어른들을 흉내 내어 술잔을 마시는 행동을 하면서 모방한다.
역할 놀이 단계	놀이를 통해 주변 사람들의 행동을 모방한다. 놀이를 통해 타인의 역할을 하면서 그들의 행동을 모방하고 학습하게 된다. 아동들은 엄마와 아기의 역할을 하는 소꿉놀이를 하면서 학습을 한다. 그리고 의사나 환자 역할을 흉내 내면서 사회적 존재로 자아의식이 발달한다.
역할 게임의 단계	역할 놀이 수준을 넘어서 역할 게임의 단계로 발전한다. 아동들은 자기 팀의 역할을 이해하고 잘 수행하려고 할 뿐 아니라 상대방의 행동에 대해 생각하며 어떻게 행동할까 고심한다. 이러한 과정을 통해 아동들은 자신을 독자적인 행위자로 인정하게 된다. 미드는 이 단계의 아동들은 주변 사람들이 자신을 바라보는 것과 같이 스스로 자아정체성을 형성해 나간다고 보았으며, 이를 사회적 자아라고 하였다.

(4) 쿨리(Cooley)의 거울자아이론

① '거울자아(looking glass self)'란 개념은 자아의 사회적 본질을 설명하기 위한 것이다.

② 쿨리는 자아의 형성이 자기가 스스로 판단하는 준거와 자기의 행동에 대한 타인의 판단이 상호 작용하는 과정이라고 설명한다.

③ 사회적 상호작용은 '남이라는 거울에 비친 나'를 보면서 이루어진다. 우리는 다른 사람이 나를 보는 방식대로 나 자신을 보게 된다는 것이다.

④ 사회도 개인 간 상호작용과 무관한 객관적 실재가 아니다. 사회는 사람들의 기대와 규범으로 이루어져 있다.

⑤ 머튼의 '자기 충족적 예언'의 원리와 유사한 측면을 가지고 있다고 할 수 있다.

5. 번스타인(Bernstein)의 문화전수이론(자율이론) 중등 04·13, 초등 06·08·10·12

(1) 개요

① 번스타인은 공식적인 교육을 통한 지식전수에 관심을 갖고 '지식의 조직과 분배 및 평가'의 기초를 이루는 사회적 가정들과 권력관계를 밝히고자 하였다.

② 학교에서 일어나는 일을 보다 큰 권력과 통제구조와 관련시키려고 노력하였다.

③ 번스타인은 해석학적 관점에서 중요하게 다루어지는 교육과정, 교수법, 평가에 관심을 기울였다.

(2) 교육과정 연구

① 번스타인은 지식이 사회적 진공상태에서 전수되는 것이 아니며, 권력과 통제가 모든 국면에서 교육과정에 침투한다고 주장한다.

② 권력과 통제의 원리를 밝히기 위해 '분류'와 '구조'라는 두 가지 개념을 사용한다.

분류(classification : C)	과목 간, 전공분야 간, 학과 간의 구분을 말한다. 즉, 구분된 교육내용들 사이의 경계의 선명도를 말한다. ⓢ 분류가 강하면 타 분야와의 교류는 제한되고 '교육의 코드(code of education)'가 중시되어 교육의 자율성은 상당 정도 유지되지만, 분류가 약하면 타 분야와의 교류가 활발하고 '생산의 코드(code of production)'가 중시되어 교육의 자율성은 약화된다.
구조(framing : F)	과목 또는 학과 내 조직의 문제로 가르칠 내용과 가르치지 않을 내용의 구분이 뚜렷한 정도, 계열성의 엄격성, 시간 배정의 엄격도 등을 포함하는 개념으로 교육내용의 선정, 조직, 진도, 시간 배분에 대한 교사와 학생의 통제력의 정도를 의미한다. 즉, 교사와 학생의 상호작용 관계에 관련된 것이다. ⓢ 구조화가 강하면 교사나 학생의 욕구를 반영하기 어렵고, 반대로 구조화가 약하면 다양한 욕구를 반영하기 쉽다.

③ 분류와 구조는 각각 강할 수도 있고 약할 수도 있다. 그러므로 다음의 조합이 가능하다.

   ㄱ 강한 분류·강한 구조

   ㄴ 강한 분류·약한 구조

   ㄷ 약한 분류·강한 구조

   ㄹ 약한 분류·약한 구조

④ 번스타인은 교육과정의 유형을 둘로 나누어 강한 분류인 ㄱ과 ㄴ을 집합형, 약한 분류인 ㄷ과 ㄹ을 통합형으로 구분하였다.

  ㄱ 집합형 교육과정

- 교과목 및 전공분야가 엄격하게 분리되어 있어 학과 간, 교과목 간, 전공 간의 상호 관련이나 교류를 찾기 어려우며 종적 관계가 중시된다.
- 상급과정으로 올라감에 따라 점점 전문화되고 세분되어 학습영역이 좁아진다.
  예 심리학 ⓢ 교육심리학 ⓢ 학습이론 ⓢ 스키너(Skinner) 이론
- 집합형 교육과정에서는 학생과 교사들이 어느 분야, 어느 학과에 속해있는지가 분명하며 소속학과에 대한 강한 충성심이 요구된다. 상하 간의 위계질서가 뚜렷하며 엄격하다. 타 분야와의 교류는 제한되며, 교육과정의 계획과 운영에 학생들이 참여할 기회는 극히 적다. 따라서 교육과정에서 학생들이 자유롭게 스스로 선택하고 결정할 수 있는 여유가 거의 없다.

  ㄴ 통합형 교육과정

- 교과목 및 학과 간의 경계가 뚜렷하지 않아 횡적 교류가 많아지며 여러 개의 교과목들이 어떠한 상위개념이나 원칙에 따라 큰 덩어리로 조직된다.
  예 역사, 지리, 정치, 경제가 사회생활로 통합
- 대학에서 학과 간의 울타리가 낮아져 강좌를 상호개방하고 생화학 또는 역사사회학과 같은 혼합학문이 생겨난다. 이에 따라 단일학문보다 더 상위의 개념을 사용하고 점점 더 상

위의 이론을 추구하게 된다.

- 인간관계에서도 횡적 관계가 강화되어 교사와 학생들의 재량권이 늘어나고 교사의 권한도 증대된다.

⑤ 사회부문 간 분류가 강한 시대에는 교육과 생산 간의 구분이 명확하기 때문에 교육내용 및 교수활동에 관한 결정이 많은 부분 교육담당자들의 영향력 아래 이루어지게 되므로 교육의 자율성이 상당히 보장될 수 있다. 반면, 교육과 생산 간의 경계가 약한 시기는 교육과 생산의 관계가 밀착되었음을 암시하는 것이며, 이 경우 교육은 자율성을 잃게 된다.

(3) 보이는 교수법과 보이지 않는 교수법

번스타인은 교육활동을 지배하는 원칙이 구체적이냐 아니면 드러나지 않느냐에 따라 '가시적' 교수방법과 '비가시적' 교수방법으로 구분하였다.

① 보이는 교수법(visible pedagogy)

㉠ 전통적인 교수법은 '보이는 교수법'으로 규정된다.

㉡ 전통적인 지식교육은 학습 경험을 강한 분류와 구조로 규제한다. 따라서 배울 만한 가치가 있는 내용과 그렇지 못한 내용이 명백하게 구분된다. 공부와 놀이의 구분을 예로 들 수 있다.

㉢ 지식의 전달과 성취를 강조하는 것으로 보수적 교수법이라 할 수 있다. 따라서 학생들 사이의 성취에 따른 차이에 주목하고 어떤 교사와 학생이 지식의 전달을 잘 하였으며, 성취도가 높은지 비교하게 된다.

㉣ 학습내용상의 위계질서가 뚜렷하며, 전달절차의 규칙이 엄격하게 계열화되어 있고, 학습내용의 선정 준거가 명시적이다.

㉤ 교사 주도 교육이며, 학교나 학습의 통제원리로 기능한다.

㉥ 평가에서도 명확한 기준과 정교한 측정 방법에 의한 객관적 평가방법을 중시하고, 특정 기술과 지식을 평점화하며, 아동의 동기와 태도를 평가하고자 한다.

㉦ 구 중간계급은 보이는 교수법으로 획일적인 노동자 양성을 교육의 목표로 하였다.

② 보이지 않는 교수법(invisible pedagogy)

㉠ 진보주의 교육에서 말하는 열린교육의 교수법은 보이지 않는 교수법으로 규정된다.

㉡ 보이지 않는 교수법은 보이는 교수법과 달리 공부와 놀이를 구분하지 않는다. 즉, 공부가 놀이가 되고, 놀이가 공부가 된다. 이 현상은 번스타인의 용어로는 약한 분류와 약한 구조로 표현된다.

㉢ 외적인 잣대에 따라 등수를 매기는 것이 아니라 학습자의 내적인 변화를 중시한다. 학생들의 인지적, 언어적, 정의적 동기수준에서의 변화를 강조한다.

㉣ 다른 학생들과의 비교가 기본적으로 가능하지 않으며, 학습자 중심의 성격을 지닌다.

㉤ 평가에서도 객관적인 기준이나 방법은 존재하지 않고, 대신 아동의 내적인 상태와 과정을 고려한다.

㉥ 신 중간계급은 보이지 않는 교수법으로 창의적인 인간을 양성하는 것을 목표로 한다.

⑷ 사회계급과 언어

① 번스타인은 사회계급과 언어와의 관계를 연구하였는데 계급에 따라 사용하는 언어가 다르다고 주장하였다. 중류계급 이상은 정교한 어법을, 노동계급은 제한된 어법을 사용한다는 것이다.

② 학교에서는 정교한 어법을 요구하고 활용하기 때문에 상대적으로 중류계급 이상의 학생이 유리하고 학업 성취에서 격차를 가져온다는 주장이다.

  ㉠ 정교한 어법(elaborated code, 공식어)

    • 특정한 상황의 요구에 적합하도록 개별화된 언어 표현법이다.

    • 중류계급이 쓰는 언어의 형태로 사물 사이의 논리적인 관련을 표현함으로써 사람들의 인지 활동을 방향 지우며 감정의 섬세한 뉘앙스를 전달할 수 있다.

    • 보편적 의미를 담고 있어 구체적으로 같은 경험을 하지 않은 사람에게도 의미의 전달이 가능하다.

  ㉡ 제한된 어법(restricted code, 대중어)

    • 하류계급이 쓰는 언어의 형태로 막연한 상투적 표현을 주고받으므로 말의 내용이 아닌 말을 주고받는 사람들의 정서적 유대를 통해 서로의 의사소통이 이루어진다.

    • 구체적 의미를 담고 있기 때문에 그 의미가 국지적 관계나 흡사한 상황에 연관되지 않은 사람은 이해하기 어렵다.

    • 공식어에서와 같은 형식적 구조를 갖추지 않기 때문에, 정확한 논리적 관계나 감정을 명백하게 드러내지 못한다.

③ 번스타인은 정교한 어법을 습득한 아동은 제한된 어법을 습득한 아동보다 공식적인 교육내용이 요구하는 상황에 훨씬 더 잘 적응할 수 있다고 설명한다.

④ 그러나 계급에 따른 언어차이가 언어능력의 우수함과 열등함의 차이를 의미하는 것은 아니다. 정교한 어법에 익숙한 학생에 비해 문화적으로 익숙하지 않은 언어를 사용해야 하는 학교에서 노동계급 학생들은 상대적으로 불리한 입장에 처할 수 있다는 것이다.

6. 케디(Keddie)의 학생 범주의 구분

⑴ 개요

① 케디는 학생 수가 많고 이질적인 학생들이 혼합되어 있는 영국의 한 종합학교를 대상으로 질적 연구방법을 사용하였다.

② 연구에서 학생과 교사의 상호작용을 조건 짓는 것은 학생에 대한 교사의 범주 구분방식(지능에 대한 교사 자신의 상식적 지식에 따른 구분방식)으로, 이는 교육적 요인보다는 학생의 사회·경제적 배경에 따라서 결정된다.

③ 범주화의 결과에 따라 교사의 수업행동이나 반응이 달라지고 학생의 학습활동에 큰 영향을 준다.

⑵ 학생의 범주화

① 교사들은 이론적으로 지능은 유전에 따라 결정되는 것도 아니며, 학업 성취도 지능의 차이뿐만 아니라 동기의 차이에 따라 결정된다는 것을 알고 있지만, 실제 학생들을 대할 때는 다르다.

② 수업과정에서 교사들은 잘하는 아이, 잘할 수 있는 아이, 그저 그런 아이 등으로 범주화된 지각에 따라 학생들을 차별적으로 취급한다.

(3) 범주화의 근거

① 케디는 능력별 반편성에서 교사들이 학생을 구분하는 두 개의 기본적 준거는 능력과 사회계급이며, 사회계급은 학생들을 분류하는 숨겨진 요인으로 작용하고 있다고 보았다.

② 교사는 학생의 사회계급과 관련지어 지적·사회적·도덕적 행동을 판단하고, 이러한 판단에 기초하여 학생들을 분류한다는 점이다.

③ 결과적으로 낮은 지능 집단에 분류되는 노동계급 학생은 중상류계급 학생에 비해 학업 성취에서 매우 불리한 입장에 처하게 된다.

③ 물론 케디가 주장하는 것과 같이 학생에 대한 교사의 범주화가 학생의 학업 성취를 전적으로 결정한다고 단정할 수는 없지만, 케디의 연구는 범주화가 사회계급에 따른 학업 성취의 차이를 가져오고 있음을 보여준다.

7. 맥닐(McNeil)의 방어적 수업 중등 13, 초등 06

(1) 개요

① 한 명의 교사가 수십 명의 학생들을 가르치는 학급상황에서 교사는 학생들로부터 자신을 지켜야 한다는 구조적 방어의식을 갖게 된다. 교사의 그러한 방어의식은 교과지도에서 방어적 수업으로 나타나며, 생활지도에서는 학생다움을 요구하는 각종 규제로 구체화된다.

② 맥닐의 연구에 따르면, 교사들은 일방적인 강의식 수업을 선호한다. 교사들은 교과에 대한 정보를 제공해야 한다는 목표와 수업의 효율성을 방해할지도 모르는 개념 및 정보를 제한해야 한다는 서로 상충되는 목표를 달성하는 데 강의식 수업이 효과적이라고 생각한다.

③ 지식을 통제함으로써 학생을 통제하는 강의전략에는 '단편화', '신비화', '생략', '방어적 단순화'가 있다.

(2) 방어적 수업의 유형

① 단편화: 정보들을 단편들 혹은 서로 연결되지 않는 목록들로 환원시키는 방법이다. 교사들은 수많은 정보를 효과적으로 전달하기 위해서 그리고 그 정보가 사실로 보이게 하여 토론과 반대 의견을 금지시키기 위해서 단편적 지식과 목록을 사용한다.

② 신비화: 복잡한 주제에 관한 토론을 막기 위해 그것을 신비한 것처럼 다룬다. 예를 들어, 금본위제, 국제통화기금 등을 언급할 때는 그 용어들을 그대로 노트에 베껴 쓰라고 한다. 그 용어를 알아야 하고 다음 시험 때까지는 기억해야 한다고 하면서 전문가가 아닌 사람은 그 주제에 대해서 깊이 들어가기가 힘들다고 말한다. 신비화는 학생들에게 스스로 지식을 추구하거나, 깊이 파고들도록 안내를 받지 못하게 하여 외부에서 제공되는 정보에 의존하는 태도를 가지게 만든다.

③ 생략: 시사문제나 논쟁의 여지가 있는 주제에 적용된다. 학생들이 반대 의견을 제시하거나 토론을 할 만한 자료 혹은 자료를 보는 관점을 생략한다. 예를 들면, 사회교과 수업에서 제2차 세계대전 당시 미국의 개입에 대해 저항이 있었다는 점, 루스벨트의 뉴딜정책을 싫어하였던 사람들과 트루먼의 히로시마 원폭 투하 결정에 반대하였던 사람들 등은 언급되지 않고 생략되었다.

④ **방어적 단순화**: 앞에서의 강의전략과는 방어적이라는 점에서 다르다. 어려운 주제를 간단히 언급만 하고 넘어가는 전략이다. 이 주제는 복잡한 문제처럼 보이지만 시간과 노력을 많이 쏟을 필요가 없는 것이니 양해해 달라고 하고 넘어간다. 예를 들어, 수요와 공급, 산업화, 도시화 문제 등이다. 그 주제를 제대로 다루려면, 모든 학생들이 일정한 수준을 이해할 때까지 시간을 들여서 다양한 해석과 발견들을 비교하고 반복하여 설명해 주거나 소그룹토론 등을 시킬 수밖에 없다. 시험을 출제하기 위해 약간의 설명은 해야 하지만, 그 이상은 가르치지 않는다. 학생들에게 이 주제는 깊이 공부하지 않아도 된다고 말함으로써 학생들의 불만을 사지 않고 협력을 끌어낸다.

8. 하그리브스(Hargreaves)의 상호작용론

(1) 개요

① 하그리브스는 상호작용론적 관점을 통해 학생과 교사의 상호작용을 분석하였다. 교사들이 자신의 역할을 어떻게 규정하느냐에 따라 교사가 학생을 대하는 방식이 달라진다고 보았다.

② 하그리브스는 교사와 학생의 관계에서 주도권을 가지고 학급상황을 규정하는 쪽은 교사이므로, 교사가 상황을 어떻게 규정하는가를 파악하는 일이 중요하다고 지적한다. 교사는 모두가 동질적인 존재가 아니므로 여러 유형으로 구분될 수 있다.

③ 하그리브스는 교사가 자신을 규정하는 방식으로 '맹수조련사형(lion-tamer)', '연예인형(entertainers)', '낭만형(romantics)'의 세 가지를 든다.

(2) 교사의 유형

① 맹수조련사형

㉠ 말썽꾸러기 학생들을 엄하게 다루어 그들을 개명시키는 존재가 교사라고 보는 유형이다.

㉡ 거칠고 아무것도 모르는 학생들에게 필요한 지식을 가르치고, 윤리적 행동을 훈련시켜 길이 잘 든 모범생으로 만드는 것이 교사의 역할이라고 생각하는 유형이다.

㉢ 그러므로 교사들은 담당 교과에 대해 언제나 충분한 전문적 지식을 갖추고 있어야 하고, 학생을 다룰 줄 알아야 하며, 학생은 교사의 지시에 충실히 따라야 한다고 생각한다.

② 연예인형

㉠ 재미있는 학습매체를 활용하여 학습을 즐겁게 하고, 학생들과 시간을 많이 보내고 친절해야 하는 존재가 교사라고 보는 유형이다.

㉡ 학생들이 학습에 흥미를 느낄 수 있도록 교수자료를 풍부하게 만들고 시청각 기법을 활용하는 등 학생들이 즐겁게 배우도록 해 주는 것이 교사의 역할이라고 생각하는 유형이다.

㉢ 연예인형 교사는 학생들을 즐겁게 해 주는 '엔터테이너'가 되어야 한다고 생각한다.

㉣ 이 교사들은 학생들을 '친구처럼' 대하면서 격의 없는 관계를 유지하려고 노력한다.

③ 낭만형

㉠ 신뢰와 애정을 바탕으로 학생의 개성, 자유, 인간적인 교육 등을 중시해야 하는 존재가 교사라고 보는 유형이다.

㉡ 학생은 누구나 학습하기를 좋아하므로 학습할 수 있는 여건을 조성하고, 학습자가 스스로 선택할 수 있도록 다양한 학습기회를 제공해 주는 것이 교사의 역할이라고 생각한다.

ⓒ 수업내용도 교사가 독단적으로 정하지 않고 학생과 상의하여 결정한다. 이 교사들은 기본적
으로 학생들의 학습능력과 학습의지를 신뢰하는 것이 특징이다.

(3) 유의점

교사를 자아개념에 따라 세 유형으로 나누어 볼 수 있지만, 교사는 교과수업과 학생지도라는 두
역할을 수행해야 하는데, 이를 해석하고 수행하는 방식이 다 다르므로 실제에 있어서는 유형이 더욱
다양하다.

9. 왈라스(Wallace)의 교육과정 우선순위 변화과정 초등 06

(1) 개요

① 왈라스는 한 국가의 이념적 변화에 따라 교육과정의 강조점이 달라진다는 사실을 확인하였다.
② 사회적 역사는 혁명기, 보수기, 복고기를 거치면서 진행된다. 이러한 사회의 역사적 특성에 따라
교육과정에서 강조하는 것이 달라진다.

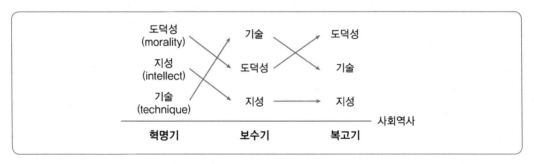

| 교육과정 우선순위의 변화 |

(2) 시대별 특징

① 혁명기(revolutionary phase)
ⓐ 교육과정에서 도덕성이 강조된다.
ⓑ 그 이유는 구체제의 사회적·문화적 질서를 부정하고 새로운 질서를 수립하기 위해서 낡은
이념을 극복하고 새로운 이데올로기, 새로운 가치관과 철학, 즉 혁명이념을 국민 모두에게
교육시켜야 하였기 때문이다. 이때 실용주의적인 기술과 지식은 존중받지 못한다.
② 보수기(conservative phase)
ⓐ 실제적 기술과 지식이 교육과정에 가장 우선적으로 반영된다.
ⓑ 이 단계의 교육과정에서는 지적인 논의와 비판정신이 약화된다.
③ 복고기(reactionary phase): 보수기의 말기, 또는 혁명의 실패 뒤에 따라오는 복고기에는 도덕성
교육이 다시 강조된다. 종래의 정치이념과 가치관이 부활하여 교육과정에 반영되고 자유로운
지적 탐구활동에 관련된 내용은 억제된다.

(3) 의의

① 교육과정의 우선순위는 각 시대의 사회·정치적 특성에 의하여 결정된다.
② 역사의 흐름을 혁명의 과정으로만 인식함으로써 우리의 사고범위를 좁힐 우려가 있다.

Chapter 02 사회이동과 교육선발

01 사회이동과 선발

1. 사회이동(social mobility)

(1) 개념

한 개인이나 집단이 사회의 위계체제 속에서 하나의 위치에서 다른 사회・경제적 위치로 이동하는 것을 말한다.

(2) 유형

① 사회이동 방향에 따른 유형

ㄱ 수직적 이동(vertical mobility) : 사회・경제적 지위가 상하로 변하는 것을 의미한다. 재산이나 소득, 지위를 획득한 경우를 상승이동, 반대의 경우를 하강이동이라 한다.

ㄴ 수평적 이동(lateral mobility) : 사회적 위치가 동일한 수준에서 횡적으로 이동하는 것을 말한다.

② 사회이동 현상이 일어나는 준거점에 따른 유형(시간 주기에 의한 유형)

ㄱ 세대 간 이동(intergenerational mobility) : 자식이 부모나 조부모의 지위에서 얼마나 상승 또는 하강하였는지 알아보는 것으로 가족을 통한 사회불평등의 세습 문제와 관련하여 중요시되는 이동 유형이다.

ㄴ 세대 내 이동(intragenerational mobility) : 한 개인의 생애에 걸친 직업적・사회적 지위 변화를 의미한다.

2. 사회이동과 선발

① 학교는 선발과 분배의 기능을 담당하는 기관으로 두 가지 상반되는 역할을 수행한다.

② 가열 : 사람들의 능력과 자질에 따라 적절한 선발과 분배가 이루어질 수 있도록 하고, 또한 될 수 있는 한 많은 사람이 보다 높은 지위를 획득하기 위해 경쟁하도록 동기를 부여한다.

③ 냉각 : 지위체계의 위계성에 따라 사람들의 수를 준비된 지위와 역할의 수에 맞게 적절한 수준까지 감소시키는 기능을 한다. 가열과정과는 반대로 높은 지위를 차지하고자 하는 포부를 냉각시키는 역할을 수행해야 한다. 상대적 희소성을 가지고 있는 상층지위에 오르려는 사람이 많으므로 적절한 수준으로 이들의 열망에 찬물을 끼얹을 필요가 있다.

02 사회이동과 교육체제

1. 터너(Turner)의 교육체제 연구

⑴ **경쟁적 이동(평등 이데올로기)**

① 모든 개인이 공개적으로 엘리트 지위를 얻기 위해 경쟁할 수 있는 규범을 갖는 사회시스템을 의미한다.

② 엘리트 지위는 태어나면서부터 주어지는 것이 아니라 노력하여 획득하려고 하는 자에게 부여되는 것이다.

③ 개인의 노력에 의해 상위계층으로 이동할 수 있다는 점을 고무시킴으로써 유지되고 발전한다. 이런 의미에서 평등 이데올로기라고 한다.

⑵ **후원적 이동(엘리트 이데올로기)**

① 상류계층의 자녀들을 엘리트로 선택하는 사회이동 시스템을 일컫는다.

② 엘리트 계층은 개인의 노력에 의해 획득하는 것이 아니라 사회로부터 주어지는 것이다. 그들의 미래의 지위는 현재의 사회적 지위를 기준으로 미리 정해진다.

③ 개인의 노력은 의미가 없으며 오직 후원적 지원의 능력과 관련이 있다. 이러한 의미에서 엘리트 이데올로기라고 한다.

▣ **경쟁적 이동과 후원적 이동**

구분	경쟁적 이동	후원적 이동
지위 획득의 필수 요소	개인의 노력	부모의 사회·경제적 지위
형태	공개적, 개방적	폐쇄적
접근 가능성	모든 개인	특수계층
선발 시기	교육 후기	교육 초기
추구하는 가치	평등성, 객관성	후원의 질

2. 호퍼(Hopper)의 유형론 초등 01

⑴ 터너의 유형론을 확대시켜 제시하였다. 선발과정은 선발방법(how), 선발시기(when), 선발대상(who), 선발기준(why)의 문제를 포함한다고 보며, 이 네 가지 문제를 교육체제의 구조적 특성으로 다루고 있다.

⑵ **선발방법**

① 경쟁적 이데올로기와 후원적 이데올로기로 구분하여 선발과정의 중앙집권성과 표준화정도를 나눈다.

② 경쟁적 이데올로기는 지방분권적이고 비표준화된 선발과정으로 시장경제 원리처럼 자유경쟁을 통해 자연스럽게 선발된다.

③ 중앙집권적이고 표준화의 정도가 강할수록 후원적 이동에 가깝다. 이는 국가나 교육당국이 선발의 방법을 통제하기 때문이다.

(3) 선발시기

① 교육체제의 제도적 분화 정도와 최초 선발시기와 관련된다.

② 교육체제 분화의 정도란 우리나라의 경우 고교선발에서 일반계와 전문계로 나뉘는 것을 생각할 수 있다. 선발시기는 엘리트 이데올로기와 평등 이데올로기에 의거하여 구분할 수 있다.

　㉠ 엘리트 이데올로기: 지능이나 학습능력은 유전적 요인에 의해 정해지므로 장래 엘리트 자리를 차지할 사람을 조기에 분리하여 교육시켜야 한다.

　㉡ 평등 이데올로기: 학생들의 능력은 환경요인에 영향을 받으므로 장기간 함께 교육받는 것을 개인의 권리라고 여긴다. 따라서 선발시기는 늦을수록 좋다.

③ 호퍼는 조기선발과 만기선발을 사회이동의 열망과 냉각의 문제와 관련지어 분석하였다.

　㉠ 조기선발이 이루어지면, 문화자본과 교육적 경험이 많은 중상류계층의 자녀들에게 유리하여 중상류계층의 교육열을 높일 뿐 아니라 선발에서도 유리하다.

　㉡ 만기선발이 이루어지면 하류층의 자녀들도 시간적 여유를 갖게 되기 때문에 교육을 통한 사회이동을 열망하게 되어 교육열이 높아지며 선발에서 유리할 수 있다.

(4) 선발대상과 선발기준

① 누가 선발되는가는 보편주의(universalism)와 특수주의(particularism)로 나누어진다.

② 보편주의는 개인의 전문성을 중시하여 개인의 노력과 야심에 의해 선발되는 것을 말한다.

③ 특수주의는 특정 집단에 포함된 사람들만이 그 집단의 일반적 특성을 습득할 기회를 얻게 된다고 여긴다. 따라서 특수주의는 일반적 특성을 중시하며 전문적 능력은 부차적인 것이 된다. 이러한 이데올로기가 지배하는 사회는 지위체제가 생득적으로 정해진다.

④ 선발기준과 관련해서는 전체주의와 개인주의가 있다.

■ 호퍼의 선발 특성에 따른 분류

선발 특징	분류	내용
선발방법	경쟁적 이데올로기	지방분권적, 비표준화, 자유경쟁
	후원적 이데올로기	중앙집권적, 표준화, 국가의 통제
선발시기	평등 이데올로기	후기 선발
	엘리트 이데올로기	조기 선발
선발대상	보편주의	개방적 사회
	특수주의	폐쇄적 사회
선발기준	개인주의	개인선발
	전체주의	집단선발

03 교육의 기능과 사회이동

1. 기능론적 관점(교육평등화론) 중등 12, 초등 00 · 05

(1) 개요

① 학교 교육에 낙관적인 입장을 취한다.

② 능력을 중시하는 현대사회에서 계층의 상승이동이 가능하며, 높은 사회적 지위를 얻을 수 있는 기회는 공정하고 정당한 경쟁을 통해서만 가능하다고 본다.

③ 대표적인 기관이 학교이다. 학교는 이러한 기능을 충실하게 수행할 수 있으며 또한 그 역할을 충실하게 수행하고 있다고 믿고 있다.

(2) 호레이스 만(Horace Mann)

19세기 미국의 초등 의무교육 운동에 앞장섰던 호레이스 만은 교육을 "위대한 평등장치(the great equalizer)"라고 불렀다.

(3) 해비거스트(Havighurst)

① 미국, 브라질, 영국, 오스트레일리아의 자료를 분석한 뒤 자녀를 위한 교육은 그들을 부모의 계층으로부터 상향이동시킴으로써 사회평등화에 이바지한다고 결론내렸다.

② 교육은 다음 세대의 상향이동을 촉진하므로, 교육의 보편화는 평등사회에 이르는 촉진제가 된다는 것이다.

③ 과학기술의 발전으로 직업구조의 하층이 줄어들고 중간과 상층이 커지는 방향으로 변하는 한편, 교육이 사람들의 직업능력을 향상시키므로 사회는 점차 평등해진다고 하였다.

(4) 블라우와 던컨(Blau&Duncan)의 지위획득모형 초등 01 · 05

① 직업적 지위에 대한 사회이동 과정을 인과관계로 체계화하였다.

② 지위획득모형은 직업지위획득을 결정하는 요인들을 분석하여 사회이동의 과정을 밝히고자 하였다.

③ 직업지위획득을 결정하는 요인을 아버지의 교육, 아버지의 직업, 본인의 교육, 본인의 첫 번째 직업 등 네 가지로 파악하였다.

④ 아버지의 교육과 직업요인은 가정배경요인으로, 본인의 교육과 직업경험은 자신의 훈련과 경험을 대표하는 것으로 간주하였다.

⑤ 연구결과 아버지의 교육이나 직업은 사회적 지위와는 직접적인 상관은 없고 단지 간접적으로 가정배경요인이 학교 교육에 영향을 주고 있을 뿐이며, 본인의 교육수준이 사회적 지위 또는 직업적 성공에 더 큰 영향을 미치며 이러한 영향력은 가정배경요인보다 더 강하다.

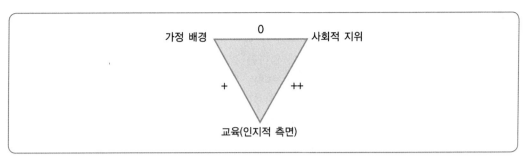

| 블라우와 던컨의 학교 교육 효과 모형 |

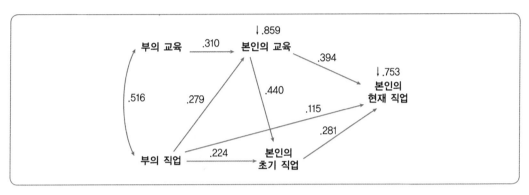

| 직업지위 결정의 행로모형 |

2. 갈등론적 관점(불평등 재생산론) 중등 00 · 12, 초등 00 · 02 · 03

(1) 개요

① 갈등론자들은 학교 교육에 대해 비관적이다. 학교 교육의 효과와 교육기회의 불평등이 사회적 불평등을 해결하거나 감소시키지 못하였다고 주장한다.

② 교육은 기존의 불평등한 사회계층 구조에 어떤 변화를 가져오는 것이 아니라 오히려 이를 재생산하며, 때로는 불평등을 더욱 조장한다. 교육이 지배층의 이익에 봉사하는 장치이기 때문이다.

(2) 콜맨(Coleman) 보고서

① 교육불평등에 대한 대표적 연구서인 콜맨의 『교육기회의 평등(Equality of Educational Opportunity)』은 빈곤 문제를 교육을 통해 해결해보려는 미국의회와 행정부의 의지로 수행된 연구이다.

② 1966년 콜맨은 인종이나 계층 간의 차이 때문에 교육기회가 어떻게 달라지는가를 알아보고자 하였다. 콜맨과 그의 동료들은 4,000개 학교 625,000여 명을 대상으로 학업 성취에 영향을 미치는 100개의 요인들에 대해 조사한 결과를 발표하였다.

③ 정책 입안가들은 백인학교와 흑인학교 간의 특성에 차이가 있고, 이러한 차이가 두 집단 간의 학업 성취도의 차이를 가져올 것이라 예상하였다.

④ 그러나 연구결과 학교 간의 특성(교육자원의 분배)이 거의 비슷하고 학교의 교육여건이 학업성취도에 큰 영향을 주지 않는 것으로 나타났다. 불우한 계층집단의 학업실패 원인은 학교에 있는 것이 아니라 학생의 가정환경에 있다는 결론이었다.

⑤ 콜맨 연구의 의의는 교육평등에서 개인보다는 집단의 중요성을 강조하면서 교육평등에 대한 관점을 기회의 평등에서 결과의 평등으로 한 차원 높였다는 점을 들 수 있다(불우한 계층의 교육기회를 실질적으로 보장해 주기 위한 교육정책 수립 : 보상교육 정책).

(3) 카노이의 교육수익률의 교육단계별 변화

① 교육수익률이 학교발달의 초기에는 낮았다가 취학률이 높아짐에 따라 상승하지만 취학이 보편화하고 상급학교가 발달하기 시작하면서 다시 낮아진다는 사실에 착안하였다.

② 한 나라의 교육은 각급 학교의 단계적 발달에 따라 교육수익률이 아래 그림과 같은 곡선을 그리는 사실을 확인하였다.

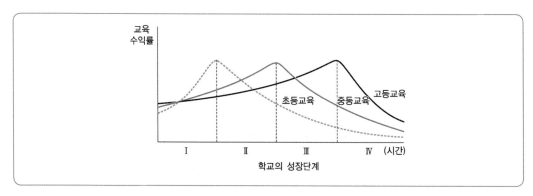

| 교육수익률곡선 |

③ 수익률이 높을 때에는 교육의 기회가 아직 제한되어 있고 경쟁이 치열하므로 하류층은 다니기가 어려워서 중·상류층이 주로 다닌다. 그러나 그 교육이 보편화되는 단계에 이르면 수익률이 낮아져서 경제적으로 가치가 없지만, 그나마 그 학교 졸업장도 없으면 "사람취급을 받기 어렵기 때문에" 하류층도 다니게 된다.

④ 이때에는 바로 한 단계 위의 학교 교육의 수익률이 높지만 기회가 제한되어 있고 경쟁이 심하기 때문에 하류층이 다니기는 어렵다. 그러나 이 상급학교도 보편화 단계에 이르면 수익률이 낮아지는데 하류층은 역시 최소한의 교육수준을 유지하기 위하여 다니기 시작한다. 이 같은 과정이 반복된다.

⑤ 교육수익률이 높을 때, 즉 교육의 경제적 가치가 높을 때에는 중·상류층이 다니면서 그 이득을 취하고, 하류층은 이득도 없이 뒤만 따라다닌다는 것이다.

(4) 보울즈와 진티스(Bowles&Gintis)의 연구

① 보울즈와 진티스는 교육기회가 균등화되어도 장래 성인사회에서의 경제적 불평등 현상은 계속된다고 주장한다.

② 학교 교육은 자본주의 사회체제를 주도하는 사회가치를 학생들의 성격특성, 예를 들어 인내심, 이타심, 명령복종, 애교심 등으로 육성시킴으로써 사회와 정치적 안정을 도모하는 사회통제 장치의 역할을 담당하고 있다고 보고 있다.

③ 학교에서 이루어지는 교육이 사회불평등을 견고하게 만들고, 기득권 문화를 정당화하며 사회평등화에 오히려 장애가 된다고 주장하였다.

④ 결국 학교 교육은 능력 위주에 따라 실시되며 교육수준에 따라 인재를 적재적소에 배치하는 것처럼 위장함으로써 불평등 구조를 존속시키고 기득권층에 봉사한다는 것이다.

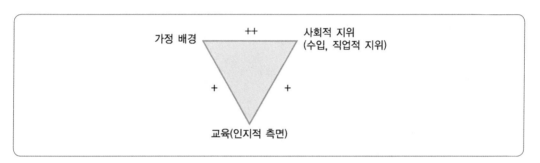

| 보울즈와 진티스의 학교 교육 효과 모형 |

3. 무관계론 중등 12

(1) 버그(Berg)

교육수준이 개인의 직업생산성에 영향을 준다는 근거를 찾을 수 없다고 주장하였다.

(2) 젠크스(Jencks)의 학교 교육 효과 연구

① 학교 교육 연한이나 인지적인 요인과 개인의 수입 간에는 별 상관이 없으며, 또한 아버지의 직업이나 교육도 아들의 수입과 거의 관련이 없다는 결과를 제시하고 있다.

② 가정배경, 지적 능력, 교육수준, 직업지위를 모두 동원하여도 개인 간의 소득의 차이를 제대로 설명할 수 없었다. 이들 네 개의 변수의 소득 차에 대한 종합적 설명량은 12~15퍼센트에 불과하였다. 나머지 85퍼센트는 이 네 개의 변수 외의 측정되지 않는 다른 요인들에 의해 결정되었다.

③ 따라서 이 12~15퍼센트 가운데 교육수준이 가지고 있는 설명량이 큰 부분을 차지한다 하더라도 그 절대량은 미미한 것이다. 그리하여 그는 "학교는 평등화에 관한 한 별 관련이 없다(School doesn't matter)"는 결론을 내렸다.

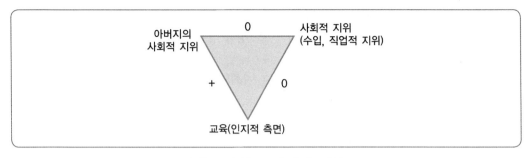

| 젠크스의 학교 교육 효과 모형 |

04 교육의 선발기능에 대한 관점

1. 기능론적 선발과 배치이론

① 학생들을 능력의 종류와 수준에 따라 분류한다.
② 학생선발은 직업세계가 필요로 하는 사람들을 분류하는 여과기능을 한다. 즉, 사회의 직업적 선발에 앞서서 학교의 교육적 선발과정을 통해서 학생들의 능력에 따라 교육의 질과 양을 결정하며, 서로 다른 교육적 경험을 부여하고 이를 토대로 사회진출을 가능하게 한다.
③ 학생선발은 사회적 희소가치의 차등적 분배에 대한 합리화 기능을 한다. 즉, 사회적 희소가치의 분배가 능력에 따른 교육경험의 결과라는 것을 일반화시킴으로써 계층 간, 집단 간 갈등을 완화시키고, 사회적 체제유지를 합리화시키는 기능을 한다. 학교는 능력 있는 사람을 분류, 선발하는 합리적인 방안으로서 가장 능력 있는 사람들이 높은 사회적 지위를 획득할 수 있도록 해 준다.
④ 학생선발은 능력별 분류에 의한 서로 다른 교육적 성취로 장래 성인사회의 직업적 분화에 도움을 준다.

2. 갈등론적 선발과 배치이론

① 사회는 능력주의 원칙에 따라 개인의 업적을 중심으로 사회적 지위가 배분되지 않는다. '능력에 따른 선발'은 이론적으로 가능할지 모르나 실제적으로 그 적용이 이루어지지 않는다.
② 선발도구에 대한 비과학성 및 선발내용의 계층 간 편파성을 들어 선발방법상의 객관성 결여를 비판한다.
③ 경제적 재생산론자(보울즈와 진티스 등) : 학교의 선발과정은 지배계층이 자신들의 특권을 유지하기 위한 것이다. 학교의 선발과정은 불평등한 위계구조를 심화시키는 기능을 한다.
④ 문화적 재생산론자(부르디외) : 학교에서는 지적 능력보다는 상류문화를 은밀하게 주입하고 있다. 학교는 지배계층이 선호하는 문화를 전수하므로 어렸을 때부터 이런 문화에 익숙한 아동은 쉽게 학교 교육에 적응할 수 있다. 학교 교육의 선발은 지배계층에 유리할 수밖에 없으며, 불평등한 구조를 유지하는 데 도움을 주는 도구적 수단이다.

05 입시제도와 시험

1. 입시제도의 기능

(1) **기본적 기능: (상급학교 진학 적격자) 선발기능**

① 학교는 학생선발권을, 학생은 학교선택권을, 국가는 교육의 목적과 사회의 필요에 따라서 필요한 인원을 능력과 적성에 맞게 양성할 수 있는 권한을 갖는다고 전제한다.

② 입시의 가장 핵심적인 기능은 상급학교를 진학하기에 보다 적절한 자를 찾아내는 일이다.

(2) **파생적 기능**

① 교육적 기능: 하급학교 교육방향 설정기능

　㉠ 교육기회의 공급량에 비해 수요가 많은 상황에서 하급학교 교육은 불가피하게 상급학교 입학시험의 영향을 받게 된다.

　㉡ 상급학교 입학시험이 순기능적으로 하급학교 교육에 작용할 때에는 하급학교 교육정상화 및 발전에 크게 기여할 수 있다. 그러나 반대로 역기능적으로 작용하는 경우에는 하급학교 교육정상화를 크게 저해하게 된다.

② 사회·경제적 기능

　㉠ 입시제도는 교육적 측면 외에 정치, 경제, 사회, 문화적 측면에도 많은 영향을 미친다.

　㉡ 입시제도가 어떻게 운영되는가에 따라 건전하고 발전적인 사회풍토를 조성할 수 있는 반면, 그 반대의 현상이 나타날 수도 있다.

2. 시험의 사회적 기능

(1) **몽고메리의 시험의 기능**

① 자격부여

② 경쟁촉진

③ 선발

④ 목표와 유인

⑤ 교육과정 결정

⑥ 학습성취의 확인과 미래학습의 예언

(2) **아시아 지역의 유네스코 보고서가 정리한 시험의 순기능과 역기능**

① 시험의 순기능

　㉠ 질적 수준을 유지한다.

　㉡ 학교 간 비교를 가능하게 한다.

　㉢ 각 단계별로 이수해야 할 최저 학습수준을 지시한다.

　㉣ 교수의 개별적 평가가 범할 수 있는 편견에서 탈피(전국적 또는 지역적 표준화시험인 경우)할 수 있다.

② 시험의 역기능

　　㉠ 주로 암기력을 테스트한다.

　　㉡ 교육과정의 일부분만을 다룬다.

　　㉢ 선택적 학습과 선택적 교수를 부추긴다.

　　㉣ 시험기간에 공부를 집중시켜, 정상적 공부습관을 약화시킨다.

　　㉤ 시험의 결과가 사회적으로나 경제적으로 중요해짐에 따라, 학생들의 불안감을 조성하고 시험에 관련된 사람에게 비정상적 행위를 유발시킨다.

　　㉥ 교육과정, 교수방법 등에 관한 교육개혁을 가로막는다.

교육과 평등

Chapter 03

01 교육평등의 의미

1. 평등의 개념

① 형식적 평등 : '법 앞의 평등'으로 기회의 균등을 의미한다. 선천적·후천적 조건을 고려하지 않고 모든 사람을 동등하게 대우하는 것이다.
② 실질적 평등 : 타고난 재능과 능력에 따라 다르게 대우한다.

2. 훗센(Husen)의 교육평등의 관점

(1) 보수주의적 평등관

① 교육을 통한 사회 평등화는 교육의 본질이 아니며 교육과 평등은 관계가 없다는 입장이다.
② 사회이동이나 사회계층 상승에 교육이 하는 역할이 없으며 교육은 개인의 성장과 자아실현에 중점을 두어야 한다는 것이다.

(2) 자유주의적 평등관

① 사회이동이나 계층상승을 이룰 수 있도록 하는 제도적 장치가 교육이라는 것이다.
② 호레이스 만(Horace Mann)이 '교육은 위대한 평등장치'라고 말하였듯이 교육을 통해 불평등을 해소하고 사회 평등을 실현할 수 있다는 입장이다.

(3) 보상적 평등관

① 교육이 불평등을 조장한다고 주장한다. 교육을 통해 평등은 실현되지 않고 오히려 불평등을 정당화한다는 것이다.
② 보상교육 실시를 주장한다. 미국의 Head Start Program, 영국의 교육우선지역(educational priority area)이 그 예이다.

3. 교육평등의 원리(롤즈, Rawls)

(1) 자연적 자유체제의 원리

① 기회균등은 "능력 있는 자에게는 누구에게나 기회가 주어진다."는 원리로 해석된다. 누구에게나 기회는 열려 있으니, 능력만 있으면 성공할 수 있다는 주장이다.
② 실패하는 것은 능력이 없기 때문이므로 사회를 탓할 것이 아니라 자신의 능력을 탓해야 한다는 것이다.
③ 능력이 없는 자에게까지 똑같은 교육을 제공하는 것은 기회균등에 어긋난다고 본다.

(2) 공정한 기회균등의 원리

① 자연적 자유체제에 '공정성'을 덧붙인 원리이다. 형식적인 의미에서만 기회가 개방되어서는 안 되고 모든 사람이 사회적 지위를 획득할 수 있도록 공정한 기회가 주어져야 한다는 것이다.

② 공정한 기회란 사람들이 사회적 계급의 영향을 받지 않고 타고난 재능과 능력을 충분히 다 계발할 기회를 의미한다.

③ "동일한 수준의 재능과 능력을 갖춘 사람들로서 그것을 사용할 동일한 의향을 가진 사람들은 사회 체제 내에서의 최초의 지위와 관계없이 동일한 성공의 전망을 가져야 한다."는 입장이다.

(3) 최대이익의 원리

① 선택을 할 때 최대 다수의 사람에게 최대의 행복 또는 최대의 이익이 돌아가게 결정해야 한다.

② 행위의 도덕적 여부 판단은 그 결과에 달려 있다. 최선의 행위란 최선의 결과가 따르는 행위이다.

③ 그러나 이 원리는 무엇을 이익 혹은 행복으로 볼 수 있느냐에 대해 직접적으로 말해 주는 것은 없다.

(4) 인간존중의 원리

① 도덕적 행위자인 인간들의 동등한 가치를 존중하는 방식으로 행동할 것을 요구한다. 우리가 다른 사람들로부터 대접받기를 기대하는 것과 같이 그들을 대접할 의무가 있다.

② 인간존중 원리의 부수적 원리

　㉠ 사람을 수단이 아닌 목적으로 대할 것을 요구한다.

　㉡ 인간을 수단이 아닌 목적으로 취급한다는 것이 무엇을 의미하는가를 고찰하려 할 때 인간이 자유롭고 이성적인 도덕적 행위자란 사실을 가장 중요하게 여겨야 한다.

　㉢ 인간은 각각 다르지만 도덕적 행위자로서의 인간은 동등한 가치를 지닌다.

(5) 민주적 평등주의의 원칙

① <공정한 기회균등＋차등의 원칙>으로 표현할 수 있다. 자유주의적 기회균등 원리에 차등의 원칙을 결합시킨 것이다.

② 차등의 원칙은 공정한 기회균등의 원칙에 더하여 다음 조건들을 충족시킬 경우에 한한다.

　㉠ 불평등, 즉 평등한 분배로부터 벗어남은 결과적으로 모든 사람에게 이득이 될 경우에만 인정되어야 한다.

　㉡ 사회적으로 가장 불리한 입장에 있는 사람들의 필요에 특히 신경 써야 한다.

　㉢ 모든 사람이 평등하게 살아야 한다는 것이 아니라 어떤 사람이 다른 사람의 희생으로 잘 살게 되는 것을 금지하는 것이다.

02 교육평등관의 유형 _{중등 00·05, 초등 04·08·10}

1. 기회의 평등

(1) 개념
① 학교에 접근할 수 있는 기회가 누구나 동등하게 주어지는 것을 의미한다.
② 투입의 균등, 출발점의 균등이라고 하기도 한다.
③ 동서양을 막론하고 전통적 신분질서가 무너지면서 생겨난 개념이다.
④ 기회의 평등은 허용적 평등과 보장적 평등으로 구분하여 설명할 수 있다.

(2) 허용적 평등 _{초등 10}
① 허용적 평등관은 모든 사람에게 동등한 기회가 주어져야 한다는 관념이다.
② 주어진 기회를 누릴 수 있느냐 여부는 개인의 역량과 형편에 달린 것이고, 법이나 제도상으로 특정 집단에게만 기회가 주어지고 다른 집단에게는 금지되는 일은 철폐되어야 한다는 것이다.
③ 그렇다고 해서 모든 사람이 같은 수준의 교육을 받아야 한다고는 믿지 않았다. 사람은 각기 다른 수준의 능력과 다른 종류의 재능을 타고난다고 믿었기 때문이다. 사람이 타고난 능력이 각자 다르기 때문에 교육의 양은 자신의 능력에 비례해야 한다고 보는 입장이다.
④ 다만 이제까지 신분, 성, 종교, 지역, 인종 등을 이유로 차별해 오던 것을 철폐함으로써 누구나 원하고 또 능력이 미치는 데까지 교육을 받을 수 있도록 허용하자는 것이다.

(3) 보장적 평등 _{초등 10}
① 교육받을 기회를 허용하는 것만으로는 완전한 교육평등의 실현이 불가능하다는 사실이 곧 드러났다. 학교에 다니도록 허용되었다 해도 경제적 능력이 없는 하류계층 자녀들은 교육을 포기할 수밖에 없었다. 깊은 산골이나 외딴 섬에 사는 어린이들은 그곳에 학교가 없기 때문에 다닐 수가 없었다.
② 교육평등을 실현하기 위해 취학을 가로막는 경제적, 지리적, 사회적 제반 장애를 제거해 주는 것이 보장적 평등이다. 기회의 허용뿐만 아니라 교육의 기회를 누릴 수 있도록 보장해 주어야 한다는 것이다.
③ 우리나라에서도 의무교육실시와 무료급식 제공, 학비 지원, 컴퓨터 무상 지급 등 교육기회 보장을 위한 정책을 실시하고 있다.

2. 내용의 평등

(1) 과정의 평등(교육조건의 평등) _{중등 05, 초등 03·08}
① 모든 사람이 학교에 다니는 것만으로 평등하지는 않다. 학교 간의 환경적 차이가 크기 때문이다. 그러므로 모든 학생에게 학교 간의 환경적 조건을 동등하게 해 주어야 한다.
② 학교 시설, 교사 자질, 교육과정 등에서 학교 간의 차이가 없어야 평등하다는 것이다. 학교 간의 차이는 그 자체도 문제이려니와, 상급학교 진학에 큰 차이를 가져올 가능성이 있기 때문이다.
③ 고교평준화정책을 예로 들 수 있다.

PART
09

교육사회학

> **▮ 콜맨 보고서**
>
> 콜맨 보고서는 의도하지 않은 결과가 나왔지만 원래 학교 간의 격차에 초점을 두어 학업성적을 결정하는 제반 교육조건, 예를 들면 도서관, 교과서, 교육과정, 교수방법, 교사의 능력 등이 학교에 따라 어떻게 다르며, 이들 조건의 차이가 학생들의 실제 학업성적과 어떤 관련이 있는지를 분석하려 한 것이다. 그러나 연구결과는 상식을 뒤엎는 엉뚱한 것으로, 학교의 교육조건의 차이는 학생들의 성적 차와 별 관련이 없다는 결론이었다.

(2) **교육결과의 평등(보상적 평등주의)** 중등 00 · 02 · 05 · 06 · 08 · 10 · 12, 초등 00 · 01 · 04 · 08 · 10

① 배경이나 능력이 다를지라도 교육의 결과가 같은 것을 평등이라고 보는 관점이다. 가장 적극적인 형태의 평등관으로서, 불리한 위치에 있는 사람들에게 보상적 의미의 조치가 취해짐을 의미한다.

② 교육의 목적은 일정한 학업 성취 수준을 높이는 데 있으며, 다른 교육적 평등이 이루어졌다 해도 학업 성취가 균등하지 않으면 교육결과의 평등이 이루어졌다 할 수 없다.

③ 능력이나 자질이 부족한 학생들에게는 별도의 프로그램을 마련하여 보상교육을 시킴으로써, 누구나 최저능력면에서 격차를 내지 않도록 하는 일종의 학력의 평준화방식이다.

▮ 교육결과의 평등을 위한 보상적 평등정책

교육결과의 평등을 위한 보상적 평등정책	
학생 간 격차를 줄이기 위한 노력	능력이 낮은 학생에게 더 좋은 교육조건 제공, 학습부진아에 대한 보충학습지도
계층 간 격차를 줄이기 위한 노력	저소득층의 취학 전 어린이들을 위한 보상교육, 기회균형선발제
지역 간 격차를 줄이기 위한 노력	읍 · 면 지역의 중학교 의무교육 우선 실시, 농어촌 학생의 대학입시 특별전형

03 교육격차의 인과론

1. 교육격차를 보는 시각

① **절대적 결핍 대 상대적 결핍**: 한 개인(혹은 집단)이 다른 개인(혹은 집단)보다 교육에서의 결핍이 실질적으로 존재하거나 현상학적으로 지각하고 있다는 뜻이다.

② **기회의 균등 대 결과의 균등**: 교육의 격차라고 지칭할 때 교육기회의 불평등을 의미하는 것으로 해석하는 경향이 있다. 그러나 기회의 균등이 결과의 균등을 보장하지는 못한다.

③ **교육의 동질화 기능 대 분화 기능**: '학생을 교육한다' 혹은 '사회화한다'는 것은 지식이나 가치, 규범 형성에서 어떤 공통성을 부여함으로써 비슷한 행동양식이나 사고유형을 갖게 하려는 동질화를 지향하는 동시에 학습에서 성공하는가 실패하는가에 따라 학생집단을 양분시키는 분화의 기능도 갖게 된다.

2. 지능결핍론(IQ-deficit theory)

① 지능의 유전적인 결핍이나 저소득 계층에 속한 아동들이 학교생활이나 교사관계에서 다른 아동에 비해 빈약함으로 인해서 결과적으로 학업 성취에서 실패하거나 저조하게 된다는 것이다.

② 지능격차에 관해서는 유전 우위론과 환경 우위론이 계속 논의되고 있으며, 그 결정요인으로는 유전, 환경 그리고 유전과 환경의 상호작용의 세 가지로 간주되고 있다.

③ 지능지수와 학업 성취 간의 관계를 확인한 연구들은 대체로 .50 내지 .70의 상관관계를 보고하고 있다.

3. 문화환경결핍론 중등 03

(1) 문화실조론과 문화다원론

① 문화실조론 중등 14논술

㉠ 학업 성취를 결정하는 요인을 학생들의 사회·문화적 환경의 차이에서 찾는다.

㉡ 학교에서 가르치는 지식을 객관적이며 보편적 가치를 지닌 것으로 보기 때문에, 학교에서 적절한 학업 성취를 하지 못하는 아동들을 배워야 할 것을 배우지 못한 결핍된 존재로 본다.

㉢ 문화실조론자들은 서구 산업사회의 백인 중산층 문화를 가장 이상적인 것으로 보며, 이러한 문화를 배우지 못하면 학업결손이 생긴다고 본다.

㉣ 문화실조의 문제는 학교에 의해 해결이 가능하다고 보아 여러 가지 보상교육 프로그램을 시행하였다.

② 문화다원론

㉠ 문화 간 우열은 없으며 학교가 특정계층의 문화를 가르침으로써 학습결손을 발생시킨다고 비판한다.

㉡ 학교에서 강조하는 내용과 그들의 문화가 다르기 때문에 학업 성취가 낮게 나오는 것이므로, 학업 성취가 낮은 것은 학생들의 문제가 아니라 편향된 문화를 가르치는 학교의 문제라는 것이다.

㉢ 문화다원론에서는 학교에서 교육과정을 특정한 계층의 문화로 구성할 것이 아니라, 여러 집단과 계층의 문화를 고루 다루어야 한다고 주장한다.

■ 학업 성취 격차에 대한 문화실조론과 문화다원론의 비교

구분	문화실조론자	문화다원론자
기본 입장	• 학업 성취를 결정하는 요인을 학생들의 사회·문화적 환경의 차이에서 찾는다. • 교육내용은 객관적이고 절대적인 지식이라는 기능론을 지지한다. 따라서 백인중산층 문화를 가장 이상적인 것으로 간주한다.	• 문화에 우열은 없다는 기본 입장을 취한다. • 현상학, 해석학, 갈등론 등에 근거한다.
학습결손의 원인	이상적인 문화가 실조되면 학업결손이 생긴다.	학교가 특정계층의 문화를 가르침으로써 다른 문화집단의 학생들의 학업 성취가 낮다.

(2) 콜맨의 사회적 자본과 학업 성취 중등 08·12, 초등 00·01·02·09·10·11·12

콜맨보고서에 따르면 학생의 가정배경이 학업 성취에 가장 큰 영향을 미치는 요인이며, 이 가정배경을 크게 세 차원으로 구분하고 있다.

① 경제적 자본: 가족의 부나 소득·재산으로 측정되며, 학생의 학업 성취를 도울 수 있는 물적 자원, 부모의 경제적 지원 능력을 말한다.

② 인적 자본: 부모의 교육수준(부모의 학력)으로 측정되며, 학생의 학업 성취를 돕는 인지적 환경을 제공한다.

③ 사회적 자본

　㉠ 가족 내 사회적 자본: 부모와 자녀 간의 상호관계 및 상호작용 속에 내재된 자원을 말한다. 부모가 자녀들에게 투자하는 시간과 노력으로 부모와 자식 사이의 관계를 의미하며, 가족규모, 부모의 양육 행동이나 취업 여부 등을 통해 사회적 자본을 측정한다. 콜맨은 기본적으로 가정 내 사회자본을 매우 중시하였다.

　㉡ 가족 밖의 사회적 자본: 부모의 사회적 활동이나 각종 모임이나 조직에의 참여가 가장 대표적인 가족 밖의 사회적 자본이다. 어떤 이웃과 사는지, 어떤 학교 또는 지역사회에 거주하며, 어떤 친구를 사귀고 어떤 단체에 가입하고 있는지 등이 가정 밖에 위치하는 사회적 자본들이다.

4. 교사결핍론(교사의 기대효과) 중등 13, 초등 07·09

① 학교 자체의 사회적 특성이나 교사－학생의 대인지각 형태가 가정배경이나 개인의 지적 능력 못지않게 성적격차를 초래한다는 이론이다.

② 로젠탈과 제이콥슨(Rosental&Jacobson)의 실험: 교사의 학생에 대한 기대수준이 학생의 학업 성취에 강력한 예언력을 갖는다. ◎ 피그말리온 효과(Pygmalion effect)

> **▉ 로젠탈과 제이콥슨의 실험내용**
> 미국 샌프란시스코의 한 초등학교를 대상으로 실험이 실시되었다. 학생들은 대부분 하류계층 아이들이었다. 실험은 다음과 같이 진행되었다. 먼저, 학생과 교사들을 속이기 위해 전교생에게 비언어적(nonverbal) 지능검사를 실시하면서 성적이나 지능이 크게 향상될 사람을 찾아내기 위한 것이라고 하였다. 각 학습에서 약 20%의 학생을 무작위로 선발하여 이들의 명단을 각 학급 교사에게 돌리며 "이 학생들은 검사결과 성적이나 지능이 크게 향상될 것으로 판명된 사람"이라고 알려주었다.
> 8개월 뒤 모든 학생들이 동일한 지능검사를 받았다. 교사가 기대를 하였으리라 생각되는 실험집단의 점수는 평균 12.2점이 높아졌고, 아무런 언급이 없었던 통제집단은 8.4점이 높아졌다. 즉, 교사의 기대에 따라 학업 성취에 실제적인 향상을 가져오는데, 이 기대 효과는 저학년과 하류계층 학생들에게서 더 뚜렷하게 나타났다.
>
> **▉ 골렘(Golem) 효과**
> 부정적인 기대가 실제로 이루어지는 현상을 말한다. 교사가 학생에 관해 부정적 기대를 갖고 있으면 그 기대가 실제로 이루어진다는 것이다. 특정 학생에 대한 교사의 기대수준이 낮으면 교사는 그 기대를 실현시킬 수 있는 행동을 하고, 학생도 교사의 기대에 부응하기 위해 노력을 하지 않는다. 결과적으로 교사의 부정적 기대가 실현되어 학생의 성취도가 낮아지는 것을 말한다.

(3) 머튼(Merton)의 자기충족 예언

① 자기충족 예언이란 용어는 원래 사회학자 머튼이 사용하기 시작하였다. 한 예언이 형성되면 그 예언이 인간행동에 어떤 구속력을 가하여 바로 예언 자체의 실현을 위한 강력한 수단이 된다는 것이다.

② 머튼의 초창기 예화를 보면 다음과 같다.

　ⓞ 미국에 작지만 착실하게 운영되던 한 은행이 있었다. 어느 날부터 갑자기 이 은행이 파산할 것이라는 소문이 돌기 시작하였다. 그 소문은 어디까지나 뜬소문이었으나 예금주들의 불안으로 너 나 할 것 없이 모두 예금을 찾아가게 되고, 결국 그 은행은 파산하게 되었다.

③ 의약계에서는 이러한 효과를 플라시보 효과(placebo effect)라고 일컫는다.

(4) 브루코버(Brookover)

브루코버와 그의 동료들은 학교의 사회·심리적 풍토 요인, 즉 교사의 학생 학업 성취에 대한 기대, 평가, 신념 체제 등이 학교 간의 성적 차를 설명하는 중요한 요인임을 장기적인 연구를 통하여 밝혔다.

(5) 굿과 브로피(Good&Brophy) 교사의 기대가 실현되는 과정

① 학년 초에 교사는 특정 학생에 대해 특정한 행동과 학업 성취를 기대한다.

② 교사는 기대에 따라 학생에게 다르게 행동한다.

③ 교사의 학생에 대한 처치는 학생으로 하여금 교사가 기대하는 행동과 학업 성취를 알게 하고 학생의 자아개념, 성취동기, 포부수준, 교실 행동, 교사와의 교섭에 영향을 미친다.

④ 교사의 처치가 계속 반복되고 학생들이 이에 대해 저항하거나 변화시키려고 하지 않으면 학생은 교사가 기대한 방향으로 행동하게 된다.

⑤ 결국 학생은 교사가 기대한 행동과 학업 성취를 하게 된다. 높은 기대를 받은 학생은 높은 수준의 성취를, 낮은 기대를 받은 학생은 낮은 수준의 성취를 이루게 된다.

(6) 퍼셀(Persell)

① 교사의 대인지각과 기대가 성적 격차의 중요한 요인임을 주장하면서 교사기대의 근원과 그 결과 관한 분석적인 모형을 제시하였다.

② 기대 차는 교사 자신의 경험, 교육의 구조 그리고 학생의 가정 배경, 용모, 성격, 우열반 소속 등에 따라 유발된다는 것이다. 이러한 기대 차는 의식적, 무의식적으로 학생에게 전달되고 더 나아가 학급 내 상호작용 및 수업실천, 평가방식 등에 반영되어 결과적으로 학생 간의 학업 성취의 격차를 초래하게 된다는 것이다.

■ 기대유지효과(sustaining expectation effect)

교사는 처음에 학생의 능력을 여러 가지 면에서 측정하여 비교적 정확히 판단하고 그에 맞추어 학생에게 반응한다. 수업이 진행되면서 이러한 교사의 행동에는 아무 문제가 없지만, 학생이 어떤 향상을 보였을 때 교사가 학생의 향상 정도에 맞추어 학생에 대한 기대를 수정하지 않으면 문제가 발생된다. 교사의 바뀌지 않는 기대가 학생의 성취를 교사의 기대 수준에 계속 머물게 하므로 이를 기대유지효과라고 한다. 기대유지효과가 작용하면 교사의 적절한 수업 제공뿐만 아니라 학생 개개인에 대한 기대를 높이고 성취를 격려할 기회가 줄어든다. 실제로 기대유지효과는 자기충족적 예언 효과보다 더 흔하게 발생한다.

Chapter 04 현대사회의 교육 다양화

01 대안교육

1. 개요

① 대안교육, 대안학교라고 부르는 운동은 1960~1970년대 이래 아메리카 대륙과 유럽에서 공교육을 둘러싸고 일어난 학교 존립에 관한 생산적 논의에서 출발하였다.

② 미국의 자유학교운동, 홈스쿨링 등이 그 예이며, 우리나라에서는 1990년대 들어 구체적인 대안을 찾으려는 노력이 이루어졌다.

③ 대안교육은 성적 지상주의에 바탕을 둔 경쟁적이고 비인간적인 기존의 학교 교육에서 탈피하여 개인적인 가치와 사회적인 가치가 존중되는 '공동체적 사회를 실현하는 것'을 교육목적으로 하는 새로운 교육실천운동이라 할 수 있다.

2. 대안학교의 유형

구분	국외	국내	특징
자유학교형	서머힐(영) 자유대안학교(독) 기노쿠니학교(일)	영산성지 고등학교	기존의 학교 교육이 지나치게 아동을 통제, 억압하며 교사 중심의 교육이 이루어짐을 비판하고, 아동의 무한한 잠재 가능성에 대한 굳은 신념을 기초로 하는 교육을 실천하고자 한다.
생태학교형	하트랜드의 작은학교(영)	간디학교	마을 안에서 소규모 학생들을 대상으로 지식교육뿐만 아니라 의식주에 관련된 기본적인 활동을 교육내용으로 삼고 마을의 다양한 생산자가 교사로 봉사하는 것으로 유명하다. 주로 생태와 노작, 지역사회와 학교의 결합을 중시한다.
고유이념형	발도르프 학교	풀무농업고등기술 학교	독특한 교육이념과 방식을 바탕으로 대안교육을 실천한다. 풀무학교의 경우 기독교 신앙을 바탕으로 지역사회와 일체화된 교육을 지향한다.
재적응형	생활학교(일) 서머힐(영)	영산성지 고등학교 경주화랑 고등학교	주로 일반 학교에서 중도탈락한 학생을 대상으로 하며 교사의 헌신적인 노력이 요구된다.

> ▉ 학교선택정책 유형

1. 특성화 학교(magnet school)
① 1970년대 초 미국에서 인종 통합을 촉진하기 위해 교육구 내에 설치한 공립학교제도이다.
② 특성화된 독특한 프로그램을 제시하여 학부모가 학교를 선택하도록 하여 교육구 전 지역에서 학생들을 끌어들이고자 만들어진 학교이다.
③ 학군을 초월해 학생들을 모집하여 예술, 과학, 특정 교과 등에서, 그리고 학업과 진로에 따라 특성화한 학교이다.
④ 우리나라 특성화 고등학교의 모태가 되었다.
⑤ 학교가 '자석(magnet)'처럼 학생들을 끌어들인다는 취지로 생긴 학교로서, 성적 향상을 겨냥하는 학교도 있고 과학이나 예술 등의 집중교육을 실시하는 학교도 있다.

2. 헌장학교(charter school)
① 주 정부나 지방 교육청이 교육 당사자들과 협약을 체결한 뒤 자율적으로 운영하는 공립학교이다. 교사자격증을 가진 사람들이 모여 당국과 계약을 맺고 의무교육비를 지원받아 학생들을 가르치기도 한다.
② 학생과 학부모에게 학교 선택권을 부여하고, 학교 재정은 학생 수에 따라 정부가 지원한다.
③ 학교는 학력 증진 책임을 지는 대신 교육과정, 재정, 인사 등 학교운영에서 자율성을 보장받는다. 주거지와 관계없이 학교를 선택할 수 있어 저소득층 학생에게 더 많은 교육기회를 제공한다.

3. 자유취학제(open enrollment plans)
① 거주지역과 상관없이 학생들로 하여금 자신들이 선택한 공립학교에 취학할 수 있게 해주는 제도로 교육구 간의 전학도 포함될 수 있다.
② 사회, 경제적 수준이 높은 교육구와 낮은 교육구의 학교 간 불평등을 극복하는 수단을 제공할 수 있으며, 학생들에게 교육의 기회를 증대시켜 준다.

4. 교육비 지급보증제도(voucher systems) 중등 09
① 바우처는 '교환권'을 뜻하는 것으로 미국 각 주가 학부모에게 발행하는 증명서나 인수증에 해당한다.
② 학교 선택권을 가진 학생이나 학부모는 특정 학교를 선택하여 교육을 받고, 학교에 이 증명서를 제출한다. 학교는 그것을 모아 정부에 교육비 지급을 요청한다.
③ 이 제도의 핵심은 소득에 관계없이 교육 수요자에게 학교를 자유롭게 선택하게 함으로써 학교 간 경쟁을 통해 교육의 질을 향상시키는 데 있다.

5. 홈스쿨링(home-schooling) 초등 05
① 자녀들을 학교에 보내지 않고 부모가 가정에서 직접 교육자가 되어 가르치는 것을 말한다.
② 원래는 종교적·개인적 이념 때문에 학교 대신 집에서 교육하는 방식이었으나 공교육에 대한 불신이 커지면서 홈스쿨링이 대안적 교육 형태로 점차 확산되고 있다.
③ 미국에서는 대개의 경우 홈스쿨링을 하려는 부모가 적절한 커리큘럼을 짜서 지역 학교로부터 허가를 받아야 한다. 학교에는 홈스쿨링 담당교사가 따로 있다. 부모는 담당교사와 어떤 과목을 어떤 수준으로 가르칠 것인가에 대해 논의하고 교육 프로그램과 교재 등에 대한 전문적 조언을 얻을 수 있다. 기본적인 과목 외의 교육에 대해서는 부모에게 재량권을 주는 것이 보통이다.
④ 홈스쿨링의 특징은 다음과 같다.
　㉠ 전통적인 학교 교육의 최대 약점인 시간과 장소의 제한성과 형식성을 배제하려고 한다.
　㉡ 교사만이 유일한 교육자라는 의식을 배제한다.
　㉢ 교육은 학교 이외의 장소에서도 가능하다고 생각한다.

02 평생교육

1. 평생교육의 개념과 필요성 초등 07

(1) 평생교육의 개념

① 평생교육이라는 용어는 1965년 유네스코(UNESCO)의 성인교육추진국제위원회에서 렝그랑(Lengrand)이 『평생교육(lifelong education)』이라는 연구보고서를 제출하면서부터 등장하게 되었다.

② 평생교육의 선도적 주창자인 렝그랑은 "평생교육은 개인의 출생부터 죽을 때까지의 생애에 걸친 교육(수직적 차원)과 개인 및 사회전체의 교육(수평적 차원)의 통합"이라고 말함으로써 종합적 교육체계를 강조하였다.

③ 평생교육이란 인간의 삶의 질 개선을 위해 교육권을 실질적으로 보장해 주기 위한 교육이념으로 유아교육, 청소년교육, 성인교육, 노인교육 등 발달단계에 따른 교육활동의 수직적 통합과 가정교육, 학교 교육, 사회교육 등으로 각기 다르게 전개되는 형식, 비형식, 무형식적인 교육활동의 수평적 통합을 통해 "삶이 곧 교육"인 "학습사회"를 건설하고자 하는 모든 형태의 교육활동이다.

> 📖 **교육의 형태**
> 1. 형식교육
>   ① 제도성이 가장 높은 형태의 교육을 말한다. 학교 교육이 대표적인 예이다.
>   ② 특정한 교육의 이상과 목적에 따라 그것을 실현을 위해 의도하는 바를 계획적이고 지속적으로 일정 기간 동안 실시하는 교육을 의미한다.
> 2. 비형식교육
>   ① 학교 교육보다는 제도성이 약하지만 어느 정도의 형식성을 갖춘 교육을 말한다. 학원과 같은 형태의 교육이다.
>   ② 비형식교육은 교육을 위한 계획성, 조직성 등이 미약하며 개인을 둘러싼 제반 환경과 조건에 의해 교육된다.
> 3. 무형식교육 : 계획 없이 우연히 이루어지는 교육이라고 할 수 있다. 일상적 삶의 대화와 같은 자연스러운 장면의 교육이다. 엄격히 말하면 무형식학습이다.

(2) 평생교육의 필요성 및 특성(Lengrand) 중등 01 · 06, 초등 01

① 평생교육의 필요성

ㄱ 인간의 이상과 관습, 개념의 가속도적 변화

ㄴ 인구의 증가와 평균수명의 연장으로 인한 교육의 양적 확대와 질적 변화

ㄷ 과학기술의 발달과 산업 및 직업구도의 변화

ㄹ 정치의 변동

ㅁ 정보매체의 발달과 정보처리능력의 필요성 증대

ㅂ 여가시간의 증대와 활용

ㅅ 생활양식의 변화와 인간관계의 위기

ㅇ 현대인의 정신과 육체의 부조화

ㅈ 이데올로기의 위기에 있어서 정체감의 혼란

② 평생교육의 특성(종래의 교육체제와 비교) 초등 01

종래의 교육체제	평생교육
교육을 일생의 한정된 시기, 즉 청소년기에 한정	교육은 전 생애에 걸친 것
지식의 습득에 중심을 둠	지적, 정서적, 심미적, 직업적, 정치적, 신체적인 면을 모두 다룸
직업교육과 일반교육, 형식교육과 비형식 교육, 학교 교육과 학교 외 교육 등 여러 가지 교육활동을 분리	인격의 전체적, 유기적 발달을 고려하여 여러 가지 교육 간의 연결 내지 결합 시도
교육은 문화유산을 전달하는 수단	교육을 끊임없는 자기발전의 과정으로 보며, 중요한 성장의 수단으로 간주
교육은 선별의 도구	인간이 가지고 있는 자질을 일생에 걸쳐 발달단계에 따라 발휘하는 것을 중시
교육을 초등학교, 중·고등학교, 대학 등 임의로 분리시킨 분야에 한정	교육을 친구관계, 가족, 직장 등 실제 생활과 관련된 여러 가지 환경이나 상황에까지 확대
교육은 교사에 의해 행해지는 것	때와 상황에 따라 사회 전체가 교육의 기회 제공

2. 성인교육(adult education)

(1) 개념

① 취학 전 유아나 학교에 재학 중인 아동 및 청소년은 포함하지 않고 성인만을 학습대상자로 하고, 학교 밖의 교육을 1차적 고려대상으로 한다.

② 교육의 형태는 형식적·비형식적 교육활동을 모두 포함하되, 성인학습자의 요구에 적합하도록 융통성을 갖고 학습자 중심의 교육활동으로 실천된다.

③ 원래 성인교육은 평생교육이라는 용어의 태동 이전에 범세계적 차원에서 유네스코가 주요 교육활동으로 채택하였다.

(2) 안드라고지(andragogy)의 이해 초등 10

① 노울즈(Knowles)는 안드라고지를 "성인의 학습을 원조하는 기술 및 과학"으로 정의하고 있다.

② 안드라고지에 관한 노울즈의 이론은 아동의 학습과 성인의 학습을 구분하는 데 초점을 두었으며, 다음의 4가지 가정에 기반한다.

㉠ 인간은 성숙해 감에 따라 자아개념이 자기주도적으로 변해 간다.

㉡ 학습자가 경험을 축적해 감에 따라 학습자원도 증가하게 된다.

㉢ 학습에 대한 준비도는 점차 사회적 역할의 변화에 따라 적절하게 수행할 수 있는 발달과업을 지향하게 된다.

㉣ 학습은 미래생활을 대비하기 위한 것이 아니라 실제적인 것이 되어 가고, 이에 따라 학습목표는 교재 중심에서 자질개발 중심으로 변화되어 간다.

🔲 andragogy와 pedagogy의 비교

구분	pedagogy	andragogy
주체	학교 중심	고객 또는 학습자 중심
학습자 관계	동질적 동료이나 경쟁상대 관계	협동적 관계, 상호 간 문제해결 지원
학습자	의존적 지식 습득	능동적 지식창출
학습	체계적으로 조직된 내용의 습득	자기주도적으로 내용을 선정하고 조직
교사	지식의 전달자	정보의 제공자, 학습의 안내자
학습방법	공식적 교육	비공식적 학습
학습기간	제도적으로 결정, 고정된 진행	학습자와 협의, 학습자 능력수준에 따름
인지과정	인지	상위인지

3. 평생교육 지향의 변천

(1) 유네스코(UNESCO)의 영향

① 개요

  ㉠ 유네스코의 설립 목적은 인류평화문화 조성, 빈곤 추방, 교육·과학·문화의 소통과 정보제
    공을 통한 지속가능한 발전과 다양한 문화 간 소통에 있으므로 교육영역, 특히 평생교육영역
    에서도 이 같은 기조하에 평생교육의 지향점을 제시하고 사업을 추진해 왔다.

  ㉡ 유네스코의 평생교육 지향에 영향을 미친 학자들은 렝그랑(Lengrand), 다베(Dave), 겔피, 포
    르(Faure) 등이다.

② 렝그랑(Lengrand) 중등 05 · 11, 초등 06

  ㉠ 유네스코의 평생교육 지향에서 가장 중요한 인물 중 한 사람이다.

  ㉡ 유네스코 성인교육국장을 지냈으며, 1965년 12월 유네스코 '성인교육발전위원회'에 『평생교
    육』이라는 보고서를 유네스코 사무총장에게 권고안으로 제출하였다.

  ㉢ 렝그랑의 보고서에 나타나 있는 평생교육의 지향은 인간의 전 생애에 걸친 교육기회의 제공,
    인간의 발달단계에 적합한 교육기회 제공, 인간의 전 생애에 걸친 학습 지원을 위한 제도적
    장치 마련, 공교육기관의 평생교육기관으로서의 기능 강화 등이다.

③ 포르(Edgar Faure) 중등 11

  ㉠ 유네스코는 포르를 위원장으로 하는 '국제교육발전 위원회'를 설치하였다.

  ㉡ 포르는 1972년 『존재를 위한 학습(Learning to Be; The World of Education Today and
    Tomorrow)』이라는 보고서를 발간하였다.

  ㉢ 이 보고서는 그 당시까지 계속교육에 치우쳤던 평생교육의 개념을 가정, 학교, 지역사회에서
    의 교육을 통합하는 개념으로 확대하였고, 유네스코교육연구소는 평생교육을 학교제도, 학
    교 교육과정, 교사양성 문제까지 연결하였다.

  ㉣ 이 보고서의 의의는 당시 교육제도의 대안으로 '학습사회(learning society)'를 지향해야 한
    다는 것을 부각시켰다는 점이다. 즉, 학교 교육 제도의 대안으로 '학습사회'를 건설하는 것이
    평생교육의 지향점이 되어야 한다는 것이다.

④ 들로(Jacques Delors) 중등 11, 초등 08

　　㉠ 유네스코는 들로를 위원장으로 하는 21세기 '세계교육위원회'를 구성해 1996년 「보물을 담은 학습(Learning; The Treasure Within)」이라는 보고서를 발표하였다.

　　㉡ 21세기 위원회는 이 보고서를 통해 21세기를 준비하는 네 개의 학습을 제시하였는데 그 내용은 다음과 같다.

알기 위한 학습 (learning to know)	충분하고 광범위한 일반지식을 소수의 주제까지 깊이 있게 적용할 수 있도록 조합하는 데 쓰인다. 이는 또한 학습하기 위한 학습이라고 할 수 있으며 전 생애를 거쳐 교육의 혜택을 받을 수 있게 한다.
행동하기 위한 학습 (learning to do)	직업기술을 습득할 뿐 아니라 보다 넓게는 여러 상황에 대처하고 팀을 이루어 일할 수 있는 능력을 얻는 데 쓰인다.
함께 살기 위한 학습 (learning to live together)	타인을 이해하고 상호의존성을 인정하면서 이루어진다. 다원주의 상호 이해, 평화의 가치를 존중하는 정신으로 타인들과 함께 공동과업을 수행하고 갈등을 관리하는 법을 배우면서 얻어진다.
존재하기 위한 학습 (learning to be)	이 학습은 궁극적 목표로서 알기 위한 학습, 행동하기 위한 학습, 함께 살기 위한 학습의 세 가지 교육적 기능의 총체로서 나타나는 것이다. 개인의 인성을 보다 잘 성장시키고 항상 보다 큰 자율성, 판단력, 책임감을 가지고 행동할 수 있게 해 준다. 따라서 교육은 기억력, 추리력, 미적 감각, 체력, 의사소통 기술 등 다양한 잠재력을 중요시해야 한다.

(2) OECD의 영향

① 평생교육지향에 큰 영향을 미친 또 하나의 국제기구는 OECD(Organization for Economic Co-operation and Development)이다.

② OECD는 1973년 『순환교육: 평생학습을 위한 전략(Recurrent Education: A strategy for lifelong)』을 출간하였다.

③ OECD의 순환교육보고서는 교육을 학령기에 한정하지 않고, 교육이 이루어지는 장소를 학교로 한정하지 않는다. OECD는 순환교육이라는 용어를 '평생교육'의 핵심용어로 사용하다가 1990년대 이후부터는 평생학습이라는 용어를 교육의 핵심지향으로 사용하게 된다.

4. 평생교육 관련용어 초등 04 · 07

(1) 사회교육(social education)

① 「사회교육법」에 의해 사회교육이란 학교 교육을 제외하고 국민의 평생교육을 위한 모든 형태의 조직적인 교육활동을 말한다.

② 사회교육은 학교 교육을 제외한 모든 형태의 조직적인 교육활동으로 정의되는 반면, 평생교육은 학교 교육을 포함한 형식적 · 비형식적 · 무형식적 교육을 포괄하는 개념으로 평생교육이 사회교육을 포괄하는 상위개념이다.

(2) 성인교육(adult education)

성인교육은 일반적으로 사회교육에서 유아, 청소년을 제외한 청년 이후의 사회교육을 의미한다. 1976년 유네스코 회의에서는 "성인교육은 내용, 수준, 방법 및 형식성, 비형식성 상관없이 성인에 적용되는 모든 교육적 과정을 설명하는 총체적 개념이다."라고 정의하고 있다.

(3) 순환교육(recurrent education)

OECD(경제협력개발기구) 등에 의하여 구상된 교육 프로그램으로, 사회에 진출한 사람들을 다시 정규교육기관, 즉 대학이나 직업훈련기관에 입학시켜 재학습의 기회를 주어 직업적·기술적으로 자질 향상을 하게 하는 교육이다. 영국의 정부 중·고위 간부들이 대학에 와서 일정 기간 위탁교육을 받는 경우나 우리나라 정부·기업체 간부들이 외국의 유수 대학에서 단기간 위탁교육을 받는 경우가 그 예이다.

(4) 계속교육(continuing education)

일정 단계의 학교 교육을 마친 자가 직업이나 가정, 사회생활을 영위하다가 사회생활이나 직업생활과 학업을 병행하기 위해 다시 교육의 장으로 돌아오는 것을 의미한다. 지속적으로 참여하던 교육을 마치고 일정기간 동안의 휴지기간 이후에 직업이나 교양교육을 다시 시작하는 것을 말한다.

(5) 추가교육(further education)

의무교육을 마친 이를 대상으로 하는 시간제나 전일제 교육이다. 교육내용은 여가시간을 활용한 모든 문화적·창조적 활동으로 사회구성원 중 희망하는 이는 모두 교육받을 수 있다.

(6) 성인문해교육(adult literacy education)

정규학교 교육과정을 마쳤지만 문맹인 사람과 타국으로부터의 이민자를 대상으로 하는 기초적 능력을 위한 3R's교육활동을 말한다.

(7) 생애진로교육(career education)

평생 동안에 걸친 학교 및 학교 외에서의 직업교육을 말한다.

5. 평생학습사회를 위한 실현방안 중등 03 · 09 · 12, 초등 03 · 05 · 09 · 11 · 12

(1) 학점은행제

학교 교육 이외의 다양한 학습경험을 제도적 인정 기준과 절차에 따라 평가하여 학점이나 학위, 학력 또는 국가 자격 등과 같은 사회적으로 공인된 교육결과로 인정하는 제도이다.

(2) 독학에 의한 학위 취득제도

① 대학에 진학할 수 있는 자격을 갖추었지만 경제적·시간적 제약으로 대학에 진학할 수 없는 사람에게 정규 대학에의 등록을 통해서가 아니라 자학자습을 통해 대학 학위를 취득하게 하는 제도이다.

② 독학학위를 취득하기 위해서는 국립교육평가원 주관하에 실시되는 4단계의 시험절차를 걸쳐야 한다.

(3) 학습계좌제

① 개별적으로 취득한 학력, 자격 등 인증된 학습경험과 학교 외 교육경험 등에서 얻은 학습경험을 종합적으로 누적 기록, 관리하고 이를 객관적으로 인증받도록 하기 위한 제도적 장치이다.

② 평생학습자는 학습계좌제를 등록하면 고유의 평생학습계좌번호를 부여받게 되며, 평생 동안 이루어지는 모든 학습경험이 누적되어 기록된다. 이것이 평생학습경력으로 인정되어 진로 및 학습상담, 취업 및 보험 등에 다양한 방식으로 활용될 수 있다.

(4) 문하생 학력인정제도

「문화재 보호법」에 의하여 국가가 인정한 무형문화재에게서 개인적으로 사사받은 기간도 정규학력으로 인정하는 제도이다.

(5) 유급교육휴가제

피고용자의 평생학습과 자기개발을 지원하기 위해 피고용자가 희망할 경우 일정기간 동안 교육휴가를 갖게 하는 제도이다. 유급교육휴가제는 교육휴가제 가운데 근로자에게 일정의 임금을 지급하는 형태의 교육휴가제를 말한다.

6. 평생학습 관련 학습 이론

(1) 콜브(Kolb)의 경험학습

① 콜브는 경험학습이 구체적 경험, 숙고적 관찰, 추상적 개념화, 능동적 실험의 네 단계의 과정을 거쳐 이루어진다고 보았다.

  ㉠ 구체적 경험: 학습자가 새로운 경험을 하고자 하는 개방성과 동기를 바탕으로 구체적 경험을 하는 것이다.

  ㉡ 숙고(반성)적 관찰: 학습자가 자신의 경험을 스스로 다양한 관점에서 성찰하는 과정이다.

  ㉢ 추상적 개념화: 반성적 관찰에 기반을 두고 통합적 아이디어와 개념을 생성하는 단계이다.

  ㉣ 능동(활동)적 실험: 추상적 개념화를 기반으로 새로운 아이디어와 개념을 새로운 현장에서 실제로 적용하는 '적극적 실험'단계이다.

② 콜브는 경험학습은 이 같은 네 가지 단계가 순차적으로 반복되는 과정을 통해 이루어진다고 보았다.

③ 콜브의 네 가지 학습 유형: 콜브의 경험학습은 정보지각방식과 정보처리방식의 조합에 의해 네 가지 유형으로 이루어진다.

  ㉠ 적응형: 구체적 경험을 선호하고 새로운 상황에서 능동적으로 실험검증을 시도하는 학습자이다.

  ㉡ 수렴형: 추상적 개념을 선호하고, 새로운 상황에서 능동적으로 실험검증을 하려는 학습자이다.

  ㉢ 융합형(동화형): 추상적 개념의 성향이 강하고, 숙고적 관찰을 수행하는 학습자이다.

  ㉣ 확산형: 구체적 경험을 선호하고, 숙고적 관찰을 수행하는 학습자이다.

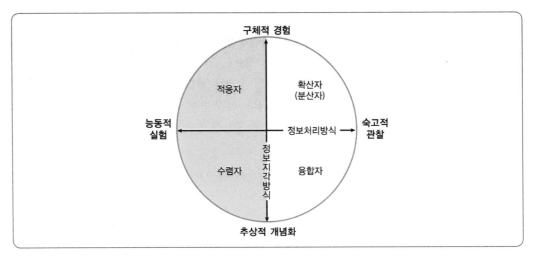

| 콜브의 경험학습 |

(2) 메지로우(Jack Mezirow)의 전환학습(transformative learning theory)

① 관점전환학습은 인간은 각각 세상을 지각하고 해석하는 고유의 관점을 지니고 있으며, 이 같은 관점은 지속적으로 변화한다고 본다. 인간의 관점을 보다 성숙하고 합리적으로 하는 것이 성인 교육자의 역할이라고 본다.

② 사람들이 사회·문화적 세계에서 영향을 받으며 실재를 구성한 것이 '관점'이다. 사람들은 기존 관점이 경험과 부조화를 이룬다고 결론을 내리면, 그 관점을 버리고 새로운 관점을 취한다.

③ 경험을 반성적으로 살펴보고 상황을 판단하여 삶에 대한 새로운 전략을 짜면서 관점을 전환해 가는 것이다.

④ 관점의 전환이란 개별 경험 하나하나를 변화시키는 것이 아니라 그 경험 전체를 지배하는 관점 자체를 바꾸는 것을 말한다.

(3) 아지리스와 쉔(Argyris&Schön)의 이중고리학습(double loop learning)

① 경험은 두 가지 차원에서 동시에 이루어진다. 하나는 주어진 조건과 상황을 그대로 답습하는 경험이며, 다른 하나는 그러한 경험을 위에서 내려다보며 반성적으로 그 가정과 전제들을 의심해 보는 것이다.

② 첫 번째 경험에 근거한 학습을 단일고리학습, 두 번째 경험에 근거한 학습을 이중고리학습이라고 명명하였다.

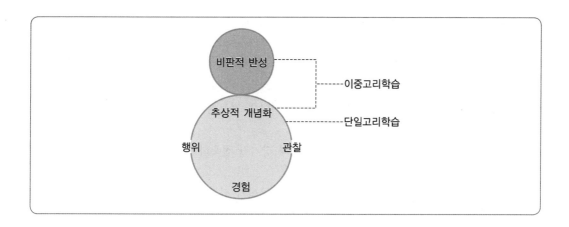

⑷ **노울즈(Knowles)의 자기주도학습(self-directed learning)**

① 안드라고지가 성인교육을 이해하는 개념틀이라면 자기주도적 학습은 안드라고지를 실현하는 구체적인 도구이다.

② 학습의 전 과정을 학습자가 주도권을 갖고 스스로 진행하는 학습으로 메타인지를 중시한다.

③ 학습자의 주도적 역할, 학습자 스스로 학습하는 능력이 핵심으로 학습의 통제권은 학습자에게 있으며 학습자가 주도권을 갖는 학습이어야 한다.

03 교육과 문화

1. 문화의 개념과 특성

⑴ **문화의 의미**

① 문화란 생활양식이며 사회구성원이 참여하는 습관, 관념, 태도가 조직된 것의 집적이다(Linton).

② 지식, 신앙, 예술, 도덕, 법률, 습관 및 사회성원으로서 인간에 의해 획득된 모든 능력과 습성을 포함하는 복합적 총체이다(Tylor).

⑵ **문화의 특성**

① 문화는 학습된다.

② 문화는 모든 구성원이 공유하는 행동양식이나 생활양식이다.

③ 문화는 축적된 역사적 산물이다.

④ 문화는 인간의 욕구를 만족시킨다.

⑶ **문화변화의 유형**

① 문화전계(文化傳繼, enculturation)

㉠ 특정 문화는 그 문화를 담당하는 세대들로부터 다음 세대로 전달되고 계승되며, 이러한 현상을 문화전계 또는 문화화라고 한다.

ⓛ 개인이 속한 사회의 문화를 학습하여 그 문화에 동화되어 가는 현상을 뜻한다. '문화의 학습 과정' 혹은 '자기 문화에의 동화과정'이라 할 수 있다. 전해진 문화를 학습하고 내면화하여 동화하고, 그 문화를 다시 전달하고 계승시켜 가는 과정을 뜻한다.

ⓒ 문화는 세대를 이어가며 전달·계승되는 과정에서 변동을 수반한다. 문화는 여러 요소로 구성되어 있으며, 그 구성요소들은 항상 변화의 가능성을 내포하고 있다.

② 문화접변(文化接變, acculturation)

ⓐ 외부의 영향으로 한 문화가 다른 문화와 장기간 접촉하여 한쪽 또는 양쪽의 문화가 변화하는 현상을 문화접변이라고 한다.

ⓛ 용어의 원래 뜻은 나라들 간에 서로 다른 문화가 접촉하는 과정에 영향을 미쳐 원래의 문화유형에 변화가 야기되는 현상을 의미한다. 그러나 오늘날에는 이질적인 문화를 가진 개인이나 집단이 접촉하는 과정에 어느 일방 내지 쌍방에 영향을 미쳐 원래의 문화적 특성을 변화시키거나 다른 일방의 문화에 동화해 가는 과정을 설명할 때도 사용한다.

③ 문화지체(文化遲滯, cultural lag) 초등 04

ⓐ 문화 구성부분 간의 변동속도의 차이로 인해 생기는 문화적 격차를 의미한다.

ⓛ 오그번(Ogburn)은 『사회변화(Social Change)』라는 책에서 문화를 물질문화와 비물질문화로 나누고 물질문화는 급속히 변하는데 비물질문화는 따라가지 못하는 부조화 현상을 문화지체라 하였다.

ⓒ 물질적 문화(문명)는 빠르게 변화하는 데 반해 정신적 문화는 그 속도가 느리게 변화함에 따라 일어나게 되는 문제현상을 말한다.

2. 다문화의 이해

(1) 다문화의 개념

① 인종과 민족 그룹, 성별, 종교, 성 취향 등을 포함한다.

② 여러 유형의 이질적인 문화가 하나의 제도권 안에서 상호교류를 통해 형성되는 것을 일컫는다.

(2) 다문화 이론

① 용광로 이론(theory of melting pot)

ⓐ 'melting pot'이라는 용어는 미국이 다양한 인종과 문화를 흡수하는 사회라는 개념으로 사용되어 왔다.

ⓛ 사회를 하나의 거대한 용광로로 보고 수많은 이민자들을 철광석에 비유하여 그들이 정착하는 과정에서 주류 문화에 용해된다는 것이다.

ⓒ 동화교육을 의미한다.

② 모자이크 이론(theory of mosaic)

ⓐ 미국의 용광로 이론을 이민자들의 뿌리를 없애려고 시행한 정책이라고 비판하면서 캐나다에서 생성되었다.

ⓛ 다양한 조각들인 이민자들이 모여 하나의 아름다운 모자이크가 완성되지만 그것 역시 바탕이 되는 밑그림은 서구의 주류 문화를 근본으로 한다는 데서 모자이크 이론 역시 비판받았다.

③ 샐러드 볼 이론(theory of salad bowl)

   ㉠ 모자이크 이론이 캐나다적인 것에 비해 샐러드 볼 이론은 미국에서 만들어진 것이다.

   ㉡ 이민자들이 모국의 문화와 언어를 유지하면서도 새로운 정주국인 미국인의 일환으로 살아
   갈 수 있도록 하자는 것이다.

   ㉢ 그러나 샐러드는 미국 드레싱과 먹으면 미국식 샐러드가 되고, 이탈리아 드레싱을 사용하면
   이탈리아식 샐러드가 되듯이 각각의 정체성을 살리기보다는 어우러지는 경향이 더 강하다.

④ 문화생태 이론(theory of eco-cultures)

   ㉠ 문화생태 이론을 의미하는 'eco-cultures'는 '생태계(ecosystem)'에서 차용된 것으로, 생태계
   는 어떤 지역 내에서 식물, 동물, 인간 등이 무기적 환경에 의해 제어되는 복합체계를 말한다.

   ㉡ eco-cultures는 서로 다른 문화적 배경을 가진 인간사회도 이를 둘러싼 제반 환경에 의해
   적절히 균형관계가 유지될 수 있다는 것을 하나의 체계로 규정하는 이론이다.

(3) **다문화 교육(multicultural education)의 개념**

① 다양한 문화와 인종적 배경을 가진 사람들이 상호 문화적 전통을 이해하고 존중함으로써 궁극
적으로 인간의 존엄성과 모든 인간의 평등성을 증진시키는 교육이다.

② 문화적 다양성의 존중과 이해를 위한 일련의 교육적 과정을 통해 문화적 차이에서 오는 사회적
인 차별을 해결하여 궁극적으로 민주주의 가치를 실현하기 위한 교육전략이다.

(4) **다문화 교육의 핵심요소(Banks)**

① 모든 국민들에게 동등한 기회를 창출하도록 하는 것을 목적으로 한다.

② 동등성, 정당성, 인권과 같은 민주주의 이상을 실천하는 것이 목표이다.

③ 민주주의의 이상과 사회적 현실 사이에 항상 모순이 존재하기 때문에 끊임없이 변화와 개혁을
시도해야 한다.

(5) **다문화 교육의 영역(뱅크스, 2002)** 초등 11

① **내용통합(content integration)**: 교육과정 및 교과서를 구성하거나 교육자료를 선정할 때 다양한
문화 및 집단과 관련된 사례와 내용을 추출하여 활용하는 것과 관련된 영역이다. 다문화 교육에
서는 다양한 집단과 구성원의 역사, 문화, 가치와 관련된 내용을 교육과정에 반영하고자 한다.

② **지식 구성 과정(knowledge construction process)**: 암묵적 문화적 가정, 관점, 편견들이 지식 구
성 과정에 영향을 미친다는 사실을 학생들에게 이해시키고 지식에 대한 비판적 해석 능력을 길
러주는 것과 관련된 영역이다. 다문화 교육에서는 지식이 중립적이지 않으며 한 사회 내의 권력
관계를 반영하여 구성되는 것이라고 본다. 따라서 학교에서는 학생들이 지식이 구성되는 과정,
지식 생산자들의 목적과 관점을 확인하는 방법, 스스로 현실을 해석하는 방법들을 가르쳐야 한
다고 본다.

③ **편견감소(prejudice reduction)**: 교수법과 자료를 활용하여 학생들이 다른 문화집단에 대해 긍정
적으로 우호적인 태도와 가치를 발달시키도록 돕는 것과 관련된 영역이다. 다른 인종의 얼굴
모양의 다양성을 인지시키거나, 비주류 인종 집단의 피부색에 대한 선호를 강화시키는 방법, 소
수집단과 관련된 내용을 교육과정에 포함시키고, 인종·민족적으로 이질적인 집단을 구성하여
협동학습을 시키는 전략들이 대표적이다.

④ 평등한 교수법(equity pedagogy) : 소수집단 학생들의 학업 성취를 돕기 위해 교사가 자신의 교수법을 수정하는 것과 관련된 영역이다. 소수집단 학생들의 학업실패가 가정문화와 학교문화의 차이로 인한 것이라는 관점을 반영한 것이다. 평등한 교수법에서는 다양한 집단의 학습양식을 교수법에 반영하고 협동학습을 적용하고자 노력한다. 이를 위해서 교사가 다양한 학생들의 문화적 배경을 이해하고 이들의 특성을 교수전략에 반영할 수 있는 능력을 갖출 것을 강조한다.

⑤ 학교문화 개선(empowering school culture and social structure) : 다양한 배경을 지닌 학생들이 학교에서 교육적 평등과 문화적 능력을 경험할 수 있도록 학교의 문화와 조직을 재구조화하는 과정과 관련 있다. 학교가 다문화적인 공간으로 변화하기 위해서는 ⅰ) 교직원의 태도, 인식, 신념 및 행동, ⅱ) 공식적인 교육과정 및 교과 내용, ⅲ) 학교가 선호하는 교수학습 방법, ⅳ) 학교 언어, ⅴ) 교수학습 자료, ⅵ) 평가 절차, ⅶ) 학교문화와 잠재적 교육과정, ⅷ) 상담 프로그램 등에 대한 점검과 개선이 필요하다.

(6) 다문화 교육의 방향

① 다문화 교육 내용에 관한 문제이다. 현재의 다문화 교육은 다문화 가정 자녀와 다문화 가정 외국인의 언어 문제 해결, 한국 문화와 풍속 등을 이해시키는 데 중점을 두고 있다. 다문화 교육은 다양한 문화의 공존과 차이 인정, 상호 존중의 태도, 나와 다른 것에 대한 관용의 자세 등에 대한 가치와 태도교육이 필수적으로 이루어져야 한다.

② 우리나라의 다문화 교육은 인종적·민족적 다름에서 오는 문화적 차이만을 떼어놓고 실시하는 경향이 있다. 외국인 부모를 둔 아이들만 분리하여 따로 언어와 문화교육을 제공하게 되면 학생들 사이에 인종적 반목과 거리감을 높이는 부작용을 낳기 쉽다.

③ 다문화적인 태도, 정의적 특성을 위한 교육 자체만을 목적으로 교육 프로그램을 운영하기보다는 다문화 교육이 모든 교과목에 접목되어 이루어질 수 있어야 한다.

④ 다문화 교육은 편견이 존재하는 사회의 구성원 모두에게 이루어져야 한다. 다양한 문화집단 사람들이 공존하고 상호존중하기 위해서는 그 사회의 소수자가 아니라 편견 있는 시선으로 이들을 바라보는 주류 문화집단에 속한 사람들 역시 다문화 교육의 대상이 되어야 한다.

3. 청소년 비행문화론

(1) 아노미 이론(theory of anomie)

① 머튼(Merton)은 청소년 비행 및 범죄의 설명이론으로 아노미 이론을 주장하면서, 물질적 재화의 소유가 지위와 위신 및 성공의 상징으로 되는 사회에서 각 사회계층에 이러한 바람을 실현할 수단이 합법적으로 균등하게 주어지지 않을 때 문화적 목표와 제도화된 수단 간에 괴리가 생기게 되는데 이 경우 아노미 현상이 생긴다고 하였다.

② 문화적 목표란 한 사회에서 거의 모든 성원이 바람직하다고 규정한 것이고 동시에 소유하기를 원하는 대상이며, 제도화된 수단이란 그러한 문화적 목표를 달성하는 데 합당한 방법을 말한다.

③ 사회적으로 중요시되는 가치를 누구나 획득하고 싶어 하는데, 사회구조상 사회·경제적 지위가 상위에 속하는 사람들은 이러한 목표를 추구할 기회가 더 많고, 하위집단의 경우 이를 획득할 수 있는 기회가 제한되어 아노미를 체험하게 되고 비행을 저지르게 된다는 것이다.

④ 아노미라는 용어는 프랑스의 사회학자인 뒤르켐이 처음 사용한 용어이다. 사회구조가 급격하게 변화함에 따라 집단규범이 모호해져 초래된 '무규범상태'를 일컫는 말이다.

⑤ 머튼은 문화적 목표와 제도적 수단의 조합에 따라 다섯 가지 적응양식 유형을 개발하였다.

　㉠ **동조형(conformity)**: 정상적으로 자신의 성공을 달성할 수 없지만 그래도 제도화된 수단에 적응한다. 정상적인 방법으로 자신의 목표를 달성하려고 하며 이는 반사회적인 것은 아니다. ◎ 목적과 수단을 수용

　㉡ **혁신형(innovation)**: 범죄의 가능성이 가장 높은 유형으로 제도화된 수단을 거부하며 적응을 한다. 비합법적인 수단으로 자신의 목표를 달성하려고 한다. 범죄, 횡령, 탈세, 강도, 절도 등으로 빠질 수 있다. ◎ 목적을 수용하고 수단을 거부

　㉢ **의례형(ritualism)**: 제도화된 수단만을 수용한다. 사회의 공유 목표보다는 절차적 규범이나 규칙만을 준수하는 데 치중한다. ◎ 목적은 거부하나 수단을 수용

　㉣ **도피형(retreatism)**: 제도화된 수단을 모두 거부하고 스스로 사회로부터 도피해 버린다. 이들은 스스로 고립을 자초한다. ◎ 목적과 수단을 모두 거부

　㉤ **반역형(rebellion)**: 목표와 제도화된 수단을 모두 거부하며 자신이 옹호하는 새로운 목표와 제도화된 수단으로 대치하려고 한다. ◎ 현존하는 목적과 수단을 거부하고 새로운 목적과 수단으로 대치

　㉥ 동조형을 제외한 나머지 네 가지 유형은 모두 '일탈행위'로 규정한다.

(2) 낙인 이론(labelling theory) 중등 07 · 08 · 14논술 추가, 초등 04

① 일탈을 개인이나 집단의 속성으로 해석하지 않고 일탈자와 비일탈자 사이의 상호 교류의 과정으로 해석한다.

② 같은 행동도 악의가 없는 성장 과정의 측면이라고 간주될 수도 있고, 비행으로 나아가는 증거라고 간주될 수도 있다.

③ 누가 그 상황을 해석하고 판단을 내리는가가 낙인 이론에서는 중요하다. 대부분의 경우 법적 · 도덕적 · 전통적 권위와 힘을 가진 사람들이 자의적 기준에서 낙인을 찍는다.

④ 일단 비행아라고 낙인이 찍히면 그 꼬리표를 항상 달고 다니게 되고 자연히 정상적인 사회적 관습과 멀어져 범죄행위에 빠져들게 된다.

⑤ 최초의 범행이란 최초의 일탈, 즉 최초로 비정상적인 사람으로 낙인찍히는 것이며, 제2의 일탈은 자신을 일탈자로 간주하면서 이미 주어진 낙인을 인정하게 될 때 나타난다.

⑥ 낙인을 붙이는 과정은 세 단계로 나누어진다.

추측(모색)	교사들은 처음 학생들을 만나 전체적으로 첫인상을 형성하는데, 다른 학급을 가르치면서 얻은 배경과 대조하여 그 학급 개개 구성원들의 첫인상을 형성한다.
정교화(명료화)	학생의 행동이 처음의 판단과 일치되지 않으면 첫 인상이 바뀔 수 있는 가설검증의 과정이다.
고정화(공고화)	교사는 학생들의 정체감에 대해 비교적 분명하고 안정된 개념을 갖는다. 이러한 고착화된 개념에 수반되는 문제점은 학생에 대한 교사의 평가를 바꾸는 것이 어렵다는 점이다. 즉, 어느 학생이 어떤 유형이라고 알고 나면 이러한 신념은 바꾸기가 어렵다.

(3) 사회 통제 이론 중등 09

① 청소년들의 비행을 통제하는 요인이 무엇인가에 관심을 갖는다. "사람들이 왜 규범을 어기는가?"보다는 반대로 "사람들이 왜 규범을 준수하는가?"라는 질문에 대한 해답을 찾는다.

② 사람들은 누구나 규범을 어기려고 하는 충동이 있으나 사회적인 통제로부터 자유롭지 못하기 때문에 쉽사리 규정을 어기지 못한다.

③ 그러나 어떠한 이유로 내·외적 통제요인이 약화되거나 끊어지면 비행성향에 통제력을 발휘하지 못하여 자동적으로 비행을 유발하게 된다고 보는 것이 사회 통제 이론의 주장이다.

④ 중화 이론과 사회 연대 이론을 들 수 있다.

ㄱ 중화 이론(techniques of neutralization theory)

• 문제행동을 하는 청소년들은 전통적 가치를 수용하고 있으나 중화를 통해 내적 통제가 약화되어 문제행동을 일으킨다고 본다.

• 청소년기에는 자신의 비행을 합리화할 수 있는 기술(중화기술)만 있다면 일시적으로 비행을 저지르게 된다. 문제행동에 대해 처벌을 받을 때조차 그들은 중화기술을 사용하여 자신의 문제를 합리화한다.

• 마자와 사이케스(Matza&Sykes)의 중화이론에 따르면, 비행청소년도 비행이 나쁘다는 것을 알고 있지만 비행을 정당화하는 구실을 찾으므로 비행을 저지르게 된다는 것이다.

책임의 부정	비행을 하게 된 것은 세상 탓이고 무책임한 부모의 탓이라는 등 합리화하여 자기가 오히려 희생자라고 주장하는 것이다. 예 부모의 애정결핍 때문에 그랬다.
가해의 부정	자신의 행위로 인해 손상을 입거나 재산상 피해를 본 사람이 없음을 이유로 자신의 행위를 합리화하는 것이다. 예 장난으로 때린 거다.
피해의 부정	피해자가 비행을 자초하였거나 유혹하였다고 주장하는 것이다. 여름에 심하게 노출된 옷을 입었기 때문에 성폭행을 하였다고 피해자를 비난하는 경우가 해당한다. 예 맞을 짓을 해서 때렸다.
비난자의 비난	비행청소년들을 비난하는 교사, 경찰, 종교인 등이 더 나쁜 사람들이라고 비난하는 것이다. 비행을 저지르는 사람들이 많은데 왜 나만 나쁘다고 야단치느냐고 주장한다. 예 왜 나만 문제 삼느냐
높은 충성심에의 호소	자기가 속한 집단에 대한 의리 혹은 충성심 때문에 할 수 없이 나쁜 짓을 하게 되었다고 주장하는 것이다. 예 동료들을 위해서 그런 것이다.

ㄴ 사회 연대 이론

• 허쉬(Hirschi)에 의해 주장되었으며, 개인과 사회 간에 결속이 강할수록 범죄를 저지르지 않게 되며, 반면에 그 결속이 완화될수록 범죄를 저지를 확률이 높다고 전제한다.

• 모든 사람은 규범을 어기고 싶은 충동이 항상 있으나 사회통제의 결과로 사회와 유대를 갖고 있어서 위반하지 못한다고 주장한다.

- 비행성향을 통제하는 가정과 학교에서의 유대(애착, 참여, 관여)가 약해지면 비행을 저지르게 된다.
  예 부모, 친구, 교사와 관계가 좋지 않은 학생들에게서 비행이 발생하는 경우

(4) 차별 접촉 이론(differential association theory) 중등 14논술 추가

① 서덜랜드(Sutherland)에 의해 성립된 것으로 가난=범죄의 관계를 문화적인 맥락에서 접근한다.

② 범죄는 일반적인 행위와 마찬가지로 학습을 통해서 배우게 되고, 학습은 주로 친밀한 사람들과의 상호작용을 통해 일어난다는 것이다.

③ 예를 들면, 나쁜 친구와 사귀면서 그 친구의 행동을 따라 하게 되고, 실제로 나쁜 짓을 하는 모방을 통해 범죄나 비행이 학습된다는 것이다.

④ 일탈은 사회화의 실패로 인한 결과가 아니라 사회적 환경 속에서 다른 일탈자와 접촉하면서 그들의 문화와 행동을 학습한 결과이다. 따라서 일탈 역시 사회화의 산물이다.

(5) 비행 하위문화 이론(delinquent subculture theory)

① 코헨(Cohen)에 의해 주장되었으며, 비행을 일반문화와 반대문화로서의 하위문화로 이해하려는 입장이다.

② 하위문화이론의 가정은 하층에는 중산층과는 다른 문화(하위문화)가 존재하며 그중 어느 특수한 부분이 하층 청소년들로 하여금 비행을 저지르기 쉽게 한다는 것이다.

③ 하류계층의 청소년들이 지위 욕구불만에 기인하여 중산층의 지배문화에 대항적인 성격을 갖는 하위문화를 형성한다고 본다.

④ 비행의 발생은 가난한 지역의 청소년들은 중산층의 문화가 지배적인 미국사회에서 자신들의 지위를 획득하기가 힘들어 자기들에게 유리한 비행하위문화를 형성하게 되면서 나타난다고 보았다.

Mind Map

01 교육평가의 기초

교육평가의 개념과 기능

교육관과 평가관
- 교육평가에 대한 관점
  - 측정관
  - 평가관
  - 총평관
- 교육관
  - 선발적 교육관
  - 발달적 교육관
  - 인본주의적 교육관

02 교육평가 모형

목표중심모형
- 타일러의 목표달성모형
- 프로버스의 불일치모형

의사결정모형
- 스터플빔의 CIPP모형

판단중심모형
- 스크리븐의 탈목표모형
- 스테이크의 종합실상모형
- 아이즈너의 감식안 및 교육비형모형

자연주의모형

법정판결모형

03 교육평가의 유형

평가 기준에 따른 유형
- 규준참조평가
- 준거참조평가

평가시기에 따른 유형
- 진단평가
- 형성평가
- 총괄평가

대안적 평가방식
- 능력참조평가
- 성장참조평가

양적평가와 질적평가
- 양적평가
- 질적평가

수행평가

성취평가제

메타평가

정의적 영역의 평가
- 관찰법
- 질문지법
- 면접법
- 투사적인 방법
- 척도법

교육목표 분류학
- 인지적 영역의 교육목표 분류
- 정의적 영역의 교육목표 분류

04 평가문항의 제작

문항제작의 기본 원리

문항의 유형
- 선택형 문항
  - 진위형
  - 선다형
  - 연결형
- 서답형 문항
  - 완성형
  - 단답형
  - 논술형

05 평가도구의 질적 요건

타당도
- 내용 타당도
- 준거관련 타당도
  - 예언 타당도
  - 공인 타당도
- 구인 타당도
- 결과 타당도

신뢰도
- 재검사 신뢰도
- 동형검사 신뢰도
- 반분검사 신뢰도
- 문항내적 일관성 신뢰도(문항내적 합치도)

객관도
- 유형
  - 평가자(채점자) 간 신뢰도
  - 평가자(채점자) 내 신뢰도
- 오류의 유형
  - 집중화 경향의 오류
  - 표준의 오류
  - 인상의 오류
  - 대비의 오류
  - 논리적 오류
  - 근접의 오류

실용도

06 문항분석

문항분석

문항분석이론
- 고전검사이론
- 문항반응이론

07 교육통계

교육통계의 이해
- 교육통계의 주요 개념
  - 개념
  - 종류
  - 변인
  - 측정치
    - 명명척도
    - 서열척도
    - 동간척도
    - 비율척도
  - 집중경향치
  - 변산도(분포도)
- 원점수와 표준점수
  - Z점수
  - T점수
  - 스테나인

측정치의 통계적 분석
- 상관분석
- t검정

PART

10

교육평가와 통계

교육평가의 기초

01 교육평가의 개념과 기능

1. 교육평가의 개념

① 교육목적의 달성 정도를 판단하고, 일정한 기준을 가지고 교육활동과 그 결과에 대한 가치를 판단하는 체계적인 과정을 의미한다.

② 교육평가는 교수·학습 활동이 교육목적에 알맞게 이루어졌는지, 의도한 수업목표를 어느 정도 달성하였는지, 또는 학습결과가 기대하였던 수준에 도달하지 못하였다면 그 원인은 무엇인지 등 교육활동의 전반에 걸쳐서 필요한 정보를 수집하고 분석하고 판단하는 체계적 과정을 의미한다.

2. 교육평가의 기본 가정 중등 24 논술

① 교육평가는 인간의 무한한 잠재 능력의 개발 가능성을 전제한다. 인간은 현재 주어진 조건보다 개발 가능한 잠재적 가능성을 무한히 가지고 있다.

② 교육평가의 대상과 자료는 무한하다. 어떠한 행위, 대상, 자료도 교육평가의 대상이 될 수 있다.

③ 교육평가는 지속적으로 이루어져야 한다. 일차적으로 실시하고 종료하는 것이 아닌 연속적인 평가를 통해 평가 대상의 변화에 따른 성장 및 발달을 확인할 수 있다.

④ 교육평가는 종합적인 과정이어야 한다. 평가 대상에 대한 모든 자료를 종합적으로 수집하여 평가해야 한다. 따라서 평가방법 역시 관찰, 면접, 수행평가 등 다양한 방법을 동원해야 한다.

⑤ 교육평가는 교육 활동에 도움을 주어야 한다. 교육평가는 더 나은 교육을 위한 수단으로, 평가 자체에 목적이 있지 않다.

3. 교육평가의 기능

① 학습자의 학업 성취도를 평가한다. 교육목표 달성도에 대한 증거를 수집하고 이를 통해 학습자의 상태를 진단한다.

② 학습자 개인의 학습방법 개선에 도움을 주며, 학습결과에 대한 피드백을 제공함으로써 학습을 촉진한다.

③ 학습자의 진로지도를 위한 정보를 제공한다. 교육평가 결과를 통해 자신의 현재 상태를 객관적으로 평가할 수 있으며, 지능·적성·성격검사 및 학업성취로 검사 등을 통해 본인의 능력이나 흥미에 관한 정보를 얻을 수 있다.

④ 교수·학습 방법을 개선하고 수업의 질을 높인다. 학생평가는 학습자를 위한 평가로만 활용되는 것이 아니라 교사의 교수·학습 방법, 교육과정 및 수업활동 등을 평가할 수 있는 자료로 활용될 수 있다.

⑤ 교육 프로그램의 교육적 효과를 평가한다. 교육 프로그램은 교육과정, 수업, 수업자료, 학급조직 등이 통합된 개념이다.

⑥ 학교, 지역, 국가 수준의 교육정책이나 의사결정을 위한 근거를 제공한다. 전국 성취도 평가나 국제 간 학력 비교 등의 결과를 근거로 교육정책의 방향을 재설정하고 새로운 계획을 수립할 수 있다.

4. 교육평가의 유사 개념

(1) 측정

① 측정이란 일정한 법칙에 따라 사람이나 대상의 속성에 수치를 부여하는 과정이다.

② 측정에서는 가급적 측정의 오차를 줄이기 위해 표준자극, 표준과제 등 측정의 절차와 방법을 표준화시키는 것을 중시한다.

③ 측정의 결과는 어떤 형태로든지 수량화되고, 규준자료에 비추어 해석된다.

(2) 검사

① 심리적 특성을 측정하기 위한 도구 혹은 체계적 절차를 의미한다.

② 그 자체로 사물의 상태를 조사하여 판단하는 과정이며, 측정을 하기 위한 도구이기도 한다.

③ 검사는 측정도구이므로 측정이나 사정보다 좁은 의미를 갖고 있다.

　　예 교사가 학생을 관찰하여 수업태도에 점수를 매기는 행위는 측정이지만 검사를 사용하지는 않는다.

(3) 사정(총평)

① 개인에 대한 의사결정을 내리기 위해 다양한 방법으로 자료를 수집하고 종합하는 과정이다.

② 측정과 검사를 포함하는 개념이다.

③ 사정은 자료를 수집하고 종합하는 데 치중하는 과정이고, 평가는 가치판단에 치중하는 과정이다. 학교에서 다양한 방법으로 학생에 관한 자료를 수집하여 종합하는 것은 사정이다. 학생의 상태에 대해 가치판단을 하면 평가가 이루어진다.

02 교육관과 평가관

1. 교육평가에 대한 관점

(1) 측정관

① 개념

　　㉠ 측정관은 어떤 대상이나 사건에 대하여 체계적으로 숫자를 부여하는 것이다.

　　㉡ 체중계를 이용하여 몸무게를 재거나 자로 키를 재고 시험에서 정답을 맞힌 문항 수를 계산하는 것이 측정의 사례가 된다.

ⓒ 측정은 수량적 기술(quantitative description)의 과정으로 가치판단은 배제되어 있거나 최소화되어 있다.

② 특징

㉠ 대상이 되는 실재의 안정성을 가정한다. 어떤 현상이든 정확하게 측정 가능하다.

㉡ 개인의 반응 점수의 신뢰성 및 객관성이 유지되느냐에 관심을 기울인다. 측정에서 신뢰도가 타당도에 우선한다고 본다.

㉢ 측정의 방법이나 절차에 있어 표준화를 요구한다. 누가, 언제, 어디서 측정해도 같은 결과를 얻을 수 있다.

㉣ 외부 요인은 안정성을 위협하는 존재이므로 환경을 측정의 정확성을 저해하는 오차변인으로 간주한다.

㉤ 측정관에 의해 얻은 결과는 주로 선발, 분류, 예언, 실험 등의 목적으로 사용된다.

(2) 평가관

① 개념

㉠ 측정관의 가정들을 비판하면서 새롭게 제시된 관점이다.

㉡ 양적 기술의 측정뿐만 아니라 질적 기술을 포함하며, 더 나아가 양적·질적 기술에 대한 가치판단까지 포함한다.

㉢ '평가'는 인간 행동 특성의 변화를 판단하는 일련의 절차를 의미하며, 측정관과는 그 기본 가정에서부터 강한 대조를 보인다.

② 특징

㉠ 존재하는 모든 실재나 인간의 행동 특성은 '변한다'는 관점에서 출발한다. 교육평가란 학습자에게 일어난 다양한 변화를 판단하는 일련의 절차이다.

㉡ 평가에서 가장 핵심적인 것은 평가도구의 타당성이다. 특히 내용 타당도를 중시한다.

㉢ 학생의 행동변화에 주로 관심을 두며, 변화 발생 요인으로 투입된 교육과정, 교과목, 교사, 교수방법, 교수 재료, 운영체제의 효과를 평가하는 것도 목적으로 삼는다.

㉣ 환경은 변화를 초래하는 중요한 자원이다.

㉤ 평가결과는 평점, 자격수여, 배치, 지급 등 개인을 분류·판단하는 데 있다. 교수방법, 교수 프로그램, 수업과정, 교사, 교육과정의 효율성 판단을 위해서도 사용한다.

(3) 총평관 중등 22논술

① 개념

㉠ 총평관은 인간의 특성을 하나의 검사나 도구로 측정하여 평가하는 것이 아니라 여러 다양한 방법을 동원하여 종합적으로 평가하는 방법으로 '사정(assessment)'이라고도 한다.

㉡ 개인의 행동 특성을 특별한 환경, 과업, 상황과 관련하여 의사결정하려는 목적의 전인적 평가이다.

② 특징

㉠ 환경을 개인과 상호작용하는 주체적인 존재로 보며, 개인과 환경의 역동적 관계에 의해 개인의 행동 특성이 변화한다고 본다.

ⓛ 다양한 측정방법과 전체적, 직관적, 질적 평가방법 등을 사용한다. 구조화된 객관식 검사를 사용할 수도 있고, 비구조화된 투사적 방법을 사용할 수도 있다.

ⓒ 개인과 환경 사이의 상호작용을 분석함에 있어 주로 구인 타당도를 활용한다.

ⓔ 총평 결과는 예언, 실험, 분류에 활용된다. 특히, 환경이 요구하는 준거나 역할에 비추어 개인을 진단하거나 예측한다.

▨ 교육평가관의 비교

관점 \ 평가관	측정관	평가관	총평관
인간 행동 특성을 보는 시각	• 항구적이고 불변적인 것 • 개인의 정적 특성	• 안정성이 없고 가변적인 것 • 개인의 변화하는 특성	• 환경과의 상호작용에 의한 가변적인 것 • 환경과 개인의 역동적 관계에서 변화하는 특성
환경을 보는 시각	• 환경의 불변성 신념 • 환경변인의 통제 및 영향의 극소화 노력 • 환경을 오차변인으로 간주	• 환경의 변화성 신념 • 환경변인의 이용 • 환경을 행동변화의 자원으로 간주	• 환경의 변화성 신념 • 환경과 학습자의 상호작용을 이용 • 환경을 학습자 변화의 한 변인으로 간주
검사에서의 강조점	• 규준에 비추어 본 개인의 양적 기술 강조 • 간접 증거 • 객관도와 신뢰도 강조	• 교육목적에 비추어 본 개인의 양적, 질적 기술 강조 • 직접 증거 • 내용 타당도 강조	• 전인적 기능 혹은 전체 적합도에 비추어 본 본질적 기술 강조 • 직접, 간접 증거 • 구인 타당도 강조
기본적 증거 수집 방법	• 지필검사(표준화검사) • 양적	• 변화의 증거를 얻을 수 있는 모든 방법 • 양적 및 질적	• 상황에 비춘 변화의 증거를 얻을 수 있는 모든 방법 • 양적 및 질적
장점	• 효율성	• 교육목표와의 연계	• 개인과 환경 양 측면에서의 증거의 탐색
검사 결과의 활용	• 예언, 분류, 자격부여, 실험 • 진단에 무관심	• 예언, 자격부여, 프로그램 효과 판정 • 교육목표 달성도의 진단	• 예언, 자격부여, 분류, 실험, 선발 • 준거 상황이나 역할에 비추어 본 진단

※ 자료 : 박도순, 홍후조(2006)

2. 교육관 중등 04

(1) 선발적 교육관

① 개념 : 학교에서 달성하고자 하는 교육목표에 모든 학습자들이 도달하는 것이 아니라 다수 중 일부만이 도달할 수 있다는 신념을 가진 교육관이다.

② 특징
　㉠ 일정 교육수준 또는 교육목표에 달성 가능성이 있는 소수의 우수자를 사전에 선발하기 위한 평가에 초점을 맞춘다.
　㉡ 학습자의 지적능력에 의해 교육목표의 달성 여부가 결정된다고 믿는다.
　㉢ 학교 교육의 성패에 대한 일차적 책임은 학습자에게 있다고 생각한다.
　㉣ 학습자의 특성과 학업 성취도의 관련성에 깊은 관심을 보이고 그 관계가 높게 나타나는 것을 당연한 것으로 받아들인다.
　㉤ 개별 학습자에 적합한 교수·학습 방법 개발이나 학습부진아의 교육에 대해 별로 관심이 없다.
　㉥ 수월성 교육이나 엘리트교육을 학교에서 강조하게 된 논리는 선발적 교육관에 바탕을 두고 있다.
　㉦ 선발적 교육관에 적합한 평가방식은 상대평가, 즉 규준참조평가이다.
　㉧ 측정관의 입장이며, 학업 성취도는 상대평가에 의한 정상분포를 이룬다.

(2) **발달적 교육관**
① 개념
　㉠ 학교 교육의 주목적이 개별 학습자의 잠재가능성을 최대한으로 개발시키는 데 있다고 보는 입장이다.
　㉡ 모든 학습자에게 각각 적절한 교수·학습 방법만 제시될 수 있다면, 누구나 의도하는 바의 주어진 교육목표를 달성할 수 있을 것이라는 신념을 가진 교육관이다.
② 특징
　㉠ 학교의 중심과제는 각 학생이 가진 잠재능력을 개발하고 다양한 특성을 길러주는 것으로 본다.
　㉡ 교육을 통한 인간행동의 변화 가능성에 대해 긍정적 태도를 취한다. 적절한 교수·학습 방법과 개인의 노력에 의해 교육목표에 거의 모든 학습자가 달성할 수 있을 것이라는 신념을 가진 교육관이다.
　㉢ 기본 가정은 인간의 재능은 교육적 수단으로 개발할 수 있으며, 학교의 모든 자원은 재능의 분류나 예측이 아니라 개인의 가능성을 최대로 증진시키는 데 바쳐져야 한다는 것이다.
　㉣ 교육에 대한 일차적 책임은 학교와 교사에게 있다. 만약 학습자의 지적능력과 학업 성취도 사이에 밀접한 상관관계가 있는 것으로 나타나면 일차적으로 교육이 실패한 것으로 간주한다.
　㉤ 발달적 교육관에 적합한 교육평가 방식은 절대평가, 즉 준거참조평가이다.
　㉥ 평가관의 입장이며, 학업 성취도는 절대평가에 의한 부적 편포를 이룬다.

(3) **인본주의적 교육관**
① 개념: 교육을 자아실현의 과정이라고 믿는 교육관이다.
② 특징
　㉠ 인본주의적 교육에서는 교육을 인성적 성장, 통합, 자율성을 꾀하고 자아 및 타인, 그리고 학습에 대한 건전한 태도를 형성해 가는 자아실현의 과정이라고 전제한다.
　㉡ 모든 교육은 학습자가 희망하고 원해야 하며 자율적이고 적극적인 참여를 전제한다. 따라서 타율적이고 수동적인 교육은 비인간적인 교육으로 간주한다.

ⓔ 인본주의적 교육관은 인간행동 특성을 부분적으로 이해하기보다는 전체적으로 이해하려는 총평관과 깊은 관련이 있다.

ⓜ 현재 이루어지고 있는 검사가 학습자를 성공군과 실패군으로 구분하여 유목화하는 데 초점을 맞추고 그에 따라 학습자를 점수화하려는 경향이 강하기 때문에 검사의 시행이나 등급화에 대해 부정적인 시각을 취한다.

📖 세 교육관의 비교

구분	선발적 교육관	발달적 교육관	인본주의적 교육관
기본 가정	특정 능력이 있는 학습자만이 교육을 받을 수 있다.	누구나 교육을 받을 능력을 가지고 있다.	누구나 교육을 받을 능력을 가지고 있다.
교육에 대한 책임	학습자	교사	학습자 및 교사
강조되는 평가대상	학습자의 개별 특성	교육방법	전인적 특성
관련된 평가유형	규준참조평가(상대평가)	목표참조평가(절대평가)	목표참조평가 (절대평가/평가무용론)

Chapter 02 교육평가 모형

01 목표중심(달성)모형

목표를 사전에 설정한 후 프로그램의 목표가 어느 정도 달성되었는가를 확인하는 데 초점을 둔 입장이다. 목표달성은 프로그램의 성공을, 목표의 미달은 프로그램의 부적합을 의미한다. 평가를 통해 얻게 되는 정보를 근거로 교육목표와 교육내용 및 평가절차와 평가도구를 개선하게 된다.

1. 타일러(Tyler)의 목표모형 중등 05 · 13, 초등 11

(1) 개념
① 교육 혹은 수업목표를 평가의 기준으로 하여 어떤 프로그램이나 수업이 종료된 후 교육목표가 달성된 정도를 확인하는 것으로, 명세적으로 진술된 행동목표를 기준으로 교육성과를 평가한다.
② 목표달성모형(objective oriented model) 혹은 행동목표모형(behavioral objective model)이라고도 한다.
③ 평가의 목적은 의도한 교육목표의 성취여부를 확인하는 데 있으며, 평가의 내용은 학생의 학업성취도이다.

(2) 평가절차
① 교육목표 설정
② 설정된 교육목표의 분류
③ 분류된 교육목표를 행동적 용어로 진술
④ 교육목표의 달성이 측정될 수 있는 평가 장면의 설정
⑤ 측정도구의 개발 · 선택
⑥ 측정방법 및 도구를 사용하여 자료 수집
⑦ 결과 해석 및 행동목표와 학생의 성취자료 비교

(3) 특징
① 교육목표가 평가에서 핵심적인 역할을 한다.
② 교육목표의 행동적 정의와 진술은 측정 및 평가를 용이하게 해 주며, 평가의 효율성을 증대시켜 준다.
③ 목표달성모형을 활용하면 교육목표와 학생 성취 간의 합치 여부를 체계적이고 논리적으로 검증할 수 있기 때문에 학교 현장에서 널리 사용될 수 있다.

(4) 의의

① 검사나 측정으로부터 평가를 분리해 내 교육평가를 하나의 독립된 학문영역으로 발전시키는 데 공헌하였다.

② 교육과정과 평가의 논리적 일관성을 유지해야 함을 강조하였다.

③ 학교 교육의 효과적인 평가를 수행함에 있어서 교육목표와 같은 명확한 평가 기준 제시의 필요 성을 강조하였다.

④ 목표의 중요성을 강조함으로써 교육 프로그램의 개발자나 교사들로 하여금 목표달성 여부의 확 인을 통해 자신들의 교육 활동에 대한 책무성을 가지도록 자극하였다.

(5) 목표달성모형의 장점

① 교육목표, 교육내용, 교육평가 간의 논리적인 일관성을 갖고 있다.

② 명확한 평가 기준에 근거하여 평가를 과학적으로 접근할 수 있다.

③ 평가를 통해 교육목표의 실현 정도를 명확히 파악할 수 있다.

④ 교육목표의 도달 여부를 파악하기가 상대적으로 용이한 능력요인의 경우, 단기간 성취를 달성 목표로 하였을 때 교육적 효과를 즉시적으로 평가할 수 있다.

(6) 목표달성모형에 대한 비판

① 행동용어로 진술하기 어려운 교육목표에 대한 평가가 어렵다. 학생이 이차방정식을 풀 수 있게 되었는가를 판단하기보다 학생의 도덕성이 함양되었는지 판단하기가 더 어렵다.

② 목표로 설정하지 않은 교육의 잠재적 효과에 대해서는 아예 평가를 하지 않는다는 비판을 받는다. 잠재적 교육과정을 소홀히 하는 것은 목표달성모형의 한계라 할 수 있다.

③ 목표가 도달된 결과에만 초점을 두어 교육의 과정 자체를 소홀히 하는 결과를 초래할 뿐 아니라 교육의 과정 자체에 대한 평가도 소홀히 한다는 한계가 지적되고 있다.

④ 교육이 이루어지는 과정에 대한 평가는 하지 않기 때문에 수단과 방법을 가리지 않고 목표성취 라는 결과만 좋으면 그만이라는 비교육적 사태를 초래한다는 비판을 받는다.

2. 프로버스(Provus)의 불일치모형

(1) 개념

① 평가를 i) 프로그램의 목표를 설정하고, ii) 프로그램의 수행결과와 성취기준 사이에 불일치가 존재하는지 파악하며, iii) 프로그램의 개선, 유지 및 종료 여부를 결정하기 위하여 불일치에 대 한 정보를 사용하는 과정으로 보았다.

② 불일치모형은 교육 또는 경영 및 관리를 통해 달성해야 할 표준이나 준거와 실제 수행성과 간의 차이, 괴리, 불일치점을 분석하는 데 주안을 두는 평가모형이다.

③ 목표를 평가 준거로 삼고 있다는 점에서 목표중심 평가모형이라고 볼 수 있다.

④ 괴리모형, 격차모형, 간극모형 등으로도 불린다.

(2) **주요 개념**

① 표준(standard) : 어떤 사상이 당연히 갖추어야 할 일련의 특징 또는 조건을 열거한 것을 말한다.

② 수행(performance) : 그 사상이 실제로 지니고 있는 특징이나 조건을 의미한다.

③ 격차(discrepancy) : 표준과 수행 간의 차이 또는 불일치를 말한다.

(3) **평가절차**

① 설계 : 프로그램의 투입, 과정, 성과를 기술한다.

② 설치 : 프로그램과 개설계획의 일치 여부를 확인한다.

③ 실행(과정) : 학생행동 변화 확인 자료를 수집한다.

④ 결과 : 목표달성 여부를 결정하고, 성취기준 또는 목표와 비교하여 불일치 여부를 확인한다.

⑤ 비용효과분석 : 비용−효과 측면에서 프로그램과 대안적 프로그램을 비교·분석한다.

(4) **특징**

① 프로버스와 타일러 모형은 목표를 평가의 준거로 삼고 있다는 점은 공통적이나, 타일러는 목표 가 달성된 정도의 측정을 강조하고, 프로버스는 목표와 수행성과가 불일치하는 부분과 그 정도 를 확인하는 것을 중시한다는 점에서 차이가 있다.

② 프로그램 개발 단계별로 평가를 강조한다는 점에서 CIPP모형과 유사하다.

02 의사결정모형(decision facilitation model)

교육평가를 교육과 관련된 의사결정자에게 유용한 정보를 제공함으로써 의사결정을 촉진하는 활동으로 규정한다.

1. 스터플빔(Stufflebeam)의 CIPP모형 중등 08, 초등 11

(1) **개요**

① 교육평가는 교육행정 관리자들이 올바른 의사결정을 내리는 데 필요한 정보를 제공해 주고, 그 결정이 갖는 장단점을 파악할 수 있도록 해 주어야 한다고 주장하였다.

② 교육평가의 일차적인 기능은 교육목표의 달성도 확인이 아니라, 교육에 관한 의사결정을 촉진하고 도와주는 관리적 기능이다.

③ 평가자는 최종적인 가치판단을 하는 것이 아니라 의사결정자에게 필요한 충분한 정보와 자료를 제공해 주는 정보 관리자의 역할을 한다.

(2) **의사결정 유형**

① 계획 의사결정(planning decision) : 의사결정의 내용과 성격에 관심을 두고, 목표 확인 및 선정에 서의 의사결정이 이루어진다.

② **구조화 의사결정**(structuring decision) : 선정된 목표 달성에 적합한 절차와 전략을 설계하기 위한 의사결정이다.

③ **실행 의사결정**(implementing decision) : 구조화 의사결정에서 결정된 절차와 전략을 행동으로 옮기는 것과 관련된 의사결정이 이루어진다.

④ **순환 의사결정**(recycling decision) : 목표의 달성 정도를 판단하고 그에 대한 의견을 제시하는 의사결정이 필요하다.

(3) 평가 유형

① **C 상황평가**(context evaluation)

㉠ 교육목표를 결정하는 합리적 기초나 이유를 제공한다.

㉡ 교육 상황에서 무엇이 문제인가, 무엇이 충족되어야 하는가를 밝혀서 앞으로 교육 프로그램에서 관심의 초점이 되어야 할 일반 목표와 세부 목표를 확인하는 일을 지칭한다.

㉢ 계획 의사결정에 필요한 정보를 제공하는 역할을 한다. 교육 상황에서 당면문제와 요구사항을 다각적으로 분석하여 합리적인 교육목표를 설정하도록 돕는 것이 상황평가의 역할이다.

㉣ **평가방법** : 체제 분석, 문헌 연구, 조사, 면접, 델파이 기법 등
  • **델파이 기법** : 여러 전문가를 대상으로 반복적인 질문을 통해 답변내용을 발전시켜 문제를 해결하려는 미래예측 기법

② **I 투입평가**(input evaluation)

㉠ 의사결정을 구조화하기 위한 평가이다.

㉡ 프로그램의 목적을 성취하기 위하여 어떤 전략을 사용할 것인가, 채택된 전략을 어떻게 이행할 것인가, 주어진 자원을 어떻게 활용할 것인가 등 구조적 의사결정에 필요한 정보를 제공할 목적으로 이루어진다.

㉢ **평가방법** : 관련 문헌 검토, 전문가 상담

③ **P 과정평가**(process evaluation)

㉠ 의사결정을 실행하는 데 도움을 주는 평가이다.

㉡ 프로그램의 실행과정에서 프로그램의 운영방법과 절차를 수정하고 보완하는 데 필요한 정보를 수집하여 제공함으로써 프로그램의 운영 상황을 검토하는 것이다.

㉢ 프로그램이 계획한 대로 실행되고 있는지에 관한 피드백을 제공하고, 절차설계 혹은 실행상의 결함을 확인하며, 계획이 부적합하다고 판명될 경우 그것을 수정하는 데 필요한 정보를 수집하기 위해 실시된다.

㉣ **평가방법** : 참여 관찰, 토의, 설문조사 등

④ **P 산출평가**(product evaluation)

㉠ 의사결정을 순환시키는 데 도움을 주기 위한 평가이다.

㉡ 프로그램의 성과를 결정하여 순환 의사결정에 도움을 주기 위해 실시된다.

㉢ 프로그램 목표를 달성한 정도를 결정하고 성과정보를 목표, 상황, 투입정보, 과정정보와 관련지어 궁극적으로 프로그램에 관한 결정(프로그램의 종결, 수정, 재순환)에 도움을 주려는 것이다.

㉣ **평가방법** : 사전에 설정된 목표와 비교, 유사 프로그램과 성과 비교

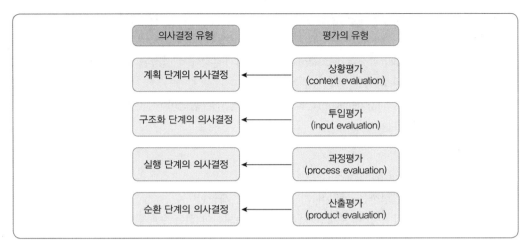

| 스터플빔의 CIPP모형 |

⑷ 장단점

① 장점
ㄱ 프로그램의 어느 단계에서나 평가하고 그 결과를 시기 적절하게 송환시켜 프로그램의 관리와 개선에 매우 효과적이다.
ㄴ 평가자와 의사결정자 간에 협조가 잘 이루어진다.
ㄷ 평가를 포괄적이고 전체적인 관점에서 할 수 있다.

② 단점
ㄱ 교육현장에서 적용하기에는 평가의 설계가 너무 복잡하고 비용이 많이 든다.
ㄴ 평가의 봉사기능만을 지나치게 강조하게 되면 평가자는 의사결정자의 시녀 역으로 전락하여 의사결정자가 내리는 결정을 합리화하는 데 이용될 가능성이 높다.

03 판단중심모형

판단중심모형(judgement-oriented model)에서는 평가를 평가자의 전문성을 이용하여 평가대상의 가치와 장점을 체계적으로 판단하는 활동이라 보며, 평가자의 전문적 판단을 강조한다. 모든 평가모형은 가치판단의 측면을 어느 정도 포함하지만 판단중심모형은 평가자의 주관적인 전문성을 가장 중요한 평가 전략으로 간주한다는 점에서 다른 평가 모형들과 구별된다.

1. 스크리븐(Scriven)의 탈목표모형 중등 07 · 논술24, 초등 11

⑴ 개요
① 목표중심평가의 문제점을 보완하기 위해 프로그램이 의도하였던 효과뿐만 아니라 부수효과(잠재적인 결과의 가치)까지 포함하여 실제 효과를 평가하는 방식을 탈목표적 평가라고 한다.

② 목표중심평가에서는 목표를 준거로 하여 의도하였던 일차적 성과만을 확인하고 이차적 또는 잠재적 부수효과를 간과함으로써 실제 성과를 평가하지 못할 수 있다.

③ 예를 들면, 어떤 프로그램은 의도한 목표는 달성하였지만 그 외의 부수적인 부정적 효과 때문에 폐기될 수도 있으며, 반대로 본래의 목표달성에 실패했더라도 다른 긍정적인 효과가 많은 프로그램이 있다면 그 프로그램은 계속 채택될 것이다.

(2) 평가의 특징

① 내재적 준거(instrinsic criteria)와 외재적 준거(extrinsic criteria)를 구별한다. 내재적 준거 위주에서 탈피, 외재적 준거에도 관심을 기울여야 한다고 주장하였다. 이는 내재적 준거 경시가 아니라 평가에 관한 관심의 범위를 확대해야 한다는 것을 의미한다. 내재적 준거란 판단하려고 하는 대상에 내재되어 있는 기준, 즉 평가도구나 방법의 신뢰도와 객관도, 평가도구의 제작, 문항의 작성, 통계 처리 등을 의미한다. 반면에 외재적 준거란 판단하려는 대상이 밖으로 드러나는 준거, 즉 효과를 말한다. 외재적 준거, 즉 평가 자체의 효과, 평가에 의한 변화, 평가의 부작용과 역작용, 부작용에 대한 대안 등에 관심을 기울여야 한다고 주장하였다.

② 형성평가와 총괄평가를 구별한다. 평가자의 역할에 따라 평가의 기능을 구별할 것을 제안하였다. 아직 개발 도중에 있거나 진행 중에 있는 수업과정을 증진시키기 위하여 형성적으로 노력하는 평가와 이미 끝나거나 완성된 수업과정의 가치를 총합적으로 판단하려는 평가를 구별하기를 제안하였다.

③ 목표의 질에 관한 평가 개념을 중시하였다. 스크리븐은 교육평가를 가치의 평가라고 생각하였다. 정해진 목표의 성취 수준이나 질만을 따지는 것이 아니라 '목표 그 자체의 가치'를 평가할 필요가 있음을 강조하였다.

④ 탈목표평가와 목표중심평가를 구분하였다. 탈목표평가는 의도된 성과뿐만 아니라 기대하지 않았던 성과의 평가도 고려하는 것이다. 교육 프로그램을 평가할 때, 사전에 목표에 대한 지식과 정보를 가지고 프로그램의 효과나 가치를 평가하게 되면 평가의 결과를 그 목표에 근거해서 판단하게 된다. 이러한 과정 속에서 평가자들은 목표가 제대로 성취되었다고 보는 편견과 허위적인 합리화에 빠지게 된다. 이에 대해 목표에 대한 정보가 없이 여러 가지 정보와 증거만을 수집해서 그 프로그램의 목표가 무엇이며, 제대로 성취되어 가고 있는지, 그 가치는 무엇인지를 판단하는 평가를 제안하였다. 그는 이상적인 평가 설계에는 목표지향평가와 탈목표평가 모두 포함되어야 한다고 보았다.

⑤ 비교평가와 비(非)비교평가를 구분하고 비교평가에 강조점을 두었다. 비교평가는 프로그램의 가치를 다른 프로그램과 비교하는 것을 의미하며, 비비교평가는 프로그램 자체의 속성, 즉 가치, 장단점, 효과 등에 의한 평가를 나타낸다. 교육평가에서 의사결정의 초점은 여러 대립안들 중에서 최선의 안을 선택하는 것이므로 평가대상(목표, 프로그램, 성취도 등)의 비교는 중요하다고 주장하였다.

⑥ 프로그램의 효과를 목표달성뿐만 아니라 프로그램의 부수효과까지 포함해서 확인해야 하는데, 이를 확인할 때 목표 대신 표적집단의 요구를 평가의 준거로 사용한다. 이 점을 강조하기 위해 '요구 근거 평가(need based evaluation)'라고도 부른다.

(3) 의의

① 탈목표평가는 목표에 관한 정보가 전혀 없는 상황에서도 평가를 수행할 수 있다는 것을 입증하였고, 프로그램의 모든 효과를 포괄적인 입장에서 검토할 필요성을 역설하였다.

② 목표중심평가를 실시할 때도 목표 자체의 가치를 판단할 필요성을 강조함으로써 평가의 이론과 실제에 큰 영향을 미쳤다.

③ 이 모형의 영향을 받아 평가자들은 프로그램의 부수효과를 탐색하는 데도 관심을 기울이게 되었다.

📕 **소비자중심평가(consumer-oriented evaluation)**

① 미리 설정된 목표 기준에 의해서만 대상을 판단하지 않고 다른 기준에 근거하여 평가한다는 점에서 탈목표평가의 하나로 포함시킬 수 있다.

② 교육적 서비스 상품의 주 수요자인 학생, 학부모, 교사 대신 교육적 서비스의 상대적 장단점을 판단하여 수요자가 상품을 현명하게 선택·구입할 수 있도록 도움을 주는 정보를 수집하여 제공하는 것을 말한다.

③ 교육 프로그램 평가에서 목적 달성 여부만을 판단하는 것이 아니라 그 목적 달성이 소비자의 복지향상에 기여하는지 판단해야 한다.

④ 평가 전문가는 소비자의 대리인으로서 역할을 하여야 하며, 실제로 소비자 요구분석을 실시하고 그 결과를 고려하여 마치 '소비자 보고서'의 형식과 유사하게 교육 프로그램의 가치를 판단해야 한다.

⑤ 총괄평가 접근을 취하고, 상품을 분석하기 위한 체크리스트를 개발하며, 상품에 대한 평가보고서를 소비자에게 제공한다.

---

2. 스테이크(Stake)의 종합실상모형

(1) 개념

① 스테이크(1967)는 프로그램 평가에서 프로그램의 모든 측면을 고려하여 전체적인 실상을 정확하게 파악하는 것이 중요하다고 하였다.

② 교사들이 자신의 수업방식을 정확히 이해하고 수업 이론 발전에 기여하려면 전체적 평가 국면(full countenance of evaluation)을 정확하게 심의·검토해야 한다고 주장하며 종합실상모형을 제안하였다.

③ 이 모형은 '안면모형' 또는 '안모모형'이라고도 불리는데 안모는 얼굴, 즉 전체적인 윤곽을 의미한다.

④ 평가를 공식적 평가와 비공식적 평가로 구분하였으며, 프로그램에 대한 합리적 판단을 위해서는 공식적 평가를 해야 한다고 하였다.

⑤ 공식적 평가를 위해서는 평가대상에 대한 기술(description) 및 판단(judgement)이 중요한데, 기술만 하고 판단을 회피하거나, 기술 없이 판단만 하는 평가는 불완전한 평가라고 하였다.

(2) 기술과 판단

① 스테이크는 평가의 기본 목적 또는 기능을 기술과 판단으로 규정하였고, 기술과 판단이 평가의 두 가지 안모라고 하였다.

② 평가를 위해 수집하는 자료들 중 기술자료는 의도한 것과 관찰된 것으로, 판단자료는 기준과 판단 그 자체로 각각 구별하였다.

③ 기술자료와 판단자료는 다시 선행요건(antecedent), 실행과정(transaction), 성과(outcomes)의 세 가지 정보원으로 구분하여 합리적 근거와 함께 자료를 수집하는 것이 필요하다고 주장한다.

    ㉠ 선행요건: 교육프로그램이 투입되기 전에 이미 존재하는 학습자의 특성, 교육과정, 교육시설, 학교환경 등을 지칭한다.

    ㉡ 실행과정: 교수・학습 활동이 전개되는 그 자체로서 교실에서 이루어지는 질의, 설명, 토론, 숙제, 시험 등이 실행과정에서 일어나는 활동이다.

    ㉢ 성과요인: 프로그램에 의해 나타난 학습자의 학업 성취도, 흥미, 동기, 태도 등의 변화를 포함하여 프로그램 실시가 교사, 학교, 학부모, 지역사회에 미친 영향을 의미한다.

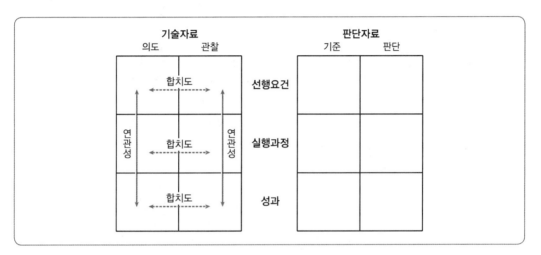

| 프로그램평가의 차원과 처리과정 |

⑶ 프로그램평가의 차원과 처리과정

① 기술자료−의도: 의도차원에서 선행요건, 실행과정, 성과별로 목표를 검토, 확정한다.

② 기술자료−관찰: 관찰차원에서 선행요건, 실행과정, 성과에 관한 자료를 수집한다.

③ 판단자료−기준: 선행요건, 실행과정, 성과를 판단하기 위한 기준(준거, 기대, 대안 프로그램의 수행)을 진술한다.

④ 기술적 자료의 선행요건, 실행과정, 성과에 관한 판단: 기술적 자료를 판단하는 방식은 선행요건, 실행과정, 성과 간의 연관성을 검토하는 방법과 합치도를 검토하는 방식으로 구분된다.

    ㉠ 선행요건, 실행과정, 성과 간의 연관성 검토
- 의도했던 선행요건과 의도했던 실행과정, 의도했던 실행과정과 의도했던 성과가 논리적 관련성이 있는지를 분석할 수 있다.
- 관찰된 선행요건과 관찰된 실행과정, 관찰된 실행과정과 관찰된 성과가 경험적으로 관련되는지를 분석할 수 있다.

    ㉡ 합치도 검토
- 의도했던 선행요건과 관찰된 선행요건
- 의도했던 실행과정과 관찰된 실행과정

- 의도했던 성과와 관찰된 성과가 일치하는 정도를 말한다.

⑤ 판단: 판단 단계에서는 기술적인 자료를 기준에 비추어 비교한다. 프로그램에 대해 판단을 내리는 데 사용할 수 있는 기준은 절대적 기준과 상대적 기준으로 구분된다.

　㉠ 절대적 기준: 프로그램이 구비해야 할 조건이나 상태 혹은 목표에 관해 해당 분야의 전문가가 설정해 놓은 이상적인 기준을 의미하며, 이러한 기준에 따른 평가를 절대평가라고 한다.

　㉡ 상대적 기준: 유사한 프로그램의 특성이나 결과를 근거로 하여 설정되며, 이러한 기준에 입각하여 수행되는 평가를 상대평가라고 한다.

(4) 의의

① 평가에 대한 다각적인 논의를 촉발시킴으로써 다양한 평가모형이 태동할 수 있는 계기를 제공하였다.

② 프로그램평가를 성과는 물론 선행요건과 실행과정까지 포함하는 개념으로 확대시켰고, 판단행위를 평가의 핵심적 측면으로 간주하였으며, 평가의 상대적 기준과 절대적 기준을 구분하여 평가이론의 발전에 커다란 공헌을 하였다는 평가를 받고 있다.

3. 아이즈너(Eisner)의 감식안 및 교육비평모형

(1) 개관

① 아이즈너는 당시의 양적인 평가 관행, 과학적인 교육평가 관행에 대한 대안으로 예술작품의 비평과 같이 평가가 이루어져야 한다는 질적 접근의 비평적 평가를 주장하였다.

② 기존의 목표달성모형이나 의사결정모형에서 추구하는 평가접근의 한계를 비판하면서, 예술교육에 대한 관점을 질적인 형태로 조합하여 교육적 감식안(educational connoisseurship)과 교육비평(educational criticism)이라는 평가관점을 제시하였다.

③ 아이즈너에 의하면 교육평가는 예술작품을 평가할 때 그 분야에 전문가들이 사용하는 방식과 절차에 의해 이루어져야 한다.

④ 이 모형은 자료에 대한 통계적 분석을 지양하고, 평가자의 전문성이나 경험에 입각한 질적평가를 중시한다.

⑤ 평가자의 민감성, 풍부한 경험, 세련된 통찰, 전문가적 판단 등 평가자의 전문성과 자질이 무엇보다 중요하다.

(2) 구성요소: 감식안과 교육비평

① 감식안

　㉠ 관찰대상의 특징을 이해하고 그들 사이의 관계를 깨닫는 감상술(art of appreciation)로 평가하려고 하는 교육 현상의 미묘하면서도 중요한 자질을 인식하는 것이다.

　㉡ 감식가의 지각은 대부분 그에 대한 지식과 관련 선행 경험의 축적에서 얻어지는 것으로 지극히 사적인 과정이므로 감식안은 곧 감상의 예술이다.

　㉢ 학교 교육과 관련하여 교육적 감식의 대상이 될 수 있는 것에는 교육(수업)의 의도, 학교의 구조, 교육과정, 교수법, 평가(시험) 등이 있다.

② **교육비평**

   ㉠ 감식안을 통해 지각한 사건이나 사물의 특질과 중요성을 밖으로 표현하는 일종의 표출의 예술(art of disclosure)로서 공적인 성질의 행동이다.

   ㉡ 대상의 속성을 얼마나 언어적으로 생생하게 조명해 주느냐가 관건이 되며 이를 위해 은유, 유추, 시사, 암시 등의 방법이 사용된다.

   ㉢ 비평은 부정적 평가가 아니라 평가대상이 지니고 있는 특성을 인식하게 하기 위한 교육적 과정이다. 비평이 제대로 이루어지기 위해서는 관찰대상에 대한 기술과 해석 및 평가가 모두 이루어져야 한다.

③ **교육적 비평의 세 측면**

   ㉠ **기술적 측면**: 교육현상을 사실 그대로 묘사하고 표현하는 것으로서 관찰과 감상을 통해 얻은 교육현상의 질적 속성을 정확하게 기술하고 묘사하는 데 중점을 둔다.

   ㉡ **해석적 측면**: 교육현상에 대한 기술을 바탕으로 사회적 맥락 속에서 수행된 다양한 형태의 행동이 지닌 의미와 중요성을 이해하고 그 가치를 논리적으로 설명하는 것을 의미한다. 이는 다양한 사회과학적 지식과 교육적 경험을 통한 실제적 지혜를 바탕으로 이루어진다.

   ㉢ **평가적 측면**: 기술하고 해석한 현상에 대해 교육적 의미와 가치를 발견하고 질적으로 판단하는 것을 의미한다. 평가자는 평가대상에 대한 관찰과 해석을 바탕으로 교육 실제의 성격과 그 개선에 관한 결론을 유추해 내야 한다.

④ 감식안과 비평의 관계에 대해 아이즈너는 감식안이 비평의 대상을 제공해 준다는 점에서 감식안과 비평은 상호 관련되어 있다고 보았다. 즉, 감식안은 비평 없이 이루어질 수 있으나 비평은 감식안 없이 이루어질 수 없다.

(3) 교육적 감식과 비평모형의 특징

① 교육적 관찰에 대한 질적인 해석을 시도하였다. 선행 훈련, 경험, 정련된 지각 능력을 강조함으로써 다양한 교육 실제에 대한 교사의 이해력을 높이고 평가 자료의 해석을 깊이 있게 할 수 있다는 장점이 있다.

② 그러나 평가자의 전문성에 대한 지나친 의존은 평가의 주관성 문제를 초래할 수 있으므로 공평함과 정확함이 요구되는 공적인 프로그램평가에는 적합하지 않다.

04 구바(Guba)와 링컨(Lincoln)의 자연주의모형

1. 개념

① 평가를 평가대상을 기술하고 그것의 가치와 장점을 판단하는 과정으로 정의한다.

② 현상학적·해석학적·구성주의적 패러다임을 기반으로 하는 새로운 평가모형을 통칭하여 4세대 평가라고 명명하였다.

③ 평가 방식을 미리 정하는 것이 아니라 평가과정에서 새롭게 제기되는 요구와 상황에 반응하여 평가자와 평가관련자가 협상을 통해 평가 근거 및 영역을 정하는 융통성 있는 반응적 논리에 의해 평가가 수행된다.

2. 특징

① 평가와 관련된 구성원들이 평가에 적극적으로 참여함으로써 평가 활동 자체를 구성해 가는 것을 중시한다.

② 평가자를 포함한 이해관계자들이 상호작용 과정을 통해 새로운 것을 만들어 가는 것을 평가로 개념화한다. 이해관계자들이 평가과정에 적극적으로 참여하는 것을 특히 강조한다.

3. 배경과 의의

① 자연주의 평가는 평가와 관련된 이해관계자들이 직접 참여해서 주도적으로 만들어 가는 과정을 평가로 보기 때문에 기존의 평가에 대한 접근 관점과는 근본적으로 다른 패러다임이다. 4세대 평가 패러다임은 평가대상을 수량화한다든가 질적으로 기술하거나 가치를 판단하는 데 목적을 두지 않으며, 모든 평가관련자가 함께 '참여하여 구성하고 귀납적으로 창조한다.'

② 구바와 링컨은 자연주의 평가 패러다임을 이전의 평가 패러다임과 구분하여 제4세대 평가이론으로 분류한다.

제1세대: 목표성취모형	타일러 등이 대표적 학자이며, 측정과 평가를 동일시하던 시대로 간주한다.
제2세대: 기술중심모형	크론바흐 등이 대표적 학자이며, 교육 현상을 가능하면 상세하게 기술하는 데 초점을 두고, 교육 현상의 기술을 곧 평가로 간주한다.
제3세대: 전문가 판단모형	스크리븐, 스테이크, 아이즈너 등과 같이 전문가에 의한 판단, 즉 교육대상을 가치를 판단하는 것을 강조한다.
제4세대: 자연주의 모형	구바와 링컨이 스스로 여기에 해당된다고 주장하며, 평가의 과정에 관련된 개인 또는 집단이 서로 다른 이해관계에 따라 타협하며 보다 나은 평가행위를 구성해 나간다고 본다.

05 울프(Wolf)의 법정판결모형(재판평가모형)

1. 개념

① 평가에 대한 법정판결모형은 법정에서 이루어지는 재판과정을 하나의 평가전형으로 모형화하여 평가의 과정을 설명하려는 관점이다.

② 프로그램을 옹호하는 평가자에게는 긍정적 견해를 피력하게 하고, 반대론자에는 부정적 견해를 피력하게 한 후, 중립적인 인물이 양측의 논쟁을 검토하여 최종 결론을 내리게 한다.

③ 법정판결모형에서 평가자의 역할은 재판과정에서 판사의 역할과 같다. 판사가 원고와 피고, 검사와 변호사의 대립 주장을 근거로 배심원의 판결을 내리는 전 과정을 주관하는 것과 흡사하다.

④ 평가 대상에 대한 긍정적 견해와 부정적 견해를 모두 포함시켜 각자의 주장이 합당하다는 주장을 피력하고, 상대 의견의 부당성은 반박하는 과정에서 편향성을 드러내게 함으로써 공정성을 확보하고자 한다.

⑤ 교육 관련 프로그램이나 정책 및 제도, 교육과정 등의 적합성을 평가하는 데 특히 유용하게 활용될 수 있다.

2. 장단점

① 장점: 교육 정책이나 제도의 도입과 실행에 있어 첨예한 대립이 있을 경우, 그에 대한 논거를 충분히 경청할 기회가 주어짐으로써 평가과정 자체가 직간접적인 교육적 체험의 의미를 지닌다.

② 단점: 객관적 사실과는 달리 판단이 논리적 설득력과 언변을 지닌 쪽으로 쉽게 기울어짐으로써 일종의 대중적 쇼의 마술에 빠질 수 있다.

PART

10

교육평가와 통계

Chapter 03 교육평가의 유형

01 평가 기준에 따른 유형

1. 규준참조평가(norm-referenced evaluation) 중등 04·06·12, 초등 07·10·12

(1) 개요
① 상대비교평가 혹은 규준지향평가, 규준관련평가로 불리며, 개인의 점수를 규준집단(비교집단)에서의 상대적 위치(즉, 서열)에 비추어 해석하는 소위 상대평가를 의미한다.
② 규준참조평가에서는 개인의 점수를 다른 사람의 점수에 비추어 상대적으로 해석하는데, 점수를 상대적으로 해석하기 위한 기준이 되는 잣대를 규준(norm)이라 한다.
③ 규준은 규준집단(비교집단)의 성질에 따라 달라지는 상대적인 성질을 지니고 있다. 따라서 규준참조평가에서는 원점수가 같은 경우에도 규준에 따라 평가결과가 달라진다.
④ 규준참조평가는 선발적 교육관에 바탕을 두고 있다. 이는 교육을 통하여 달성하고자 하는 목표나 수준에 도달할 수 있는 사람은 어떤 방법을 사용하든 소수에 지나지 않는다는 것이다. 즉, 준거나 목표의 도달 여부에 관심이 없고 서열이나 상대적 위치를 부여하여 분류하는 작업에 치중한다.
⑤ 학습자가 무엇을 얼마나 알고 있느냐보다는 개인의 성취 수준을 비교집단의 규준에 비추어 상대적 서열을 판단하는 것에 관심을 둔다.

(2) 특징
① 검사의 신뢰도를 강조한다. 학습자의 개인차를 얼마나 오차 없이 정확하게 측정하였는가에 중점을 두고 있다.
② 검사 점수의 정상분포를 기대한다.
③ 학습자의 개인차를 극대화하는 선발적 기능을 강조한다.

(3) 장점
① 개인차 변별이 가능하다. 상대적인 비교를 기초로 하는 객관성을 강조하고 엄밀한 성적표시 방법을 채택함으로써 개인차를 변별할 수 있다.
② 객관적인 검사를 활용하기 때문에 교사의 편견을 배제할 수 있다.
③ 학습자의 경쟁을 통해 학생들의 외적 동기를 유발할 수 있다.

(4) 단점
① 교수·학습 이론의 측면에서 볼 때 부적절하다. 무엇을 얼마만큼 알고 있는지에 관심을 두지 않기 때문에 무엇을 가르치고 배워야 하는지에 대한 정보가 적다.

② 참다운 의미에서의 학력 평가가 불가능하다. 학습자의 성취도가 집단 내 상대적 비교로만 판정되기 때문에, 학습내용을 완전히 이해한 학습자라도 집단 전체가 우수하다면 학업 성취도가 낮은 것으로 분석될 수 있다.

③ 학습자 간에 학력의 상대적 위치 또는 순위를 결정하기 때문에 지나친 경쟁심을 조장하여 협동심을 해칠 수 있다.

④ 인간의 발전성에 대한 신념이나 교육의 힘에 대한 신념을 흐리게 할 우려가 있다.

2. 준거참조평가(criterion-referenced evaluation) 중등 00 · 06 · 15논술 추가 · 18논술, 초등 00 · 02 · 04 · 06

(1) 개요

① 절대비교평가 혹은 준거지향평가, 목표참조평가 등으로 불리며, 학습자가 사전에 설정된 교육목표를 얼마나 달성했는지 여부에 관심을 두고 절대적인 성취수준에 비추어 개인의 점수를 해석하는 평가체제이다.

② 학습자가 무엇을 얼마나 알고 있는지 재는 평가 또는 학습자가 정해진 준거나 목표에 도달하였는지 판단하는 평가로서, 여기서의 무엇이라 함은 학습자가 성취해야 할 과제나 행위의 영역 혹은 분야를 의미한다.

③ 발달적 교육관에 바탕을 두고 학습자의 개인차 극복에 관심을 갖는다. 그러므로 선발이 목적이 아니라 가능한 한 모든 학습자가 의도하는 바 수업목표를 달성할 수 있도록 적절한 학습방법을 제공하고 배치하기 위한 평가를 한다.

(2) 특징

① 검사의 타당도를 강조한다. 원래 측정하려고 했던 수업목표를 얼마나 충실하게 측정하고 있느냐에 초점을 두기 때문이다.

② 검사 점수의 부적편포(negatively skewed distribution)를 기대한다. 즉, 모든 학습자가 설정된 교육목표를 달성하기를 바라기 때문에 검사 점수의 분포가 오른쪽으로 치우친, 정상분포에서 벗어난 부적편포를 기대한다.

③ 학습자 개개인에 적합한 교수·학습의 기회를 제공함으로써 주어진 학습목표에 도달할 수 있다는 발달적 교육관을 가정한다.

(3) 장점

① 교수·학습 이론에 보다 적합하다. 즉, 무엇을 알고 무엇을 모르는지의 정보를 직접적으로 제공해 주기 때문에 무엇을 어떻게 가르쳐야 할 것인지에 대한 시사점을 제시해 준다.

② 교육목표, 교육과정, 교수방법 등의 개선에 용이하다.

③ 상대평가에 치중하지 않으므로 이해, 비교, 분석, 종합 등 고등정신능력을 배양할 수 있다.

④ 인간의 무한한 가능성과 교육의 효과에 대한 신념을 성취할 수 있다.

⑤ 학생들 사이의 경쟁심을 제거하고 협동적인 학습을 가능하게 해 준다.

⑥ 학생들에게 보다 많은 성취감 또는 성공감을 갖게 해 준다.

⑷ 단점

① 개인차의 변별이 어렵다. 즉, 준거참조평가는 학습자 개인 간의 비교 및 우열을 판정하기가 어렵다.

② 준거의 설정 기준이 문제가 될 수 있다. 교육에 있어서 절대 기준을 누가 정하느냐 또는 어떻게 정하느냐에 대한 합의가 어렵다.

③ 검사 점수의 통계적 활용이 어렵다. 준거참조평가에서는 검사 점수의 정상분포를 부정하기 때문에 점수를 통계적으로 활용하기가 어렵다는 의미다.

3. 규준참조평가와 준거참조평가의 비교 중등 04, 초등 07

① **평가 기준** : 준거참조평가에서는 학습자가 '무엇을' 성취하였느냐에 관심을 가지는 반면, 규준참조평가에서는 학습자가 집단 내 '어느 위치'에 있느냐에 관심을 가진다.

② **교육관** : 준거참조평가는 발달적 교육관에 바탕을 두는 반면, 규준참조평가는 선발적 교육관에 기초한다.

③ **인간의 본질에 대한 인식** : 준거참조평가는 인간이 본성적으로 어떤 목표를 추구하려고 하고, 그 목표를 지향하는 능동적인 존재라고 본다. 반면, 규준참조평가는 인간을 자극－반응의 원리에 지배되는 존재로 본다. 선천적으로 능력 있는 유기체는 성공하게 되고, 그렇지 못한 유기체는 실패하게 된다고 보는 것이다.

④ **교육목표의 중요성** : 준거참조평가는 학습자가 설정된 교육목표를 성취하였느냐에 관심이 있는 반면, 규준참조평가에서는 목표의 설정 자체가 무의미하다. 각 학습자가 다른 학습자에 비해 얼마나 더 혹은 덜 성취하였느냐에 관심이 있기 때문이다.

⑤ **개인차를 보는 시각** : 준거참조평가에서는 개인차란 교육의 누적적 실패(혹은 성공)에 의해서 생기는 것으로 교육적 노력에 의해서 해소될 수 있다고 보고, 개인차를 최소화하기 위해 노력한다. 반면 규준참조평가는 집단을 대전제로 하기 때문에 개인차는 필연적으로 생기는 것이며, 개인차가 클수록 교육평가가 성공적인 것으로 본다.

⑥ **평가와 수업의 관련성** : 준거참조평가는 평가와 교수·학습(수업)과정이 매우 밀접하며, 평가도구도 교수·학습 담당교사에 의해 제작되는 경우가 많다. 반면에 규준참조평가에서는 평가와 교수·학습과정이 밀접히 관련된 것으로 보지 않으며, 교사 외의 다른 전문가가 평가도구를 제작해도 무방하다고 본다.

⑦ **절대 영점에 대한 개념** : 준거참조평가는 절대측정의 개념으로 0이란 성취해야 할 교육목표를 하나도 성취하지 못한 상태를 의미하므로, 신뢰도보다 타당도를 중시한다. 반면 규준참조평가는 인간의 행동을 정상분포의 가정과 법칙에 준하여 이해하고, 정상분포 모형에 기초하여 개인차를 잘 변별하면 좋은 평가도구가 된다. 따라서 타당도보다 신뢰도에 우선적인 가치를 둔다.

⑧ **평가의 목적** : 준거참조평가에서는 평가가 곧 교수·학습 과정의 한 변인이 되기 때문에 교육목표 달성에 도움을 주는 진단적 기능, 형성적 기능이 강조되는 반면, 규준참조평가에서는 수업이 시작되기 전과 수업이 끝난 후 학습자의 상대적 위치를 알아보는 데 관심이 있다.

■ 규준참조평가와 준거참조평가의 비교

규준참조평가	구분	준거참조평가
선발적 교육관(개인차 극복 불가능관)	교육관	발달적 교육관(개인차 극복 가능관)
상대적 위치 변별	평가목적	수업목표 달성도 확인
서열이나 순위 결정	평가방법	수업목표 달성도 판단
선발, 분류, 배치 : 입학시험, 심리검사	용도	확인, 교정, 개선 : 자격고사
일반적이고 포괄적인 수준의 행동	측정내용	매우 구체화시킨 행동
신뢰도, 문항곤란도 중시	측정도구	타당도 중시
정규분포 가정	득점분포	• 비정규분포 • 부적편포 기대
• 정규분포를 위한 적절한 곤란도 강조 • 개인차 변별을 위한 변별도 강조	검사문항	• 교과 내용의 필수개념과 원리가 곧 검사 내용이 됨 • 난이도와 변별도 강조 안 함

02 평가시기에 따른 유형

1. 진단평가(diagnostic evaluation) 중등 06, 초등 02 · 12

(1) 개념

① 교수 활동 초기 단계에서 수업전략을 위한 기초 자료를 얻고, 어떠한 수업이 적절한지 결정하기 위하여 학습자의 기초 능력을 진단하는 평가이다.

② 예로는 수업 시간 전 실시하는 쪽지시험, 퀴즈나 수업을 실시하기 전에 복습 여부를 묻는 질문, 전 학년도 성적표나 생활기록부를 토대로 학습자의 특성을 파악하여 교사가 간단히 제작한 질문 혹은 시험 등을 들 수 있다.

③ 준비도 검사, 적성검사, 자기보고서 그리고 관찰법 등 다양한 평가도구가 사용될 수 있다.

(2) 진단평가의 기능

① 학습의 예진적 기능이다. 예진적 기능이란 학습자의 기본적인 학습능력, 학습동기, 선수학습의 정도를 확인하는 것을 말한다.

② 학습 실패의 교육 외적 원인을 파악(신체적, 정서적, 환경적)하는 활동이다.

③ 학습하고자 하는 학습과제와 관련하여 선행학습의 결손을 진단하고 이에 대한 교정과 보충학습을 위한 평가이다.

④ 학습자의 흥미, 성격, 학업 성취 및 적성에 따라 적절한 교수처방을 내리는 데 사용될 수 있다.

2. 형성평가(formative evaluation) 중등 02·06·07·14논술·16논술, 초등 03·04·12

(1) 개념

① 수업이 진행되고 있는 상태에서 교수활동이 계획한 대로 진행되고 있는지를 확인하는 평가다. 수업 중에 실시되는 형성평가는 피드백을 제공함으로써 학습을 촉진함은 물론 수업을 개선하려는 목적으로 실시되는 평가형태를 일컫는다.

② 구체적으로 형성평가의 기능은 학습속도를 개별화하고, 학습동기를 높이며, 학습곤란을 진단해서 교정하고, 수업방법을 개선하여 궁극적으로 학습 효과를 극대화하려는 것이다.

③ 형성평가는 수업목표를 제대로 달성해 가고 있는가를 수시로 점검하는 활동이기 때문에 준거참조평가로 실시되어야 한다. 형성평가가 의도한 기능을 제대로 수행하려면 ⅰ) 가급적이면 자주 실시되는 것이 바람직하고, ⅱ) 평가결과를 즉시 피드백해 주어야 하며, ⅲ) 평가결과를 최종 성적에 반영하지 않는 것이 좋다.

④ 형성평가는 수업 중이나 단원을 학습하는 도중에 수시로 실시할 수 있으며, 교사가 제작한 자작 검사를 주로 이용하지만 교육전문 기관에서 제작한 검사를 이용할 수도 있다.

(2) 형성평가의 기능

① 학습자의 학습 진행 속도를 조절한다. 특히, 교과 내용의 분량이 많거나 학습내용이 일정한 앞뒤 관계에 의하여 위계적으로 조직되어 있을 때, 적절한 횟수로 평가를 실시함으로써 학습 진행 속도를 조절할 수 있다.

② 학습에 대한 강화의 역할을 한다. 형성평가를 통해 설정된 학습목표를 거의 달성하였다는 사실을 학습자가 확인함으로써, 그 뒤에 이어지는 학습을 용이하게 해줄 뿐 아니라 학습동기를 유발할 수도 있다.

③ 학습 곤란을 진단하고 교정한다. 학습자에게 교수목표에 비추어 무엇을 성취하였고 무엇을 더 학습해야 하는지를 구체적으로 알려 주기 때문에, 학습자는 자신의 학습 곤란을 스스로 발견하고 그것을 제거해 나가게 된다.

④ 학습지도 방법의 개선에 이바지할 수 있다. 형성평가를 통해 교사는 학습자가 학습하는 데 있어서 어느 부분이 쉽고 어려운지 파악하여 교수방법을 분석하고 개선할 수 있다.

3. 총괄평가(summative evaluation) 중등 06, 초등 04

(1) 개념

① 교수·학습이 끝난 다음 교수목표의 달성, 성취 여부를 종합적으로 판정하는 평가형태로 총합 평가라고도 한다. 즉, 총괄평가는 한 과목, 학기, 그리고 교육 프로그램이 끝나는 시점에 실시하는 평가로 성취 혹은 숙달 정도와 교육목표 달성 여부를 결정하는 활동으로 정의할 수 있다.

② 일선학교에서 흔히 실시되고 있는 학기말시험이나 학년말시험이 총괄평가의 대표적인 사례라 할 수 있다.

③ 총괄평가는 학습자가 도달하도록 의도된 교육목표를 어느 정도 성취하였는지에 주된 관심이 있다. 평가도구는 교육목표의 성격에 의해 결정되며, 교사 자작검사, 표준화 검사, 작품평가방법 등이 사용된다.

④ 형성평가와는 달리 비교적 장기간에 걸친 학습성과를 총체적으로 나타내 준다는 점에서 큰 의미를 갖는다.

⑵ 총괄평가의 기능

① 학생들의 성적을 판정한다. 학생들의 성적, 등급, 평정을 부여하여 학생의 최종 성취수준 및 위치를 결정하는 기능이 있다.

② 장래의 성적을 예측하는 기능을 한다. 학생들의 과거의 성취와 현재의 성취, 현재의 성취와 미래의 성취는 높은 상관관계가 있으므로 총괄평가를 통해 학생의 장래 성공여부를 예측할 수 있다.

③ 집단 간의 성취도를 상호 비교할 수 있는 토대를 제공한다.

④ 학생 개개인의 총괄평가의 결과는 개인적으로는 학습지도의 장기적 질 관리에 도움을 주며 총괄평가의 결과에 대처하는 과정에서 전체적으로는 교육정책의 수립에도 도움을 준다.

⑤ 학습자의 자격을 인정하는 판단의 역할을 한다. 즉, 학습자가 지닌 기능이나 능력, 지식이 요구하는 정도의 자격에 부합하는지 판단할 경우에 총괄평가의 결과가 도움이 된다.

4. 진단평가, 형성평가, 총괄평가의 비교

① 진단평가, 형성평가, 총괄평가는 교육의 전체 과정에서 진행 순서에 의하여 실시되는 평가이며, 비형식적이거나 형식적 형태로 이루어진다. 진단평가와 형성평가는 비형식적으로 이루어지는 경우도 적지 않으며 총괄평가는 일반적으로 형식적 평가로 이루어진다.

② 형성평가는 교과를 담당하는 교사나 교육담당자에 의해 이루어지나 총괄평가는 교육내용 전문가와 평가 전문가에 의하여 실시된다. 평가 목적에 따라 준거참조평가나 규준참조평가가 실시되며, 형성평가는 일반적으로 준거참조평가를 실시한다.

■ 진단평가, 형성평가, 총괄평가의 비교

구분	진단평가	형성평가	총괄평가
목적	• 출발점 행동의 확인 • 학습중복 회피 • 학습곤란에 대한 사전대책 수립	• 적절한 교수·학습 진행 • 교수법(프로그램) 개선	• 교육목표달성 • 교육 프로그램 선택 결정
기능	• 정치(placement) • 사전 학습성취수준 판정 • 학습곤란의 심층적 원인 판명	• 피드백 제공으로 학습촉진 • 교수방법 개선	• 성적판정 • 자격부여 • 수업효과 확인
시기	• 단원, 학기, 학년 초 • 수업 중 학습이 이루어지지 않을 때	교수·학습 진행 도중	교수·학습 완료 후
평가방법	비형식적, 형식적 평가	• 수시평가 • 비형식적, 형식적 평가	형식적 평가
평가(채점) 기준	준거참조	준거참조	규준 혹은 준거참조

평가문항	준거에 부합하는 문항	준거에 부합하는 문항	• 규준참조 : 다양한 난이도 • 준거참조 : 준거에 부합하는 문항
보고방법	하위기능별 개인의 프로파일	학습위계 속의 과제에 대한 개인별 등락의 형태	총점 또는 목표별 하위 점수

03 대안적 평가방식

1. 능력참조평가(ability-referenced evaluation) 중등 18논술 · 24논술, 초등 09

(1) 개념

① 학생이 지니고 있는 능력에 비추어 얼마나 최선을 다하였느냐에 초점을 두는 평가방법이다. 개인의 능력 정도와 수행결과를 비교하여 그 학생이 지니고 있는 능력이 최대한 발휘된 것인가를 살펴본다.

② 개인의 능력 정도와 수행결과를 비교하는 평가에서 다음의 두 가지 질문이 고려될 수 있다. 하나는 '학생이 지니고 있는 능력을 최대한 발휘한 것인가?'이며 또 다른 질문은 '충분한 시간이 부여되었을 때 더 잘할 수 있었는가?'이다.

(2) 특징

① 학생 개인이 지니고 있는 능력을 얼마나 발휘하였느냐에 관심을 두므로 개인을 위주로 하는 평가방법이다.

② 능력참조평가는 각 학생의 능력과 노력에 따라 평가된다. 우수한 능력을 지녔을지라도 최선을 다하지 않은 학생과 능력이 낮더라도 최선을 다한 학생이 있을 때 후자의 성취수준이 낮더라도 더 좋은 평가결과를 얻을 수 있다.

③ 장점 : 개인을 위주로 개별적 평가가 실시된다는 점이다.

④ 단점

㉠ 학습과제에 관련된 필수적인 능력이 무엇인지 명확하게 규정할 수 없다.

㉡ 능력참조평가를 하려면 학생이 지니고 있는 능력에 대해 정확히 추정해야 하는데, 능력수준을 정확하게 추정하기가 매우 어렵다는 문제가 있다.

㉢ 능력참조평가는 학습자의 능력이 변하지 않는다고 가정하고 있으나, 이 가정에도 오류가 있다.

2. 성장참조평가(growth-referenced evaluation) 중등 12 · 18논술, 초등 09

(1) 개념

① 교육과정을 통하여 얼마나 성장하였느냐에 관심을 두는 평가방법이다. 현재 성취수준을 과거의 성취수준과 비교하여 해석한다.

② 학생의 현재 성취수준이 과거보다 더 높으면 좋은 성적을 평가한다. 성장참조평가는 학생이 과거에 비해 어느 정도 성장하였고 진보하였는가를 파악하고자 할 때 유용하다.

③ 성장참조평가는 학생들에게 학업증진의 기회 부여와 개인화를 강조한다는 특징이 있다. 성장참조평가는 능력의 변화 과정과 성장 정도까지 고려하므로 학습자는 물론 교수자에게 더 많은 정보를 제공해 줄 수 있고, 이를 통해 개별화 교육을 촉진할 수 있다는 점에서 교육적으로 중요한 의미를 지닌다.

④ 성장참조평가 결과가 타당하기 위해서는 사전에 측정한 점수와 현재 측정한 점수와의 상관이 낮아야 한다. 만약 사전에 측정한 점수나 현재 측정한 점수가 본질적으로 상관이 높다면 이는 학생들의 성장에 의한 것이 아니라 관계에 의한 당연한 결과라고 볼 수 있다.

⑵ **문제점**

① 사람들은 성적을 성취수준과 동일시하고 있으므로 진보나 향상 정도를 기준으로 성적을 줄 경우 성적의 의미를 왜곡할 가능성이 있다.

② 학생들이 사전검사에서 일부러 틀릴 가능성이 있다.

3. 능력참조평가와 성장참조평가의 비교

① 대학진학이나 자격증 취득과 같이 행정적 기능이 강조되는 고부담 검사(high-stakes test)에서는 평가결과에 대한 공정성 문제가 제기될 수 있다.

② 학생 개인에게 초점을 맞추어 개인의 수행능력을 최대한 발휘하고, 성장과 변화의 기회를 부여한다는 측면에서 좀 더 교육적이다.

③ 능력참조평가와 성장참조평가를 실시하기 위한 기본 전제 조건은 학생이 지니고 있는 능력에 대한 정확한 정보가 제공되어야 한다는 것과 학생이 소유한 능력의 정도, 능력의 변화 등을 측정하는 도구의 타당도와 신뢰도가 고려되어야 한다는 것이다.

■ **능력참조평가와 성장참조평가의 비교**

구분	능력참조평가	성장참조평가
강조점	최대능력 발휘	능력의 변화
교육신념	개별화 학습	개별화 학습
비교대상	소유능력과 수행 정도	성장, 변화의 정도
개인 간 비교	고려하지 않음	고려하지 않음
이용도	최대능력 발휘를 위한 교수적 기능	학습향상을 위한 교수적 기능

04 양적평가와 질적평가

1. 양적평가

① 양적평가는 평가대상을 수량화하고, 수량화된 자료를 가지고 통계적 기법을 이용하여 기술하고 분석하는 평가방법이다.

② 수집된 자료는 수 혹은 양으로 표현된다. 평가대상이 수나 양으로 측정되기 위해서는 평가대상이 객관적 객체로 존재해야 한다. 따라서 관찰에 의해 외면적으로 나타나지 않고 실증적으로 제시될 수 없는 것들은 평가 대상에서 제외하거나 검증할 수 있도록 조작하여 측정하거나 제시함으로써 정확성을 기한다.

③ 양적평가에서는 여러 형태의 객관적인 문항이 개발되고, 평가결과는 대부분 수치로 나타난다.

④ 장단점

  ㉠ 장점: 간결, 명료하고 분명하다. 주관성을 배제하고 객관성 확보가 가능하다.

  ㉡ 단점: 전체적인 조화에서 나타나는 경향성을 파악하기 힘들다.

2. 질적평가

① 질적평가는 양적평가에서 간과되는 교수·학습의 질적 측면을 반영하는 평가방법이다. 교육 프로그램이나 교육활동과 관련된 질적 자료를 수집하여 분석·이해하고 그 가치를 판단하는 과정이다.

② 질적평가는 소수의 사람들이나 사례, 프로그램, 프로젝트에 관하여 더욱 구체적이고 생생한 자료나 정보를 수집·분석해서 심층적으로 파악함으로써 그들의 실체나 과정에 대한 이해를 높이는 데 목적을 둔다.

③ 질적평가는 현상적, 해석적 탐구의 전통을 따른다. 평가와 관련된 당사자들의 상호주관적 이해에 바탕을 두고 교육현장 그 자체나 평가자의 경험을 통해 사실적으로 기술하고 해석하는 것으로 사실적이고 현장 지향적이며 언어로 서술되는 평가방법이다.

④ 장단점

  ㉠ 장점: 전체적이며 종합적인 평가가 가능하다.

  ㉡ 단점: 객관성, 신뢰도, 시행의 어려움, 비용 등의 문제점이 있다.

3. 양적평가와 질적평가의 비교

① 양적평가에서는 수량적인 자료에 의존하며 신뢰도를 강조하는 반면, 질적평가에서는 기술적인 자료에 의존하며 타당도를 강조한다. 양적평가에서는 관찰가능하고 측정 가능한 행동에 관심이 있다. 반면, 질적평가에서는 수량화보다 인간의 행동을 있는 그대로 기술하는 데 관심이 있다.

② 양적평가에서는 객관성을 강조하는 반면, 질적평가에서는 주관성을 강조한다. 양적평가에서는 의견보다 사실을, 직관보다 논리를, 인상보다 확증을 중심으로 주관성을 배제하고 객관성을 확보하고자 한다. 반면, 질적평가에서는 필연적으로 가치판단이 개입되기 때문에 다수가 공감할

수 있는 상호주관성과 상호주관적 이해를 강조한다.

③ 양적평가에서는 법칙발견을 위한 노력으로 일반성을 강조하고, 질적평가에서는 이해증진을 위한 노력으로 특수성을 강조한다. 일반화를 목표로 하는 입장에서는 더 큰 표집, 많은 연구사례, 연구대상과의 일정한 거리 유지, 자료의 수량화 등을 강조하며, 질적평가에서는 각 프로그램이나 평가 대상자가 지니고 있는 독특성과 개인차를 중시한다.

④ 양적평가는 연역적인 경향을 띠고 있으나 질적평가는 귀납적 경향을 띤다. 양적평가에서는 평가자가 자료수집 전에 특정한 이론적 틀에 근거하여 연역적으로 유도한 평가체제를 가지고 평가에 임한다. 질적평가에서는 개방적 태도를 가지고 평가에 도움이 될 만한 자료를 제한 없이 수집하고 관찰된 개별적 사실에서 구체적인 사례를 분석·종합해 나가면서 중요한 변인을 찾아내고 변인 사이의 관계를 밝혀내므로 귀납법의 논리와 유사하다.

■ 양적평가와 질적평가의 비교

구분	양적평가	질적평가
탐구방법	경험적, 실증적 탐구	현상적, 해석적 탐구
신뢰도와 타당도	신뢰도	타당도
주관과 객관	객관성 강조	상호주관성과 상호주관적 이해 강조
평가목적	일반성 강조	특수성 강조
논리	연역법	귀납법
결과분석	통계분석	해석적 분석
부분과 전체	구성요소 분석에 노력	통합된 전체 이해 강조
과정과 결과	결과 중심	과정 중심
자료수집 방법	실험적 방법, 질문지 등의 검사도구	심층면담, 참여관찰

05 수행평가(performance assessment)

1. 수행평가의 개념 중등 07, 초등 00

① 수행이란 구체적 상황에서 실제로 행동하는 과정이나 그 결과를 의미한다.
② 수행평가란 평가자가 피평가자들의 학습과제의 수행과정이나 결과를 직접 관찰하고, 그 관찰 결과를 전문적으로 판단하는 평가방식이다.
③ 학습자들이 교육의 목표인 높은 사고력이나 문제해결력 등이 있다는 것을 관찰할 수 있는 행동이나 산출물로 보여주도록 요청하는 평가방식이다.
④ 학교현장에서 이루어지는 수행평가는 학생들의 작품이나 활동을 직접 관찰하고, 관찰된 결과를 전문적, 주관적으로 판단함으로써 이루어지는 평가이며, 선택형 검사 이외의 다른 모든 방법으로 평가하는 방식이라고 할 수 있다.

2. 유사 용어

(1) 대안적 평가(alternative assessment)

① 전통적인 선택형 검사에 의한 평가의 형태와 구별된다는 점에서 사용된다(수행평가뿐만 아니라 전통적인 평가방법과 구별되는 여러 가지 다른 형태의 평가를 모두 포함).

② 기존의 평가방법이 다루지 못한 영역을 수행평가가 다룰 수 있기 때문에 수행평가는 대안적 평가의 한 사례이다.

(2) 실제적 평가(authentic assessment)

① 수행과제가 실생활 문제와 직접 관련된다는 점에서 사용된다.

② 자연스러운 실제 상황을 중시한다는 측면에서 참 평가, 상황 지향적 평가, 자연주의적 평가라고도 한다.

③ 수행평가 방식 중의 한 특수 사례라고 볼 수 있다.

(3) 직접 평가(direct assessment)

① 학생들의 능력과 기술에 대한 증거를 관찰이나 면접에 의하여 직접적인 측정치로 확보한다는 점에서 사용한다.

② 예를 들면, 도덕성은 지필시험이나 구두시험보다 학생의 행동을 관찰함으로써 평가하는 것이 적절하다.

(4) 실기시험 평가(performance-based assessment)

① 지필식 시험보다 실기시험을 중시한다.

② 단순히 아는(기억하는) 것보다 실제로 할 줄 아는 것이 중요하다.

(5) 포트폴리오 평가(portfolio assessment)

① 장기간에 걸쳐 수집된 학생의 평가 자료를 중요한 판단 기준으로 사용한다는 점에서 사용한다.

② 작업결과나 작품 혹은 어떤 수행의 결과를 모아놓은 자료집이나 서류철을 보고 평가하는 방법이다.

③ 최종적인 결과도 중요하지만 결과를 낳게 된 과정도 중요하다.

④ 성취도뿐만 아니라 학생의 노력이나 향상도 중요하다.

⑤ 지속적이고 통합적인 평가를 중시한다.

(6) 역동적 평가(dynamic evaluation)

① 이미 완료된 발달 수준보다는 현재 진행 중인 발달 상황을 파악함으로써 학생이 미래에 보일 발달의 가능성을 중시하는 평가이다.

② 역동적 평가는 학생들의 현재 능력뿐만 아니라 교사나 친구들과의 역동적 상호작용에 의하여 곧 발달하게 될 능력의 종류와 그 수준을 파악하는 일을 중요하게 생각하기 때문에 학생들의 발달 과정, 즉 문제해결 전략의 사용과정이나 해결 전략의 발달 과정을 특히 중시한다.

③ 수행평가는 과정을 중시한다는 점에서 역동적 평가와 공통점이 있다.

3. 수행평가의 필요성

① 세계화·정보화 시대를 맞이하여 단순히 지식을 기억하고 재생하는 능력보다는 학습자의 다양한 개성을 존중하고 인성 및 창의성을 조장하는 새로운 교육평가체제가 요구된다.

② 수행평가 과제를 통해 평가와 교수·학습 과정을 연계하고, 협동학습을 지향함으로써 학생들이 또래 관계 속에서 배우게 할 뿐만 아니라, 교사와 학생 모두에게 교수·학습 과정에서의 장단점의 정보를 제공할 수 있다

③ 인지적으로 아는 것뿐만 아니라 아는 것을 실제로 적용할 수 있는지 파악하는 것도 중요하다.

④ 획일적인 표준화 검사를 적용하기 어려운 다양한 개인적 특성이나 상황에서 타당한 평가를 할 수 있다.

⑤ 수행평가는 여러 측면의 지식이나 능력을 지속적으로 평가할 수 있다. 종래의 평가는 교수·학습의 결과를 한두 번에 걸쳐 평가하므로 교수·학습 활동을 개선하기에는 부적합하다.

⑥ 학생 개인에게 의미 있는 학습 활동이 이루어지도록 하기 위해 필요하다. 기계적으로 암기하고 시험을 치른 후에 모두 잊어버리는 암기식 학습 활동과 달리 수행평가는 학생이 지식이나 기능을 만들어 가는 과정이나 결과를 통해서 자신만의 의미를 가질 수 있는 학습이 이뤄지게 한다.

4. 수행평가의 특징 중등 03, 초 00

① 수업과 평가를 유기적으로 통합하여 유의미학습을 촉진한다. 전통적인 평가에서는 수업과 평가가 단절되어 있다.

② 자유반응형 과제를 사용하여 반응을 구성하거나 활동을 수행하도록 요구한다. 즉, 학생이 정답을 선택하게 하는 것이 아니라 스스로 답을 작성하거나 행동으로 나타내도록 하는 평가방식이다.

③ 종합력, 추리력, 문제해결능력, 메타인지능력 등과 같은 고차적인 정신능력을 측정한다.

④ 학습의 성과는 물론 학습의 과정도 평가한다. 또 개인에 대한 평가는 물론 집단에 대한 평가도 중시한다.

⑤ 단편적인 영역에 대해 일회적으로 평가하기보다는 학생 개개인의 변화·발달 과정을 종합적으로 평가하기 위해 전체적이면서도 지속적으로 평가하는 것을 강조한다.

⑥ 교육목표의 달성 여부를 가능한 한 실제 상황에서 파악하고자 한다.

⑦ 학생들에게 평가 기준을 개발하고 평가과제를 선택할 수 있는 자율성을 부여한다.

⑧ 학생의 지식이나 태도 등을 평가할 때 교사의 전문적인 판단에 의거하여 평가하는 방식이다.

⑨ 학생의 인지적 영역뿐만 아니라 학생 개개인의 행동 발달 상황이나 흥미, 태도 등의 정의적 영역, 그리고 운동기능 등의 심동적 영역에 대한 종합적이고 전인적인 평가를 중시하고 있다.

PART

10

교육평가와 통계

◼ 수행평가와 기존 평가방식

구분	수행평가	기존 평가방식(선택형)
평가목적	• 지도, 조언, 개선 • 수업목표의 달성 여부 판정	• 선발, 분류, 배치 • 서열에 의한 우열 판정
평가체제	• 절대평가 • 질적평가	• 상대평가 • 양적평가
평가내용	• 절차적 지식(방법적 지식) • 학습의 과정 중시	• 명제적 지식(내용적 지식) • 학습의 결과 중시
평가방법	• 관찰자 판단 위주 • 개별 교사에 의한 평가 중시 • 소규모 평가 중시 • 지속적·종합적 평가 • 전문성, 타당성, 적합성 강조	• 선택형 평가 위주 • 표준화검사 중시 • 대규모 평가 중시 • 일회적·부분적 평가 • 객관성, 일관성, 공정성 강조
평가시기	• 학습활동의 모든 과정 • 교수·학습과 평가활동 통합	• 학습활동이 종료되는 시점 • 교수·학습과 평가활동 분리
교사의 역할	• 학습의 안내자, 촉진자	• 지식의 전달자
학생의 역할	• 능동적인 학습자 • 지식의 창조자	• 수동적인 학습자 • 지식의 재생산자
교수·학습활동	• 학생 중심 • 지적·정의적·심동적 영역 모두 강조 • 탐구 위주 • 창의성 등 고등사고기능 강조	• 교사 중심 • 지적 영역 중심 • 암기 위주 • 기본 학습능력 강조

5. 수행평가 방법

(1) 서술형 및 논술형 검사

① 서술형 검사란 흔히 주관식 검사라고 불리는 것으로 문제의 답을 선택하는 것이 아니라 직접 서술하는 검사다. 종래에는 단편적인 지식을 묻는 것이 대부분이었으나, 최근에는 고등사고기능을 묻는 경우도 많다.

② 논술형 검사란 일종의 서술형 검사이기는 하지만 학생 나름의 생각이나 주장을 창의적, 논리적이면서도 설득력 있게 조직하여 작성해야 함을 강조한다는 점에서 일반 서술형과 구별된다.

(2) 구술시험

학생들에게 특정 내용이나 주제에 대해 자신의 의견이나 생각을 발표하는 과정을 통해 학생의 준비도, 이해력, 표현력, 판단력, 의사소통능력 등을 직접 평가하기 위한 방법이다.

(3) 토의·토론

① 특정 주제에 대해 학생들이 서로 토의하고 토론하는 것을 관찰하여 평가하는 방법이다.

② 일반적으로 서로 다른 의견을 제시할 수 있는 토론 주제에 대해 개인 또는 집단별로 토의·토론

이 진행되며, 진행 과정에서 준비한 자료의 다양성과 적절성, 내용의 논리성, 상대 의견에 대한 태도 등을 종합적으로 평가한다.

(4) 실기시험

① 수행평가에서 말하는 실기시험과 기존의 실기시험의 가장 큰 차이점은 실기를 하는 상황이 다르다는 것이다.

② 기존의 실기시험이 평가가 통제되거나 강요되는 상황이라면, 수행평가는 자연스러운 상황에서 실제로 하는 것을 여러 번 관찰하여 그 수행능력을 평가하는 것이다.

(5) 실험·실습

실험·실습은 특히 자연과학 분야에서 많이 사용되는 방법으로 어떤 과제에 대해 학생들로 하여금 직접 실험이나 실습을 하게 한 후 그 결과 보고서를 제출하게 하는 것이다.

(6) 면접

① 면접자와 피면접자의 대화를 통해 자료와 정보를 수집하는 방법이다.

② 심층적이고 다양한 정보를 수집할 수 있고, 연령이 낮거나 언어능력이 낮은 사람에게 사용하기 적합하며, 개인적으로 민감한 문제에 대한 정보를 수집할 수 있다는 장점이 있다.

③ 면접 과정에서 시간과 노력이 많이 소요되고, 면접자가 피면접자에게 영향을 미칠 수 있고, 면접 결과의 신뢰도가 전반적으로 낮다는 단점이 있다.

(7) 관찰

① 학생을 이해하고 평가하기 위한 가장 보편적인 방법 중 하나다. 교사는 늘 학생들을 접하며, 개별 학생 단위든 집단 단위든 항상 관찰하게 된다.

② 나이가 너무 어리거나 지능이 지나치게 낮은 대상을 평가할 때 평가 상황을 의도적으로 마련할 수 없는 경우가 있으므로 자연적인 상황에서의 관찰법을 자주 사용한다.

③ 관찰과정에 시간과 노력이 많이 소요되고, 관찰자의 주관이 개입되어 관찰결과가 왜곡될 수 있으며, 피관찰자가 평가받고 있다는 사실을 의식할 때 반응을 숨기거나 왜곡할 소지가 있다는 단점이 있다.

(8) 자기평가 및 동료평가 보고서

① 자기평가 보고서란 특정 주제나 교수·학습 영역에 대하여 스스로 학습 과정이나 학습결과에 대한 자세한 평가 보고서를 작성·제출하도록 하여 평가하는 것이다.

② 동료평가 보고서란 학습 과정에서 동료 학생들이 상대방에 대해 서로 평가하게 하는 방법이다. 학생 수가 많아 교사 혼자 힘으로 모든 학생을 제대로 평가하기 어려울 때 또는 집단과제를 제시하였을 때 해결 과정에서 드러나지 않는 부분의 활동 상황에 대해 제대로 평가할 수 있다.

(9) 연구보고서

여러 가지 연구 주제 중에서 학생의 능력이나 흥미에 적합한 주제를 선택하고, 그 주제에 대해서 학습자 나름대로 자료를 수집하고 분석·종합하여 연구보고서를 작성·제출하도록 하여 평가하는 것이다.

(10) 프로젝트법

① 학생들에게 특정 연구 과제나 개발 과제 등을 수행하도록 한 다음, 과제 수행을 위한 계획서 작성 단계에서부터 결과물 완성 단계까지 전 과정과 결과물을 함께 평가하는 방법이다.

② 사용하는 과제가 연구 과제일 경우 앞서 언급한 연구보고서법과 유사하며, 개발 과제일 경우에는 만들기 과제와 유사하나, 결과물과 함께 계획서 작성 단계부터 결과물 완성 단계에 이르는 전 과정도 함께 평가한다는 점에서 차이가 있다.

6. 포트폴리오 평가 중등 01·02, 초등 05

(1) 개념

① 포트폴리오(portfolio)란 학생이 쓰거나 만든, 지속적이면서도 체계적으로 모아 둔 개인별 작품집 혹은 서류철을 이용한 평가방법이라 할 수 있다.

② 단편적인 영역에 대해 일회적으로 평가하는 것이 아니라, 학생 개개인의 변화·발달 과정을 종합적으로 평가하기 위해 전체적이면서도 지속적인 평가를 강조하는 것으로 수행평가의 대표적인 방법 중 하나이다.

(2) 포트폴리오 평가의 특징

① 자연스러운 학습상황에서 직접적이고도 실제적으로 수업과 평가가 연계된다. 교사의 다양한 관찰 및 평가와 학생들의 반성적 사고과정에서 학생들의 장단점 및 발달과정이 자연스럽게 파악될 수 있고, 수업과 평가가 분리될 수 없는 학습맥락에서 교사와 학생에 대한 포괄적인 관점을 제공하므로 교실 수업개선의 효과가 있다.

② 개별화 수업에 적합하다. 학생마다 별도의 포트폴리오를 구성해야 하기 때문이다.

③ 학생의 약점이 아니라 강점을 확인하는 데 주안을 둔다. 포트폴리오 평가는 학생의 잘할 수 있는 부분에 주안을 두므로 학생은 가장 우수한 작품을 선정하여 제출한다.

④ 평가과정에 학생들을 적극적으로 참여시켜 학생들이 스스로 강점과 약점을 평가하도록 한다. 학생주도적이므로 학생들이 자율적으로 학습하고 평가하도록 조력한다.

⑤ 포트폴리오에는 학생 자신의 학습목표 진술지, 평가준거, 차시별 증거자료가 되는 작품, 즉 그림, 시, 글짓기, 독서기록, 과제 기록물, 연구보고서, 실험·실습 결과 보고서 등이 포함되며, 이 외에도 교사·학생·학부모와의 면담기록, 학생의 학습 활동을 기록한 오디오나 동영상, 도표나 차트, 자기평가 및 동료평가 보고서, 수행 일지 등의 내용으로 구성되어 포트폴리오로 만들어져 평가된다.

(3) 장점

① 장기간에 걸친 학생의 성장과 발달을 나타내 준다.

② 포트폴리오는 수업의 산출물로 구성되므로 수업과 평가를 적절하게 통합할 수 있다.

③ 학생들이 자신이 만든 작품 혹은 산출물의 강점과 약점을 평가할 수 있는 기능을 향상시킨다.

④ 작품을 선정, 평가하는 과정에서 학생들이 주도적인 역할을 하므로 학습동기를 높여준다.

⑤ 교사와 학생이 협력하고, 평가할 수 있는 기회를 제공한다.

⑥ 학생들은 자신이 제작한 포트폴리오를 통해 스스로의 성장과 변화과정을 알 수 있으며, 교사는 포트폴리오를 보고 학생들의 과거와 현재의 상태를 쉽게 파악할 수 있다.

⑦ 평가에서 학생의 역할이 중요시되고, 결과뿐만 아니라 과정을 강조하고 협동적인 활동을 장려하며, 현재의 상태보다는 발전 가능성에 초점을 두고, 다양한 상황과 연령에 적용할 수 있으며, 활용 가능성이 높다

⑧ 학생의 구체적인 작품과 진전 상황을 통해 학부모와 효과적으로 의사소통할 수 있도록 도움을 준다.

⑷ 단점

① 시간과 노력이 많이 소요된다.
② 평가결과의 신뢰도가 낮고 불공정할 소지가 많다.
③ 채점 및 평가가 어렵다.

⑸ 사용 시 유의사항

① 장기간에 걸친 학생의 작품을 모아 성장 정도를 반영한다.
② 그때 그때의 발전 과정을 제시한다.
③ 학생의 강점과 약점을 확인하여 피드백을 준다.
④ 주제에 대해서 글, 그림, 사진, 도표 등 다양한 종류의 자료를 모은다.
⑤ 주제에 대해서 학생의 높은 사고력을 평가한다.
⑥ 전통적인 학습에서 뒤처져 있는 학생들에게 능력을 발휘할 수 있도록 기회를 준다.
⑦ 교사는 내용과 형태에 대해 학생과 미리 협의한다.
⑧ 교과서에 많이 의존하기보다는 교과서를 기초로 하여 자유롭게 작성한다.
⑨ 교사는 중간에 살펴보고 학생에게 피드백을 주면서 개선의 기회를 준다.

7. 수행평가의 실시 절차

⑴ 평가목적의 확인

어떠한 용도로 사용할 것인지, 활용할 사람은 누구인지, 평가대상은 누구인지 구체적으로 서술한다.

① 평가목적을 명확하게 규명한다. 즉, 교육현장에서 수행평가를 어떻게 사용할 것인지를 밝힌다.
> **예** 학습자의 능력별 배치, 선행학습능력 진단, 수업의 개선, 목표의 달성 정도 가늠

② 평가결과를 활용할 사람을 구체적으로 서술한다.
> **예** 교사, 평가자, 학생, 학부모, 교육청 등

③ 평가결과의 용도를 구체적으로 서술한다. 평가결과에 대한 가치 부여 혹은 해석방법에 따라 규준참조평가와 준거참조평가로 분류할 수 있다.

④ 평가대상을 구체적으로 서술한다.
> **예** 평가대상의 수, 학년, 특징 등

⑵ 평가내용의 결정

평가내용 영역 및 기능을 제시한 후 수행과제를 선정하며, 수행준거를 정의한다.

PART 10

교육평가와 통계

① 평가의 일반적인 내용 영역 및 기능을 밝힌다. 내용 영역은 넓게는 교과, 좁게는 단원이나 제재가 될 수 있다. 기능에 대한 분류는 블룸(Bloom)의 인지적 영역의 교육목표 분류학, 크래쓰월(Krathwohl), 블룸과 마시아(Masia)가 제안한 정의적 영역의 행동목표 분류학을 꼽을 수 있다.

② 수행과제를 선정한다. 수행과제 선정 시에는 과제가 의도한 결과를 잘 나타내고 있는지를 고려해야 한다.

③ 수행준거를 열거한다.

　㉠ 수행의 주요 요소를 빠짐없이 열거하고, 각 요소별로 가장 높은 수준의 수행과 가장 낮은 수준의 수행, 그리고 중간 수준에 해당하는 수행을 상세하게 정의한다.

　㉡ 이러한 수행의 요소 또는 차원을 수행준거라고 한다.

　㉢ 최근에는 학생들의 수행과제 평가의 공정성과 정확성을 위해 루브릭(rubric)을 이용한다.
　　• 루브릭은 과제를 평가하는 데 필요한 일련의 평가 안내서로서, 일반적으로 과제의 각 수준마다 적용할 수 있는 평가척도를 포함하고 있다.
　　• 과제를 시작하기 전, 학생들이 루브릭을 안다면 기대된 것과 그 기대에 도달하기 위해 해야 할 것을 알게 될 것이다. 따라서 학생들의 성취 향상을 가져올 뿐만 아니라 학생들이 어떻게 평가되는지에 대해 잘못 이해하는 것을 줄임으로써 교사도 이점을 얻을 수 있다.

■ 구술발표를 위한 루브릭의 예

	초보단계(1)	발전단계(2)	숙달단계(3)	성숙단계(4)
내용	아무 말도 하지 않았다.	요구를 충족시킬 만한 충분한 내용을 제공하지 않았다.	요구를 충족시키기에 충분한 내용을 제공하였다.	내용이 요구사항을 충족시키기에 뛰어났다.
구성	구성이 되어 있지 않고 대부분의 내용을 이해할 수 없다.	내용의 구성이 산만하거나 무작위로 섞여 있다.	내용은 구성되었고 순서와 전후관계가 명확하다.	내용은 잘 구성되었으며, 연설자는 의견과 생각을 나타내기 위해 변화와 단서를 제공하였다.
화법	발음이 너무 불명확해서 내용의 대부분을 이해할 수 없었다.	내용을 이해하기 위해 애를 써야 했으며, 음량이 너무 작고 말하는 속도는 너무 빨랐다.	발음이 명확하고 음량과 말의 속도가 적당하였다.	연설자는 내용을 생생하고 열성적으로 전달하였다.
언어	문법과 어휘가 상당히 빈약해서 내용의 대부분을 이해할 수 없었다.	연설자는 많은 문법적 실수를 하였으며 단순하고 지루한 언어를 사용하였다.	연설자는 약간의 문법적 실수를 저질렀으며 적당한 언어를 사용하였다.	연설자는 문법적 실수를 거의 하지 않았고 내용의 의미를 강조하거나 향상시키기 위한 효과적인 언어를 사용하였다.

(3) 평가방법의 설계

성취 행동을 평가할 수 있는 방법을 결정하고 평가 시행의 공고 여부와 수집할 평가 자료의 양을 결정한다.

① 성취 행동을 가장 적절하게 평가할 수 있는 방법을 결정한다. 경우에 따라 두 가지 이상의 평가 방법을 사용할 수 있다.

② 평가 시행의 공고 여부를 결정한다. 공고를 하는 경우와 그렇지 않은 경우로 구분하여 피험자의 동기유발과 시험 불안 정도를 비교할 수 있다.

③ 수집할 평가 자료의 양을 결정한다. 한 번의 성취 행동에서 한 개의 자료를 수집하거나, 한 번의 성취 행동에서 여러 개의 자료를 수집하거나, 여러 번의 성취 행동에서 여러 개의 자료를 수집할 수 있다. 평가 자료의 수집방법은 평가결과의 중요성, 수집된 자료의 대표성, 평가에 소요되는 시간과 비용에 따라 달라질 수 있다.

(4) 채점 계획의 수립

어떤 형태의 점수가 필요하고, 누가 채점을 하며, 어떻게 채점자료를 기록할 것인가를 결정해야 한다.

① 채점방법을 결정한다.

총괄적 채점(개괄적 채점)	수행이나 산출물 전체를 채점단위로 하여 총체적인 관점에서 판단하는 방법이다. 연구보고서나 발표를 전반적으로 판단하여 점수를 주었다면 총괄적 채점을 한 것이다. 평가목적이 선발이나 배치, 순위를 필요로 하는 경우 적용한다.
분석적 채점	과정이나 산출물을 채점준거별로 채점한 후 합산하는 방법이다. 실험보고서를 사실의 정확성, 분석의 타당성, 결론의 정당성을 기준으로 채점하거나 논설문을 아이디어의 질, 표현의 명료성, 문법의 정확성을 기준으로 채점하는 것이 분석적 채점이다. 개인 및 집단의 진단이나 최소한의 숙련 정도를 파악하는 경우 적용한다.

② 채점자를 결정한다. 교사나 자격이 있는 전문가, 또는 피험자 자신도 자신의 수행결과나 다른 피험자의 수행결과를 채점할 수 있다.

③ 평가의 기록방법을 명확히 밝힌다.
   ㉠ 평가결과를 점수로 기록하거나, 성취 행동의 유무를 체크리스트에 표시하거나, 숙련된 정도를 평정척도에 표시할 수 있다.
   ㉡ 관찰 사항을 기록하거나, 포트폴리오로 보관할 수도 있다.
   ㉢ 피험자가 많으면 성취 행동을 점수로 표시하거나 체크리스트에 표시하는 방법이 적절하다.

8. 수행평가의 장단점 초등 09

(1) 장점

① 인지적 능력, 정의적 특성, 심동적 특성을 모두 평가할 수 있는 총체적 접근이다.
② 개방형 형태의 평가방법은 다양한 사고능력을 함양시킨다.
③ 수행평가는 과제의 성격상 협동학습을 유도하므로 전인교육도 도모한다.
④ 검사결과뿐 아니라 문제해결과정도 분석할 수 있다.
⑤ 학습동기와 흥미를 유발한다. 맞거나 틀리는 이분법적 평가가 아니라 어떠한 답도 수용할 수 있으므로 학생들을 격려하여 학습동기와 흥미를 증진시킨다.

(2) 단점

① 수행평가도구 개발에 어려움이 있다. 수행평가도구를 개발하기 위해서는 교과 내용은 물론 학습자들의 인지구조, 그리고 학습과제들을 실생활에 적용하는 범위까지 고려하여야 하므로 전통적 방법에 의한 평가문항의 개발보다 어렵다.

② 채점기준, 즉 점수 부여 기준 설정이 용이하지 않다. 수행평가는 수행과정까지 고려하여 점수를 부여하게 되는데 어디까지 몇 점을 주어야 하는지에 대한 점수 부여 기준 설정이 어렵다.

③ 채점자 내 신뢰도와 채점자 간 신뢰도 확보에 어려움이 있다. 전통적 평가방법보다 주관이 개입될 소지가 많기 때문에 일관성 있는 점수를 부여하는 것이 쉽지 않다.

④ 시간이 많이 소요된다. 평가도구 개발, 점수 부여 등에 많은 시간이 소요된다. 컴퓨터에 의하여 기계적으로 채점하는 선다형 문항에 비하여 수행평가는 검사시행은 물론 채점에 필요한 시간이 늘어난다.

⑤ 비용이 많이 든다. 수행평가의 전략과 채점방식에 따라 소요되는 시간과 필요한 교사의 수가 달라질 수 있긴 하나, 전통적 평가방법에 비해서는 많은 비용이 소요된다.

⑥ 점수결과 활용에 어려움이 있다. 학생과 학부모가 평가결과를 인정하지 않을 경우 점수결과를 활용하는 데 많은 문제가 야기된다.

9. 수행평가 제작 시 고려사항(타당도 평가를 위한 고려 사항)

(1) 내용의 질

평가에서 다루게 되는 내용이 얼마나 가치 있는 영역인지 고려해야 한다.

(2) 인지적 복합성

수행과제가 학생들에게 복잡한 사고기능과 문제해결능력을 사용하도록 요구하고 있는지 확인해야 한다.

(3) 내용의 범위

평가 과제는 교육과정과 연계되어야 하며, 교육과정의 핵심 요소들을 포함하여 구성하였는지 확인해야 한다.

(4) 공정성

평가과제가 특정 학생에게 유리하거나 불리하게 구성되지는 않았는지, 즉 수행평가가 학생들의 사회·문화적 배경을 공정하게 고려했는지 확인해야 한다.

(5) 유의미성

수행평가를 통해 학생들이 가치 있는 교육적 경험을 하고, 높은 동기를 바탕으로 의미 있는 문제에 참여할 수 있게 해야 한다.

(6) 전이 및 일반화 가능성

유사 또는 새로운 상황에 직면했을 때 학습한 내용을 활용할 수 있게 평가과제를 구성해야 한다. 실제 상황에서 학습한 결과를 적용할 수 있는지, 평가내용이 다른 영역으로 전이 또는 일반화될 수 있는지에 대한 고려가 필요하다.

06 성취평가제

1. 도입 이유

기존의 상대평가가 갖는 한계를 극복하여 학생의 성취 정도에 대한 구체적 정보를 제공하고 성취수준에 적합한 다양한 학습이 가능하도록 하여 학생의 학습능력을 향상시키고, 학생들 간 무한경쟁을 탈피하여 중·고교 교육력을 제고하는 데 있다.

2. 성취평가제의 의미

① 서열 위주의 평가방법을 지양하고 학생 개개인의 학업 성취도를 기준으로 평가하는 평가제도이다.

② 국가 교육과정에 근거한 교과목별 성취기준, 성취수준을 토대로 학생의 학업 성취 정도를 평가하고, A－B－C－D－E 등의 성취수준을 부여하는 평가제도이다.

③ 상대적 서열에 따라 '누가 더 잘 하였는지'를 평가하는 것이 아니라 '학생이 무엇을 어느 정도 성취하였는지'를 평가하는 데 중점을 두며, 교육과정에 근거하여 개발된 교과목별 성취기준에 도달한 정도로 학생의 학업 성취수준을 평가하는 제도이다.

④ 학생들 간 상대적 서열 중심의 규준참조평가에서, 학생들이 성취해야 할 목표 중심의 준거참조평가로의 전환을 의미한다.

- 성취기준(achievement standard): '각 교과목에서 학생들이 학습을 통해 성취해야 할 지식, 기능, 태도의 특성을 기술한 것'이다. 학생이 무엇을 공부하고 성취해야 하는지, 교사가 무엇을 가르치고 평가해야 하는지에 관한 실질적인 지침으로 교육과정을 재진술한 것이다. 교수·학습의 근거, 평가의 근거, 교수·학습 결과(평가의 결과) 진술의 근거로 활용된다.
- 성취수준(achievement level): 학생들이 '교과목별 성취기준에 도달한 수준'으로, 몇 개의 수준으로 구분하여 각 수준별 학생들의 지식, 기능, 태도의 특성을 설명한다.

▣ 성취도별 정의 및 성취율(예시)

성취도	정의	성취율(원점수)
A	내용 영역에 대한 지식 습득과 이해가 매우 우수한 수준이며, 새로운 상황에 일반화할 수 있음	90% 이상
B	내용 영역에 대한 지식 습득과 이해가 우수한 수준이며, 새로운 상황에 대부분 일반화할 수 있음	90% 미만~80% 이상
C	내용 영역에 대한 지식 습득과 이해가 만족할 만한 수준이며, 새로운 상황에 어느 정도 일반화할 수 있음	80% 미만~70% 이상
D	내용 영역에 대한 지식 습득과 이해가 다소 미흡한 수준이며, 새로운 상황에 제한적으로 일반화할 수 있음	70% 미만~60% 이상
E	내용 영역에 대한 지식 습득과 이해가 미흡한 수준이며, 새로운 상황에 거의 일반화할 수 없음	60% 미만

※ 출처: 한국교육과정평가원

PART 10

교육평가와 통계

3. 생활기록부 기재

① 교과와 과목의 특성에 따라 성취 수준을 A−B−C−D−E로 구분하여, 학교생활기록부의 '성취도'란에 입력한다.

② 중학교는 성취도의 표기를 '수−우−미−양−가'에서 'A−B−C−D−E'로 변경하고, '석차'를 삭제하는 대신 '원점수/과목평균(표준편차)'를 병기하도록 하였으며, 고등학교는 '석차 등급'을 삭제하고 '성취도(A−B−C−D−E)'를 개재하도록 하였다.

③ 체육·예술교과는 기존의 '우수−보통−미흡'을 'A−B−C'로 표기한다(A: 80% 이상, B: 60% 이상~80% 미만, C: 60% 미만).

▣ 성취평가제에 따른 성적 표기 변화

〈기존〉

과목	성취도	석차/ 수강자 수
영어	수	30/286

〈성취평가제〉

과목	성취도 (수강자 수)	원점수/과목평균 (표준편차)
영어	A(286)	95/78(12)

[중학교]

과목	단위 수	원점수 /과목평균 (표준편차)	석차등급 (수강자 수)
수학	3	95/70(10)	1(532)

과목	단위 수	원점수 /과목평균 (표준편차)	성취도 (수강자 수)
수학	3	95/70(10)	A(532)

[고등학교]

> ▌ 고교학점제
> • 학생들이 진로에 따라 다양한 과목을 선택, 이수하고 누적학점이 기준에 도달할 경우 졸업을 인정받는 제도이다 (교육부 2017).
> • 학생이 기초소양과 기본학력을 바탕으로 진로·적성에 따라 과목을 선택하고, 이수 기준에 도달한 과목에 대해 학점을 취득·누적하여 졸업하는 제도이다(교육부 2021).
>
> **1. 진로에 따라 다양한 과목을 선택하는 제도**
> 지금까지 고등학생들은 주어진 교육과정에 따라 수업을 들었다. 하지만 고교학점제가 시행되면, 학생들은 자신의 진로에 따라 원하는 과목을 선택하여 수업을 듣게 된다.
>
> **2. 목표한 성취 수준에 도달하였을 때 과목을 이수하는 제도**
> 기존에는 학생이 성취한 등급에 상관없이 과목을 이수할 수 있었다. 하지만 고교학점제가 시행되면 학생이 목표한 성취 수준에 충분히 도달하였다고 판단하는 경우에 과목 이수를 인정해 준다. 따라서 배움의 질이 보장될 수 있다.
>
> **3. 누적 학점이 기준에 도달한 경우에 졸업하는 제도**
> 기존 고등학교에서는 출석 일수로 졸업 여부를 결정하였다. 하지만 고교학점제가 시행되면, 누적된 과목 이수 학점이 졸업 기준에 이르렀을 때 졸업이 가능하게 된다. 따라서 졸업이 곧 본질적인 학력인정으로 이어질 수 있다.

07 메타평가 ^{초등 12}

1. 개념

① 메타평가란 '평가에 관한 평가', 즉 평가의 유용성, 실용성, 윤리・기술적 적합성에 관한 정보를 수집, 제공, 활용하는 평가를 뜻한다. 이때 메타평가의 대상이 된 평가를 일차적 평가라고 하고, 메타평가를 이차적 평가라고 한다.

② 학교 현장에서 이루어지는 평가는 평가목적의 확인 단계에서 평가결과의 활용 단계로 끝난다. 교사는 각 단계가 제대로 이루어졌는지에 대한 평가가 필요한데, 이를 메타평가라고 부른다.

2. 목적

① 메타평가는 평가계획, 실시과정, 평가결과를 포함한 평가 전반에 대한 평가를 통해 평가의 질을 확인하거나 점검하여 평가의 질적 개선을 기하고 평가결과의 유용성을 제고시키기 위한 목적으로 이루어지고 있다.

② 평가자들의 자율적 규제의 수단으로서 평가자의 책무성을 보장하기 위한 목적으로도 활용된다.

3. 필요성

평가목표 설정, 평가방법 선택, 평가도구 제작, 평가자료 수집, 평가결과 해석 등 전반적인 평가과정에서 평가를 하는 사람의 개인적인 주관이나 편견, 오류가 개입될 소지가 있기 때문에 필요하다.

4. 평가에 대한 판단기준

① 실현성: 평가가 실현 가능하였는지 여부
② 실용성: 평가가 실제적으로 필요하였는지 여부
③ 적합성: 평가가 윤리적으로 실시되었는지 여부
④ 정확성: 정확한 정보를 전달하였는지 여부

5. 유형

① 진단적 메타평가: 평가가 실시되기 전 계획 단계에서 이루어진다. 평가를 어떻게 준비하고 계획하였는지 평가 관련 변인들과의 관련성을 중시하면서 평가해 보는 것이다.

② 형성적 메타평가: 평가를 실시하는 과정에서 평가자에게 피드백을 제공함으로써 평가활동을 개선하는 데 목적을 둔 전향적인 형태의 메타평가이다.

③ 총괄적 메타평가: 평가활동이 종료된 후 그 평가의 장단점을 총체적으로 판단함으로써 관련 당사자들에게 평가의 질에 대한 정보를 제공하기 위한 목적으로 수행되는 메타평가를 말한다.

08 정의적 영역의 평가

1. 개념

① 인간이 지니고 있는 전형적인 감정과 정서의 표현방식을 나타내는 특성이라고 규정할 수 있다.
② 학교 교육과 관련이 있는 대표적인 정의적 특성으로 태도, 흥미, 자기개념, 불안, 동기, 가치관, 성격 등이 있다.

2. 정의적 특성 평가의 중요성

① 학교 교육이 인간교육과 전인교육을 지향할 때 성숙된 인격체를 구성하는 핵심적 요소 중 하나가 정의적 특성이라는 점에서 정의적 교육목표의 달성 정도를 평가하는 일은 중요하다.
② 정의적 특성은 학습의 촉진제 역할을 한다. 정의적 특성이 긍정적이냐 부정적이냐 하는 것은 학습활동의 성패를 결정짓는 중요 요인으로 작용한다.
③ 학생들의 학습지도를 하는 데 유익한 정보를 제공해 준다. 정의적 교육목표의 평가를 통해 얻는 학생들에 관한 정보는 학생들의 학습을 도와주고 진단하는 데 중요한 정보이다.
④ 교육 프로그램의 개발, 교수방법의 고안 등에 유익한 정보를 제공해 준다.

3. 정의적 특성의 평가방법

(1) 관찰법

① 개념
  ㉠ 관찰자가 감각기관을 이용해서 피관찰자의 언어나 행동 등을 주의 깊게 지각해서 측정하는 방법이다.
  ㉡ 관찰자가 직접 측정도구의 역할을 한다.

② 장단점
  ㉠ 장점
    • 피관찰자가 정확하게 인식하지 못하는 무의식적 행동 혹은 말이나 글로 표현하기 어려운 행동에 관한 자료를 수집할 수 있다.
    • 연령, 배경, 지적 수준에 관계없이 다양한 상황에서 융통성 있게 적용할 수 있다.
    • 허위반응이나 중립화 경향을 어느 정도 방지할 수 있다.
  ㉡ 단점
    • 드러내기를 꺼려하는 사적 행동에 대한 자료를 수집하는 데는 한계가 있다.
    • 피관찰자가 관찰되고 있다는 사실을 인식할 경우 아예 행동하지 않거나 의도적으로 행동을 변화시키기 때문에 관찰결과가 왜곡될 소지가 있다.
    • 관찰하고자 하는 행동을 미리 구체적으로 결정하지 않으면 피상적인 행동의 관찰에 치우치게 되어 오류를 범할 수 있다.
    • 점수화하는 데 제한이 따르며, 주관적 판단을 내릴 수 있다.

- 행동을 관찰하고 그 결과를 기록, 분석하는 과정에서 시간과 비용이 많이 소요된다.

③ 유의사항

    ㉠ 관찰하려고 하는 행동의 종류, 관찰방법, 관찰시간, 기록방법 등에 관한 관찰 계획을 구체적으로 수립해야 한다.

    ㉡ 관찰자의 선입견이나 편견이 개입되지 않도록 될 수 있으면 객관적으로 관찰해야 하며, 관찰한 행동에 대해 해석이나 판단을 내리지 않아야 한다.

    ㉢ 될 수 있으면 자연스러운 상황에서 관찰해야 한다.

    ㉣ 한 번에 하나의 행동만을 관찰, 기록해야 한다.

    ㉤ 행동을 관찰하는 즉시 그 결과를 적절한 방법으로 기록, 요약하는 것이 좋다. 기억에 한계가 있으며, 시간의 경과에 따라 기억내용이 왜곡될 소지가 있기 때문이다.

(2) 질문지법

① 개념

    ㉠ 구체적 질문을 던져 응답하는 형태의 측정방법이다.

    ㉡ 응답형식에 따라 개방형의 비구조적 질문지와, 폐쇄형의 구조적 질문지로 분류된다.

      - 개방형 질문지: 응답자가 주어진 질문에 대해 비교적 자유롭게 반응할 수 있도록 만든 형식

      - 폐쇄형 질문지: 미리 반응이 나올 만한 여러 개의 선택지를 제시하고 그중에서 선택을 하게 하거나 서열을 매기도록 하는 방식의 질문지

② 장단점

    ㉠ 장점

      - 연령, 성별, 지역 등 사실적인 정보부터 태도, 의견, 가치 등 다양한 특성에 관한 자료 수집이 가능하다.

      - 익명으로 응답하도록 함으로써 솔직하고 성실한 자료를 수집할 수 있다.

      - 비교적 짧은 시간에 많은 대상에게 실시할 수 있으며, 응답결과를 신속하게 처리할 수 있다.

      - 설문지는 직접 실시할 수도, 우송 또는 온라인으로 실시할 수도 있어 융통성이 있다.

    ㉡ 단점

      - 응답자가 일정 수준의 언어능력과 표현능력을 구비하고 있을 경우에만 실시할 수 있다.

      - 면접과 달리 질문에 대한 응답에 따라 질문의 내용과 순서를 융통성 있게 조정할 수 없다.

      - 응답의 진위 여부를 확인할 수 없다.

(3) 면접법

① 개념

    ㉠ 직접 대면해서 질의응답하는 과정을 통해 정보를 수집하는 방법이다.

    ㉡ 면접의 과정이 표준화되고 사전 계획이 짜인 정도에 따라 구조화 면접, 비구조화 면접, 반구조화 면접으로 구분할 수 있다.

구조화 면접	질문의 형식, 내용 및 순서가 고정
비구조화 면접	핵심이 되는 제한된 수의 질문만을 준비
반구조화 면접	구조화 면접과 비구조화 면접의 장점을 살리기 위한 절충식 면접법. 사전에 면접에 관한 치밀한 계획을 세우고 시작하되 실제 면접 상황에서는 융통성 있게 진행시키는 방법

② 장단점

㉠ 장점

- 자료수집에 융통성이 많다. 피면접자가 질문의 내용을 잘 이해하지 못할 경우 반복질문하거나 말을 바꾸어서 물어볼 수도 있다.
- 피면접자의 비언어적 행동을 관찰하면서 응답에 대한 타당성을 평가할 수 있다.
- 면접자가 면접상황을 조정할 수 있어 미흡한 응답에 보충질문을 하거나 개문기함으로써 완성도를 높일 수 있다.

㉡ 단점

- 피면접자가 과묵한 성격인 경우 묻는 말에 잘 대답할 수 있도록 별도의 조치나 분위기 조성이 필요하다.
- 피면접자가 어린 경우, 질문의 내용을 잘 이해하지 못할 수 있다.
- 피면접자가 질문에 응답해야 된다는 압력을 느낄 수 있다.

▋ 자기보고법

① 자신의 감정, 태도, 신념, 가치, 신체 상태를 스스로 표현하거나 기술하도록 하는 방법을 말한다. 성격검사, 태도검사, 흥미검사와 같은 심리검사는 자기보고법을 주로 사용하고 있다.
② 정의적 특성의 행동적 요소에 주안을 두는 관찰은 시간과 노력이 많이 소요된다는 단점이 있다. 이에 비해 자기보고법은 정의적 특성의 인지적 요소 및 정의적 요소를 효율적으로 평가할 수 있고, 직접 관찰할 수 없는 감정이나 신념을 측정할 수 있다는 장점이 있다. 자기보고법에서는 설문지나 면접을 통해 응답자에게 질문을 한 다음 그 질문에 대한 반응에 근거하여 태도를 추론한다. 자기보고법을 이용하여 정의적 특성을 평가하기 위한 방법으로는 설문지, 척도, 면접을 들 수 있다.

---

(4) 투사적인 방법

개인의 욕구, 특수한 지각, 해석 등이 드러날 수 있는 자극을 피험자에게 제시함으로써 인간의 내면에 숨어 있는 특성을 표출하게 하여 표출된 행동을 분석함으로써 인성을 측정하는 방법을 말한다.

① 주제통각검사(thematic apperception test; TAT): 30매의 불분명한 그림과 한 장의 흰 카드로 구성된다. 불명료한 사진을 볼 때 표출되는 인간 무의식 속에 잠재된 인성의 여러 특성을 분석하여 인간의 성격이나 현재의 심리적 상태 등을 분석하는 검사이다.

② 로르샤흐(Rorschach) 잉크반점검사: 잉크를 떨어뜨려 접어서 만들어진 대칭적 모양의 그림에 대해 피험자가 반응하면, 반응결과를 축적된 임상결과에 의해 해석하는 검사이다.

③ 그림검사: 피험자에게 어떤 그림을 그리게 한 뒤 그려진 그림을 보고 어떤 특성을 지니고 있는 사람들이 그리는 일반적인 그림의 경향에 의해 분석하는 방법이다.

(5) **척도법** 중등 19논술

① 리커트(Likert) 척도

　㉠ 특정 대상(사람, 사물, 제도)에 관해 작성된 모든 진술문에 대해 동의하는 정도를 표시하게 한 다음, 진술문들의 평정점수를 합산하기 때문에 종합평정법(summated rating method)이라고 부른다.

　㉡ 특정 대상에 대해 호의적이거나 긍정적인 태도를 나타내는 진술문(예 나는 수학수업을 좋아한다.)과 비호의적이거나 부정적인 태도를 나타내는 진술문(예 나는 수학수업을 싫어한다.)으로 구성되며, 중립적인 진술문은 포함하지 않는다.

　㉢ 제작절차
- 진술문 작성
- 진술문 검토 : 3개 유목(긍정적 진술문, 부정적 진술문, 중립적 진술문)으로 분류
- 중립적 진술문 제외
- 선택지의 수 결정 : 5개가 원칙이나 적절하게 조정 가능
- 예비조사 실시 : 예비척도를 완성한 다음 예비척도를 표본에 실시
- 통계치 계산 : 반응빈도, 백분율, 누적백분율 구함
- 진술문의 선택지별 평정치 결정
- 척도완성 : 각 진술문에 대한 점수와 총점 사이의 상관계수를 구한 다음, 상관계수가 낮은 진술문을 삭제하고, 총점과 상관계수가 높은 진술문으로 척도 완성

　㉣ 제작할 때 선택지의 평정치를 결정하는 방법으로는 1, 2, 3, 4, 5(또는 0, 1, 2, 3, 4)를 부여하는 방법이 간단하기 때문에 널리 이용되고 있다.
　　예 매우 찬성 ⊙ 5점, 찬성 ⊙ 4점, 모르겠다 ⊙ 3점, 반대 ⊙ 2점, 매우 반대 ⊙ 1점

　㉤ 총점과 상관이 높은 20~25개의 진술문으로 구성하되, 긍정문과 부정문의 수가 비슷하게 구성한다.

　㉥ 모든 진술문에 대해 동의하는 정도를 평정하게 한다는 점이 리커트 척도의 가장 전형적인 특징이다. 개인의 태도점수는 모든 진술문의 평정치를 합한 값이다. 그래서 종합평정법이라고 한다.

　㉦ 장점 : 써스톤 척도와 구트만 척도에 비해 제작이 용이하고 다양한 대상, 장면, 상황에 융통성 있게 적용될 수 있다.

　㉧ 단점 : 응답자의 반응경향이 작용할 개연성이 높다.
　　예 모든 진술문에 '3'을 선택할 소지가 있다.

■ 수업내용 및 방법에 대한 설문지(리커트 척도 예시)

이 설문지는 선생님의 수업내용과 방법에 대해 여러분이 어떻게 생각하는지를 조사하여 수업을 개선하기 위한 것입니다. 이 설문지에 대한 응답내용과 성적은 아무런 관계가 없으며, 응답결과에 대한 비밀이 보장됩니다. 그러므로 한 문장도 빠짐없이 솔직하고 정확하게 답해 주기 바랍니다.

진술내용이 자신의 생각과 '매우 일치'하면 ┄┄┄┄┄┄	①②③④**❺**
진술내용이 자신의 생각과 '다소 일치'하면 ┄┄┄┄┄┄	①②③**❹**⑤
'일치하지도 불일치하지도' 않으면 ┄┄┄┄┄┄	①②**❸**④⑤
진술내용이 자신의 생각과 '약간 불일치'하면 ┄┄┄┄┄┄	①**❷**③④⑤
진술내용이 자신의 생각과 '매우 불일치'하면 ┄┄┄┄┄┄	**❶**②③④⑤

*1. 수업에 대한 성의가 부족했다. ┄┄┄┄┄┄ ①②③④⑤
2. 수업내용과 방법이 매우 재미있었다. ┄┄┄┄┄┄ ①②③④⑤
3. 수업에서 중요한 내용을 배웠다고 생각한다. ┄┄┄┄┄┄ ①②③④⑤
*4. 어려운 용어와 표현이 많아 어려웠다. ┄┄┄┄┄┄ ①②③④⑤
*5. 선생님은 수업내용을 정확하게 이해하지 못하는 것 같았다. ┄┄┄┄┄┄ ①②③④⑤
6. 수업내용을 쉽게 설명했다. ┄┄┄┄┄┄ ①②③④⑤
7. 수업 도중 학생들의 이해 여부를 수시로 점검했다. ┄┄┄┄┄┄ ①②③④⑤
8. 수업속도가 적절했다(너무 빠르지도 느리지도 않음). ┄┄┄┄┄┄ ①②③④⑤
*9. 수업이 지루하고 답답했다. ┄┄┄┄┄┄ ①②③④⑤
10. 선생님의 말의 속도와 크기는 적당했다. ┄┄┄┄┄┄ ①②③④⑤

② 구트만(Guttman) 척도
  ㉠ 구트만 척도는 두 가지 특징을 갖는다. ⅰ) 진술문들이 특정 대상에 대해 긍정적인 태도를 상이한 정도로 나타낸다고 가정하고(리커트 척도와의 차이), ⅱ) 누가척도로 진술문 상호 간에 위계관계가 있다고 가정하는 것이다.
  ㉡ 구트만 척도를 실시할 때는 각 진술문에 대해 찬성하는지 아니면 반대하는지를 표시하게 하면 된다. 특정 학생이 선택한 진술문의 수가 태도점수가 된다.
  ㉢ 진술문 간의 위계관계를 가정한다는 점에서 써스톤 척도와 구분된다.
  ㉣ 리커트 척도나 써스톤 척도에 비해 제작이 어려워서 널리 사용되지는 않는다.

■ 전공학과에 대한 태도(Guttman 척도 예시)

경영학과를 선택하려는 결심의 강도를 나타내는 진술문을 차례로 읽고 그것이 현재 자신의 생각과 일치되는 정도를 표시하시오. 한 문항도 빠짐없이 답해야 합니다. 진술문이 자신의 생각과 일치하면 '예'에 표시하고, 일치하지 않으면 '아니오'에 표시하면 됩니다.

	예	아니오
1. 어떤 일이 있어도 지금 생각하고 있는 대로 경영학과로 진학하겠다.	☐	☐
2. 전망이 더 좋은 학과가 있어도 변함없이 경영학과로 진학하겠다.	☐	☐
3. 인기, 매력, 조건 등이 똑같다면 다른 학과보다 경영학과를 선택하겠다.	☐	☐
4. 다른 학과보다 전망과 조건이 좋은 경우에만 경영학과를 선택하겠다.	☐	☐

③ 써스톤(Thurstone) 척도

　　㉠ 척도치(scale value) 간에 동간성을 유지하게 만든 척도이기 때문에 유사동간척도(equal-appearing interval scale)라고도 부른다.

　　㉡ 리커트 척도와 달리 중립적인 진술문도 포함한다.

　　㉢ 써스톤 척도를 실시할 때는 자신의 의견이나 생각과 일치하는 진술문을 모두 선택하도록 하거나, 자신의 의견이나 생각과 가장 가까운 몇 개의 진술문을 선택하게 하면 된다.

　　㉣ 장점 : 다양한 사람, 대상, 사물에 대한 태도를 측정하는 데 융통성 있게 적용될 수 있고, 실시 및 채점이 쉽다.

　　㉤ 단점 : 척도를 제작하는 데 시간과 노력이 많이 필요하다.

■ 개인주의 측정을 위한 척도의 예(Thurstone 척도 예시)

> 1. 사회의 의사를 받아들이기 위해 개인의 의사를 억압하는 것은 자신의 숭고한 목적을 성취하는 길이다.(1.1)
> 2. 인간은 다수의 의사를 따를 때 가장 좋은 대접을 받는다.(2.8)
> 3. 논쟁이 생길 때 친구와 합의하지 못하는 것은 어리석은 일이다.(4.5)
> 4. 자기주장은 가치 있는 일이지만 사회생활에서 제한될 수밖에 없다.(6.1)
> 5. 인간의 능력개발은 자신에게 중요한 목적이 되어야 한다.(7.5)
> 6. 타인의 요구에 순응하면 자기 개성이 희생된다.(8.9)
> 7. 능력의 한계까지 자기 개발을 이루려는 것은 인간 존재의 주된 목적이다.(10.4)

④ 의미변별척도(의미분석법)

　　㉠ 오스굿(Osgood)이 발전시킨 방법으로 인간, 사물, 사상 등에 관한 어떤 개념의 의미를 의미공간 속에서 측정하려는 방법이다.

　　㉡ 양극적인 의미를 갖는 형용사군으로 측정한 개념의 의미를 의미공간에 배치할 수 있다고 가정한다. 의미공간은 평가(좋은−나쁜), 능력(강한−약한), 활동(빠른−느린)의 3차원으로 구성된다고 가정한다(2차원 평면에서 분석하기도 함).

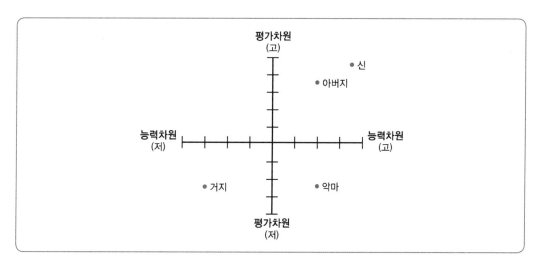

| 2차원 의미공간에서 개념의 의미 |

ⓒ 의미변별척도에 포함되는 형용사쌍은 사물이나 사람의 어떤 의미차원을 측정하려고 하는가에 따라 결정된다.

■ **평가요인, 능력요인, 활동용인의 대립적 형용사군**

요인	대립적 형용사
평가요인	좋은−나쁜, 깨끗한−더러운, 귀한−천한, 밝은−어두운, 중요한−하찮은, 진실된−거짓된, 친절한−불친절한, 새로운−낡은
능력요인	큰−작은, 강인한−허약한, 높은−낮은, 유능한−무능한, 무거운−가벼운, 깊은−얕은, 굵은−가는, 똑똑한−어리석은
활동요인	진취적−보수적, 능동적−수동적, 적극적−소극적, 예민한−둔감한, 뜨거운−차가운, 복잡한−단순한, 남성적−여성적, 빠른−느린

ⓔ 제작절차 : 태도를 측정하려는 대상 결정 → 의미가 상반되는 양극적 형용사쌍 선택 → 선택지 작성(일반적으로 7단계로 작성) → 학생에게 느낌이나 감정에 해당되는 위치에 각자 표시하도록 함 → 점수 계산 → 척도점수와 상관이 높지 않은 형용사쌍을 제외하고 척도 완성(의미변별척도는 제작하고 실시하기가 쉽다는 장점이 있어 개념, 사물, 사람 등에 대한 태도를 측정하기 위한 방법으로 널리 활용되고 있다.)

■ **수학교과에 대한 의미변별척도의 예시**

수학교과							
좋은	☐	☐	☐	☐	☐	☐	나쁜
깨끗한	☐	☐	☐	☐	☐	☐	더러운
어두운	☐	☐	☐	☐	☐	☐	밝은
하찮은	☐	☐	☐	☐	☐	☐	중요한
생산적	☐	☐	☐	☐	☐	☐	비생산적
새로운	☐	☐	☐	☐	☐	☐	낡은
위험한	☐	☐	☐	☐	☐	☐	안전한
해로운	☐	☐	☐	☐	☐	☐	유익한
흥미있는	☐	☐	☐	☐	☐	☐	흥미없는
가치있는	☐	☐	☐	☐	☐	☐	가치없는

09 교육목표 분류학

1. 개요

① 블룸(Bloom)과 크래쓰월(Krathwohl) 등은 교육목표를 분류하기 위한 교육목표 분류학을 제안하였다.

② 교육목표를 내용과 행동으로 이원분류하는 교육목표 분류체계에서 행동을 다시 인지적 영역, 정의적 영역, 심동적 영역으로 분류하였다.

2. 인지적 영역의 교육목표 분류 중등 10, 초등03

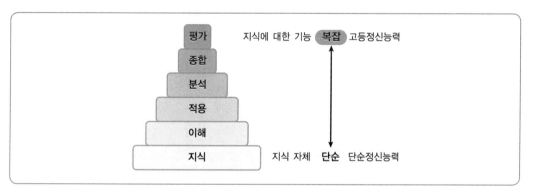

| 블룸의 인지적 특성에 대한 교육목표 분류(Bloom, 1956) |

(1) 지식(knowledge)

① 이미 배운 내용, 즉 사실, 개념, 원리, 방법, 유형, 구조 등의 기억을 의미한다.

② 정보를 인지하고 기억하는 심리적인 과정으로 이루어진 지적 기능이다.

③ 지적 영역의 가장 낮은 수준의 산물이다. 블룸(1956)은 지식을 "학생들이 교육과정 속에서 경험한 아이디어나 현상을 기억했다가 재생 또는 재인할 수 있는 것을 의미한다. 아이디어나 현상을 처음 접하였던 것과 매우 비슷한 형태로 기억하는 것이 지식이다."라고 정의하고 있다.

(2) 이해(comprehension)

① 이미 배운 내용의 의미를 파악하는 능력을 뜻하며, 단순히 자료를 기억하는 수준을 넘어 자료가 다소 치환되어도 의미를 해석하고 추론하는 능력이다.

② 블룸(1956)은 이해를 "학생이 의사전달을 받게 되면 전달되는 내용을 알게 되고, 또 거기에 포함된 자료나 아이디어를 이용할 수 있는 능력"으로 규정하고 의사소통의 방법은 언어 형태뿐만 아니라 포괄적인 기호형태를 모두 포함하는 것으로 보았다.

③ 이해의 수준에는 번역, 해석, 추론의 세 가지가 있다.

　㉠ 번역(translation) : 한 형식을 다른 형식으로 표현하는 능력이다.

　㉡ 해석(interpretation) : 주어진 자료를 설명하고 요약하는 능력이다.

　㉢ 추론(extrapolation) : 한 사건의 결과를 예언하고 미래의 경향을 예측하는 능력이다.

(3) 적용(application)

① 이미 습득하거나 배운 내용을 새로운 상황이나 문제에 사용할 줄 아는 능력이다. 즉, '새로운 문제나 사태에 원리나 일반화의 법칙을 응용하는 능력'이라고 정의할 수 있다.

② 적용은 문제를 완전히 새로운 상황에서 제시한다는 점에서 이해와 구분된다. 적용은 예를 들어, 기하원리를 이용해서 댐의 수량을 계산하고, 문법에 맞는 문장을 작성하고, 수학공식을 이용하여 푸는 능력이다.

(4) 분석(analysis)

① 조직, 구조 및 구성요소의 상호관계를 이해하기 위하여 주어진 자료의 구성 및 내용을 분석하는 능력을 의미한다.

② 이는 구성 부분을 확인하고 그 부분 간의 관계를 분석하여 구성 원리를 인지하는 능력을 말한다.

> 예 정치연설을 듣고 정치인의 주장이 참인지 거짓인지 결정하는 능력

(5) 종합(synthesis)

① 비교적 새롭고 독창적인 형태, 원리, 관계, 구조 등을 만들어내기 위하여 주어진 자료의 내용 및 요소를 정리하고 조직하는 능력을 의미한다.

② 즉, 여러 개의 요소나 부분을 전체로서 하나가 되도록 묶는 능력이다. 독창적이고 독특한 산물을 만들도록 요구한다는 점에서 창의적 행동에 주안을 둔다.

> 예 소설을 창작하는 능력

(6) 평가(evaluation)

① 일정한 기준에 따라 자료(논설, 시, 소설, 연구보고서)나 대상의 가치를 판단하는 수준의 행동이다.

② 평가는 판단력, 비판력이라고도 할 수 있는 것으로 '어떤 목적을 갖고 아이디어, 작품, 방법, 소개 등에 관해 가치판단을 하는 능력'이다.

③ 평가에는 어떤 특정 사상이 얼마나 정확하고 효과적이며, 경제적이고, 만족할 만한가를 검정하는 준거와 표준을 활용하는 능력도 포함된다.

■ 인지적 영역의 목표분류

하위 영역	설명	일반목표 예시
지식 (knowledge)	이미 배운 내용, 경험한 아이디어와 현상에 대해 기억(회상 및 재인)하는 능력	• 용어 정의하기 • 구체적인 사실 기억하기 • 구두점 사용규칙 열거하기 • 세포의 대사법칙 기술하기
이해 (comprehension)	이미 배운 내용의 의미를 파악하는 능력을 뜻하며, 단순히 자료를 기억하는 수준을 넘어 자료가 다소 치환되어도 의미를 파악하고 해석하고 추론하는 능력	• 사실과 원리 이해하기 • 그래프 해석하기 • 언어적 자료를 공식으로 표현하기 • 추상적인 법칙 설명하기

적용 (application)	이미 배운 내용, 즉 개념, 규칙, 원리, 이론, 기술, 방법 등을 구체적인 또는 새로운 장면에서 활용하는 능력	• 문법에 맞는 문장 작성하기 • 관성의 법칙을 실생활 문제에 적용하기
분석 (analysis)	조직, 구조 및 구성요소의 상호관계를 이해하기 위하여 주어진 자료의 구성 및 내용을 분석하는 능력	• 사실과 추론 구분하기 • 작품의 조직적 구조 분석하기 • 원인과 결과 찾아내기
종합 (synthesis)	비교적 새롭고 독창적인 형태, 원리, 관계, 구조 등을 만들어 내기 위하여 주어진 자료의 내용 및 요소를 정리하고 조작하는 능력	• 조직적인 논문 작성하기 • 독창적인 소설이나 시 쓰기 • 가설 설정하기
평가 (evaluation)	어떤 특정한 목적과 의도를 근거로 하여 아이디어, 작품, 해결책, 방법, 자료 등의 가치를 판단하는 능력	• 자료의 논리적 일관성 판단하기 • 내적 준거에 따라 작품의 가치 판단하기 • 외적 준거에 따라 작품의 가치 판단하기

▦ 인지적 영역의 하위 세목

영역	하위 세목
지식	• 특수사상에 대한 지식 • 특수사상을 다루는 방법과 수단에 관한 지식 • 보편적 및 추상적 사상에 관한 지식
이해	• **번역**: 한 형식을 다른 형식으로 표현 • **해석**: 주어진 자료를 설명하고 요약 • **추론**: 한 사건의 결과를 예언하고 미래의 경향을 예측하는 행동
적용	• 학습된 자료를 새로운 구체적 사태에 사용하는 능력 • 학습된 개념·방법·규칙·원리·법칙 및 이론에 관한 지식을 새로운 사태에 적용하는 문제해결 행동
분석	• 요소의 분석 • 관계의 분석 • 조직 원리의 분석
종합	• 독특한 전달 내용의 산출 • 계획 및 조작 절차의 산출 • 추상적 관계의 도출
평가	• 내적 기준에 의한 판단 • 외적 기준에 의한 판단

▌ 내용-행동의 이원분류표 초등 07

이원분류표란 검사를 제작하기 전에 출제자가 참고하는 표로서, 각 문항이 어떤 내용으로 어떤 행동 능력을 측정하고자 하는지를 내용과 행동으로 나누어 구성한 표이다.

평가문항을 제작하기 위해서는 평가의 목적을 규명하여야 하고 평가내용, 평가시간, 문항유형, 문항 수 등을 결정해야 한다. 위의 내용이 정해진 후 어떤 내용을 어떤 정신능력 수준까지 측정할 것인가를 결정하여야 한다. 이를 위해 이원분류표가 필요하다.

▤ 이원분류표 양식의 예

내용＼행동	지식	이해	적용	분석	종합	평가

3. 정의적 영역의 교육목표 분류 중등 10

① **수용 또는 감수(receiving)**: 어떤 자극이나 활동을 기꺼이 받아들이고 자발적으로 주의를 기울이게 되는 민감성을 의미한다. 수업의 측면에서 이 단계는 주의 집중 및 유지와 관련된다.

　예 넘어진 아이를 보고 관심을 표현하는 것

② **반응(responding)**: 어떤 활동이나 대상에 대해 수동적으로 귀를 기울이거나 주의를 집중하는 수준을 넘어 적극적으로 참여하는 수준이다. 이 수준에서는 특정 대상에 주의를 집중할 뿐만 아니라, 그에 대해 특정 방식으로 반응하고 반응에 대해 만족을 얻는다.

　예 넘어진 아이에게 가서 일으켜 주든지, 일어나라고 말하든지, 아니면 그냥 지나치는 것

③ **가치화(valuing)**: 여러 가지 사건과 현상 중에 어떤 것이 가치 있는가를 구분하는 행동 특성을 말한다. 어떤 활동이나 대상에 대해 단순히 주의를 기울이거나 반응하는 수준을 넘어, 그 활동이나 대상을 중요하게 생각하고 그에 대해 적극적으로 일관성 있는 반응을 보이는 수준이다. 이 수준의 행동은 일관성이 있고 안정성이 높아 신념이나 태도로 굳어지게 된다.

　예 넘어진 아이를 보고 관심을 갖는 행위와 약속을 지켜야 하는 경우 어떤 행위가 더 가치 있는가를 판단하여 가치를 부여하는 행위

④ **조직화(organization)**: 하나 이상의 가치가 조직되고, 그들 간의 상호관계 및 인위적 관계를 수립하는 것을 말한다. 여러 행위와 사건에 따른 각기 다른 가치가 존재하므로 이들 가치를 위계적으로 조직하는 행동 특성이다. 가치를 비교하고, 관련짓고, 통합하는 것을 강조한다.

⑤ **인격화(characterization)**: 이미 자리 잡혀 수용된 가치체계에 따라 일관성 있는 행동을 할 수 있도록 인격의 일부로 내면화한 상태를 말한다. 이 수준의 개인은 장기간 동안 그의 행동을 통제한 가치체계를 소유한 결과로 특징적인 삶의 철학을 개발하였으므로 행동은 전반적이고, 일관성이 있고, 예측할 수 있다.

■ 정의적 영역 교육목표 분류학

1. **감수(수용)** : 현상, 자극에 대한 민감성. 주의와 관심을 초래
    ① 감지−그냥 받아들임
    ② 자진감수−내가 의도적으로 받아들임
    ③ 선택적 관심−자신이 통제
2. 반응 : 관심의 수준을 넘어 반응
3. 가치화 : 사물, 현상, 사실에 대한 판단−값진 것
4. 조직 : 가치체계의 조직−가치의 위계관계
5. 인격화 : 가치체계의 내면화

평가문항의 제작

Chapter 04

01 문항제작의 기본 원리

1. 문항제작 시 고려사항

① 교육목표와 교육내용을 정확히 알아야 한다. 교육내용을 자세히 알지 못하면 좋은 문제를 제작할 수 없다.

② 문항유형에 따른 특징, 장단점, 복잡성을 고려하여야 한다. 문항유형에 따라 측정하고자 하는 정신능력의 수준이 다를 수 있으며, 문항 특성에 따라 적합한 문항내용이 있다.

③ 피험자의 독해력과 어휘력을 고려하여야 한다. 피험자 집단의 어휘수준을 고려하여 문항을 제작하여야 문항의 타당도를 높일 수 있다.

④ 윤리적으로 정의적 행동 특성에 어떤 영향을 줄 수 있는지 고려하여야 한다.

2. 좋은 문항의 조건

① 문항내용이 측정하고자 하는 내용과 일치해야 한다. 문항들이 측정하고자 하는 내용을 담고 있을 때 검사의 타당도가 높아진다.

② 문항내용이 복합성(complexity)을 지녀야 한다. 문항내용이 단순기억에 의한 사실보다는 고등정신기능인 분석, 종합, 평가 등의 능력을 측정할 수 있어야 한다.

③ 문항의 난이도가 적절하여야 한다. 너무 어렵거나 쉬운 문항은 제외해야 한다.

④ 문항이 참신해야 한다 내용이나 형식측면에서 진부한 형태가 아니어야 한다.

⑤ 문항이 구조화되어야 한다. 이는 체계성을 의미하는 것으로 질문이 모호하지 않고 구체화되어야 한다. 선택형 문항이 서답형 문항보다 구조화되어 있다고 할 수 있다.
  예 '청년문화에 대하여 논하라.'는 질문보다 '청년들의 소비문화에 대하여 논하라.'는 질문이 보다 구조화

⑥ 문항내용의 요약성이 있어야 한다. 열거된 단순 사실만을 질문하는 것이 아니라 요약하고 일반화, 나아가 추상화시킬 수 있는 내용을 포함해야 한다.

⑦ 학습동기를 유발시킬 수 있어야 한다. 교육평가, 측정, 검사의 목적이 학습목표 도달에 있을 때, 문항은 학습동기를 유발할 수 있도록 제작하여야 한다. 이러한 문항은 노력을 통한 성공적 경험을 하게 하여 긍정적 자아개념이 형성되게 한다.

⑧ 문항이 검사의 사용목적에 부합해야 한다. 검사의 목적은 상호비교하는 규준참조평가와 목표의 도달 여부를 확인하는 준거참조평가로 구분되고 각 검사의 사용목적에 부합하는 문항이라야 한다.

⑨ 각 문항유형에 따른 제작지침에 근거해야 한다. 선택형 문항 중 진위형, 배합형, 선다형, 그리고 서답형 문항 중에 단답형, 논술형 문항제작 요령에 따라 제작된 문항이어야 한다.

⑩ 측정오차를 유발하지 않아야 한다. 답을 알고 있음에도 문항제작의 미숙으로 실수를 유발하게 하여 답을 맞히지 못하는 경우 측정 오차가 발생한다.

⑪ 문항이 윤리적, 도덕적으로 문제를 지니고 있지 않아야 한다.

3. 문항제작절차(출제절차)

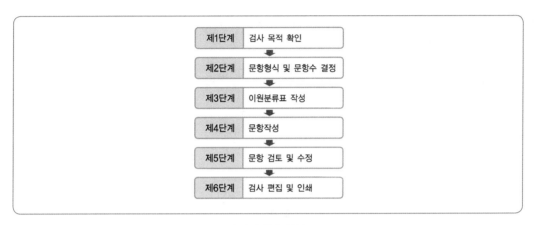

| 검사제작절차 |

(1) 검사 목적 확인

검사 목적에 따라 문항형식은 물론 내용과 채점방식이 달라진다.

(2) 문항형식 및 문항수 결정

① 객관식 문항은 평가의 객관성, 신뢰성, 신속성, 공정성을 기할 때 적합하고, 논술형 문항은 비판적인 사고능력이나 종합력과 같은 고차적인 능력을 측정하고자 할 때 적합하다.

② 문항수를 결정하려면 검사목적, 검사시간, 문항의 수준, 학생의 문제해결 습관 및 속도 등을 고려해야 한다.

(3) 이원분류표 작성

① 이원분류표의 의미 : 이원분류란 내용과 행동을 기준으로 수업목표를 분류하는 작업을 말한다. 이원분류표는 각 문항을 통해 어떤 내용을 어떤 수준과 행동으로 측정한 것인지를 정리한 표이다.

② 목적 : 교수·학습과정이나 평가과정의 지침으로 활용하는 데 목적이 있으므로 분류 대상이 되는 교육목표는 최소한 단원목표나 수업목표 수준에서 진술되어야 하며, 목표의 수는 상당히 많아야 한다.

③ 작성절차

　㉠ 수업목표를 진술한다.

　㉡ 이원분류표의 내용분류항목을 결정한다.

　（학습 내용은 교과마다 고유의 특성을 갖고 있기 때문에 행동분류처럼 모든 교과목에 적용될 수 있는 보편적인 분류체계를 찾기 어렵다.）

PART 10
교육평가와 통계

ⓒ 이원분류표의 행동분류항목을 결정한다.

(블룸의 교육목표 분류 수준이 좋은 참고가 될 수 있다.)

ⓔ ⓛ단계와 ⓒ단계의 작업을 통합하여 이원분류표 형식을 완성한다.

ⓜ 수업목표 하나하나가 이원분류표의 어떤 범주에 해당되는지 판정하여 기록한다.

▣ 수업목표 이원분류표의 예시

행동 내용	지식	이해	적용	분석	종합	평가
1. 질량과 밀도	4	4	2	2	1	14
2. 녹는점과 끓는점	2	2	2	1	1	9
3. 용해도	3	3	3	1	2	12
4. 기체의 성질	6	5	6	5	4	27
전체	15	14	13	9	8	62

④ 용도

㉠ 문항을 수업에서 다룬 내용에 일치시킬 수 있다.

㉡ 문항이 측정하는 인지수준을 수업목표에 일치시킬 수 있다.

㉢ 출제범위에서 문항들을 골고루 출제하여 대표성을 높일 수 있다.

⑷ **문항작성**

① 수업목표 도달도를 측정할 수 있도록 작성해야 한다.

② 중요한 학습성과를 측정할 수 있도록 작성해야 한다.

③ 문항들을 골고루 출제해야 한다.

④ 간단명료하게 작성해야 한다.

⑤ 답을 하는 데 필요한 조건과 근거를 명시해야 한다.

⑥ 하나의 내용만 재도록 작성해야 한다.

⑦ 객관적인 사실에 근거해서 작성해야 한다.

⑧ 모호한 용어 혹은 절대적인 표현을 사용하지 말아야 한다.

⑨ 단서가 포함되지 않게 하고, 되도록 문두를 긍정문으로 작성한다.

⑩ 응답요령, 채점기준, 배점 등을 명시해야 한다.

⑸ **문항 검토 및 수정**

① 문항에 대한 질적평가: 문항작성에 유의하였다 하더라도 문항에 결함이 있을 수 있으므로 문항형식, 오답지의 매력도, 문항의 표현, 곤란도, 중요한 학습성과의 측정 여부 등을 검토한다.

② 문항분석: 고전적 검사이론에 입각한 분석방법과 문항반응이론에 입각한 분석방법으로 구분할 수 있다.

⑹ **검사 편집 및 인쇄**

02 문항의 유형

1. 선택형 문항 중등 07, 초등 03 · 06 · 08

(I) 개념

① 지시문 및 문두와 함께 여러 개의 선택지를 제시하여 놓고 조건에 맞는 선택지를 고르도록 하는 형식이다.

② 기억 유형 중에서 재인(recognition)을 요구한다고 하여 재인형이라고도 하며, 흔히 객관식 또는 객관형이라고도 부른다.

③ 진위형, 선다형, 연결형이 선택형 문항에 속한다.

(2) 장단점

① 장점

㉠ 정답이 분명하므로 객관적이고 신뢰도가 높은 채점을 할 수 있다.

㉡ 비교적 많은 수의 문항을 출제할 수 있기 때문에 내용을 포괄적으로 다룰 수 있다.

㉢ 채점 및 통계적 분석이 쉽다

㉣ 채점에 소요되는 시간과 노력이 적게 든다.

② 단점

㉠ 추측에 의해 응답할 수 있다.

㉡ 단순 지식의 암기력을 측정할 위험이 있다.

(3) 선택형 문항의 종류

① 진위형(true-false item) : 진술문을 제시한 다음 그것의 진위, 정오 또는 긍정·부정에 대한 이분법적인 판단을 요구하는 형식이다.

㉠ 문항제작 시 유의사항

• 진술문에는 중요한 내용이 포함되어야 한다. 중요하지 않은 내용이 문항을 답하는 데 영향을 줘서는 안 된다.

• 한 개의 진위형 문항은 하나의 내용만을 포함해야 한다.

• 부정문의 사용은 가능한 한 줄이고 이중부정은 피해야 한다. 부정어 사용은 피험자를 혼란에 빠지게 할 수 있다.

• 가능한 한 단순한 문장으로 간단명료하게 질문한다. 겹문장이나 여러 개의 홑문장을 늘어놓는 형태의 문항은 내용을 불명확하게 한다.

• 답의 단서가 될 수 있는 절대적 어구나 일반적 어구는 사용하지 않는다.

㉡ 장점

• 제작하기가 용이하다.

• 채점이 쉽고 객관적이다.

• 많은 수의 문제를 출제할 수 있고 그만큼 많은 영역을 평가할 수 있다.

ⓒ 단점
- 추측에 의해 정답을 답할 확률이 1/2이다.
- 고등정신능력보다는 단순한 기억력을 요구하는 지식과 중요하지 않은 교수목표를 측정할 가능성이 높다.
- 학습자의 학습동기를 감퇴시킬 우려가 있다. 진위형으로 출제된다고 하면 학습자들은 특별히 공부하지 않아도 되는 검사라는 인식을 갖게 될 수 있다.

② 선다형(multiple-choice item) : 여러 개의 선택지(답지)를 제시해 놓고 조건에 맞는 선택지를 고르도록 하는 형식이다.

　ⓐ 문항제작 시 유의사항
- 문항이나 답지의 서술이 간단하고 명확한 단어로 서술되어야 한다.
- 정답은 분명하고, 오답은 매력적으로 만들어져야 한다.
- 정답을 고를 수 있거나 오답을 제거할 수 있는 단서를 주지 말아야 한다.
- 답안의 형태나 길이는 서로 비슷해야 하며, 다를 경우에는 짧은 답안부터 배열하는 것이 바람직하다.
- 정답의 번호가 특정 번호에 치우치지 않도록 하며, 정답의 위치는 다양하게 배치되어야 한다.

　ⓑ 장점
- 학습내용의 많은 영역을 측정할 수 있다.
- 주어진 시간 내에 많은 문항의 검사를 실시할 수 있다.
- 채점이 쉽고 객관적이고 기계적으로 할 수 있어 채점의 신뢰도를 높일 수 있다.

　ⓒ 단점
- 주어진 답안에서 하나를 선택하기 때문에 창의성, 분석력, 문제해결능력과 같은 고등정신능력을 측정하는 데 한계가 있다.
- 매력적인 오답을 제작하기가 쉽지 않으며, 좋은 문항을 제작하는 데 시간이 오래 걸린다.
- 주어진 답안에서 정답을 선택하므로 추측으로 정답을 맞힐 확률이 있다.

③ 연결형(matching form) : 일련의 전제와 답안을 배열하여 전제에 대한 질문의 정답을 답안에서 찾아 연결하는 형태로서 배합형이라고도 한다.

　ⓐ 문항제작 시 유의사항
- 전제나 답안은 각각 동질성이 유지되어야 한다. 동질성이 결여되면, 피험자에게 정답의 단서를 주게 될 가능성이 커진다.
- 전제보다 답안 수가 많아야 한다. 마지막으로 남은 답안이 자연적으로 정답이 되는 경우를 방지하기 위해서이다.
- 전제나 답안 수를 적절히 제한하여야 한다. 전제나 답안 수가 너무 많으면 피험자가 혼란스러워하고 싫증을 내게 되며, 이미 제시한 동질성 유지가 어려워진다.

　ⓑ 장점
- 문항제작이 비교적 간편하다.
- 유사한 사실을 비교하고 구분하고 판단하기에 좋은 문항형태이다.

- 채점을 신뢰할 수 있고 객관적으로 하는 것이 용이하기 때문에 검사의 객관도 및 신뢰도를 높일 수 있다.

ⓒ 단점
- 좋은 문항을 만드는 데 시간과 노력이 소요된다. 정교하게 만들지 못하면 진위형처럼 단순 사실의 기억을 측정하는 데 그치게 된다.
- 연결이 진행되면서 점차 연결 수가 줄어들어 추측 요인이 작용할 가능성이 커질 수 있다.
- 단순 사실이나 역사적 사건 등을 질문하므로 고등정신능력의 측정이 어렵다.

2. 서답형 문항 초등 01 · 08

(1) 개념
① 문두만 제시하여 놓고 답을 스스로 생각해서 쓰도록 하는 형식이다.
② 주어진 검사문항에 대해 시험을 보는 사람이 어떠한 단서도 주어지지 않은 상황에서 자신의 머릿속에서 정답을 재생해서 답지에 기입하는 형태의 것을 말하며, 재생형(recall) 혹은 주관식, 주관형이라고도 한다.
③ 단답형, 완성형, 논술형이 서답형 문항에 속한다.

(2) 장단점
① 장점: 선택형 문항에 비해 고차적인 학습성과를 측정할 수 있으며, 추측으로 정답을 맞힐 가능성을 최소화할 수 있다.
② 단점: 채점이 어려울 뿐만 아니라 객관도가 낮다.

(3) 서답형 문항의 유형
① 완성형(completion item): 문장의 일부를 비워 놓고 빈자리에 단어, 구, 숫자, 기호 등을 써 넣어 불완전문장을 완성하도록 하는 형식이다.

ⓐ 문항제작 시 유의사항
- 중요한 내용을 여백으로 두고 여백의 수를 적절히 제한한다.
- 진술문 가운데 의미 있고 중요한 부분을 비워놓아, 중요한 내용을 인지하고 있는지 확인할 수 있어야 한다.
- 질문의 여백 뒤의 조사가 정답을 암시하지 않게 해야 한다.
- 정답을 짧은 단어나 기호로 응답하도록 질문한다.
- 여백은 질문의 후미에 두는 것이 바람직하다. 여백이 질문 안에 있는 문장은 읽기 쉽지 않고, 응답하는 데 시간이 많이 소요되므로 가능한 한 여백은 질문 뒤에 둔다.
- 채점의 정확성과 체계성을 위해 여백 각각을 채점 단위로 한다.

ⓑ 장점
- 선택형 문항처럼 답지가 제공되지 않으므로 추측 요인을 배제할 수 있다.
- 문항제작이 선택형의 선다형 문항에 비해 비교적 쉽다.
- 채점이 비교적 쉽고, 채점의 객관성을 유지할 수 있다.

ⓒ 단점: 단순한 지식, 개념, 사실 등을 측정할 가능성이 높다.

② 단답형(short answer item) : 문제를 의문문이나 명령문으로 제시한 다음 단어, 숫자, 기호 등으로 답하게 하는 형식이다. 용어의 정의나 의미를 측정할 때나 수리계산 문제에 자주 사용된다.

㉠ 문항제작 시 유의사항

- 간단한 형태의 답이 나올 수 있도록 문항을 제작한다. 채점하기 전에 정답이 될 수 있는 답들을 준비한다.
- 정답 수는 한 개 혹은 몇 개가 되도록 한정해야 한다.
- 수치나 계산문제에 관련된 문제에서는 기대하는 정확성의 정도 혹은 계산 절차의 수준을 명시하도록 한다. 정답에 대한 구체적 단위를 지정해 주거나 계산절차를 어느 수준까지 제시하라는 지시가 포함되면 채점에 도움이 된다.

㉡ 장점

- 문항제작이 용이하고 넓은 범위의 내용을 측정할 수 있다.
- 추측 요인에 의해 정답을 맞힐 확률을 최대한 제거할 수 있다.

㉢ 단점

- 짧은 답을 요구하는 문항의 특성상 단순 지식, 개념, 또는 사실만을 평가할 가능성이 높아 단순기억에 의존하는 학습을 조장할 수 있다.
- 채점 시 선택형 문항과 비교하여 객관성 확보가 어렵다.
- 정답이 하나가 되도록 질문하기가 쉽지 않다.

③ 논술형(essay item) : 문제 혹은 질문에 대해 짧게는 몇 개의 문장에서 길게는 여러 페이지에 걸쳐 논술식으로 답을 쓰도록 하는 형식이다. 이론적으로는 피험자의 반응을 거의 무한하게 허용하는 자유반응 유형이다. 허용되는 피험자의 반응범위 제한 여부에 따라 제한 반응형과 확대 반응형으로 나눌 수 있다.

| 제한 반응형(restricted response form) | 논술의 범위를 지시문에서 축소하거나 글자 수를 제한하는 문항을 말한다. 제한된 논술형 문항이 갖는 이점은 구체화된 내용과 연계시킬 수 있으며 채점이 용이하다는 것이다. 단점으로는 피험자가 제한된 범위에서 사고하고, 분석·종합하므로 고등정신능력을 충분히 측정하지 못한다.
예 인터넷의 장점을 세 가지만 열거하시오. |
| 확대 반응형(extended response form) | 시간제한이나 글자 수에 제한이 없음은 물론 지시문에 의해 서술 범위를 제한하지 않는다. 그러므로 확장된 논술형 문항은 피험자의 인지구조까지 측정할 수 있는 것이 장점이다.
예 우리나라 중소기업의 국제경쟁력을 강화시킬 수 있는 방안을 수립하시오. |

㉠ 문항제작 시 유의사항

- 피험자 집단의 특성을 고려해야 한다. 논술형은 반응의 자유를 최대한 허용하므로 피험자들의 집단 성격을 파악하지 못하였을 경우, 질문 반응이 지나치게 다양해지기 쉽다.
- 질문의 요지가 분명하고 구조화되어야 한다. 질문을 구조화하여 피험자가 해야 할 과제를 분명히 제시해야 채점도 용이하다.
- 문항은 난이도 순으로 배열한다. 피험자가 어려운 문항을 처음에 접하게 되면, 검사 불안이 높아져서 쉬운 문항도 틀리는 경우가 있다.

- 문항 점수를 제시한다. 피험자는 문항 점수를 고려하여 문항에 응답하는 전략을 세울 수 있다.
- 채점기준을 미리 마련해야 한다. 채점기준은 가능한 모든 답안을 열거하여 해당 부분에 몇 점을 줄 것인가까지 결정되어야 한다.

ⓛ 장점
- 피험자의 모든 정신능력을 측정하는 데 적절하다. 예를 들어 문제를 이해하는 능력, 문제를 해결하는 능력, 논리적으로 전개하는 능력, 논리 전개에 따라 결론을 유도하는 능력, 새로운 견해와 문제를 제시하는 능력 등 매우 다양한 정신능력을 측정할 수 있다.
- 전체적 관련 속에서 전후가 논리성 있게 표현되는지 평가할 수 있다.
- 분석력, 조직력, 문제해결력, 작문능력 등 다양한 고등정신능력을 측정할 수 있다.
- 선다형이나 단답형에 비해 상대적으로 문항제작이 쉽다.

ⓒ 단점
- 검사 내 출제 문항 수가 제한되므로 넓은 교과 영역을 측정하기 어렵다.
- 문장력이 채점에 영향을 줄 수 있다.
- 채점하는 데 노력과 시간이 많이 든다.
- 채점의 일관성 문제가 있다. 하나의 답안을 여러 사람이 채점할 경우 각각의 점수가 달라질 가능성이 커지므로 채점자의 신뢰도가 낮아진다.

ⓔ 채점방법

분석적 채점방법	채점기준을 요소로 분석해 배점하고 기준에 의해 채점한 다음 종합
총괄적 채점방법	피험자의 응답을 전반적으로 읽은 후 전체적인 느낌이나 관점에 의해 채점

ⓜ 채점 시 유의할 사항
- 모범답안을 작성하여 채점 기준을 설정한다. 답안지를 어떤 기준, 어떤 방법에 의해 평가할 것인지를 미리 정해 놓아야 한다.
- 채점 시 편견이나 착오가 작용하는 것을 피해야 한다. 글씨, 학생 이름 등에 좌우되지 않도록 하며, 전반에는 정확히 보다가 후반부에서는 적당히 채점해 버리는 착오를 범하지 않도록 채점 중간 휴식을 취하면서 같은 기준에서 채점할 수 있게 해야 한다.
- 답안지는 학생단위로 채점하지 말고 문항단위로 채점하여야 한다. 한 문항을 채점할 때의 기준이 모든 학생의 답안지를 채점할 동안 지속될 수 있고, 채점 속도도 상대적으로 빠르다.
- 혼자보다는 여러 사람이 채점해서 평균을 내는 것이 바람직하다. 주관성을 배제하고 채점의 객관성을 유지하기 위해서이다.

PART
10

교육평가와 통계

Chapter 05 평가도구의 질적 요건

01 타당도

1. 개념

① 타당도란 한 검사 혹은 평가도구가 측정하려고 의도하는 것을 어느 정도 충실히 측정하고 있는 가를 뜻하는 개념이다.

② 타당도는 무엇(what)이라는 개념과 관련이 있다. 예를 들어 지능검사가 '지능'이란 심리적 특성을 충실하게 재고 있다면 타당한 검사라 할 수 있으나, '어휘력'을 잰다고 할 경우 타당한 검사라할 수 없다. 이와 같은 경우에는 타당도가 낮다고 할 수 있다.

③ 타당도는 준거의 개념이 수반된다. 타당도는 무엇에 비추어 본 타당도이지 막연히 일반적인어떤 조건에서 타당도가 있다 또는 없다고 말할 수 없다. 지능검사는 지능에 비추어 타당도가있는 것이며 인성검사는 인성 특성에 비추어 이들을 정확하게 재고 있을 때 타당도가 있는 것이다.

2. 타당도 이해 시 주의할 점

① 타당도는 피험자 집단에 사용된 측정 도구나 검사에 의하여 얻은 검사결과의 해석에 대한 적합성이지 검사 자체와 관련된 것은 아니다. 즉, 검사의 타당도라는 표현을 사용하기는 하지만 엄밀히 말하면 검사결과에 따라 만들어진 해석에 대한 타당성을 말하는 것이다.

② 타당도는 정도의 문제이다. 타당도는 있다, 없다가 아니라 낮다, 적절하다, 높다 등으로 표현해야 한다.

③ 타당도는 특별한 목적이나 해석에 제한된다. 즉, 한 검사가 모든 목적에 부합될 수 없으므로, '이 검사는 무엇을 측정하는 데 타당하다.'고 표현해야 한다.

3. 타당도의 유형 중등 04

(1) 내용 타당도(content validity) 중등 00 · 07 · 11 · 17논술 · 23논술, 초등 03 · 11

① 검사를 구성하는 문항들이 전집의 내용영역과 행동영역을 얼마나 잘 대표하고 있는가와 관련된것으로, 문항 표집의 적절성으로 정의할 수 있다. 결국 내용 타당도는 문항들이 측정하려고 하는교과영역이나 인지과정을 골고루 반영하는 정도를 말한다.

② '검사내용에 기초한 근거'라고 불리는 타당도로 논리적 사고에 입각하여 판단하는 주관적인 타당도를 의미한다.

③ 검사가 측정하고자 하는 속성을 제대로 측정하였는지 검사전문가가 주관적으로 판단한다. 검사

전문가의 전문지식에 의해 검증되므로 객관적 자료보다 주관적 판단에 따르며, 검사내용에 대해 다른 정의를 가지고 있는 전문가들은 서로 다르게 내용 타당도를 판단할 수 있다.

④ 그러나 내용 타당도는 검사 개발에서 중심 관건이며, 전문가의 전문적 판단이 측정 내용의 전집, 내용 선택, 문항유형 선택, 점수화 등의 의사결정에 중요한 역할을 하므로 계량화되지 않는다는 단점이 있다 해도 과학성이 상실되었다고 볼 수는 없다.

⑤ 교수·학습 과정에서 설정한 교육목표의 성취 여부를 묻는 학업성취도 검사의 타당성 검증을 위해 내용 타당도가 많이 쓰인다. 이 때문에 내용 타당도를 교과 타당도와 교수 타당도로 구분하기도 한다.

    ㉠ 교과 타당도 : 검사가 교육과정에 있는 내용을 얼마나 잘 포함하고 있는가를 의미한다.

    ㉡ 교수 타당도 : 교수·학습 중에 가르치고 배운 내용이 얼마나 포함되었는가를 말한다.

⑥ 학업 성취도 검사의 내용 타당도는 검사 내의 문항들이 검사 제작 전에 작성된 이원(목적)분류표에 의해 제작되었는지를 확인함으로써 검증될 수 있다.

⑦ 내용 타당도는 제작한 검사도구와 교육과정에 포함된 교육목표 간의 일치성을 평가하는 논리적이고 합리적인 과정이다. 따라서 내용 타당도를 제고하기 위해서는 교육목표를 내용영역과 행동영역으로 이분화시켜 표현한 이원분류표의 작성이 필수적이다.

> **▌안면 타당도(face validity)**
> - 내용 타당도와 유사한 개념으로 안면 타당도가 있다. 안면 타당도는 피험자 입장에서 검사를 구성하는 문항들이 그 검사가 재고자 하는 바를 충실하게 재고 있는지에 대한 피상적인 판단을 말한다. 즉, 안면 타당도는 검사도구가 제작자나 피험자에게 친숙한 정도를 의미한다.
> - 검사가 실제로 측정하는 것과 관계없이 검사가 무엇을 재고 있는 것 같다는 주관적인 인상을 중심으로 기술된다. 검사의 명칭과 문항이 학생 또는 검사자에게 의도한 특성을 측정하는 것처럼 보이면 안면 타당도가 높다. 따라서 내용 전문가뿐만 아니라 비전문가에 의해서도 판단될 수 있다.
> - 안면 타당도는 타당도의 겉모습에 불과하므로 기술적 타당도를 대치할 수 없으나, 안면 타당도 역시 검사가 갖추어야 할 요건이므로 검사는 안면 타당도가 높아야 한다.
> - 검사의 안면 타당도가 높지 않으면 피험자는 검사가 공정하지 않다는 느낌을 가질 수 있기 때문에 실제 타당도가 높더라도 협조를 얻거나 래포 형성이 어려우며, 동기에 부정적 영향을 줄 수 있다.
> - 일반적으로 내용 타당도가 높으며 안면 타당도도 높지만, 안면 타당도가 높지 않더라도 내용 타당도는 높을 수 있다.

⑧ 장점 : 계량화된 정보를 제공하지는 못하지만 전문가의 판단에 의해 검사의 타당성을 입증받게 되는 것이므로 검사의 목적에 부합하는가의 여부를 검증할 수 있다.

⑨ 단점 : 전문가마다 다른 견해를 가지는 경우가 많으므로 내용 타당도에 대해 각기 다른 검증결과가 나올 수 있다. 또한, 내용 타당도는 계량화되지 않았기 때문에 타당성의 정도를 표기할 수 없다는 단점이 있다.

(2) 준거관련 타당도 초등 08·11

① 준거관련 타당도의 개념

    ㉠ 외적 준거를 이용하여 검사도구의 타당도에 대한 증거를 검토하는 것을 말한다.

    ㉡ 준거란 검사를 사용하는 사람들이 관심을 갖는 속성이나 결과를 말한다.

ⓒ 준거관련 타당도는 준거 측정치를 수집하는 시기에 따라 예언 타당도와 공인 타당도로 나눌 수 있다. 준거 측정치가 검사의 측정이 이루어진 다음 일정한 기간이 지난 후에 얻어지는 경우를 예언 타당도라 하며, 준거 측정치가 타당화하려는 검사도구와 거의 동시에 얻어지는 경우를 공인 타당도라 한다.

② 예언 타당도(predictive validity)

ㄱ 평가도구의 검사결과가 피험자의 미래의 행동이나 특성을 어느 정도로 예언하고 있느냐에 의하여 결정되는 타당도이다. 이때 준거는 시간적으로 미래의 행동 특성이 된다.

ㄴ 예를 들어, 대학수학능력시험이라는 평가도구가 대학 입학 후 학습자의 수학능력을 예언하는 타당도가 있다고 할 때, 사용된 준거는 대학 입학 후의 수학능력이 된다. 따라서 대학수학능력시험에서 높은 점수를 얻은 학습자가 대학에서 성공적으로 학업을 수행할 때, 대학수학능력시험의 예언 타당도는 높다고 할 수 있다.

ㄷ **추정방법**: 피험자 집단에 새로 제작한 검사를 실시하고, 일정 기간이 지난 후에 검사에서 측정한 내용과 관련된 행동을 측정한 후 검사 점수와 준거(미래 행동 특성의 측정치) 간의 상관계수를 추정한다. 이때 상관계수가 클수록 예언의 정확성이 커지고 예언의 오차는 적어진다.

ㄹ **장점**: 검사도구가 미래의 행동을 예측해 주기 때문에 예언 타당도가 높으면 선발, 채용, 배치 등의 목적을 위하여 검사를 사용할 수 있다.

ㅁ **단점**
- 미래의 행동이 측정되어야 하므로 동시 측정이 불가능하기 때문에 검사의 타당성을 인정받는 데 시간이 오래 걸린다.
- 일정 시간이 지난 뒤에 측정 행동과 검사 점수와의 상관을 계산해야 하기 때문에 검사 실시 후 인간의 특성이 변화되지 않았다는 것을 보장하기 어렵다.

③ 공인 타당도(concurrent validity) 초등 08

ㄱ 새로운 검사의 타당도를 기존의 타당성을 인정받고 있는 검사와의 유사성 또는 연관성에 의하여 검증하는 방법이다.

ㄴ **추정방법**: 새로 제작된 검사를 실시한 다음 동일 집단에게 현재 타당성을 인정받고 있는 검사를 실시한 후 두 검사 간의 상관계수를 추정한다.

ㄷ 공인 타당도와 예언 타당도의 차이점
- 예언 타당도는 행동의 준거를 미래에 두지만 공인 타당도는 현재에 둔다.
- 공인 타당도는 준거의 성질을 예언에 두지 않고, 공통된 요인이 있는지에 둔다. 즉, 검사 A를 검사 B로 대체할 수 있느냐 하는 것이 공인 타당도이다.
  예 작문 검사를 독후감 과제로 대체할 수 있을지를 알아보기 위해 상관을 알아보는 경우는 공인 타당도에 해당된다.

ㄹ **장점**: 계량화되어 타당도에 대한 객관적인 정도를 제공한다.

ㅁ **단점**: 기존의 타당성을 인정받고 있는 검사가 없을 경우 공인 타당도를 추정할 수 없다.

(3) 구인 타당도 _{초등 11}

① 정의

    ㉠ 구인이란 심리적 특성이나 행동양상을 설명하기 위하여 존재를 가정하는 심리적 요인을 말한다. 창의성 검사의 예에서 민감성, 유창성, 융통성 등을 구인이라고 할 수 있다.

    ㉡ 구인 타당도란 조작적으로 정의되지 않은 인간의 심리적 특성이나 성질을 심리적 구인으로 분석하여 조작적으로 정의를 부여한 후, 검사 점수가 조작적 정의에서 규명한 심리적 구인들을 제대로 측정하였는가를 검증하는 방법이다.

        예 창의성을 측정할 때 창의성은 민감성, 유창성, 융통성, 독창성, 정교성으로 구성되어 있다는 조작적 정의에 근거하여 검사를 제작, 실시한 뒤 그 검사도구가 이 같은 구인들을 측정하고 있다고 판단되면 그 검사는 구인 타당도를 지니고 있다고 한다.

    ㉢ 구인은 가설적 개념 ─ 과학자들이 인간의 행동을 설명하기 위해 과학적 상상력을 동원해서 만든 산물 ─ 이므로 절대적인 의미에서는 결코 관찰하거나 측정할 수 없으므로, 간접적으로 관찰되거나 측정된다.

    ㉣ 구인 타당도는 측정하고자 하는 특성의 구성 요인을 얼마나 충실하게 이론적으로 설명하여 경험적으로 측정하느냐의 문제이다.

② 검증절차

    ㉠ 측정하고자 하는 심리적 특성을 구성하는 구인, 즉 요인들이 무엇인지 이론적, 경험적 배경에 의하여 밝힌다. 즉, 심리적 특성에 대한 조작적 정의를 내린다.

    ㉡ 구인과 관련된 이론에 근거하여 구인을 측정할 수 있는 문항을 제작한다.

    ㉢ 구인을 측정하는 문항들로 검사를 제작한다.

    ㉣ 측정 대상에게 검사를 실시하여 응답자료를 얻는다.

    ㉤ 응답자료를 분석하여 검사가 측정하고자 하는 구인들을 제대로 측정하였는지 밝힌다.

    ㉥ 심리적 특성을 규명하는 조작적 정의에 따른 구인과 관계없는 문항을 제거하거나 수정·보완하여 검사를 완성한다.

③ 검증방법(추정방법)

    ㉠ 상관계수법

        • 각 구인들을 통해 얻은 점수와 심리 특성을 측정하는 총점과의 상관계수에 의해 타당도를 검증하는 방법이다.

        • 특정 구인을 나타내는 점수와 심리적 특성 점수와의 상관계수가 낮으면 그 구인은 심리적 특성을 설명해 주지 못한다.

        • 예를 들어, 창의성이 민감성, 유창성, 융통성, 독창성, 정교성, 암기능력이라는 구인으로 구성되어 있다면 각 구인에 의한 점수 간의 상관 및 각 구인 점수와 창의성 검사 총점의 상관을 구할 수 있다. 이때 암기능력과 창의성 검사 총점의 상관이 낮고, 다른 구인 간의 상관에 비해 암기능력과 각 구인 간의 상관도 낮다면 암기능력은 창의성을 나타내는 구인이 될 수 없다고 판단하게 된다.

    ㉡ 실험설계법

        • 심리적 특성을 구성하는 심리적 구인을 실험집단에는 처치하고 통제집단에는 처치하지

않았을 경우, 실험집단과 통제집단에서 심리적 차이가 나타나면 심리적 특성을 설명하는 구인으로 간주한다.
- 예를 들어, 시험 불안이 불안의 구인인지 여부를 시험 예고를 통한 실험집단과 통제집단의 불안도 차이로 확인할 수 있다.

ⓒ 요인분석
- 상관계수 방법이 하위요인들 간 관계를 통해 검사가 구조적으로 제대로 측정되고 있는지 파악하는 방법인 반면, 요인분석 방법은 하위요인을 구성하고 있는 문항 수준까지 구조를 파악할 수 있는 방법이다.
- 만약 4요인을 기대하고 만든 검사를 대상으로 요인분석을 했을 때 4요인을 지지하는 결과를 얻을 수 있는가에 주목한다.
- 검사 개발 시 하위요인이 있으면 각 요인에 해당하는 문항을 여러 개 개발하여 측정한다. 요인분석은 각 문항들이 해당 요인에 제대로 속하는지를 파악할 수 있는 분석방법이다.

(4) 결과 타당도(consequential validity) 초등 04

① 결과 타당도란 검사나 평가를 실시하고 난 결과에 대한 가치판단으로 평가결과와 평가목적 간의 부합성, 평가결과를 이용할 때의 목적 도달, 평가결과가 사회에 주는 영향, 그리고 평가결과를 이용할 때 사회의 변화들과 관계가 있다.
② 평가활동이 원래 의도한 기능을 제대로 수행하거나 목적을 제대로 달성하고 있는가에 대한 증거를 수집하려는 과정을 말한다.
③ 결과 타당도는 검사를 실시한 후 그 결과에 대해 가치판단을 하는 것으로, 평가결과가 학생, 학부모, 교사, 학교, 사회에 미치는 영향을 토대로 검사도구의 타당성을 평가하는 방법이다.
④ 결과 타당도 과정에서는 다음과 같은 문제를 검토할 수 있다.
　　㉠ 평가가 실제 교수·학습과정을 개선시키고 있는가?
　　㉡ 교수·학습과정을 개선시키고 있다면 어느 정도 영향을 주고 있는가?
　　㉢ 평가결과 활용의 부정적 영향이나 예기치 못한 영향은 무엇인가?

---

02 신뢰도 중등 01·03·05·19논술, 초등 02·10·12

1. 개념

① 타당도가 무엇(what)을 측정하고 있느냐의 문제라면 신뢰도는 평가도구가 '어떻게(how)' 측정하고 있느냐의 문제이다. 얼마나 일관성 있게, 얼마나 정확하게, 얼마나 오차 없이 측정하고 있느냐의 개념이다.
② 검사도구가 인간의 어떤 행동 특성을 측정할 때마다 같은 점수를 얻는다면, 이 검사도구는 신뢰할 만한 검사다.
　예 저울로 몸무게를 쟀을 때 처음에는 60kg이었으나 두 번째 쟀을 때는 40kg이었다면 신뢰도가 낮다.

③ 신뢰도가 높은 측정결과는 정확하고 반복가능하며 비슷한 장면에 일반화할 수 있음을 의미한다. 그러나 측정결과는 매우 많은 요인의 영향을 받기 때문에 엄격한 의미에서 어떤 측정도구를 같은 사람에게 여러 번 실시할 때 측정결과가 완전히 일치하는 경우란 사실상 없으며 어느 정도 차이가 나타나게 마련이다. 즉, 측정의 신뢰도는 정도의 문제이다.

④ 신뢰도의 추정방법은 두 검사 점수의 상관계수로 추정하는 관점과 측정의 오차개념으로 추정하는 방법이 있다.

    ㉠ 상관계수로 추정하는 법 : 동일한 검사를 두 번 실시하거나 하나의 검사와 동형검사 점수와의 상관계수를 사용하는 것이다.

    ㉡ 측정의 오차개념으로 추정하는 법 : 진점수와 관찰 점수의 비율을 사용하는 것으로, 즉 관찰 점수의 분산에서 진점수 분산이 차지하는 비율이 높고 오차 점수의 분산이 작다면 신뢰도가 높아지게 된다.

2. 신뢰도를 높이기 위한 방법

① 문항 수가 많은 검사로 측정하는 것이 측정의 오차를 줄여 신뢰도를 높일 수 있다.

② 문항의 난이도가 적절하여야 한다. 검사가 너무 어렵거나 쉬우면 피험자의 진짜 능력을 측정하기 어렵기 때문에 신뢰도는 낮아진다.

③ 문항변별도가 높아야 한다. 검사 문항이 피험자를 능력에 따라 구분할 수 있는 변별력이 있어야 한다.

④ 검사도구의 내용이 보다 구체적이고 한정된 범위의 내용이어야 한다. 물리 전체보다 빛 단원만 제한적으로 다루는 것처럼 내용 범위가 좁고 구체적이어야 한다.

⑤ 검사시간을 충분히 주어 피험자가 역량을 충분히 발휘하게 할 때 응답의 안정성이 보장되므로 검사시간이 적절히 충분해야 한다.

3. 신뢰도의 유형

(1) 재검사 신뢰도(retest reliability) 중등 05

① 재검사 신뢰도는 한 개의 평가도구 혹은 검사를 같은 집단에 일정한 간격을 두고 두 번 실시해서 첫 번째 검사와 두 번째 검사 간의 상관계수를 산출하여 얻은 신뢰도이다.

② 이것은 전과 후의 점수 사이에 어느 정도 안정성이 있느냐를 보는 관점이기 때문에 안정성 계수라고도 한다.

③ 재검사 신뢰도에서 오차의 근원은 시간간격이다. 측정하는 시기를 다르게 하였을 때 점수가 달라지는 정도가 재검사 신뢰도에서 다루는 오차라고 할 수 있다.

④ 전후 검사의 실시 간격이 너무 짧으면 첫 번째 검사에서의 기억, 연습효과 등이 두 번째 실시에 영향을 미칠 가능성이 높기 때문에 재검사 신뢰도에 영향을 줄 수 있으며, 반대로 전후 간격을 너무 길게 잡으면, 측정하려는 행동 특성 자체가 변화될 가능성이 커진다.

⑤ 따라서 재검사 신뢰도를 표시할 때는 실시 간격을 명시해야 하며, 검사의 목적에 따라 다르나 대개 2~4주가 적당하다.

⑥ 장점 : 추정방법이 간단하다.

⑦ 단점 : 검사를 두 번 실시해야 한다는 것과 두 번 실시함으로써 생기는 연습효과나 기억효과가 있다는 점, 그리고 실시 간격에 따라 신뢰도계수가 달리 추정된다는 점이다.

(2) 동형검사 신뢰도(equivalent-form reliability) 중등 01

① 동형검사 신뢰도는 미리 두 개의 동형검사를 제작하고 그것을 동일 집단에 실시해서 두 개의 동형검사에서 얻은 점수 간의 상관을 산출하는 방법이다.

② 동형검사는 표면적인 내용은 서로 다르지만 두 검사가 측정이론의 관점에서 동질적이고 동일하다고 추정할 수 있는 문항들로 구성된 검사로 난이도, 검사내용, 문항형식, 문항 수 등이 같아야 한다.

③ 장점 : 재검사 신뢰도의 문제점인 기억효과나 연습효과 및 시험 간격 설정의 문제점을 해결할 수 있다.

④ 단점 : 검사를 두 번 제작·시행해야 하는 어려움이 있으며, 같은 내용을 다른 표현으로 같은 수준의 문항난이도를 가지는 동형의 검사를 제작하기 어렵다.

(3) 반분검사 신뢰도(split-half reliability)

① 반분검사 신뢰도는 한 개의 평가도구 혹은 검사를 한 피험자 집단에게 실시한 다음, 그것을 적절한 방법에 의해 두 부분의 점수로 분할하고 이 분할된 두 부분을 독립된 검사로 생각해서 그 사이의 상관을 계산하는 방법이다.

② 동형검사를 만들자면 비용과 시간이 많이 들기 때문에 하나의 검사를 두 쪽으로 나누어 신뢰도를 구하는 일종의 간이 동형검사 혹은 축소판 동형검사 신뢰도 추정방법이라고 할 수 있다.

③ 반분검사 신뢰도에서 두 부분으로 나누는 방법은 여러 가지가 있으나 앞뒤로 정확하게 반이 되게 하거나, 짝수 문항과 홀수 문항으로 나누는 방법을 주로 사용하며 이때 주의할 점은 검사도구의 문항내용과 구성 면에서 양분된 두 부분이 서로 비슷하고 동질적이 되도록 계획하여야 한다.

④ 장점 : 검사를 두 번 실시하지 않고, 하나의 검사를 가지고 추정해 낸 동형검사 신뢰도라는 점에서 간편하고 경제적이다.

⑤ 단점 : 검사를 양분하는 방법에 따라 신뢰도계수가 달리 추정된다. 속도검사의 신뢰도를 추정할 때 검사를 앞뒤로 나누는 방법은 적절하지 않다.

(4) 문항내적 일관성 신뢰도(문항내적 합치도)(inter-item reliability) 중등 08·19논술, 초등 01

① 재검사 신뢰도와 동형검사 신뢰도는 동일 피험자에게 검사를 두 번 실시해야 하는 번거로움이 따르며, 검사의 실시 간격과 동형성 정도에 따라 신뢰도계수가 변한다는 문제가 있다.

② 문항내적 일관성 신뢰도는 검사를 두 번 실시하지 않고 검사의 신뢰도를 추정할 수 있다는 장점이 있다.

③ 검사 속의 한 문항 한 문항을 모두 독립된 한 개의 검사 단위로 생각하고 그 합치도, 동질성, 일치성을 종합하는 신뢰도로서, 한 검사에 포함된 문항 간 반응의 일관성이 문항의 동질성 여부에 의해 결정되므로, 한 검사의 문항내적 일관성 신뢰도를 구하려면 그 검사는 단일 특성을 재는 문항으로 구성되어 있어야 한다.

④ 단일 특성을 재지 않거나 문항의 곤란도가 일정하지 않을 때 신뢰도를 구하면 과소평가될 우려가 있다.

⑤ 문항내적 일관성 신뢰도를 추정하는 방법에는 Kuder와 Richardson(1937)이 개발한 K-20과 K-21과 Chronbach α 계수가 있다.

ㄱ K-20과 K-21: K-20은 문항 형식에서 문항의 반응이 맞으면 1, 틀리면 0으로 채점되는 이분문항의 경우에 사용하고, K-21은 문항 점수가 1, 2, 3, 4, 5점 등의 연속 점수일 때 사용한다.

ㄴ Chronbach α 계수

- 이분문항뿐 아니라, 다분문항에도 사용 가능하다. 통계 프로그램으로 추정이 간편하여 가장 보편적으로 사용된다.
- 장점: 검사를 양분하지 않아도 되고, 문항 간 일관성에 의해 단일한 신뢰도 추정 결과를 얻을 수 있다.
- 단점: 검사도구의 신뢰도를 과소 추정하는 경향이 있다. 그러나 검사도구의 질을 분석하는 데 있어 어느 정도의 엄격성이 필요하므로 과소 추정되는 정보가 더 바람직하다.

4. 타당도와 신뢰도의 관계

① 타당도가 높기 위해서는 신뢰도가 높아야 하지만 신뢰도가 높다고 반드시 타당도가 높은 것은 아니다. 즉, 신뢰도와 타당도의 관계에서 신뢰도는 타당도를 위한 필요조건이지만 충분조건은 아니다.

② 어떤 측정도구가 신뢰롭다는 것만으로 그 도구가 타당하다는 것을 의미하지는 않는다. 그러나 반대로 타당도가 높으려면 그에 상응하여 반드시 신뢰도가 높아야 한다.

③ 신뢰도가 낮으면 타당도는 이에 비례해서 낮아지기 때문에 신뢰도는 타당도의 선행조건이 된다. 역으로 표현해서 신뢰도 없이 타당도가 높은 평가도구는 존재할 수 없다.

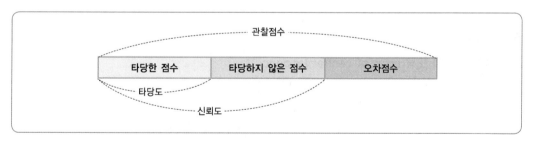

| 타당도와 신뢰도의 관계(성태제, 2005) |

03 객관도

1. 객관도의 개념 ^{초등 06}

① 객관도란 평가자 혹은 채점자 신뢰도라고 부르기도 하며, 검사의 채점자가 주관적 편견 없이 얼마나 공정하게 채점하느냐의 문제다.

② 객관도는 평정자가 주관적인 편견을 얼마나 배제하였느냐를 보는 것이다.

③ 한 가지 반응결과에 대해 여러 사람의 채점 및 평가가 일치하는 정도를 평가자 간 신뢰도라고 하며, 동일한 평가자가 시간적 간격이나 상황에 따라 많은 측정대상에 대해 계속적으로 일관성 있게 측정하였느냐의 문제를 평가자 내 신뢰도라고 한다.

④ 평가의 결과가 등급으로 주어진다면 평정자 간 신뢰도 또는 평정자 내 신뢰도란 용어를 사용하고, 평가의 결과가 점수로 주어진다면 채점자 간 신뢰도 또는 채점자 내 신뢰도, 또 관찰에 의한 결과라면 관찰자 간 신뢰도 또는 관찰자 내 신뢰도라는 용어를 사용한다.

⑤ 일반적으로 객관도가 낮은 이유는 평가도구 및 평가기준이 비객관적인 경우나 평가자의 소양 부족에 기인한다고 볼 수 있다.

2. 객관도를 높이기 위한 방법

① 검사도구를 객관화하여야 한다.

② 채점자의 소양을 높여야 한다.

③ 명확한 채점기준이 있어야 한다.

④ 여러 사람이 공동으로 채점해서 그 결과를 종합하는 것이 효과적이다.

⑤ 반응내용에만 충실한 채점을 하여야 한다.

⑥ 오류를 제거해야 한다.

3. 오류의 유형 ^{중등 08, 초등 11}

(1) 집중화 경향의 오류(error of central tendency)

① 평정 시 중간 점수에 채점결과가 집중되는 경향을 말하는데, 훈련이 부족한 평정자가 잘 저지르는 착오이다. 이 경우 잘한 것과 그렇지 않은 것 간의 변별력이 떨어질 수 있다.

② 오류의 원천은 주로 극단적인 판단을 꺼리는 인간심리와 피평정자를 잘 모르는 데에서 온다.

③ 오류를 피하기 위해서는 중간에 선택할 수 있는 평정점이 여러 개가 되도록 간격을 넓게 잡는 것이 좋다. 3단계 척도보다 7단계 척도가 더 바람직하다.

(2) 표준의 오류(error of standard)

① 평정자(채점자) 간 표준(채점기준)이 달라서 생기는 오류이다. 평정자가 표준을 어디에 두는가에 따라 생기는 오류이다.

② 7점 척도를 이용한 평점의 경우 어떤 평정자는 평균의 기준을 3으로 할 수 있고, 어떤 평정자는

4를 기준으로 할 수 있다.

③ 이와 같은 오류는 척도에 관한 개념을 서로 정립시키고 평정항목에 관한 오차를 줄임으로써 제거할 수 있다.

(3) 인상의 오류(error of halo effect)

① 평정자가 피험자에 대한 선입견이 작용해서 생기는 오류이다. 결과물 자체보다는 학생이 가진 배경 정보에 영향을 받아 잘못된 판단을 하는 경우이다.

② E. L. Thorndike가 명명한 것으로, 후광효과라고 부르기도 한다.

③ 보다 좋게 평정하는 경우를 관대의 오류(error of leniency)라 하고, 보다 나쁘게 평정하는 경우를 엄격의 오류(error of severity)라 한다.

(4) 대비의 오류(contrast error)

① 평정자와 피험자 사이에 공통된 견해나 다른 견해에 대해 인색하게 또는 관대하게 평정하는 오류이다.

② 평정자가 가진 견해와 일치하는 견해를 답지에 보이면 관대하게 평가할 수도 혹은 이미 나도 다 아는 사실이고 새로울 것이 없다고 생각하여 낮게(인색하게) 평정할 수도 있다.

③ 행동 특성을 있는 사실 그대로 평정하지 않고 '사실보다 과대 혹은 과소' 평가하는 경향이 생기도록 하는 것이다.

(5) 논리적 오류(logical error)

① 명확하게 평정의 속성을 규정하지 못해 발생하는 오류로 평정자가 전혀 다른 두 가지 행동 특성을 비슷한 것으로 생각해서 평정하는 현상이다. 평정자의 채점기준이 불명료하기 때문에 일어난다.

② "사교성이 있는 사람은 명랑하다.", "정직성이 낮은 사람은 준법성도 낮다.", "비판적인 글은 창의적이다."라는 논리적으로 모순된 판단이 평정 결과에 그대로 나타나는 경우이다.

(6) 근접의 오류(approximate error)

① 여러 속성을 근접하여 연속적으로 평정하는 경우, 이전의 평정이 이후의 평정에 영향을 미치는 현상이다.

② 앞 문항에서 높은 점수를 받았다면 다음 문항에서도 잘 하였으리라고 관대하게 평정하거나, 그 역의 방식으로 평정하는 것이 해당된다.

③ 오류를 제거하기 위해서는 비슷한 성질을 띤 측정은 시간적으로나 공간적으로 멀리 떨어지게 하는 것이 좋다.

④ 수험자별로 채점하기보다 문항별로 채점하고, 한 문항 채점이 끝나면 가급적 답안지의 채점 순서를 바꾸어 채점하면 좋다.

04 실용도(usability)

1. 실용도의 개념

① 실용도는 검사도구의 실용적인 가치 정도를 의미한다. 즉, 검사도구가 경비, 시간, 노력 등을 적게 들여서 평가의 목적을 충실하게 달성할 수 있어야만 실용성이 있는 것이다.

② 타당도, 신뢰도, 객관도가 높은 검사가 필요한 결정을 내리는 데 아무리 좋은 정보를 제공해 준다고 해도 그 검사를 실제로 이용하는 데 비용이나 노력이 많이 들면 활용하기 어렵다.

2. 실용도를 높일 수 있는 조건

① 검사의 실시와 채점이 쉬워야 한다.

② 해석과 활용이 용이해야 한다.

③ 비용, 시간, 노력 등이 절약되어야 한다.

문항분석

Chapter 06

01 문항분석

1. 개념

① 문항분석이란 검사의 개별 문항이 원래 의도한 검사도구의 목적을 제대로 수행할 수 있도록 만들어졌는지를 다양한 측면에서 확인하는 작업을 말하며, 문항의 양호도 분석이라고 한다.

② 문항분석에서 문항에 대한 피검사자의 반응을 분석하는 것은 문항을 수정하거나 양질의 문항을 선택하기 위한 필수적인 과정이다.

2. 문항분석의 기능

① 문항 개선을 위해 실시한다. 문항분석은 문항개발 절차의 일부로 일차적으로 개발한 문항을 특정 표본에 예비적으로 실시한 후 문제가 있다고 판명된 문항을 수정·보완하거나 폐기함으로써 문항의 양호도를 높일 수 있다.

② 문항분석 결과는 교수·학습 및 평가 과정에 환류(feedback)시킴으로써 교수·학습 과정을 향상시킬 수 있다. 검사도구를 학생들에게 실시한 결과 어떤 문항에 대한 학생들의 성적이 기대 수준에 못 미치는 경우 이것이 학생들의 능력 부족 때문인지, 교사의 수업방식에 문제가 있는지, 평가 방법이 잘못되었는지 등을 파악하여 그 결과를 향후 수업 및 평가 과정에 환류시킬 수 있다.

③ 교사의 전문성을 키우는 데 도움이 된다. 문항분석을 통하여 교사는 자신의 판단착오나 기술적 결함 등을 알 수 있다.

④ 문제은행의 구축에 필요하다. 문항분석 결과 양호도가 좋은 문항은 문항은행에 보관하고 나쁜 양호도를 가진 문항은 수정·보완하여 보관해 두면 이후 필요할 때 다시 사용할 수 있다.

02 문항분석이론

1. 고전검사이론(classical test theory) 중등 00·01·02·03·04·05·06·10·11, 초등 04·07·10·12

(1) 개요

① 고전검사이론에 기초한 문항분석은 피험자들의 응답을 문항별로 채점한 후 총점에 의하여 문항을 분석하는 방법으로 검사집단의 영향을 받게 된다.

② 같은 문항이라 할지라도 검사집단이 우수집단인 경우와 그렇지 않은 경우 난이도는 다르게 측정된다.

(2) 기본 가정

① 관찰 점수는 진점수와 오차 점수로 이루어진다. 어떤 학생의 언어영역 점수가 95점이라면 이 점수는 이 학생의 진짜 능력이라기보다는 관찰된 점수일 것이다. 이 측정된 점수는 알지 못하는 진짜 능력에 해당하는 점수와 오차 점수로 구성되어 있다.

② 진점수는 무수히 반복하여 측정된 점수의 평균값이다. 진점수를 추정하기 위한 가장 타당한 방법은 동일한 측정 내용을 무수히 반복하여 얻은 모든 관찰 점수의 평균으로 계산하는 것이다.

③ 진점수와 오차 점수의 상관은 0이다. 진점수가 낮으면 오차 점수가 작고, 진점수가 높으면 오차 점수가 크다는 연관성이 없다.

④ 한 검사에서 얻은 오차 점수와 다른 검사에서 얻은 오차 점수와의 상관은 0이다. 피험자들이 두 검사를 치렀을 때 한 검사에서 얻은 오차 점수들과 다른 검사에서 얻은 오차 점수들은 관계가 없다.

⑤ 한 검사에서 얻은 진점수와 다른 검사에서 얻은 오차 점수와의 상관은 0이다.

⑥ 이상의 가정에서 오차 점수의 평균은 '0'이라는 결론에 도달한다. 무한히 반복 측정할 때 오차 점수는 양수일 때도 있으며, 능력을 발휘하지 못하여 음수일 때도 있다.

⑦ 관찰 점수의 분산은 진점수 분산과 오차 점수 분산으로 합성된다. 만약 오차 점수의 분산이 0이라면 관찰 점수와 진점수의 값이 같아지며, 이는 신뢰도가 완벽하여 측정오차가 전혀 없음을 의미한다.

(3) 문항난이도(item difficulty)

① 문항의 어렵고 쉬운 정도를 뜻하며, 총 피험자 중 정답을 맞힌 피험자의 비율, 즉 정답 확률이 된다.

② 문항난이도는 0에서 1의 범위를 가지게 되며, 값이 클수록 문항이 쉬움을 의미한다. 문항난이도 지수가 높으면 쉬운 문항이고 낮으면 어려운 문항이다. 고전검사이론에서 문항난이도 값(정답률)이 높은 것과 일반적으로 문항난이도가 높다는 표현이 서로 일치하는 의미가 아님에 유의해야 한다.

③ 규준참조검사에서는 학생들의 능력 차이를 구분해 내야 하므로 중간 수준의 난이도를 중심으로 검사를 제작하여야 한다. 그러나 준거참조검사에서는 한 집단의 검사 점수의 평균이 높거나 혹은 낮은 것은 중요한 문제가 되지 않기 때문에 의도적으로 난이도 조절이 필요하지 않다.

$$P = \frac{R}{N}$$

P: 문항난이도
N: 총 피험자 수
R: 문항의 답을 맞힌 피험자 수

예 어느 학교에서 300명의 학습자들이 국어 시험을 치른 결과, 어떤 문항에 정답을 한 학습자들이 150명이라면 이때의 문항난이도는 다음과 같다.

$$P = \frac{150}{300} = 0.5$$

■ Cangelosi의 문항난이도에 의한 3단계 문항평가

문항난이도	문항평가
.25 미만	어려운 문항
.25 이상 ~ .75 미만	적절한 문항
.75 이상	쉬운 문항

■ 문항난이도에 의한 5단계 문항평가

문항난이도	문항평가
.00 ~ .20 미만	매우 어려운 문항
.20 이상 ~ .40 미만	어려운 문항
.40 이상 ~ .60 미만	중간 난이도 문항
.60 이상 ~ .80 미만	쉬운 문항
.80 이상 ~ 1.00 미만	매우 쉬운 문항

(4) 문항변별도(item discrimination)

① 문항변별도란 문항이 피험자의 능력을 변별하는 정도를 나타내는 지수이다.
② 능력이 높은 피험자가 문항의 답을 맞히고 능력이 낮은 피험자가 틀렸다면 이 문항은 피험자들을 제대로 변별하는 문항으로 분석된다. 반대로 문항에 능력이 높은 피험자가 틀리고 능력이 낮은 피험자가 맞았다면, 이 문항은 부적 변별력을 가진 문항이라 할 수 있다.
③ 규준참조검사에서는 변별도가 문항의 질을 좌우하지만 준거참조검사에서 변별도는 부적 변별도가 나오지 않는다면 크게 문제가 되지 않는다. 예를 들어, 모든 학생이 답을 하여 변별도가 0이 나온다고 하더라도 그 문항이 교수목표와 일치한다면 좋은 문항이 될 수 있다.

$$D.I. = \frac{R_U - R_L}{f}$$

$D.I.$: 문항변별도 지수
R_U : 상위 능력 집단의 정답자 수
R_L : 하위 능력 집단의 정답자 수
f : 각 집단의 피험자 수

④ 문항변별도 지수

㉠ 변산범위는 −1.00에서 +1.00이며, 0일 경우는 변별력이 없다고 보고, +1에 가까울수록 변별력이 크다.

㉡ 문항변별도가 .20 미만인 문항은 수정하거나 제거하여야 할 문항이며, 특히 문항변별도가 음수인 문항은 검사에서 제외하여야 한다. 문항의 문항변별도가 높으면 검사도구의 신뢰도가 높아진다.

(5) **문항반응분포(item response distribution)**

① 문항반응분포란 피험자들이 문항의 각 답안에 어떻게 반응하고 있는지를 기술하고, 이를 기초로 분석하는 것을 의미한다.

② 분석 대상은 문항 속에 포함되어 있는 각각의 답안에 대한 반응이다. 이를 통해 오답이 오답으로서 얼마나 매력이 있으며, 정답은 얼마나 정답 구실을 하였는지, 또 상위집단과 하위집단 간의 반응 형태는 어떤 차이가 있는지 등을 알 수 있다.

■ **문항반응분포표**

〈문항1〉		〈문항2〉		〈문항3〉	
답안	반응자 수	답안	반응자 수	답안	반응자 수
①	20	①	20	①	4
②	18	②(정답)	15	②	20
③	16	③	63	③(정답)	90
④(정답)	50	④	12	④	3
⑤	16	⑤	10	⑤	3
	120		120		120

• **문항1** : 바람직한 문항이다. 정답에 많은 피험자들이 반응하고 있으며, 오답에도 비교적 고르게 분포되어 있어서 무난한 반응 분포를 보이는 문항이다.

• **문항2** : 잘못된 문항이다. 정답인 ②번에는 15명의 피험자가 반응을 나타낸 반면에 오답인 ③번에 63명이라는 많은 피험자가 반응하고 있다. 이 경우 정답이 왜 제 구실을 못하는지를 검토하여 정답 문항을 개선하거나, ③번 오답의 매력을 줄여야 한다.

• **문항3** : 정답이 너무 뚜렷하고 오답의 매력이 너무 적어 실제로 사용하기 어려운 문항이다. 특히, 오답인 ①, ④, ⑤번은 거의 매력이 없어서 실제로는 ②, ③번 중 하나를 선택하는 진위형 문항으로 볼 수 있다. 이 경우, 오답안의 매력을 좀 더 늘리거나 다른 문항으로 대체해야 한다.

(6) 오답안 매력도(attractiveness of distractors)

① 오답안 매력도란 선다형 문항에서 피험자가 오답지도 정답처럼 보여 택할 가능성을 의미한다.

② 오답안들이 그럴듯하고 매력적일 때 문항이 어려워지며, 고등정신능력을 측정할 수 있게 된다.

③ 매력이 전혀 없을 경우 답안의 기능을 상실하게 되어 사지선다형 문항은 삼지선다형 문항으로, 삼지선다형 문항은 진위형으로 변하게 된다. 따라서 선다형문항에서 답안에 대한 분석은 문항의 질을 향상시키는 중요한 작업이 된다.

④ 각 오답안이 매력적인지는 각 오답안에 대한 응답비율에 의해 결정되는데 오답안에 대한 응답비율이 오답지 선택확률보다 높으면 매력적인 답안, 그 미만이면 매력적이지 않은 답안이 된다.

$$P_o = \frac{1-P}{Q-1}$$

P_o : 답안 선택 확률
P : 문항난이도
Q : 답안 수

■ 오답지 매력도 추정

답지 \ 내용	응답자	응답비율	비고
①	100	.1	매력적이지 않은 오답지
②(정답)	400	.4	정답
③	300	.3	매력적인 오답지
④	200	.2	매력적인 오답지

• 전체 피험자 중 문항난이도 .4에 해당하는 피험자들이 답을 맞혔다. 이는 .6에 해당하는 피험자들이 오답을 선택하였음을 의미하며 오답들의 매력이 균등하다면 3개의 오답지에 균등하게 응답할 것이므로 응답비율은 .2가 된다.

• 공식에 의해서도 매력도를 판단하는 기준은 .2가 되어 ①답지는 매력적이지 않은 답지가 된다.

(7) 고전검사이론의 장단점

① 장점 : 비교적 간단한 절차에 의해 문항분석과 검사분석을 실시할 수 있다. 추정방법과 계산이 쉬워 교육현장에서도 고전검사이론을 사용하고 있다.

② 단점

㉠ 문항난이도, 문항변별도와 같은 문항의 고유한 특성이 피험자 집단의 특성에 따라 변화된다. 같은 문항이라도 능력이 높은 학생들이 응답한 자료를 가지고 분석하면 쉬운 문항으로, 능력이 낮은 학생들이 응답한 자료를 분석하면 어려운 문항으로 분석된다.

㉡ 피험자의 능력이 검사도구의 특성에 따라 달리 추정된다. 검사가 쉽게 제작되면 피험자 능력은 과대 추정되고, 검사가 어렵게 제작되면 피험자 능력이 과소 추정된다.

㉢ 피험자의 능력을 비교할 때 총점에 근거하므로 정확성이 결여된다.

2. 문항반응이론(item response theory) 중등 07, 초등 08

(1) 개념

① 고전검사이론의 문제점을 극복하기 위해 제안된 검사이론이다. 검사의 총점이 분석 단위로 사용되는 고전검사이론과 달리 문항반응이론은 개별 문항을 단위로 문항특성과 개인의 능력값을 추정하게 된다.

② 문항반응이론은 각 문항마다 고유한 문항특성곡선에 의해 문항을 분석한다.

③ 문항반응이론은 고전검사이론이 극복하지 못하는 문항 특성의 불변성 개념과 피험자 능력불변성의 개념을 극복하기 때문에 문항 특성 추정과 피험자 능력 추정에 널리 사용되고 있다.

(2) 기본 가정

① **일차원성 가정**: 검사가 측정하는 내용은 하나의 특성이어야 한다는 가정이다.

　　예 수리력을 측정하는 검사는 수리력을 측정하여야지 어휘력이 영향을 주어서는 안 된다.

② **지역독립성 가정**: 어떤 능력을 가진 피험자의 하나의 문항에 대한 응답은 다른 문항의 응답에 영향을 주지 않는다. 어떤 문항과 다른 문항의 답을 맞힐 확률은 상호 독립적이다.

(3) 문항특성곡선(item characteristic curve; ICC)

① 피험자들의 능력에 따라 문항의 답을 맞힐 확률을 그래프로 나타낸 것이 문항특성곡선이다.

② 이때 피험자의 능력을 가로축에 그리스 문자 θ(theta)로 표기하고, 각 능력 수준에서 그 능력을 가진 피험자가 그 문항에 답을 맞힐 확률을 세로축에 $P(\theta)$로 표기한다.

(4) 문항난이도(item difficulty)

① 문항이 어느 능력 수준에서 기능하는가를 나타내는 지수로서, 문항의 어려운 정도를 알려준다. 문항특성곡선이 오른쪽에 위치할수록 어려운 문항이 된다.

② 문항반응이론에서 문항난이도란 문항의 답을 맞힐 확률이 .5에 대응하는 능력수준을 말하며 β 혹은 b로 표기한다.

③ 일반적으로 문항난이도는 -2.0에서 $+2.0$ 사이에 있으며 값이 커질수록 어려운 문항으로 평가한다.

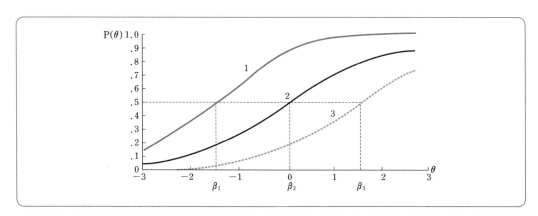

| 문항난이도가 다른 세 문항의 문항특성곡선 |

■ 문항난이도의 범위에 따른 언어적 표현

문항난이도	언어적 표현
−2.0 미만	매우 쉽다
−2.0 이상 ~ −0.5 미만	쉽다
−0.5 이상 ~ +0.5 미만	보통이다
+0.5 이상 ~ +2.0 미만	어렵다
+2.0 이상	매우 어렵다

(5) 문항변별도(item discrimination)

① 문항변별도는 능력이 높은 학생과 낮은 학생을 구분하는 정도를 나타내는 지수로 문항특성곡선의 기울기를 통해 파악할 수 있다.

② 문항특성곡선의 기울기가 가파르면 문항변별도가 높아지는 반면에 기울기가 완만하면 낮아지게 된다. 문항변별도는 문항특성곡선상의 문항난이도를 표시하는 점에서 문항특성곡선의 기울기를 말하며, α 혹은 a로 표기한다.

③ 일반적으로 문항변별도는 0에서 +2.0까지의 값을 가지며 지수가 높을수록 좋은 문항이다.

④ 변별도가 음수 값을 갖는다면 피험자의 능력이 높을수록 정답을 맞힐 확률이 낮아짐을 의미하므로 원인을 검토하여 문항을 수정해야 한다.

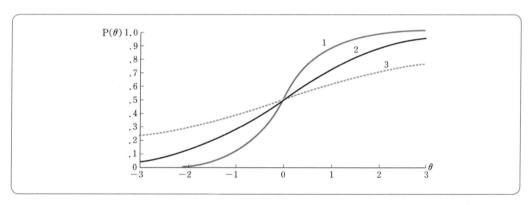

| 문항변별도가 다른 세 문항의 문항특성곡선 |

(6) 문항추측도(item guessing)

① 문항추측도는 능력이 전혀 없어도 문항의 답을 맞힐 확률을 말하며 c로 표기한다.

② 일반적으로 문항추측도의 범위는 0에서 1/(답안수) 사이이며 사지선다형 문항에서 일반적으로 문항추측도는 .2를 넘지 않는다.

③ 문항추측도는 능력이 전혀 없는 피험자가 문항의 답을 맞힐 확률을 의미하므로 이 값이 높을수록 좋지 않은 문항이 된다.

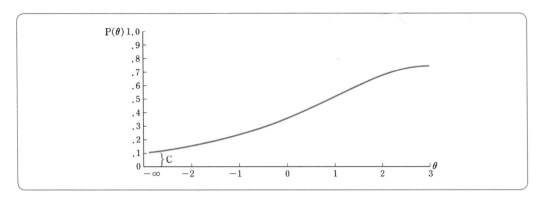

| 문항특성곡선상의 문항추측도 |

Chapter 07 교육통계

01 교육통계의 이해

1. 개념

① 통계란 이론을 도출, 지지, 거부, 수정하기 위하여 수집된 자료를 가지고 가설을 검증하는, 즉 확률적으로 판정하는 수리적 논리이다.

② 교육 사실과 현상을 통계적 방법을 사용하여 정확하고 간결하게 파악(기술, 설명, 예측, 통제)하는 방법이다.

③ 교육의 합리화가 궁극적인 목적이다.

2. 종류

(1) 기술통계

① 하나의 주어진 자료를 일목요연하게 정리하고자 하는 목적을 갖는다.

② 모집단의 속성에 관심을 두지 않고 표본 자료 자체를 요약, 정리하는 것에만 목적이 있는 통계가 기술통계이다.

③ 한 집단의 여러 특성과 성질을 파악하기 위해 숫자나 그림, 표 등으로 자료 전체를 요약하는 방법이다.

(2) 추리통계

① 자료를 통해서 그 자료를 추출한 모집단의 현상이나 사실을 추정, 예견하고 나아가 일반화하려는 목적을 지닌다.

② 표본집단에 대한 연구결과를 모집단에 일반화하고자 하는 추리통계에서는 모집단을 대표할 수 있는 적절한 표집방법의 선택이 중요하다.

3. 교육통계의 주요 개념

(1) 변인(variable)(변수) 중등 02

① 개념

ⓐ 변하는 수를 말한다.

ⓑ 연구 대상이 되는 개체를 서로 구별할 수 있는 속성을 말한다.

ⓒ 속성이 여러 수준으로 분류가 가능하거나 다양한 값을 취할 수 있어야 한다.

② 인과관계에 의한 변인 구분

ⓐ 독립변인: 영향을 주는 변인을 말한다.

ⓛ 종속변인: 영향을 받는 변인을 말한다.

> 예 학력과 소득의 관계에 대한 연구 ⓥ 학력: 독립변인, 소득: 종속변인

> 예 성별에 따른 임금 차 연구 ⓥ 성별: 독립변인, 급여: 종속변인

③ 특성에 의한 변인 구분

ⓗ 양적변인: 수로 표기되는 변인이다.

- 연속변인: 어떤 값도 지닐 수 있는 변인 예 체중, 키
- 비연속변인: 변수의 값이 정해진 단위로 부여되는 변인 예 지능, 학업 성취도 점수

ⓛ 질적변인: 수로 표현할 수 없는 변수로, 사물을 구분하기 위한 변인이다. 예 성별, 인종, 색

- 서열변인: 사물이나 사람을 위계에 의하여 구분하는 변인 예 군인들의 계급
- 비서열변인: 질적변인 중에서 위계에 의하여 구분되지 않는 변인 예 성별이나 인종

(2) 측정치

① 개념

ⓗ 연구의 관심이 되는 변인의 특성을 측정하기 위해서는 먼저 수를 부여하는 규칙을 수립하여야 한다. 수를 부여하는 규칙을 측정단위라고 하고, 이 측정단위를 척도(scale)라고 한다.

ⓛ 측정치는 어떤 대상의 속성의 크기이며, 하나의 척도로 측정하여 얻은 수치를 말한다.

ⓒ 측정치는 약수로 표현되며, 그 수열은 연속적이다.

ⓔ 한 측정치는 한 척도 위의 점을 가리키는 것이 아니라, 한 간격을 나타내는 것으로 간주된다.

② 측정치의 종류 중등 01

ⓗ 명명척도(nominal scale)

- 사물이나 사람을 구분하거나 분류하기 위해서 사용하는 척도다.
- 숫자의 연속성이 없기 때문에 척도의 역할을 정확하게 할 때가 많지 않다.
- 방향성이 없으며, 크기나 순서를 의미하지 않는 질적인 척도다. 따라서 명명척도로 매겨진 수치를 갖고 가감승제 등의 수리적 분석을 하는 것은 의미가 없다.

  예 성별, 인종 등. 성별을 표시할 때 남자와 여자를 이름 대신에 각각 1과 2로 표시하는 것

ⓛ 서열척도(ordinal scale)

- 사물이나 사람의 상대적인 서열을 표시하기 위한 척도이다. 즉, 사물이나 사람에게 부여된 수치(점수)에 대하여 순위나 대소를 결정하기 위해서 사용하게 된다.
- 각 수치 간에 양적인 대소나 서열은 표시할 수 있지만 수치 간의 간격이 같지 않기 때문에 측정 단위 간격 간의 동간성(同間性)을 갖고 있지 않다. 1등을 한 학생과 2등을 한 학생의 점수 차이가 9등을 한 학생과 10등을 한 학생의 점수 차이와 서로 같다고 할 수 없다.

  예 학생성적의 순위(등위)

ⓒ 동간척도(interval scale)

- 사물이나 사람에게 부여된 수치 간격이 동일한 척도로서 측정 단위 간격이 동간성을 갖고 있기 때문에 등간척도라고도 한다.
- 서열척도가 갖고 있는 대소비교나 서열이 유지되며, 수치 간의 간격까지 일정하다.
- 상대적 의미를 갖고 있는 임의 영점을 갖고 있으며 절대 영점은 갖고 있지 않다. 이 때문에 수치들을 더하고 빼는 것은 가능하지만 곱하고 나누는 것은 의미가 없다. 예를 들어, 온도

의 임의 영점 0°C는 온도가 전혀 없는 것이 아니라 물이 어는 온도를 0°C로 임의로 정한 것뿐이다.

　예 날씨의 온도, 달력의 날짜 등

ⓔ 비율척도(ratio scale)

- 서열성과 동간성을 모두 갖고 있으면서 절대 영점인 원점을 갖고 있는 척도이다.
- 절대 영점은 실제 수치가 0을 의미하는 것으로 아무것도 존재하지 않는 것을 말한다.
- 덧셈, 뺄셈, 곱셈, 나눗셈의 수학적 계산이 가능하며, 측정치로 얻은 수치가 몇 배라고 표시할 수 있는 비율적인 비교를 할 수 있다.

　예 무게, 길이 등

(3) 집중경향치(central tendency) 중등 08, 초등 01 · 04

① 개념

ⓐ 집중경향치란 어떤 빈도분포의 대표적 경향을 하나의 수치로 설명할 수 있는 가장 대표적인 수치를 의미한다.

ⓑ 평균치, 최빈치, 중앙치가 대표적인 집중경향치이다.

② 주요 개념

ⓐ 평균치(mean; M)

- 평균치는 모든 점수들을 합한 값을 사례수로 나눈 값이다.
- 평균은 점수분포에 있는 모든 점수들의 영향을 받는다. 집중경향 중에서도 가장 안정성이 높고, 수리적 조작이 용이하기 때문에 널리 사용되고 있다.
- 그러나 점수분포에 극단치가 있을 경우 집중경향으로 적절하지 않다.

ⓑ 중앙치(median; Mdn)

- 분포의 점수들을 크기 순서대로 배열하였을 때 전체 사례수를 상하 50%로 균등하게 양분하는 점수이다. 즉, 총 사례수의 중간(N/2)에 해당하는 사람이 받은 점수가 된다.
- 쉽게 계산할 수 있으며, 점수의 크기가 아니라 사례수의 영향을 받기 때문에 점수가 편포를 이루거나 분포에 극단치가 있을 경우 평균보다 더 적합하다.
- 중앙치를 구하는 방법은 사례수가 홀수일 때는 (N+1)/2번째 점수가 되며, 사례수가 짝수일 때는 (N/2)+1번째 점수의 중간값이 중앙치가 된다.
- 평균보다 안정성이 낮고, 수리적 조작이 제약되기 때문에 널리 사용되지는 않는다.

ⓒ 최빈치(mode; Mo)

- 분포에서 빈도가 가장 많은 점수를 가리킨다.
- 정규분포에서는 최빈치가 하나뿐이다. 인접한 2개의 점수의 빈도가 가장 많으면서 빈도가 동일할 경우 최빈치는 두 점수를 평균한 값이다. 점수분포에 따라 최빈치가 여러 개 존재할 수도 있다. 인접하지 않은 두 점수의 빈도가 가장 많을 경우 최빈치는 2개가 된다. 단, 점수분포에서 모든 점수의 빈도가 같을 때는 최빈치가 존재하지 않는다.
- 쉽게 계산할 수 있고, 극단치의 영향을 받지 않는다는 장점이 있으나, 사례수가 적을 때는 안정성이 떨어진다는 단점이 있다.

(4) 변산도(분산도)(variability)

변산도란 어떤 분포에서 측정치가 흩어져 있는 정도를 나타내는 지수를 말한다.

① **범위**

　㉠ 범위란 한 분포의 최저점과 최고점의 간격이나 차이를 말한다.

　㉡ 계산이 간편하다는 장점이 있지만 어떤 분포의 최고점과 최저점, 즉 양극단의 수치만이 범위의 결정에 관련되고 나머지 점수들은 무시하게 되므로 전체 분포의 변산도를 적절하게 설명하지 못한다는 단점도 있다.

② **사분편차**

　㉠ 빈도분포에서 측정치들을 크기순으로 배열하였을 때, 최저점에서 25%에 위치한 수치를 제1사분(Q1)이라고 하고, 75%에 해당하는 수치를 제3사분(Q3)이라고 한다. 이때 제3사분과 제1사분의 거리를 사분범위라 하고 사분범위의 1/2을 사분편차라고 한다.

　㉡ 양극단 값의 영향을 배제할 수 있어 극단적인 값이 있는 분포에서 사용할 수 있다는 장점이 있는 반면, 개별점수 간의 실제 간격을 계산하지 못하므로 변산도를 정확하게 파악할 수 없다는 단점이 있다.

③ **표준편차** 중등 02·03, 초등 00·05

　㉠ 분산도 중에서 가장 흔히 사용되고 가장 신뢰할 수 있는 통계치이며, 정규분포곡선의 원리에 따라서 해석할 수 있다.

　㉡ '평균을 기준으로 점수들이 평균적으로 차이가 있는 정도'를 나타낸다.

$$표준편차(SD, \ \sigma) = \sqrt{\frac{\Sigma(X-M)^2}{N}}$$

　㉢ 표준편차는 값이 클수록 점수들이 이질적이라는 것을 의미하고, 반대로 값이 작을수록 점수들이 동질적이라는 것을 의미한다.

　㉣ 변수가 연속변수이고 정규분포를 이룰 때 변산도를 나타내는 지수로 적절하다. 표준편차는 안정성이 높고 수리적 조작이 쉽기 때문에 널리 사용되고 있다.

　㉤ 반면 극단치의 영향을 받기 때문에 분포가 편포를 이룰 때는 적합하지 않고, 질적 변수(명명척도나 서열척도)에서는 구할 수 없다.

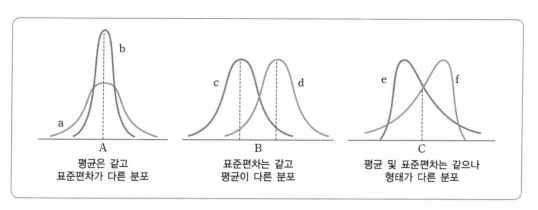

| 평균, 표준편차, 분포형태 |

(5) 편포도(skewness)

① 어떤 분포가 좌우 대칭을 이루지 않고 왼쪽이나 오른쪽 어느 한쪽으로 기울어진 정도, 즉 비대칭의 정도를 편포도라고 한다.

② 좌우 대칭인 경우를 정상분포라 하고, 분포의 꼬리가 오른쪽으로 늘어져 있는 경우를 '정적편포'라 하며, 분포의 꼬리가 왼쪽으로 길게 늘어져 있는 경우를 '부적편포'라 한다.

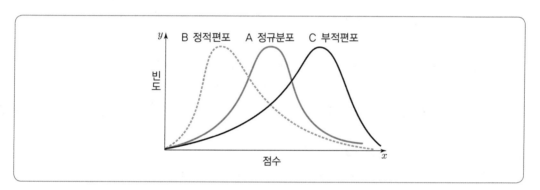

| 편포도가 다른 분포 |

4. 원점수와 표준점수

(1) 원점수(raw score)

① 평가도구나 검사도구를 사용하여 어떤 사물이나 대상을 측정한 결과 얻게 되는 원래 점수로, 다른 점수체제로 바꾸기 전의 점수를 말한다.

② 다른 정보와 함께 제시되지 않으면 별다른 의미를 지니지 못하는 점수이다.

③ 해석할 수 있는 기준점이 없기 때문에 원점수로는 상대적 위치를 알 수 없다. 그래서 백분위 점수, 표준점수로 환산하여 표시하는 경우가 많다.

(2) 등위 점수(rank-order score)

① 점수가 제일 높은 것부터 제일 낮은 것까지 순위를 부여하여 이것을 점수로 활용하는 방법이다.

② 일반적으로 성적결과로 표시되는 등위/전체 사례 수로 많이 표시한다.

③ 집단 내에서 상대적 위치를 정확하게 표시하여 직접 비교해 볼 수 있으며, 같은 학생에게 실시한 다른 검사결과에 대해서 상호 비교를 가능하게 해 준다. 예를 들어, 한 학생의 국어 등위 점수가 5/60이고 수학 등위 점수는 10/60이면 이 학생은 국어를 수학보다 잘한다고 할 수 있다.

④ 단점: 피험자 간의 등위 차이가 능력 차이라고 할 수 없다는 것이다. 즉, 점수 간의 동간성을 갖고 있다고 할 수 없기 때문에 등위 차이가 난다고 해서 능력의 차이가 똑같이 난다고 말할 수 없는 서열척도이다.

(3) 백분위 점수 중등 12

① 집단 크기와 상관없이 집단을 100으로 잡아서 피험자가 얻은 원점수를 바탕으로 등위를 매겨 100부터 0까지 부여하여 표시하는 방법이다.

② 어떤 점수 아래에 전체 사례 수의 몇%가 있는가를 보여준다.

③ 어떤 학생이 얻은 점수가 70점으로 이에 해당하는 백분위 점수가 80이라고 하면 이 학생보다 점수가 낮은 학생들은 전체 학생 수 중에 80%이고 점수가 높은 학생들은 전체 학생 수 중에 20%라는 의미를 갖는다.

④ 장점: 상대적 위치를 알 수 있으며, 같은 검사를 다른 집단에 실시하였을 때도 비교할 수 있다.

⑤ 단점: 동간성을 갖고 있지 않기 때문에 피험자의 실제적인 능력을 비교할 수 없다. 또한 원점수를 백분위 점수로 환산할 때 문제가 발생하는데 중간 점수는 과소평가되고, 상하 극단 점수는 과대평가되는 단점을 갖고 있다.

(4) 표준점수(standard score) 중등 00 · 04 · 05 · 06 · 07 · 09 · 11 · 12, 초등 00 · 02 · 06 · 07 · 12

① 개념

㉠ 표준점수는 원점수가 정규분포의 평균에서 떨어진 거리(정도)를 표준편차 단위로 표시한 값이다.

㉡ 평균을 기준으로 평균과의 차이를 구하고 이를 다시 표준편차로 나누어 점수를 표시한다.

㉢ 표준점수는 점수의 상대적 위치에 대한 정보를 제공한다.

② 종류

㉠ Z점수

$$Z = \frac{X - M}{SD}$$

X: 각 원점수, M: 집단의 평균, SD: 집단의 표준편차

• 원점수와 평균점수의 차이인 편차 점수를 그 분포의 표준편차로 나누어 얻은 점수이다.

• 한 분포의 원점수를 Z점수로 환산하면 평균이 0이고 표준편차가 1인 정상분포로 바뀌기 때문에 상대비교가 가능해진다.

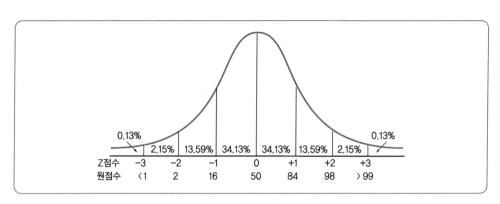

| 정규분표에서 Z점수와 백분위의 관계 |

ⓛ T점수

$$T = 10Z + 50$$

- Z점수는 원점수가 평균보다 작을 경우에는 모두 음수로 표시되며, 대부분의 점수가 소수점으로 표시되는 불편함을 갖고 있다.
- 이러한 불편함을 해결하기 위해서 T점수는 평균을 50, 표준편차를 10으로 환산하여 얻은 표준점수를 말한다.

ⓒ 스테나인(stanine)

$$C = 2Z + 5$$

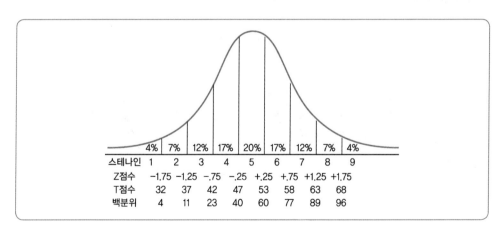

| 정규분포에서 스테나인, Z점수, T점수의 관계 |

- 개념
  - standard와 nine의 두 단어를 합하여 만든 것으로 이해 및 활용이 쉬운 표준점수이다. 원점수를 최고점에서 최저점까지 배열할 수 있는 자료라면 어느 것이나 적용할 수 있다.

　　　－ 정규분포를 .5표준편차 너비로 9개 부분으로 나눈 다음 각 부분에 순서대로 1부터 9까지 부여한 점수를 말한다.
　　　－ 1은 전체 규준집단보다 상대적으로 가장 낮은 성취수준을, 9는 가장 높은 수준을 의미한다. 정상분포와 유사한 형태를 나타내며 평균은 5, 표준편차는 2이다.
　　• 장점
　　　－ 스테나인은 이해하기가 쉽고, 수리적인 조작이 용이하며, 미세한 점수차이의 영향을 적게 받는다. 백분위가 각각 45와 55에 해당하는 점수는 스테나인으로 표시하면 모두 5가 된다.
　　• 단점
　　　－ 상대적 위치를 정밀하게 표현하기 어렵다.
　　　－ 경계선에 위치하는 사소한 점수 차이를 과장할 수 있다.
　　　　예 백분위 88에 해당되는 학생의 스테나인 점수는 7이지만, 백분위 89에 해당되는 학생의 스테나인 점수는 8이다.
　　　－ 원점수를 환산하면 정보가 상실된다.
　　　　예 IQ가 127 이상인 학생들은 모두 9가 된다.

02 측정치의 통계적 분석

1. 상관분석 초등 10

(1) 개념
　① 상관이란 두 변수가 서로 관련된 정도를 의미한다. 즉, 변수 X값이 변화함에 따라 변수 Y의 값이 변화하는 정도를 뜻한다.
　② 상관의 정도는 상관계수로 표시된다.
　③ 상관분석은 상관관계를 추정하는 통계적 절차로 두 변수의 상대적 관계를 나타낸다. 이것은 한 변인이 변함에 따라 다른 변인이 어떻게 변하느냐의 정도를 상관계수(correlation coefficient)로 나타낸다.

(2) 상관계수의 특징
　① 상관계수의 범위는 −1.0에서 1.0 사이의 값을 갖는다.
　② 상관계수의 크기는 관련성의 정도를 나타낸다. 절대값이 크면 두 변수가 밀접하게 관련되어 있음을 의미하며 절대값이 작으면 두 변수 간의 관련성이 낮음을 의미한다.
　③ +는 정적인 상관을, −는 부적인 상관을 나타내며 상관계수가 0인 것은 두 변수 간에 선형적인 관련성이 없음을 의미한다.
　　예 지능지수와 성적은 정적 상관이 있다. 결석횟수와 성적은 부적상관이 있다.
　④ 상관관계가 인과관계를 담보하지는 않는다.

2. t검정 초등 06

(1) 개념

① 모집단의 분포가 정규분포이며 종속변수가 양적변수일 경우 집단 평균의 비교를 위하여 사용하는 통계적 방법이다.

② 두 집단 이하의 평균을 비교하는 분석방법으로 모집단의 분산을 알지 못할 때 사용한다.

(2) 기본 가정

① 연구의 종속변수가 양적변수여야 한다.

② 종속변수의 모집단 분포가 정규분포여야 한다.

③ 두 집단의 비교일 경우 두 모집단의 분산이 같아야 한다.

(3) 종류

① 단일표본 t검정(일표본 t검정): 모집단과 한 집단의 평균을 비교할 때 사용할 수 있다.

> 예 중학교 2학년 학생들을 대상으로 한 과학 성취도 국제비교 연구에서 국제 평균이 480점일 때 우리나라 학생들의 과학 성취수준이 국제 성취수준과 같은지 비교할 때

② 두 종속표본 t검정(대응표본 t검정)

㉠ 종속변수가 양적변수이고 두 집단이 독립적이지 않을 경우, 두 집단의 종속변수 평균에 대한 차이를 검증하기 위하여 사용하는 통계적 방법이다.

㉡ 사전–사후 검사에 사용한다.

㉢ 사전검사를 실시하고 난 후 어떤 처치를 가하고 처치효과가 있는지를 검증하기 위해 사후검사를 실시하였을 때 사후검사에서 연구대상에 어떤 변화가 나타났다면 이는 처치효과가 있음을 말해 준다.

㉣ 사전검사 자료와 사후검사 자료는 동일한 연구대상에게 검사를 두 번 실시하여 얻은 자료이기 때문에 서로 독립적이지 않으며 서로 종속되어 있다.

> 예 초등학교 교사가 수줍음이 심한 학생들을 위해 수줍음을 줄이기 위한 프로그램을 개발하고 그 효과가 있는지 알아보고자 할 때

㉤ 두 종속표본 t검정은 연구대상에 대한 매개변수의 영향을 통제하기 위해 사용한다.

> 예 음주 여부에 따라 자극에 대한 반응시간 차이를 검증하고자 할 때 ⊙ 알코올 섭취집단과 알코올 비섭취 집단을 각각 표집하여 실험하는 경우, 성별이 불일치할 수도 있고, 개인마다 주량의 정도, 음주빈도, 건강 상태 등이 다를 수 있다.

③ 두 독립표본 t검정: 두 표본이 추출된 모집단이 서로 독립적일 때, 두 집단의 평균이 같은지를 비교하기 위해 사용되는 통계적 방법이다.

> 예 국공립학교 교사들과 사립학교 교사들의 교직만족도 차이 연구나 남녀 고등학생들의 도덕성에 대한 차이 연구와 같은 두 집단 간 비교연구

한이수
교육학

(하)

초판인쇄 | 2025. 2. 5.　**초판발행** | 2025. 2. 10.　**편저자** | 한이수
발행인 | 박 용　**발행처** | (주)박문각출판　**등록** | 2015년 4월 29일 제2019-000137호
주소 | 06654 서울시 서초구 효령로 283 서경 B/D 4층　**팩스** | (02)584-2927
전화 | 교재 주문 (02)6466-7202, 동영상문의 (02)6466-7201

저자와의
협의하에
인지생략

정가 29,000원
ISBN 979-11-7262-343-2
ISBN 979-11-7262-341-8(세트)